U0456148

讀史方輿紀要

（二）

〔清〕顾祖禹　撰

團結出版社

目 录

读史方舆纪要卷十四

北直五 真定府

○真定府，东至河间府三百五十里，南至顺德府二百八十里，西至山西太原府五百十里，西北至山西蔚州四百二十里，东北至保定府三百里。自府治至京师六百三十里，至南京二千二百里。

《禹贡》冀州地。周为并州地。春秋时属鲜虞国，后属晋。战国属赵。秦为钜鹿郡地。汉初置恒山郡，后改常山郡，避文帝讳。武帝分置真定国。后汉建武十三年，并真定入常山国。治元氏县。魏复为常山郡。晋因之。改治真定县。后魏亦曰常山郡。移治九门县。后周于郡置恒州。隋初废郡存州，治真定县。炀帝复曰恒山郡。唐仍为恒州，天宝初亦曰恒山郡。开元十四年，于恒州置恒阳军。安、史僭窃，因置恒阳节度。《通典》：天宝十五载，改为平山郡。乾元初，复为恒州，宝应初，为成德节度治。元和十五年，改为镇州。避穆宗讳。天祐初，又改成德为武顺军，以朱温父名诚也。梁开平四年，王镕附于晋，仍改曰成德。乾化五年，军乱，并于晋。五代唐初，建北都，改州为真定府。旋改置北都于太原，复曰成德军。晋天福九年，复曰恒州。又改军曰顺国。开运三年，陷于契丹，乃升为中京。汉仍曰镇州，寻复为真定府。仍曰成德军。周又为镇州。宋仍曰真定府。亦曰常山郡，成德军节度。金因之。元曰真定路。明曰真定府，领州五，县二十七。今仍曰真定府。

府控太行之险，绝河北之要，西顾则太原动摇，北出则范阳震慑。若夫历清河，下平原，逾白马，道梁宋，如建瓴水于高屋，骋驷马于中逵也。盖其地表带山河，控压雄远。往者晋得此以雄长于春秋，赵得此以纵横于战国。河北有事，滹沱、井陉间，马迹殆将遍焉。汉既并天下，而平卢绾，斫陈豨，未尝不取道常山、真定也。及赤伏中微，奸雄鼎沸，典午难作，胡羯云翔，数百年中，其地有不被兵甲者乎？唐天宝之祸，安禄山以范阳精甲突出常山，渡河南犯。太守颜杲卿旋举兵于后，断禄山归路，且阻其西入之谋，事未获遂。既而李光弼、郭子仪相继出井陉，入常山，屡败贼兵，军声大振，渔阳之路再绝。会潼关陷贼入西京，光弼等引军入井陉，而留兵戍常山。诸军惧不能守，遣宗仙运请于信都太守乌承恩，曰：常山地控燕蓟，路通河洛，有井陉之险，足以扼贼咽喉。若移据常山，与晋阳相首尾，则盛业成矣。承恩不从。常山败，而河北悉为贼陷。其后藩镇擅命，成德最强，以朱滔之凶横，王武俊举恒、冀之兵蹙之，几不能军。王承宗、王庭凑后先专恣，以天子之命，连诸道之兵，四面进讨，相继败衄，莫克剪除也。五代时，契丹为河北患，常恃真定以抗之。真定覆，而滹沱以南不可为矣。宋以真定为重镇，河北之安危系焉。及衅起燕云，而真定先罹其毒。蒙古取河北，亦以真定为要地，屯兵置镇，分辖三十馀城。及定都于燕，以近在畿辅，防维常切。明初既下燕都，遂取

太原，亦道出真定。靖难之师，争于真定间者，久而始决。盖襟要
所存，千古不能易也。宋祁曰：河朔天下根本，而真定又河朔之根
本。其地河漕易通，商贾四集，屯田潴水，限隔敌骑，进战退守，
绰然有馀，故常倚为北面之重。近时晋、豫多故，有草茅言事者，
其略曰：京师地偏东北，与中州分界差远，缓急应援，常虞艰阻。
迩者欃枪四出，狐豕载涂，观其搏噬之情，必有突犯京师之意。其
突犯也，必将招集党类，厚气并力，以幸一胜。京师禁旅，未尽精
练，虽近有蓟永、宣大之师，然关门迫切，必多掣肘，持疑之间，
便稽旬日，一有蹉跌，悔不可追。窃观真定一郡，居京师之左掖，
地广力强，北向京师，东驰晋冀，南下相卫，皆近在数驿以内。山
川关隘，既足以控守，而原陆平衍，复利于屯营。诚委任能臣，一
更夙习，广召募之方，严赏罚之典，训兵积粟，先时而备。贼势尚
远，则我厚集其力于近郊，以奇兵出贼不意，随机扑击，贼必畏
慑，不敢遽前。若贼以真定阻其锋，将甘心焉，则塞井陉，据滹沱
以持之。所属列城，复坚壁清野以待之。贼既不得逞，必尽帅凶
徒，百计攻围，求快其忿。俟其顿弊，然后出锐师以挠之。或京师
禁旅，四方援师，四合以歼之，贼可平也。使贼避真定而不攻，图
出没于紫荆、倒马之间，我但明侦候，谨烽火，依险设伏，以寡制
众，以佚待劳，我必得志。若其南出魏、博，东趣深、冀，或纡道
德、景，寇轶河间，或转掠宣、大，窥伺居庸。我中权独握，因形制
胜，或绝其后，或翼其旁，误其所向，乖其所之。彼纵得至京师，
而情见势屈，贼气必衰，临以大军，必不战而溃耳。然则列重兵于
真、定，远可以张折冲，近可以固门户，无事则为唇齿之形，有急

即为根本之备也。难者曰：保定不设重镇乎？曰：保定去京师较近，而去晋、豫为远，昔日之备，在京师之西北，而今日之备，在京师之西南，事势不同也。曰：贼若分兵以缀真定，而以重兵疾走京师，京师既不获真定之援，必且坐困，何如专事京营，俾足以居中应敌乎？曰：不然。从来战于城内，不如战于城外，拒敌于百里之内，不如拒敌于数百里之外。且夫用兵之要，在得情势。贼耽耽于京师，其攻真定之兵，必多而不整，贪而不忌。我多为方略，一鼓殄之，乘初胜之气，驰援京师，直压贼垒，贼必震动。京师闻之，气必百倍，此真灭贼之日也。夫灭贼者，利其聚，而不利其分。曹公破韩遂、马超之军，姚苌平雷恶地、魏揭飞之众，其明验也。今贼有必聚之情，又有必向京师之势，而不早为之计，祸至而图之，岂有济哉？时不能用。

○真定县，附郭。战国时之东垣邑也。汉曰真定县。元鼎四年，置真定国治焉。后汉属常山国。晋为常山郡治。后魏因之。后周恒州亦治焉。隋大业中，为恒山郡治。唐初仍为恒州治。载初元年，改为中山县。神龙初，复曰真定。自是州郡常治此。今编户十四里。

东垣城，府南八里，即赵故邑也。《史记》：赵武灵王二十年，攻中山，取东垣。苏秦说燕：赵之攻燕也，不十日，而数十万之军军于东垣矣。汉八年，高祖击韩王信，馀反寇于东垣。十一年，陈豨将赵利守东垣，高祖自将攻之，东垣降，改曰真定。后汉以后，县皆治此。唐初移县于今治。五代梁乾化三年，魏博帅杨师厚自赵州趣镇州，营于真定南门外，燔其关城。又龙德二年，晋将李存进攻镇州，营于东垣渡，夹滹沱为垒。渡盖以故邑名也。又镇州牙城曰潭城。欧阳修曰：常山宫后有池，亦曰北潭，州之胜游惟此。故牙城谓之潭城。《城邑考》：郡旧城周二十里。唐宝应中，成德帅李宝臣筑。宋初，韩令坤复修筑之。明正统末，以北寇猖獗，命重臣镇守，因增修城垣，浚治壕堑。嗣后以时修葺，为门四，城周二十四里。

常山城，府西南十八里。本汉九门县地。晋永和中，慕容隽攻冉闵，筑垒于此，曰乐安垒。后燕时，亦为戍守处。刘昫曰：后魏道武登常山郡城，望安乐垒而美之，因移郡治焉。高齐复移郡治真定。隋开皇十六年，分真定置常山县，即故安乐垒也。大业初，复省入真定县。或曰即汉常山郡城也，隋因旧城置县。

新市城，府东北四十里。其地有鲜虞亭，杜预以为即古鲜虞国，白狄别种也。昭十二年，晋假道于鲜虞以灭肥。司马贞曰：鲜虞，姬姓国，春秋之末曰中山。寻曰中山。定四年中，晋荀寅谓中山不服。哀三年，齐卫求援于中山，即鲜虞也。战国时，乐羊为魏文侯将，攻中山，三年而克之。没为赵地。秦属钜鹿郡。汉为新市县。景帝封王弃之为侯邑，属中山国。魏晋因之。晋隆安初，拓跋珪围后燕中山城，慕容麟以城中饥困，帅众出据新市。后魏亦属中山郡。后齐、后周因之。隋大业初，省入九门县。唐武德初，复置新市县。五年，废为新市镇，属九门县。元和四年，以王承宗拒命，诏诸道讨之。白居易言：河东易定兵讨镇冀，竟不能过新市镇。是也。景福初，河东帅李克用合易定兵，攻成德帅王镕，战于新市，为镕所败。克用退屯栾城。宋亦为新市镇。○权城，在府北二十里。《元和志》云：古捷乡也。后汉建武初，贾复大破五校于真定，盖在此地。

滹沱河，在府城南一里。《图经》云：府背倚恒山，面临滹水。是也。其上流自灵寿县流入界，又东入藁城县界。范成大曰，渡河五里，即州城。唐天宝末，李光弼入常山，史思明自饶阳趣救，光弼与贼夹滹沱而阵，败却之。光化三年，朱全忠侵镇州，前军逾滹沱，攻南门，焚其关城，王镕惧而请和。五代梁龙德初，成德将张文礼弑其主镕，晋王存勖遣兵讨之，渡滹沱，围镇州，夹漕渠以灌城，未下。二年，晋将阎宝攻镇州，宝筑垒掘堑，决滹沱水环其城，内外断绝，宝以城破在即，不为备。贼来攻，遂坏长围而出，宝败保赵州。既而李存进攻镇州，亦夹滹沱为垒，与贼相持于东垣渡。旧有中渡桥，在府东南五里，跨河上。晋开运三年，契丹趣恒州，晋杜威御之，至中渡桥，契丹已据桥，晋军争之，契丹焚桥而退，与威夹河而军。李穀谓威曰：今多以三股木置水中，积薪布其上，桥可立成，因与恒州合势击之，彼必遁。威不从，寻以其众降契丹。及契丹入汴，迁晋王于北荒。晋主至中渡桥，见威寨，恸哭而去。胡氏曰：中度桥，州人津渡之所也。其上下流各有渡，故此为中渡。宋熙宁九年，程昉于此创系浮桥。元丰五年，转运副使周革言：浮梁增费数倍，既非形势控扼，请易以板桥，至四五月防河即拆去，权用船渡。从之。今府南跨河有通济桥，犹沿其制。又滹沱河流迅急，每患漂溢，历代皆修筑堤防以御之。金大定八年，决真定堤岸。十七年，决郡西白马冈。元大德十年，决堤浸城。至大初，复漂南关百馀家。延祐以后，屡屡修筑，为患未已。《堤防考》：府西滹沱河北，旧有曹马口堤，长三十馀里，以护城垣。宋天圣间，堤坏，寻复修筑。前明成化十三年，大水，堤复溃，水势逼城西南隅，坏民庐舍，关城中几为巨浸。守臣田济请于旧河数里外，凿新河，延袤十馀里，分杀其流。复筑堤以御旧河之水，于是水有所归。复于新河北筑堤，长四千馀丈，环拱关南，公私攸赖。自是屡有决溢，皆因旧址疏筑。馀见前大川滹沱。

滋河，府北三十里。源出山西蔚州灵丘枚回岭，经灵寿县，入行唐县之张茂村，伏流不见，至府北南孟社复出。东经藁城县北；无极县南，又东北入祁州深泽县境，会于唐河，即安州易水之上源也。○西韩河，在府西二十里，源出大鸣泉，西南流注于滹沱。《志》云：韩信伐赵时经此，因名。

大鸣泉，府西二十里，西韩河发源处也。又有韩家、曹马口等泉，凡四十餘穴，溉田百餘顷。又雕桥泉，在府西十五里。桥跨西韩河上，其下有泉四十五穴，岁久淤塞。明宣德初，重浚以溉田，大为民利。

白马关，在府西北。《唐志》镇州有白马关，临滹沱河，旁有白马冈，因名。金大定十七年中，滹沱河决白马冈，关始废。明永乐四年，诏修滹沱河白马口堤岸，即此。

醴泉驿。在府南。唐置。天宝十四载，常山太守颜杲卿遣兵袭执安禄山将何千年于醴泉驿。是也。胡氏曰：驿在常山郡界，南直赵郡。今府治南有恒山驿。

○井陉县，府西南百五十里。东北至平山县八十二里，西至山西平定州二百里。汉县，属常山郡。后汉及晋因之。后魏仍属常山郡。隋属恒州。开皇十六年，置井州。大业初，州废，县属恒山郡。义宁初，置井陉郡。唐武德初，复置井州。贞观十七年，州废，县仍属恒州。宋熙宁六年，省。八年，复置，兼领天威军，仍属真定府。金天会七年，改置威州，亦曰陉山郡。元徙州治洺水，以县属广平路。明初，仍属真定府。今城周四里，编户十三里。

苇泽废县，县西北二十五里。隋开皇十六年，置苇泽县，属井州。大业初，废。义宁初，复置，属井陉郡。唐初属井州。贞观初，废入井陉县。又乐阳城，《志》云在县东北七十里。汉县，属恒山郡。后汉省。○秀林城，在县东南十五里。《城邑考》：后魏贼杜洛周、葛荣遣其党王秀林筑此城，因名。

天威城，县东北五十里。宋初置天威砦于此，寻曰天威军。熙宁八年，移井陉县治焉。金初，置威州，亦治此。后仍还旧治。今亦谓之威州城，又名威州堡，亦曰井陉店。又县西南二十五里，有灵真城，《志》云：韩信伐赵时筑。魏收《志》井陉县有回星城，即此城矣。《邑志》：县西三里有新教场，即古回星城，以在回星河侧而名。恐误。又县北二十五里，有横州城，未详其所自。

陉山，县东北五十里。井陉之险，为河北、河东之关要。今县境诸山错列，大约与陉山相连接，俱太行之支陇也。详见前重险井陉。

城山，县东南三十里，一名障城山。以山似城垣而名。金末，武仙馀党赵贵等据山侵掠，蒙古将焦德裕击平之。明初，大兵下井陉，别将费聚取城山砦。是也。又东南二十里有神山，岩谷幽邃。〇射垛山，在县东南六十里。《志》云：秦王翦伐赵，下井陉，尝射垛于此。又东南十里为苍岩山，峰峦叠翠，高出云表，中有石泉，虽旱不竭。又剑山，在县东十里，山峰高秀，如剑卓立，因名。

大台山，县西北二十里。陟削顶平，雄秀甲于封内，亦名五峰山。宋靖康间，女真入犯，居民多避兵于此。〇观音坨山，在县北四十里，孤峰插天，盘亘千仞，上可容千馀人。中有清泉飞瀑，绕流而下。其相近有鹿耳岭，山胁两开，形如鹿耳，因名。《志》云：县西十里有百华山，林壑深邃，石磴崎岖。

云凤山，县东北四十里。山势回翔，有险可恃。元末，土人保此，曰凤山砦。又东北四十里，有銮台山，相传隋文帝曾驻于此。〇两下岭，在县西三十里。山脊隆起，东西陡削如墙壁然。又县东南八十里，有石墙岭，悬崖险峻，有路仅通一线。《志》云：驴桥岭，在县西十里，岭口为戍守处。又有长银洞，在县东南四十里，相传旧尝产银。

甘淘河，县东南十五里。其地有柏山岩，河流绕其下，一名冶河。其上源出山西平定州。流经县境，合于绵蔓水。又东北流入平山县界，合于滹沱河。《元史》：滹沱在真定境中，每患决溢。议者谓滹沱河源本微，与冶河初不相通，后二水合流，其势始盛，因分引冶河东出，滹沱稍减。至大初，滹沱复决真定南关，仍合于冶河。自是数有决溢之患。

绵蔓水，在县南门外。源亦出平定州也。东流入县界，经城南，至县东二十里洪口桥，入于甘淘河。一名阜浆水，又曰回星水。孔颖达曰：韩信出背水陈，盖在绵蔓水上。《郡志》：县东北二十五里有微水，亦流入甘淘河。〇七里涧，在县东北，诸山溪之水在县北境者，皆汇流于此。南入绵蔓河，霖潦暴作，行路皆绝云。《舆程记》：县东北五十里有石桥，跨七里涧上。又东北十里为平望桥，接获鹿县界。

故关，县西三十五里。道出井陉，此又为控扼之要，自昔置关于此。唐长庆初，裴度出故关讨王庭凑。是也。元末为故关山砦。明初，大军取真定，徐达帅师度故关，遣别将取乱柳寨而还。正统二年，修筑关城，分兵防戍。嘉靖二十年，增设将领驻守。二十三年，更营新城，益兵防御，自是常为重地。《关隘考》：故关南北，山阪回环，南连赞皇、元氏，外通平定、乐平。所辖隘口，凡三十有六。今亦见山西平定州。

承天镇，县西北六十里，即故承天寨也。南至故关二十里，西接山西平定州之苇泽关。一名娘子关，关盖以妒女祠而名。旧《经》云：承天镇有妒女祠，介山氏之庙也。唐武后幸河东，道出祠下，惧致风霾，欲别开道以避之。狄仁杰曰：一人行幸，风伯清尘，雨师洒道，何妒女之避？遂止其役。驻跸祠下，风停雨息。镇有关，俗因谓之娘子关。乾元初置承天军于此。长庆元年，王庭凑以成德叛，裴度自将兵出承天军故关以讨之。光化二年，汴将葛从周救魏博，破幽州兵，乘势自土门攻河东，拔承天军。五代梁乾化初，赵王镕会晋王存勖于承天军，共谋伐梁。石晋末，刘知远举兵河东，遣兵戍承天军。既而契丹自汴北还，至恒州，袭击承天军，戍兵溃，契丹焚其市邑。知远复遣将叶仁鲁袭克之。宋白曰：承天军近太原东鄙，土门路西出之冲也。宋初亦为承天军，属河北路。后为承天寨，属平山县。沈括曰：镇州通河东有两路，一曰飞狐路，在大茂山西，自银冶寨出倒马关，至代州。石晋割地与契丹，以大茂山分脊为界，银冶寨已不通行矣。惟北寨西出承天军，可至河东，然路径峭狭。胡三省曰：井陉娘子关西南，即是承天寨。西出即平定军北寨，今阜平县也。明仍为承天镇，亦曰娘子关，设兵戍守。嘉靖二十一年，增置官兵。明年，筑城为固，与故关相唇齿。《舆程记》：自娘子关折而西南，历乏驴岭等四口，凡八十里而至故关。似误。

达滴崖口，县西北九十里，东南至故关六十里。《关隘考》：自达滴崖以下，凡十二口，为故关北路。正统四年，于达滴崖置戍。嘉靖二十四年，又增兵防御。其相近有牛道岭、横河槽等口，俱嘉靖中设官兵防守。〇嘉峪沟口，在娘子关西，去故关亦二十里。又故关北有甘淘沟口，又西北为乏驴岭口，北去娘子关五十里，皆戍守处也。

泉水头口，县西南九十里，北去故关六十里。《关隘考》：自泉水头以下，凡二十三关口，俱为故关南路，而泉水头备御尤切。嘉靖二十一年，特设官兵防守。其相近有磨石崖等口。〇大石板口，在县西南百十里，嘉靖中设兵戍守。又有泥凳子口，在县西南百四十里。其相近者，有后沟、虎寨沟等口，入山西乐平县界。稍北，有不秃岭等口，入山西平定州界。俱嘉靖中设官兵戍守。

白眉寨，县西南三十五里。据山为险，形势雄峻。有天桥，樵采者仄足而度。又西南为牛栏砦，亦曰牛山砦，四面陡绝，上有清泉流绕。又五峰砦，在故关东北三十里，有五峰相峙，因名。关北又有陈山砦，高峻崎岖，险不可攀。元末，民多避乱于此。《志》云：县境诸寨环列。明初，大军出井陉，定山西，降下车子城山、铁山、七垛等寨，盖皆土豪据险自守处。今故址犹存，寨名参错不可悉数。

柏井驿。在县西。《舆程记》自故关西四十里，曰栢井驿，接山西乐平县界。又陉山驿，在今县治东。

〇获鹿县，府西南五十里。西至井陉县九十里，北至平山县八十里。汉石邑县地，属常山郡，后汉省。晋复置，仍属常山郡，后魏因之。此齐废井陉县，改石邑曰石陉。隋开皇六年复故，仍属恒州。十六年，分置鹿泉县于此，属井州。大业初省。唐初复置，属恒州。武德四年，仍属井州。贞观十七年，州废，还属恒州。至德初，改为获鹿县。宋开宝六年，以石邑县省入，属真定府。金兴定三年，改为镇宁州。元初曰西宁州，寻复曰获鹿县，属真定路。今城周四里有奇，编户十二里。

石邑城，在县西南。战国时赵邑也。《史记》赵武灵王二十年，攻中山，取石邑。又秦末，赵王武臣使李良略太原，至石邑，秦兵塞井陉，未能前。即此。汉因置石邑县。属常山郡。后汉省。晋复置。后魏因之。北齐废井陉，改石邑曰井陉。隋开皇六年，复曰石邑。义宁初，置常山郡，治石邑。武德初，改恒州。四年，始徙州治真定，而石邑属之。天宝末，李光弼至常山击史思明，遣裨将张奉璋戍石邑，贼将蔡希德来攻，拒却之。《括地志》：石邑县在鹿泉县西南四十五里。盖县当井陉之口，向为要地。宋开宝六年，始省入获鹿。《寰宇记》：今县北八里有窦建德砦，即古石邑城。似误。

绵曼城，在县西。汉置县，属真定国。后汉建武初，真定王扬与绵曼贼交通，帝遣耿纯以计诛之。封郭况为绵曼侯，邑于此，寻废。章怀太子曰：故城在石邑西北，俗音讹，谓之人文城。

抱犊山，县西八里，本名萆山。萆读曰蔽。韩信伐赵，使人持赤帜，从间道登萆山，而望赵军。即此山也。后魏葛荣之乱，百姓避之，抱犊上山，因改名焉。山四面险绝，顶有二泉。山之阳，又有交龙洞。隋仁寿末，汉王谅举兵并州，遣其将刘建围井陉，李子雄发幽州兵击之，破建于抱犊山下。金末，恒山公武仙置抱犊寨，据险自守。蒙古将史天泽屯真定，以高公、抱犊诸寨为武仙巢穴，攻破之。即此。又奇石山，在县西北二里，《志》以为县之镇山也。又县东南十二里，有横山。

西屏山，县西南三十里。高数百仞，峰峦连亘，宛如列屏，为一郡之胜。《志》云：山西去井陉县四十五里。山亘两县间，层崖干霄，形如卧虎，一名虎山。东有黑风洞，迤逦而入，可容千人，兵乱时居民多避于此。《郡志》云：虎山在县东北七里，其势雄峙，一名虎峰。○海螺山，在县西南四十里，山绵延耸秀，下有白鹿泉，隋因以名县。山之阳，岩洞深邃，相接如门屋，曰连珠洞。

井陉水，在县西南。自井陉县境流入，下流注于滹沱，今涸。《水经注》：井陉水，世谓之鹿泉水。东北流，屈经陈馀垒。又东注绵曼水，即泒水也。韩信斩陈馀于此。

大唐渠，县东北十里。其上流自平山县境，导太白渠之水，分流入县境，以溉田。《唐会要》：县有礼教渠。总章二年，自石邑县引太白渠，东流入真定县界。又天宝二年，自石邑引大唐渠，东流四十三里，入太白渠，以资灌溉。是也。今废。

土门关，县西十里，即井陉关，亦曰井陉口。《唐志》：县有井陉关，一名土门关。盖井陉在县界也。或以为即故关。故关，盖井陉西出之道耳。详见重险井陉。

方岭寨。在西屏山麓。元末居民置寨于此，据险自保处也。又高公砦，在县西南三十七里，山溪阻隘。金末，武仙据守于此，为蒙古将史天泽所陷。《志》云：今县治西有镇宁马驿。

○元氏县，府西南九十里，东至赵州四十里。战国时，赵公子元之封邑。汉置县，为常山郡治。后汉因之。晋改属赵国。后魏属赵郡。北齐废。隋开皇六年复置，仍属赵州。唐因之。五代唐改属真定府。今城周五里，编户十七里。

元氏城，县西北二十五里，故赵邑。《史记》：赵孝成王十一年，城元氏。汉置县治焉。更始封其宗室歆为元氏王。光武初，大破尤来、大枪诸贼于元氏。建武四年，讨彭宠，幸元氏，阴后从行，诞明帝于此。章帝元和三年，北巡，还幸元氏。晋及后魏县皆治此。隋复置元氏县，始移今治。唐景福二年，李克用攻王镕，入井陉。幽州帅李匡威救镕，败河东兵于元氏。克用还邢州。光化三年，朱全忠自洺州而北侵镇州，引兵至元氏，王镕惧，遂请和。五代晋开运初，契丹入寇，建牙元氏，即今县矣。

上原城，在县西，亦赵邑也。《史记》：赵孝成王城元氏，县上原。孔氏曰：上原在元氏西，以地势高平而名。又灵山废县，在县西北，隋开皇十六年置。大业初，废入元氏县。

封龙山，县西北五十里。《史记》：赵武灵王伐中山，取封龙，盖因山以名邑。《唐十道志》：封龙，河北之名山也。本名飞龙山。山势如伏龙欲飞举状，峰峦泉石，回环错列，称为奇胜。其最著者为龙首、熊耳、华盖诸峰。晋永嘉三年，幽州都督王浚遣其将祁弘率鲜卑击石勒，战于飞龙山，勒大败，退屯黎阳。《括地志》云：封龙山，在鹿泉县南四十五里，盖山当两邑之交也。

无极山，县西三十五里，以峰峦高耸而名。县西三十里，曰灵山，与无极山并峙。又长山，在县西北四十里，其相接者曰黄山，与封龙山隔溪相对。又西北十里，曰白石山。《志》云：无极诸山与封龙山，皆冈脉相接，所谓县境六名山也。后汉光和中，俱锡以封号，载在《祀典》。

石溜山，县西北二十五里。岩石环列，旁有长溪回绕，下注深壑，可引以溉。又有九女山，在县西北五十里，以九峰并列而名。又西北二十里，曰磨盘山，山顶平圆，俗呼磨儿砦。

割髭岭，县西北七十里，中有径通井陉。《纪胜》云：光武略定河北，驻跸元氏。尤来、大枪之徒，皆割髭变貌，由此遁去，岭因以名。《井陉志》岭在井陉东南五十里，盖两县相接也。又孟尝冈，在县西十五里，相传田文曾经此。东有鸡鸣口，道深阻，窃掠者恒聚于此。

槐水，县西南六里。源发赞皇县之黄沙岭，东流经县界，又东南历高邑、柏乡县，达宁晋县入胡卢河。即野河之上源也。

泜水，县南五里。泜，音脂。源出封龙山，东南流入赵州之临城县境，下流亦合于胡卢河。水北有韩台，相传韩信破赵，斩成安君时，建幕于此。今台在县南三里。《水经注》：泜水，即井陉山水也。《邑志》云：泜水流合于槐水，在县西南六里，地名纸屯渡口。○沙河，在县西北八里，西山诸水所汇流也。自县境东流入栾城县，合于洨水。

苇箔岭口，县西八十里，北至故关亦八十里。正统四年设。嘉靖二十年，增置官兵于此。《志》云：县西七十五里有苍岩道口，七十里有孤撮岭口及短岭儿口，其相近者有鸽子岭口。县西六十里，又有青草峪口，俱太行山径，路出山西处也。有官军戍守。

南庄集。县西北四十里。其相近者，为鹿台砦。又有三公等寨，凡十馀处，俱在县西七十馀里，兵乱时邑人保聚处也。其地皆连接山西界。○韩台，在县南三里泜水之阳，有土阜连属不绝。韩信出井陉攻赵，尝屯于此，因以名台。

○灵寿县，府西北六十里。西至平山县五十里，东至定州行唐县四十五里，东北至定州百二十里。战国时中山国地。汉置灵寿县，属常山郡。后汉及晋因之。后魏仍属常山郡。后周置蒲吾郡。隋初郡废，县属恒州。义宁初，置燕州于此。唐初州废，县属井州。贞观中复旧。宋熙宁六年，省入行唐县。八年复置。今城周三里有奇，编户十三里。

灵寿城，在今县城东。《通典》：中山国都也。《十三州记》：中山桓公徙都灵寿。《史记》：乐羊为魏文侯将，攻拔中山，封之灵寿。又赵惠文王二年，主父起灵寿，北地方从，代道大通。汉因置灵寿县。又县治西北有赵王城，相传赵武灵王所筑，中有赵王台。

楸山，县西北五十里。山多楸树，因名。东接凤凰石山，两山夹峙，道出其中，谓之龙门口。《志》云：凤凰石山，峭壁万仞，登陟甚难，绝顶有石嵯峨，状如飞凤。一名鲁伯院山。又朱山，在县西北九十里，上有寨场。○富豪砦山，在县西北九十里，北接阜平县界，峭壁耸立，登降危险。半岭有石堂，绝顶有寨场。一夫据险，千人莫当也。

大喫水沟山，县西北百五十里，山北即团箔口。两山对峙，出矿，流民多啸聚于此。又西北十里，曰银洞山。又十里为四岭山。○滴水塘沟山，在县西北百三十里，山形峭拔，麓有石洞，泉出其中。

长岗岭，县北十五里。突起一山，盘亘甚远。又横山岭，在县西北八十里，高耸干霄，虽晴明时，岚雾尝蒙其上。又沙岭，在县西北百三十里。又县西北百九十里有六岭。六岭相连，其北属阜平县界。

滹沱河，县西南二十里。自平山县流入境，又东流入真定县界。

卫水，县东北十里。俗呼雷沟河，源出恒山。《禹贡》：恒卫既从。即此卫水也。《汉志》：卫水出灵寿县东北，东入滹沱河。

滋河，在县北五十里。自山西灵丘县流入界，又东入行唐县境。

松阳河，在县治南。源发楸山，东南流入于滹沱。又圣水，《志》云：出县西北二十五里白石村，谓之圣水洼，亦曰圣水峪。上有清风寨。又西北六十五里有大鸣川，源出横山岭西团箔口东，俗呼锦绣大明川。下流俱注于滹沱。○温泉，在县治东北二里，俗呼泥河，水隆冬不冻。下流入松阳河。泉旁多稻田，俱赖灌溉。

白草沟口。县西北百六十里，北至龙泉关百二十里。正统九年，设官兵戍守。其相近者，曰古道沟口、道庵沟口，俱嘉靖二十四年设兵戍此。又军孤驼口，在县西百五十里，北至龙泉关百四十里，正德二年建城置戍。诸口皆有径道，可达山西。

○**藁城县**，府东南六十里。东至晋州四十里，东北至祁州深泽县九十里。汉曰藁城县，属真定国。后汉废。魏收曰：时属钜鹿郡，今《汉志》不载。后魏复置藁城县，属钜鹿郡。北齐改为高城县，钜鹿郡治焉。隋初郡废，县属赵州。开皇十年，置廉州于北。十八年，复改县为藁城。

大业初，州废，县属赵郡。义宁初，复置钜鹿郡。唐初复改廉州。武德五年，突厥寇廉州，即此。贞观初，州废，县属恒州。天祐初改为藁平。五代梁开平三年，赵王镕附晋，复故。宋属真定府。金因之。元初置永安州，寻废，仍曰槁城县。今城周四里有奇，编户十四里。

九门城，县西北二十五里。战国时赵邑。《史记》：赵武灵王十七年，王出九门，为野台。惠文王二十八年，罢城北九门大城。汉置九门县，属常山郡。后汉及晋因之。永和七年，燕慕容恪徇常山，军于九门。隆安初，拓跋珪围中山，徙军常山之九门。寻亦为九门县，徙常山郡治焉。北齐县废。隋开皇六年复置，属恒州。义宁初，曰九门郡。唐武德初，改置观州。五年，州废，仍属恒州。天宝十四载，安禄山叛，陷常山，藁城、九门皆为贼守。李光弼复常山，败贼将史思明。思明退入九门。既而郭子仪、李光弼合军击思明于九门城南，大败之，遂复取九门、藁城。未几，光弼等退入井陉，二城复陷。元和十一年，义武帅浑镐奉诏讨王承宗，奏破其兵于九门。五代梁龙德二年，晋将李嗣昭镇州叛将张处瑾，处瑾遣兵迎粮于九门，嗣昭设伏于旧营邀击，杀获殆尽。旧营，在镇州城下，先是阎宝围镇州结营处也。宋开宝六年，省九门县入藁城。

宜安城，县西南二十五里。战国时赵邑。《史记》：秦始皇十四年，伐赵，取宜安。又赵将李牧击秦军，取宜安，走其将桓齮。《舆地记》云：宜安城，李牧所筑。旁有土山冈阜崛起。又有台，高数仞，俗犹呼为李牧台。或以为耿乡也。《水经注》：太白渠水自关县，又东经耿乡南。世祖以封耿纯为侯国，世谓之宜安城。隋义宁初，置宜安县于此，属钜鹿郡。唐初属廉州。武德四年废。○信义城，在县西北。唐初置信义县，与新市县并属观州。武德五年，省入九门县。

栢肆城，县北三十里。本汉藁城县地。晋为下曲阳县地，属赵国。永嘉之乱，置坞于此，曰栢肆坞。隆安初，拓跋珪攻燕信都，将北还。

慕容宝闻之，自中山悉发其众，屯于曲阳之栢肆，营滹沱河北以邀之。珪至，营于水南。宝潜师夜袭珪，为所败，奔还中山。即栢肆坞也。隋开皇十六年，置栢肆县于此，属廉州。大业初废。义宁初复置，属钜鹿郡。唐武德初，属廉州。五年，省入藁城县。○新丰城，在县东北。隋义宁初，置新丰县，属钜鹿郡。唐初属廉州。武德四年，废入藁城县。

肥累城，县西南七里。古肥子国，白狄别种也。后并于晋。《史记》赵王迁三年，秦攻赤丽、宜安，李牧与战于肥下，却之。孔氏曰：战于肥累之下也。汉置肥累县，属真定国。后汉省。魏收《志》藁城有肥累，即此城也。又赤丽城，阚骃曰：在肥累故城南。

滹沱河，县北一里。自真定县流入境，经故九门县城南，为逢壁渡。唐天宝末，李光弼自常山击史思明，掩杀贼众于逢壁。思明失势，退入九门。即此。又东经县北，入晋州界。明建文三年，燕王败平安等军于单家桥，遂西趣真定，渡滹沱河，与安等战于藁城，安等败绩。单家桥，见河间府献县。

滋水，县北三十馀里。亦自真定县流入境，又东入无极县界。《志》云：县西南二十五里，旧有郦阳水，其西为泥阳阪，今涸。又牧道沟，在县西北七十五里。其水四时不竭，土人种艺其间，资以灌溉。

耿乡，在县西一里。《志》云：后汉初，耿氏宗族所居，光武因封耿纯为耿乡侯，即此。又平将军垒，在县北十二里，即建文中平安屯兵御燕师处。

示衣阪。在县西北三十里路侧。唐天宝末，安禄山陷藁城。常山太守颜杲卿以力不敌，至藁城迎见。禄山以金紫衣畀之，令仍守常山。杲卿归至中途，驻阪侧，顾长史袁履谦曰：何为著此衣？因相与起兵讨禄山。后人遂以名阪。○塌子口，在县西三十五里，滹沱河渡口也。相传冯异从光武定河北，尝渡此，略下中山诸郡。邑《志》云：县西北七十里有又头村巡司，盖与龙门口相近。

〇栾城县，府南六十里。南至赵州三十五里，东北至藁城县四十里。春秋时，晋之栾邑。汉置关县，属常山郡。后汉改置栾城县。三国魏废。北魏复置，属赵郡。北齐又废。隋开皇十六年，复置，属栾州。大业中，仍属赵郡。唐属赵州。大历三年，改属镇州。天祐初，更名栾氏，寻复故。今城周四里，编户一十二里。

关县城，今县治。春秋时，晋栾武子封于此。哀四年，齐国夏伐晋，取栾。是也。汉为关县治。建武中，以张况为常山关长，即常山郡关邑长矣。寻改曰栾城。《括地志》：东汉改置栾城县，在关县故城西北四十五里。后魏太和十九年，复于故关城置栾城县。今县治东南有关城驿，盖以故关城而名。

卧龙冈，县东八里。盘曲如卧龙，今俗名浪头丘。《志》云：县城南有三丘并峙，高四丈馀，曰南容村丘。县西北旧县址东，又有董保丘，高三丈馀，今为栾城铺。又有彪冢丘，在县西三里，高二丈馀。

洨河，县西十二里。《汉志》：源出井陉山，东南至瘿陶入泜。洨，读曰效。今自平山县甘淘河分流，东南入县境。元氏县之沙河，东北流合焉。又东南经赵州南，下流注于胡卢河。《宋长编》：咸平五年，河北漕臣景望，开镇州常山南河入洨水，至赵州，以利漕。即此。

冶河，在县城西北隅。旧时冶河自平山县东南流经此，又南经宁晋县入大陆泽。其后冶河自平山县东北流，合于滹沱。滹沱不能容，决溢为害。元至元末，议引冶河分流。工成，滹沱水势遂杀。数年，下流渐湮，仍自旧口决入滹沱，冲啮为害。皇庆初，又议自平山县城西北改辟河道，下至宁晋，疏淤淀，固堤防，使冶水仍入旧河，则滹沱势分，真定之害必少。但栾城地形颇低，拟于县北圣母堂东冶河东岸，开减水河一道，以杀其势。于是冶河复导流于此。未几复废。或以此水为滹沱分流。误也。俗亦谓之运粮河，或以为即汉之太白渠。《汉志》：太白渠首受绵蔓水，东南至下曲阳，入斯洨。盖流经县境矣。又县南五里有龙潭湾，亦昔时冶河支流也。

杀胡林。县北十五里。宋白曰：唐武后时，突厥入河北，官军袭击之，群胡死于此，因名。石晋末，契丹主耶律德光入汴，既而北还，至临城病作。及栾城，病甚，行至杀胡林而死，即此地也。

○**无极县，**府东八十里。北至定州九十里，东至祁州深泽县四十里。汉毋极县，属中山国。后汉因之。晋省。后魏太和十二年，复置，属中山郡。北齐属恒山郡。隋属定州。唐初属廉州，贞观初仍属定州。武后万岁通天二年，改毋为无。景福二年，置祁州治此。五代因之。宋景德初，祁州移治蒲阴县，仍属定州。明初改今属。城周五里，有门三，编户十三里。

毋极城，在县治东北一里。汉县治此。晋省。永和八年，苏林起兵于毋极，自称天子，燕慕容恪击平之。太元九年，丁零翟辽为后燕慕容农所败，自鲁口退屯无极，农屯藁城以逼之。后魏复置县于此。唐景福中，置祁州，改营今城。光启初，成德帅王镕遣兵侵易定，帅王处存攻无极。河东帅李克用救易定，败成德兵于无极。即今县也。鲁口，见饶阳县。

苦陉城，县东北二十八里。战国时中山国属邑。后属赵，赵人陈馀数游苦陉，即此。汉置县，属中山国。后汉建武初，封杜茂为侯邑。章帝北巡，改曰汉昌。魏主丕改曰魏昌。晋因之，仍属中山国。后魏属中山郡。北齐废。隋开皇十六年，复置，曰隋昌，属定州。唐武德四年，改曰唐昌。天宝初，改曰陉邑，仍属定州。宋初亦为陉邑县，寻省入无极。杜佑曰：唐昌东北有中山故城，即慕容垂所都。或曰非也。晋时，魏昌县别名陉城，亦作阱城。隆安初，燕慕容宝弃中山，走龙城，与慕容麟遇于阱城。

则垂都不在唐昌矣。《括地志》汉中山国有陉城，即苦陉云。

新城，县西二十八里，汉之资亭也。《耆旧传》：中山靖王七代孙弥子征匈奴有功，封资亭侯。以资水经此而名。后魏太武南侵，筑城于此，谓之新城，亦曰资城。魏收《志》：无极县有新城。是也。唐光启初，李克用救易定，败成德兵于无极。成德兵退保新城，克用复进击，大破之，拔新城，又追败之于九门。五代梁龙德初，契丹围定州，晋王存勖自镇州驰救，至新城，契丹前锋已自新乐而南。晋王进至新城北，半出桑林，契丹见之惊走。新城，盖与定州新乐县接界也。又有康城，在县北五里，相传慕容燕所筑。一名康王台。又有安乡城，在县南六里。《元和志》：魏明帝封甄逸为安乡侯。盖邑于此。

无极山，县西南三十里。县以此名。《志》云：山脉自元氏县封龙、无极诸山而来。此山虽不甚高，而托体崇宏，故仍冠以无极之名。亦以由此而西，太行绵亘，大山长谷，邈无穷尽也。

滋水，县南六里。旧《志》谓之资水。自藁城县流入境，又东北入祁州深泽县界。城南旧有资河堤，今废。霖潦时，辄有涨溢之患。又木道堤，在县西北。沙河自定州流经县界，入祁州境，恃此堤捍御。堤废，恒自李家口决入，为民害。

廉台。县西十三里。相传以廉颇名。《晋·地道记》：魏昌县有廉台。永和八年，魏冉闵军于安喜，燕慕容恪引兵随而击之，闵趣常山，恪追之于魏昌之廉台。及战，遂获闵。贾耽曰：廉台在无极，晋以毋极并入魏昌，故在魏昌境内。魏收《志》：毋极有廉台。是也。又有扈台，在今县城西北，高出林阜，为邑之胜。○虚粮冢，在县西二十五里，有阜数十，俱高丈馀。相传昔时为虚粮诳敌处。

○**平山县**，府西九十里。西南至井陉县八十一里，西至山西盂县百八十里。春秋时晋之蒲邑。汉因置蒲吾县，属常山郡。后汉因之。晋仍曰蒲吾县，亦属常山郡。后魏因之。隋开皇十六年，析置房山县，属恒州。义宁初，又置房山郡。唐武德初，改郡为岳州。四年，州废，县仍属恒州。至德初，改为平山县。今城周四里。编户二十一里。

蒲吾城，县东南二十里。战国时，曰番吾，为赵之重地。苏秦曰：秦甲度河逾漳，据番吾，则兵必战于邯郸之下。张仪亦曰：据番吾，迎战邯郸下。又曰：秦赵战于番吾之下，再战而再胜秦。《史记》：赵王迁四年，秦攻番吾。李牧与战，却之。即蒲吾也。汉置蒲吾县。晋及后魏县皆治此。隋大业初，省入井陉县。义宁初，复置。唐初属井州，贞观初复废入井陉。魏收《志》：蒲吾县有嘉阳城。《寰宇记》：嘉阳城在今县东十八里，即汉之蒲吾县治。恐误。又有西平州城，在县西门外。相传昔尝置州治此，未详所据。

桑中城，在县东南。汉县，属常山郡。宣帝封赵顷王子广汉为侯邑。后汉废。《水经注》蒲吾县东南有桑中故城，俗谓之石勒城。晋永和六年，冉闵之乱，后赵故将杨群据桑壁。盖即桑中城矣。

房山，县西北六十里。《汉志》注：蒲吾县有铁山，即房山也。后汉章帝元和三年，幸赵，祠房山。俗呼为王母山，以有西王母祠而名。亦曰西山。五代梁贞明中，赵王镕盛饰馆宇于西山，每往游，辄经旬月。既而自西山还，宿鹊营庄。军中作乱，乃还镇州。鹊营庄，在县西十馀里，时亦为游宴处。○东林山，在县北二十里。其西为西林山，冈峦相接，皆有泉石之胜。

叱日岭，县东南四十五里。唐景福二年，李克用败成德兵于平山，进攻天长镇。成德帅王镕出兵赴救，克用逆战于叱日岭，大败镕兵。近《志》云：今井陉县东北三十五里有赤石岭，本名叱日岭。今亦名青泉岭，盖旧属平山县界云。

滹沱河，县北十里。自山西盂县流入界，又东入灵寿县境。北魏孝昌三年，五原降户鲜于修礼版，攻定州。诏长孙稚等讨之。稚前至滹沱，修礼邀击之于五鹿，稚大败。五鹿，在县东，盖滹沱河旁地名。

　　冶河，县东北十里，即甘淘河也。自井陉县流经县城西，又东北流至此，入于滹沱河。元泰定四年，议者言滹沱自五台诸山流入县境，至王母村山口，与平定州娘子庙石泉冶河合，霖潦涨溢，奔注真定西南关，冲啮为患。宜自县西王子村、辛安村，凿河长四里馀，接鲁家湾旧涧，复开二百馀步，合入冶河，以分杀其势。不果。今见真定县滹沱河及栾城县冶河。潚河，在县北。源出房山，东流入行唐县界。《寰宇记》曰：即石臼河也。又旺娄河，在县西十五里。其泉甚暖，隆冬不冰，居民造楮于此。

　　蒲吾渠，在县西。亦曰蒲水。后汉明帝引而为渠。《后汉纪》：明帝治滹沱、沱石臼河，从都卢至羊肠仓，欲令通漕太原，转运所经，凡三百八十九隘。前后没益，不可胜算。章帝建初三年，从邓训言，罢之。《古今注》：后汉永平十年，作常山呼沱河蒲吾渠通漕。盖即以都卢为蒲吾也。羊肠仓，在山西岚州。胡氏曰：《汉志注》绵曼水自上艾东至蒲吾，入呼沱。又蒲吾县有太白渠，首受绵曼水，东至下曲阳，入斯洨。明帝盖漕太白渠入绵曼水，自绵曼水转入汾水，达羊肠仓也。上艾，即今山西平定州。又太白渠，在县南，汉时即有此渠，后汉亦尝引之。晋以后废。

　　滔滔水，县西北百二十里。自半山涌出，达于平地，灌田数十顷。又有　滔滔水口，正德二年，建城置戍于此。○河西泉，在县西二十五里，平地涌泉数处，灌田数百顷。

　　天长镇，在县东。旧《志》：县境滹沱河东北有天长镇。唐景福初，李克用及义武帅王处存合兵攻成德帅王镕，拔天长镇。镕出战，败克用兵于新市。二年，克用复败成德兵于平山，攻天长镇。又五代梁开平四年，晋王存勖与王镕会于天长，共图伐梁。是也。近《志》云：井陉县天威城，即故天长镇。似误。○红子店，在县境。嘉靖十年，流贼入境，掠红子店。或曰店在县南。又下口村，在县西百二十里，有巡司。

　　鹞子崖口，县西北百四十里，北至龙泉关百七十里。正统九年设。嘉靖二十一年，增置官兵守御。《关隘考》：鹞子崖以下，凡领二十四关口，俱通道山西，为龙泉中路。其在县境内者，共十有七口。自鹞子崖而北十里，曰沙岭口，弘治二年置戍处也。鹞子南二十里，曰孤榆树口，又南曰陡岭口，俱有官军守御。○桑园沟口，在县西北百二十里，北至龙泉关二百二十八里。弘治元年置戍。其南为牛圈沟、神堂岭、石槽沟等口，俱弘治、嘉靖间戍守处。又北黑山口，与石槽沟口相近，正统二年置戍。又西为石盆沟口，正德十四年，筑城置戍于此。《里道记》：自北黑山口道出山西五台县，凡百五十里。

　　白羊平口，县西北百六十里。又南五里曰白羊口，东北去龙泉关三百里，皆弘治二年设兵戍守。《里道记》：白羊平口北至石盆沟五里，又北至北黑山口十五里。白羊口而南二里曰碓窝口，又五里曰红沙崖口，俱弘治、嘉靖间置戍处。已上诸口，俱属龙泉中路。

　　十八盘岭口，县西百三十里。东北至龙泉关三百里。《关隘考》：十八盘已下，凡二十一口，俱在县境，谓之龙泉南路。而十八盘尤为要害。正统二年，筑城置戍。嘉靖二十年，复增置官兵防守。○恶石口，在县西北百十里。滹沱河自山西流经此，入县界，川原平敞，最为要害。景泰二年，筑城置戍于此。又西南十里，曰寨门口，其相接者曰陆岭口。又有宋家峪口，在恶石口东北十里。俱正德十三年筑城置戍。

　　马圈沟口。县西北百三十里，东北至龙泉关二百五十里。弘治元年，设兵戍守。《关隘考》：口北至陆岭口十里。又米业沟口，在县西百四十里，与十八盘相近，正统六年设城戍守。又北十里曰南黑山口，正统四年，设城置戍处也。又井子峪口，在十八盘南三十里。景泰二年，亦筑城设兵于此。又八里为黄安岭口，又十里曰清风岭口，正德六年，亦设城屯兵于此。已上隘口，俱属龙泉南路。○仙人砦，在县西北桑园沟口。又有段树砦，在白羊口。西又有韩信砦，在县西南马岭口北，皆昔时戍守处。

○**阜平县**，府西北二百五十里。西至山西五台县二百四十里，东至保定府唐县百八十里。本定州行唐县地。宋为北砦。金曰北镇。明昌四年，置阜平县，属真定府。今城周二里，有门三，编户十一里。

大茂山，县东北七十里。即恒山之岭。一名神尖。石晋与契丹分界处。今阜平曲阳、唐县、庆都，皆缘大茂之麓。详见名山恒山。

大沠山，县东北五里。稍东为小沠山。以沠河所经而名。两山相峙，林峦郁然。又北山，亦在县东北，山岭盘互。县境群川，多发源于此。○陈摊庄山，在县南三十里，路通灵寿县，山径盘折，不容旋马。又无奈砦山，在县西七十里，峰恋剑拔，绝顶宽平，置寨于此，贼莫能入，故名。

孙子岭，县东南二十里。《志》云：县境诸山，皆从恒岭分支。此岭仰视大茂，拱列如儿孙，因名。俗讹为孙膑所居也。○金龙洞，在县东北九十里大茂山之口也。北接倒马关，旧为戍守要地。又水帘洞，在县东南四十里，有峰恋泉石之胜。

沠河，在县北。《志》云：源发恒山，流经大沠、小沠二山而南，县治南有当城河流合焉。又县西五十里有胭脂河，县东五十里有平阳河，与县境班牛、鹞子诸河，悉流入于沠河。旧东南流入行唐县界，今南流注于滹沱。

龙泉关，县西七十里。有上下二关，相距二十里。下关，正统二年建。景泰二年，又于迤西北筑上关城。天顺二年及成化十二年，皆添设官兵戍守。嘉靖二十五年，改筑关城，守御益密。《关隘考》：龙泉关东北至倒马关百五十里，西至山西五台县百八十里，自关南北沿山曲折各数百

读史方舆纪要卷十四 北直五 真定府 | *587*

里。所属隘口，凡六十馀处，皆与山西连界，分列官军戍守。

陡撞沟口，县西北百里，南至龙泉关四十里。嘉靖二十二年，置戍于此。《关隘考》：自陡撞沟口以下二十一口，所谓龙泉北路也。皆在县境。口南五里曰坑儿沟口，又南二十里曰黑崖沟、窜道沟等口，又南五里为石湖沟口，俱弘治、嘉靖间筑城置戍处也。〇黄土铺口，在龙泉关西南三里，其北有印钞、石湖、八沟等口，其南有幡竿岭、盘道岭、旧路岭、新路沟等口，皆弘治、嘉靖间建城置戍。《关隘考》：龙泉关西南七十里，有青竿岭。成化十七年置戍，弘治十六年增筑城堡。又南十里，曰阳和门口。又南二十里，曰三关子口。俱弘治中筑城置戍处也。

落路口，县东北百十五里，东北至倒马关九十里。正统四年，筑城置戍。《关隘考》：落路口以下，凡九口，皆在倒马关南路，为防御要地。自口而西二十馀里，为夹折腰。又西十里，为铁岭口、铜录崖口。其相近者，又有漆林沟、柴皮岭、六岭儿等口，俱正统、弘治及嘉靖中，筑城置戍处也。

吴王口，县西北百里，东北至倒马关三百二十里。弘治十三年，筑城置戍。《关隘考》：自吴王口而下，凡十九口，亦属倒马关南路。其相近者，曰过道沟口。自此而东，曰艾叶岭口、青羊沟口、香炉石口、门罕岭口、火炭沟口、杨洪口，又东曰黍查口，俱正统、弘治以后建城置戍处也。〇陡岭儿口，在吴王口西南二十里。嘉靖二十一年，筑城置戍。又西曰鱼儿刨口、夹耳庵口，俱正统四年筑城置戍。其相近者，曰龙窝沟口、高石堂口、养马楼口，俱正德十二年筑城置戍。又西曰枪锋石口，则嘉靖二十二年筑城置戍处也。〇神台寨，在县西北吴王口。又艾叶岭口有火头砦。〇富豪砦，在龙泉关东南，即灵寿县接界之富豪寨山也。邑民尝避兵于此，薪水自足，故曰富豪关。西南有无柰砦，即无柰寨山也。

次沟村。县西北百二十里。在吴王口外，村南有扒背、银河村、胡家庄、柳树村、天桥儿、莲子崖等处。山中皆产矿砂，流民恒相聚开凿，名曰矿徒。嘉靖二十五年，渐啸聚为乱。议者言；次沟村南接龙泉，东连倒马，其地险僻，每因银矿致乱。宜设巡司于此，以时稽察云。

附见：

真定卫。在府治东南，洪武三年建。又神武右卫，在真定卫西。本陕西华州卫，寻改为西安右护卫。宣德五年，改曰神武卫，调置于此。

○定州，府东北百三十里。东至河间府二百八里，南至赵州二百三十里，西北至山西蔚州三百二十里，东北至保定府二百里。

春秋时鲜虞国地。战国初为中山国，寻为魏所并，后又属赵。魏文侯时，使乐羊伐中山，取之。既而中山复有其地。赵武灵王伐取之。秦为上谷、钜鹿二郡地。汉初置中山郡，景帝改为中山国。后汉及晋皆因之。后燕慕容垂都此，置中山尹。后魏亦为中山郡，兼置安州，寻改为定州。后魏主珪初得中山，置安州，建行台于此。天兴二年，改曰定州。高齐改郡曰鲜虞郡。后周置定州总管府。隋废郡，仍曰定州。炀帝初，改为博陵郡，后又为高阳郡。唐仍曰定州。武德四年，置总管府。六年，升为大总管府，管河北三十三州。七年，改都督府。贞观七年，罢。又开元十四年，置北平军于此。杜佑曰：军在州城西。天宝初，亦曰博陵郡。乾元初，复故。建中二年，义武节度使治于此。五代因之。宋仍曰定州亦曰博陵郡。太平兴国初，讳义，改军名曰定武。庆历八年，析置定州路，统定、保、深、祁、广信、安肃、顺安、永宁等八州军。政和三年，升为中山府。金复曰定州，寻亦为中山府。元因之。明复为定州，改属真定府，以州治安喜县省入，编户三十四里。领县三。今仍曰定州。

州凭镇、冀之肩背，控幽、燕之肘腋。关山峻阻，西足以临云代。川陆流通,东可以兼瀛海。语其地势,亦河北之雄郡也。昔者中山虽小,犹颉颃于九国间。赵武灵王得中山,遂却燕伐胡,辟地千里。秦既灭赵,使王翦屯中山以临燕。后汉初,光武定河北,以中山为驱除之始。慕容垂之复燕也,规中山险固,从而都之。拓跋氏随而覆之,天关、恒岭视为坦途。中山被兵,河北州镇,悉折而入于魏矣。魏知山东之势系于中山,因建行台于此。南牧河济,必先集中山。盖中山之去云、朔,仅隔一陉,从高而下,势若建瓴。既至中山,则出险就平,驰突较易。魏末之乱,发于六镇,浸淫至,定州而相、魏以北,皆为糜烂,岂非河北之安危,恒视中山之得失哉?自东魏以迄周、隋,定州皆为重镇。唐初,突厥凭陵定州,每虞侵轶。裴行俭曰:欲固河北之藩垣,先绝云、蔚之窥伺;欲绝云、蔚之窥伺,先壮定州之扃钥。及建中以后,易、定一隅,常足以离范阳、成德之交,而为河东之卫。虽强邻角立,以二州兵力,拒之而有馀。石晋割弃燕云,契丹入犯定州,辄婴其锋。宋亦以定州为重镇,与关南真、定犄角,以御契丹。其后女真覆宋,则争中山。金之亡也,蒙古亦力战于中山。州居燕、代、恒、冀之交,诚自古必争之地。况控临雄关,襟带畿辅,而可泄泄视之乎?

安喜废县,今州治。汉曰卢奴县,中山国治焉。郦道元曰:卢奴城内西北隅,有水渊而不流,南北一百步,东西百馀步。水色正黑曰卢,不流曰奴。更始初,耿弇驰谒大司马秀于卢奴。二年,大司马秀自下曲阳北击中山,拔卢奴,移檄边郡,共击邯郸。建武四年,幸卢奴。晋亦为中山国治。燕慕容垂都之,尝改为不连,寻复故。隆安初,拓跋珪攻后燕,如卢奴,复围中山。后魏中山郡及恒州皆治此。《舆地志》:卢奴城北临滱

水，南面洈河，杜预谓之管仲城。又有中山宫，慕容垂所置宫也。自后魏
至高齐，皆因而为别宫。《隋志》：高齐置鲜虞郡于卢奴。寻废，卢奴入安
喜县。开皇初，废郡，改置鲜虞县。大业初，为博陵郡治，又废安喜县入
焉。唐武德四年，改曰安喜县，为定州治。五代梁乾化三年，晋王存勖灭
燕，还过定州，舍于关城，即安喜关城也。又后唐天成三年，成德帅王
都据州叛。遣王晏球等讨之，拔其北关城，寻复得其西关城。晏球以定
州城坚不可攻，乃增修西关城，以为行府。明年始克之。五代以后，皆为
州郡治。明初省。《城邑考》：州城，明初因旧址增筑，为门四。其制周旋
盘折，掩伏环带，四面各异。环城为濠，阔十丈，深二丈。城周十六里有
奇，有门四。

安险城，州东三十里。汉置县，属中山国。武帝封中山靖王子应为
侯邑。《中山记》：县在唐水之西，山高岸崄，故曰安险。后汉章帝更名曰
安憙，后讹为安喜。昭烈尝为安喜尉，即此。晋亦曰安喜县，属中山国。永
和八年，冉闵拒燕慕容恪军于安喜县。后魏仍为安喜。隋大业初，省。唐
大三年复置安险县，属定州，五代唐仍省入安喜。

新处城，在州东北。汉县，属中山国。光武初封陈俊为侯邑，后
废。又县有乐阳城。魏收《志》卢奴县南有乐阳城，即汉常山郡之乐阳
县。又唐城在州东北十五里，亦曰尧城。相传尧尝都此。○固城，在州东
三十里。旧《志》云：禹治水时筑。屹然坚固，后人因名曰固城。后魏普
泰初，刘灵助引幽、平诸州之兵寇博陵以西，魏主命侯渊东讨，至固城，
袭斩之。即此。胡氏曰：固城当在中山城西北，安国城东南。

嘉山，州西四十里。唐天宝末，郭子仪自常山进讨贼将史思明于
博陵，战于嘉山，思明败走。后唐天成三年，王都以定州叛，命王晏球进
讨，军于曲阳，都就攻之，晏球与战于嘉山，大破贼兵。宋开宝三年，伐
太原，契丹趣救。帝度其必道镇、定而西，遣韩重赟陈于嘉山，契丹至，

败去。《志》云:嘉山绝顶,有孟良砦,相传宋将孟良屯兵处。〇陵山,在州西六十里,上多古帝王陵冢,因名。其相峙者,曰庐山、飞山。又有平山,在州东五里,两山对峙,低昂若一。

狼山,州西北二百里。山谷高深,与恒山相接。五代梁龙德初,契丹入幽州,陷涿州,进攻定州。晋王存勖自镇州驰救,遣别将王思同将兵戍狼山之南。以拒契丹侵突。石晋开运三年,土人筑堡于山上,以避契丹。中山人孙方简因据堡为盗,数引契丹入寇。及契丹入汴,以方简为义武帅,继而使镇大同。方简怨恚,复率其党保狼山故寨,拒守要害。契丹攻之,不克。会契丹弃州去,方简遂自狼山率众还,据定州。汉乾祐初,遣使请降,复使为义武帅。《匈奴须知》:狼山寨东北至易州八十里。是也。

滱水,州北八里。自保定府唐县流入境,又东入保定府祁州界。或谓之呕夷水。《水经注》:滱水出代郡灵丘县高是山,东南过中山上曲阳县,又东过唐县,谓之唐河。后魏孝昌初,五原降户鲜于修礼叛,攻定州,其党宇文肱战死于唐河。五代唐天成三年,王晏球围王都于定州,契丹趣救,晏球逆战,大败之于唐河北。宋景德初,契丹攻定州,宋军拒之于唐河,契丹退屯阳城淀。二年,契丹复犯定州,王超拒之于唐河。契丹至,不接战,缘葫芦河而东南攻瀛州。或曰时契丹缘滹沱河北,东出至瀛州。葫芦河,在滹沱河南,盖误以滹沱为葫芦也。阳城,见保定府完县。

沙河,在州南。源发山西繁畤县东白坡头口,经曲阳入新乐,又东经州境而入保定府祁州界。唐光化三年,汴将张敬忠攻定州,义武帅王郜遣将王处直逆战于沙河,为汴军所败。宋景德初,以河朔辇运劳费,诏北面都钤辖阎承翰,自嘉山东引唐河三十二里至定州,酾而为渠。至蒲阴东六十二里会沙河,又东经边吴泊,入界河,以通漕舟,兼溉田,限戎马。时以为便。蒲阴，即今祁州。边吴泊，见安州。

泒水，在州南。泒音孤。来自阜平西山，旧自新乐县流入州界，今
涸。晋隆安初，拓跋珪军鲁口，遣兵袭中山，入其郭。慕容麟追至泒水，
为珪所败。既而麟自中山出据新市，珪就攻之，麟退阻泒水，复为珪所
败。

天井泽，州东南四十七里，周六十二里。《水经注》：泒水历天井
泽南，水流所播，遂为大泽。俗名天井淀。今涸。

倒马关，州西北二百二十里，内三关之一也。《关隘考》：关在曲阳
县北百五十里，与唐县、定州连界。古名青龙口，有二城。上城，洪武初
建，属唐县巡司把截。正统初，增设官兵戍守。十四年，北敌入犯倒马关
军寨。景泰二年，益兵防御。三年，议者以上城卑狭，于城南三里复筑下
城，南跨横冈，北临巨水，屯驻官军。成化以来，相继增修。嘉靖二十四
年，重修关城，周五里有奇，屹为巨镇。《里道记》：自关而东北，凡三
口，历六十里，接保定府唐县之周家堡。自关而西南，凡十四口，历百十
里，接阜平县之金龙洞口。馀详重险倒马关。

委粟关，在州北。《唐志》：定州有委粟故关，其相近有委粟山，
因名。今废。或云关盖在唐县境内。《中山记》云望都县有委粟关，即
此。〇清风店，在州北五十里。正统十四年，寇薄都城，寻遁去，石亨蹑
败之于清风店。或以为即此处也。今有巡司戍守。

承营，在州境。《续通典》：定州东南有承营坞。晋太元九年，后燕
慕容楷追丁零翟真，自邯郸至于下邑。真兵败北，趣中山，屯于承营。楷
复追之，为真所败。十年，慕容农攻拔承营外郭，既而真徙屯行唐，为其
下所杀。

狼牙口。在倒马关西南六十里。三关外墙至此，与内墙合为一。西
北至山西灵丘县百二十里。宋嘉定十一年，金保定将张柔会兵趣中山，蒙

古兵出自紫荆关。柔遇之，遂战于狼牙口、马蹄，为蒙古所擒。亦曰狼牙岭。〇鸡鸣台，在州东南三十里。《图经》：光武自蓟而南，舍宿于此，鸡鸣驰去，因名。又《中山记》：郡南七十里有廉台，相传廉颇所筑。今见无极县。又有永定马驿，在州治北。

〇**新乐县**，州西南五十里。又西南至府城七十里，东北至保定府唐县一百有八里。汉新市县地。隋开皇十六年，置新乐县，属定州。唐、宋因之。今城周三里有奇，编户十一里。

新乐城，在县治西。宋白曰：汉成帝时，中山王母冯昭仪随王就国，建宫于西乡之乐里，因呼为西乐城。俗讹为新乐。隋因以置县。后唐天成三年，王晏球攻定州，遣别将张延朗保新乐，定州兵袭破之。宋嘉定十二年，蒙古将张柔围中山，金将武仙遣其将葛铁枪与柔战于新乐，为柔所败。《寰宇记》：县西十五里有伏羲故城，中有羲台。台后有洗儿池，相传炎帝生于此。

童山，县西北二十里。一名见龙山。高数十仞，绵亘数里，下有小溪潆带，流入沙河。

沙河，在县城西南。自曲阳县流入境，又东入定州界。唐天宝末，郭子仪等攻贼将史思明于博陵郡，不克，引还常山。思明引兵蹑其后，子仪选骁骑更挑战，至行唐，贼疲欲退，子仪乘之，败贼于沙河。胡氏曰：沙河经新乐、行唐二县间，即子仪败贼处。又光化三年，定州将王处直拒汴将张存敬于沙河，为所败。五代梁龙德初，契丹围定州。晋王存勖自镇州驰救，至新城南，候骑白契丹前锋至新乐，涉沙河而南。晋王遇之于新城北，契丹还走，晋王分军为二逐之，行数里，败其众。时沙河桥狭冰薄，契丹陷溺死者无算。契丹主闻之，从定州退保望都。范成大《北使录》：自真定府七十里过沙河，至新乐。又四十五里至定州，又五十里即望都县。

沤水，县西南十里。旧自行唐县流入境，又东入定州界。晋隆安初，慕容麟屯新市，为拓跋珪所攻，退阻沤水。珪复破麟于义台。〇浴河，《志》云：在县西十五里，自中同村东流，经县南五里。又东入于沙河，溉田数千顷。

木刀沟，县东南二十里。唐元和四年，河东易定兵讨恒冀叛帅王承宗，破其兵于木刀沟。《寰宇记》：㴲水出平山县之房山。一名石臼水，亦谓之鹿水。出行唐县东，入新乐县界，为木刀沟，亦名袈裟水。南流入滹沱河。《郡志》：沟在县南三十里，东注于沙河。〇永济渠，在县东。旧《志》：唐咸亨中，魏州刺史李灵龟开此，以通新市，百姓利之。今涸。

义台，县西南三十五里。《括地志》云：本名野台。赵武灵王十七年，出九门，为野台，以望齐中山之境。即此。后更为义台。拓跋珪与慕容麟战于义台，麟大败。魏收《志》：新市县有义台城。李延寿曰：义台，坞名也。

回湟镇。在县西南。唐为镇、定分界处。元和四年，河东将王荣讨恒冀叛帅王承宗，拔其回湟镇。即此。又西乐驿，在今县治西南。

〇曲阳县，州西六十里。西南至行唐县三十二里，东至保定府唐县六十里。战国时赵邑。汉置上曲阳县，属恒山郡。后汉属中山国。晋属常山郡。后魏属中山郡。北齐改为曲阳县。隋开皇六年，改曰石邑。七年，改为恒阳，属定州。唐因之。元和十五年，复曰曲阳。宋仍属定州。元初，置恒州于此，寻复故，又改隶保定路。明初，复改今属。城周四里有奇，编户二十五里。

上曲阳城，县治西四里。《括地志》：故赵邑也。赵武灵王伐中山，合军曲阳。即此。汉置上曲阳县，以在太行之阳转曲处而名。后移今治。五代唐天成三年，王晏球与王都战于曲阳城南，大破之。即今县也。

丹丘城，在县西北。《史记·赵世家》：武灵王二十年，合军曲阳，

攻取丹丘、华阳、鸱之塞。阚骃曰：上曲阳有丹丘城。或曰：丹丘，恒山别
名也。城在山下，因名。孔颖达曰：丹丘城在邢州。似误。华阳、鸱之塞，
见前重险倒马关。○宕城，《志》云在县西北十里，未详所始。

恒山，县西北百四十里。《汉志》县有恒山北谷，并州之镇也。详见
前名山恒山。○少容山，在县南二十里，一名黄山。山绵延耸秀，上有集圣
池。《志》云：五台山圣水潜流于此。又见龙山，在县南三十里，与新乐、
行唐二县接界。

孔山，县西北十五里。山多洞穴，因名。又县西北五十里，为莲花砦
山，大山居中，峰峦九出，状如莲花。周回峻绝，惟一径可通。中为空谷，
其下临水，深不可测。昔人于此避兵，因以寨名。又有临河砦山，在县西
北四十里。其相接者曰灵山。

香岩阁山，县北六十里。绝壁千寻，奇峰万状。又北十里，有王子
洞，岩壑幽深，泉石奇胜。○水窦岩，在县西北五十里，飞泉奔泻两崖间，
因名。金主璟尝游此。

恒水，在县西。《禹贡》：恒、卫既从。郑玄曰：恒水出恒山北谷，
东流合滱水。是也。或谓之恒阳溪。○狄水，在县东三里，亦发源恒山北
谷，南流至定州，入滱水。相传宋将狄青曾治漕于此，因名。今塞。

沙河，县南十里。自山西界流入县境，又东南流入新乐县界。
《志》云县南有曲逆溪，水流多曲，故名。又县西四里有灵河，《志》云：
发源县西白土坝，东流至三角潭，与曲逆溪合，下流入于沙河。○龙泉，
在县北五十里，突出地中，渊涵停蓄，流入唐县界。又有小白龙潭，在县
南七里，渊深莫测，皆为民利。

军城砦，县西北八十里，北去倒马关六十里。宋置寨于此，仍隶曲
阳县。金为军城镇。国朝亦为戍守处。今亦见保定府唐县。又莲花砦，在
县西北莲花山上。又东为张公砦，高山耸峙。相传昔有张公者，率民避兵

于此。《志》云：寨在军城镇南二十里。是也。

白道安口，在县西北，稍西即狼牙口也。自白道安口而东北，历岳领口、小关城口、夹耳安等口，而接倒马关。又自狼牙口而西，历梧桐树、乱树林、黄草安等口，而接阜平县之落路口。又伏城马驿，《志》云在县东北二十里。

岳祠。在县城西。沈括曰：祠旧在山下，亦曰北岳庙。晋王存勖灭燕，还过定州，与王处直谒岳庙。是也。石晋之后，稍迁近里，今其地谓之神棚。新祠之北，有望岳亭，新晴气清，则望见大茂山。

○行唐县，州西南九十里。南至府五十里，西至灵寿县四十五里。战国时赵邑。汉置南行唐县，属常山国。后汉因之。晋属中山国。后魏为行唐县。属常郡山。太和十四年，置唐郡于此。二十一年，郡废，仍属常山。隋属恒州。唐因之。长寿二年，改曰章武。神龙初，复故。大历初，置泜州于此。九年，废，仍属恒州。五代梁初，又改为彰武县，寻复旧。晋改曰永昌。汉复曰行唐。宋因之。元改属保定路。明初改今属。城周五里有奇，编户二十二里。

南行唐城，在县北，县旧治此。战国赵惠文王八年，城南行唐，是也。汉因置县。晋太元十年，慕容垂击丁零翟成于行唐，灭之。魏收《志》：熙平中，移县治犊乾城，即今治云。《城冢记》：今县北三十里，有行唐故城，俗亦谓之故郡城，以后魏尝置唐郡于此也。

滋阳城，在县西南。隋开皇六年，析行唐置滋阳县，属恒州。十六年，又析置王亭县。大业初，以王亭县省入滋阳。唐武德五年，又省滋阳入行唐县。《新唐书》：武德四年，置王城县。盖即隋王亭县故址。寻亦省入行唐。

栢山，县西北三十五里，以山有古栢而名。相传窦建德尝屯军于此。又西北五里，曰毗山。峰峦环列，俨如屏障。○箕山，在县西北五十里，以峰形若箕而名。《志》以为许由隐此，盖传讹也。

团山，县北五十里，以山形团峦而名。其东南十里，曰见龙山，即新乐与曲阳接界处也。又有黑山，在县北三十五里。其南五里，曰伏山。○双岭山，在县西北八十里，以双岭并峙而名。其相接者，曰龟山。又有西山，在县西七十里。《志》云：县北八十里有阳川岭，告河之源出焉。

滋河，在县西。《志》云：自山西灵丘县，流经县西北之张茂村，伏流不见，至真定县而复出。是也。隋置滋阳县，以此水名。○告河，源出扬川岭，流经县治南，又东入新乐县之沙河。《志》云：县西北三十五里，有甘泉河，流合告河。

泒河，在县西南。旧自阜平县流入县境，又东入新乐县，今涸。○贾庄河，在县西北二十里。源出恒山，流入县境，下流入于沙河。《志》云：贾庄河自恒山南合滱水，流入滹沱河。误也。又曲河，在县北二十里，流入贾庄河。

倒马关水，县东北二十五里。其上源即滱水也。自倒马关分流，盘回山谷中，经灵寿县界，复引而东出，合告河诸水，下流入于沙河。旧《志》云：倒马关水经县界，复折而东，北至定州，仍合泒水。似误。

石臼河，在县西。《后汉志》：南行唐有石臼谷，河因以名。《寰宇记》：即平山县之滋水也。东北流入县境，又东入新乐县界，为木刀沟。后汉永平中，引石臼、滹沱河以通漕，即此水也。

两岭口镇。县西北七十里。洪武七年，置巡司于此。

附见：

定州卫。在州治西，永乐元年建。

守御倒马关中千户所。在倒马关城。景泰二年设，隶真定卫。

○冀州，府东南二百八十里。东至山东德州二百三十里，南至广平府清河县百三十里，西至赵州百六十里，东北至河间府二百三十里。

古冀、兖二州地。杜佑曰：郡理以东，入兖州之域；以西，入冀州之域。《禹贡》故迹以涤水为界也。春秋时，晋之东阳地。战国属赵。秦属钜鹿郡。汉为信都国。景帝时曰广川国，宣帝复为信都国。刘敞曰：景帝前二年，为广川国。四年，为信都郡。中二年，复为广川国。宣帝四年，复曰信都。是也。后汉明帝更为乐成国，安帝改为安平国。杜佑曰：汉末冀州领郡九，理于此。又之国魏黄初中，冀州刺史亦自邺移理信都。晋亦曰安平国。后魏亦曰长乐郡，兼置冀州。魏收《志》：魏晋冀州皆治信都。又长乐郡，审约云晋太康五年，改安平为长乐，魏收亦云晋改，而晋志不载。北齐、后周因之。隋初郡废，仍曰冀州。炀帝复曰信都郡。唐仍为冀州。武德六年，置总管府。寻曰都督府，贞观初废。龙朔二年，改曰魏州。咸亨三年，复故。天宝初，亦曰信都郡。乾元初，仍为冀州。宋因之。亦曰信都郡、安武军节度。金仍曰冀州，属河间府路。元属真定路。明仍曰冀州，以州治信都县省入，编户十七里。领县四。今亦曰冀州。

州据河北之中，川原饶衍，控带燕、齐，称为都会。光武入信都，为中兴之本。其后慕容垂得之，遂兼幽、冀。高欢始事于此，亦成僭窃之谋。岂非以东近瀛海，则资储可充，南临河、济，则折冲易达，经营太行以东。州其根本之地欤！

信都废县，今州治。汉置县，为信都国治。魏、晋时又为冀州治。石赵慕容燕皆置冀州于此。其后苻坚亦置焉。晋太元十年，慕容垂自邺以东，略地至信都，河北州郡，次第降附。二十一年，拓跋珪取燕，河北州郡，惟信都犹为燕守。后魏孝昌三年，贼葛荣围信都，经年乃陷。普泰初，高乾等袭据冀州，推高欢为主，起兵讨尔朱，立勃海太守元朗于信都城西。隋初，析置长乐县。大业初，并信都入长乐，仍为信都郡治。唐初，复改为信都县。武德六年，移州治下博。贞观初，还治信都。后皆因之。明洪武六年，省。《城邑考》：州城，汉时遗址。宋建隆二年，增修，皆筑土为塘。明初因而不改。成化十八年，滹沱河溢，城坏，寻修复之。弘治二年，增筑内城，皆土城也。嘉靖二十年以后，屡经修筑。城周十二里有奇，有门三。

扶柳城，州西南六十里。战国时中山属邑也。后属赵。《国策》：赵攻中山，取扶柳。汉置县，属信都国。吕后封吕平为侯邑。阚骃曰：地有扶泽，泽中多柳，因名。后汉初，刘植据此以迎光武。是也。晋仍为扶柳县，属安平国。后魏属长乐郡。高齐省入信都。

辟阳城，州西三十五里。汉县，属信都国。审食其封辟阳侯，即此。后汉省。晋太元九年，后燕慕容楷等徇幽冀，楷屯于辟阳，为军声之本。亦曰辟阳亭。《水经注》：泽故渎东北经辟阳亭北，又经信都城东，散入泽渚。

昌成城，在州西北，故赵邑。《史记》：赵孝成王十年，燕攻昌城，拔之。《括地志》：冀州西北，故昌成县。是也。汉置县，属信都国。宣帝封广川缪王子元为侯邑。后汉初，昌成人据城以迎光武。永平初，改为阜成县。晋省入信都。《水经注》：堂阳县北三十里，有昌成城。《括地志》曰：故城在信都西北五里。杜佑曰：在信都县北。

安定城，在州西南，汉县属钜鹿，宣帝封燕王刺王子贤为邑侯。后汉省。又桃城，在州西北四十五里。汉桃县，属信都国，高帝封刘襄为侯邑。又昭帝封广川缪王子良为桃侯，亦后汉省。○泽城废县，在州东。隋开皇十六年，分长乐县置。大业初废。

枣山，州西五十里。山多枣，因名。《志》云：武邑县西南五十里，亦有枣山，环山皆枣也。又紫微山，在州东北三十五里。山皆冈阜，无岩壑之胜。

　　泽水，在州治北。自顺德府广宗县，东流入南宫县北，又东北经州城北而入衡水、武邑县界，合于漳水。亦名枯泽。《禹贡》：导河北过泽水，至于大陆。郑玄曰：泽水在信都南。《括地志》：泽水从系，当作绛。与虖池、漳水北流入海。唐开元十五年，冀州河溢。盖大河决入漳水，合泽溢流于州境也。《河渠考》：州城东北有渠，泄滹沱、横漳诸水下流。雨潦涨溢，渠不时泄，恒有冲啮之患。成化十八年，滹沱溃溢，挟漳水南注，自城北迤东至城南，皆圮坏。久之，患始息。盖滹沱自宁晋县决入漳水，州实当其冲，漳、泽诸流，皆为所乱也。

　　漳水，州西北三十五里。自宁晋县胡卢河东北流经南宫县北，又东流至此，入衡水县界。亦谓之长芦水。今州西二里有长芦沟，盖即漳水支流也。《水经注》：漳水过堂阳县西，分为二水。其右水东北出，注石门，谓之芦水。又云：长芦水西经堂阳县故城南，又东经九门陂，又东经扶柳县。晋永和六年，姚襄自滠头救襄国，冉闵遣将胡睦拒之于长芦，败还。即州境之漳水矣。《郡志》：州西二十五里，有清水河，自宁晋县流入界，下流仍合漳水。盖胡卢河支流也。

　　赵照渠，州东二里。唐贞观中，刺史李兴公开，引以注葛荣陂。陂在州西南二十里，荣攻信都时，盖筑此陂以灌城。○长堤，在城北，抵宁晋、新河县境。高丈馀，长百三十里，以防滹沱、漳河之涨溢。成化十八年，知州李德美所筑。又有古堤，在州城外四围，高丈五尺，周四十里。盖古筑此以障水，今与长堤相连。

　　草桥。旧在州城西南。后魏正始五年，魏主弟京兆王愉为冀州刺史，据州叛。遣李平进讨，愉逆战于城南草桥。平奋击，大破之。胡氏曰：桥在泽水上。

〇**南宫县**，州西南六十里。东南至山东临清州九十里，西南至顺德府钜鹿县六十里。汉县，属信都国。吕后封张敖子买为侯邑。后汉仍曰南宫县，属安平国。晋省，后复置。北魏属长乐郡。高齐废。隋开皇六年，复置，属冀州。唐宋因之。成化十六年，大水，县城圮，移治飞凤冈。今土城周八里，编户二十里。

南宫旧城，县西北三里。《城邑考》：县有土城。正统十四年建。成化十四年，为漳水所圮。十六年，迁于城东三里之飞凤冈。正德七年，修筑土城，即今县也。〇鸦城，在县西北。又县境有固城。唐元和十一年，诏诸道兵讨王承宗，魏博帅田弘正奏拔其固城，又拔其鸦城。二城盖当时戍守处。胡氏曰：皆在南宫县界。

堂阳城，县西南二十里。汉县，属钜鹿郡。高帝封功臣孙赤为侯邑。应劭曰：在堂水之阳，因名。后汉初，光武自信都投暮入堂阳界，多张骑火，弥满山泽，堂阳即降。永平中，县改属信都国。晋省，寻复置。后魏属长乐郡。北齐废。隋开皇十六年，复置，属冀州。唐因之。宋熙宁六年，省入南宫县。金亦为堂阳镇。《寰宇记》：晋改堂阳为蒲泽，汉寻复故也。《一统志》云：堂阳在武邑西六十里。似误。

漳水，县西北六十里。自宁晋县东流，经县境而入冀州界。《唐志》：南宫县西五十九里，有浊漳堤，显庆元年筑。堂阳县西十里，又有漳水堤，开元六年筑。又县有大河故渎，宋元丰以后，县为大河所经。《宋史》：元祐二年，河决南宫下埽。三年，决上埽。四年，复决县境五埽。《志》云：时大河经县东，而入枣强县界。今堙。

泎水，在县治南。自广宗县流入界，东北流入冀州界，亦曰泎河枯渎。《河渠考》：县地卑下，环以大防，逶迤至冀州，以备水患。其后泎河久塞，堤防亦废。夏秋淫潦，溢水由县西虹江口入境，渰没旧县民田数十顷。每漳河决入，旧县遂为巨壑，而冀州城外亦有汪洋决啮之患矣。又破塘，在县东北二十里。或曰即泽河所经也。○黄路河，在县南八十里。《志》云：上流自清河县城北流入境，疑即故清河矣。今堙废。其地斥卤，潦水数集。

堂阳渠，在故县南三十里。或曰即故堂水也，县因以名。《唐志》：堂阳渠，景龙初所开，自钜鹿入县界，又东北入南宫县，即堂水故渎矣。近《志》：堂水在新河县西。恐误。又通利渠，在县西五十九里，唐延载中所开。盖引漳水以资灌溉。又小河渠，《志》云在县东，有二处，即浊漳之别流。河旁地极膏腴，旧时民皆引渠灌田，今淤。

南亭。在县南。旧为邮驿所经。《志》云：光武自蓟疾驰至南宫，遇大风雨，引车入道旁客舍，即此处也。似误。今见深州。又有崔家庙堡巡司，在县东南。今革。

○新河县，州西六十里。西至赵州宁晋县六十里，北至祁州束鹿县百二十里。汉堂阳县地。五代时为南宫县之新河镇。宋皇祐四年，升为新河县。六年，复废为镇。元初，复置新河县，属冀州。今城周四里有奇，编户十二里。

新河废县，县西三十里。宋县治此，寻废为新河镇。元复置县，始移今治。

长芦水。在县治南，即漳水支流也。自宁晋县分流入县境，又东至冀州城西，谓之长芦沟。下流仍合于漳水。今涸。

○枣强县，州东三十里。北至深州百二十里，东至景州故城县六十五里。汉县，属清河郡。以地多枣而名。后汉省。晋末复置，属广川郡，盖亦侨置于济南北境也。后魏省。太和中，复置县，属长乐郡。隋属冀州，唐因之。宋熙宁初，省为镇。十年，复置，仍属冀州。今城周四里有奇，编户十七里。

枣强旧城，县东三十里。汉县治此，武帝封广川惠王子晏为侯邑。

晋永和八年，赵石宁以枣强降于冉闵。太元中，慕容垂徙治于废广川城。后魏复还旧治。隋以后因之。五代梁乾化五年，全忠侵赵王镕，自魏州遣军围枣强。枣强城小而坚，力攻始拔，即此城也。金天会四年，以河患，始迁今治。《邑志》以为广川故城，误矣。

广川城，《县道记》：在县东北十八里。汉县，属信都国。阚骃曰：城中有长河，因名。武帝封中山靖王子颇为侯邑。后废。后汉亦曰广川县，属清河国。永初元年，邓太后复分置广川王国。王薨，国除，仍属清河国。魏、晋属勃海郡。后燕慕容垂于此置广川郡。郡废，移枣强县理焉。沈约曰：江左亦置广川郡，并立广川县。盖义熙中并南燕地侨置于济南北境，非汉之旧广川也。宋初因之，寻没于后魏。后魏复改置广川县，属长乐郡。太武焘太延初，畋于广川。文成帝濬大安三年，亦畋于此。北齐省广川入枣强。隋开皇六年，复置，属德州。仁寿初，改曰长河。《通典》：广川故城，在枣强县东北。隋于旧县东八十里置新县，在今景州境。金人《疆域图》枣强县有广川镇。

煮枣城，县西北十五里。战国时故邑。汉高祖封功臣革朱为煮枣侯。晋灼曰清河有煮枣城，盖邑于此。孔颖达曰：煮枣故城，在冀州信都县东北五十里。此河北之煮枣也。后魏延昌四年，冀州刺史萧宝寅遣长史崔伯骥讨妖贼法庆于煮枣，败没。诏遣都督元遥讨平之。魏收《志》枣强有煮枣城。又河南有煮枣城，今见山东曹州。又棘津城，《志》云：在县东北十二里，今名李仓口。《水经注》：棘津，河津名也。上有古台，相传吕望卖浆台。刘昭曰：吕尚困于棘津，其城在琅邪海曲，非此城也。○索卢城，在县东十二里。晋、宋间，尝置索卢县。沈约《志》：江左改置广川郡，索卢县属焉，亦侨置济南境内也。后魏太和二十二年，复置索卢县，属长乐郡。后齐废入信都。

历县城，在县东。汉县，属信都国。后汉省。应劭曰：广川县东北三十里，有历城亭，故县也。《水经注》：清河自广川县东北流，经历县故城南。县东有历口渡，为津济之所。晋太元十年，后燕慕容麟击勃海太守封懿，执之，因屯历口，即此。今景州亦有故历城，盖境相接也。○平堤城，《志》云：在县西北三十里。汉县，属信都国。宣帝封河间献王子招为侯邑。又高堤城，在县东北三十里，亦汉信都国属县也。一名雍氏耶城。又复阳城，在县西南十八里，亦汉县，属清河郡。高祖封功臣陈胥为侯邑。三县俱后汉时省。陆澄曰：为枯绛水所湮也。

索卢水，县西北三十里，亦曰潢卢河。自故城县境流经县西南，复折而东北出，至河间府阜城县，合于刘麟河。旧有广川长河之名。又故索卢县，亦以此名也。或曰索卢之溢涸，视卫河之盈缩云。详见故城县。

饮马河，县东南三十里，索卢水绕流于此。或以为大河故渎也。宋元祐初，河自南宫县决入县界，合索卢河。金天会中，复溢入，为城邑患。大河南徙，此遂为索卢之支流云。

渌头戍。在县东北。晋咸和八年，石虎使姚弋仲帅其众数万，徙居清河之渌头。《水经注》：清河过广川县东，水侧有羌垒，姚氏故居也。《地志》：弋仲故垒，在广川城外，清河旧经此。今湮。或曰：索卢水分自清淇，亦有清河之名也。《郡志》：今县外城，即姚弋仲故垒。恐误。

○武邑县，州东北五十里。东南至河间府景州七十里，西北至深州六十里。汉县，属信都国。后汉因之。晋太康十年，置武邑郡。寻复为武邑县，属安平国。石赵亦置武邑郡。后魏初，郡仍治此。后移治武强，县属焉。北齐县废。隋开皇六年，复置，属冀州。唐、宋因之。今城周四里有奇，编户二十三里。

观津城，县东南三十三里。战国时赵邑。乐毅去燕归赵，赵封之于此，号望诸君。汉置观津县，属信都国。后汉属安平国。晋因之。后魏曰灌津，属武邑郡。北齐省。隋开皇十六年，复置。大业初，废入蓨县，以地相接也。《舆地志》：观津城东南三里有青山，亦曰观津冢。汉文窦后父涓，观津人，遭秦乱，渔钓隐身，坠渊死。景帝立，后遣使者填其渊为大冢，高三十馀丈，周千步，以葬其父，民呼为窦氏青山。是也。五代梁乾化二年，全忠侵镇冀，遣其将杨师厚围枣强，自将兵至下博，南登观津冢。赵将符习以数百骑逼之，全忠疑晋军至，亟趣枣强。即此。金人《疆域图》武邑县有观津镇。

昌亭废县，在县东北。《汉志》信都有东昌侯国。本始四年，宣帝封青河刚王子成为东昌侯，邑于此。《水经注》：漳水自武邑又经东昌故城北，所谓昌亭也。以西有昌城故，自是为东昌矣。《十六国春秋》：晋建兴三年，石靳使长乐太守程遐屯昌亭。《隋志》：开皇十六年，分武强县置，属冀州。大业初，省入武邑县。唐武德四年，复置昌亭县。贞观初省。

泽水，在县西。自冀州东北流入境，又东北入武强县界，合于漳水。《志》云：县北三十里有夹河，自清漳河分流，入衡水县界，流经县北，又东入滹沱河。明建文二年，燕兵败盛庸于夹河，即此处也。盖泽水之别名矣。

漳水，在县西北。亦自衡水县流入，又东北流，达武强县境。《唐志》：武邑县有横漳石堤，显庆元年筑。《郡志》：县东北有滹沱水，自深州入武强，经县界，入河间府交河县境。盖滹沱横决，挟漳河而南出者，非正流也。成化十四年，水溢，县城为圮。

韩家河。在县西。东北流，有龙池河流合焉，注于漳河。今涸。又堤南河，在县西北。正德中，滹沱冲啮，流经此，又东冲孙木市。一名孙木市河。今堙。

○晋州，府东九十里。东至深州百五十里，西南至赵州百十里，北至保定府祁州百里。

春秋时晋地。战国属赵。汉属钜鹿郡。王莽分信都置和成郡，治下曲阳。成或讹为戎。更始初，邳彤为和成太守，即此。后汉因之。晋属赵国。后魏亦属钜鹿郡。隋属定州，大业初改属赵郡。唐仍属定州，大历三年，改属恒州。宋属祁州，金因之。蒙古铁木真十年，置晋州，属真定路。明仍曰晋州，以州治鼓城县省入，编户十七里。领县三。今亦曰晋州。

州西倚真定，东迤河间，川途四通，利于驰骤。从来争燕、赵，必争真定、河间；争真定、河间，州其必经之道矣。九地之说，所谓交地争地者，非欤？

鼓城废县，今州治。春秋时为鼓子国。鼓，白狄别种也。《左传》昭十五年：晋荀吴帅师伐鲜虞，围鼓，克之。汉置下曲阳县，属钜鹿郡，郡都尉治焉。颜师古曰：常山有上曲阳，故此为下。光武自蓟南驰，兼行至下曲阳。既而自信都进攻下曲阳，降之。灵帝光和末，皇甫嵩破斩黄巾贼张宝于下曲阳。是也。晋属赵国。后魏改为曲阳县，属钜鹿郡。高齐县废。隋开皇十六年，复置昔阳县。十八年，改曰鼓城，属定州，寻属赵郡。唐武德五年，幽州总管李艺引兵击刘黑闼，黑闼遣其弟十善拒战于鼓城，即此。宋末为鼓城县。元始为晋州治。明初省。《城邑考》：州城，元季故址，明景泰三年增修。弘治五年，大水，城坏。八年以后，相继修葺。今土城周三里有奇，有门三。

下曲阳城，州西五里。刘昫曰：北齐废曲阳县入藁城。隋分藁城，于下曲阳故城东五里置昔阳县，寻改曰鼓城。是也。后汉光和末，皇甫嵩破黄巾于下曲阳，获首十馀万。筑为京观，在今故城西二里。又廉平废县，在州西南。隋开皇十六年，分昔阳置廉平县。大业初，省入鼓城。

临平城，在州东南。汉县，属钜鹿郡。建武四年，驾幸临平，遣吴汉等击破五校馀贼。是也。寻省。魏收《志》曲阳县有临平城。

鼓城山，州西五里。以鼓子所居而名。下有古城坡，隋因以名县。

滹沱河，在城南。自藁城县流入境，又东入束鹿县界。《志》云：城东十八里有冻河头，即光武被王郎兵追急，使王霸前行，诡云冰坚可渡处也。《汉纪》：光武自蓟南驰至饶阳，又至下曲阳，闻王郎兵在后，惶迫渡滹沱。即此矣。○鸦儿河，在州东北，流入祁州束鹿县境。《志》以为滹沱之支流也。斯洨水，在州南，即太白渠下流也。自赵州流入界，下流入于漳水。

昔阳亭。在州东南。应劭曰：下曲阳有鼓聚，有昔阳亭。《左传》昭二十二年：鼓叛晋，晋荀吴略东阳，使师伪粜者，负甲以息于昔阳之门外，遂袭鼓，克之。东阳，今冀州。昔阳，即鼓子所都。战国时，昔阳为齐地。《史记》：赵惠文王十六年，廉颇将攻齐，拔昔阳。是也。杜预曰：此鼓子所都之昔阳。又有昔阳城，为肥子所都。今见山西乐平县。

○**安平县**，州东北九十里。北至保定府博野县六十里，西北至祁州六十里。汉县，属涿郡，郡都尉治焉。又高帝封鄂千秋为侯邑。后汉属安平国，桓帝置博陵郡，治此。晋为博陵国治。永和八年，燕慕容恪屯安平，积粮治攻具，击故赵将王午于鲁口。是也。后魏亦为博陵郡。高齐、后周因之。隋开皇初，郡废，县属定州。十六年，置深州治焉。大业初，州废，县还属博陵郡。唐武德四年，复置深州于此，寻移州治饶阳。贞观十七年，改属定州。先天二年，还属深州。宋因之。元初，置南平州于此，寻复为安平县，属晋州。今土城周六里有奇，编户十四里。

谷丘城，县西南十五里。汉县，属涿郡。后汉废为谷丘亭。或谓之博陵亭。晋诸葛恢封博陵亭侯，即此。

滹沱河，县南二十三里。自束鹿县流入境，又东达深州界。《志》云：县西有礛石河，自祁州境内流入县界。盖滋河之支流也。经县南而入于滹沱河。徐广曰：安平县西有漳水津，一名薄洛津，即赵武灵王所云：吾国东有国、薄洛之水者。今漳流未尝至县西，或旧流尝经于此。

院西口河。县北二十五里。其西通博野县沙河、滋河、唐河三水，分流经此入饶阳县界，注于滹沱。今废。

〇饶阳县，州东北百三十里。西北至保定府博野县七十里，东至河间府献县九十里，东南至武强县七十里。汉县，属涿郡。应劭曰：在饶河之阳，因名。后汉属安平国。晋属博陵国。后魏属博陵郡。隋属瀛州。唐武德四年，移深州治此。寻没于刘黑闼，置饶州治焉。六年，仍为深州治。贞观十七年，州废，县属瀛州。先天二年，还属深州。宋因之。元改属晋州。今城周四里有奇，编户十七里。

饶阳故城，县东北二十里。本赵邑。《史记》：赵悼襄王六年，封长安君以饶。即此。汉因置饶阳县。更始二年，光武自蓟南驰至饶阳，官属皆乏。是也。自晋至后魏，县皆治焉。北齐天保五年，始移今治。隋大业十二年，窦建德攻陷饶阳。唐武德四年，李神通等与刘黑闼战于饶阳城南，神通大败。六年，黑闼自馆陶走至饶阳，其所署饶州刺史诸葛德威执之以降。至德中，安禄山将史思明攻饶阳，逾年始陷，即今城也。《志》云：县西南三十五里有饶阳故城。一云县南五里有故城村，即饶阳故城也。皆误。

鲁口城，《寰宇记》云：即今县城。晋书曰：公孙渊叛，司马宣王讨之，凿滹沱入泒水似运粮，因筑此城，滹沱有鲁沱之名，改曰鲁口。晋永和六年，慕容隽击后赵至无终，赵将王午、邓恒弃蓟城，保鲁口。隽遣慕容恪等攻之，不克。午寻自称安国王，既而为其下所杀。吕护复保鲁口，称安国王。十年，恪攻拔之。太元九年，丁零翟辽据鲁口，后燕将慕容农击走之。十六年，后燕主垂如鲁口。二十一年，后燕将平规反于鲁口，垂自将击走之。隆安初，拓跋珪攻后燕，围中山，引而南，军于鲁口。义熙十一年，魏主嗣简国人就食山东，遣其臣周几镇鲁口，以安集之。魏收《志》饶阳县有鲁口城，盖高齐迁饶阳于鲁口云。

芜蒌城，县东北四十五里。汉更始二年，光武自蓟晨夜南驰，至饶阳芜蒌亭，饥甚，冯异进豆粥处也。隋开皇十六年，置芜蒌县，属深州。大业初，省入饶阳。唐武德四年，复置芜蒌县，仍属深州。贞观初，废。《志》云：县西南三十里有光武城，相传光武征王郎时筑。

滹沱河，在县北。《通典》：滹沱旧在县南。魏武因饶河故渎决，令北注新沟水，所以今在县北。宋白曰：决处即平虏渠也。旧于渠口置虏口镇，后讹为鲁口，因置鲁口城。又县北有铁灯竿河，滹沱之水自此决入保定府蠡县，与滋河、砂河、唐河诸水汇流，复东溢于河间府城北，皆谓之铁灯竿水云。

饶河，县西南三十里。或曰本滹沱之支流，昔时引而北注，合于易水。魏武开平虏渠，饶河为滹沱所夺。今所存者，上流之馀水耳。《志》云：饶河东注于滹沱，汉以此名县。又县南八里有故黄河，今涸。

上方台。县西十里。台高四丈，周回五里。又县西北十三里有花台，高五丈，相传慕容垂及拓跋珪皆屯营于此。

○武强县，州东百六十里。西南至深州六十里，东北至河间府献县亦六十里，南至武邑县四十里。汉武隧县地，后汉及晋因之。晋末，析置武强县，属武邑郡。后魏神瑞二年，废。太和十八年，复置，寻为武邑郡治。北齐废郡，县属长乐郡。隋属冀州。唐贞观初，改属深州。宋亦为武邑县。元初，置东武州。旋复故，仍属深州。又改属祁州。中统四年，复改属晋州。今城周四里，编户十四里。

武遂城，县东北三十里。汉置武隧县，属河间国。后汉曰武遂县，属安平国。晋因之。魏收曰：晋武帝置武遂郡，治此。今晋志不载，盖石赵或慕容燕所置也。后魏仍为武遂县，属武邑郡。北齐省入武强县。今为沙窑村。又武强废城，在县南五里。《括地志》：汉县治此。严不识以击黥布功，封武强侯。《东观汉纪》：光武拜大司空王梁为武强侯，皆邑于此。晋因置武强县。今名旧城村。

清漳水，县东二十里。自武邑县东北流经县境，又东入阜城县界。《志》云：县西北八里有于家河，县南十三里有雁河，县东北三十里有亭子河，其下流俱汇于漳水。

滹沱河，在县南门外。旧自深州流经县南，东北至县东二十里小范店，合于清漳。《志》云：滹沱河自成化十八年决入境，冲啮县城，嘉靖九年复决。隆庆三年，泛涨尤甚。万历三十二年，滹沱南徙，与清漳通流。三十五年，复北出饶阳县境，新旧河流一时俱涸。此即滹沱之横决而东者，非正流也。

贾家沟，在县东北，东流合于漳水。又阎家沟，在县东，《志》云：亦滹沱末流也。与县南八里之龙池河合，而东流注于清漳。又有古河、垒河，俱在县北，分自清漳者，今涸。〇骆驼湾，在县西北五里。滹沱决溢时，此为钟水之处。稍东南曰吴家湾。嘉靖中，议浚渠于此，以泄积水，不果。又古堤，在县城外，四面皆有堤，盖昔时筑以障水。高阔皆数丈，遗址犹存。

交津口，在县东。《水经注》：漳水径武强县北，又东北径武隧县故城南，白马河注之。河上承滹沱，东径乐乡县北，饶阳县南。又东南径武邑郡北，而东入横漳水，谓之交津口。盖昔时漳水经流之道也。《北史》：魏孝昌二年，元深击定州贼葛荣，荣北趣瀛州，深自交津引兵蹑之。又高齐河清初，冀州刺史高归彦以城叛，败走至交津，获之。即此。乐乡，今见深州。

平都亭。县东二十五里。汉惠帝封故功臣刘到为侯邑。今名平都村。《志》云：明建文中，真定都指挥平保屯营于此，与燕兵战，败没，村因以名。似未可据。○小营，在县东北三十五里。《志》云：金末，蒙古掠河间，金人拒之，屯营于此。

○赵州，府南百二十里。东南至冀州百六十里，南至顺德府百五十里，东北至晋州百十里。

春秋时晋地。战国属赵。秦为邯郸、钜鹿二郡地。汉为常山及钜鹿郡地。后汉兼置冀州。领郡国九，理鄗。晋为赵国，亦置冀州。领郡、国十三，理房子。后魏为赵郡。孝昌中，兼置殷州。魏收《志》：孝昌二年，分定、相二州置，治广阿。北齐改郡曰南赵郡，州曰赵州。隋初废郡，而州如故。开皇十六年，分置栾州。治平棘。大业三年，废赵州，改栾州曰赵州。寻曰赵郡。唐仍为赵州。《新唐志》：武德初，赵州治柏乡。四年，还治平棘。五年，更名栾州。贞观初，复故。王氏曰：唐初于故城治大陆县置栾州。五年，并入赵州，而改赵州为栾州。寻复旧。大陆，即故广阿也。天宝初，亦曰赵郡。乾元初，复故。宋仍曰赵州。亦为赵郡。崇宁四年，赐军号曰庆源。宣和初，曰庆源府。金复为赵州。天德三年，改曰沃州。亦曰赵郡军。元复曰赵州，属真定路。明初，以州治平棘县省入，编户十七里。领县六。今仍曰赵州。

州控据太行，襟带横漳。南出则道邢、洺，而收相、魏。东指则包深、冀，而问幽、沧。光武中兴帝业，肇于高邑。高欢兼有殷州，战胜广阿，引军趣邺，尔朱氏之晋阳不可复保。朱温谋兼镇、定，袭取深、冀。晋王存勖因之，出井陉，壁赵州，战胜栢乡，温遂胆丧，卒能全举河北，渡河灭梁，缔造自赵州始也。州为霸王之资，讵不信哉？

平棘废县，今州治。汉县，属常山郡。后汉属常山国。晋属赵国。永安初，幽州都督王浚起兵讨成都王颖，浚主簿祁弘败颖将石超于平棘。永和五年，石虎子遵篡位，其兄冲起兵幽州，讨之。遵使石闵等逆战于平棘，冲大败，为闵所获。后魏移赵郡治平棘。隋开皇十六年，始分赵州，以赵郡置栾州，仍治平棘。大业三年，又自广阿移赵州来治。自是遂为州治。明初，省县入州。杜佑曰：汉平棘故城，在今县南三里，亦谓之南平棘。《后汉书》：光武自蓟还中山，至于南平棘，群臣请上尊号，不许处也。今城本名棘蒲，春秋时晋地。《左传》哀元年：师及齐师、卫孔圉、鲜虞人伐晋，取棘蒲。《史记》赵敬侯六年，借兵于楚，伐魏，取棘蒲。又汉文帝三年，济北王兴居反，遣棘蒲侯柴武击之。应劭曰：棘蒲，即平棘也。颜师古云：《功臣表》有棘蒲侯陈武、平棘侯林挚，则棘蒲、平棘非一处矣。《十三州志》：平棘本晋之棘蒲，战国时改为平棘。亦误也。今州治内犹有棘蒲社。《城邑考》：州城，明成化四年，因旧城修筑。弘治七年，增修。周十三里有奇，门四。

宋子城，州东北二十五里。战国时赵邑。燕王喜四年，自将随栗腹伐赵，至宋子。又秦始皇灭燕，高渐离匿作于宋子。汉置县，属钜鹿郡。高帝封功臣许瘛为侯邑。后汉省。后魏永安二年，复置宋子县，仍属钜鹿郡。高齐废。隋初复置。大业初，省入平棘县。○故栾城，《志》云：在州西北十六里。春秋时，栾武子盖封于此。又有何屯营城，在州西北二十里，昔时戍守处也。

平棘山，有二，在州城北者，曰大平棘。在城南者，曰小平棘。皆去城百步许，山顶平而多棘，故以名山。汉又以山名县。○龙平山，在州东北宋子城之西。相传山本高耸，一日，风雨骤至，龙过而平其半，因名。又有三台冈，在州南二十里，三冈排列如台。

洨河，州南五里。自栾城县流经此，下流达宁晋县，入于胡卢河。

今州南有安济桥，跨洨河上，俗呼大石桥。阔四十步，长五十馀步。宋咸平五年，漕臣景望引洨河，自镇州达赵州以通漕。是也。又清水河，在州城西，自元氏县流入境，即槐水之支流矣。《志》云：水出封龙山，北经栾城县，入州界。似误。清水又东南流，合于洨河，有永通桥跨其上，在城西三里。

广润陂，州东二里。旧引太白渠水注之。又东南二十里有毕泓陂，与广润陂相灌注。皆唐永徽五年平棘令弓志玄所开，以蓄泄水利。太白渠，今栾城县冶河是也。○水闸渠，在州西南二里。《志》云：旧引清水河入城濠，壅而无泄，为东北田畴患，因凿此渠西南出，会于洨河。今淤，近郊复多水害。

十方垒。州南一里。《志》云：后汉灵帝时，羌侵河内，诏魏郡、赵国恒山、中山，缮作坞垒六百馀处，此其馀址。或误作十万垒。○望台，在州治东南，一名望汉台。《志》云：东汉初，耿纯筑此以望光武，高七寻，延袤二百八十尺。台西有古井，即筑台时所凿。又鄗城马驿，在州治西。

○柏乡县，州南七十里，南至顺德府唐山县三十五里。汉县，属钜鹿郡。后汉废。隋开皇十六年，分高邑置柏乡县，属栾州。大业初，属赵郡。唐仍属赵州。宋因之。熙宁五年，省为镇。元祐初，复置。今城周五里有奇，编户十里。

栢乡城，县西南十七里。汉县治此。元帝封赵哀王子买为侯邑。后汉县废，而城存。晋太元九年，慕容垂与苻丕相持于邺，丕遣其将邵兴招集郡县。赵郡人赵栗，起兵栢乡以应兴，为慕容隆所败。即此城也。隋因复以名县。唐元和十一年，诏诸道兵讨王承宗，昭义帅郗士美大败恒冀兵于栢乡，为五垒环其城，既而败还。五代梁开平四年，晋王存勖遣军救成德帅王镕，军于赵州。梁将王景仁进军栢乡，与晋相持，寻败走。乾化三年，魏州帅杨师厚自栢乡趣赵州，进攻镇州，不克而还。即今县也。

鄗城，县北二十二里。春秋时晋邑。《左传》哀四年：齐国夏伐晋，取鄗。《战国策》：周显王十二年，赵、韩会于鄗。又赵武灵曰：中山侵掠吾地，引水围鄗。是也。《史记·赵世家》：武灵王三年，城鄗。又孝成王十三年，燕将栗腹将而攻鄗，廉颇破杀之。汉置鄗县，属常山郡。武帝封赵敬肃王子丹为侯邑。师古曰：鄗，读若郭。更始二年，世祖击斩王郎将李恽于鄗。三年，世祖自蓟南还。至鄗，群臣劝进，因即位于鄗南，更名曰高邑，为冀州刺史治。章帝建初五年，北巡至高邑。是也。晋属赵国。后魏属赵郡。北齐天保六年，移治于房子县东北，东南去旧城三十里，即今高邑县也。

南辔城，县东北十里。春秋时晋之栾邑。《左传》哀四年：齐国夏伐晋，取栾。其后南徙，因曰南栾。汉置南辔县，属钜鹿郡。武帝元朔二年，封赵敬肃王子佗为侯邑。更始二年，光武与王郎将倪宏等战于南辔，纵突骑击之，宏等大败。晋省，后复置，仍属钜鹿郡。后魏太平真君六年，省。太和二十一年，复置，寻属南赵郡。高齐时，县废。章怀太子贤曰：故城在栢仁县东北。杜佑曰：栢乡东北有南辔城，汉县治此。《寰宇记》：今邢州钜鹿县，本南辔地也。辔，孟康曰：读若挛。今俗号为伦城，音转耳。

野河，县西北五里。一名槐水。源出赞皇县西黄沙岭下，东流历元氏、高邑县，始入县境。又东抵宁晋县，入胡卢河。五代梁开平四年，全忠谋并镇、定，遣军袭取深、冀。晋王存勖赴救，发晋阳，自赞皇东下，至赵州。全忠将王景仁军于栢乡，晋王进军逼之，距栢乡五里，营于野河之北。周德威曰：今去贼咫尺，所限者一水耳。若彼造浮桥以薄我，我众立尽矣。不若退军高邑，诱贼离营，彼出则归，彼归则出，以轻骑掠其馈饷，不过逾月，破之必矣。王从之，退军高邑。高邑去栢乡北三十馀里。

既而梁军出战，至高邑南。晋将李存璋以步骑陈于野河之上，梁军不胜而退，存璋乘之，梁军大败。今有槐水桥，在县北五里，即战时梁军夺桥，晋将李建及力战却梁军处也。

午河，县西十里。源出临城县西北诸山，东南流入县境，又东经县北三里，下流合于野河。又新沟河，在县北二十五里故城镇南，自高邑县流入。昔时南北诸川，每遇霖潦，往往泛溢为民害。元元贞间，高邑令曹桢凿沟以泄之，为利甚溥。

千金渠，在县西。唐开元中，县令王佐所浚。旁有万金堰，亦佐所筑，为蓄泄之利。今废，俗呼为李家沟。

千秋亭。县北十三里，去旧鄗县七里。《后汉志》高邑南有千秋亭、五成陌，光武即位于此。○济涉桥，在南关外，午、槐二水导流经城南。此桥跨其上，以便行旅，因名。又槐水马驿，在今县治西北。

○隆平县，州东南百里。东至冀州百二十里，西北至栢乡县三十五里，东南至顺德府钜鹿县六十里。汉广阿县，属钜鹿郡。后汉永平中省。后魏太和十三年，复置广阿县，为南钜鹿郡治。寻改郡为南赵。孝昌二年，又置殷州于此。北齐改殷州曰赵州。隋开皇十六年，郡废，而州如故。仁寿初，改县曰象城。大业初，复改为大陆，又移置赵州于平棘，以县属焉。唐初，窦建德、刘黑闼皆置栾州于此。武德五年，省州入赵州，复改县为象城。天宝初，又改为昭庆县，以县有建初、启运二陵也。宋开宝二年，改为隆平县，仍属赵州。熙宁六年省。元祐初，复旧。金元因之。明洪武初，省入栢乡县。十三年，复置，仍属赵州。今城周六里有奇，编户十三里。

广阿城，县东十里。汉县治此，高祖封功臣任敖为侯邑。光武初，拔广阿，登城楼，与邓禹阅天下地图处也。县寻废。晋太元九年，慕容垂置冀州，屯广阿。后魏普泰初，高欢起兵信都，以高元忠为殷州刺史，镇广阿。既而尔朱将兵自晋阳出井陉，趣殷州，战于广阿，败却，皆故广阿城也。《志》云：今县东十二里有隆平故城。宋初改县为隆平，本治此。大观二年，因水患移今治。俗呼为旧城村。又县东北三十五里有象氏城，汉象氏县，属钜鹿郡。后汉废。隋开皇中，因以名县。

沣水，县东十里。自顺德府任县流经县界，又东北与沙河合，注于胡卢河。嘉靖十六年，以故流壅塞，更加疏浚，谓之新沣河。沙河，即野河之别名也。《志》云：县城下有沣水渠，唐仪凤中，邑令李玄开以溉田通漕。今涸。又老僧河，在县北五里，下流合于槐水。相传昔有僧浚泉，泉涌成溪，因名。又神泉河，在县东北六里。《志》云：源出顺德府唐山县之尧山，东流至县北五里，合老僧河而东北出。是也。

槐午河，县北三十里。即野河也，亦曰沙河。自柏乡县流经此，又东北接宁晋县界。

大陆泽。县东北三十里，亦曰广阿泽。自顺德府钜鹿县流入境，至宁晋县，为胡卢河。县有广阿、大陆之名，以此。晋太和四年，燕慕容垂请畋于大陆，因微服出亡，遂奔苻秦。《志》云：县北有肖庄泊，东北七里有小泊，与大陆诸水皆浸乡也。孙炎云：钜鹿北广阿泽，去古河绝远。杜佑、李吉甫以邢、赵、深三州皆古大陆地，此为得之。

○高邑县，州西南五十里。东南至柏乡县三十五里，西北至元氏县四十五里。本汉房子县地。高齐移置高邑县于此，属赵州。隋以后因之。今城周四里有奇，编户十里。

房子城，县西南十五里。战国时赵邑。《史记·赵世家》敬侯十年，与中山战于房子。又武灵王十九年，北略中山之地，至于房子，遂之代。惠文王二十四年，廉颇将攻魏房子，拔之，因城而还。汉置房子县，属常山郡。光武初，自真定击元氏、防子，皆下之。防即房，古字通用。仍属常山国。晋为赵国治，兼置冀州治焉。后魏属赵郡。北齐废。隋开皇六年，复置，仍属赵州。唐初因之，寻废入临城县。俗呼其地曰仓房村。

长冈，县西二十五里。冈峦耸秀，环抱村疃间，周十馀里。中有兔儿坡，甚宽广。

泲水，在县治南。一名沙河，又名白漕水，亦谓之漕河。发源赞皇县赞皇山，经临城县，又东流入县境，至县东南，而合于黑水。或讹为济水。

黑水，县北十里，即槐河也。俗讹为淮河。自赞皇县东流，经元氏县界，又东流入县境，而合于泲水。故泲水亦兼槐水之称，槐水亦兼沙河之目。二水合流，即柏乡县野河之上源也。

新沟，在县东南。始自县南榆柳村，浚流于柏乡县。槐、沙二河合流于县界，夏潦秋霖，泛溢害稼。元邑令曹桢始开此沟以导水，民获树艺，至今赖之。

千秋台。县南二里。稍西北有观星台，又有将台，皆高耸可登玩。李氏曰：三台冈阜相连，好事者为之名也。

○临城县，州西南九十里。北至元氏县八十五里，东至柏乡县四十里，西南至顺德府唐山县三十五里。本汉房子县地。唐天宝初，改置临城县，属赵州。后因之。今土城周二里有奇，编户十三里。

临城，在县治东。《志》云：县有古临城，即春秋时晋之临邑。《左传》哀四年，赵稷奔临。是也。唐因以名县。光化四年，朱全忠自洺州北侵镇州，下临城，逾滹沱，即此。○安阳城，在县南，战国时赵邑。《史记》：赵惠文王十四年，廉颇拔魏房子，又攻安阳，取之。即此城也。

敦舆山，县南七十里，一名幽淮山。南接太行，北连常山，州境之大山也。《山海经》：敦舆山，泜水出其阴，东流注于彭水。《隋志》云：房子县有彭水。刘昫曰：隋置柏乡县，在彭水之阳。彭水亦赵州南境之大川也。或以为即今之沙河。

铁山，县西南三十五里。石色如铁。元末土人结寨于此，曰铁山砦。又县西五十里有天台山，山高耸而上平。又西二十里，曰杏树山，山多杏。又西二十里，即太行山矣。〇钓盘山，在县东南五里。旧传陈馀兵败，走至此，问其地，曰钓盘山。馀曰：鱼入钓盘，吾其亡矣。果及于难。又县西二十里，有牛口峪，井陉县东南七里亦有此峪。《志》皆云窦建德兵败被擒处，皆传误也。

龙尾冈，在县西北。唐大顺二年，李克用攻镇州，大破王镕于龙尾冈，拔其临城、元氏、柏乡，大掠而还。又县城北有董冈。《志》云：冈东接尧峰，西临泜水，环抱奇胜。尧峰在县东南二里，峰峦颇秀美。〇圣井冈，在县东北三十里，冈上有井，冬夏不竭，故名。

泜水，县西北二十五里。源发元氏县之封龙山，绕流入县境，至县东入于沙河。《志》云：泜水自元氏县南境，流经县西柏畅亭。将至城五里许，断伏不流，二百馀步复出。东流经钓盘山下，入沙河。俗名三断绿杨河。韩信斩成安君泜水上。李左车曰：成安军败于鄗下，身亡于泜水。正谓此也。《一统志》：泜水在县西北，流经高邑、栾城，达宁晋县，入胡卢河。

沙河，县东南五里。自赞皇县流经县境，合于泜水。又东北入高邑县界，谓之洨水。或以为即彭水云。又泥河，旧《志》云：在县北五里，东合泜水。今涸。

柏畅亭。县西十五里。汉武帝封赵敬肃王子终古为柏畅侯，即此亭也。俗讹为柏杨亭。

〇赞皇县，州西九十里。北至井陉县百六十里，东北至元氏县三十里，西北至山西乐平县百五十里。本汉房子县地。隋开皇十六年，析高邑置赞皇县，因山为名。初属栾州，大业中属赵郡。唐属赵州。五代梁开平四年，晋王存勖将兵救成德，自赞皇东下，遂入赵州。是也。宋熙宁五年，省为镇。元祐初，复故。金属沃州。元初并入高邑，寻复置，仍属赵州。今城周四里，编户十二里。

回车城，县南十里。魏收《志》房子县有回车城。又有平州城，未详所始。《寰宇记》云：回车城，李左车所筑也。亦曰左车城。其旁有韩信将台。

赞皇山，县西南二十里。高百馀丈，泜水之源出焉。《穆天子传》：至房子登赞皇山。即此。隋因以名县。山有孔子岭，下有岩，甚宽广。○四望山，在县西北二十里，山高耸，登临可以望远，因名。

五马山，县东十里。上有五石马，因名。岩隙出泉，甚甘美，名白马泉。后魏孝昌末，赵郡豪李显甫，聚诸李数千家于殷州西山方五六十里居之，即五马诸山矣。宋建炎初，和州防御使马扩奔五马山聚兵，得徽宗子信王榛，以总制诸寨，两河忠义，闻风响应。既而金人来攻诸寨，断其汲路，诸寨遂陷。○檀山，在县东北十五里，高百馀丈。相传周穆王尝驻此。又粟堆山，在县东南十五里，以山形如委粟而名。

十八盘岭，县西六十里。山势嵯峨，林木郁茂。中有小径，萦纡上下，十有八盘。又黄沙岭，在县西北七十里，有黄沙岭口，路通山西，槐水之源出于此。今有黄沙岭巡司。○铁脚岭，在县东南，高险崎岖，艰于登陟，因名。

槐水，在县城北。源出黄沙岭，东流经此，折而东北，入元氏县西境。复东南出，而入高邑县界。或谓之度水。○泜水，在县南，源出赞皇山，《汉志》谓之石济水，今亦曰沙水。东流入临城县界。《邑志》云：《卫风》出宿于泜，即此水也。误矣。

黄沙岭口，县西北黄沙岭下，北去故关百里。正统四年，置戍。嘉靖二十一年，增兵防守。又北二十里，曰白城口，其相近者曰谷家崖口。又北三十里，即元氏县之青草峪口。○十八盘口，在县西十八盘岭下。又县西五十里，有段里口，口外有四相公砦。又西南十里，曰后沟口。县境诸口，俱属故关南路。《里道记》：自后沟口而西，至山西乐平县百十里。自后沟口而北，缘历山径至故关百二十里，至龙泉关五百十里，至倒马关六百八十里。内三关边墙，至后沟口而始竟云。

〇宁晋县，州东四十里。北至晋州八十里，南至顺德府钜鹿县九十里，东北至祁州束鹿县百二十里。汉为杨氏县，属钜鹿郡。后汉因之。晋省入瘿陶县，属钜鹿国。后魏又析置瘿遥县，亦属钜鹿郡。隋复曰瘿陶，属赵州。唐天宝初，改为宁晋县，仍属赵州。今城周六里，编户十八里。

杨氏废县，即今治。《括地志》云：春秋时晋邑，魏献子使僚安为杨氏大夫。《寰宇记》云：伯桥自晋归周，封于杨，即此。皆误也。此杨城见山西洪洞县。《周·职方》：冀州薮曰杨纡。《水经注》：杨纡，即大陆泽。或曰古有杨城，泽流纡四城下，因曰扬纡。汉置杨氏县治焉。晋废。后魏永安二年，分瘿陶置瘿遥县，治故杨城，又析置钜鹿郡治此。隋初郡废。开皇六年，改遥为陶。唐天宝初，又为宁晋县治。建中三年，朱滔与王武俊等叛，滔自深州进逼康日知于赵州，趣宁晋。王武俊亦自恒州进取元氏，东会滔于宁晋。《城邑考》：宁晋县，即古杨氏城。城周十里有奇。

瘿陶城，县西南二十五里。汉置县，属钜鹿郡。颜师古曰：瘿，读若影。后汉延熹八年，勃海王悝降为瘿陶王，国于此。初平二年，博陵群贼张牛角等攻瘿陶，不能陷。晋以杨氏县省入，亦为钜鹿国治。后魏分瘿陶县置瘿遥县，仍属钜鹿郡。高齐并入瘿遥县。〇大陆城，在县东南十里。隋开皇十六年，析广阿置大陆县，属赵州。大业初，改象城县为大陆，而以故大陆县并入焉，即此城也。今名鱼台村。又县东二十五里，有历城，本汉历乡县，属钜鹿郡。后汉省。魏收《志》云：瘿遥有历城。是也。亦作沥城。《一统志》：城乃小堡，城下数泽，周回百馀里，中有鱼藕菱芡之利。每岁饥、兵荒，州人赖以全活者甚众。金末，王义率众保聚于此。

胡卢河，县东南二十里。即《禹贡》之大陆泽。《吕氏春秋》：九薮，赵之大陆其一也。郦道元以为即杨纡薮，亦谓之薄洛水。《战国策》：赵武灵王曰：吾国东有河、薄洛之水，与齐、中山同之，而无舟楫之用。是也。亦谓之广阿泽。今泽东西径三十里，其上流即漳水也。自顺德府南和、任县达隆平，而东北汇大小群川，以注于县境。而赵州西境及滹沱河以南诸水，亦悉东南流，至县境，而汇为大泽。每至夏秋之交，霖潦为患，则漳水、滹沱南北交注，泛滥甚广。东经深、冀二州及阜城、献县以东，至交河县，而合于滹沱。丁度曰：胡卢河，横漳之别名也。在深、冀间，横亘数百里。五代周广顺二年，契丹将高谟翰，以苇筏渡胡卢河入寇，至冀州。周兵屯贝州以拒之，引去。冀北之大川，胡卢河其最矣。《郡志》：明正德十一年，漳河由县南徙。明年，滹沱由县北徙。盖前此皆汇流于胡卢河，至此复分，引而南北出也。

洨水，在县南，自赵州流经县界。又沙水，在县西南，自柏乡县流入县境。《汉志》：洨水至瘿陶入泜。沙河，即出泜水下流矣。自州以西，诸水皆合于二水，以注胡卢河。○丰河，在县东，《志》云：即漳水故道也。自胡卢河分流东出，入冀州界，为清水河之上源。又鱳河，亦在县东，下流合于清水河。

宁晋渠，在县西南。《唐志》：自胡卢河以北，县地常虞旱卤。西南有新渠，上元中邑令程知默所开，引洨水入城以溉田，径十馀里，地用丰润，民食乃甘。

薄洛亭。在县南。刘昭曰：瘿陶县有薄洛亭。战国时为齐、赵之疆，往往战戍于此。亭盖以薄洛河而名。

○深州，府东二百五十里。东北至河间府二百里，南至冀州百三十里，西北至保定府祁州百七十里。

　　春秋时晋地。战国属赵。秦属钜鹿郡。汉属信都国。后汉属安平国。晋因之。后魏属长乐郡。北齐属博陵郡。隋初郡废。开皇十六年，析置深州。治安平，今晋州属县。详见前。大业初，州废。唐武德四年，复置深州。仍治安平。是年，移治饶阳。贞观十七年，州废。先天二年，复置，移治陆泽县。天宝初，曰饶阳郡。乾元初，复曰深州。五代因之。周徙州治下博，即今治也。考《宋志》雍熙四年，复徙治静安，即下博矣。宋仍为深州。亦曰饶阳郡。金、元仍旧。明亦曰深州，以州治静安县省入，编户十七里。领县一今仍为深州。

　　州介瀛、冀、镇、定间，所谓四通五达之郊也。守则难济，动则有功。光武自蓟南驰，过下博，而不敢留。李存审据下博桥，遣军纵横四出，朱梁攻镐之兵，于是乎宵遁矣镐，今景州。

　　静安废县，故州治。在今州南二十五里。汉下博县，属信都国。应劭曰：泰山有博县，故此言下。太子贤曰：在博水之下也。后汉属安平国。晋亦为下博县，仍属安平国。后魏属长乐郡。隋初居冀州，寻属信都郡。唐初，属冀州。贞观初，割属深州。十七年，还属冀州。先天二年，复属深州。五代周显德中，移深州治此。寻以县隶静安军，旋复旧。宋太平兴国七年，复隶静安军，而州治不改。雍熙二年，军废，仍属深州。三年，县废。四年，复置，改曰静安。金、元皆为州治。明初省。《城邑考》：州旧城，永乐十年，滹沱、漳水决溢，城坏，因徙治吴家庄。景泰初，始营城垣。成化、正德以后，相继增修。嘉靖十一年，易以砖石。周九里有奇，有门四。

　　下博城，在故州城南二十里。汉县治此。后魏移县于衡水之北。宇文周建德六年，复移而北，即故州治也。其旧城一名祭遵垒，北枕衡水，相传遵所筑也。唐武德五年，淮阳王道玄击刘黑闼于下博，败没。宝应初，官军追史朝义，大战于下博东南，贼败遁。长庆二年，幽州叛帅朱克融陷弓高，围下博。五代梁乾化三年，魏帅杨师厚侵逼镇州，寻自九门退军下博，攻拔之。即今故州城矣。

静安城，州东南五十里。本名李晏口，亦曰李晏镇。五代周显德二年，筑城屯军于此，谓之静安军。薛《史》：静安军南距冀州百里，北距深州三十里，夹胡卢河为垒。自是契丹不敢涉胡卢河南犯，河南之民，始得休息。宋仍为静安军治。雍熙二年，废。今河间府景州亦有李晏镇，盖昔时胡卢河东西津口云。

乐乡城，州东三十里。汉县，属信都国。高祖封乐毅后乐巨叔为侯邑。宣帝时，改封河间献王子佟于此。后汉初，又封杜茂为乐乡侯。是也。寻废入下博县。后魏侨置乐乡县，在今保定府清苑县境。〇宁葭城，在州东南故赵邑。《史记》：赵武灵王二十年，略中山地，至宁葭。司马贞云：宁葭，一作曼葭，邑名也。《水经注》：衡漳水东北历下博城西，又径乐乡故城南，又东引葭水注之。城盖以葭水而名。

紫金山，州北五十里。捍水堤故址也。岁久颓败，惟存二阜，巉然屹立，俗呼为紫金山。旧《志》云：州治西有束鹿岩，岩穴深邃，外隘内广，容千余人，仅有线路可通天光。今见祁州束鹿县。

滹沱河，州北四十里。自安平县流入州境，经州北，又东北入饶阳县界。宋熙宁以后，往往决溢，自州以东，屡被其患。历、金似元至明朝，决徙亦数见。嘉靖中，河经州南，盖溃决而南合于胡卢河也。《河渠考》：滹沱正流出于饶阳，南决则出深州。而武强为东下之冲，罹患尤甚，修塞时不免焉。

胡卢河，州南四十里。自赵州宁晋县，流经南宫县及冀州之北，又东北流入州境，历衡水县北而入武邑、武强二县界，即横漳之异名也。

《五代史》：周显德二年，时契丹屡寇河北，轻骑深入，曾无藩篱之限。言者谓深、冀间有胡卢河，横亘数百里，可浚之以限其奔突。因命王彦超等督兵民浚胡卢河，筑城于李晏口，留兵戍之，即静安军也。《宋志》：胡卢河源于西山，始自冀州新河镇入深州武强县，与滹沱河合。其后变徙，入于大河。淳化二年，从河北转运司请，自深州新砦镇，开新河导胡卢河，分为二派，凡二百里，抵常山，以通漕运。后废。熙宁中，内侍程昉复请开决，从之。寻废。

鸦儿河，州南二十里。自束鹿县东南流入界，下流合于胡卢河。《志》云：河在滹沱、清漳间。盖支流两分，合而为河，因名鸦儿。滹沱南北横决，群川之流皆乱。鸦儿河源流断续，不可复辨。

白马沟，州东三十里。三国魏主丕之弟白马王曹彪牧冀州，引滹沱河入于清漳，以溉高卬之田。境内利之，名曰白马河。《水经注》所云：白马河经乐乡县北，饶阳县南，而东入横漳者也。今废。

下博桥，在故下博城东，跨胡卢河上。五代梁乾化二年，全忠侵晋、冀，攻蓨县。晋将李存审军赵州，谋出奇破之，引兵扼下博桥，使别将史建瑭等分道擒生。建瑭分麾下为五队，出衡水、南宫、信都、阜城诸处。而自将一队与李嗣肱深入，尽获梁军之樵刍者，还会于下博桥。明日，袭击全忠于蓨县西，大败之。即此。

凌消村，州东北四十里，古滹沱河南岸。《寰宇记》：光武自蓟南奔，王霸诡言冰坚可渡处也。俗因呼为危渡口。旧《志》：滹沱经深泽县东南，即光武渡处。似误。○陆家庄，在州西南。金末为戍守处，河间公移剌众家奴所分地也。

南宫亭。在州南。更始二年，光武自下曲阳驰至滹沱，渡河至南宫，遇大风雨，引车入道旁空舍，对灶燎衣，冯异进麦饭处也。旧《志》云：在南宫县。据《后汉书》，光武自南宫进至下博城西，惶惑不知所之，有老父言：信都为长安守，去此八十里。异时光武敕冯异曰：滹沱河麦饭，是南宫近滹沱河下博间也。若谓今之南宫县，相去远矣。

○衡水县，州南五十里。东至冀州武邑县五十里，东北至晋州武强县七十里，西至晋州八十里。本汉下博县地。隋开皇十六年，分信都、武邑、下博三县地，置衡水县，属冀州。以近衡漳水而名。大业初，属信都郡。唐仍属冀州。宋因之。元改属深州。今城周五里有奇，编户七里。

衡水故城，县西南十五里。旧县治此。唐武德二年，幽州总管罗艺破窦建德于衡水。又宝应初，史朝义败走衡水，还战，为仆固瑒等所败，即此城也。明永乐五年大水，城坏，移县于范家疃。景泰初，创筑城垣。成化十八年，又为大水所圮，寻复修筑，即今治也。《志》云：县西二十里有空城，或以为五代时戍守处。

○长卢河，在县东，即横漳水也。亦曰胡卢河。旧自州南流经县北，又东入武邑县境。今断续不常，涧溢无时，非复旧流也。《志》云：县西北有衡水，亦曰长芦水。又有袁谭渡，历下博旧城西北，迤逦而东北注，谓之九曲。水味咸苦，俗称苦河，亦曰横漳河。又有北沼，在县西南二十里，遇涨则通于横漳。

洛水，在县南。自冀州北流入县境。洛水东岸，即武邑县界也。又东北流，经武邑县北，而入于漳水。○盐河，在县南。《志》云：自冀州城东浮沟口，迤北流，通漳河，至县西南二里许，水流常涧，生盐，俗名盐河。

羊令渠，县南二里。唐载初中，县令羊元珪自县西南分引漳水北流，贯城注隍，以溉民田，因名。○杜村沟，在县西南十里。旁有洼地二千馀顷。弘治中，开此沟以泄水患，寻塞。正德中，复疏通之。洼地填淤，民获种植之利。

读史方舆纪要卷十五

北直六　顺德府　广平府

○顺德府。东至广平府清河县二百四十里，南至广平府百二十里，西南至广平府邯郸县百二十里，西至山西辽州二百四十里，西北至真定府井陉县二百里，北至真定府赵州百五十里。自府治至京师一千里，至南京一千七百二十里。

《禹贡》冀州地。殷祖乙迁于邢，即此。周为邢国。傅庚辰曰：刑为周公之胤。春秋时并于卫，后入于晋。战国时属赵。秦为钜鹿、邯郸二郡地。秦末谓之信都。项羽又改为襄国。二世二年，张耳、陈馀立赵歇为赵王，居信都。秦亡，项羽分赵地，立张耳为常山王，都襄国。羽更信都为襄国也。汉属钜鹿、常山二郡及赵、广平二国。后汉因之。晋为钜鹿、赵二国地。其后，石勒都于此，石虎改置襄国郡。后魏为钜鹿郡及北广平郡地。隋改置邢州，炀帝改曰襄国郡。窦建德尝置广州于襄国。《唐纪》：武德四年，并州总管刘世让攻建德，自土门而东，克其黄州。进攻洺州，不克。盖误广为黄也。唐复为邢州。天宝初曰钜鹿郡，乾元初复故。上元以后，邢州统于昭义镇。中和二年，镇将孟方立迁治于此，自是昭义分为二镇。李克用得之，仍置邢洺节度治焉，兼领洺、磁二州。五代梁置保义军治此，唐曰安国军。朱温得三州，改置保义军。贞明二年，为晋王存勖所取，改曰安国。宋仍为邢州。亦曰钜鹿郡。宣和初，升为信德府。金复曰邢州。仍置安国军。元初为顺德府。置元帅府于此，寻改安抚司。至元初，又改为顺德路。明曰顺德府，领县九。今因之。

府西带上党，北控常山，常山谓真定府。河北之襟要，而河东之藩蔽也。秦之季也，章邯去楚而攻赵，钜鹿一败，秦不复振。韩信战胜举赵，自赵以东，曾无坚垒。张宾说石勒曰：襄国依山凭险，形胜之国，得而都之，霸王之业也。自是幽、冀多故，辄争襄国。唐初，窦建德、刘黑闼相继据洺州，纵横河北。议者谓自河东下太行，拔邢州而守之，则洺州之肩背举，而河北之腰膂绝矣。魏博叛帅田悦尝言：邢、磁如两眼在腹中，不可不取。磁州，见河南。邢、洺、磁三州境皆相接。唐以昭义一镇，控御河北。而邢州尤为山东要地，虽强梗如镇、魏，犹终始羁縻者，以邢州介其间，西面兵力，足以展施也。李克用以河东争河北，数出邢州。朱温得之，则用以蔽遏河东，迫胁镇、定。及晋王存勖合镇、定以图梁，梁人战守，尤以邢州为切。其后洺、魏、相、磁诸州，悉属于晋，邢州始下。邢州不守，而河北之势，尽折而入于晋矣。李忠定公曰：邢州与河东之潞州，皆地大力丰。东西相峙，如太行之两翼。往来走集，道里径易。从邢州而西北，路出井陉，可以直捣太原。从邢州而西南，路出邯郸，可以席卷相、卫。若道庆源即赵州，而取深、冀，越清河而驰德、棣，如振裘者之挈其领也。此韩信得之，遂以掇拾燕、齐；石勒据之，因以并吞幽、冀欤？

〇**邢台县**，附郭。古邢国。秦为信都县，项羽改为襄国。汉亦为襄国县，属赵国。后汉因之。晋属广平郡。后魏永安中，改属北广平郡。隋开皇九年，改为龙冈县。十六年，置邢州治焉。唐因之。宋宣和二年，始改曰邢台县。今编户二十八里。

襄国城，在今城西南。殷祖乙迁都于邢，即此城也。春秋时，邢侯都于此，为卫之与国。隐四年，石碏杀州吁，卫人逆公子晋于邢而立之。闵元年，狄伐邢，齐人救邢。僖元年，狄复伐邢，齐侯帅诸侯之师以救邢，迁邢于夷仪。二十五年，卫侯毁灭邢。二十八年，晋伐卫。是时，邢为晋所取。哀四年，齐国夏伐晋，取邢。既而邢复入于晋。战国为赵邑。秦灭赵，置信都县。秦末，赵王歇都此。项羽使张耳都之，改为襄国。自是历汉及晋，皆为襄国县治。石勒据之，亦谓之建平城。《后赵录》：石勒由石门进据襄国，后擒刘曜，尽得关陇，乃僭号建平。大修城郭，因徙洛阳铜马翁仲二，列于永丰门，谓其城曰建平城。《十六国春秋》：勒擒刘曜至襄国，舍曜于永丰小城，盖即永丰门外耳。《元丰志》：建平城，石勒所筑，即今邢州城。非也。冉闵灭赵，刘显复称帝于襄国。晋永和八年，闵攻灭显，因毁其城垣。是后襄国废入任县。后魏太和二十年，复置襄国县，移于今治。魏收《志》：襄国县有襄国旧城。是也。又《隋志》：后齐废易阳县入襄国县，置襄国郡。后周改襄国曰易阳，别置襄国县。隋开皇初，郡废。易阳，今广平府之废临洺县，似襄国改徙非一处矣。宋白曰：隋以易阳还故治，而襄国亦仍理旧城也。宋沈括《笔谈》：邢州城，郭进守西山时筑，阔六丈，可卧牛，俗呼卧牛城。一说城东有牛尾河，因名也。今城明朝因故址修筑，周十二里有奇。

青山城，府西北八十里。其地近青山，本名青山口。隋开皇十七年，因置青山县。大业初，省入龙冈县。唐武德初，复置，属邢州。开成五年，省入龙冈县，仍为设险处。乾宁五年，朱全忠会魏博帅罗弘信兵击李克用，至钜鹿城下，败河东兵，逐北至青山口，于是全忠遂取邢、洺、磁三州。既而克用遣李嗣昭等出青山，将复山东三州，进攻邢州，为汴将葛从周所败，退入青山。从周追之，将扼其归路，李嗣源击却之。光化三年，李嗣昭拔洺州，朱全忠引兵来争，嗣昭弃城走，葛从周设伏于青山口邀击，嗣昭，大败。后唐清泰三年，唐兵攻太原，为石敬瑭及契丹所败。诏天雄帅范延光，将兵由青山口取榆次以救之，即此也。榆次，今山西属县。

夷仪城，府西百四十里。《春秋》僖元年，狄伐邢，齐桓公迁邢于夷仪。或曰今山东聊城县之夷仪聚也。杜佑曰：龙冈县北百五十里夷仪岭，即《左传》邢国所迁，有夷仪城，俗讹随宜城。《寰宇记》：夷仪山，在邢州西北一百五十七里。今详见山东聊城县。

封山，府西二十里。《志》云：以邢侯初封此而名，亦谓之西山。今自封山以西，绵延数百里，直接太行，皆西山矣。五代梁开平五年，晋王存勖自柏乡乘胜攻邢州，全忠遣将徐仁溥帅兵自西山夜入邢州，助保义帅王檀城守。盖乘高而下，则晋兵不及备也。又西十里，曰孤山。斗绝多石，其旁平坦，可以耕艺。

百岩山，府西北百三十里。山高险，有岩百余，郡境诸山之望也。又鹊山，在府西北百十里，冈峦鹊起，上有穴，出云母。○马鞍山，在府西北三十七里。山脊隆起，其南有泉曰金泉，北曰玉泉。又府西北三十里曰仙翁山，唐天宝中，玄宗锡以今名。时张果游憩于此也。又有百花山，在府西南四十二里，巨石巉岩，山色青白相间，因名。

马岭，府西北百三十里。其地峻险，有马岭口，为戍守要地。唐天祐三年，河东帅李克用遣其将李嗣昭攻邢州，朱全忠将张筠引兵助守州城，因设伏于马岭。嗣昭至，为筠所败，遂引还。

黄榆岭，府西百二十里，亦设险处也。岭北有陈宋口。五代梁乾化五年，刘鄩以晋兵在魏州，因潜师出黄泽岭，西袭晋阳。晋将周德威闻之，自幽州将千骑救晋阳，至土门，鄩已整众下山，自邢州陈宋口逾漳水而东，屯于宗城。岭下多陈、宋二姓所居，因以为山口之名也。黄泽岭，见山西辽州。

琉璃坡，府南三十余里。西山垂尽，冈脉起伏处也。唐龙纪初，李克用自上党而东，攻孟方立于邢州，拔磁、洺二州，败方立兵于琉璃坡，进攻邢州。又景福二年，克用攻李存孝于邢州，从栾城进屯任县，使李存审引军屯于琉璃坡。盖备存孝之南走也。○石井冈，在府西北七里，上有井，大如车轮，相传汉世祖营军时所凿。石勒改为龙冈。《十六国春秋》：晋大宁元年，赵佛图澄于襄国石井冈掘得死龙，咒之，令苏，腾空而去，因名龙冈。隋因以名县。又有鹿城冈，在府北十五里。

漳水，府东南八十里。自广平府曲周县流经府境，入平乡县界。又北历南和、任县，合沣河，而北入赵州隆平县界。五代梁乾化四年，晋王存勖会兵攻邢州，梁将杨师厚自魏州赴救，营于漳水之东。胡氏曰：师厚盖营于平乡县南也。详见大川漳水。

百泉水，府东南五里。自平地涌出，其脉甚多，故曰百泉。盖即沣河之上源。引流而东，入南和县界，又东北经任县，东入赵州隆平县，而汇于胡卢河。又有七里河，在府南七里，流合于百泉水。《志》云：百泉水，一名涡水，又名鸳鸯水。《隋志》以为漻水也。

达活水，府西北五里，旧名蓼水。出石井冈，流经任县为蔡河，合于沣河。又有野河，在府西北百二十里，发源百岩诸山，引流凡七十二道，下流亦会于澧河。

黄榆关，在府西北黄榆岭上。据险筑堡，为戍守处。《志》云：黄榆岭口有腰水寨，最高峻，其上平阔，惟一径可通。腰半有水，因名。又香炉寨，在黄榆岭北，峰峦高险，状如香炉，惟一径可达，旧置寨于此，皆有官兵戍守。又北即赵州赞皇县界也。○马岭口，在马岭下，亦有堡寨，与黄榆关相为犄角。

张公桥，在府西北。或云其下即野河所经。旧为通道。唐末，李克用争河北，每出青山口，必经张公桥，然后至邢、洺诸州。天祐三年，梁将葛从周败晋兵于沙河，追至张公桥。五代梁乾化四年，晋王存勖会兵于赵州，南攻邢州，至张公桥。是也。

檀台，在府境。徐广曰：襄国县有檀台。《史记》：赵成侯二十年，魏献荣椽以为檀台。盖在此。○偏店，在府南。近时贼犯府境，官军败之于此。

龙冈驿。在府治东，洪武间置。又西王巡司在府西七十里，□太行山，道通太原诸城邑。

○沙河县，府南三十五里，南至广平府邯郸县八十里。汉襄国县地。隋开皇十六年，析置沙河县，属邢州。唐武德初，置温州于此。四年，州废，仍属邢州。今城周五里有奇，编户十九里。

沙河旧城，县东一里。隋置县于此。唐武德五年，世民击刘黑闼于洺州。幽州总管李艺引兵会战，黑闼留兵守洺州，自将兵拒艺，夜宿沙河。乾元二年，官军与史思明战于相州之安阳河。会大风晦冥，官军溃而南。思明亦溃而北，至沙河，寻还屯邺南。五代晋开运初，县移今治。

汤山，县西北七十里。下有汤泉，《山海经》：此汤愈疾为天下最，故以名山。又黑山，在县西北四十里，山石多黑，因名。旧《志》：黑山，襄国之名山也。

磬口山，县西南九十八里。卢毓曰：淇阳磬口，冶铸利器。汉魏时旧铁官也。今县有綦阳镇，置铁冶司于此。盖即汉、魏之故址。《隋志》谓之磬山。

沙河，在县治南一里。源出汤山，一名渭水。绕流经县南，又东南流入广平府永年县界。渭，读曰容。《水经注》：渭水出襄国县西山，昔牛缺遇盗于沙、渭之间。是矣。西山，即汤山也。

仓门。县西南百二十里。《志》云：唐太宗为秦王时，击刘黑闼于河北，置仓于此，以通馈饷，故有仓门之名。或曰建中年间，昭义帅李抱真与河北叛帅田悦等相持，因置仓以供军处也。亦谓之仓口。

○南和县，府东四十里，东至平乡县四十里。汉县，属广平国。后汉属钜鹿郡。晋属广平郡。后魏太和二十年，复置。永安中，分置北广平郡治此。高齐省入广平郡。后周分置南和郡。隋初郡废，县属邢州。唐武德初，置和州。四年，州废，县仍属邢州。宋、金仍旧。元省入沙河县，寻复置。城周四里有奇，今编户十三里。

漳河，在县东北。自平乡县合沙、洺诸流入县境。又西北会于沣河，而入任县界。○沣河，在县西十里，隆冬不冻，其上源即百泉水也。自邢台县流入境，漳水及沙、洺诸川俱流合焉。又东北流，而入任县境。

泜水。县西北十五里。《志》云：其上源自赵州临城县分流，入唐山县界，折而西南，经任县、内丘县境。又东南流至县界，邢台县之达活河亦流经县西，合于泜水云。盖泜水伏见不常，自临城县流合沙河，复分流而南出于郡境者也。○狼沟河，在县南五里。沙、洺二河合流以后，旁出者为狼沟河，下流仍合于沣河。《志》云河两岸多狼，因名。

○任县，府东北四十里，又东北至赵州隆平县六十里。汉置任县，属广平国。后汉属钜鹿郡。晋属广平郡。后魏因之。永安中，改属北广平郡。高齐时，县废。隋开皇十六年，复置，属邢州。大业初，废入南和县。唐武德四年，复置，仍属邢州。宋省入南和，寻复置。金因之。元省入邢台，寻复置。今城周五里有奇，编户十五里。

古任城，在县东南。颜师古曰：任本晋邑。《春秋》襄三十年，郑羽颉奔晋,为任大夫。哀四年,齐国夏伐晋,取任,即此地也。后为赵邑。汉因置任县。刘昫曰:晋改置任县,本汉钜鹿郡南䜌县地。后废。唐武德四年,复置于故苑乡城,寻移今治。会昌三年,讨泽潞叛帅刘稹,成德帅王元逵次临洺,略任及尧山。景福二年,李克用攻叛将李存孝于邢州,自栾城进屯任县,即今县矣。

苑乡城,县东北十八里。本汉南䜌县地,后为闲厩之所,谓之苑乡。晋永嘉末,广平人游纶等拥众于苑乡。时石勒据襄国,遣其将夔安等攻败之。又永和五年,石虎子遵篡立,其兄冲起兵幽州讨之,至常山,军于苑乡,寻败死。《志》云:苑乡,石勒置县于此。又改为清苑县,属襄国郡。后魏时废。魏收《志》:任县有苑乡城。是也。

渚乡城,县西南二十七里。本汉之张县,属广平国。后汉县省,俗谓之渚乡城。晋永嘉末,幽州刺史王浚遣兵及辽西鲜卑段疾、陆眷等,攻石勒于襄国,屯于渚阳,即此城也。城在泽渚之阳,故又曰渚阳。

龙冈山,在县南。《志》云:其山冈脊横亘,东西长二十里。盖西山之脉蜿蜒于郡北,与石井、鹿城诸冈互相接续也。或曰此山旧在邢台县境内,故隋以名县。

沣河,县东十五里。自南和县合漳河以及群川,流入县境,水势曼衍,颇有涨溢之患。又东北入隆平县之大陆泽。元初,郭守敬言:沣河东过任县,失其故道,淹没民田千余顷。若开修成河,其田即可耕种。因命有司浚导。明亦尝修治焉。

蔡河。在县治南。其上源即邢台县之达活河也。流至南和县西,会于洺水,复东北流入县境,谓之蔡河。又东注于沣河。

○**内丘县**,府北五十五里,东北至赵州柏乡县六十里。汉置中丘县,属常山郡。后汉属赵国。晋因之。石赵尝置中丘郡于此。又改置赵安县。后魏复曰中丘。太和中,属南钜鹿郡。孝昌中,属南赵郡。隋改曰内丘，属邢州。唐初，改属赵州。贞观初，复属邢州。今城周四里有奇，编户十八里。

中丘城，在县东。汉县治此。魏收曰：晋废。太和二十一年，复置中丘县。今中丘故城是也。隋讳忠，因改曰内丘。唐因之。光化三年，朱全忠遣军攻幽、沧，李克用遣李嗣昭攻邢、洺以救之，败汴兵于内丘，又败汴兵于沙河，遂克洺州。五代汉乾祐末，契丹陷内丘，即今县治矣。

青山，县西二十里。《志》云：初亦名黑山，后周时始改曰青山。山冈陇绵延，与太行相接，为郡境之险。隋置青山县以此，唐曰青山口。详见邢台县之青山城。

擭山，县西北十二里。山峰岩错峙，势如搏擭，因名。砺水出于此。又鹊山，在县西南六十三里，昔扁鹊封此。又蓬山，在城西六十里。其相近者曰龙腾山，以山有骞举之势也。龙腾水出焉。○孤山，在县西北十七里，挺然独峙，旁无支阜。唐天宝中，赐名曰内丘山。《志》云：县西北十三里有夷仪岭，相传为诸侯会盟处。似误。

泜水，在县东南。自唐山、任县境内，西南流经县界，复折而东南，入南和县境。又沙沟水，在县西南，源出龙腾山，引而东，合于龙腾水。东北流入唐山县界，合于泜水。又砺水，源出擭山，其水可以砺刀剑，因名。亦曰砺沟水，一名渚水。下流入沙沟水。

烧梁关，在县西。旧为控扼之处。《晋书·地道记》中丘县有烧梁关。

石门塞。在县西北。《晋书·地道记》中丘县有石门塞。《纪胜》云：石门塞，邢州之险要也。晋时石勒遣石季龙进据石门，因取襄国。五代初，晋王存勖以张文礼之乱，自石门趣镇州，即此矣。《寰宇记》邢台县有石门山。《金人疆域图》因之，误也。中丘驿，在县治东南。又有递运所，在县治北。

○唐山县，府东北九十里。北至赵州柏乡县三十五里，东至赵州隆平县五十里。汉置柏人县，属赵国。后汉及晋因之。后魏属赵郡。孝昌中，改属南赵郡。高齐改县曰柏仁。隋属邢州。唐武德初，置东龙州。四年，州废，改属赵州。贞观初，还属邢州。天宝初，改为尧山县。宋因之。熙宁六年，废。元祐初，复置。金人改县曰唐山，仍属邢州。元省入内丘县，寻复置。今城周三里有奇，编户一十四里。

柏人城，县西十二里。春秋时晋邑。哀四年，晋荀寅奔鲜虞，齐弦施会鲜虞，纳荀寅于柏人。五年，晋围柏人，拔之。《史记》：赵王迁元年，城柏人。汉因置柏人县。高祖八年，击韩王信，馀反寇。过赵，赵王张敖相贯高等，以帝数嫚骂王，谋为乱。帝还过柏人，欲宿，心动，问县何名，曰柏人。帝曰：柏人者，迫于人也。不宿而去。光武初，破王郎将李育于柏人。晋建兴三年，石勒自襄国袭王浚于幽州，以火宵行至柏人。后魏主宏太和十八年南巡，谋迁都，群臣或请都邺。魏主曰：邺西有枉人山，东有列人县，北有柏人城，君子不饮盗泉，恶其名也。盖亦以柏人为迫人矣。皇甫谧曰：柏人城，尧所都。魏收《志》柏人县有柏人故城。或以为今治，即后魏时所迁矣。唐天宝初，改县曰尧山。景福初，李克用侵镇州帅王镕，镕合幽州兵拒克用于尧山。克用遣将李嗣昭击败之，即今县也。又柏乡城，在县东北十八里。魏收《志》柏人县有柏乡城。《城冢记》云：亦尧所筑也。

尧山，县西北八里。相传尧始封此，因名。其东麓一名宣务山，又名虚无山。《山经》：宣务山高一千八百五十丈，出文石，五色锦章。昔尧登此山，东瞻洪水，务访贤人，因名。○乾言山，在县西北五里。《诗·卫风》：出宿于乾，饮饯于言。《寰宇记》以为即此山也。《隋志》内丘县有乾言山。《金志》亦云：山在内丘县。或曰：山延袤数十里，西接内丘县界。

鹤度岭，县西百七十里。《志》云：岭最高，惟鹤可度，故名。南去邢台县马岭仅三十五里，俱为兵防要口。○光泰冈，在县西二里，广一里，袤数里。相传光武破李育于此。

泜水，县西二里。其上源自赵州临城县东南流入境，至县西，复折而西南，经任县之西北，内丘县之东南，远近诸川流多附入焉。

宣务栅。在尧山东麓，唐昭义镇所置戍守处也。会昌三年，刘稹以泽、潞叛，诏诸道兵进讨。成德帅王元逵以兵守临洺，掠尧山，旋奏拔其宣务栅，因进攻尧山城。刘稹遣兵来救，元逵击却之。盖宣务栅与县相唇齿云。

○平乡县，府东南八十里。南至广平府六十里，西南至广平府鸡泽县二十里。秦钜鹿县也。汉因之，为钜鹿郡治。后汉仍属钜鹿郡。晋属钜鹿国。后魏初因之。景明二年，改置平乡县于此。孝昌中，属南赵郡。隋初，郡废，县属邢州。唐武德初，置封州。四年，废，还属邢州。宋因之。熙宁六年，省入钜鹿县。元祐初，复故。今城周三里有奇，编户十三里。

钜鹿城，今县城也。秦二世二年，章邯北渡河击赵，赵王歇、张耳、陈余皆走入钜鹿城。章邯令王离、涉间围钜鹿，章邯军其南，筑甬道而输之粟。陈余将卒数百人，军钜鹿北，所谓河北之军也。三年，楚上将军项羽引军渡河，救钜鹿，大破秦兵。诸侯军救钜鹿下者十余壁，莫敢纵兵，章邯兵数却，遂以兵降楚。即此钜鹿也。《括地志》：汉钜鹿郡故城，在平乡县北十一里。故钜鹿县城，即平乡县治。是。

平乡城，县东南二十里。汉平乡县，属广平郡，在今任县界。晋末罢。后魏景明二年，始移治故钜鹿城。《邑志》：县东二十里有艾村，相传其地即故南䜌城，平乡县初治此。宋元符中，始迁今治。艾村，当即故平乡。元符迁治之说谬。

棘原，在县南。《史记》：项羽破秦军章邯军于钜鹿南棘原。即此。

今湮。刘昭曰：钜鹿县南有棘原，即章邯所军处。

浊漳河，县西南二十里。自广平府曲周县流入境，又东北经县东十里，复折而西北流，入南和县界，合于沣水。《括地志》：浊漳水，即《禹贡》之横漳，俗亦名为柳河。《史记》：项羽已破秦军，军于漳水南。是也。朱梁时，魏博帅杨师厚以晋兵攻邢州，引兵救之，亦屯于此。《志》云：今县东二十余里为旧漳河，又东十二里有新漳河。漳水流浊易决，旧漳河久填淤，不能容水，每至涨溢，则西入滏阳，东入新漳。而沙、洺诸流，亦不时泛滥，与漳、滏诸流，合为一壑，民被其害。盖邑之为地，外高中卑，浸淫所不能免也。明朝正统中，尝为堤以防之。弘治十四年，复大溢，县令唐泽大修堤障，环绕邑境，民困始苏。盖川流变徙，大抵非故道矣。

洺河，县西十里。自鸡泽县流经境内，又西五里为沙河。《志》云：县境左舒而右缩，洺河在境上，沙河在境外。此即沙河在鸡泽县，南流合洺水之道也。沙、洺合流，俱东北出而经县西，至南和县界，合于漳河。

滏阳河，县东七里。亦自曲周县流经境内，又北入于漳河。万历初，漳水挟滏阳而北出，于是旧流益乱。○落漠水，在县西南十八里。漳水旧经流此，谓之薄洛津，俗因讹为落漠水，《志》以为洺水支流也。自县境北入南和县界，与滏阳河合，近亦为漳、洺诸流所并，非复故渠矣。又淤泥河，在县东十里，亦漳水支流也。

沙丘台。县东北二十里。古史：纣筑沙丘台，多取禽兽置其中。《庄子》：卫灵公卒，葬沙丘宫。《战国策》：赵李兑等围主父于沙丘宫，百日而饿死。《竹书纪年》：自盘庚徙殷，更不徙都。赵时稍大其邑，南距朝歌，北据邯郸及沙丘，皆为离宫别馆。赵主父及子惠文王游沙丘异宫。是也。《秦纪》：始皇三十七年，崩于沙丘平台。或曰：平台，沙丘宫中之台也。《邑志》县南五里有平台。刘昭曰：沙丘台在钜鹿东北七十里。

〇**钜鹿县**，府东北百二十里。东北至冀州南宫县六十里，西北至赵州隆平县六十里。汉南䜌、钜鹿县地。后魏初，改置钜鹿县于此，仍属钜鹿郡，后属南赵郡。高齐废。隋开皇六年，复置，属邢州。大业十年，为群盗张金称所陷。唐武德初，置起州。四年，州废，县属赵州。贞观初，仍属邢州。今城周五里有奇，编户十三里。

钜鹿城，汉城，今平乡是也。后魏移置今县。《旧唐志》：旧治东府亭城，嗣圣元年，移今所。《邑志》云：县北十里，有旧钜鹿城，县本治此。唐垂拱初，因漳水为患，徙县于东南，即今县治。按：垂拱即嗣圣之明年，所云旧城，即东府亭城也。《宋·河渠志》：大观二年，河决，陷钜鹿县，诏迁于高地。此则县经再迁，非嗣圣故治矣。《邑志》未详也。〇南䜌城，在县北，隋开皇六年改置，大业初废。刘昫以为即汉之南䜌，非矣。《舆程记》：自县而南四十里，至平乡县，此为汉之钜鹿。自县而西五十余里至任县。又北至柏乡县之废南䜌城九十里，此为汉之南䜌县。

白起城，在县西南。旧传白起攻赵，尝筑城于此。唐武德初，置白起县，属起州。四年，并入钜鹿县。又今县南七里有棘城，一名棘家寨，《志》以为即章邯所军之棘原也。又有柴城，在县东三十里，五代周显德中所筑。《志》云：世宗父柴守礼，本尧山人，尝徙于此，筑城以居，因名。今城址犹存。

漳水，旧在县东。有大小二河，亦谓之新旧二河。自平乡县东北流入县境，与广宗县接界，又北注于大陆泽。明天顺中，漳河南徙，悉入于运河，北道之流几绝。其后漳水馀流，自平乡北徙，合于南和县之沣河，不复至县境，二河渐成平陆矣。《唐史》：贞元中，邢州刺史元谊徙漳水，自州东二十里，出至钜鹿县北十里，入于故河，民赖其利。又宋元祐初，大河北徙，决入漳河，涨溢为害。其后河复南出，漳亦随之，故道多塞。盖漳水经流，其不可问久矣。

广阿泽，县北五里。亦曰大陆，亦曰钜鹿，接赵州隆平县界。《吕氏春秋》：晋之大陆，赵之钜鹿也。《十三州志》：广阿泽，即唐虞时大麓地，东西广二十里，南北三十里。葭苇鱼蟹之利，充牣其中。泽畔又有盐泉，煮而成盐，百姓资之，亦名沃洲。潴而复流，即宁晋之胡卢河也。《食货考》：汉堂阳县有盐官，盖以地近广阿泽云。

原庄堡。县西南十五里。往来所经，商旅辐集。旧有小城，可以守御。

○广宗县。府东百二十里。东南至山东临清州七十里，西北至钜鹿县三十五里。汉钜鹿郡堂阳县地。后汉章帝分置广宗县，仍属钜鹿郡。永元五年，尝置广宗国于此，国寻废。晋仍曰广宗县，属安平国。石赵尝置建兴郡治焉。后魏属清河郡。太和二十一年，置广宗郡，寻罢。孝昌中，复置郡。高齐时郡废，县属贝州。隋仁寿初，改曰宗城县。唐武德四年，置宗州。九年，州废，县仍属贝州。天祐初，以朱温父名诚，复改广宗县，属魏州。后唐复曰宗城。宋属大名府。金属洺州。元复曰广宗。至元初，省入平乡。寻复置，属顺德路。今城周四里有奇，编户十三里。

宗城故县，即今治。后汉置广宗县于此。光和末，皇甫嵩大破黄巾贼帅张梁于广宗。晋永嘉四年，幽州将祁弘击刘渊、冀州刺史刘灵于广宗，斩之。隋避太子广讳，改曰宗城。唐建中末，幽州留后朱滔叛应朱泚于长安，入魏境，以田悦不与同叛，攻宗城、经城，陷之。乾宁三年，河东将李存审救郓帅朱瑄，攻临清，败汴将葛从周于宗城北，乘胜至魏州北门。五代梁乾化五年，刘鄩谋袭晋阳，不能达。自西山下至邢州，逾漳水而东，军于宗城。以晋所蓄积俱在临清，谋袭之，以绝晋粮道。晋将周德威引兵追鄩，至南宫诘朝，略鄩营而过，驰入临清。鄩因引兵趣贝州。五代晋天福六年，成德帅安重荣举兵叛，南向邺都。遣杜重威等击之，遇于宗城西南，重荣败保宗城，官军攻拔之，重荣走还镇州。胡氏曰：宗城东南至魏州百七十里。由宗城东行，斜趣至临清，数十里。自南宫东南至临清，亦不过数十里。梁、晋争衡，数邑常为棋劫之势。

经城故县，县东二十里。后汉分堂阳县置经县，属安平国。晋因之。后魏省入南宫县，寻复置，属广宗郡。高齐省。隋开皇六年，复置经城县，属贝州。唐仍曰经城县。宋因之。宋白曰：后汉于今县西北二十里置经县。后魏省。太和十年，置县于今治，又置广宗郡理于此。北齐省郡及县，尝移武强县治焉。后周复于此置广宗郡。隋开皇三年，郡废。六年，改置经城县也。熙宁六年，省为镇，入宗城。○府城废县，在县东南。隋开皇十六年，分经城县置，属贝州。大业初，仍省入经城县。唐武德四年，复置，属宗州。九年，复废。

上白城，在县南。晋建兴初，石勒攻乞活帅李恽于上白，斩之。又永和五年，石虎死，张豺专政，谋诛李农。农奔广宗，帅乞活数万家保上白。豺遣兵攻之，不能克。○建始城，在县西南。《水经注》：张甲河经广宗故城西，又北经建始故城东。田融曰：后赵立建兴郡，治广宗，又置建始、兴德等五县隶焉。魏收《志》广宗县有建始、建德等城，是也。

漳水，旧在县西。《水经注》：漳水经经县故城西，其故津为薄洛津。刘昭续《后汉志》：经县西有薄洛津。《战国策》所谓河薄洛之水，即此也。后汉初平四年，袁绍击公孙瓒军于薄洛津，即漳水津矣。又县旧有大河故渎。宋元祐四年，河决宗城中埽。七年，赵偁议修宗城，弃堤塞宗城口。盖是时，大河挟漳而北注，南宫、冀州皆为水冲云。

张甲河，县南二十里。旧自清河县流入，东经冀州枣强县东，合于滹河，后堙。《唐志》云：经城西南四十里有张甲河。神龙二年，刺史姜师度因故渎开以利民。

枯泽河，《寰宇记》云：在县东二十七里。杜佑曰：经城县界东去清河郡理五十四里，有枯泽渠，北入南宫县界。古冀、兖二州，于此分域。

五桥泽，在县东。东晋太元十年，刘牢之救苻丕于邺，慕容垂北遁，牢之追及垂于董塘渊。又疾趣二百里，至五桥泽中，争燕辎重，为垂所邀击，大败。董塘渊，见后曲周县。

界桥，在县东。《通典》：宗城有界桥。后汉初平三年，袁绍及公孙瓒战于桥南二十里，追至界桥，瓒军大败。今一名袁公桥，亦曰界城桥。郦道元云：清河经广宗县南，又东北经界城亭东。水上有大梁，谓之界城桥。太子贤曰：宗城县东有古界城，近枯泽水，桥当此水之上。

桑林。在县南。唐兴元初，朱滔攻田绪贝州，久之未拔，成德帅王武俊、昭义帅李抱真，合兵进救。距贝州三十里，武俊先伏兵于桑林。合战，伏发，滔大败，走德州。胡氏曰：桑林在经城县西南。〇唐店，在县南。五代梁乾化二年，镇冀将王德明自临清攻宗城，下之。梁魏州帅杨师厚伏兵唐店邀击，德明大败，即此。

附见：

顺德守御百户所。在府治东，洪武初建。

〇广平府，东至山东临清州百五十里，东南至大名府百二十里，西南至河南彰德府百八十里，西至河南磁州百二十里，西北至顺德府亦百二十里。自府治至京师一千里，至南京一千六百七十五里。

《禹贡》冀州地。春秋时属晋，为东阳地。晋人自山以东，谓之东阳。自山以南，谓之南阳。后世山东、西之称，盖水昉于此。战国属赵。秦为邯郸郡地。汉初置广平郡。武帝征和二年，改平干国。宣帝五凤二年，复为广平国，治广平。后汉省入钜鹿郡。魏复置广平郡。《三国志》：汉建安十七年，割广平属魏郡。十八年，分魏郡为东、西部。魏黄初二年，以魏郡西部为广平郡，仍治广平。晋及后魏因之，徙治曲梁。后周宣政元年，置洺州。隋大业初，改为武安郡。唐复为洺州。《唐书》：武德元年，改武安郡为洺州。二年，为窦建德所据。四年平，立山东道大行台于此。五年，刘黑闼都之。六年，黑闼平，置洺州大总管府，寻复为洺州。天宝初，曰广平郡。乾元初，复故。宋仍曰洺州。亦曰广平郡。金人因之。元初亦为洺州。初置邢洺路，兼领邢、磁、威三州。寻又为洺磁路，兼领磁、威二州。至元中，升为广平路。明为广平府，领县九。今因之。

府西出漳、邺，则关天下之形胜。东扼清、卫，临清州，运道之咽喉也。则绝天下之转输。晋以东阳之甲，雄于山东。杜预曰：晋自山以东，魏郡、广平之地，皆曰东阳。襄二十二年，齐侯伐晋还，赵胜帅东阳之师追之。又昭二十二年，晋荀吴略东阳，还袭鼓，灭之。《战国策》：赵，万乘之强国也。前漳、滏，右常山，左河间，北有代。苏秦亦曰：赵西有常山，南有河、漳。又苏代曰：韩之上党去邯郸百里。盖太行在郡肘腋间，形胜所凭也。太史公曰：邯郸，漳、河之间一都会也。北通燕、涿，东有郑、卫。汉初，代相国陈豨反，高祖自将击之。至邯郸，喜曰：豨不南据邯郸，而阻漳水，吾知其无能为也。《区宇志》：隋崔赜等撰邯郸包络漳、滏，倚阻太行，赵人都此。秦、魏战其西南，燕、齐战其东北。而赵之力，常足以却秦胜魏，胁齐弱燕。苏秦谓山东之国，莫强于赵者，岂非拥据河山，控带雄胜，邯郸之地，实为河北之心膂，而河南之肩脊哉？后汉初，王郎假窃于邯郸，遂收燕、赵。光武既入邯郸，耿弇进曰：王郎虽破，天下兵革乃始耳。于是遣将集兵，以次征伐，光复大业，肇于邯郸也。魏、晋以降，河北多事，往来角逐，邯郸实为孔道。隋季群雄割据，窦建德纵横河朔，西入洺州，兼有相、魏，渐且规并河南。建德既蹶，刘黑闼复奋，再扰河北，两据洺州，自关以东，皆为震动。唐之中叶，昭义一镇，所以能限隔河北者，藉邢、洺、磁三州掣其襟要。而洺州，又邢、磁之中枢也。及会昌中，刘稹拒命于潞州，官军四面进讨，邢、洺、磁三州先下。李德裕曰：昭义根本，尽在山东，三州降，上党不日有变矣。朱温攘夺洺、邢，西逼上党，而河东兵势为之衰钝。宋初，以刘崇在太原，使郭进守洺州，以控西山，汉人畏其锋。然则洺州之于两河谓河北、河东，互为形援矣。使塞清河之口，涉黎阳之津，所就又乌可量哉！

○**永年县**，附郭。春秋时晋之曲梁地。汉为曲梁县，属广平国。宣帝封平干须王子敬为侯邑。后汉属魏郡。晋属广平郡。后魏为广平郡治。北齐省入广平县。隋开皇初，改置广平县于此。仁寿初，避太子广讳，改曰永年，仍为洺州治。今编户二十九里。

曲梁城，在县东北。杜佑曰：曲梁在春秋时，为赤狄之地。宣十五年，晋荀林父败赤狄于曲梁，遂灭潞，即此。汉为曲梁县治，晋因之。永嘉末，刘聪将赵固、王桑等，自河内归平阳，桑引其众东奔青州，固遣兵追杀之于曲梁。《水经注》：洺水东径曲梁城。是也。隋移置广平县，寻曰永年。自是以后，州郡皆治此。今郡城，明初因故址修筑，周十四里有奇。

广平城，杜佑曰：在永年县北。汉置广平县，盖治此。高帝封功臣薛欧为侯邑。征和二年，为平干国治，寻为广平国治。后汉国废，属钜鹿郡。建武二年，封吴汉为广平侯。是也。曹魏复置广平郡治焉。晋因之，后废。后魏太和二十年，复置广平县，仍属广平郡。高齐废曲梁、广年二县入焉。隋开皇初，徙置广平县于此城，置鸡泽县。大业初，又省鸡泽入永年。○广年城，亦在县境。汉县，属广平国。后汉属钜鹿郡。晋仍属广平郡，后废。后魏太和二十年，复置，仍属广平郡。高齐省入广平县。又五花城，在府西北三十里。元末筑此，为戍守处。

　　临洺城，府西四十里。本汉之易阳县，属赵国。后汉因之。和帝永平七年，易阳地裂，即此。建安九年，曹操围邺，易阳令韩范以县降。魏属魏郡。晋属广平郡。后魏仍属广平郡。东魏天平初，改属魏郡。时又于洺水置北中郎将。《齐书》：尔朱荣擒葛荣，分广平之易阳、襄国、赵郡之中丘三县，置易阳郡。宋白曰：魏初，省易阳入邯郸。孝文复于北中府城置易阳县。盖后魏末又改置易阳郡也。《隋志》：武安郡临洺县，旧曰易阳。齐废入襄国，置襄国郡。周改为易阳，别置襄国县。开皇六年，改易阳为邯郸。十年，改邯郸为临洺。唐武德初，置紫州，治临洺。四年，罢州，以县属磁州。五年，仍属洺州，即此城也。建中二年，魏博节度使田悦叛，攻围临洺。河东帅马燧等自壶关进击悦，大败之。兴元初，昭义帅李抱真军于临洺，与王武俊会于南宫东南，共救魏博，却朱滔，攻贝、魏之兵。会昌三年，刘稹以泽潞畔，成德帅王元逵遣兵守临洺，掠尧山，即此。宋熙宁六年，省为镇。元祐二年，复故。寻又废为临洺镇。范成大《北使录》：临洺城东至洺州三十五里，以北滨洺水而名。自此过洺河三十里，至沙河县。是也。今置临洺驿于此，为磁州及潞安府之通道。○建德城，在府北二十五里，有故城二，东西相直。相传窦建德屯军处。

　　聪明山，府西六十里。邯郸县紫山之别峰也。或以为即古之邯山。周回俱石，形势高峻，冈峦盘据，绵亘广远。○红山，在府西七十里，踞紫山之北。山形延袤，回峰环涧，互相映带。下有屯，曰丰稔屯。又狗山，亦在府西七十里，以山峰如狗脊而名。唐太宗击刘黑闼时，建垒于此。

　　洺水，府北三十五里。源出山西辽州界太行山中，经河南武安县东北流，绕邯郸县紫山之北，二流双导合而为一。经府西临洺镇东北流，合于沙河。历鸡泽县东南，而入顺德府平乡县境。唐武德五年，世民击刘黑闼，拔其洺水城，乃营于洺水南，分屯水北，密使人堰洺水上流。黑闼南渡洺水，压唐营而陈。世民战酣，乃决堰。洺水大至，黑闼兵溃。贞元十年，昭义将元谊畔，据洺州。昭义帅王虔休将兵攻之，引洺水以灌城。既又乘冰合，渡濠急攻。元谊出击，虔休不胜而返。会日暮冰解，士卒死者大半。即此水也。

沙河，府北五十里。自顺德府沙河县，流经鸡泽县西，又东南流至府境，合于洺河。复东北出，入平乡县境。郡境支川多附沙、洺二河以北出，涨溢不时，下流多被其患。

滏水，县府西南五里，亦名滏阳河。自邯郸县流入界，俗谓之柳林河。又东北经府城南，又东北入曲周县界，旧有堤，东去城二里。唐武德五年，世民攻刘黑闼于洺州。别将程名振载鼓六十具，于城西二里堤上击之，城中地皆震动，即滏阳河堤矣。元至元五年，州人患井泉咸苦，引滏水灌城壕，资食用，因置坝闸，以节宣之。至今不废。

鸡泽，在府西。《春秋》襄三年，诸侯同盟于鸡泽。杜预曰：在曲梁县西南。郦道元曰：漳水东为渚泽，曲梁县之鸡泽也。《国语》所谓鸡丘矣。○贾葛潭，在府西二十里。受邯郸西山之水，下通滏水。旧有贾葛口堤，东沿滏河，至府城东南，复迤逦而北，长三十里许。又利民闸，在府城东南五里，明建，引水灌田。又有惠民、通水、普惠诸闸，俱在府城外。

信宫，在府西北。孔颖达曰：临洺有信宫。赵武灵王元年，梁韩来朝信宫。又十八年，大朝于信宫。即此。府治南又有长春宫。唐武德二年，窦建德取洺州，进取卫、滑诸州，还洺州，筑长春宫，而徙都之。是也。今皆堙废。

黄龙镇，在府西南。唐光化三年，李克用将李嗣昭拔洺州。朱全忠遣其将葛从周击之，自邺县渡漳水，营于黄龙镇。全忠自将中军涉洺水，置营以逼嗣昭，嗣昭弃城走。金人《疆域图》永年县有黄龙镇。

黑闼垒。府西南十里。唐初刘黑闼据洺州，筑垒以拒唐师处也。或谓太宗征黑闼时所筑。误。又《寰宇记》云：府南十里，有廉颇台。《十六国春秋》：冉闵遇慕容恪于廉颇台，十战皆败。即此台也。今见无极县之廉台。临洺镇，在城西五十里。嘉靖中，修筑镇城，最为坚峻，有巡司。又递运所亦在焉。

○**曲周县**，府东北四十五里。东至山东临清州百四十里，北至顺德府平乡县五十里。汉县，属广平国。高祖封郦商为曲周侯，邑于此。后汉属钜鹿郡。晋省。隋开皇六年，复置曲周县，属洺州。大业初，废。唐武德四年，复置，仍属洺州。宋因之。熙宁三年，省入鸡泽县。元祐二年，复置。明年，复降为曲周镇。四年，又为县。今城周五里有奇，编户二十八里。

曲周故城，杜佑曰：在县西南。汉县治此。今城，唐所置也。又县东有曲安故城，后魏景明中，分平恩置曲安县，属广平郡。高齐废。《寰宇记》：后魏改曲周为曲安。平恩故城，在县东南，今见山东丘县。

漳水，县西南三十里。自河南临漳县流入府境，经成安、广平、肥乡三县而至县界，东北流达平乡县境，合于洺河。《志》云：今县东十五里，有漳河枯渎。漳水旧自肥乡口北口，接县西南赵林村，至县东北，而入威县。其后漳水自魏县东出，经流变徙，遂为枯渎。明万历初，漳水遂合滏河而北出，不复经故道矣。又旧有漳河堤，在县东二十里。○漯河枯渎，在县东。《志》云：自永年县界泊头堡接县境西朱堡，长十五里，又东接于漳河枯渎。遇雨潦，滏水泛溢，辄由此分流北注。今堙塞殆尽。又有大河枯渎，在县东五十里。宋元丰中，大河经流于此。河南徙后，遗迹仅存。

滏阳河，县东一里。自永年县东北，流经县南，又东北入平乡县境，下流合于洺河。旧时雨潦，辄有暴溢之虞。春冬之交，则以暵涸为患。万历初，漳水决溢于大名府魏县界，奔流北出，至县南八里苏河寨，挟滏河而经县东，势盛流驶，非复故渎也。旧有护城堤在滏阳河上，自县西南十二里滏阳集，至县东北十五里马疃村，长几三十里。

董塘陂，县西北十五里。魏晋时，导漳水入陂，为灌溉之利，今涸。《晋纪》：太元十一年，刘牢之救苻丕于邺，慕容垂逆战，而败退屯新城，复自新城北遁，牢之追及垂于董塘渊，为垂所败。即此处也。新城，见肥乡县。

康台泽，在县东。《地形志》平恩县有康台泽，苻秦时为闲牧之所。晋太元九年，后燕慕容农起兵，遣其党兰汗等取康台牧马数千匹。即此。

阿难渠，县西三十里。后魏时，广平郡守李阿难凿渠，导漳水以溉田，因名。《水经注》馆陶县有阿难河。今县境东南与山东馆陶县接界，渠盖经两邑间矣。

巨桥，旧在县西。杜佑曰：纣巨桥仓，在曲周县。《水经注》：横漳北经巨桥邸阁西，旧有大桥横水，故曰巨桥。昔武王伐纣，发粟赈殷饥民。服虔曰：巨桥，钜鹿水之大桥也。当在钜鹿县。刘伯庄曰：桥以高广名也。

香城固堡。县东北六十里，接威县界。又东北四十里有大寨堡，接清河县界。《里道记》：县东北至威县七十里，自威县至清河县亦七十里，县境最为广远。又大目寨堡，在县东七十里，接山东临清州界。侯村堡，在县东南四十五里，接山东丘县界。又安儿寨堡，在县南二十五里，又西南三十五里，即肥乡县也。

○**肥乡县**，府南四十里，南至大名府魏县四十里。本汉邯沟县地，属魏郡。后汉废入广平县，魏析置肥乡县，属广平郡。晋因之。后魏仍属广平郡。东魏天平初，省入临漳县。隋开皇十年，复置，属洺州。唐武德初，属磁州。六年，改属洺州。今城周五里有奇，编户二十六里。

肥乡旧城，县南二十里。战国时赵之肥邑。《竹书》：梁惠成王八年，伐邯郸，取肥。即此。曹魏因置肥乡县。唐武德五年，刘黑闼据洺州，世民击之，取相州，进据肥乡，列营洺水上，以逼之。又会昌三年，讨泽潞叛帅刘稹。魏博帅何弘敬栅肥乡，侵平恩。即今县也。

邯沟城，县西北十里。汉县，属魏郡。颜师古曰：以邯水之沟而名。宣帝封赵顷王子偃为侯邑。今俗谓之桓公城。又有邯会城，在县西南二十里，亦汉魏郡属县也。武帝封赵敬肃王子仁为侯邑。张晏曰：漳水别自城西南，与邯山之水会。今城旁犹有沟渠在焉。二县俱后汉时废。○葛孽城，在县西。《战国策》：魏王抱葛、孽、阴、成，为赵养邑。鲍彪曰：葛、孽、阴、成，四邑名。《寰宇记》：葛孽城，赵武灵王夫人所筑，一名夫人城。俗谓之葛鹅城，似未可据。

列人城，县北三十里列人堤上。战国时赵邑也。《竹书纪年》：梁惠成王八年，伐邯郸，取列人。汉置县，属广平国。更始初，光武徇河北，至邯郸。故赵王元子林说光武曰：赤眉今在河东，河水从列人北流，如决河灌之，可令为鱼。王氏曰：时赤眉屯于濮阳，在列人河东也。建武中，县改属钜鹿郡。晋属广平郡。太元九年，慕容垂谋叛秦，其子农自邺奔列人，与其党起兵应垂。众请治列人城，农曰：今起义师，惟敌是求，当以山河为城池，何列人之足治？既而秦将石越来攻，为农所败。后魏亦为列人县，仍属广平郡。东魏天平初，改属魏郡。高齐省。隋大业末，窦建德据广平，置列人营于此。唐武德五年，刘黑闼以洺水城为唐所取，自沙河引兵还攻之，行至列人，为唐所败。即此城也。

新兴城，在县东南。晋太元九年，慕容垂攻符丕于邺，分置老弱于肥乡，筑新兴城，以置辎重。既而邺久围不下，垂解围趣新城。即新兴城也。二十一年，拓跋珪攻后燕邺城，为慕容德所败，退屯新城，亦此城矣。今俗呼为白塔营。○清漳城，在县东南七十里，汉列人县地。隋开皇十年，置清漳县，属洺州。唐初因之。会昌初，省入肥乡县。

浮丘山，县南四里。土阜隆起，高于平地，仅数尺许，或以为古堤遗址。又县西十五里有天台山，土山无石，其顶平衍。

漳河，县西北十里。旧自广平县流入境，又东北入曲周县界。今多浅涸。县东南五里，有石家河，本漳水支流也。经县东复北流，入于漳河。

白渠，在县西北。旧自武安、临漳、成安等县流入境，入于漳河。今湮。《汉志》注：魏郡武安县有敨口山，白渠所出，东至列人入漳。

列人堤。县东北二十里。亦曰列人埠。漳水淤淀，积久而成高岸。或曰汉时大河堤也。又神腴堤，在县北，堤东西约五里。唐邑宰韦景骏筑以备漳水之患。

○鸡泽县，府东北六十里。西北至顺德府沙河县三十里。汉广年县地，属广平郡。后汉属钜鹿郡。晋仍属广平郡。永嘉以后，县废。后魏太和二十年，复置。高齐废广年入永年县。隋初复置。六年，避讳改曰鸡泽县，属洺州。大业初，又并入永年。唐武德四年，复置，仍属洺州。宋因之。元初省入永年县，寻复置，属广平路。今城周五里有奇，编户九里。

鸡泽旧城，在县南。隋开皇中于广年故城置鸡泽县，寻废。唐复置，南去故城十余里，后又移今治。盖县屡迁，而名不改。○普乐城，在县东南十里。《寰宇记》：唐初置县，旋陷于窦建德。或曰即建德创置。武德四年，建德所署普乐令程名振来降。是也。建德平，县仍省入鸡泽。

洺河，县东南二十里。自永年县东北流经县境，而入平乡县。《寰宇记》：漳、洺二水，俱在县东南。今县东二十里有漳河堤，亦曰漳洺南堤。盖昔时漳水在县界，合洺河而东北注也。

沙河。县西南二十里。自沙河县东南流经县境，达永年县界，合于洺河。复自县境东北出，而入平乡县界。《志》云：县西南有沙河堤，阔一丈，长二十里，《图经》所云漳河东环，沙、洺西绕者也。《郡国志》县有沙河南堤，唐永徽五年筑。

〇广平县，府东南七十里，又东南至大名府六十里。本大名府魏县地。金大定七年，置广平县，属洺州。元因之。今城周三里，编户十七里。

辘轳山，县南二里。县治西北，又有鳌子山，皆以形似名也。县东三十里，又有紫荆山。《志》云：县地平衍，无陵峦泉石之胜。辘轳诸山，仅同冈阜，盖亦西山之馀脉也。

漳河。在县西北。自成安县流入县界，又东北达于肥乡县。〇拳壮河，在县东十里，本漳河之支流。亦自成安县流入境，至肥乡县，复入于漳。今漳水浅涸，此河遂为枯槽矣。

〇成安县，府南六十里。东南至大名府魏县四十里，西南至河南临漳县八十里。汉为斥丘县地，属魏郡。晋因之。后魏仍属魏郡。天平初，并入临漳县。高齐复置，改曰成安。隋因之，属相州。唐初属磁州。贞观初，改属相州。天祐二年，避朱全忠父讳，改名斥丘。三年，更属魏州。后唐复曰成安。宋属大名府。金、元属洺州。元至元二年，并入滏阳。后复置，改属磁州。明初，改今属。今城周四里有奇，编户三十四里。

斥丘城，县东南三十里。春秋时晋之乾侯邑。昭二十八年，公如晋，次于乾侯。即此。汉为斥丘县。阚骃曰：地多斥卤，故曰斥丘。应劭曰：有斥丘在其西南也。高帝六年，封功臣唐厉为侯邑。后汉仍为斥丘县。初平二年, 袁绍屯于斥丘, 即此。魏晋以后, 皆为斥丘县治。高齐改置成安县, 移于今治。隋、唐皆因之。五代梁龙德二年, 戴思远袭晋魏州。魏州有备, 乃西涉洹水, 拔成安, 大掠而还。即今县也。

洹水城, 县西南三十里。本临漳内黄县地。后周建德六年, 分置洹水县, 属相州。隋因之。唐仍为洹水县。乾元初, 史思明自范阳救安庆绪, 由洹水趣相州。建中二年, 魏博叛帅田悦攻临洺军, 败, 复合散卒, 军于洹水。马燧自临洺帅诸军进屯邺, 与悦相持。乾宁二年, 李克用击魏帅罗弘信, 攻洹水, 败魏兵。进攻魏州, 朱全忠遣其将葛从周救魏博, 营于洹水。克用与战, 不胜, 乃还河东。既而克用复攻魏全忠, 仍遣从周救之, 屯于洹水。全忠自以大军继之, 克用引却。五代梁乾化初, 全忠以晋军出井陉, 将攻邢、魏, 引兵自相州至洹水, 进屯魏县。五年, 魏博附晋, 晋军屯临清。梁将刘鄩自南乐屯洹水。洹水在相、魏、洺三州之交, 尝为兵冲也。《里道记》: 洹水西去临漳县五十里, 东去大名府魏县五十里。唐魏博与昭义相抗, 每置重兵于此, 谓之洹水镇。宋仍为洹水县, 属大名府。熙宁六年, 省为镇入成安县。

漳河, 县南十里。自临漳县东北流入县界, 又东入广平县境。此清、浊二漳, 自临漳县合流之后, 横亘于冀州之境, 合滹沱以达海者, 所谓漳河之经流也。今多自临漳而东达魏县界, 又东合于卫河。国家漕渠, 往往资漳水之助, 经流不绝如线。间有决溢、浅淤随之矣。

洹水, 县西南七十里。自河南临漳县流入县界, 又东南入内黄县境。唐建中三年, 河东帅马燧讨田悦, 与悦夹洹水而军。悦守洹水城, 坚壁不出。燧因为三桥, 逾洹水, 日往挑战, 悦不应。反潜师循洹水, 直趣魏州, 留百骑抱薪持火匿桥旁。悦闻之, 遂引军逾桥掩燧后, 燧结阵待之。悦战败, 还趣三桥, 桥已为伏骑所焚。悦军乱, 赴水溺死者, 不可胜纪。

仓口，县西南五十里，与河南临漳县接境。马燧与田悦相持，燧军于漳滨，悦遣其将王光进筑月城，以守长桥，诸军不得度。燧塞漳水，下流水浅，诸军涉度。遂进屯仓口，与悦夹洹水而军。仓口盖在洹水北。长桥，今见临漳县。

兔台。在县西。《史记》：赵敬侯四年，魏败我兔台。《郡邑志》成安县有兔台，是也。

○威县，府东北百三十五里。东南至山东临清州百里，西至顺德府平乡县六十里，南至大名府百二十里。汉广平国斥章县地。后汉属钜鹿郡。晋属广平郡，后魏因之。东魏天平初，改属魏郡。后齐省入平恩县。隋开皇六年，置洺水县，属洺州。唐因之。会昌五年，省入曲周县。宋初亦置洺水县，寻废。金复置，仍属洺州。元自井陉县移威州治此，以县属焉。至正间，废洺水县，以威州属广平路。明初，改为威县。今城周六里有奇，编户八里。

斥章城，在县西南。汉县治此。应劭曰：漳水所经，北入河。其地斥卤，故曰斥章。魏晋时县皆治此。后魏太平真君三年，县并入列人县。太和二十年，复置。高齐废。隋开皇中，改置洺水县于今治。

洺水城，在县治北，隋所置也。唐武德五年，世民击刘黑闼，其洺水城来降，黑闼还攻之。洺水城四旁皆有水，广五十余步。黑闼于城东北筑二甬道以攻城，为所陷。既而唐兵复拔之。自唐以后，县皆治此。元始为威州治。《名胜志》云：今县东南二十里，有威州故城。似误。

漳水，旧在县南。自曲周县流入界，又东北经顺德府广宗县，东入冀州南宫县境。杜佑曰洺水县南有衡漳渎，是也。今漳流决徙不一，故渎遂涸。○洺水，旧在县西，自鸡泽平乡县界流经县境，合于漳河，故隋以洺水名县。今与漳河俱徙流入平乡县境，旧迹遂湮。

定陵墅。在县西北。陵周三百二十步，高六丈馀，上有汉广宗王庙。晋建兴初，幽州都督王浚，使其将田徽为兖州刺史保定陵时，石勒据襄国，遣孔苌击杀之。即此定陵也。

○**邯郸县**，府西南五十五里。西南至河南磁州七十里，南至临漳县亦七十里。春秋时卫地，战国时赵都也。秦置邯郸郡于此。汉为邯郸县，赵国治焉。张晏曰：邯，山名。郸，尽也。后汉亦为赵国治。曹魏属广平国。晋及后魏属广平郡。东魏天平初，废入临漳县。隋开皇十六年，复置县，属洺州。唐初，属磁州。贞观初，还属洺州。永泰初，复属磁州。宋因之。明初，复改今属。今城周八里，编户二十七里。

邯郸城，县西南二十里。春秋时卫邑，后属晋。《左传》定十三年，赵鞅杀邯郸午，午子赵稷以邯郸叛。上军司马籍秦围之，齐侯、卫侯伐晋救之。哀四年，赵鞅围邯郸，邯郸降。《汲冢周书》：敬王三十年，赵鞅围邯郸，竟有邯郸。《战国策》张仪曰：使齐兴师度清河，军于邯郸之东。《竹书》：周安王十六年，赵敬侯始都邯郸。《史记》：赵成侯二十一年，魏围我邯郸。二十二年，魏惠王拔我邯郸。二十四年，魏归我邯郸，与盟漳水上。说者曰：是时赵未都邯郸也，至肃侯时始都之，《竹书》误改为敬侯也。又秦昭襄四十八年，五大夫陵攻赵邯郸。五十年，王龁攻邯郸，不拔。始皇十八年，端和伐赵，围邯郸城。十九年，尽取赵地。秦王之邯郸，置邯郸郡。二世二年，章邯破赵军，夷邯郸城郭。汉高九年，封子如意为赵王，都邯郸。自是赵尝都此。更始二年，世祖擒王郎，幸邯郸。其后，仍为赵国治。建安九年，曹操围邺，击走袁尚将沮鹄于邯郸，拔其城。东魏废县，而城如故。隋仍置邯郸县。唐建中二年，魏博叛帅田悦遣兵围邢州，使别将栅邯郸西北，以断昭义救兵。五代时，县移今治。《志》云：旧城俗呼为赵王城，雉堞犹存。《舆程记》：赵王城西南二十里至台城冈，又西二十里，即磁州也。

五氏城，在县西，亦曰寒氏。春秋时，晋邯郸大夫赵午之私邑。定九年，卫侯如五氏。盖会齐侯之师，共伐邯郸午于寒氏也。十年，晋师围卫午门，于卫西门曰：请报寒氏之役。或曰五与午通，城盖以邯郸午而名。

武始城，县西南五十里。战国时韩地。秦昭襄王十三年，向寿伐韩，取武始。汉因置武始县，属魏郡。武帝封赵敬肃王子昌为侯邑。后汉省。《汉志》注：武始县有抲涧水，东北至邯郸，入于白渠。○涉乡城，在县西。《隋志》：开皇十六年，置涉乡县，属洺州。大业初，省入邯郸。又王郎城，在县西三里。后汉初，王郎诈称成帝子子舆，率车骑数百人入邯郸僭号，此其屯聚处也。俗犹呼为郎村。

紫山，县西北三十里。昔尝有紫气，与山相连，因名。亦谓之马服山，以上有赵奢冢也。《汉志》注：县有堵山，牛首水所出。或以为即紫山云。○邯山，在县东。张晏曰：邯郸山在东城下，亦谓之邯郸阜。旧《志》：邯山在召代镇，去县东南二十里，邯水出焉。岁久山移水绝，故址遂湮。又刘劭《赵都赋》西有灵丘，《郡国志》以为灵山也。今城西北有照眉池，相传赵王宫人照眉处，已废为耕地。池西有高岭，或以为即古之灵山，赵武灵王所登云。

双冈，在今县西北，当郡西废临洺县西出之要道。一名卢家疃，又名卢家寨。唐建中二年，魏博帅田悦拒命，围邢州及临洺，遣其将杨朝光栅邯郸西北，以断昭义救兵。昭义帅李抱真东下壶关，军于邯郸，破悦支军，进攻朝光栅。悦从临洺驰救，河东帅马燧遣其将李自良等御之于双冈，悦不得前，遂破朝光栅，进攻临洺，悦败走。

洺河，县西北三十五里。自河南武安县流入境，又东入永年县界。

滏阳河，县东三里。自河南临漳县流入境，又东入永年县界。元至元初，郭守敬言：磁州东北漳、滏二水合流处，引水由滏阳、邯郸、洺州、永年，下经鸡泽，合沣河，可灌田三千余顷。明成化十八年，磁州守张梦辅，令民于故渠随方浚治，以通舟楫，达于邯郸。今废。

西河，县西二十五里。源出紫山，流入府城西贾葛潭。一名渚沁水。《水经注》：牛首水出邯郸县西堵山，东流分为二水。汉景帝时，六国悖逆，命曲周侯郦寄攻赵，围邯郸。相捍七日，引牛首、拘水灌城，城坏，王自杀。其水东入邯郸城，经温明殿南，又东径丛台南，又东历邯郸阜，又东流出城，合成一川。又东澄而为渚。沁水东南流，注拘涧水。又东入于白渠。今城南五里有渚河城，西半里许有沁河，即《水经注》所云牛首水。自堵山东流分为二水者，合流而为西河。

蔺家河，县西南二十里。《志》云：以近相如故宅而名。又西十里有阎家河。秋夏之交，同归渚河。又岩崿河，在城西北二十里，又十里为牛照河。此二水同归沁河，其下流俱入于滏河。○输鼋河，在县西北二十里，或云洺河支流也。其水秋夏之交，散注田畴，或抵城下，与沁水同流。相传元至正间，有龙鼋斗于泽中，龙胜而鼋负，因名。

白渠，在县西。旧自河南武安县流入境，牛首水及武始县之拘涧水，悉流合焉。又东经成安、肥乡县，而入漳水。今馀流仅存，俗犹谓是水为拘水也。

邯郸宫，《志》云：旧址在城西北一里许。《舆地要览》以为赵王如意所建。东汉初犹存。光武破王郎，居邯郸宫，昼卧温明殿。是也。又齐主高纬时，尝营邯郸宫。盖即赵宫故址更为营建云。

丛台。在县城东。世传赵武灵王所筑。颜师古曰：以其连聚非一，故曰丛台。汉高后元年，赵丛台灾。更始二年，光武拔邯郸，置酒高会，与马武登丛台。是也。今有丛台驿，在县治西南。○洪波台，在县东南三十里洪波村。《赵都赋》：南有洪波浊河。《史记》：邯郸有洪波台，赵简子与诸大夫饮酒酣而泣处也。又陵台，在县西北三十里，赵惠文王、孝成王悼襄王所葬处。亦曰三陵村。

〇**清河县**，府东北二百里。东南至山东东昌府百三十里，南至大名府二百十里，西至顺德府二百四十里，北至冀州百三十里。汉信城县地，属清河郡。后周为武城县，清河郡治焉。隋初，郡废，改县曰清河县，为贝州治。自唐至宋，皆为州郡治。金移恩州治历亭县，而清河县仍属恩州。元属大名路。明初属大名府。洪武六年，改今属。城周九里有奇，编户六里。

贝州城，在县治东。汉置清河郡，治清阳。后汉桓帝改为甘陵国，移治甘陵县。晋复曰清河国。后周移武城县于汉信城县界，以郡治焉，兼置贝州。隋初郡废，改县曰清河，仍为州治。炀帝复曰清河郡。唐复曰贝州。天宝初亦曰清河郡。乾元初，复故。五代梁乾化三年，魏州帅杨师厚掠赵王镕之境，使刘守奇分道自贝州入趣冀州。石晋天福三年，分天雄军之地置永清节度于贝州，兼领博、冀二州。九年，以契丹将入犯，贝州为水陆要冲，多聚刍粟，为大军数年之储。既而契丹逼贝州，叛将邵柯导之入城，悉为所有。周显德初，废永清军。宋仍曰贝州。《宋志》：端拱元年，清河县徙治永宁镇。淳化九年，又徙今治。庆历八年，平王则之乱，改曰恩州。金人移州治历亭县，即今山东恩县也。明初，又废恩州为县，而清河郡及贝州之名遂泯。甘陵故城，见山东夏津县。永宁镇，或曰在县东北。

甘陵城，在县西北。周甘泉市地。秦置厝县，属钜鹿郡。汉属清河郡。后汉章帝子清河孝王庆初立为太子，被废。其子祜是为安帝。王薨，葬于厝县之广丘，安帝因尊陵曰甘陵，县亦取名焉。清河国移治于此。桓帝建和二年，又改清河国曰甘陵国。晋又改甘陵县为清河县，仍为清河国治。后魏因之。北齐改为贝丘县。隋省入清阳县。

清阳城，在县东。汉县，清河郡治此。景帝中元二年，封皇子乘为王国。武帝元鼎三年,徙代王义为清河王,都清阳,即此。后汉省。《括地志》:清阳故城在清河县西北八里。是也。又隋改故甘陵为清阳。今见山东夏津县,非汉之清阳也。

信成城,县西北十二里。汉县,属清河郡。后汉省。应劭曰:甘陵西北五十里,有信成亭,故县也。《水经注》:后赵置水东县于此城,故亦曰水东城。又汉有信乡县,属清河郡。宣帝封清河刚王子豹为侯国。亦作新乡。元始中,有新乡侯上书,言莽宜居摄。佟,即豹孙也。孟康曰:顺帝更名安平。按《后汉志》,安平县故属涿,非清河之境。应劭曰:甘陵西北十七里,有信乡故县。是也。又《风俗记》:东武城西北三十里有复阳亭,故县也,属清河郡。今枣强县有故复阳城。

末柸城,县东北五十里。晋建兴初,幽州都督王浚使辽西鲜卑段疾、六眷等,与石勒相持。末柸,六眷之从弟也,尝筑城于此,因名。○清河城,在县东南。《风俗志》:甘陵郡东南十七里,有清河故城。汉高六年,封功臣王吸为侯邑,世谓之鹊城也。《水经注》甘陵故城直东二十里有艾亭城,疑即清河城。后蛮居之,故世称蛮城。

清河,旧在县西。《水经注》:淇水自馆陶、清渊,又东北过广宗县,为清河。又东北入蓨县界,与张甲故渎合。《战国策》苏秦说赵曰:赵东有清河。张仪说赵曰:秦告齐使兴师渡清河,军于邯郸之东。是也。汉因之置清河郡。今埋。蓨县,见景州。○张甲河,在县境。《汉志》信成县有张甲河,首受屯氏别河,流经广宗县界,又东北入冀州界,至蓨,入漳水。别河,谓屯氏别出之河也。亦自馆陶流入境。今皆埋废。《水经》:淇水自馆陶清渊东北,过广宗县东,为清河。清河又东过修县,与大河张甲故渎合,又东过东光、南皮等县,齐之北界也。

永济渠,县西北十里,引清漳水入此。旧名瓠子渠。隋炀帝征辽,改曰永济渠。俗名御河,即卫水也。元人开合运河,卫河渐徙而南,经武城、恩县之西，去县境遂远。○涉水渠，在县东。《志》云：渠自莲花池达永济渠。先是卫河数决，故凿此渠，广丈馀，长四十里。遇泛溢为灾，赖此泄之。今涸。

直渠，在县西。汉时大河所经也。《沟洫志》：地节中，郭昌使行河，河曲三所。水流之势，皆邪直贝丘，恐水势盛，堤防不能禁，乃各更穿渠，直东经东郡界中，不令北曲。渠通，百姓安之。建始初，清河都尉冯逡言：郭昌穿渠，后三岁，河水更从第二故间北可六里，复南合。今其曲势复邪直，贝丘百姓寒心，宜复穿渠东行。不听。今皆堙废。又二渠，亦在县境。《汉书音义》：二渠一出贝州西南南折，一则漯川也。禹厮二渠以引其河，即此。今涸。漯川，见山东莘县。

鸣犊口，在县东南。旧为大河所经。《汉书》：元帝永光五年，河决清河灵鸣犊口，而屯氏河绝。成帝建始初，清河都尉冯逡言：郡承河下流，无大害者，以屯氏河通，两川分流也。今屯氏河塞，灵鸣犊口又益不利，独一川兼受数河之任，虽高增堤防，终不能泄。屯氏河不流行七十余年，新绝未久，其处易浚。又所居高于以分流杀水势，道里便宜。不听。后二岁，河果决于馆陶及东郡金堤。灵，灵县，见山东博平县。屯氏河，亦详见山东馆陶县。

鲧堤，县西三十里。自顺德府广宗县逶迤入境，相传鲧治水时所筑。又曲堤，在县东北。高齐时，群盗多萃于此，郡守宋世良下车颁行八条之制，盗奔他境。盖地近河曬，故群盗得以依阻。

新栅，在县西。晋太元中，燕人齐涉据新栅，降慕容垂。垂以涉为魏郡太守。既而附于泰山叛帅张愿，垂欲击之。慕容隆曰：新栅坚固，攻之未易拔。愿破，则涉不能自存矣。乃击愿，破之，新栅亦下。

宁化镇，在县西南。《宋志》：政和七年，臣僚言：恩州宁化镇，大河之侧，地势低下，正当湾流冲激之处。岁久堤岸怯薄，沁水透堤甚多。

近镇居民,例皆移避。夏秋霖潦,堤防一失,恐妨阻大名、河间诸州往来边路,乞付有司贴筑固护。从之。

甘陵。在故厝县。应劭曰:安帝以孝德皇后葬于厝,尊曰甘陵。是也。《城冢记》:汉安帝父清河孝王陵,在清河县东南三十里,谓之英陵。帝母左氏葬于县东北角,名曰甘陵。

读史方舆纪要卷十六

北直七　大名府

〇大名府，东至山东东昌府一百八十里，南至河南开封府三百二十里，西南至河南卫辉府二百八十里，西至河南彰德府二百二十里，西北至广平府一百二十里，东北至广平府清河县二百十里。自府治至京师一千一百六十里，至南京一千六百五十里。

《禹贡》兖州之域。夏为观扈之国。春秋晋地。战国属魏。秦属东郡。汉属魏郡。时郡治邺。后汉因之。按建安十七年，割河内、东郡、钜鹿、广平、赵国十四县以益魏郡。十八年，分置东、西都尉。时魏为曹操封国也。三国魏分置阳平郡。黄初二年，以魏郡东部为阳平郡。治元城。晋因之。宋亦为阳平郡，后魏因之。治馆陶。后周末，置魏州。治贵乡县。隋初因之。大业初，改为武阳郡。隋末，李密改为魏州。寻为窦建德所据。唐武德四年，复为魏州。置总管府，寻改为都督府。贞观初省。龙朔初，改为冀州。又为大都督府，督贝、德、相、棣、沧等州。咸亨中，复故。天宝初，曰魏郡。治元城县。乾元初，复曰魏州。寻置魏博节度，亦曰天雄军。建中三年，田悦拒命，称魏王。僭改魏州为大名府。馀详州域形势。下仿此。五代唐同光初，升为东京兴唐府。三年，改东京曰邺都。天成四年，还曰魏州，寻复为邺都。晋曰广晋府。开运二年，复置天雄军于此。汉曰大名府。周显德初，复罢邺都为天雄军，而府如故。宋因之。亦曰魏郡。庆历二年，建为北京。八年，置大名府路，领北京、澶、怀、卫、德、滨、棣等州军。金仍为大名府路。宋建炎四年，金人立刘豫为齐帝，据大名。寻徙汴。绍兴七年，金人废豫，仍为大名府，亦曰天雄军。《志》云：金贞祐二年，改安武军。而《金史》不载。元曰大名路。明改大名府，领州一、县十。今仍曰大名府。

府西峙太行，东连河济，形强势固，所以根本河北，而襟带河南者也。春秋时，齐、晋尝角逐于此。及战国之季，魏人由以拒赵而抗齐。自秦以降，黎阳、白马之险，恒甲于天下。楚、汉之胜负，由此而分。袁、曹之成败，由此而决。晋室多故，漳河之交，玄黄变更，南北津途，咽喉所寄也。隋末，武阳郡丞元宝藏以郡降李密，请改为魏州，又请西取魏郡。密从之，而军声振于河朔。窦建德及刘黑闼皆有问鼎中原之志，辄争魏州以临河。南唐得魏州，亦为重镇。迨安史倡乱，河北之患，二百余年，而腹心之忧，常在魏博。朱温据有汴州，倚魏州为肩背。魏州入晋，而梁祚遂倾矣。自庄宗以魏州称帝，其后邺都军乱，李嗣源因之而承大统。郭威复自邺都南向，竟移汉祚。邺都于河南，遂成偏重之势。广顺初，以邺都镇抚河北，控制契丹，特命腹心镇之。宋亦建陪京于此，以锁钥北门，契丹不敢遽窥也。及守御非人，女真长驱犯黎阳，大名竟不能为藩篱之限，因而汴洛沦胥，驯至九州崩陷。使大名兵力，足以根柢两河，虽渐车之流，女真其未敢涉矣。说者曰：河既南徙，今

日之大名形势, 视昔为一变。不知东指郓、博, 西出相、卫, 南迫
汴梁, 大名介其中, 道里便易, 皆可不介马而驰也。夫守险非难,
用险为难。用有形之险非难, 用无形之险为难。如谓大河既徙,
无险可恃而少之, 则齐、豫之间, 列城数十, 皆与大名犬牙相错者
也。举不足为用武之资欤?

今府, 宋之北京也。唐为魏州。宝应以后, 魏博节镇治焉。按
旧《志》, 魏州城外有河门旧堤。唐中和中, 节度使乐彦桢筑罗城约河门
旧堤, 周八十里。后唐建为东京, 寻曰邺都。晋、汉因之。后周复为
天雄军。皆因旧城不改。《志》云: 大名府有隍城, 郭威镇邺都时筑。
宋建北京, 乃增修城郭, 内为宫城, 周三里一百九十八步。宫城南
三门, 中曰顺豫, 《宋志》: 顺豫门内东西各一门, 曰左右保成。东曰
省风, 西曰展义。东一门, 曰东安。西一门, 曰西安。熙宁九年, 北面
增置一门, 曰靖武。其外城周四十八里二百有六步。南面三门, 正南
门曰南河, 熙宁九年, 改曰景风。其东曰南砖, 熙宁九年, 改曰亨嘉。
以下诸门, 皆是年所改也。西曰鼓角。改曰阜昌。北面二门, 正北门曰
北河, 旧《志》: 魏州北门旧曰馆陶。光化二年, 幽州帅刘仁恭侵魏博,
攻魏州, 上水关馆陶门。汴将葛从周救魏博, 败却之。胡氏曰: 门以路出
馆陶而名。宋曰北河门。熙宁中, 曰安平门。其西曰北砖。改曰辉德。
东面二门, 正东曰冠氏, 改曰华景。又有冠氏第二重门及子城东门,
时改曰春祺及泰通。子城在宫城之外, 旧牙城也。东南曰朝城。改曰安
流。又有朝城第二重门, 时亦改曰巽齐。西面二门, 正西曰魏县, 改曰
宝成。又有魏县第二重门及子城西门, 时亦改曰利和及宣泽。西南曰观
音。《五代史》: 魏州罗城西门曰观音门。晋天福初, 改曰金明, 即此门

也。宋仍曰观音门，复改为安正门。又有观音第二重门，时亦改曰静方。又上水关曰善利，下水关曰永济。元丰七年，善利、永济二关俱废。其后金人立刘豫于此，寻迁汴，亦伪称北都。豫废，置大名府路。元人亦因旧城。明洪武三十一年，漳河泛溢，城沦于水，因迁今治，在旧城西八里。建文三年，营筑土城。成化、弘治以后，相继增修。嘉靖四十年，易以砖石。隆庆四年，复增葺之。寻以涨水冲啮，屡葺屡圮。万历二十年，大水，城坏，又复改筑，始为完固。有门四，周仅九里，非复宋时陪都之制矣。

〇元城县，附郭。春秋时沙麓地，后为魏地。魏武侯公子元食邑也。汉因置元城县，属魏郡。后汉因之。曹魏置阳平郡于此。晋及后魏因之。东魏天平初，阳平郡移治馆陶县，仍属魏郡。后齐县废。隋开皇六年，复置，属魏州。唐因之。贞观十七年，并入贵乡。圣历中，复置。开元十三年，移入郭下，与贵乡并为州治。五代唐曰兴唐县，晋复为元城县。宋因之。元至元初，省入大名县，寻复置。今编户三十九里。

元城故城，在府东。刘昫曰：隋元城治古殷城，在今朝城东北十二里。唐贞观中，并入贵乡。圣历二年，复分贵乡、莘县地置元城县，治王莽城。开元中，移入郭下。王莽城在今城东北二十余里王莽河北岸，亦谓之故元城。唐武德五年，刘黑闼攻魏州，不下，引兵南拔元城，复还攻之。此即朝城县境之元城也。五代梁贞明二年，刘鄩自莘县袭魏州，至城东，晋兵击之，稍却，至故元城西，为晋兵所围，鄩大败，走黎阳，渡河保滑州。此王莽城之元城也。又石晋天福九年，契丹入寇，前锋至黎阳，契丹主屯于元城，赵延寿屯南乐。此元城亦即故王莽城，胡氏以为古殷城也。又《郡国志》沙麓旁有元城故城遗址，盖汉县治云。

魏县城，府西三十里，相传魏县旧治此。自汉以来，皆属魏郡。隋末宇文化及自黎阳北趣魏县，称许帝于此。后益徙而西，此城遂废。今名旧县店，亦曰魏店。五代梁龙德二年，戴思远自杨村袭晋魏州。晋将李嗣源觉之，自澶州驰进，军于梁公祠下，遣人告魏州使为备。思远至魏店，嗣源遣兵挑战。思远知有备，乃西渡洹水，拔成安，大掠而去。又魏武侯城，在旧城南十里，相传魏武侯所置。旧有坛，亦曰武侯坛。

五鹿城，在府东南。春秋时卫地，亦与齐、晋接境。《国语》：齐桓公筑五鹿，以卫诸侯。《左传》：晋公子重耳出亡过卫，出于五鹿，乞食于野人。即此处也。僖二十八年，晋伐卫，取五鹿。其后仍属卫。襄二十五年，卫献公自齐还国，齐崔杼止其帑，以求五鹿。后复入于晋。哀元年，齐侯、卫侯救邯郸午之子稷于邯郸，围五鹿。四年，齐、卫救范氏，围五鹿。皆此城也。杜预曰：元城县东有五鹿。是矣。《志》云：府东四十五里有五鹿城。又《郡志》：旧元城东三十里，有五孝城。当即五鹿之误。

阳狐城，《括地志》：在元城县东北三十里。《史记·齐世家》：宣公四十三年，田庄子伐晋，围阳狐。盖晋邑也。又《魏世家》：文侯二十四年，秦伐我至阳狐。胡氏曰：是时，秦兵未得至元城，盖在河东境内。今山西垣曲县有阳胡城，是也。又几城，《括地志》云在元城县东南。战国时，魏伐齐，取几。《史记》：赵惠文王二十三年，楼昌将攻魏几，不能取。十二月，廉颇将攻几，取之。即此城也。二城盖俱近山东朝城县界。

马陵城，在府东南。隋开皇六年，分元城县地置马陵县，属魏州。大业初省。又府境有襄城，汉武帝封韩婴为襄城侯。《郡邑志》元城县有废襄城，是也。

沙麓山，府东四十五里。《春秋》僖十四年，沙鹿崩。《穀梁传》曰：林属于山，曰鹿沙，山名也。《水经注》：元城县有沙丘堰，大河所经，以沙鹿山而名。又沙鹿亦名女娃丘，周穆王女叔娃曾居此，因名。

御河，在府城南。亦曰通济渠，一名永济渠。即隋大业中所开，淇、卫诸水之下流也。自河南卫辉府境，流经濬县、滑县、内黄、卫县之境，又东北流，经此过小滩镇。又北入馆陶县界，合于新漳水，亦名白沟水。对北白沟而言，谓之南白沟。唐咸亨中，李灵龟为魏州刺史，凿永济渠，以通新市，百姓利之。又开元二十八年，刺史卢晖移永济渠，自石灰窑引流至城西，注魏桥。夹渠置楼百余间，以贮江淮之货。亦谓之西渠。唐建中三年，河东帅马燧等攻叛帅田悦于魏州，悦撄城自守。既而幽州帅朱滔等叛应悦，引兵赴援。悦恃援军将至，遣将康愔等出城西，与燧等战于御河上，大败而还。《元志》：御河自魏县界，经元城县泉源乡于村渡，南北约十里。东北流至包家渡，下接馆陶县界。

漳河，府西北二十里。有新旧二河，俱自魏县流经府境。《志》云：旧漳河自魏县东南流经府城西南，入卫河。后徙，从魏县东北流经府北，下流至馆陶县界，入卫河，谓之新漳。《五代史》：梁开平五年，晋王存勖败梁兵，自赵州进围魏州。梁将杨师厚引军自磁、相赴救。晋解围去，师厚追之，逾漳水而还。宋时尝引漳水注雕马河，入府城，灌御河。又从东北陡门出，灌流沙河，复入漳河，以通漕运。今故渠已湮。《河渠考》：漳水流浊，最多决溢。明洪武初，漳水溢。三十一年，漳、卫并溢，郡城遂圮。自宣德以后，横流决啮，不可胜纪。其最甚者，莫如嘉靖三十六年，漳、卫横流，盘旋于元城、大名、南乐、魏、濬、内黄等县境，民至有攀木而栖者。盖漳盛而卫不能容，泛滥为灾也。又云漳、卫二河，并在府境。大抵卫常安流，漳善决啮。明初，漳水从魏县北，历西店东，注馆陶，合卫水。正德初，漳河决魏县阎家渡。又十年，决双井渡，皆合卫水，由艾家口东北经小滩镇，而入馆陶界。堤堰完固，环抱郡城，虽有决啮之害，补塞亦易。嘉靖三十六年，复决于魏县西南回隆镇。遂舍艾家口，经大名县南，分流汗漫，东至岔道村，始合旧河。公私皆以泛滥为病。隆庆三年，漳水大溢，大名县城垣、室庐，几至为墟。万历十九年，始自大名县西白水村至艾家口，开渠十一里，达漳河故道，复自艾家口导支流入府城壕。工甫毕，淫潦适至，赖二流分派，大名县得以无恙。因拟益为闸坝，以节宣之。自是水患差少。馀详大川漳水。

屯氏河，在府东。《志》云：《汉书》武帝塞宣防，后河复决于馆陶，分为屯氏。即此河也。按此盖屯氏别河，决于成帝时，泛滥兖、豫者，其后流绝。亦名为王莽河。班固曰：禹酾二渠以引河。一则漯川，今河所经。一则北渎，王莽时绝，故世俗名是流为王莽故河。唐建中三年，朔方帅李怀光等，与朱滔战于惬山，败绩。是夕，滔等堰永济渠入王莽故河，绝官军粮道及归路。明日，水深三尺馀，马燧等大惧，卑辞谢滔，始得与诸军涉水而西，退保魏县。兴元初，朱滔与田悦有隙，攻悦贝州。会田绪杀悦，滔喜，遣兵攻魏州军王莽河。又后唐同光四年，赵在礼等作乱，自临清、永济、馆陶趣魏州。州将孙铎请乘城为备，且募壮士伏王莽河，逆击之。监军史彦琼不听。贼掩至魏州，城陷。宋时，大河自澶州而东北，出大名元城之东。其后决徙不一，屯氏河之故迹遂堙。《一统志》：王莽河，一名毛河。即屯氏河之讹矣。又金堤，《邑志》云在旧府城北十九里，即汉成帝时所筑，北尽馆陶县界。

沙河，府东北四十里。《志》云：河南北约长二十里，东西阔二里，流常不定。一名流沙河。下流合于漳河。又雕马河，在府西南。宋时引漳河注此，绝卫河而注城中，复北出以入于卫河。今皆湮废。○马颊河，在县东五十里。旧自开州流经此，阔约百步。今虽枯竭，故道犹存。淫雨泛溢，辄害禾稼。下流入山东朝城等县境。今详见山东高唐州。

马陵道，府东南十里。《左传》成七年，公会诸侯救郑，同盟于马陵。《战国策》：梁惠王二十七年，伐韩。齐救韩，使田忌、孙膑直走魏都。魏将庞涓倍道并行逐之，孙子度其行，暮当至马陵。马陵道狭，而旁多阻隘，乃使万弩夹道而伏，渭至杀之。即此处。是时梁尚都安邑，齐入魏境道出此也。隋因置马陵县。宋人河北漕运，往往于黎阳或马陵道口装卸，盖津要所关矣。

沙亭，在府东。《春秋》定七年，齐侯、卫侯盟于沙丘。左氏谓之琐。杜预曰：元城县东南有沙亭。晋太和五年，秦王猛围邺，燕慕容桓自沙亭屯内黄。是也。《晋·地道记》：元城县南有琐阳城。盖即沙亭矣。○金波亭，在故魏州城内。五代梁乾化五年，分魏博为两镇，置昭德军于相州。魏人不乐分徙，遣刘鄩将兵屯南乐以逼之。鄩遣别将王彦章将骑入魏州，屯金波亭。既而魏州军乱，围金波亭，彦章斩关走。

小滩镇，府东北三十五里卫河滨。自元以来，为转输要道。又东北三十里，而达山东冠县。今河南漕运，以此为转兑之所，有小滩巡司。嘉靖三十七年，又设税课司于此。或以为镇即古枋头，误也。其西南数里有岔道村，亦卫河所经也。○台头堡，在府城南，其地有高台。相传魏惠王拜郊台，村因以名。又束馆堡，在府东六十里，以有束皙庙而名。亦曰束馆。《镇志》云：府西北三十里有西店集，漳河旧经此。又有儒家寨堡，在府西北四十里。黄金堤堡，在府东北三十里，皆商民辏集处。

铜雀驿，在魏州旧城内。五代梁乾化二年，宣义帅杨师厚军魏州，馆于铜雀驿。会朱友珪弑逆，师厚遂入牙城，据有魏博。是也。《志》云：今有艾家口水驿，在城南卫河滨。

河门。在旧魏州城外。《唐书》魏州有河门旧堤，魏帅乐彦桢尝因以筑罗城。五代梁乾化五年，分魏相为两镇。魏人谋作乱，曰：六州历代藩镇，兵未尝远出河门。谓此也。○狄公祠，旧在府西南二十里。狄仁杰尝刺魏州，民因立祠祀之。晋将李嗣源自澶州驰救魏州，军狄公祠下，即此。

○**大名县**，府东南十里。东至山东朝城县七十里，东北至山东冠县九十里，东南至南乐县三十五里。本汉元城县地。东魏天平二年，析置贵乡县，属魏郡。后周为魏州治。隋因之。唐亦为魏州治。五代梁乾化末，晋王存勖入魏州，改曰广晋县。汉曰大名县。宋熙宁六年，省入元城县。绍圣二年，复置。政和六年，移治南乐镇，即今县治也。金亦为倚郭县。元初仍治于此，寻又迁入郭内。至元九年，复还故治。明初废。洪武三十一年，复置于郭内。永乐九年，复还故治。今城周五里有奇，编户十九里。

贵乡废县，在今县北。《水经注》沙丘堰有贵乡。《五代志》：前燕慕容暐置贵乡县，属昌乐郡。昌乐，即今南乐县也。刘昫曰：后魏天平二年，分馆陶西界于今州西北三十里古赵城，置贵乡县。后周建德七年，以赵城卑湿，西南移三十里，就孔思集寺为贵乡县治。大象二年，于县置魏州。隋大业中，为武阳郡治。唐开元中，与元城县并在郭下。今县盖即故贵乡县地也。

惬山，县北十五里。汉成帝时，河决。王延世于此运土塞河，颇惬人心，因名。唐建中二年，朱滔等共拒朝命，救田悦于魏州，引兵营于惬山。朔方节度使李怀光击滔于惬山之西，为滔所败，蹙入永济渠，溺死甚众。今元氏故城旁，有朱滔壁垒馀址。

卫河，县北五里，与元城县接界。滨河有艾家口递运所。弘治初，卫水自此决溢为患，因筑堤障御，名曰红船湾堤。又县有附城堤。正德间，漳、卫二水决溢入境，县令吴拯增筑此堤，植柳千株，环抱县治。一名吴公柳堤。《郡志》：县境有卫河堤，起自濬县之新镇，达于馆陶，延袤三百余里。成化二十二年，郡守李瓒增筑。又县西北二里有张家堤，西南八里有李茂堤，县东北十五里有范胜堤。俱嘉靖三十六年以后，漳河南决，因筑诸堤捍卫。万历三十八年，卫河溃于范胜堤，即此。《志》云：县东三里有逯家堤，起自南乐县界，经县境，抵卫河滨。盖古堤也。又县治二里有诸公堤，嘉靖二十八年，邑令诸偶所筑，因名。

屯氏河，县东南三里。即汉成帝时，河决馆陶及东郡金堤者，支流派别，县境因有此渠。宋时大河自南乐县东北流入县境，又东北入元城县，此即大河故渎矣。今废。○雕马河，在县北，与元城县接界。今亦涸。

张家泽。县东二里。鱼藻繁衍，冬夏不涸。《志》云：昔有县令张珩者，结庐读书泽上，因名。又县西南三里有白水潭，林树交荫，菱荇纵横，为近郊之胜。盖即屯氏河之馀浸矣。

○**魏县**，府西四十里。西至河南临漳县五十里，北至广平府广平县二十里，东北至山东丘县九十里。春秋时洹水地，应劭以为魏武侯别都也。汉置魏县，属魏郡，郡都尉治焉。后汉仍曰魏县。晋及后魏，并属魏郡。后齐废。隋开皇六年，复置魏县，属魏州。唐因之。宋属大名府。明初，移治五姓店。今城周五里，外环堤八里。编户五十里。

废魏县城，县南三十里。《志》云：汉县旧治，在今府西三十里于村渡西，俗呼旧县店。唐时移县于洹水镇。刘昫曰：天宝三载，移魏县，以县居漳水、洹水之下流冲溢为患也。《邑志》：县旧治在于村渡西五里，唐以河患迁洹水镇，后皆因之。明初复为漳河所冲啮，始迁今治。废城旧址犹存。

漳阴城，在县西南。隋开皇十六年，析魏县地，置漳阴县，属魏州。大业初，废。唐武德四年，复置漳阴县。贞观初，仍省入魏县。○葛筑城，在县西南二十里。《史记》：赵成侯及魏惠王遇于葛筑。即此城也。今其地又有筑亭。

漳河，在县南。《志》云：旧漳水为浊漳，今自临漳县东流至县南十八里，又东流至府城西南，与御河合者是也。新漳水为清漳，自县南徙流而北，迫县之南关，东流数里，折而东北，经元城县北，入山东馆陶县界，与卫河合者是也。二漳水盖以堤岸相隔。按清、浊二漳已合于临漳县西，此所云旧漳者，盖沿漳水之旧名，新漳则据其分流入卫河者言之耳，非仍有二漳水也。欧阳忞曰：漳河过魏县，亦谓之魏河。唐建中三年，马燧等围田悦于魏州。朱滔、王武俊叛，援悦，燧败保魏县。滔等亦引兵营魏县东南，与官军隔水相拒。五代梁乾化五年，晋王存勖得魏州，梁将刘鄩自洹水趣魏县。晋将史建瑭屯魏县拒之，晋王劳军至魏县，帅百骑循河而上，觇鄩营。鄩伏兵河曲丛林间，鼓噪而出，王力斗得免。河曲，即漳河曲也。《河渠考》：漳水入县境，一遇雨潦，恒多决溢之患。成化十八年，水决县西，入城市。弘治二年，复自县西羊羔口，漫流害稼。十四年，复溢。明年，从县西北趣广平县东南，下流皆被其害。仍入馆陶，合卫河。嘉靖中，漳、卫屡溢。三十年，为患尤剧。三十六年，自县及元城、大名以南二三百里间，皆为巨浸。久之，患始息。万历二十年，复涨溢害稼。土人以漳水变迁不常，谓之神河。水退后，往往以填淤为利，故垫溺常不免。又旧有漳河堤，在县南，其南岸起自临漳，延袤八十里。北岸起自成安，延袤五十里。俱由县境抵元城县界。永乐八年，县令杨文亨创筑，后屡增修之。

卫河，县南三十里。自内黄县合洹水流入县界，经回隆镇，至县南五十里，有泊口渡。又东经县东南三十五里，有阎家渡。四十里，有双井渡。又东北入元城县境。漳水决溢，卫河辄被其患。正德初，漳水自阎家渡决入，后又自双井渡决入。嘉靖中，复自回龙镇决入。近时漳水屡决濬县、内黄之交，溃溢辄入县境。盖漳、卫相近故也。杜佑曰：炀帝引白沟水为永济渠，经魏县南而东北出。即此。又旧有卫河堤，自回龙镇东北，抵大名县界，景泰七年修筑。又有护城堤，弘治中县令鲍琦筑此，以御卫河之水，亦曰鲍公堤。

白龙潭，在县西，漳水汇流处也。唐乾宁三年，河东帅李克用攻魏州，败魏兵于白龙潭，追至观音门。朱全忠驰救，乃引还观音门，即故魏州西门矣。

李固镇，在县东南。唐文德元年，魏博军乱，乐从训保内黄，求救于朱全忠。全忠将兵自白马济河，下黎阳、临河、李固三镇。《九域志》：魏县有李固镇。薛居正曰：邺西有栅，曰李固，清淇合流于其侧。唐同光以后，魏州有邺都之称，故曰邺西。

回隆镇，县西南六十里。隆，亦作龙，相传宋真宗北征时，回銮经此，因名。《相州志》：安阳县东九十里，有回隆驿。又临漳县东南五十里，亦有回龙镇，南临御河。盖其地为四达之郊也。今亦见内黄县。○北皋镇，在县西北，界成安、临漳之间，商民辏集，有北皋堡。又沙口镇，在县东二十里，为往来冲要，亦置堡于此。又有双井镇，即双井渡，漳、卫合流之冲也。

南乐县，府东南四十里。东至山东朝城七十里，北至山东冠县百十五里，东南至山东观城县五十里，西至内黄县七十里。汉置乐昌县，属东郡。高后封张敖子寿为侯邑。又宣帝封王武为乐昌侯，邑于此。后汉省。后魏太和二十一年，复分魏县置昌乐县，属魏郡。永安初，置昌乐郡治焉。东魏天平中，罢郡。后周复置郡。隋初郡废，县属魏州。大业初，省入繁水县。唐武德初，复置，属魏州。五代唐讳昌，改曰南乐，属兴唐府。宋仍属大名府。崇宁五年，改属澶州。金还隶大名府。元因之。今城周六里有奇，编户三十五里。

昌乐城，县西北三十五里。后魏昌乐县治也。隋省。唐武德五年，太子建成等击刘黑闼于魏州，至昌乐。刘昫曰：故城在县西，后魏曾置昌州于此。今城，武德六年所筑。宝应初，仆固场等追击史朝义于昌乐东，败之。五代梁乾化五年，分天雄军置镇相州，恐魏人不服，使刘鄩济河屯昌乐以逼之，魏人遂作乱，以地归于晋。明年，晋王存勖改县为南乐。晋天福八年，以契丹将入寇，遣使城南乐及德清军，征近道兵备之。即今城矣。昌州，即后魏昌乐郡，刘昫误也。

繁水城，县北四十里。隋开皇六年，分昌乐县置繁水县，属魏州。大业初，以昌乐县省入，县属武阳郡。唐仍属魏州。贞观十八年，省入昌乐县。

平邑城，县东北七里，故赵地。《史记》：赵献侯十三年，城平邑。又赵惠文王二十八年，蔺相如伐齐，至平邑。悼襄王元年，魏欲通平邑、中牟之道，不成。五年，傅祗将居平邑，庆舍将东阳，河外师守河梁。《竹书》：晋烈公十一年，田公子居思伐邯郸，围平邑。十六年，齐田盼及邯郸韩举，战于平邑，邯郸之师败逋。即此。汉为元城县地。东魏天平二年，分置平邑县，属魏尹。高齐废。隋开皇十六年，复置。大业初，并入贵乡县。唐建中二年，马燧等败田悦于洹水，顿兵于平邑浮图。悦因得入魏州。今有马燧营遗址。《正义》：河外，魏州河南地。中牟，今见河南汤阴县。

昌城，在县南。魏收《志》昌乐县有昌城。晋永和六年，冉闵篡赵自立。赵将张贺度等会于昌城，将攻邺。闵自将击之，战于仓亭，贺度等大败。《志》云：县有古昌意城，黄帝子昌意所筑，即故昌城矣。又县东二十五里，有故朝城，近山东朝城县界。唐开元中，以此名县。今其地名韩张堡。五代梁将王彦章尝营此，壁垒犹存。

方山，县北七里。《志》云：旧有二土山并峙，其形正方。宋嘉祐以后，大河经县境，荡决不时，夷为平陆。今其地名方山村。

龙窝河，县东四十里。自山东观城县界，流经县境之英村，又经县南，入清丰县界。或曰本大河故渎也。唐开元十四年，魏州河溢，其决口谓之龙窝。自宋以来，县皆为大河经流之道。其后河既南徙，馀流断续不一，因随地立名云。又二股河，在县南，大河故道也。一名四界首河，以流经魏、恩、德、博四州之界而名。宋嘉祐中，大河决溢于恩、冀诸州之境,河北漕臣韩赟言:四界首,古大河所经,宜浚二股渠,分流入金、赤二河,以纾恩、冀之患。其东北为五股河,亦并浚之。诏从其请。于是大河从魏州第六埽,溢入二股河,广二百尺,经流百三十里,东至沧州入海。熙宁中,河复溢恩、冀诸州,议者复请于大名第四、第五埽开修直河,使大河还二股故道。又浚清水镇河,塞退背鱼肋河。王安石主其说。既而刘绘上言:河势增涨,许家湾、清水镇河极浅漫,几于不流。蒲泊而东,下至四界首,退出之田,略无固护。设漫水出岸,牵回河头,将复成水患。宜候霜降水落,开清水镇河,筑缕堤一道,以遏涨水,使大河复循故道。命有司相度。熙宁末,河溢卫州。又大决于澶州,而二股、直河诸流,一时湮废。吕大防曰:治河持议有三,一曰回河,二曰塞河,三曰分水。而分水之说差胜。今详见川渎异同。

　　繁水,在废繁水县南五里。自内黄县流入境,又北注于永济渠。一名浮水。《水经注》:浮水上承大河于顿丘县北,下流至东武阳东入河。《志》云:县西北三十里有王村堤,繁水所经也。其堤南入清丰北,入大名县界。今繁水浅涸,非复故流矣。东武阳,见山东朝城县。〇朱龙河,在县西南四里。源自开州澶渊陂,分流过清丰县界,入县境。至赵家庄曲折南回,复入开州界,注黑龙潭。今涸。又宋堤,在县东二十里,南接清丰县界。宋至和二年所筑,以御大河之泛溢。又有古金堤,在县西十里,亦南接清丰县界。

　　仓亭,县西三十五里。其地有仓帝陵及造书台亭,因以名。即冉闵败张贺度处也。或以为山东范县之仓亭津,误矣。又县西三十里有操刀、留胄二营,相去六里,土人相传周武王伐纣驻师于此。或曰非也。宇文周灭齐,遣兵追高纬,此其故垒云。

　　清水镇。在县东。宋人引河出此,入于二股渠,所谓清水镇河也。其后河流涨溢,镇亦堙废。〇五花营,在县北十八里。唐时河北五镇尝会兵于此，因名。后人因其壁垒，聚居成镇。《志》云：县北八里有建成营，唐武德五年，太子建成驻兵于此。又有王彦章营，在县南门外，宋、金城厢，皆因其故垒。

〇清丰县，府东南九十里。南至开州五十里，东南至山东濮州六十里，东至山东观城县五十里。汉顿丘县地。唐大历七年，魏博帅田承嗣请析顿丘、昌乐二县地置今县。以孝子张清丰而名。县属澶州。五代晋属德清军，宋仍属澶州。庆历四年，徙德清军治焉。金废军，县属开州。元因之。明改今属。城周五里有奇，编户四十五里。

清丰故城，县西北十八里。唐大历中，县盖治此。又县南五里有故城，或以为宋庆历中，县徙治处也。县西南十五里，又有故城。《志》以为宋嘉祐中，因避水患迁于此。后复移今治。今城周五里，城外又有小城，周三里有奇。

顿丘城，县西南二十五里。古卫邑。《诗》：送子涉淇，至于顿丘。《竹书》：晋定公三年，城顿丘。汉置顿丘县治此。颜师古曰：丘一成为顿。成，重也。重，平声。后汉亦属东郡。初平三年，曹操击黑山贼于毒等，军于顿丘。晋为顿丘郡治。后魏因之。高齐郡县俱废。此为古顿丘城，在今县西北，非此城也。隋开皇六年，复置顿丘县，属魏州。唐武德四年，置澶州治焉。贞观初，州废，县仍属魏州。大历七年，复为澶州治。旧《志》云：澶州治顿丘，其地当两河之驿路。五代梁乾化五年，晋王存勖克澶州，即此城也。石晋天福三年，徙州跨德胜津，并顿丘县徙焉。因于旧城置顿丘镇，取县为名。四年，改镇为德清军。九年，复徙军于陆家店，而故城遂墟。未几，契丹入寇，军于元城。继而伪弃城去，伏精骑于古顿丘城，以俟晋军至而击之。晋军不出，复围澶州，即此城也。宋仍置顿丘县，属澶州。熙宁六年，并入清丰县。《志》云：今县西北十五里，有顿丘故城。宋时县盖治此。

德清军城，县西三十里。本顿丘县地。石晋天福四年，置德清军于故澶州城。开运初，契丹入寇澶州、邺都之间，城戍尽陷。议者谓澶州、邺都相去百五十里，宜于中途筑城，应接南北。因更筑德清军城，合德清、南乐之民以实之。旧《史》：开运元年，移德清军于陆家店，南去新澶州七十里。二年，更筑军城。是也。王氏曰：晋天福八年，城南乐及德清军。是时军治顿丘镇，南去澶州六十里。明年，遂移陆家店。宋初因之。庆历四年，徙军治清丰县，仍隶澶州，而故城遂废。

阴安城，县西北二十五里。汉县，属魏郡。元封五年，封卫不疑为侯邑。后汉仍属魏郡。晋属顿丘郡。永和六年，冉闵败赵将张贺度等于仓亭，追斩靳豚于阴安，即此。后魏亦属顿丘郡。高齐废入顿丘县。隋末，尝移顿丘县治阴安城。唐复还旧治。胡氏曰：阴安城，一名顿丘古城，盖以顿丘尝治此也。《一统志》：顿丘城，亦名阴安古城。误矣。

观泽城，《括地志》：顿丘城东十八里，有观泽城，战国时赵邑，又为魏地。《史记》：齐湣王七年，与宋攻魏，败之观泽。即此。又刚平城，在县西南。《史记·赵世家》：敬侯四年，筑刚平以侵卫。五年，齐、魏为卫攻赵，取我刚平。是也。○干城，在县西南三十里，本卫之乾邑。《诗》：出宿于乾。又县北十里有聂城。《春秋》僖元年，齐师、宋师、曹伯次于聂北，救邢。《志》以为即此城也。《寰宇记》：乾、聂，并卫大夫食邑。又有孙固城，在县北十八里，周五里，废址尚存。一云城在县南二十里，盖五代时戍守处。又有卫城，在县东南四十里，相传卫灵公置离宫于此。

鲋鰅山，《志》云：在顿丘故城西北三十里。一名高阳山。《山海经》：鲋鰅之山，颛顼葬其阳，九嫔葬其阴。《胜览》云：山在滑州东北七十里，一名青冢山。又有秋山，亦在顿丘西北。《山海经》：帝喾葬其阴。今故址已湮。

朱龙河，县东七里。南接开州，北入南乐。一名龙窝河。《志》云：县东十五里，有大河故道。县东南三十里，又有六塔故渠，即宋庆历中，议引商胡河自六塔渠入横陇故道者。又有鸡爪渠，在县东。宋绍圣初，河决内黄，吴安持请塞梁村口、缕张包口，开清丰口以东鸡爪河，分泄河势者是也。今皆堙废。详见开州及川渎异同。

淇河，在县西。旧《志》云：自临河县流经顿丘县北五里，又东历清丰县，至观城县境。盖淇水自濬县合卫河支流，复引而东出，经内黄、清丰之间，其下流入于大河，故渎今湮。○澶水，在故顿丘城西南二十里，伏流至南乐县废繁水城西南，合于繁水。亦曰繁泉。《志》云：顿丘故城西北有泉源，即《诗》所云泉源在左者。

硝河，县东南十八里。水流无源，盈涸不时，两岸产硝，因名。又黄龙潭，在县东南三十五里，约二十余顷，在断堤之间。盖皆决河之馀浸矣。

金堤驿，在县南。《志》云：县南四十五里，有金堤，南接开州，北接南乐县境。汉成帝时，王延世运土塞河，自金堤增筑之，置驿于其上，因以金堤为名。宋庆历五年，命内臣王克恭塞滑州横陇决河。克恭请先治金堤，御下流。诏止勿塞，即此处也。《邑志》云：德清废城东南五里，有金堤馀址。又云：金堤在县西二里。

主簿寨堡，县东南三十里。又县西南三十里有许村堡县，东北二十里有马村堡，皆有小城，周一里有奇，可以守御。

蒯聩台。在顿丘故城北五里，相传蒯聩所筑。又县有颛顼冢。《皇览》曰：冢在顿丘城门外广阳里中。又有帝喾冢，在顿丘城南台阴野中。《一统志》：颛顼及帝喾陵，俱在今滑县东北七十里。盖即鲋鰅山麓矣。

○内黄县，府西南百里。南至滑县百二十里，东南至开州七十里，西至河南彰德府百二十里。战国时魏邑。汉置内黄县，属魏郡。应劭曰：魏以河北为内，河南为外。陈留有外黄，故此曰内。后汉仍曰内黄县。晋属顿丘郡。后魏因之。东魏天平初，省入临漳县。隋开皇六年，复置，属相州。大业初，改属汲郡。唐初，属黎州。贞观十七年，还属相州。天祐三年，改属魏州。宋属大名府。金大定六年，改属滑州。元因之。明初改今属。城周五里有奇，外郭九里。编户三十四里。

内黄旧城，在县西北十八里。战国魏之黄邑。《史记》：赵廉颇伐魏，取黄。汉因置内黄县。后汉初平三年，曹操击黑山贼眭固及匈奴于扶罗于内黄，是也。或曰：隋末，窦建德尝置黄州于此。唐武德四年，并州总管刘世让克黄州，进攻洺州，不克。即内黄云。又文德初，魏博军乱，逐其帅乐从训。朱全忠引兵救之，至内黄，败魏州兵。宋移县于今治。

繁阳城，县东北二十七里。战国时魏地。《史记》：赵孝成王二十一年，廉颇攻魏繁阳，拔之。汉置县，属魏郡。应劭曰：在繁水之阳也。后汉因之。晋属顿丘郡。永和五年，后赵冉闵之乱，刘国据阳城，引兵击闵。胡氏曰：即繁阳城也。后魏太平真君六年，省入顿丘县。太和十九年，复置，仍属顿丘郡。东魏天平二年，改属魏郡。北齐废。隋开皇十六年，复置，属卫州。大业初，并入内黄县。

柯城，在县东北。《春秋》襄十九年，叔孙豹会晋士匄于柯，杜预以为内黄柯城也。又牵城，在县西南十二里。《春秋》定十四年，公会齐人、卫人于牵。《传》作会于脾上梁之间。杜预曰：黎阳县东北有牵城，脾上梁即牵也。

戏阳城，在县北。《春秋》昭九年，晋荀盈卒于戏阳。杜预曰：内黄县北有戏阳城，亦曰莦阳聚。后汉建武二年，帝自将征五校，幸内黄，大破五校于莦阳。莦、戏通，许宜反。即戏阳城矣。一云：城在河南彰德府永定故城东二十五里，址周二十里有奇。又殷城，在县东南十三里。《括地志》：河亶甲居相时所筑，因名。《志》云：县西南二十五里又有亳城，城东有殷中宗陵。今为亳城集。

五马山，在县西。宋宝鼎元年，彭义彬与蒙古战于内黄之五马山，兵溃，死之。即此。又博望冈，在县西南十三里。旧《志》：上有博望关路，出河南汲县。

卫河，在县北。自濬县流入境，经魏县，入元城县界，即永济渠也。亦曰淇水。《志》云：淇水东过内黄县，为白沟水，亦曰清河。唐光化二年，刘仁恭攻魏博，拔贝州。朱全忠遣将李思安等赴救，屯于内黄。仁恭子守光等来击，思安使别将伏兵于清水之右，而逆战于繁阳，阳不胜而走。守光逐之，及内黄之北，伏兵发，守光仅免。《郡志》：县南有沟河，源出濬县界，流经滑县，入县境西北，至孟家潭北，流入卫河。其两岸产硝，一名硝河。似误。

洹水，在县西。其上流曰安阳河。自河南临漳县，流经广平府成安县界，又东南入县境，经县西北永和镇，入于卫河。○汤水，在府西南，自河南汤阴县流入县境，合洹水入于卫河。一名黄雀沟。

繁水，县东二十六里。旧自顿丘县流入境，又东北入南乐县界，即浮水也。《汉志》云：魏徙大梁，以地易赵，赵南至浮水繁阳。即此地矣。○界河，《志》云：在县南，西通沟河，东南流经开州界，东经清丰界，东北经大名县界。春冬常涸。夏秋淫潦，则溢而北，入于卫。又有故河渠，在县东十余里，有南北古堤，俗呼其地曰黄滩。《志》云：清丰东境亦有故渠，俗因呼此为西黄河故道。又云县东一里有古金堤，北接大名县界之卫河。又有高堤，起自县南高堤镇，北至魏县泊口渡，凡百余里。

鸬鹚陂，县西南五十里。陂周八十里，蒲鱼之利，土人所资。魏收《志》临漳县有鸬鹚陂，又《九域志》洹水县西南五里有鸬鹚陂。陂盖与成安县及河南之临漳县接界矣。或曰旧陂纵横广远。今水流断续，故馀址分见于临漳及县境也。

黄泽，在县西北五里。旧时泽广数里，有堤环之，曰黄泽堤。后汉初，世祖破五校贼于黄泽。是也。今湮废。城西北二十里，又有孟家潭。《志》云：其水无源，夏潦则硝河汇于此潭，溢入卫河。或以为即故黄泽也。应劭曰：黄泽在内黄之西。《志》云：县有黄池驿，嘉靖四十五年革。

回隆镇，县西北五十里，有回龙庙巡司。其北与魏县接界。《志》云：镇在漳、卫二水之间，河南岁漕尝转兑于此，寻移小滩镇。今详见魏县。又黄池水驿，在县西四十里卫河滨。河南粮运道皆经此，为津途要隘。

烽火台，县北四里，高二丈许。宋咸平中，契丹入寇大名，杨延朗军内黄以御之，筑台于此。又澶、濮间皆有烽火台，俱五代时及宋咸平、景德间所置也。《邑志》云：县西南三十里，地名河村，有李靖堡。又县北二十余里，有单雄信营。营为土城，有南北二门，相传李密将单雄信屯兵处。

永定桥。在县西南，跨卫河之上。唐大顺二年，朱全忠侵魏博，罗弘信军于内黄以拒之。全忠败魏州兵，进至永定桥。弘信惧，请降。又高堤渡，在县西南五十里卫河南岸。

○濬县，府西南二百里。东至开州一百里，西南至河南卫辉府百二十里，西北至河南汤阴县七十里。春秋时卫地。汉置黎阳县，属魏郡。后汉因之。晋仍属魏郡。石赵置黎阳郡。后魏属汲郡。孝昌中，分置黎阳郡。周宣政元年，置黎州。隋初，州郡俱废，县属卫州。开皇十六年，复置黎州。大业初，州废，仍属汲郡。唐初，复置黎州。贞观十七年，州废，仍属卫州。五代晋改属滑州。宋初因之。雍熙中，改属澶州。端拱初，建通利军。天圣初，改安利军。熙宁三年，复为黎阳县，属卫州。元祐初，复为通利军。政和五年，升为浚州，亦曰浚川军。寻又为平川军。金皇统八年，改曰通州。天德三年，复曰浚州。元初以州治黎阳县省入，属真定路。至元二年，改隶大名路。明洪武三年，改州为县。今城周四里有奇，编户五十里。

黎阳废县，县西二里。又有故城在今县东北，汉县治此。相传以黎侯失国寓卫时，居此而名。应劭曰：黎山在其南，河水经其东，县取山之名。水在其阳，故曰黎阳。《水经注》：山在城西，城凭山为基，东阻河。后汉有黎阳营。《汉官仪》云：中兴以幽、冀、并州兵平定天下，故于黎阳立营，兵锋尝为天下冠。建安四年，曹操与袁绍相持于黎阳。八年，操攻黎阳，败袁谭、袁尚于城下。既而操还许，留其将贾信屯黎阳。尚寻攻谭于平原，操救谭，复至黎阳，尚还邺。晋永嘉三年，刘渊将刘景攻陷黎阳，既而石勒亦军焉。永和六年，后赵石闵作乱，故将段勤据黎阳，谋攻闵。太元九年，谢玄北伐，遣将颜肱等军河北，袭击苻丕将桑据于黎阳。据走，遂克之，以滕恬之为黎阳太守。十一年，丁零翟辽作乱，据黎阳。十七年，慕容垂取其地。隆安以后，没于后魏。孝昌中，置郡于此，常为河津重镇。隋开皇三年，置黎阳仓，漕河北之粟，以输京师。大业九年，杨玄感督运黎阳，起兵攻东都。十三年，李密攻东都，使徐世勣袭破黎阳仓，据之。开仓，恣民就食。旬日间，得胜兵三十余万。唐武德初，宇文化及自滑台趋黎阳。徐世勣畏其军锋，自黎阳西保仓城。化及遂渡河保黎阳，围世勣于仓城，寻为世勣所败。二年，窦建德攻黎阳，克之。《括地志》：黎阳城西南有故仓城，相传袁绍聚粟之所，亦即隋开皇中置仓处也。是时黎阳城，盖在大伾以东矣。文德初，朱全忠救乐从训于内黄，自白马济河，下黎阳等镇。五代梁贞明二年，晋王存勖略有河北诸州镇，屡败梁兵，梁主命刘鄩守黎阳。继而河北悉入于晋，惟黎阳为梁守。三年，晋王攻黎阳，不克。晋开运二年，契丹入寇，建牙元氏，命张彦泽屯黎阳以备之。三年，契丹犯相州。诸将张从恩等议，以相州粮少，不若引军就黎阳仓，南倚大河以拒之，可以万全。遂自相州东趋黎阳。宋端拱初，为通利军治。天圣中，城圯于水，移治于浮丘山西二里。熙宁七年，置黎阳监，铸钱于此。政和三年，都水监言：大河移就三山，今通二河于通利之东，虑水溢为患，乞移军城于大伾、三山之间，以就高阜。从之。五年，始置濬州治焉。《金志》云：濬州，宋亦曰大伾郡。《元志》云：濬州，石晋时置。今本《志》皆不载，金、元二《志》误也。邹伸之《使达日录》：濬州城在小横山上，复有一山如偃月，与城对峙。盖宋置城于浮丘之西。明初徙县治于浮丘东北平坡上，去旧治二里有奇。弘治十年，筑城环之。议者以城西连浮丘，登高内瞰，指顾毕尽，不可戍守。嘉靖二十九年，邑令陆光祖截旧城西南隅于城外，踞山冈险绝处，改筑今城，城小而坚，可恃为固云。

　　卫县城，县西五十里。古朝歌也。殷武乙所都，纣因之。亦曰沬邑。周武王灭殷，封其弟康叔于此。后属于晋。《左传》襄二十三年，齐伐晋，取朝歌。又定十三年，晋荀寅、士吉射入于朝歌以畔。战国属魏。秦始皇六年，伐魏，取朝歌。项羽立司马卬为殷王，都此。汉置朝歌县，属河内郡。后汉因之。永初四年，朝歌贼宁季等作乱，使虞诩为朝歌长，遂平之。三国魏置朝歌郡。晋改属汲郡。永康二年，成都王颖举兵于邺，讨赵王伦，前锋至朝歌，远近响应。太安二年，颖复举兵内向，屯于朝歌。明年，幽州都督王浚入邺，遣兵追颖至朝歌，不及而返。后魏仍属汲郡。东魏为汲郡治。后周置卫州治此，兼置修武郡。隋初，郡废，仍为卫州治。大业初，改州为汲郡，复改朝歌曰卫县，仍为郡治。唐初亦为卫州治。贞观初，州移治汲县，县仍属卫州。宋初因之。天圣四年，改属安利军。熙宁六年，废为镇，属黎阳县。元祐初，复置，仍属通利军。金属濬州。元废。杜佑曰：县西二十五里有古朝歌城。刘昫曰：纣所都朝歌城在县西。《郡志》：古朝歌城在县北二十里，汉朝歌城在县西五十里。似误。今亦见河南淇县。

清淇城，在废卫县东。隋开皇十六年，分卫县置。大业初，废入卫县。隋末，复置。宇文化及据黎阳，围徐世勣于仓城，李密帅兵壁于清淇，与世勣烽火相应。唐初，属卫州。贞观十七年，废入卫县。长安三年，复置。神龙初，废。《括地志》：清淇西南二十六里，即延津故城。

枋头城，县西南七十里，即今之淇门渡。旧《志》：在卫县南，去大河八里。《水经注》：枋头，古淇口也。汉建安九年，曹操攻袁尚，围邺。于淇水口下大枋木成堰，遏淇水东入白沟，以通粮道，时号为枋头。晋永嘉六年，石勒自葛陂北行，至东燕。汲郡守向冰聚众壁枋头，为石勒所败。咸康二年，苻洪降于石虎，说虎迁秦雍民十余万户于关东。虎以洪为流民都督，居枋头。永和五年，赵乱。秦雍流民，相率西归，路由枋头，共推洪为主，众至十余万。洪子健在邺，亦斩关奔枋头。八年，晋将谢尚使别将戴施据枋头时，慕容隽遣军攻邺，邺溃，施自邺奔还仓垣。太和四年，桓温伐燕，战于枋头，不利而还。五年，苻坚破燕，自邺如枋头，宴父老，改枋头曰永昌，复之终世。太元九年，慕容垂攻苻丕于邺，分遣慕容德攻枋头，取之。十年，刘牢之引军救苻丕于邺，至枋头。既而邺中饥甚，丕帅众就晋谷于枋头，牢之遂入邺城。义熙十二年，刘裕伐秦，前锋王仲德帅水军入魏滑台，魏主嗣遣叔孙建等自河内向枋头，引兵济河。宋景平元年，魏主嗣遣兵寇河南，自邺城如汲郡，至枋头。既而使其将娥清镇此。元嘉二十六年，魏主焘以宋围滑台，自平城赴救，至枋头，遂度河，大败宋军。《括地志》：枋头城在淇水北。《河南志》云：今淇县南八里有枋头城。误也。葛陂，见河南新蔡县。仓垣，见河南陈留县。

雍榆城，县西南十八里。《春秋》襄二十三年，齐伐晋。叔孙豹救晋，次于雍榆。杜预曰：朝歌县东有雍城，即古雍榆也。杜佑曰：黎阳县北又有凡城，即古凡伯国。〇丘城，在县西，或曰古顿丘邑也。《水经注》：顿丘在淇水南。淇水又东屈而南，径其西。魏徙九原、西河、吐军诸胡于丘侧，故有五军之名。《寰宇记》：丘县古城在卫县西北二里。古之顿丘，今为通灵观。丘县之名，未详所据。

袁谭城，在县西。《述征记》：黎阳城西南七里有袁谭城。城西南三里又有一城，曹公攻谭时所筑。操攻黎阳，败袁谭、袁尚，留其将贾信屯兵守之，因筑城于此。《郡志》：县西二十里有永昌废县，隋初置，大业初废。《隋志》不载。

大伾山，县东二里。周五里，高四十丈有奇。峰峦秀拔，若倚屏障。孔安国曰：山再成曰伾。李巡曰：山再重曰英，一重曰邳。伾与邳同也。《禹贡》：导河至于大伾。即此。《国语》：内史过曰，商之兴也，梼杌次于丕山。亦即大伾也。今亦名黎阳东山。刘桢《黎阳山赋》：南荫黄河，左覆金城。青坛承祀，高碑颂灵。金城，谓黎阳城也。又名青坛山。山之绝顶，有中军亭，隋末李密建以瞭敌者。今遗址犹存。其北麓为黎阳仓，自隋至唐宋，皆置仓于此，即仓城故址也。宋政和以后，河易故道，仓始废。由大伾而东，曰紫金山。又东北，曰凤凰山，俱大伾之支垅也。控扼淇、卫交流之口，屹然并峙。旧《志》云：凤凰山在故河东岸，碧石耸立，相传昔有凤凰集此，因名。紫金山，在县东北六里，山无馀土，奇石棱嶒，岩洞泉壑，俱称绝胜。

浮丘山，县西南一里，高三十余丈。盘踞六里，有峰岩三层。其脉自白祀同山而东伏卫河之下，至河东岸，突然耸峙，缭绕河滨。今县治正跨其上。

同山，县西南四十五里。相传武王伐纣，诸侯会同于此，因名。亦曰童山。宇文化及自黎阳度永济桥，与李密战于童山之下。山无草木，故曰童也。其麓绵亘四十余里，形若游龙，高处如龙脊，曰龙脊冈。冈西有山，相辅而行。西属太行，曰达西冈。《志》云：龙脊之左，有山曰白祀，淇水所径，多溢为陂，又南入同山陂。同山西麓又有小溪，名波罗河，挟山南流，至龙口渚，伏流地中，潦溢则会于长丰泊。

善化山，县西北三十五里，去内黄县西南六十里。山有三峰如鼎峙，亦名三山。俗传纣杀比干于此，亦名柱人山。后魏主宏云：邺西有柱人山。谓此也。山高六十余丈，周三十里。其南北连跨巨冈，左右溪涧，不啻百数。西南一峰杰出，近西有黑龙潭。又有仰泉七十二穴，旱潦如一，居人以山出云雨，望之幻态百出，名曰善化山。

黑山，县西北八十里，周五十里。数峰环峙，形如展箕。石色苍黑，巉岩峻壁，曲涧回溪，盘纡缭绕。汉献帝初平初，黑山贼张燕等聚众于此，掠河北诸郡县。三年，曹操自顿丘西入，击黑山贼于毒等本屯是也。或谓之墨山。其西又有陈家山，连亘而南，下临淇水。石壁屹立，高二十仞。又鹿肠山，在县西北，与黑山相接。后汉初平四年，袁绍引兵入朝歌鹿肠山，讨于毒等贼。是也。《续汉志》朝歌县有鹿肠山。

大河故渎，在县城西十里。旧为大河所经，亦曰西河。《汉志》：黎阳南有故大金堤，与东山相属，北尽魏界。又有鲧堤。《唐会要》：元和八年，河溢瓠子，东泛滑，距城才二里。郑滑帅薛平按故道河，出黎阳西南，遣使请于魏博帅田弘正。弘正许之。因共发卒凿古河十四里，径黎阳山东，会于故渎。自是滑无水患。宋大中祥符四年，河决通利军，合御河，坏州城田庐。遣使浚治。自是以后，决溢之患，常在州境。以大河自高趣卑，县实当其冲也。又有黎阳津，自昔为津济之要。《郡县志》以为白马津，非也。白马津属滑县，盖在黎阳之南岸。杜牧曰：黎阳距白马津三十里。《山堂杂论》云：濬、滑间度河处，昔皆以白马为名。然主河北而言，则曰黎阳。主河南而言，则曰白马。后汉初平二年，袁绍并河北军于黎阳。建安四年，袁绍谋攻许，曹操闻之，进军黎阳。既而操屯官渡，绍军黎阳，遣兵围白马，为操所败。操军还，绍渡河追之。五年，绍为操所败，走至黎阳北岸。七年，绍殁。袁谭屯黎阳，操自官渡渡河攻谭，败之。晋太元十七年，慕容垂攻翟钊，军黎阳，临河欲济，钊列兵南岸以拒之。垂移营就西津，去黎阳西四十里，为牛皮船伴渡，钊亟引兵趣西津，垂潜遣慕容镇自黎阳津夜济，营于河南。钊还攻镇，不能拔。慕容农遂自西津济，夹击钊，钊遂败。隆安初，慕容德自邺徙滑台，至黎阳津，冰合夜济，因改为天桥津。二年，慕容宝以兰汗等作乱，自龙城南奔至蓟，间道至邺。南至黎阳，伏于河西，欲赴慕容德于滑台。闻德已称制，惧而北走。胡氏曰：河自遮害亭屈而东，过黎阳县南，故曰河西。其东岸即滑台也。东魏武定六年，高澄南临黎阳，自虎牢济河至洛阳。高齐河清二年，自虎牢至滑台，如黎阳，还邺。武平四年，以陈人克淮南，命于黎阳临河筑城戍。时又移石济关于黎阳，改名白马关。唐元和中，发郑、滑、魏博卒，凿黎阳古河，导河还北。大顺初，朱全忠谋侵河东，假道于魏博，罗弘信不许。全忠自黎阳济河击魏。五代梁开平五年，晋王存勖乘柏乡之捷，进攻魏州，观河于黎阳，梁兵骇遁。贞明五年，晋军屯德胜。梁将王瓒自黎阳渡河，掩击澶、魏，至顿丘，遇晋兵而旋。石晋天福二年，天雄帅范延光举兵，遣其将冯晖等循河西抵黎阳。九年，契丹入寇，陷贝州，前锋至黎阳。既而晋主出屯澶州，命张彦泽将兵拒契丹于黎阳。宋靖康初，女真南犯，命内侍梁方平屯黎阳河北岸。女真将斡离不陷相州及濬州，前锋至黎阳，方平奔溃。河南守桥者，亦烧营遁。女真遂济河陷滑州。宋南渡以后，大河南徙。范成大《北使录》：濬州城西南有积水若河，盖大河剩水也。今亦埋为平陆。《河渠考》：县北四十里有大齐村，相传黄河故道也。众流所钟，旧于村东故堤，开堤口以泄众水，由田氏村顺流入卫。万历十年，为滑民所壅，自县以北，皆被淹溺。寻复故流，州境始为安堵。石济，见河南胙城县。

卫河，在县城西。源发河南辉县苏门山。自汲县境流入县界，至黎阳故城西，又东经城西北。流经县西北三里，曰王桥渡。至县北二十五里，曰屯子渡。又北十五里，曰老鸦嘴渡。入内黄县界。《寰宇记》：卫河、淇水合流，亦曰黎水，亦曰澹水，又谓之白沟。魏武遏淇水东入白沟，盖昔时淇水南入河，堰之使东入卫，以通漕也。《志》云：县西南十里，旧有外郎河，或谓之黎水，盖即卫河故渠也。西汇长丰泊，又西北历善化山，复西北会于漳水。金时澹州守以州城象舟，乃自外郎河引流东北出，取舟在水中之义。今卫河经流于此。《河渠考》：卫河经城西，广数丈。堤甚卑薄，夏秋雨潦，上流诸水并集，往往为害。万历六年，县令任养心于旧堤外八里许，自石羊村至侯固寨，筑长堤障之，公私利赖云。

淇水，县西南六十里。源出河南辉县之共山，自淇县境流入县界。《汉·地理志》：淇水东至黎阳入河，谓之淇口。贾让《治河议》：从淇口以东为石堤，多张水门。是也。亦谓之清水。后汉初平二年，袁绍屯朝歌清水口。《九州春秋》曰：淇水口也。南岸即是延津。建安九年，曹操下大枋木成堰，正在其处，卢谌《征艰赋》所谓洪河巨堰，深渠高堤者也。后废。北魏熙平中，复浚治之，盖即淇水合卫河之处矣。又宿胥渎，亦在县西南。《水经注》：淇水右合宿胥故渎，渎受河于遮害亭东，黎山西北。会淇水处，立石堰遏水，令更东北注。魏武开白沟，因宿胥故渎而加功焉。《战国策》：苏代曰：决宿胥之口，魏无虚、顿丘。即是渎也。《魏志》：武帝因宿胥故渎，开白沟导清淇水入焉。虚，即殷墟，见河南安阳县。顿丘，见前。

宛水，县西南六十里。《水经注》：淇水南历枋堰，又东有宛水合焉，其上流有五水分流，世号五穴口。今并为二水，一为天井沟，一分为蓼沟，东入白祀陂。又东入同山陂，溉田七十余顷，又东南入于淇水。

长丰泊，县西二十里。《地理志》：天下水名泊者二，一曰梁山泊，一曰长丰泊。长丰泊，即白祀、同山二陂水所汇也。自大河南徙，二陂渐堙，泊亦浅涸。今为牧马地，每遇霖潦，水辄泛溢。《志》云：长丰泊向为洿池之所，周数十里。嘉靖中，邑令陆光祖因水涸时疏渠，南起交卸村，北抵屯子镇，延袤九十余里。一有水患，辄循渠而泄，地可耕艺。未几埋塞，寻复浚治，至今为民利。○裴潭，亦在县西，与长丰泊相近。宋天禧四年，李垂规度疏河利害，请自卫州东曹公所开运渠东五里引河，正北稍东十三里破伯乐旧堤，注裴潭，径牧马陂，正东稍北四十里系大伾、西山䶅为二渠。不报。

新镇，县西南六十里。接河南汲县界，为戍守处。元置巡司于此，明初革。洪武二十九年，复置。又有新镇水驿，亦在县西六十里。《志》云：县有平川水驿，在县城西长青门外。又有李家口递运所，在县南二十五里，民居辐辏，有城周六里有奇。嘉靖三十六年，设税课局于此。《志》云：新镇、平川二水驿，嘉靖四十五年革。

遮害亭，县西南五十里，旧为大河所经。亭西十八里至淇水口，有金堤，堤高一丈。自淇口东，地稍下，堤稍高。至遮害亭，高四五丈。大河经亭南，又东至黎阳县东大伾山，北入开州境，此黄河故道也。贾让《治河策》：决黎阳遮害亭，放河使北入海，河西薄泰山，东薄金堤，势不能远。即此。

昭阳亭，在县东北。汉贾让《治河策》：河从河内北至黎阳，为石堤。激使东抵东郡平冈，又为石堤。使西北抵黎阳、观下，又为石堤。使东北抵东郡津北，又为石堤。使西北抵魏郡昭阳，又为石堤。激使东北百余里间，河再西三东，迫扼如此，不得休息。昭阳，盖在黎阳县境。平冈，或曰在滑县西南。观，今山东观城县。

谷口戍，在枋头西。晋太元十年，秦苻丕就谷枋头。既而复自枋头将归邺，与晋将檀玄战于谷口，玄败，丕复入邺。○孙就栅，在县西北。晋太元十年，刘牢之攻后燕黎阳太守刘抚于孙就栅。慕容垂来救，牢之不胜，退屯黎阳。孙就，人姓名也。

天成桥，在故河上。宋政和五年，都水使者孟昌龄献议，导河大
邳，可置永远浮桥。河流自大伾之东而来，直大邳山西止数里，方回南
东转，复折而东，亦不过十里。视地形水势，东西相直甚径易，曾不十余
里。且地势低下，可以成河，倚山可为马头。又有中潭，正如河阳。若引
使穿大伾、大山及东北二小山，分为两股而过，合于下流，因三山为趾，
以系海梁，省费数十百倍。从之。寻奏开凿大伾、三山两河，回引河流，修
系木桥，进合龙门。功毕，诏居山至大伾山浮桥，属濬州者名天成。大伾
至汶子山浮桥，属滑州者名荣光，俄又改名圣功。宣和三年，河溢，坏天
成、圣功桥。都水孟扬奉诏修筑三山东桥，寻复坏。〇巨桥，《志》云：在
县西五十里。又鹿台亦在焉。《周书》：武成散鹿台之财，发巨桥之粟。
盖谓此云。今有巨桥镇。

上宫台。在废卫县东北。《志》云：卫县北有苑城，其东二里为上宫
台。《卫风》所云要我乎上宫者也。相近又有沙丘台，俗名妲己台。

〇滑县，府南二百三十里。东北至开州百二十里，西北至濬县
二十五里，南至河南开封府二百十里，西至卫辉府百二十里。古豕韦氏
国，春秋时卫地。汉置白马县，属东郡。后汉因之。晋属濮阳国。刘宋于
此置兖州。又东郡，亦谓之滑台城，河南四镇之一也。后魏初因之，寻改
为西兖州治。太和十八年，废州，仍为东郡治。隋初，郡废。开皇九年，置
杞州于此。十六年，改为滑州。大业二年，又为兖州。三年，复曰东郡。
唐仍为滑州。天宝初，曰灵昌郡。乾元初，复故。大历七年，永平节度治
于此。贞元初，为义成军治。大顺初，亦曰宣义军。五代唐复为义成军。
宋仍曰滑州。太平兴国初，改军名曰武成军。端拱初，赐郡名曰灵河郡。
熙宁五年，州废，属开封府。元丰四年，复旧。刘豫伪改曰凉平府。金复曰
滑州。元因之。明洪武初，以州治白马县省入。七年，又改州为县。今城
周九里，外堤周二十里，有城门五。编户九十二里。

白马废县，今县治，春秋时卫之曹邑也。闵二年，狄灭卫，卫人立
戴公以庐于曹。秦为白马县，沛公与秦将杨熊战白马。又汉初，灌婴击破
叛将王武别将桓婴于白马下。后汉建安五年，袁绍遣颜良攻东郡太守刘
延于白马，曹操击斩之。曹丕黄初中，改封其弟寿春王彪为白马王。晋永
嘉二年，刘渊遣王弥、石勒等寇邺，引军而南。诏豫州刺史裴宪屯白马以
拒弥。四年，石勒济河陷白马。自刘宋以后，白马皆为东郡治。隋唐以后，
白马皆为滑州治。《括地志》：白马城在卫南县西南三十四里。《邑志》：
今县西北十里有白马古城。一云在县南二十里。盖河变徙，白马非复旧治
也。又滑台城，胡氏曰：在白马县西南。晋太元九年，谢玄北伐，遣别将
郭满据滑台。滑台之名，始见于此。十三年，丁零翟辽自黎阳徙屯滑台。
十五年，刘牢之击败之。十九年，陷于后燕。隆安二年，慕容德自邺南
徙滑台。三年，德引兵西击苻广，留慕容和守滑台。和长史李辨作乱，杀
和降魏。德还兵欲攻之，潘聪曰：滑台四通八达之地，居之未易一日安
也。乃谋迁广固。盖滑台城旁无山陵可依，车骑舟师皆可以逞。是时，魏
人自北渡河而南，晋从清水入河，秦沿渭顺河而下，皆凑于滑台，故潘聪
云然也。《郡县志》：滑台城有三重，都城周二十里，相传卫灵公所筑。
中小城谓之滑台，晋时滑氏为垒，后人增以为城，高坚峻险，临河有台，
故曰滑台。义熙十二年，刘裕伐秦，王仲德帅水军入河，逼滑台，魏兖州
刺史尉建弃城北渡河，仲德遂入滑台。宋永初末，东郡太守王景度戍守
于此，魏人攻拔之。元嘉七年，到彦之等取河南地，入滑台，留朱脩之戍
守。魏攻围数月，粮尽为魏所陷。二十七年，王玄谟攻围滑台，积二百余
日，不能克。魏人来救，败还。后魏太和十七年，将迁洛都，设坛于滑台
城东，告行庙以迁都之意，大赦，起滑台宫。十九年，复如滑台时，又置
西兖州于此，后废。孝昌中，置西兖州，治定陶，寻复旧治。永安二年，徐
州刺史尔朱仲远举兵向洛，攻拔西兖州。魏主攸使贺拔胜拒之，战于
滑台东，兵败降于仲远。普泰三年，尔朱仲远自东郡会尔朱兆等，攻高欢

于邺,败走滑台。滑台,即东郡治也。永熙三年,高欢自晋阳犯洛,魏主修使贾显智等镇滑台,显智密降于欢。魏主复遣侯几绍等与欢将窦泰等战于滑台东,败死。每河北有变,滑台常为重地。盖其地控据河津,险固可恃也。宋南渡后,大河南徙,滑州、白马皆在河北,而滑州故城已沦于河中。陵谷变迁,非一日矣。《邑志》:县东二里有滑台故城。恐误。今县城,正德七年因旧址增修。明年,复筑外堤,周二十里。嘉靖以后,相继修筑云。

韦城废县,县东南五十里。相传殷豕韦氏故国。战国时,亦曰垝津。信陵君曰:秦有垝津以临河内。是也。《史记》:曹参至河内,下修武,渡围津。徐广曰:东郡白马有围津,围、韦同。《志》云:河水至韦城,名曰韦津。汉为白马县地。隋开皇十六年,置韦城县,属滑州。唐因之。大历十一年,汴宋叛帅李灵曜为诸道兵所败,走至韦城,永平将杜如江追擒之。五代汉末,郭威为将士推戴,自澶州南趣汴,至韦城。宋亦为韦城县,仍属滑州。景德初,契丹入寇,车驾北巡,驻于韦城。金时,县圮于水,废为韦城镇。○平阳城,《志》云在韦城西二十里。《左传》:哀十六年,卫侯饮孔悝酒于平阳。又孔悝为蒯聩所逐,载伯姬于平阳而行。延津亦谓之平阳亭,杜预曰:燕县东北有平阳亭,盖其地。今与河南胙城县接界。又废长垣城,亦在韦城南三十余里。《隋志》:开皇十六年,改故长垣县曰匡城,而分韦城置长垣县,大业初废。

卫南废县,县东六十里。春秋时楚丘地。僖四年,卫文公自曹迁于楚丘,《诗》所云:定之方中,作于楚宫者。隋开皇十六年,置楚丘县,以曹有楚丘,改曰卫南,属滑州。唐因之。《旧唐书》:县本治楚丘古城,仪凤初,移治西北滨河之新城。永昌初,又移于楚丘故城南。宋仍曰卫南县,亦属滑州。靖康末,宗泽自大名至开德,与金人屡战皆捷,孤军进至卫南。是也。金省为镇。○平昌城,在县东南。本白马县地,后魏置平昌县,属东郡。北齐废。又凉城废县,在县东北,亦后魏置,属东郡。北齐并入白马县。又有长乐城，在县东，后魏分凉城县置，属东郡。北齐省。《郡县志》：隋卫南县，即故平昌、长乐二县地。

灵昌废县，在县西南，以灵昌津而名。隋开皇十六年，分酸枣县地，置灵昌县，属滑州。唐因之。五代唐曰灵河县。周广顺中，河决灵河口。显德初，遣使修塞。宋仍属滑州。乾德四年，命韩重赟修滑州灵河堤。是也。熙宁六年，县废为灵河镇。

鹿鸣城，在县东北。《竹书纪年》：梁惠成王十三年，郑釐侯使许息来致地，我取枳道，与郑鹿。枳道，在河内。郑，即韩也，谓与韩以鹿邑。今城内有故台，俗谓之鹿鸣台。晋太元十一年，黎阳太守滕恬之南攻鹿鸣城，降将丁零翟辽畔据黎阳。宋元嘉二十七年，王玄谟自滑台走鹿鸣，即此。城下有津，曰鹿鸣津。又西三十里为白马津，戴延之曰：天桥津。东岸有故城，险带长河，周二十里，本鹿鸣城，俗谓之逯明垒。明，石勒骑将也，城因以名。郭缘生曰：鹿鸣城，袁绍所筑，即今六明镇矣。○大通城，在县东北，当胡梁渡口。旧时于大河津济处，往往为月城，以防渡口，谓之大通城。隋义宁二年，王世充为李密所败，自巩北走大通城，盖即孟津渡口。石晋时，以胡良渡路通澶州，为往来要地，因筑月城于此。天福四年，置大通军，其浮桥亦曰大通桥，城北即六明镇也。

鉏城，《志》云：在县东十五里。《左传》：后羿自鉏迁于穷石。哀十一年，卫太叔疾出奔宋，向魋与之城鉏。二十五年，卫侯辄适城鉏。二十六年，卫以城鉏与越人。即此。又须城，在县东南二十八里。《诗》：思须与漕。漕，亦作曹，即白马县也。须与漕，盖相近矣。○訾楼城，在县西南六十里，古卫地。《春秋》僖十八年，邢、狄伐卫，卫侯师于訾楼。《志》云：在长垣西北六十里。盖接界处也。《寰宇记》：县东北七十里土山村，即古帝丘城。卫成公迁于帝丘，即此城云。

沙店城，县南三十里。旧为戍守处。宋建炎初，宗泽留守东京，召王彦于太行山，共议进取。彦渡河至汴，屯于滑州之沙店。即此。又赤眉城，在县东二十四里，相传赤眉屯营处。《志》云：县南七里有董固城，县东北五十里又有大城。未详所据。

白马山，县东北三十四里。《开山图》：山下常有白马群行，悲鸣则河决，驰走则山崩。《水经注》：白马县有神马亭，实中层峙，南北二百步，东西五十余步。今削落过半，西去白马津可二十里许，疑即白马山。盖河水决溢，山久颓圮也。今县东三十里有村，曰白马墙，尚沿旧名云。

天台山，在县城西。宋天禧三年，河决天台山，发丁夫万人塞之。堤成，名天台埽。今城西高堤阔百步者，是也。旧《志》：山在滑州城西北隔河。又狗脊山，在县西北隅，山麓有龙潭，广十余顷。《郡志》县东北七十里有鲋鳎山。金自开州割入县界，今见清丰县。盖境皆相接也。

瓦冈，在县东。隋末，翟让亡命于瓦冈，为群盗。《水经注》：濮渠东径滑台城南，又东南径瓦亭南。瓦亭，盖因瓦冈而名。今湮。

卫河，县西北五十里，亦曰永济渠。自濬县流入境，又东北入内黄县界。

滑河故渎，在县北。《水经注》：白马县有凉城，大河经其北，有神马亭。昔时大河东北流至滑，势最盛。自洛以西百川，皆会澶、濮之间，所在决荡，更相通注。唐末，滑受患最剧。乾宁二年，河涨，将毁州城，朱全忠命决为二河，夹州城而东，为害滋甚。后唐同光初，梁以唐兵渐逼，命段凝于滑州决河，东注曹濮及郓，以限唐兵，谓之护驾水。自是屡费修塞。宋淳化四年，梁睿言：滑州每岁河决南岸，请于迎阳村凿渠引水，凡四十里至黎阳合大河。乃命兴役。五年，新渠成。又命杜彦钧凿河开渠，自韩村埽至州西，凡五十余里合于河，以分水势。宋南渡以后，故渎渐为平陆矣。《邑志》：县东北六十五里有消河，古黄河经流处。或以为即滑河之讹也。

白马津，在县西，即大河津渡处也。胡氏曰：河自黎阳遮害亭决而东北流，过黎阳县南。河之西岸为黎阳界，东岸为滑台界，其津口曰白马津。《水经注》云：津在白马城西北，因名。战国时张仪谓赵王，秦守白马之津。又苏代约燕王：决白马之口，魏无黄、济阳。韩非说秦王曰：决白马之口，以沃魏氏。秦末，张耳、陈馀略赵地，从白马渡河。又沛公与秦将杨熊战白马，郦食其说汉王塞白马之津。是也。汉三年，卢绾、刘贾将卒二万、骑数百，渡白马津，入楚地佐彭越，烧楚积聚。晋永兴三年，成都王颖故将公师藩起兵赵魏，寻自白马渡河，兖州刺史苟晞击斩之。宇文周大象二年，尉迟迥举兵相州，遣其党宇文胄自石济，宇文威自白马济河，共攻东郡。隋仁寿末，汉王谅举兵并州，遣其将綦良出滏口，攻黎州，塞白马津。唐文德初，朱全忠以魏博军乱，自白马济河，下黎阳等镇。津口旧有白马驿。天祐二年，全忠杀故相裴枢等三十余人于白马驿，投尸于河。三年，全忠自白马济河，攻刘守文于沧州。五代梁乾化五年，分天雄军置镇相州，恐魏人不服，遣开封尹刘鄩自白马济河以胁之，魏军遂作乱。石晋天福二年，范延光举兵魏州，晋主命白奉进将兵屯白马津以备之，延光亦遣兵循河西抵黎阳口。开运末，契丹入大梁。明年，自汴还渡白马津而北。周显德三年，北伐契丹，渡白马津。《通释》：白马北岸，即黎阳津。故白马亦兼有黎阳之名。黄、济阳，见河南杞县及兰阳县。《山堂杂论》曰：决宿胥，决河使北也；决白马，决河使南也。

灵昌津，在白马津西。旧《志》云：在灵昌县东北二十二里。一名大堨。相传澹台灭明斩蛟投璧处也。《水经注》：灵昌津，本名延津，一名延寿津。后汉建安六年，袁绍遣颜良攻白马。曹操驰救，荀攸曰：今兵少不敌，必分其势乃可。公到延津，若将渡兵向其后者，绍必西应之。然后轻兵袭白马，掩其不备，良可擒也。操从之。既而与绍战于延津，绍大败。晋永嘉初，群盗汲桑、石勒等入邺，大掠而南。济自延津，将击兖州，刺史苟晞讨败之。三年，刘渊使其将刘景攻黎阳，克之。时晋将王堪屯东燕,景败堪于延津,沈男女三万余人于河。咸和三年,石勒击刘曜于洛阳,至河渚,不得渡。流澌忽因风冻合,渡讫复泮。勒自以为得天助,改曰灵昌津。建元二年,石虎作河桥于灵昌津,采石为中济,石下辄随流去,用工五千余万,而桥不成。虎怒,临河斩匠而还。盖大河深广,必下石为中济,两岸系巨絚以维船,然后可以立桥,如河阳蒲津之中滩是也。刘宋景平元年,魏主嗣侵宋,自灵昌津济,遂如东郡。元嘉七年,到彦之等收复河南,诸军进屯灵昌津,列守南岸,西至潼关。唐天宝十四载,安禄山自灵昌渡河,以絚约败船及草木,横绝河流。一夕,冰合如浮梁,遂陷灵昌郡。津旁有湖,周十里许,曰灵昌湖,盖大河所汇也。今涸。胡氏曰:滑台城下为延津,又西为灵昌津。王氏曰:灵昌津在白马津之西,近河南之延津县界。今亦见延津县。

长寿津,在县东北。《水经注》:河水径滑台城,又东北径凉城县,又东北为长寿津。《述征记》:凉城到长寿津六十里,河之故渎出焉。王氏曰:自汉以来,长寿津为黄河故道。南北朝时,黄河自漯河入海,因谓之故渎。北魏永熙末,魏主修遣贾显智御高欢于滑台,欢遣相州刺史窦泰趋滑台,遇于长寿津。显智阴约降于欢,引军退。即此。

胡良渡,在县东北,接开州境,亦旧时大河渡口也。唐乾元二年,史思明自范阳南寇,遣其伪相周挚,分道自胡良渡会于汴州。良,亦作梁。五代晋天福二年,杨光远击范延光于魏州,引兵自滑州逾胡梁渡。四年,以胡梁渡月城为大通军。二年,契丹入寇建牙元氏,晋主命景延广自滑州引兵守胡梁渡以备之。是也。或曰即故鹿鸣津矣。

白皋渡,在县北,亦大河津渡处。唐乾元二年,史思明自范阳南寇,分四道渡河。一出黎阳,一出胡梁,思明自引军出濮阳,分遣其子朝义出白皋,皆会汴州。后唐同光末,魏州军乱,李嗣源讨之,为乱兵所推。嗣源寻自相州由白皋济河,至滑州。石晋天福二年,杨光远击范延光于魏州，自大梁进兵，由白皋趣滑州。是也。

濮渠，在县南。旧自河南延津县界分濮水为渠，又东入开州界，仍合于濮水。今湮。《水经注》：滑台南有濮渠，是也。寸金潭，在县东北，旧为大河经流处。宋宣和二年，王黼言：河流自韩村埽冲至寸金潭，自成直河。即此。今湮。又有潒沱泽，《志》云：在县北三里，周五里，亦大河之馀浸也。

金堤，在废灵河县西南五十二里。隋大业中，置金堤关，寻废。《括地志》：千里堤，在白马县东五里。即金堤也。《元和志》：金堤在酸枣县南二十三里。王氏曰：今在滑州界。汉孝文时，河决酸枣东，溃金堤。汉成帝建始四年，又决东郡金堤。杜佑曰：白马县有瓠子堤，亦曰金堤。后汉王尊为东郡太守，河水盛溢，泛浸瓠子金堤。尊躬帅吏民祀水，请以身填金堤，因止宿堤上，水波稍却，即此处云。《邑志》：金堤在县南二十三里。县西南三里有故瓠子堤，三十里有东西大堤。其南复有一堤，西接卫辉，东连开州界，土人呼为夹堤。又有新堤，正统初，河决河南胙城县，泛溢入境三十余里，因筑此堤障之，东接长垣县界，号曰新堤。又有陈公堤，在县南门外，宋滑州守陈尧佐所筑。

六明镇，在胡良渡口。石晋天福二年，范延光举兵魏州，其将冯晖等引兵至六明镇，渡河击晋军，为杨光远所败。周广顺中，河决六明镇。显德初，遣使修塞之。胡氏曰：镇即大通军之地。是也。或以为即故鹿鸣城，误为六明云。○老岸镇，在县东南七十里，今有巡司。

鱼池店，在废灵河县东。五代汉乾祐元年，河决于此，谓之鱼池口。周显德初，遣使修塞。天圣五年，浚鱼池埽减水河。《宋志》：大河径县界，有韩村、房村、石堰、鱼池、迎阳等埽。今县有鱼池、迎阳等铺。○草市，旧在城西南。胡氏曰：滑州城外旧有草市，以草舍成市而名。石晋天福二年，范延光举兵魏州，遣兵渡河，焚草市，即此。《邑志》：由县南门外出草市，穿堤有大路，挟东西龙潭，谓之龙河道口。

石柱店。在县南。唐兴元初，李希烈据汴州，滑州刺史李澄初降于希烈，至是希烈使澄攻宁陵。澄至石柱，使众阳惊，烧营而遁，密请内附处也。宁陵，今河南归德府属县。〇王铁枪寨，县东北四十里。五代梁将王彦章尝屯兵于此，因名。

〇东明县，府南百八十里，旧在州东南百里。西至长垣县七十里，东至山东曹州六十里，南至河南仪封县百里。本汉冤句县地，唐宋因之。宋乾德初，置东明县，属开封府。金避河患，徙县治于曹州济阴县西，因属曹州。元初因之，寻改属大名路。至元二年，属开州。明初省入开州及长垣县。弘治四年，复置，属大名府。万历中，改属州。城周七里有奇，编户三十六里。今改属府。

东明废城，在县东。《志》云：金徙县治河北冤句，故地在今县东北二十里，即山东曹州境内也。洪武初，避水患，徙治云台集，谓之新东明。寻复埋没，县遂废。弘治中，复置县大单集，即今县治也。《郡志》：汉东明城在长垣县东南十五里。似误。今见河南兰阳县。

武父城，在县西北。《左传》桓十二年，公会郑伯，盟于武父。杜预曰：济阳东北有武父城。济阳，今见河南兰阳县，盖与县接境。《邑志》云：县东北二十里有故漆园城，昔时多树漆于此，因名。今其地亦曰漆园村。

离狐城，在县东。汉置离狐县，属东郡。后汉建初四年，改属济阴郡。《魏志》：李兴从太祖，迁离狐太守。盖尝置为郡也。晋仍曰离狐县。隋仍属东郡。唐还属曹州。《元和志》：县东南至州一百二十里，本在濮水南。常为神狐所穿，遂移于水北，故曰离狐。天宝元年，改曰南华县。宋因之。《河渠志》：乾德四年，灵河县堤坏，水东注南华县。《寰宇记》：南华县在州西北百二十里，离狐故城在县西北五十三里，后魏时所迁治也。《通考》：金时，因黄河水淹，废。新《县志》：离狐城，在县东北十里西台集。又曰在曹州西四十里李二庄。盖境相接也。

龙光山，县东南三十里。以云气升腾如龙而名。其相峙者，曰白龙山，相传张良尝辟谷于此。

五霸冈，县东南五十里。《志》云：春秋时齐、晋会盟处也。亦曰霸王冈。相传项羽救邯郸时，曾驻此冈。○黄陵冈，在县东南八十里。弘治五年，大河决溢处。其地与河南仪封县接界，有黄陵渡。今详见仪封县。

黄河，旧在县南五十里。自长垣县流入境，南接仪封县界，又东南接山东曹县界。河益引而南，县境之患差少。○普河，在县北，大河徐流也。《志》云：县四面俱有护城壕堤，惟北门堤外有普河一道，当河南黑阳山下流。岁久冲淤，渐成巨浸，因筑堤以防其冲啮。黑阳山，见河南原武县。

长堤，在县南。西接长垣县境常村、新丰等堤，东入曹州界，绵亘百余里。《河防考》：县西南二十里有响子口，即正统十三年，大河决入处也。又有七里堤，在县西四十里，长七里。○杜圣堤，在县南六十里，南滨大河。《志》云：长堤属县境者三十三里，而长堤为要口。嘉靖十三年，因旧址增筑。有杜圣寨，亦曰杜圣集，置巡司于此。

康王台。县南五十里。宋高宗为康王时，募兵入援，筑台于此。一云在五霸冈上。《志》云：县东北十五里有西台，相传冤句县昔尝治此。恐误。

○开州，府南百六十里。东南至山东濮州百二十里，南至河南开封府百五十里，西至河南卫辉府二百三十里。

古昆吾国。春秋战国为卫地。秦置东郡。治濮阳。汉仍属东郡。后汉因之。晋改濮阳国。后魏改濮阳国为濮阳郡。隋初，郡废，属魏州，寻属滑州。大业初，为东郡及武阳郡地。唐武德四年，置澶州。治顿丘，取澶渊以名。贞观初，州废，仍属魏州。大历七年，复置澶州。从魏博帅田承嗣请也。五代晋曰镇宁军。《薛史》：天福三年，移州治于德胜口。九年，始置镇宁军，兼领濮州。《郡志》：晋天福中，州移治夹河。汉乾祐初，又徙德胜寨，周世宗复移治澶渊故城。皆误也。宋仍曰澶州。亦曰澶渊郡、镇宁军节度。熙宁九年，移于今治。崇宁五年，升为开德府。《宋志》：崇宁四年，建为北辅。宣和二年，罢辅郡，仍隶河北东路。金仍曰澶州。皇统四年，改开州，属大名府。元属大名路。明亦曰开州，以州治濮阳县省入，编户百有一里。领县二。今仍曰开州，领县一。

州肘腋大梁，襟带东郡。谓山东东昌府境。春秋时，卫都于此，与齐、鲁相雄长。秦末，项羽由此扼章邯。后汉之季，吕布亦争此，以抑曹操。盖其地滨河距济，介南北之间，常为津要。五代时，晋王存勖与梁人力战于河上，德胜两城，为必争之险。石晋开运三年，虑契丹为后世患，徙澶州于德胜。九年，契丹入寇，屯元城。赵延寿请于契丹曰：晋军悉在河上，不如即其城下，四合攻之，夺其浮梁，则天下定矣。契丹遂进营城北。宋景德初，契丹南犯，寇准力劝亲征，御北城门楼，而契丹气沮。宋人以澶州为大梁北门，安危所系也。今大河南徙，形势稍移，然川原平旷，道路四达，居然冲要矣。

濮阳废县，今州治也。王氏曰：旧城在今治西南三十里，为古颛顼之墟，亦曰帝丘。夏为昆吾氏所居。《国语》曰：昆吾为夏伯。是也。《春秋》僖三十一年，卫成公自楚丘迁于帝丘。即此。其后曰濮阳，以地在濮水北也。秦始皇七年，拔卫濮阳，置濮阳县，东郡治焉。《史记》：章邯与项羽战，军濮阳东，环水自固。汉仍曰濮阳县，亦为东郡治。后汉因之。初平二年，曹操击黑山贼白绕于濮阳，破之。袁绍因表操为东郡太守。兴平初，吕布袭据濮阳，与曹操争兖州。晋亦曰濮阳县，为濮阳国治。后魏仍属濮阳郡。隋属滑州。大业初，属东郡。唐属濮州。五代梁贞明四年，晋王存勖攻梁濮阳，拔之，寻弃不守。五年，晋败梁军于河南岸，复乘胜拔濮阳。石晋天福四年，改属澶州。宋因之。熙宁四年，河决澶渊，因改置澶州，移濮阳县为州治。胡氏曰：濮阳旧在河南，今开州治所之濮阳，乃石晋天福中移就澶州南郭者。或曰即宋所移，胡氏误也。《九域志》云：濮阳县东去濮州九十里。《城邑考》：州城，宋熙宁中土筑，后皆因之。弘治十三年，增修其城，前方后圆，俗呼卧虎城。周二十七里，为门四。

德胜城，州东南五里，古澶渊也。《春秋》襄二十年，晋及诸侯会于澶渊。二十六年，复会于澶渊。三十年，又会焉。杜预曰：澶渊在顿丘南。今谓之繁污，近咸田，其后为德胜渡，黄河津要也。五代梁贞明四年，晋王存勖拔濮阳，军德胜渡。寻遣李存审于德胜南北，夹河筑两城而守之。胡氏曰：时河津阔远，两城相距，盖三十里。五年，梁贺瑰攻晋德胜南城，百道俱进，以竹笮连艨艟巨舰，横断河流，使晋救兵不得渡，为晋将李建及所破。既而梁将王瓒据杨村，夹河筑垒，造浮桥，谋攻德胜。晋将李存进亦造浮桥于德胜。或曰：浮梁须竹笮、铁牛、石囷，我皆无之，何以能成？存进不听，以苇笮维巨舰，系于土山巨木，逾月而成，人服其智。晋王寻自魏州发徒数万，广德胜北城。梁人来争，晋王拒之，大小百余战，城始就。龙德初，戴思远复自杨村袭晋德胜北城，为晋所败。明年，复攻北城，重堑复垒，断其出入，昼夜急攻。晋将李存审悉力拒守，晋王自幽州驰救，思远引却。后唐同光初，梁王彦章自杨村径攻德胜，力战断其浮桥，南城遂陷。唐主命弃北城，撤屋为筏，东助杨刘守备。彦章围杨刘不克，退走杨村，唐军复屯德胜。石晋天福三年，时瀛、莫诸州入于契丹，河北无藩篱之固，于是移澶州跨德胜津，并顿丘县亦随州移治郭下。是时作浮桥于德胜口，谓之澶州河桥。于是两城有南澶、北澶之目，盖以防固河津也。九年，契丹攻澶州，欲夺浮梁，不克。开运三年，契丹入汴，遣酋帅耶律郎五据澶州。贼帅王琼帅众袭据南城，北渡浮航，围郎五于牙城，契丹救却之。汉乾祐三年，郭威举兵邺都，汉主遣侯益等将兵趣澶州。威至，澶州降，遂渡河，趣滑州。宋景德初，契丹入犯，寇准劝帝亲征。驾至南城，众请驻跸，准固请渡河，御北城门楼，士气百倍。既而幸浮桥，登临河亭。盖是时，澶州犹治德胜城也。庆历中，尝增修之。熙宁十年，城圮于水，因改筑州城，以濮阳县为州治，非复石晋所移之旧矣。《九域志》：澶州距魏州百三十里。胡氏曰：此据故澶州北城言之，自南城度河并浮梁计之，则百五十里，故晋人每言澶州距魏百五十里也。盖澶州徙治不一，大约唐治故顿丘城，石晋时治德胜，宋始治濮阳。《一统志》云：今州南有故德胜寨。杨刘，见山东东阿县。

　　戚城，州北七里。春秋时卫邑，会盟要地也。又为卫大夫孙林父之食邑。《左传》文元年，公孙敖会晋侯于戚，时晋师伐卫，取戚，疆戚田也。成十五年，同盟于戚。襄元年，晋以诸侯之师伐郑，侵楚及陈。晋侯、卫侯次于戚，以为之援。二年，诸侯之师会于戚。五年，晋复会诸侯于戚。襄二十六年，孙林父以戚如晋，晋会诸侯于澶渊，以讨卫疆戚田也。取卫西鄙懿氏六十，以与孙氏。又昭七年，晋反戚田于卫。哀二年，赵鞅纳卫太子蒯聩于戚。宵迷，阳虎曰：右河而南，必至焉。杜预曰：是时戚在河外，晋军已渡河，故云。哀十六年，卫世子蒯聩自戚入卫。今亦谓之戚田，自戚城而西北五十里有懿城，即古懿氏也。《水经注》：戚，卫河上邑。汉高十二年，封李必为戚侯，邑于此。《五代史》：梁贞明五年，王瓒与晋将李嗣源战于戚城，败还。龙德初，晋将李嗣源伏兵于戚城，败梁将戴思远。晋天福九年，契丹入寇，围晋将高行周等于戚城，为晋

所败,解围去。未几,复攻澶州,与行周战于戚城南,不胜而还,即此城
也。

临河城,州西六十里。汉黎阳县地。武帝封鲁共王子贤为临河侯,
邑于此。后魏永安初,分黎阳县地,置东黎县,属黎阳郡。北齐废。隋开
皇六年,改置临河县,属卫州。唐初,属黎州。贞观十七年,改属相州。
文德初,朱全忠救乐从训于内黄,下临河镇。大顺初,全忠将丁会等侵魏
博,度河取黎阳临河。后唐同光初,梁段凝寇澶州境,进至临河之南。宋
仍为临河县,属澶州。金废。《郡志》:临河城在内黄县南三十里。一云
滑县西北有临河城。盖境相接也。○澶水,在州西二十里,本临河、内
黄、顿丘三县地。隋开皇十六年,置澶水县,属卫州。大业初,属汲郡。
或曰隋本置澶渊县,唐讳渊,因改曰澶水县。初属黎州,寻属澶州。贞观
初,州废,还属黎州。十七年,废入临河县。

昆吾城,州东二十五里。其地有古颛顼城,城中有古昆吾台,相传
夏昆吾氏所筑。春秋时属卫。《左传》哀十七年,卫侯梦于北宫,见人登
昆吾之观,是也。汉为濮阳县地。隋开皇十六年,析置昆吾县,属滑州。
大业初废。唐武德四年,复置昆吾县,属濮州。八年,仍省入濮阳。《志》
云:颛顼城,一名东郭城。隋置昆吾县于此。又废临河县东北三里,亦有
颛顼城。

咸城,州东南六十里。春秋时卫地。《左传》僖十三年,齐桓公会
诸侯于咸。又文十一年,鲁叔孙得臣败狄于咸。定七年,齐侯、郑伯盟
于咸。是也。刘昭曰:濮阳有咸城,或以为古之咸国。○围城,在州东。
春秋时卫邑。襄二十六年,卫孙林父以戚如晋,卫人侵戚东鄙。晋戍茅
氏,卫人伐之,孙蒯从卫师败之围。茅氏,即戚东鄙之地也。又五鹿城,
《志》云:在州南三十里。杜预曰:卫地有二五鹿,一在元城东,一在卫
县西北。此卫县西北之五鹿矣。《寰宇记》:元城东为五鹿墟,即重耳乞

食处，此为五鹿城。又古浚，在州城东南。南有寒泉，即《诗》所谓爰有寒泉，在浚之下。

卫阳山，州东南二十里。以在卫地之阳而名。又州东南五里，曰洪洋山，山秀丽而隆峻。《志》云：澶渊旧在其下，今山南有浮翠桥，即澶水所经也。○金沙山，在州治东迤北。宋建炎间，杨肃守开德，金人来攻，力战城陷。金人屠其城，肃及弟彭年死之。人为瘗骨立冢如山，因以沙名。

铁丘州，北五里。杜预曰：铁在戚城南。哀二年，赵鞅送卫太子蒯聩入于戚，遇郑师，蒯聩登铁上以望，惧，自投于车下。铁上，即铁丘也。又瑕丘，在州东南三十里，高三丈。《檀弓》：公叔文子升瑕丘，蘧伯玉从。即此。又东南十里为延丘，相传吴延陵季子适卫时，曾憩于此。

清丘，州东南七十里，丘高五丈。《春秋》宣十二年，晋人、宋人、卫人、曹人，同盟于清丘。是也。唐置清丘驿。五代唐同光初，李绍兴败梁游兵于清丘驿南。即此。又旄丘，在州东北，《志》云：即《卫风》所咏旄丘之葛者。《郡志》旧濮阳城东有高丘，盖即帝丘之讹也。○寒泉冈，在州西南。《水经注》：濮阳城侧有寒泉冈，即《诗》所称爰有寒泉者。世谓之高平渠。非也。

黄河故渎，在州治南。自滑县流入州界，自昔大河经流处也。今有瓠子故渠，在州西南二十五里。汉元光中，河决瓠子，使汲仁、郭昌发卒数万塞之，不成。元封元年，封禅还，自临决河，塞之。筑宫其上，名曰宣防。《水经注》：濮阳北十里，即瓠河口，亦谓之瓠子堰，又为宣房堰。平帝以后，河水东浸，日月弥广。永平十二年，诏王景修治，景防遏冲要，疏决壅积。瓠子之水，绝而不通。自唐末以至五季，河流荡决，渐失故道。宋庆历中，河自澶州东北三十里商胡河口趋恩、冀，既而大名、郓、澶、滑、濮、齐、淄、沧、隶、德、博、怀、卫、孟、郑及开封，俱受河害。

至和二年，河复决大名馆陶。李仲昌奏请自商胡河东南凿六塔渠，引河东注横陇故道，以披其势。时孙抃亦言：六塔下流，可导而东去，以纾息冀金堤之患。欧阳修谓：六塔狭小，不能容受大河，滨、隶、德、博诸州，必被其患。不听。遂塞商胡，修六塔河。明年，六塔河复决。熙宁元丰中，河屡决于澶州之境。陈佑甫言：商胡决三十余年，河道填淤渐高，宜修之。并修横陇，以分河流。又以二处土性疏恶，请修禹故渎。不果。既而大河自州北决，入于御河，州境之患渐少。靖康以后，大河益徙而南，商胡、六塔诸河，尽成平陆。明正统十三年，河决开封之荥阳、阳武，循故道至州南，凡百二十里，东流抵濮州，过张秋入海。其流奋击，声闻数十里，俗名响口子。寻塞。今州东二十里有清河，即大河旧流也。其北有龙泉冈，西有杏花冈，各高二丈许，下临河，即旧时堤岸矣。又六塔河，旧《志》云：在州东北十七里。横陇河在州东四十里，俱宋时决溢之处。今详见川渎异同。

濮水，州南六十里，亦谓之濮渠。旧《志》：濮水自河南延津县东北流，经胙城，过濮阳，入山东濮州界。今胙城县犹有故濮渠，即此水上流也。大河迁决不时，濮水遂至湮废。

淇水，旧《志》云：在临河废县东南五里。自濬县流入界，又东北流入内黄县及清丰县境。《通典》：临河县有古淇河，谓此。或曰：此即滑县之永济渠，自濬县流经临河县西北五十里，而入内黄县界者也。

西湖，在州城西南。旧时河流汇入，积而成湖。夏秋时，弥漫甚广，后渐浅涸，然犹渟流荡漾，周数百亩。今无复旧观矣。〇胡柳陂，在州东南五十里，与山东濮州接界。五代梁贞明四年，晋王存勖与梁军大战处也。今详见濮州。

金堤头，州东南百五十里。《志》云：其西接黄陵冈，东至小张家湾，黄河分流决溢之处也。弘治中，郡守修筑故堤，跨长垣县及山东曹州界，东西亘二百余里。旧有金堤巡司，河南徙始废。〇宋堤，在州南一里，相传宋熙宁中筑。旧《志》：州北至大名，南抵长垣，其间长短无名之堤，不可数计。城北古堤自滑县入州境，至清丰西五里。城南古堤，亦自滑县经州东七十里之鄄城乡，分为五道，入山东范县界之五堤头村而止。又环城四面有小堤，所谓护城堤也，皆宋所置。

白沙渡，在州西，旧时大河津渡处也。刘宋景平初，后魏主拓跋嗣寇宋河南，从白沙渡河，屯濮阳南。胡氏曰：濮阳对岸则顿丘县境，白沙渡盖在澶州界内。又鲧堤，在州西十里，自澶县而东接州界，相传鲧治水时筑。《寰宇记》：州西黄河北岸有古复关堤。《卫风》：乘彼垝垣，以望复关。盖谓此云。《郡志》：复关堤，在临河废县南三百步。

宣防宫，《志》云：在城西南十七里瓠子堤上。汉武帝元封初，塞决河，筑宣房宫于其上，即此。又有龙渊宫，在州西南八里，亦汉武时筑。一名赤龙涡。〇烽火台，在州东南。《志》云：澶、濮间滨河远近多丘阜，或十余亩，或二、三十余亩，皆石晋时所筑，以备契丹处。

孙村，州东北三十四里，宋时大河决啮处也。天圣七年，汴河溢勾管汴口，王中庸欲增置孙村之石限以泄之，不果。元丰末，河决于大名之小张口。知澶州事王令图等议浚迎阳埽旧河，又于孙村置金堤，约复故道。元祐初，张问等言：大河故道难复，请于南乐大名埽间，开直河，并签河，分引水势，入孙村口，以解北京向下水患。于是回河减水之议复起，言者交斥其非，乃罢。迎阳埽，旧在滑县东北境。

曹村，在州西南，亦宋时大河要口也。熙宁四年，河决澶州曹村埽，时程颢知镇宁军，方救护小吴埽，以曹村决，则注汴京，驰还塞之。十年，河复大决于曹村，北流断绝，河道南徙，逾年始塞之，谓之灵平埽。《郡志》：灵平埽在州西南七里。恐误。又小吴埽，在州东。《志》云：小吴口西去曹村百里。熙宁四年，河决澶州小吴埽。元丰八年，小吴决口未塞，河又东决大名之小张口。是也。○赵征村，在州东北，即六塔河口。宋至和中，修六塔河，内侍刘恢奏六塔之役，河口乃赵徵村，于国姓御名有嫌。即此。今其地亦名赵村铺。

杨村，州西南十五里，旧时大河要口也。五代梁贞明五年，晋王存勖军于德胜。王瓒据晋人上游十八里杨村，夹河筑垒，造浮桥，通滑州馈运。晋将李存进亦造浮桥于德胜以拒之。既而瓒与晋兵战于河南岸，败走北城，即杨村北城也。龙德初，戴思远悉杨村之众，袭晋德胜北城，为晋王存勖所败，走杨村。寻复自杨村袭魏州，不克。唐同光初，梁将王彦章攻唐德胜，自大梁驰至滑州，阴遣人具舟杨村，兼流而下，循河南岸，直趣德胜，遂克南城。既而进攻杨刘，不克，解围西走杨村。三年，唐主由德胜渡河，历杨村戚城，观昔时战处。《薛史》：杨村在濮阳之北，滨大河。盖据旧濮阳城言之也。

敛盂，聚在州东南。《左传》僖二十八年，晋侯、齐侯盟于敛盂。《史记》作敛于，即此聚也。又州治南有古重华台。士孙子曰：卫灵公坐重华之台，侍御数百，仲叔围谏，公乃出宫女。即此处云。《志》云：州西南又有地名瓦屋头，即《春秋》隐八年，宋公、齐侯、卫侯同盟处。

土楼镇，在州西。刘宋永初末，北魏将叔斤等拔宋滑台，进击翟广于土楼，破之，遂进逼虎牢。《九域志》澶州临河县有土楼镇。

斗门。在州东南。唐元和十二年，陈许帅李光颜讨淄青叛帅李师道，攻濮阳，收斗门、社庄二屯。又景福元年，朱全忠击天平帅朱瑄，遣其子友裕将前军于斗门。全忠至卫南，朱瑄遣步骑袭斗门，友裕走，瑄据其营，全忠不知，复趣斗门，为瑄所败。

○**长垣县**，州南百五十里。南至河南兰阳县九十里，东南至河南仪封县百三十里，西至河南胙城县九十里，西南至河南封丘县六十里，西北至滑县九十里。春秋时卫之匡邑。战国属魏。汉置长垣县，属陈留郡。《风俗传》：县有防垣，故名。后汉安帝封元舅宋俊为侯邑。晋属陈留国。后魏真君八年，并入黄。景明五年，复置长垣县，属东郡。隋开皇十六年，改曰匡城县，属滑州。唐因之。五代梁复曰长垣，属开封府。后唐仍曰匡城。宋建隆初，讳匡，改曰鹤丘，寻复为长垣县，仍属开封府。金泰和八年，改属开州。元初属大名路。至元二年，仍属开州。明因之。今城周九里，有门四。编户七十八里。

长垣故城，县东北三十五里。其地一名鲍垣，或曰即首垣也。《战国策》：韩侈谓秦王：进宋、齐之兵至首垣，远薄梁郭。又赵肃侯七年，公子刻攻魏首垣。《水经注》曰：首垣，秦更为长垣，汉置县于此。后废。隋开皇十六年，改置县于妇姑城，以南有故匡城，因改为匡城县。在旧城西南二十七里。唐因之。乾符二年，濮人王仙芝聚众数千起于长垣，即故长垣城也。宋复改匡城为长垣县。金初，迁县于柳冢村，在今县城东北七里。明洪武初，以水患迁于蒲城。即今县治。

蒲城，今县治也。春秋时卫邑。桓三年，齐侯、卫侯胥命于蒲。成九年，同盟于蒲。《家语》：子路为蒲宰。《战国策》：秦攻魏之蒲。又秦始皇九年，伐魏，取垣、蒲。盖是时为魏地也。《史记》：孔子去陈至蒲，会公叔氏以蒲畔，止。孔子出，遂适卫。灵公问曰：蒲可伐乎？曰：可。公曰：蒲卫之所以待晋、楚也。《正义》：蒲在卫西，故公云然。又后汉初，光武大败铜马贼于馆陶，受降未尽。而高湖、重连诸贼从东南来，与铜马合，光武与战于蒲阳，悉破降之。蒲阳，盖即蒲城之南。太子贤曰：北平县西北有蒲阳山。误矣。宋绍定十三年，金主珣自黄陵冈向河北行，至蒲城东，登舟渡河，遇风。蒙古兵追至南岸，后军皆败。盖旧时大河在今县北也。北平，见保定府完县。馆陶，今山东属县。

匡城，县西南十五里，亦春秋时卫邑。僖十五年，诸侯同盟于牡丘，遂次于匡。《论语》：子畏于匡。《史记》：孔子自匡至蒲。《述征记》：匡城周三里。《水经注》云：濮水东径匡城北。是也。隋因以名县。唐大历十一年，李灵曜以汴、宋叛，发诸道兵讨之，围汴州。魏博帅田承嗣遣兵救灵曜，败永平、淄青二镇之兵于匡城。乾符四年，黄巢陷匡城，遂陷濮州。中和四年，李克用破黄巢于封丘，复追至胙城、匡城，巢走兖州。此即隋所置之匡城县也。牡丘，见山东聊城县。

长罗城，县北十里。汉县，属陈留郡。宣帝封常惠为长罗侯，邑于此。后汉初，并入长垣县，为长罗亭。太子贤曰：长罗故城在匡城东北。《一统志》云：在长垣旧城西南三十里。是也。○祭城，在县东北。杜预曰：郑祭封人仲邑于此。

平丘城，县西南五十里。《寰宇记》：平丘在封丘县东四十里。盖县与封丘接境。○漆城，在县西二十里，故卫邑也。《竹书纪年》：邯郸伐卫，取漆。即此。又龙城，在县东南二十里，相传夏臣关龙逄所居。县西十八里又有鹤城。《城冢记》云：夏累养鹤于此。《寰宇记》：旧长垣城西北六十里有訾楼城。《春秋》：邢人伐卫，取訾楼。盖此城云。

沤麻冈，在县西北。宋绍定六年，金主以汴京危急，引军东行，次黄陵冈。进向河北，至蒲城东，乘舟济河。会大风起，蒙古兵追击之于南岸。金主次于北岸，震惧，遂次沤麻冈。遣白撒帅骑攻卫州，不克。黄陵冈，见河南仪封县。

黄河，县南六十里。河流经此入山东曹县界，其故道在县北，埋决不常，此近时所经也。《河防考》：县南有淘北河，相传即黄河故道。明万历中，河决河南封丘县金龙口，挟淘北河决县境之大社口堤，长东二县，俱被其患。又县南有大堈河，或曰亦黄河旧流也。今县南为大堈集，与东明县杜胜集等堤，共长九十七里。

阎家潭，县东南六十七里。正统十四年，河水决入县境，回流冲啮，因成此潭。弘治五年，河复北溢，因筑堤环之。《河渠考》：潭西七里曰牛家口，东三里曰大冈，皆弘治六年，筑堤以防决溢处也。○朱家河口堤，在县东七十里。正统十四年，黄河决溢，因筑塞之。弘治五年，复修筑其南，即三春柳及大冈诸堤也。又常村堤，在县西南三十五里，又西八里曰新丰堤，接河南封丘县界。《志》云：弘治六年，郡守李瓒筑朱家河等十堤，以防河患云。又三尖口堤，在县东三十五里，相传元贾鲁治河筑堤始此。弘治五年，大河北涨，冲决牛家口诸处，北至三尖口，东至平冈陂，皆被其患。明年，因修筑县境诸堤。是也。

宛亭，在县北。《左传》僖二十八年，卫人盟于宛濮。杜预曰：宛亭近濮水，故曰宛濮。刘昭曰：长垣西有宛亭。○大冈镇，在县东南七十里，有巡司。《志》云：洪武初，司置于县东南永丰里。三年，徙司竹林。十一年，徙大冈云。

魏楼村。在县西。金主自沤麻冈进攻魏楼村，欲俟蒙古兵至决战。会其将白撒自卫州败还，且言北兵近在堤谷，邀金主潜度河，夜走归德。即此处也。

读史方舆纪要卷十七

北直八　永平府　延庆州　保安州

○永平府，东至山海关一百八十里，南至海岸百六十里，西至顺天府蓟州三百里，北至桃林口六十里，东北至废营州六百九十。自府治至京师五百五十里，至南京三千一百五十里。

古冀州地。有虞时分为营州地。夏仍为冀州地。商时为孤竹国。周属幽州。春秋时为山戎、肥子二国地。战国属燕。秦为右北平、辽西二郡地。汉因之。《汉志》：右北平郡治平冈道，在今蓟州北境。辽西郡治且虑县，在今府东境。后汉亦为辽西等郡地。晋为辽西郡。其后，石勒、慕容皝、苻坚相继有其地。后魏亦曰辽西郡，兼置平州。又分置北平郡。高齐亦曰北平郡以辽西郡并入。后周因之。隋初郡废，仍曰平州。炀帝又改为北平郡。唐武德二年，复曰平州。天宝初，亦曰北平郡。乾元初，复故。后唐同光初，陷于契丹，仍曰平州，亦曰辽兴军。宋宣和四年，得其地，亦曰平州。赐郡名曰渔阳，又为抚宁军节度。旧《志》作泰宁军，误。寻没于金。金初，升为南京。天会四年，复曰平州，亦曰兴平军。贞祐三年，尝侨置临潢府。明年，降于蒙古。元曰兴平府。中统初，曰平滦路。大德四年，改曰永平路。明洪武初，曰平滦府，属山东行省。明年，改隶北平。四年，又改府曰永平府。永乐十八年，直隶京师，领州一、县五。今仍曰永平府。

府西接蓟门，东达渝关，负山阻海，四塞险固。春秋时，山戎尝为燕患，齐伐山戎以救燕。庄三十年，齐伐山戎。盖其地控据高深，直走燕都，六驿而近，方轨并辔，无山溪、关隘之阻也。燕并山戎，至于辽东，故能与山东诸侯争雄竞长，而长无东面之患。秦取燕地，拓境极于朝鲜。两汉因之，碣石、渝关，皆为内险。曹操出卢龙，平乌桓。其后司马懿复取辽东，建平州，晋平州治昌黎，在今大宁废卫境内。幽、冀益为完固。及鲜卑竞起，卢龙四境皆为战地，中国声教不复达平、营者数百年。隋虽置州县，而荒略未改。及再出渝关伐高丽，李密等谋据临渝之险以拒之。岂非以中外咽喉，渝关实操之哉！唐以平、营二州，制临奚、契丹。而武后时，契丹构衅，平州首被其毒。及唐之末，契丹益强。刘守光据有幽、燕，契丹窥伺，恒在平州。《五代史》：梁乾化元年八月，守光称帝。是日，契丹陷平州，燕人震动。晋王存勖虽并有燕地，而平州之守未固，卢龙巡属，卢龙谓幽州也。唐幽州节度亦曰卢龙节度。悉皆残敝。幽州城外，虏骑充斥。于是增列屯戍，芦台、瓦桥，芦台，见青县。瓦桥，见雄县。皆为重镇。论者谓中国之不振，无俟石晋割燕、云。契丹入大梁之日，而其兆已成于同光、天成之世矣。《五代史》：梁贞明三年，契丹得平州，以晋降将卢文进为卢龙节度使守其地，每帅奚骑岁入北边，杀掠吏民。既而晋王复取平州。同光初，再为契丹所陷。天成初，卢文进帅所部来降。明年，契丹复遣兵戍守。三年，契丹将张希崇亦帅所部来降，而平州卒不能复有。于是，增置戍兵于幽、易诸州以备之。宋宣和中，金人灭契丹，宋欲得燕、云及平、滦地。金人曰：平、滦吾欲作边镇，不可得也。既而斡离不遂自平州入寇，燕山不守。盖靖康之祸，亦自平州启之矣。胡氏曰：石晋割卢龙一道及雁门以北诸州与契丹，议者皆以为此自撤藩篱之始，不如弃雁门以北诸州，犹有关隘可守。汉建安丧乱，弃陉北之地，不害为魏、晋之疆。若割燕、蓟、顺诸州，则地险全失矣。然卢龙之险，惟在营、平二州间。自刘守光僭窃，周德威攻取，契丹乘间，遂失营、平。同光以后，契丹南犯，直抵涿、易，皆自平州而西也。黄氏道周曰：失营州，渝关之险犹可恃，失平州，则幽州以东，无复藩篱之限矣。明朝都燕，永平尤为门庭重地。乃大宁撤防于前，辽东多虞于后，所恃以隔碍边腹者，惟在山海一关。咽喉之寄，可或忽哉！郭造卿曰：郡负山抱海，腹背踸踔，而阻险设防，实为中夏之门阃。

〇卢龙县，附郭。古肥子国。汉置肥如县，属辽西郡。晋因之。后魏亦曰肥如县，辽西郡及平州皆治此。高齐属北平郡。隋省入新昌县。开皇十八年，改置卢龙县，属平州。大业初，为北平郡治。唐初，又改为肥如县。武德二年，平州自临渝移治肥如，又改县曰卢龙。自是皆为州郡治。今编户十五里。

肥如城，府西北三十里。应劭曰：春秋晋灭肥，肥子奔燕，燕封之于此。汉为肥如县。高帝六年，封蔡寅为侯邑。后汉亦曰肥如县。永元九年，鲜卑寇肥如。中平五年，渔阳张纯等叛，屯肥如，即此。晋太康六年，鲜卑慕容廆寇辽西，幽州兵败廆于肥如。其后石赵得其地。赵灭，没于慕容燕。慕容令曰：守肥如之险。是也。东晋隆安二年，慕容盛置幽州于此。义熙四年，北燕高云置幽、冀二州，镇肥如。宋元嘉九年，拓跋魏取其地，为辽西郡治。高齐废郡入北平郡，以县属焉。隋开皇六年，省入新昌县，后改曰卢龙县。唐初，复曰肥如，寻复为卢龙县。《城邑考》：郡城，洪武四年因旧城修筑，易土以砖石。景泰以后，相继增修，有门四，周九里有奇。

新昌城，即今府治。汉置新昌县，属辽东郡。后汉因之。晋属辽东国，在今辽东海州卫境。后魏侨置于此，属北平郡。后齐为郡治。隋改曰卢龙县。又朝鲜城，在府北四十里，汉乐浪郡属县也，在今朝鲜境内。后魏主焘延和初，徙朝鲜民于肥如，置朝鲜县，并置北平郡治此。高齐移郡治新昌，并朝鲜县入焉。

海阳城，府南三十里。汉置海阳县，属辽西郡。高祖封功臣摇扶余为海阳侯，即此。后汉亦曰海阳县。《魏土地记》：令支城南六十里有海阳城。晋及后魏仍属辽西郡。高齐废郡，又并海阳县入肥如。《新唐书》：马城县即古海阳城，误也。五代梁乾德初，契丹阿保机掠定州望都民居于此，因置望都县。金大定七年，改曰海山县。元省。或曰汉海阳城在今府东南百里，《辽志》误以为即望都县治也。

令支城，在府东北。春秋时山戎属国也。《齐语》：桓公北伐山戎，刜令支，斩孤竹。《史记》：齐桓公曰，我北伐山戎、离支、孤竹。离支，即令支之讹也。汉置令支县，属辽西郡。后汉因之。晋省县，而城不废。永嘉中，辽西鲜卑段辽都于令支。咸康四年，石虎使其将桃豹帅舟师十万出漂榆津，攻段辽于令支，寻置营州治焉。其后，慕容隽取令支，置辽西郡。太元十年，后燕将徐岩叛据令支，慕容农击拔之。隆安五年，后魏将宿突干攻拔燕令支。既而慕容熙复遣兵攻取之，置幽州于此。义熙四年，令支降于后魏。魏收《志》肥如县有令支城。又云：太平真君七年，令支并入阳乐。《水经注》：濡水东南经令支故城。旧《志》云：城盖在迁安县东也。漂榆津，见沧州盐山县。

乐安城，在府东南。石赵筑城置镇于此。胡氏曰：海阳县西有乐安城。《水经注》：濡水东南至辽西令支县，又径牧城南，分为二水。北流谓之小濡水，东径乐安亭北，东南入海。濡水东南流，径乐安亭东，与新河故渎合。魏太祖北征蹋顿故道也。晋咸康六年，石虎欲伐慕容皝，合兵五十万，具船万艘，自河通海运谷数十万斛于乐安城。既而不果。永和初，石虎复使其将邓恒屯乐安，治攻具，为伐燕计。燕主皝使慕容霸戍徒河以备之。是也。乐安，《晋书》作安乐。濡河，即滦水也。徒河废县，见故大宁卫。

孤竹城，府西十五里。《世纪》：汤十有八祀，封墨胎氏孤竹国。后九叶孤竹君二子：伯夷、叔齐，以让国逃去。《管子》：齐桓公北征孤竹，至卑耳之溪。《史记》：齐桓公北伐山戎，至于孤竹。是也。《汉志》注：令支县有孤竹城。《括地志》：孤竹古城在卢龙城南十二里，今故迹已不可考。城或后人所筑，而冠以古名云。○长城，在府北七十里。刘昭曰：肥如县有长城。或以为燕、秦所筑之长城，即此地也。郭造卿曰：古长城在右北平、辽西、辽东诸塞外，不应若此之近。此长城似国初故址，《一统志》误以为秦长城也。

辽西城，在府治东。杜佑曰：卢龙县东有辽西故城，汉郡治此，后废。按汉置辽西郡，治且虑。后汉移治阳乐。晋因之。此盖后汉及晋所置郡也。《志》云：府东十八里有辽兴城。唐开元初，安东都督府尝治此。五代时，契丹置辽兴府治焉，旋废。又柳城，在府西二十里，一云在府东北二十余里。唐天宝以后，柳城郡曾侨治于此，因名。《一统志》云：即隋所置柳城郡，唐为营州治。误。今详见大宁废卫故营州城。○安喜废县，在府东北六十里。《辽志》云：本令支地。五代梁末，契丹以定州安喜县俘户置县于此。金大定七年，改置迁安县。《金志》云：安喜废县，即汉令支故城。近《志》：城在迁安县东北二十里。是也。

阳山，府东南十五里。峰峦高耸，下多溪谷。一作崵山。《说文》以为首阳山也。汉李广守北平，俗传曾射虎于此。山之西麓，有射虎石。又南台山，在府南三里，一名印山，以山形方正也。○洞山，在府西十五里。山产铁，有铁冶在焉。《地志集略》：汦水之西，洞山之北，地称险固。是也。或以为即古孤竹山。《水经注》：孤竹祠，在山上，城在山侧。今山阴，即古孤竹城。《志》云：孤竹山在城西北二十里，其相近有双子山，孤竹长君墓在焉，一名长君山。又西有马鞭山，孤竹少君墓在焉，一名少君山。府西北二十五里又有团子山，孤竹次君墓在焉，一名次君山。皆洞山之支麓矣。《迁安县志》：县东十八里有团山，圆秀如覆釜，一名釜山。即团子山也。又周王山，在府西南二十里滦河中，滦水夹流其下。

桃林山，府北六十里。群山参差，盘折险峻，有桃林口关。其西为瞭望山，嶕峣崒嵂。有洞深广。又西曰甑山，巅有洞穴。《志》云：桃林关城东百余步，有山高三里许，悬岩耸峙。日照之，色黄如金，或以为黄山也。自此而东，斥堠相次，皆依山为险。又有石门山，在关北八里，两山如壁，中有龙潭。其南为羁徨岭，言羁旅者至此傍徨也。又西北为鹿尾诸山，渐近塞外矣。

龙山，府西四十里。山势蜿蜒，其形似龙。相近者曰赤峰岭，亦名赤峰山。又西有烽火山，一名西安山。又西北曰石崖儿，连峰数十里。北出为瓦礰诸山，皆设险处也。○部落岭，在府东十八里。《志》云：唐初，居黑水部于此，因名。明建文二年，辽东兵克昌黎，燕将谷祥败辽东兵于定流河，又追败之于部落岭。定流河，在乐亭县，即滦河之别名。

三陉，在府东北。晋永安六年，燕慕容儁伐赵，使慕容霸出徒河。军至三陉，赵将邓恒弃乐安遁去。胡氏曰：魏收《志》海阳县有横山，盖即三陉之地。恐误。

黄獐谷，在府东南，与碣石山西麓相近。刘昫曰：平州有西硖石、东硖石二戍。与西硖石近者，又有黄獐谷硖石，盖碣石之讹也。唐武后万岁登封初，契丹帅李尽忠等作乱，寇檀州。将军曹仁师击之，为契丹所诱，先进至黄獐谷。契丹复遣老弱伪降，仁师等不设备，轻军争入，战于硖石谷，败没。谷盖近昌黎县界。

海，府南百六十里。东入辽东，西趋直沽，南抵登莱。风帆易达，中多岛屿，可以依阻，有事时出奇制胜之道也。《志》云：海在幽平间者，皆谓之溟渤。东西浩瀚，千有余里。

滦河，府西十里。《志》以为即《管子》所称卑耳溪也。自塞外流入蓟州、遵化州境，径迁安县东，东南流经此。又南合于漆河，历滦州境，下流入于海。元大德五年，滦河、肥如河与漆河溢，冲圮州城东西二处，入旧护城堤及东西南三面城墙，横流入城，漂郭外三关，在城官民田屋殆尽。乃筑东西二堤之。盖滦河源远流盛，郡当其下流，每虞横溢也。《河渠考》：滦河自元至元六年，漂溢不时，郡境田庐多被其患。而最甚者，莫如大德五年。自是以后，史不绝书。至正四年，为害亦甚。延及明时，横决不免。一遇水潦，害辄随之。嘉靖三十八年，平地水深数尺，城市可以行舟。其漂田庐、坏城郭者，害不胜书也。疏泄之方，筹之未审矣。馀详大川滦河。

漆河，在府城西门外。源出塞外，土人呼为乌填河。南流入桃林口，名青龙河。经迁安县东，东南流至城西，为漆河。与滦河合流，而入滦州境。自元以来，滦河为害，与漆河俱溢者，什之四矣。

肥如河，府东二十里。亦名濡河。源出口北，流径部落岭，又西流入于漆河。《志》云：肥如水，在府北十二里，初由上水关入城，绕出下水关注漆。数经水患，乃塞上关，堰水由北城外西行，南流而入漆水。或曰即滦河之支流，《水经注》所云小濡水是也。又沮水，在府北，源出塞外，自迁安县冷口关流入境。有大小二沮水，下流相合，入于滦河。一名卢水。旧《志》：阳乐水西南入于沮水，谓之阳口云。

卢龙塞，《通典》：在平州城西北二百里。《水经注》：濡水东南径卢龙塞，塞道自无终县东出度濡水，向林兰陉，东至青陉。卢龙之险，峻阪萦折，故有九峥之名。又有卢龙城，魏武征蹋顿时所筑也。《后汉纪》建安十一年，曹操征乌桓，出卢龙塞，堑山堙谷五百余里。后人亦谓之长堑。东晋永和五年，后赵石遵篡立，燕慕容霸劝其主隽乘乱进取。隽曰：邺中虽乱，邓恒据乐安，兵强粮足，今若伐赵，东道不可由也。当由卢龙，卢龙山径险狭，彼乘高断要，首尾为患，将若之何？霸曰：今东出徒河，潜趋令支，出其不意，乐安势必震骇，无暇御我，我可安步而前矣。隽因使霸自东道出徒河，慕舆于自西道出蠵蝓塞，隽自中道出卢龙以伐赵。十年，慕容隽遣将步浑治卢龙道，焚刊木石，令通方轨，刻石岭上，以纪事功。太元二十一年，拓跋珪攻围后燕主慕容宝于中山，慕容会自龙城遣将库傉官伟等赴援，顿卢龙近百日不进。后魏孝昌初，杜洛周反于上谷。幽州刺史常景等讨之，自卢龙塞至军都关，皆置兵守险。高齐天保四年，自将伐契丹，至平州，从西道趋长堑，即卢龙也。隋开皇三年，幽州总管阴寿出卢龙塞，击高保宁于营州。保宁走死。宋宣和五年，辽萧幹初自燕京亡走奚王府，称奚帝。旋出卢龙岭，攻破景州。景州，即蓟州遵化县也。《一统志》：今府西一百九里，有卢龙镇，土色黑，山似龙形，即古卢龙塞云。

桃林口关，府北六十里，桃林山口也。控临边塞，屹为要地。洪武十三年，故元平章完者不花入桃林口，寇永平，官军败却之。其南十里曰桃林营，营东二十里有燕河。营西南去府五十里皆有小城，军士顿舍于此。《边略》：桃林口北十四里有梳头崖，亦汛守要地。自口以东曰梧桐谷、重谷等口，皆筑城置戍处也。又刘家营，在府北五十里，西至迁安县亦五十里，有城，为戍守要地。

青山口，在府北，桃林口东第四关口也。东北至抚宁界界岭口二十里，西南至潘家庄十五里，东南至抚宁县界台头营二十五里，为戍守要地。《志》云：青山口而南，有青山营。其东有乾涧儿、东胜等寨，又东即界岭营矣。《边略》：青山口北二十里，曰三岭沟。又北八里，曰初子谷。皆戍守处也。〇罗汉洞关，西接青山口，东连界岭关，有小城，为戍守要地。隆庆初，蒙古土蛮入沙岭罗汉洞，大掠郡境，即此。沙岭，在迁安县冷口关外。

安山堡，府北三十里。其相近者，曰松崖堡。又府西二十里，有安河堡驿，道所经也。又西十里，曰赤峰堡。府东三十里，曰新罗寨。又东五里，曰双望堡。嘉靖三十八年，蒙古入犯，至双望堡，即此。以上皆民堡也。

滦河驿。府南二里。又卢峰口驿，旧在府东六十里，接抚宁县之卢峰山。今见抚宁县。又东关递运所，旧在府东二里，今并于滦河驿。〇十八里铺，在府东。建文四年，辽东兵攻永平，燕将谷祥过小河，拒却之于十八里铺。小河，即漆水也。

〇迁安县，府西北四十里。西至遵化州百七十里，西南至遵化州丰润县百四十里。汉令支县地。辽太祖侨置安喜县于故令支县。金大定七年，更名迁安县。元至元二年，省入卢龙县。寻复置，属永平路。今城周五里，有门四。编户二十九里。

万军城，县东三十里。山岩突起，顶有土城，周围二百余步。中有将台遗址，相传唐太宗征高丽，尝驻军于此。今名帐房山。又县北二十里，有龙纪城，周二百余步。县北四十里，又有杨买驴城，周五百步。《城冢记》云：俱辽圣宗时萧太后所造。杨买驴，辽臣姓名，司营筑之事者。

黄台山，县西南三里。山多黄土，其状如台，滦水径其下。又西南十二里，曰龙泉山。山腰有泉，亦曰圣泉。〇佛儿峪山，在县西南十七里。其西曰栖峰，北曰芝麻岭。又西南二十五里，为松汀山，高六十余丈，巉岩壁立，峙沙河中，山腰有三洞，每洞可容二百人。土人结筏缚梯而上，以避兵。

要孤山，县东北三里。四无连属，屹然独峙。下有三里河，南流入滦水。又县东二十里有晒甲山，相传李广守右北平，曾驻师于此。○蟠山，在县东北十五里，以山形蜿蜒而名。产铁，旧有冶。

贯头山，县西三十五里。三峰连属如珠，巉岩苍翠。其西曰平顶山，上有地一顷馀，可容万人。其南为四角、牛心诸山，连属不绝。○黄山，在县西五十里，横亘十余里，峻险可避兵。魏收《志》肥如县有黄山。魏主濬太安三年，将东巡，诏起行宫于辽西黄山。明年，如广宁温泉宫，遂巡平州，至黄山宫。疑即此山也。下有灰窑峪，一名乾糕峪，有旧关寨遗址。又西为崖儿山，入遵化境。

尖山，县西北五十里。群峰攒列，顶有石寨，环以二泉。其南有赤岭，有泉出焉，亦曰赤崖泉，即沙河之源也。又南为血石岭，石河出焉，经县西三十里入于沙河。○太平山，在县西北六十里，有太平营。南北两山，去营二里许，滦河回绕，凭高可眺。又西北十里为银矿山，其相接者曰鹞鹰崖，谷口仅容两马。又西北十余里有小黑、大黑诸山，参差鳞立。至县西北百十里，曰十八盘，其间山谷崎岖，回环旋转，皆隘口所凭也。

九山，县西北百里。下有九泉，会流入于滦水。或曰以山有九叠，因名。旁有洞如团，盖容数百人。又西数十里为望龙冈，连嶂凡十余里。又有黄崖，有矿洞，产银砂，下临滦水。

景山，县西北百二十里，高八里。旧有二名，南曰明山，北曰阴山。《郡志》：山北为鹿儿岭，滦阳驿置于此。岭东为三屯镇城。嘉靖初，帅臣马永建诸葛武侯及泰山寺于山上，易名景忠山。远近祈祷踵至，因设官收税，以充抚赏之费。

都山，县北百五十里。高三十里，周倍之。一名马都山。唐开元二十一年，郭英杰与契丹战于此，败死。《志》云：山高寒耸秀，其水中分，东归渝，西归滦而入海，为卢龙之镇。山上多材木，采之可备器用。都山之西，峰峦相属者，曰荞麦山。○勒马山，在县西北百七十里澈河之阴。万历中，帅臣戚继光改名寿星山。东有五老台、莲花峰，西有平台，昔人避兵寨也。其南十五里为六宝山，产银矿，徒走集于此。又三十二窟山，在县西北百八十里，袤五十里，高七八里，盘折而上。郭造卿曰：辽泽州有神山、九宫、石子岭，此山可以当之，因改名泽高山。

分水岭，县东南二十里。滦水径其西，漆水径其东，因名。其南与卢龙分界。又牵马岭，在县西北八十里，陡峻难越，行者恒牵马而过，因名。《志》云：县西北五十里有长岭峰二峰，南北夹峙，通道所经，下有公馆。

滦河，在县城西。自遵化州流经团亭关，诸川皆流合焉。入县境至城下，转而东南入卢龙县界。每遇泛溢，县辄被其害。○澈河，在县西北百里，源出口外，有三源并导。雨溢则深广，晴则浅涸，合流入遵化界龙井关。一名强河，以波流汹涌也。至赵家庄南二里，合于滦河。赵家庄，《志》云：在县西北七十里。又恒河，在县西北百十里，源出塞外。流经三屯城北，又东南流，合于滦河。县西北九十里，又有长河，合口外诸川，亦南入于滦河。《志》云：长河，即《水经注》之黄雒水也。又青龙河，在县东北十七里，自塞外流入桃林口，又南径县界，即漆河之上源。

沙河，县西北四十里。源出尖山南，流合于石河。又南汇山溪诸水，经沙河驿，入滦州界。又还乡河，在县西北七十里，汇诸山溪之水，流径县西。一云源出黄山西南，流入丰润县界，为浭水之上源。成化十七年，议者欲于丰润还乡河，通漕永平。是也。又馆水，出县西南三十里之馆山，入滦州界。

刘家口关，县东北五十里。东接卢龙县之桃林口关，凡四口，路出大宁，最为襟要。明建文初，燕王驻永平，谋并大宁。诸将曰：攻大宁，必道松亭关，关门险塞，恐难猝下。燕王曰：今从刘家口，径趣大宁，不数日可达，大宁拔，松亭自溃矣。遂引兵自刘家口而北，大宁果下。嘉靖三十六年，蒙古犯泠口，转攻刘家口。官兵败绩，遂陷桃林营，大掠县境及卢龙之双望堡。《志》云：关西南十里有刘家营，东南十里有孤窑儿峪，俱筑城戍守。松亭关，见前遵化州。

泠口关，县北七十里。明初，三卫贡道由泠口入。有关城。关内三十里，曰建昌营。嘉靖十年，三卫部长阿堆哈利出，数杀掠建昌及喜峰口太平寨一带。关为控御要地，自建昌营而东，至燕河营五十里，西至太平寨六十里。口外十五里，曰挝角山，又北二十里曰黄岳山，又北二十里曰逃军山。又有擦都岭，在关西北二十八里，其北十四里曰龙王庙。相近者曰奚河川、沙岭、小盐场诸处，皆贼巢也。《志》云：东方多事，泠口常为出入之冲，备御最切。〇河流口关，泠口东第一关也。嘉靖三十六年，蒙古把都儿入犯，陷河流口，寻引去。即此。又东曰徐流口关，与刘家口关相接，其南有徐流营，俱筑小城戍守。

擦牙子关，县东北七十里，有关城。景泰中，朵颜尝挟赏于此。《边略》：擦牙关西北二十里，曰单家岭。又西北十五里，曰白石山。又北三十五里，曰峨石谷，与靴儿岭相接，其间有瓦窑川。俱戍守要地。〇新开岭关，擦牙子东第二关口也。又东曰五重安关，关南有五重安营，又东南曰白杨谷关，亦曰白羊口，俱有小城戍守。《边略》云：白杨口，有县北三十里，又北三十里曰五指崖。又北曰白土岭、栲栳山、菉豆谷，相去各十里。其栲栳山相接处，地名省祭，贼巢也。由白杨谷而东，曰白道子关、石门子关，而接于泠口关。《郡志》：石门子关东去建昌营二十余里，东鳌山北，其门天成，高七十余丈。

榆木岭关，县西北七十五里，有关城。其西接青山口。《边略》云：

青山口东第一关也。东南十里有青山营，又东为烂柴沟、大岭寨等口，俱有城戍守。自关而北五十二里，曰靴儿岭。又北四十里，曰乾河川。近都山西麓，又有古城岭，亦在口北二十里。皆沿边守御处。〇城子岭关，在县西北九十三里，《边略》云：青山口东第四关也。关内三十里有太平寨，亦曰太平营。嘉靖十年，三卫部长导北部入寇，犯太平寨，官军拒却之。自城子岭而东，即擦牙子关矣。《郡志》：城子岭西南去榆木岭二十里，其间山岭崎岖，所谓十八盘也。

青山口关，县西北九十里，此县境之青山口也。西接遵化州境之大喜峰口。凡七关口，相距六十里。嘉靖二十一年，三卫部长导北部入犯青山口。又万历初，朵颜长昂犯喜峰口，戚继光勒兵出青山，败却之。《郡志》：大青山关，在太平寨西六十里，迤西有横山，其北即遵化接境之董家口也。又西转北出三里许，为游乡山。又西五里为胜岭寨，又西为女山，山峻拔。其西为铁门关，关外有大潭，即喜峰水之源也。〇铁门关，在县西北百里。距关二里，即遵化州界之李家谷口。《郡志》：关南十五里为窟窿山，山多洞穴，高与铁门关齐。自洞口而西十里，为西山岭，即喜峰古松亭山也。南行二十里，曰小喜峰。又西南三里，曰老子谷，下为团亭寨，滦水由此流入境。隔滦水而西，为楼子山。又南十里，为平山。此皆与遵化相出入处也。

三屯营，县西北百二十里。景山之北城，周四里。《边略》云：营西北至喜峰口六十里，西至遵化亦六十里。旧为遵化县忠义中卫戍守。景泰中，敕征东大将军驻此，以备三卫。其地与遵化州接境。又车前营，在县西北百五十里，东北去遵化州界潘家口二十五里，旧名汉儿庄。《郡志》云：辽人以南人为汉儿，置馆于此，设官司之。金人谓之孩儿庄。承安三年，升为滦阳县，属惠州。寻罢。元人仍谓之汉儿城。明初，置营于此。隆庆初，为三屯车营兵驻顿处，因改今名。又车后营，在县西北百六十里，南至三屯营四十里，西南至汉儿庄三十里，东北去喜峰口二十里。旧名滦阳营,《郡志》谓即辽所置滦河县也。县属泽州,金废。明初置滦阳营于此。隆庆初,亦为三屯车营兵驻顿处,改今名。二营皆有土城戍守。《边录》:遵化北七十里至滦阳驿,又五十里至富民驿。滦阳,即车后营矣。富民驿,详见大宁卫会州城。○建昌营,在县北四十里,营城周四里。其东十五里,即徐流营也。

七家岭驿。县南五十里。其地有七家岭,因名。相近者曰枣村河,为往来之要道。《舆程记》:自府城西滦河驿六十里,至七家岭驿。又七十里,即丰润县之义丰驿。○沙河驿,在县南十五里,有民堡。又县西六十里,有新店堡。西北六十里,有罗家堡。皆民堡也。又新店递运所,旧在县西六十里。《志》云:县东北四十里,曰孤庄。又东北五十里,曰河南大寨。皆有公馆,为往来孔道。

○抚宁县,府东八十里。南至昌黎县四十里,东至辽东广宁前屯卫百七十里。汉临渝县地。后汉省。辽置新安镇于此。金大定末,改置抚宁县。元至元初,省入昌黎县。寻复置,属永平路。今编户十七里。

抚宁城,《志》云:县旧治此。明洪武十三年,徙治县东北兔耳山东。永乐三年,于故县治置抚宁卫。成化三年,议者请复县于旧治,乃于卫东立县,合为一城,即今治也。城周六里有奇,有门四。

临渝城,在县东北。汉县,属辽西郡。后汉因之。晋省县,而城如故。义熙十年,北燕褚匡言于其主跋曰:章武临海,舟楫可通,出于辽西临渝。谓此也。隋开皇初,营州刺史高保宁与突厥沙钵略,合军攻陷临渝镇。大业中,置临渝宫于此。十年,复议伐高丽,自涿郡幸临渝。是也。《隋志》:北平郡卢龙县有临渝宫。盖于故城置宫云。○骊成废县,在县南,汉置县于此。后汉省县入临渝。

五花城,县东百里。山海卫治西南,其城连环五座,若五花然,相传唐太宗征辽时筑。《志》云:县东有大人城。唐贞观十八年,议伐辽,北输粟于营州，东输粟于古大人城。是也。或以为城盖秦始皇所筑。又洋河城，《郡志》云：在县东南十五里，方圆六里。又有山西城，在县西南五十里。皆唐太宗征辽时所筑。未详所据。

临渝山，县东南三十里。峰峦崛起，高千余仞，下临渝河。汉以此名县，隋临渝宫亦以山名。其相接者，曰连峰山，渝水径其西入于海。山之东有双峰并峙，因名。○云峰山，在县东北五里，有数峰相属，绵亘如云。又横山，在县东五里，山势横亘，如屏障然。又紫荆山，在县南二里，下临洋河。麓有立石，状如妇人。魏收《志》海阳县有横山、新妇山，即此二山也。

兔耳山，县西七里。有双峰耸峙，如兔耳然。绝顶有潭，云气常蒙其上。微径屈曲，盘折而登，上平广，容数万人。宋宣和五年，张觳以平州来归，败金将阇毋于兔耳山。明建文二年，燕将谷祥败辽兵于部落岭，遂克兔耳山寨，即此。又卢峰山，在县西十五里，旧置驿于此，曰卢峰驿。今移驿入城，有卢峰铺。又熊山，在县西北四十里。山之阳，曰白塔庄，旧产金。又西接卢龙县界。○雕崖山，在县西北三十里，怪石耸立，旁峰平漫。其东北面卓立如削，因险为寨，周里许，昔时避兵处也。《志》云：山在台头营北。营南有刀崖，顶平可容千余人，惟北面有微径可陟，号为绝险。又西北五里，有滴水崖，高千丈。旁为麻塔谷，山腰有石洞，中有泉。崖西五里为半壁山，险绝，有避兵寨。《志》云：县西北五十里，有栲栳山，旁为东胜寨。又西北二十里，为将台山，连界岭关，亦高峻可避兵。

天马山，县北二十里。本名马头崖。巉岩突兀，如控马首于云霄。三伏常有积雪。隆庆初，蒙古土蛮入犯，邑人多避兵于此。万历中，改今名。又茶芽山，在县东北二十里，一名八角山。又九花崖，顶有洞，泉出其中，谓之圣水。又东北十里，曰羊角山，高峻，有小城，仅容三四百人，土人谓之南寨。又东北五里，为塔子山，上有砖浮图，名女儿塔。隆庆初，边寇犯境，邑人多避兵于此。今有垒，周里余。又偏顶山，在县东北二十五里，高插云霄。山半平漫半顷，可耕植，号平台。隆庆初，居民避兵于此，亦得免，皆东方保障也。

裂头山，县东北九十里。群山环绕，一峰高耸，顶有数尖，因名。亦曰前裂头山。迤东有七峰相连，极东而尖出者，为后裂头山。又石门山，在县东北百里，东西环亘，蹊径扼厄塞，亦曰石门峡。相传汉公孙瓒败乌桓处。其西曰蕉果山，山前为傍山崖，内平外险。隆庆初，北虏黄台吉犯边，自此逸去。帅臣戚继光伏兵邀之，斩获无算。又西北有房山，亦高峻可避兵。其相接者，曰溥塘山，中空峒，下临渟渊。又南为团云山，一名云蒙山，以山高接云也。《郡志》：云蒙山，亦在县东北九十里。

角山，在山海关北六里。有前后二山，相距二十里。其脉自居庸古北、喜峰诸山而东，绵亘千里。至此，耸峙如角，长城枕其上，为蓟、辽二镇边界。山口有角山关，筑城置戍处也。又两山之间有三峦山，溪涧深阻。又西为拦马山，高耸壁立，马不能前，有小径，戍者多由此窜逸。《志》云：县东北九十里，又有玉旺山。嘉靖三十六年，尝产银矿，命官采取，寻罢。亦名玉旺峪。或以为即黄獐谷也。唐显庆五年，曹仁师等讨契丹，军至黄獐谷，敌诈退，老弱迎降。仁师等轻进军，遂大败。○孤山，在山海关南六里，屹然独立，俯临大海，四面皆水，称为奇胜。《志》云：关南十里为瀰儿海口关。东六里为欢喜岭，一名恓惶岭，言戍辽者去而悲，还而喜也。关东八里海中有望夫石，俗名姜女坟。又有秦皇岛，在关西南二十五里，四面皆水，岛居其中，相传秦始皇曾驻跸于此。《志》云：秦皇岛在县东三十里。

黄崖山，县东北五十里。高十里，陡峻崎岖。山半有舍身崖，深三、四十丈，石径仅可容足。又茶盆山，在县东北百里石门之北，峰高万仞，陵峦杳深。旧《志》曰：即箭笴岭也。五代唐同光二年，契丹阿保机袭叛

奚军于箭笴山。宋宣和五年，辽臣奚回离保据箭笴山，称奚帝，金人击平
之。《辽史》迁州有箭笴山，是也。其南去苇子峪十余里，俗呼背牛顶，
以山后有石如牛云。○冯家山，县东南二十五里。两峰并峙，结寨其上，
极险峻。一名对嘴崖。又牛头崖，在县东三十里，形似牛头，海军侦探戍
守，往往驻泊于此，即牛头崖营也。迤东为望海冈，登此可以望海。又金
山嘴岛，在县东南四十五里，山如鸟嘴，半入于海。今设军戍守。○银峒
峪，在县西南四十里，旧出银矿，因名。

海，县东南六十里。县介山海之间，地势完固，因置关以扼其要
道。《志》云：海自直沽新桥赤洋而东，势渐北转，抵辽境，为登、莱、
金、复一带海面。昔时运道抵关城南十里，今虽废，而馀迹犹存。又戴家
河海口，在县东南四十里。崇桢中，由海运馈山海关，此为储积之地，并
置戍守于此。东去金山嘴二十里。

渝河，县东二十里。源出塞外废瑞州境，东南流至连峰山西。一名
狮子河。出菱、芡、蒲、鱼，为民利。亦名泥蒲河。又南入于海。《汉志》：
渝水首受白狼水。《水经注》：白狼水经黄龙城西，又东北出，东流为二
水，右水疑即渝水也。西南循山径一故城西，世以为河连城，当即临渝故
城矣。渝关之称以关，据河为险也。

阳河，县西一里。源出口外别陀山。一云县北三十五里有星星峪，
即阳河之源也。口北群川多汇流于此，南流径县西，又东南历紫荆山下，
复南流，而入于海。○温河，在县东五十里，源出口外孤石峪，旁有温泉
堡。裂头诸山之水，汇流于此，分为二支，西曰汤河，东曰张果老河。下
流复合，而入于海。

石河，在山海关西三里。源出口外，自义院口流入，旁多丛石，水流
石罅中，褰裳可涉。秋潦涨急，险不可履。南流注于海。

山海关，县东百里。本名渝关，自古为戍守重地。《一统志》：今县

东二十里,有渝关。明初,魏国公徐达始徒而东去旧关六十里,谓之山海关。或曰:辽金时,以渝关为腹里地,故址渐湮。今县东二十里之渝关,乃其驿递之所,因渝关旧名耳。明初,修复故关,增置屯营。其于金元时之渝关,仍置邮驿。今关盖汉唐旧址,非明创建也。郭造卿曰:山海关,即故元迁民镇。元天历初,屡发兵戍守迁民镇,寻又发平、滦民暂迁民镇,既而上都兵自辽东入迁民镇,其地险在此也。据《北番地理书》,迁州治迁民县,在临渝关东五十里,南至海二十里。今关城甃以砖石,高四丈有奇,周八里有奇,月城二,水关三,门四。有池环之,东面又有夹池、罗城,恃为险固。馀详重险渝关。

明垞关,旧《志》云:在县北。《唐会要》:平州有明垞关,与临渝关并为险要。今关道榛塞,渝关独当东面之冲。〇南海口关,在山海关南十里,滨海。天启二年,增设龙武营于此。《志》云:南海口东五里,曰老龙头,极冲也。自南海口而西三十里,曰秦皇岛。又西十里,曰白塔岭。皆滨海要地,设兵戍守。又有南水关,在山海关南二里。

义院口关,县北四十五里。其西南十二里,曰石乔谷。又南十三里,曰石门寨。东八里为长谷营,皆有小城戍守。《边略》:义院口北九十里,地名常海,贼巢也。又北二十八里,曰三坌口。又北三十五里,曰红草沟。景泰中,朵颜来犯县北之车渠庄,官军击败之于红草沟。是也。〇水门寺关,义院口东第四关口也。《志》云:水门寺迤北为平顶谷城、子谷等关,而东接董家口关。又老岭在旧边外,山陡险,难修边墙。万历初,设敌台于此。《志》云:老岭在长谷口外二十余里。

界岭口关,县北七十里。其东南十里,曰双岭儿。又南十里,曰郭家庄。又十里即台头营也。嘉靖三十七年,土蛮犯界岭口,官军拒却之。今有关城,为戍守要地。《边略》:界岭口东十五里,曰十八盘岭。又东三十五里,曰牛心山,去义院口三十里。又口北十八里,为梨花山。又北六十里，为茨儿山。又北三十里，曰红石岭。皆朔骑出没处也。○箭捍岭关，在县北，界岭口东第一关口也。又东接双岔谷、星星谷等关。又苇子谷关，界岭口东第四关口也。又东历细谷口、花场谷、拿子谷等关，而接义院口。皆有小城，为戍守要地。

董家口关，县东北七十里。关之东，曰大毛山口关。皆筑城戍守。《边略》：董家口北二十六里，曰龙潭。又北十五里，曰横岭。又北五十五里，为十字河。又五十五里，曰长岭。又北五十五里，曰大卤场。三卫侵轶，往往出没于此。○小毛山口关，董家口东第三口也。又东曰小河口，又东曰大青山口，又东南曰黄土岭关。其西有黄土岭营，又历庙山等口，而至一片石关。《志》云：黄土岭关，在县东北百二十里。

一片石关，县东七十里，董家口东第十二关口也。一名九门水口。有关城。其北三十余里，曰大小尖山。又北三十余里，曰大小横岭。自大横岭而北五十余里，曰平漫川。又十五里，有孤山。自孤山至辽东界三山营四十里，南去一片石凡百六十里。嘉靖三十九年，朵颜卫影克勾致把都儿犯一片石，戍将郭琥败却之。近代一片石、红草沟一带，屡被冲突，防守最切。《边防考》：一片石西有铁鹿崖，称为险处。又自一片石南至山海关，凡历五关，曰寺儿谷、三道关、角山关、旱门关、北水关、三道关。南去山海关，北至一片石，各二十里。其相近者，又有乱石关。诸关皆有小城戍守，东面多事，步步皆险矣。

台头营，县西北三十里。西至卢龙县燕河营三十里，东至李家庄二十七里。又平山营，在县东北四十里，西至李家庄三十里，东至石门寨三十里。又七星寨，在山海西十里，俱筑城置兵于此。○附马寨营，在县北五十里，亦有小城戍守。又甘泉堡，在县东北，西接星星谷关。又东有温泉堡。

牛头营，在县东牛头崖口。《志》云：营在望海冈西，营西北有满井，随汲随满，大旱亦然。营之西南，即连峰山也。又蒲河营，在县南六十里蒲河海口，东至戴家河四十里，为海口要冲，近设官军戍守。

马头嶷寨。县北二十里。又北十里，曰羊角山寨。县西四十里，又有鹁鸪堂寨。西北三十里，曰雕崖堡。东三十里，曰塔子山堡。南三十里，曰兔嘴岩寨。皆民堡也。○卢峰口驿，在县城西。又渝关马驿，在县东四十里。迁安马驿，在山海关城西。永乐初，自迁安县移于此，属永平府。又县治东南，有西关递运所。山海卫治东北，有东关递运所。

○昌黎县，府东南八十里。东北至抚宁县四十里，西南至乐亭县九十里。汉置交黎县，属辽西郡。后汉改曰昌黎，其地在今废营州境。唐时在今县界侨置柳城县境。五代梁末，契丹以定州俘户置广宁县于故柳城县，兼置营州邻海军。金皇统二年，废营州，以县属平州。大定二十九年，改为昌黎县。元至元七年，省。十二年，复置，属滦州。寻属永平路。今城周四里，编户二十六里。

絫县城，在县北。汉县，属辽西郡。后汉省入临渝县。文颖曰：絫县有碣石山。又旧《志》云：县西南六十里有静安社，即故柳城郡城，隋唐时亦为柳城治。误也。《新唐志》平州有柳城军，永泰元年置，或即此地。元曰静安社。嘉靖三十一年，置静安堡。

碣石山，县西北二十里。山势穹窿，顶有巨石特出，因名。即《禹贡》导河入海处也。山之西，为道者山。西南为凤凰山，置堡其上，险可避兵。《志》云：县北十五里仙台山，即碣石之顶也。其后曰观音山。台前峰峦层列，曰锯齿山。南去县十里，迤东有岭，曰欢喜岭。以群峰蔽亏，登此可以四望也。台之东，曰龙潭山，去县亦十五里。旧有石磴百余级，隆庆三年，龙毁其半。其东为西五峰，又东曰东五峰，泉壑秀美。盖县境诸山，大抵皆碣石之支阜。四面环列，得名者以数十计，其实皆一山也。馀详见名山碣石。

安山，县西三十里。《志》云：山有避兵堡，饮马河经其下。又驻跸山，在县西五十里。旧《志》云：唐太宗征高丽，还登此。郭造卿曰：疑后魏文成帝尝游此，俗误以为太宗也。○临河岩，在县南八十里。一名阇黎洞。壁立千仞，顶分八字，山腰有洞，逼近深潭，有小径可入，容二百余人。旁又有小穴十余，皆幽胜。又南为磨山，邑人多采石于此，名白石店，下临渝河。

溟海，县东南七十里。海至县界，突然北出七里而嬴，亦曰七里滩。广袤三十余里，有菱、芡、鱼、蟹之利，居民赖焉。《志》云：县南有黑洋河，即海道也。明嘉靖中，议由海道运天津仓米，从黑洋河一带抵昌黎，登岸达山海关，以给辽饷。盖自天津循海岸而东，皆曰黑洋河也。

急流河，在县城西，一名西沙河。源出龙潭山下，流合饮马河入海。○饮马河，在县南五里，源出卢龙县界溪谷中，流经县西安山下，又东流为沙河，至县西十八里，合深江河。又东南流，至县南八里，金人置虹桥跨其上。又南合潮河，而注于海。《志》云：深江河，源出县西北三十里派山下，汇诸水而南，出县西南十二里。又有绕湾河，源出县西北五十里茶牙山，绕而南经安山东麓，亦名安山河，东流入饮马河。

柳河，县西二十里。诸山溪之水所汇流也，有柳河桥跨其上。《志》云：凤凰、道者，诸山之水，合为梭头湾，流入柳河，径县西南八里，分流为两河，又东至虹桥，皆会于饮马河。○潮河，在县南二十五里，即县境群川之下流也。汇上源诸水，以达于七里滩。一名马家河。《志》云：县南三十里，又有甜水河，亦流入于七里滩。

蒲泊，县南二十五里。源出县东二十里海眼山，旁近诸山溪之水皆流合焉。历惠民场东南，而入于海。《志》云：蒲泊有盐场，即惠民场也，在县南二十八里。

赤洋营，县东南三十里。有小城，海滨防戍处也。《郡志》：县东南四十里，有沙崖庄海口，东至抚宁县蒲河口七十里，西至野猪口二十五里，又西至胡林河十五里，皆滨海戍防处也。自胡林河西三十里，即乐亭县之刘家墩矣。

裴家庄堡。县东二十里。县西三十里，曰蛤泊堡。六十里，曰莫谷庄堡。南五十里，曰套里堡。六十里，曰石谷庄堡。与静安堡，皆民堡也。○张角庄，在县东北二十里。又县西三十里，有张家店。皆往来孔道，置公馆于此。

附见：

永平卫，在府治南，洪武四年建。又东城左卫，在府治东北，旧属山西行都司。永乐九年，移建于此。又卢龙卫，在永平卫南，永乐四年建。

兴州右屯卫，在迁安县城内。本置于口外大宁境内，永乐三年移建于此。

抚宁卫。在抚宁县北十里，永乐三年建。又山海卫，在山海关城内，洪武十四年所建也。

○滦州，府西南四十里。东至山海关百七十里，南至海百十里，西北至顺天府蓟州三百二十里。

古孤竹国地。战国时属燕。秦属右北平郡。两汉、晋、魏皆因之。隋属平州。唐亦为平州地。五代唐时，契丹分置滦州于此。亦曰永安军。金、元因之。明亦曰滦州，以州治义丰县省入，编户六十七里。领县一。今仍曰滦州。

州控临疆索，翼蔽畿甸，负山滨海，称为形胜。契丹置州于此，所以厚渝关之防，联络营、平，窥觎幽、冀也。其后拱手而取燕云。女真袭其迹，而宋室为之糜烂。呜呼，滦州之置，此亦中外得失之机也欤？

义丰废县，今州治。汉夕阳县地，属右北平郡。晋及后魏因之。高齐省。隋为卢龙县地。唐为石城县地，属平州。五代时，契丹于黄洛古城置义丰县，滦州治焉。金元因之。明初废。《郡县志》：黄洛故城，殷时诸侯国。古《史》：武丁析孤竹之地，封功臣黄洛为侯国。又《辽志》云：黄洛水北出卢龙山，南流入濡水，城因以名。今州城，即辽故址也。明景泰二年，甃以砖石，后相继增修。周四里，有门四。

石城废县，州南八十里。汉置石城县，属右北平郡，在今大宁废卫境。唐贞观十五年，始置临渝县。万岁通天二年，改曰石城县，属平州。五代时，契丹改属滦州。金因之。元至元二年，省。刘昫曰：贞观中，于故临渝城置临渝县。杜佑曰：平州西北至石城县百四十里。似非临渝旧城矣。《辽志》云：唐石城县在滦州南三十里，辽徙置以就盐官，又在故县南五十里。盖迁徙不一，非复旧治也。今开平中屯卫置于此，即辽旧县治。

马城废县，州西南四十里。汉曰夕阳县，有铁官，属右北平郡。后汉省。隋卢龙县地。唐开元二十八年，置县以通水运，仍属平州。《通典》：平州西南至马城百八十里。则旧城又在其西南也。辽亦曰马城县，改属滦州。金因之。元至元四年，省。今有马城堡，在州东南三十里，盖因旧名，非即故城也。《新唐志》：以马城为古海阳，盖夕阳之讹。〇阳乐城，在州东。汉置阳乐县，属辽西郡。后汉为郡治。魏氏《土地记》：海阳县西北有阳乐城。是也。或曰阳乐在大宁废卫境，后魏迁治于此，亦属辽西郡。东魏省入海阳县。

横山，州北四里。耸列如屏。州人凿其崖以达府，为往来捷径。东麓临滦河，石立水激，有潭极深，号偏凉汀。正德十三年，车驾东巡，观渔于此。《志》云：偏凉汀，旧漕运泊舟处也。悬崖有径，亦正德中所凿。

后拥榆山，宛如重屏。前二里为紫金山，亦耸秀，以产赤石脂而名。《郡志》云：紫金山，在州北三里，背横面岩，襟滦带沂，州之胜也。○岩山，在州南五里，状如虎踞，其东绝壁百仞。有洞十有八，其三洞最大而深，在绝壁间，攀缘莫上。下有石桥，一郡水口也。西六里有蚕箔等峪，又西有马鞍诸山，联络数十里。

双山，县西十五里。小沂水经其下，入大沂水。稍北有拐头山。正德十三年，驾观鱼于沂河，尝幸其岭。又有土山，在州西三十里。又西五里，曰洞山。洞深黝，大雨迅骤，能容数里湍，亦名吞流山。又西三十余里，有九里长山，林果茂密，其上为天井峪，深险可避兵。

清凉山，州西北五十里。一名分水岭，与卢龙迁安分界。层岩叠嶂，奇胜不一。又西北二十里，曰偏山，洞谷逶迤，草木丛茂，土厚居繁，有榛、栗、枣、梨之利。山南五里曰下五岭，北五里曰上五岭，益引而北，峰峦环绕，非亭午不见日也。

海州，南百三十里。亦谓之潮河。海水荡瀁，延漫百余里，即黑洋海口也。州境群川，悉由此入海。南望天津，东望山海，为州境之巨防。《志》云：潮河东二十里，有蚕丛口，一名林里河，亦曰交流河，旧时海运多避风于此。

滦河，州东二里。自卢龙县流入境，又东过乐亭县，入于海。《元史》：泰定二年，永平路屯田总管言：马城东北五里张家庄龙湾头，旧筑堤以防滦水，西南达清水河，至州南九十里公安桥，皆耕屯地分。因霖雨不时，滦水冲溢，宜复修治。从之。盖滦水合众流而入州境，决溢常不免矣。

清水河，州南二十里。其上流为龙溪河，出州南八里之暖泉，流数里而伏，二源并导。一出州东南二十里南闸头，经乐亭县绿洋口入海。一出州西南二十七里龙塘桥，至蚕沙口入海。《郡志》：清河出州西十五里墓子山，一名五子洞。伏而复出，相传即秦汉时漕运故渠。元时海运，自辽东三岔河分三道：一由天津径白河至通州；一由娘娘宫经粮运河，至蓟州；一由芦台经黑洋河、蚕沙口、清河，至滦州。明洪武八年，颍川侯傅友德言：永平运道由鸦洪桥而东，道里远，宜通清河、滦河故道。于是诏浚旧渠，置闸潴水，以通漕运，北合滦河，达于府城，自府城而北，以达于滦阳营。寻废。万历初，议行海运。言者欲自州东十八里滦河西岸王家闸，引滦水入清河，导入王冢坨，再导使由艾家清沟下接靳家河，通交流河，七十里入黑洋海口。由海中三十里，至建河海口，四十里至堂儿上海口，又四十里则大沽海口也。出口入通州运粮白河，又百里则天津卫矣。不果行。蚕沙口，即蚕丛口矣。鸦洪桥，见丰润县。

沂河，州西十二里。《志》云：大沂河源出卢龙县界马家庄，西南流，径州西北二十二里之佛住山，又南合于小沂河。小沂河出州西北二十三里之烽火山，东南流经双山下，又南六里，合大沂河，至州西南三十里，合董家湾。东南流，经州西南十二里之芹莱山，又南合莲台港，下流入于清河。

陷河，州南五十里。源出州西南五十里于家泊。汇大小群川，至蚕丛口入海。又州西南八十里为靳家河，一名小青龙河，亦汇众流达潮河以入海。〇陡河，在州西百二十里，其上源曰馆河，自迁安县流入界，经偏山南流合众水，又西入丰润县界，合于庚水。又沙河，在州西南九十里，亦自迁安县流入界，至此播为大水泊，又西为小水泊，又西入丰润县界。成化十七年，管粮郎中郑廉，请自丰润还乡河通漕永平。说者谓由榆水还乡河，东导陡河抵沙河，通陷河，而及清滦，即运道所经也。庚水非滦所通，沙河淤烂，溢涸不时，所以随行随止。

横河，州北七里。自卢龙县流入界，绕横山之麓，因名。又有别故河，在州西北二里，发源州西北庙儿山，东南流，过岩山下。又五里河，在州南五里，发源州西刘官营，东流经岩山下，与别故河合，下流俱注于滦河。又古憧河，《志》云：在州南四十里，又南合大田泊诸水，汇于清河，达绿洋入海。

长春淀，在废石城县西。《志》云：在州西南百二十里，旧名大定淀。金大定二十年，改曰长春。有长春行宫，亦金时所建也。《辽志》：州西北十五里，有扶苏泉，昔秦太子扶苏北筑长城，尝驻此。盖传讹也。泉甚甘美，亦曰甘泉。

长春宫，在长春淀，本名石城行宫。金大定二十年，如石城县，改行宫为长春宫。以后尝为巡游之所。又有丹阳宫，旧《志》云：在州东南三十里。州东八里又有濯清亭，在滦河西岸。皆金置。

榛子镇，州西九十里，近丰润县境。金大定初，世宗乌禄自辽阳趋燕京，次海滨县，寻至榛子镇，即此。今为民堡。万历中，移置巡司于此。又李家庄，在州南四十里。又南十里，曰柏家庄，一名淳风屯。又南四十里，曰独莫城，城南有大田泊。皆有土城旧址。又俫城，在州西南六十里。州西百二十里，又有桃李城，亦曰长春社。州西南百二十里，为唐山城，亦曰姚头社。《志》云：元立屯田总管府于马城县，诸城皆屯兵所居。今因为村社。海滨，在辽东前屯卫。○佛庄堡，在州西四十里。又州西南八十里，有司家庄。皆民堡也。《志》云：州南百十里滨海，有马头营，旧为戍守处。海运时，尝置仓于此。

温泉栅，在废石城县东北，旧为戍守处。唐广德初，史朝义既败，欲北走奚、契丹，至温泉栅，追兵及之，穷蹙自缢处也。○千金冶，在废马城县东北，旧为冶铸处。《汉志》：夕阳有铁官。《新唐书》：马城县有千金冶。《名胜志》：冶在滦州南二十里，即旧夕阳铁官也。《新唐志》：马城县东又有茂乡镇城。《州志》云：古城在州西七里。又擂鼓台，在州西百里松梁社。或以为汉武台，唐太宗尝登此。恐误。又有将台，在州西八十五里康庄屯，下有黄崖河，或以为料马台也。

济民盐场。在州西南。《志》云：府境有盐场四，俱属于户部分司。一曰济民场，距分司七十里，南滨海，东极潮河，接石碑盐场，西跨运河，连丰润县越支场，亘百三十五里。一曰石碑盐场，在济民东七十里，距分司百四十里，在今乐亭县西，南滨海，亘百七十里。一曰惠民盐场，在石碑东百五十里，距分司二百九十里，在抚宁县西南，南滨海，亘二百二十里。一曰归化盐场，在惠民东南百四十里，距分司四百五十里，南滨海，东抵山海关，亘二百里。皆产盐，属于分司，而统于长芦盐运司。分司署，在府城内也。

○乐亭县，州东南九十里。北至府城一百二十里，东北至昌黎县九十里。唐马城县地。金大定末，置乐亭县，属滦州。元初置漠州治此。州寻废，县仍属滦州。今县城周三里，编户二十七里。

祥云岛，县西南四十里，迫近海滨。岛中时有瑞云涌出，因名。又有李家岛，亦在县西南海滨。其相近者曰桑坨岛。《志》云：县虽无山，而地势原衍，胎甲隐窿，河流环绕，俯临大海，称为沃野。

月坨，在县西南，形如半月。《志》云：自绿洋沟入海四十里，即月坨也。在巨浸中，广数十顷，其间草木繁植，雉兔充斥。冰合时，居民尝射猎于此。泮则棹艇樵采，为利甚厚。又十九坨，在月坨东，大数十顷，饶给与月坨相似，一名石臼坨。相传漕运时，店市民居也。旧《志》：滦人以平坡而蓄水者，曰坨。

海，县南三十里。亦曰溟海。《志》云：海水青黑，而滦河水色清碧，入海五十里不淆，亦曰绿洋沟。沟去岸二十里，遥亘如带，中多鳞介之利。郡境群川，悉汇于此。

定流河，县西北三十里，即滦河下流也。《志》云：滦河经县北岳婆港分为二支。一曰葫芦河，在县东北三十里，流径县东二十里，南流入海，谓之东滦河。景泰中淤塞，俗谓之乾滦河。定流河遂独承滦河之水，至县南四十里刘家墩入海。天启以后，海运由天津三百余里，至刘家墩海口入滦河，凡二十五里至银夯柳仓交卸，改用河船，凡百八十里达于永平，时以为便。《志》云：环县有贾家、董家、杜家、宋家、戴家等河，俱滦之支流也。又有萧家湾，在县西南三里，翟家湾，在县东北三里，滦河及支川之水，潴流于此，水涨则流，达于滦河。

中淀河，县东十五里。流经县东南十五里，达四沟港。四围皆水，中有高冈。又南通汤家河，至胡林口河入海。○清河，在县西三十五里，一名西清河。源发州南八里之暖泉，阔二丈许，分流为新寨狼河、介马诸河，抵新桥海口猫儿港入海。《志》云：县西南三十五里有清河套，以夹于清、滦之间而名。

新桥营，县西南三十里，有城周二里。《郡志》：新桥海口旧有巡司。万历二十年，倭犯朝鲜，因设新桥营，与昌黎赤洋营、抚宁牛头崖营，为海口三营，联络巡哨，以为防卫。四十三年，移巡司于榛子镇。《郡志》：滦河口有刘家墩海防营，近时滨海要口也。西至韭菜沟三十五里，又西至清河口二十里，又西至高糜河八里，又西至滦州之蚕沙口四十里，皆有官兵戍守。

曹泊店，县西南五十五里海中。海水咸苦，店有泉独甘冽，渔海者资焉。又有曹马店，在济民场西南入海八十里，有昔时民居故址。

胡家坨堡。县东二十里。又东十里，曰黄瓜口堡。县西北六里，曰连北店堡。西三十里，曰新寨堡。南三十里，曰阎各庄堡。西南三十五里，曰马城堡。皆民堡也。

附见：

开平中屯卫。在滦州西。石城废县旧在口北大宁沙岭，后移真定。永乐初，复移建于此。城周四里，拨遵化卫军守御。

○延庆州,东至四海治一百二十里,南至居庸关五十里,西至保安州沙城界百里,北至云州上谷百三十里。自州治至京师一百八十里,至南京二千九百三十里。

《禹贡》冀州地。春秋、战国皆为燕地。秦属上谷郡。二汉因之。晋及后魏亦为上谷郡地。高齐置北燕州。领长宁、永丰二郡。后周曰燕州。隋初因之。《隋志》:开皇初,二郡俱废,而州如故。大业初州废,改属涿郡。唐初,为高开道所据。武德七年平,亦置北燕州。开道将张金树杀开道来降,因置州,以金树为都督。贞观八年,改置妫州。天宝初,曰妫川郡。治怀戎县,今宣府镇怀来卫也。唐末,又析置儒州于此。五代晋初,契丹得其地,亦曰儒州。又为缙阳军,治缙山县。金皇统初,州废。崇庆初,复置镇州,旋废。元属奉圣州。延祐三年,改置龙庆州。仁宗爱育黎拔力八达生于此也。明初,州废。永乐十一年,复置隆庆州,直隶京师。隆庆初,改曰延庆州,编户十四里。领县一。今仍曰延庆州。改隶山西布政司。

州介于山前后间,由此南瞰居庸,左挠虎北,虎北口在州东二百余里。则燕山失其固矣。若乘辕北向,列滦河之戍谓开平故卫。空漠南之庭,州实咽喉所也。表里关山,拱卫陵寝,岂非郊圻重地哉!

缙山废县,今州治。汉上谷郡居庸县地。唐为妫川县地。唐末,析置缙山为儒州治。契丹因之。金州废,县属德兴府。元至元三年,省入怀来县。五年复置,属奉圣州。延祐三年,改属大都路,寻升县为龙庆州,仍属大都路。明初,州废。永乐中,复置今州。《城邑考》:州城,景泰二年因故址修筑,周四里有奇,万历七年,复展修之。今周五里有奇。

上谷城，在州北。《元和志》：战国燕所置上谷郡城也。《史记·匈奴传》：燕筑长城，自造阳至襄平，置上谷、渔阳、右北平、辽西、辽东郡，以距胡。秦始皇十九年，灭赵。赵公子嘉奔代，自立为代王，与燕合军，军上谷。秦、汉亦为上谷郡地。汉武帝元朔二年，破匈奴，取河南地，亦弃上谷郡之斗僻县造阳地以与胡。韦昭曰：造阳在上谷。杜佑曰：造阳在妫川郡北。《括地志》：上谷郡故城在怀戎县东北百十里。即此城也。近《志》云：城在州西北，去怀来废县北十里。似误。又妫川城，在州西。唐天宝中，分怀戎县置妫川县，属妫川郡。契丹省入缙山县。

隆镇卫城，在州城南。元大德中，指挥使哲言不花所建。政和元年，燕帖木儿奉怀王于大都，与上都相持。隆镇卫将斡都蛮以兵袭上都诸王兵于陀罗台，大败之。陀罗台，或曰即今州治东北之古台也。蚩尤城，在州西南。《志》云：西北去怀来县六十里。杜佑曰：怀戎县北有蚩尤城。又州东北二十里有古城，相传辽萧后所筑。

红门山，州东南二十里。山高三里，有大小红门口，为戌守处。○阪泉山，在州西，相传轩辕与炎帝战于阪泉之野，即此山也。亦曰阪山。又历山，在州西北二十里，形如覆釜，亦曰历阳山。后魏主珪神瑞二年，如广宁，登历山，祀舜庙。又后魏主嗣泰常七年，至广宁，登历山，使使祀舜。时盖以历山即舜所耕处也。广宁，见保安州。

官帽山，州北十八里。状如幞头，与怀来卫大海陀山东西相望。一名东崖山。相近者曰石门山，中有洞，南北通明如门。又擎笏山，在州北二十里，峭拔孤立，状如擎笏。州东北二十五里，又有金刚山，两山对峙，势若相抗。其相近者，曰古城山。

东螺山，州西北三十三里。高七里许，盘回而上。又州西北六十七里，有西螺山。○大翩山，在州北二十五里。相传秦始皇时，王仲为大鸟仙去处，仲即变大篆为隶书者。其相接者，曰小翩山。又佛峪山，在州西北三十里,下有温泉。

八达岭,州南三十里,东南去居庸上关十七里。为往来之冲要。五代周胡峤《陷番记》:自居庸西北入石门关,关路狭隘,一夫可以当百,此中国控扼契丹之险。或以为此即石门关也。元人以此为居庸北口。上有城,设官兵戍守。《山水记》:自八达岭下视居庸关,若建瓴,若窥井,昔人谓居庸之险,不在关城,而在八达岭也。〇横岭,在州南四十七里,当居庸之西北,亦要路也。嘉靖中,俺答由此入犯。今设兵戍守。

妫川,州东十五里。自永宁县流入界,一名东川。宋淳化二年,契丹主隆绪至儒州,猎于东川,即此。西流至怀来城东南,又西流至保安州境,入于桑乾河,俗名清水河。《志》云:妫川即古之阪泉,今名韩家川。与天寿山咫尺,其地可屯十万众,设险处也。

沽河,在州城南。自州东北双营发源,西南流至此,合于溪河。溪河自永宁县团山发源,流经州界,至州城南,合于沽河。西入怀来卫境,合妫川而注于桑乾河。

涧河,州南三十里。源出八达岭。岭东四里有青龙桥,涧河经其下,东南流入居庸关,达昌平州界,入于榆河。〇玉液泉,在州城西南。元时取以造酒,因名。其水西流入清水河。又白马泉,在州北三里,其深莫测,旁为白马村。宋端拱二年,契丹主隆绪至儒州,祭风伯于白马村。是也。

柳沟营,州东南十五里。嘉靖中,筑南山一带土城,东起永宁县东火焰山,西抵保安州东南河合口,置城于此,设兵驻守。其东北沿边一带,曰谎砲儿、韩家口、海子口、柳沟口,皆防御处也。又东南为大小红门口。《边防考》:柳沟城创自隆庆初,周三百十八丈有奇。万历二十四年,复增北关,周百八十五丈有奇。而阎家庄,为缓急守御之要地。

岔道口,州南二十里。《志》云:自八达岭而北,地稍平,五里至岔道，有二路。一自怀来卫保安州，历榆河、土木、鸡鸣三驿至宣府，为西路。一至延庆州永宁卫四海治，为北路。八达岭为居庸之噤吭，岔道又八达之藩篱也。宣德五年，巡边，驻跸岔道。明日，猎于岔道。嘉靖三十年，筑城于此，周二里有奇，与南山联为一边，其地逼临山险，为居庸之外卫。

弘阳镇，州西南三十里。唐武德六年，高开道所部弘阳、统漠二镇来降。或曰二镇盖开道所置。〇统漠镇，在州西南八十里，即高开道所置镇也。《一统志》云：辽主游幸，尝张大幕于此，因名为统幕。诞矣。俗讹为土幕，又为土木。其地与保安州及怀来卫接界，今详见怀来卫。

蟒山寨。州东南二十里蟒山上。山形如蟒头，置寨其巅。又有招帖寨，在州北二十里将军山上，皆昔人据险避兵处。《志》云：州有屯粮堡二，一在城西半里，一在城东二十里，皆元时馈饷储粮之所。

〇**永宁县，**州东三十里，本缙山县地。明永乐十一年，始置今县。十五年，筑城置戍。宣德、嘉靖中，屡经修治，城周六里有奇，编户五里。

团山，县西北十五里。巍然独立，本名独山，县之主山也。《志》云：县西北十里有多景山，亦高秀。又缙阳山，在县北十三里，山下有缙阳泉。一名龙安山。〇双髻山，在县东北二十里，绝顶有双峰并峙，状若髻然。又神仙山，在县东北二十五里，径路崎岖，其上平衍，有神仙寨，相传辽金时所置。

火焰山，县东北百余里，与蓟州边接界。《志》云：山当宣、蓟、昌平之要道，登其巅可以望远。又黑头山，在县东。《志》云：在四海治堡东三十里。嘉靖中，督臣翁万达言：黑头山至密云城不五六十里，若为直垣相属，则密云西南至居庸数百里之边，皆腹里地矣。又高山，在堡北三里，以高耸独峙而名。又堡东南八里，有龙爬山，其东为驴鞍岭。又镇南峰，在堡南三十里。翁万达言：四海治有镇南墩，与蓟州边所属火焰墩接界，仅三里余，筑墙于此，可防寇冲。火焰墩，盖在火焰山上。

大石岭，县东北五十里。又长城岭，在县东九十里。《志》云：县东北十二里有涩石岭，一名塞石岭。又东灰岭，在县东南十五里。县南十二里，又有西灰岭。○红土坡，在县东北二十五里。又有白草坡，在县西北十五里，一名嚼草坡。

妫川，县西十五里。《志》云：源出缙阳山，流经此。上有孤山桥，自县入州之通道也。又县东五里有龙湾河，源亦出缙阳山下，西流会于妫川。《志》云：龙湾河，在县西北十里。

溪河，县西北十三里。源出团山，西南流至州城，南合于沽河。《志》云：县西北二十里，有神仙溪，下流入于溪河。

靖胡堡，县西北二十里，故外境也。嘉靖三十五年，新筑此堡，周二里有奇，北面阻山，东、西、南三面临河，称为险要。其东河沟无边墙可据。为极冲，而马路南楼东水峪墩次焉。边外有黑牛山、乱泉寺、许家冲，属夷驻牧处也。《边防考》：宣府东路参将驻永宁县，分边自四海治至靖胡堡，长百八十里，兼辖怀来卫、保安州一带，城堡凡十有七。而黑牛山、大安山、天圪力等处，层崖叠嶂，林壑深阻，部落往往驻牧其中。

黑汉岭堡，在县东南。嘉靖三十年创筑，周二里有奇。其北有仓、房二口，要冲也。南距天寿山，后有莺窝梁，山险林密，突犯不易。边外曰白塔儿、牛心山，皆属部驻牧。而堡东宁川墩，为拒守处。

周四沟堡，在县北。嘉靖十九年创筑，周二里有奇。其西北有黄土岭、西石河镇口、外山口诸冲。边外则乱泉寺、孤山咸场、虎喇岭诸处，皆外境也。而三垒马道庙儿梁，亦为沿边拒守处。○刘斌堡，在周四沟堡西南，山灰岭等口之喉吭也。万历三十二年，设堡于此，周一里有奇。有擦独口、鲍峪口等冲，而防胡墩、大鸦口，其锁钥处也。

四海治堡。县东百里。元时往来上都,恒取道于此。明天顺八年,创筑城堡,周三里有奇。与靖胡等堡,为宣府东路之冲。有大胜岭、新兴岭、将军岭、长生口诸要口,边外有芍药湾、宝山寺,为属部驻牧处。弘治七年,徙永宁左千户所屯守。嘉靖中,边臣许论言:四海治上通开平大路,下连横岭,为三卫窥伺之地,宣府东路要防也。○黑峪口,在县北,寇冲也。口西为白草窊等处,属夷驻牧于此。

附见:

延庆卫,州东南四十里居庸关口,本名隆庆卫。建文四年,燕王置卫于此。隆庆初,改今名。领左、右、中、前、后五千户所。又有延庆左卫,亦在居庸关,本名隆庆左卫,永乐二年置。宣德五年,移入永宁县。隆庆初,更名。

永宁卫。在永宁县治西,永乐十五年建。

○保安州,东至延庆州垒道口百二十里,西南至山西蔚州二百里,西至蔚州界深井堡百四十里,北至宣府界泥河七十里。自州治至京师三百里,至南京二千七百七十里。

《禹贡》冀州地,春秋、战国时属燕。秦为上谷郡地。两汉因之。晋属广宁郡,亦为上谷郡地。后魏因之。隋为幽州地。唐为妫州地。光启中,置新州于此。幽州帅李匡威表置。后唐为威塞军治。五代梁乾化初,晋王存勖置团练于新州,总山后八军。三年,置威塞军防御使,寻又升为节镇,兼领妫、儒、武三州。石晋纳于契丹,改为奉圣州亦曰武定军。金大安初,升德兴府。元初因之。至元初,复改奉圣州,属宣德府。寻改曰保安州。至元三年,以地震改名。明初废。永乐十三年,复置保安州,编户七里。直隶京师。

州通道燕、云,襟带妫、蔚。东顾则扰居庸之戍,西出则震飞狐之师。若乘间捷出，南越紫荆，则畿辅之藩垣坏矣。盖迫近门庭，地势阻厄，山南之险，以新、武诸州为捍蔽也。唐末，卢龙由此侵云、朔，河东亦道此以并幽、蓟。乾宁初，李克用拔武州，取新州，进攻妫州。长驱入居庸，幽州望风降下。至于女真覆燕京，蒙古略冀北，曷尝不以州为驰逐之地欤？

永兴废县，州西南四十里。本汉之涿鹿县地，属上谷郡。后汉因之。晋属广宁郡，后废。唐末，置永兴县，为新州治。五代晋没于契丹，新州仍治焉。金改曰德兴县。元复曰永兴，为保安州治。明初，州县俱废。永乐十二年，置保安卫。十三年，复置保安州，以县并入。《城邑考》：旧州城，永乐十三年修筑。景泰二年，改筑新城于漯家站，移州及卫治焉，城周七里有奇。天顺九年、嘉靖四十三年，皆加修治。其旧城在南山下，嘉靖四十五年复修筑，周四里有奇。设官驻守，谓之旧州城，与新城互为唇齿。

沮阳城，在州东。汉县，上谷郡治此。沮，颜师古曰：音阻。《史记》：汉十一年，周勃击破卢绾军于沮阳，追至长城。长城盖在妫川北。后汉仍曰沮阳县。晋亦为上谷郡治。太元十年，慕容垂伐魏，至平城，疾笃而还，卒于上谷之沮阳。后废。

矾山城，州南九十里。本汉军都县地。唐置矾山县于此。《新唐书》：新州治永兴，兼领矾山、怀安、龙门三县。是也。后没于契丹，仍曰矾山县。金因之。元省入永兴。今为矾山堡，周三里。万历七年，设兵戍守。《边防考》：堡介保安卫、马水口间，地势平坦，防卫最切。

广宁城，州西北二百里。汉置广宁县，属上谷郡。后汉曰广宁县。晋置广宁郡，治下落城，县并入焉。其城亦曰大宁城。咸和二年，后赵石虎击代王纥那于陉北，纥那兵败，徙都大宁以避之。又咸康元年，拓跋翳槐国乱，奔赵。三年，赵将李穆纳翳槐于大宁。太元中，魏将奚斤等破

越勤部于跋那山,西徙二万余家于大宁。义熙十三年,魏主嗣如大宁长
川。宋永初三年,魏主嗣自濡南宫如广宁。景平二年,魏主焘东巡大宁。
元嘉五年,魏主焘如广宁,观温泉。明年,复如广宁,临温泉,又置宫于
此。大明初,魏主濬如广宁温泉宫。《北史》:魏太和十六年,祀舜于广
宁。时又置大宁郡治焉。《水经注》:魏燕州广宁郡治广宁县。即此。孝
昌以后,郡县俱废。高齐改置长宁郡,在今怀来卫。陉北,见山西重险勾
注。跋那山,见陕西榆林镇。○下落城,在州西北,汉县,属上谷郡。晋
为广广郡治。后魏仍属上谷郡。后废。又罢城,亦在州西。《水经注》:
大宁东有罢城。《史记》:燕人蔡泽谢病归相,秦号罢城君。疑即泽所
邑。世名武罢城。罢城,《国策》本作刚成,是时秦未并燕地,恐误。

涿鹿城,在州西南。汉县,属上谷郡。应劭曰:黄帝与蚩尤战于涿
鹿之野。即此。《帝王世纪》云:黄帝所都也。汉置县。后汉因之。晋属广
宁郡。义熙十一年,魏主嗣如濡源,遂至上谷、涿鹿、广宁。是也。后魏
亦属广宁郡,后废。《魏土地记》:下洛县东南六十里,有涿鹿城,西北
百三十里有大宁城。又轩辕城,在州东南四十里,相传黄帝所筑。今名古
城。

宁县城,在州西北。汉县,属上谷郡,为西部都尉治。后汉曰宁县。
建武二十五年,复置护乌桓校尉于上谷宁城,领内附乌桓并鲜卑顾内属
者。《西京旧事》:武帝于益州部置蛮夷骑都尉,幽州部置领乌桓校尉,
凉州部置护羌校尉,皆持节领护降夷,时已废而更置也。晋时县废,时谓
之宁川。义熙四年,魏主珪如犲山宫,遂至宁川。又谓之小宁城。《水经
注》:大宁城西二十里,即小宁城。杜佑曰:小宁城,俗名西吐勃城,在怀
戎县西北。犲山宫,在大同府。○茹县城,在州西北。汉县,属上谷郡。
后汉省。《魏土地记》:鸡鸣山西十里有故茹县城,俗谓之如口城。

安塞城,在州西北。《唐志》:安塞军在蔚州之东,妫州之西。是

也。宋祁曰: 幽州丁零川西南有安塞军。乾宁四年, 李克用以刘仁恭叛, 击之, 攻安塞军。幽州将军单可及赴救, 别将杨师侃伏兵于木瓜涧, 克用大败而还。木瓜涧, 宋祁曰在蔚州界。○药师城, 在州东合河镇。《志》云: 宋宣和中, 郭药师守燕山时筑。

磨笄山, 州西北二十里。《史记》: 赵襄子姊为代王夫人, 襄子灭代, 夫人磨笄自杀于此, 因名曰磨笄之山。代人怜之, 为立祠。每夜有野鸡群鸣祠屋上, 亦名鸡鸣山。此即鸡鸣驿北之鸡鸣山。《魏土地记》: 下落县东北二十里, 有于延河东流, 水北有鸡鸣山, 文成帝保母常氏葬此, 别立寝庙。太和十五年, 始定制, 惟遣有司行事。唐贞观十九年, 北巡幸鸡鸣山。元至元三年, 如鸡鸣山, 将猎于浑河, 不果。明正统十四年, 瓦剌也先犯大同, 奄王振主亲征, 驾次鸡鸣山。敌渐退, 伏塞外以诱我, 即此山也。○保宁山, 在州西北六十里, 旧名白贴山。其中洞穴穹窿, 有石如仰盂, 泉出其中, 仅斗许, 群饮不竭。《志》云: 元至元初, 以地常震, 始改名保宁。

涿鹿山, 州西南九十里。一名独鹿山, 涿水出焉。相传黄帝破蚩尤于此。《括地志》: 怀戎县东南五十里, 有涿鹿山, 涿鹿城在其侧, 黄帝邑于涿鹿之阿。盖谓此。今山去怀戎县颇远, 《括地志》似误。

矾山, 州西南百二十里。有南北两山, 出白、绿矾, 因名。唐置矾山县于此。金末为矾山寨。《金史》: 兴定四年, 以蒙古南略, 命中都西路靖安民为易水公、涿、易、安肃、奉圣州, 君氏川、季鹿、三堡河、北江、矾山寨、青白口、朝天寨、水谷、欢谷、东安寨隶焉。君氏川以下, 其地皆在州境。《志》云: 矾山, 一名矾石山, 涞水出焉。《水经注》: 亦谓之涞山。

乔山, 州东南百二十里, 亦曰桥山。上有黄帝祠。后魏主嗣泰常八年, 如涿鹿, 登桥山, 遂如幽州。是也。《魏土地记》: 下落城东南四十里，有乔山，山下有温泉。《北史》：神麚二年，置温泉宫于此。《水经注》：乔山下有温泉，能治百疾。

鹞儿岭，州西北四十里。明正统末，车驾自大同还，至鸡鸣山。也先来追，朱勇御之于此。也先设伏夹攻，杀掠殆尽。又州西有叠翠岩，本名恶崖，金泰和中更名。又州境有漫天窝，金泰和中，更曰扫云坪。

桑乾河，州西南四十里，在旧城南一里。自蔚州东北流入界，州境土田资以灌溉。东南入顺天府境，出西山，至宛平县，西南而为卢沟河。详见大川桑乾。

宁川，在州西。《汉志注》：于延水出代郡且如县塞外，东至宁，入沽水。《水经注》：于延水经罡城南，又东北与宁川水合，水出小宁城西北，东南流注于延水。又东经小宁故城南，而入沽水。沽，刘氏曰当作治。治水，即桑乾河矣。○妫川，在州东。一名清水河。自怀来卫西南流入境，合桑乾河，所谓合河也。金时有合河镇，今亦名河合口，为南山戍守处。《志》云：清水河在州西南三十里，即妫川下流也。自延庆州流入合洋河，注桑乾。似误。

洋河州，西南十五里。自宣府界流入，经州城西南，又东南入于桑乾河。阳乐水，或曰在州西北。《水经注》：阳乐水出上谷且居县，东北流经女祁县，世谓之横水，又谓之阳曲水。且居，见下怀来卫。女祁，或以为在州境。

矾山水，在州东南。《水经注》：矾山水出广昌县阆乡之樊石山，东流历覆釜山下，又东至古长城门，注于易水。盖即涞水之上源也。长城门，见保定府安肃县。○二郎沟，在州西南八十里，亦出矾山下，居民资以灌溉，东北流入于洋河。又有龙池，在矾山北二里，水自平地涌出，澄清可鉴，潴而为池，溉田甚广。

火神淀，在州西。宋白曰：新州西有火神淀。淀，读曰殿。浅水为淀也。五代周广顺初，契丹主兀欲谋入寇，诸部不欲，杀契丹主于此。既而诸部共推德光之子述律为主，自火神淀入幽州。是也。

九十九泉，在州境。《魏土地记》：沮阳城东八十里，有牧牛山，山下有九十九泉，即沧河上源。五代周广顺初，契丹谋会北汉兵入寇，与诸部长议于九十九泉，诸部皆不欲，强之使行。至新州火神淀作乱，杀契丹主。何氏曰：在新州西北，又魏收《书》天赐二年，登武要北原观九十九泉。在大同西界，非此泉也。○阪泉，亦在州境。晋《太康地志》：涿鹿城东一里，有阪泉。《括地志》：阪泉在怀戎县东五十六里，出五里至涿鹿，东北合于涿水，亦名黄帝泉。《一统志》：阪泉，今隆庆州阪山也。盖荒远不可考矣。

协阳关，在州西南。《魏土地记》：下落城西南九十里，有协阳关，西通代郡，有协阳水。代郡，今蔚州境也。关废。○担车寨，在州西南。《水经注》：担车水出担石硎，东南流注紫石水，又东注于涞水。宋嘉定十三年，金易水公靖安民出兵至矾山，取担车寨。蒙古袭取其所居山寨，安民之兵遂溃。涞水，即矾山水也。

宝峰川镇，在州东南。其相近者，有安树寨、豺狼峪、庄窠涧等口。南达大龙门口，不过一二十里，与涿州接界。弘治中，抚臣周纲言：宝峰山通宣府要路，三十八盘、分水岭、荞麦川三者最急。是也。又有谢家堡、疃里村诸处，亦在州东南，出北将军石、南将军石等口，达于大龙门，皆南山要隘也。○固城镇，在州南。旧《志》唐妫州有固城镇，与易州分界。或曰镇在怀来卫南。

东八里堡，州东八里。又有西八里堡。俱洪武二十五年创筑，设兵戍守，与新城相犄角。○良田屯堡，在州东五十里，即州民居屯之所。洪武二十五年筑，隆庆四年增修，设兵戍守。

麻峪口堡，在州南。当龙门南口，傍有红站口诸险。洪武二十五年创筑，万历七年增修，周一里有奇，虽近内地，而守御最切。《边防考》：州东南百五十里有石港口，东接怀来卫，沿河口相去仅二里。又天津关口，在州南百里，与良乡县接界。自口而西，为梨园岭口、滑车安口，皆去州百里。又东龙门口，在州东南百里。又州南百里，有天门关口，与房山县接界。〇马水口，在州西南百六十里，接涞水县界。其相近者，曰石龙安口、康家沟口、狼儿沟口、定乐安口，皆西南接紫荆关界。

段庄。在州东南。唐乾宁初，李克用攻幽州帅李匡筹，拔武州，围新州。匡筹遣兵驰救，克用逆战于段庄，败之。即此。〇上花园，在州西四十里，又州西三十里，为下花园。相传辽萧后种花处。今为戍守之所。

附见：

保安卫，在州治西北。永乐十二年置。本治旧城内，景泰二年，自旧城移置于此。

美峪守御千户所。在州南百里，接蔚州界。本在卫治西，景泰二年移置于此。

读史方舆纪要卷十八

北直九　万全行都司 开平、大宁二卫及诸卫附

〇万全都指挥使司，东至延庆州四海治三百三十里，南至山西广昌千户所四百五十里，西南至山西大同府四百三十里，北至长峪口四十里。自司治至京师三百五十里，至南京二千九百里。

《禹贡》冀州之域。春秋、战国皆为燕地。秦为上谷郡地。两汉因之。晋置广宁郡，治下洛县。后魏置郡，孝昌中陷。高齐属北燕州。后周属燕州。隋属涿郡。唐属妫州。光启中，始置武州于此。《新唐书》：河东道有武州，领文德一县。《唐纪》：大顺初，幽州帅李匡威之子仁宗为武州刺史，将兵侵河东，为河东将李仁信所杀。盖武州，幽州镇所表置。李克用并幽州，始属河东。寻复为刘仁恭所据。寻改毅州。后唐复曰武州。明宗时，仍曰毅州。潞王从珂又改为武州。石晋初，入于契丹，改曰归化州。亦曰雄武军。后又为德州。金天眷初，改宣德州，属大同府。大定七年，又改宣化州。明年，复曰宣德州。元初，为宣宁州，寻改为山东路总管府。中统四年，改宣德府。属上都路。至元三年，改顺宁府。以地震更名。明洪武四年，府废。诏尽徙其民于居庸关内，遂虚其地。二十六年，改置万全都指挥

使司，领卫十五、守御千户所三、堡五。其蔚州、延庆左、永宁、保安四卫，广昌、美峪二千户所，散建于各州县，而属于万全都指挥使司。今为宣府镇。

司南屏京师，后控沙漠，左扼居庸之险，右拥云中之固，弹压上游，居然都会。后汉末，刘虞牧幽州，开上谷胡市之利，通渔阳盐铁之饶，境内以殷庶。唐乾宁初，李克用侵幽、燕，拔武州，进围新州，而李匡筹败亡。朱梁乾化三年，晋将李嗣源攻刘守光，分兵徇山后八州，皆下之，进取武州，而守光穷蹙矣。其后金人由此以逼燕云。蒙古再攻宣德，蚕食山北，遂并山南。盖镇境不守，则藩垣单外，而蓟门之祸，所不免也。明初，开平、兴和列戍相望，此犹为内地。自兴和移，开平弃，锁钥由是特重，张皇于平日，捍御于临时，此阃外之职矣。《边防考》：居庸者，京师门户。宣府，又居庸之藩卫也。其地山川纠纷，号为险塞。且分屯置军，倍于他镇，气势完固，庶几易守。独是粮援易竭，输挽宜先。陆运由居庸抵镇城，事属已试。舟运从卢沟出保安，未之或讲也。《边略》：宣府边墙，东起昌平、延庆州界之火焰山，西屹山西大同境之平远堡，延袤千三百余里。计其险隘如西路之万全右卫、张家口、西阳河，北路之独石、青泉、马营，中路之葛峪、青边，东路之四海冶诸处，俱极冲要，而独石尤为咽喉重地云。

○宣府左卫。附郭。汉下番县地。唐置文德县。契丹因之。金大定二十九年，改曰宣德。元为宣德府治。明初，府县俱废。洪武二十六年，改置今卫。二十七年，筑城。正统五年，甃以砖石。隆庆二年，增修。今有门四，城周二十四里。又有南关城，周四里。

○宣府右卫。附郭。废置同上。今左、右二卫省。

○宣府前卫。附郭。废置同上。今仍设前卫。

○兴和守御千户所。附郭。初置于兴和旧城。永乐二十年，蒙古阿鲁台乘间袭陷，因弃旧城，徙置于此。今所废。

文德废县，在镇治东南。唐末，析怀戎县，置文德县，为武州治。契丹因之。《辽志》云：汉下落县地。金改曰宣德。元因之。明初废。○阳门废县，在镇西百二十里。《唐志》：妫州有阳门城，为戍守处。辽置阳门镇，属顺圣县。金贞祐二年，升为县，属弘州。元初废。

顺圣川东城，镇西南百四十里，西南至山西蔚州九十里。旧《志》：东南至奉圣州二百八十里。唐末为安塞军地。五代时为永兴县地。辽析置顺圣县，属奉圣州。寻改属弘州。金因之。元属宣德府。明初废。天顺四年，修筑为戍守处。嘉靖四十三年、万历四年，皆增修。今城周四里有奇。南临大川，北枕崇冈，原壤辽阔，元时牧场也。今以马房名堡者，十余所，号为顺圣马房川。《边防考》：东城近为西城犄角，远为紫荆藩篱。东有水峪，西有牛房，皆为极冲。嘉靖中，北人入犯。城东南有千家堡，受祸最酷。《志》云：东城相近又有丁宁鳌鱼等口。嘉靖中，徐子俊以丁宁、鳌鱼、水峪为东城三隘。是也。

顺圣川西城，在东城西百里，东南至蔚州九十里。汉代郡阳原县地。后魏置长宁县。高齐置齐德、长宁二郡于此。后周废齐德郡。隋初，并废长宁郡，改长宁县曰开阳，属朔州。唐废。《辽志》：唐初，为突厥所据。开元中，尝置横野军于此。天宝以后，废为襄阴村。石晋初，没于契丹。宋端拱初，潘美自寰州进军，取其地，旋复没于契丹，置弘州博宁军，治永宁县。金因之。寻改军名曰保宁，既又废军，而弘州如故。复改县曰襄阴。元初因之，寻以襄阴县省入州。明初，州废。天顺四年，筑城为戍守之所。嘉靖二十四年、万历二年，皆增筑。今城周五里有奇，当南路，极西与大同镇之天成、阳和卫接壤。而一吐泉等处，无险可恃，汛守尤切。《边防考》：成化十九年，虏寇大同诸堡，长驱入顺圣川，散掠蔚、朔诸州。因设南路参将，驻顺圣西城，辖东西两城及蔚州境深井、滹沱、黑石、桃花等堡。本路阻山带河，为紫荆、倒马之障蔽。正德八年，虏复入宣大塞，别部自怀安入顺圣川，官军拒却之，即西城也。《志》云：顺圣川西城南十里，有汉阳原故城。

古城，镇东六十里，城周一里。旧有此城，元时增筑之。明复修治，为戍守之所。

天德山，镇西北三十里。又镇北三十五里，有东望、西望二山。又有沙岭，在镇西二十里。宋元祐四年，契丹主洪基如沙岭，遂至奉圣州。明永乐中，车驾北征，次沙岭。是也。与诸山环带，镇境称为形胜。又有汤池山，在镇东六十里，温泉出焉。辽置黎园于山下。宋雍熙五年，契丹主隆绪如炭山，至黎园温汤。即此。

炭山，镇西百二十里，滦水源于此。《辽史》：归化州有炭山，谓之陉头，契丹尝游猎于此，有凉殿，承天皇后纳凉所也。山东北三十里，有新凉殿，为景宗纳凉处。惟松棚数陉而已。山有断云岭，极高峻。宋咸平六年，高阳关将王继忠为契丹所获，见契丹主隆绪于炭山。即此。《五代史》：契丹阿保机告其部落，请帅汉人居古汉城，别为一部。欧阳修曰：汉城在炭山东南，滦河上有盐铁之利，乃后魏滑盐县，其地可植五谷。阿保机率汉人耕种，为治城郭邑屋廛市，如幽州制度，汉人安之。宋白曰：汉城在檀州西北五百五十里，城北有龙门山，山北有炭山，炭山西即是契丹、室韦二界相连之地，其地在滦河上源，西有盐泊之利，即后魏滑盐县也。按：滑盐本汉县，属渔阳郡，其界不能至此。今大宁以东，皆汉北平、辽西二郡地，地肥饶，宜五谷，有盐泺盐场，所谓汉城，亦概言之耳。

盘崖山，在顺圣西城北十五里，山高险。又溜云山，在西城西南三十五里，高出云表。又有独山，在西城南三十里，迥出群山之上，因名。

〇十八盘山，在顺圣东城东六十里，以高峻盘折而名。《志》云：东城南三十里，有榆林山。西北十五里，又有鳌鱼山，有大石如鳌，山水暴溢至此辄止，俗呼镇水鱼。

五岔岭，顺圣西城东南四十五里。岭当通衢，岐路四达，因名。其旁曰桦岭。又枳儿岭，旧《志》云：在西城东北，自都司城至此百六十里。是也。又滴水崖，在西城西南三十五里，半崖水滴如珠。正统末北征，尝驻跸于此。

濡水，在镇西百里，即滦水也。源出炭山。《音义》云：濡，乃官反，读曰滦。今镇境即后魏所云濡源地也。东北流经云州马营二堡间，而入废开平卫境。《水经注》：濡河从塞外来，西北经御夷镇城，又东北经孤山南，又东南流。水流回曲，谓之曲河镇。今详见大川滦水。

洋河，镇城南五里，源出塞外。自万全左卫流经此，径镇东南十五里，有泥河自东北流入焉。又东流达保安州界，下流入于桑乾河。《志》云：镇城西二里有清水河，南流七里，合洋河。

爱阳河。在炭山西北二十里，深仅尺许，中多浮草，性凉，宜牧马。又有柳河川，在镇北三十里。金大定十年，如柳河川。《边防考》：柳河发源大白阳堡北三十里，西流入长峪口镇城，樵采灌溉，悉资于此。

顺圣川，在顺圣东城南，即桑乾河支流也。东西延袤二百余里，多美刍，故牧场也。明亦牧马于此。《一统志》：川在宣府西南百里，上接蔚州界，下至保安州之桑乾河。又川有龙池，永乐间，尝产龙马于此。《志》云：镇东九十里有九龙池，九泉涌出，南流入延庆州界，入于清水河。又柳园泉，在顺圣西城西二里，居民引以溉田。

鸡鸣驿堡，镇东南六十里。永乐十八年，设站于此。十七年，因民堡增筑。隆庆四年，修治堡。周四里有奇，为镇城入京要路，正北达龙门堡，西北达赵川堡，实当两路之冲。堡傍皆流沙积石，行旅苦之。近山可耕之田，不过五十余顷，储蓄为艰。嘉靖四十二年，北部由此突犯，为戍守重地。

葛峪堡，镇北五十里。宣德五年创筑。嘉靖四十二年、万历六年增修。堡周四里有奇，四山壁立，路径崎岖，中路参将驻此。分边东起赤城，西尽张家口，沿长一百三十一里，辖龙门卫一、堡十，盖镇城北面之藩篱也。葛峪所辖墩台，以预筑镇虏诸处为最冲。边外东北则有兴和、靖边等城。西北则东胜卫所等城。皆中国故地，后为属部驻牧。《志》云：堡北有松树梁，旁多松。堡东三里有柳沟泉，南流成河，居民资以灌溉。

长峪口堡，镇西北四十里。亦宣德间置，万历十五年增筑，周三里有奇。有黄草、滩骆、驼鞍等冲，而坝口在堡北五里，尤为极冲。自坝口而外，靖边城、晾马台、兔鹘崖诸处，旧皆内地，后为属部驻牧。《志》云：堡西七里有小尖山，北十五里有东高山，三十里有馒头山，皆瞭望处也。〇阎家堡，在卫西南四十五里，亦戍守处。

青边口堡，镇西北五十里。在长峪堡西，亦宣德中置，万历九年增筑。周三里有奇。墩台则滴水崖、北嘴沟、曲丁、宁远四处为最冲。口外则段木嘴、三道川、回回墓、马头山，皆属夷驻牧。《边防考》：本堡沿边山形中断，故曰青边口。临口依平地为墙，迤北则山岩沟壑崎岖相错，夷酋亦以部落拒守。盖中路最冲之地也。嘉靖中，虏酋俺答再犯宣府，青边口首被其患。《志》云：堡北八里有青山，十余里有石嵯山，西北十二里有西高山，皆瞭望所资。

羊房堡，在青边口西南，距边十里，接壤张家口西，为中路尽界。成化元年创筑，弘治二年、嘉靖四十三年、万历十七年俱增筑。周二里有奇。虽重冈为险，而何家堰、镇夷、镇口诸处，皆敌径也。墙外有红崖儿、窃头嘴、擦胡石数处，皆诸部落驻牧。《志》云：堡西北十五里有鳌头山，山上巨石突出，高阔数十百丈，因建墩台，以便瞭望。

大白阳堡，在镇东北。《唐志》：妫州有白阳镇。即此。成化初置堡，景泰、嘉靖间修筑，万历十三年增修。周三里，堡地平坦。其镇房墩、古道梁、毛家墩等口，皆极冲。边外胡嵯儿诸处，为诸部驻所，窃发不时，防御最切。《志》云：堡南十里，又有椵树山。

小白阳堡，在大白阳堡东，与龙门卫接界。宣德五年创筑。嘉靖四十三年、万历二十四年增筑。周二里有奇。其边墩马圈儿、石塘子，为最冲。边外近地有东西古道、韭菜冲等处，皆驻牧地。万历八年，敌由此入。因议于龙门关娘娘山旧有捷径盘道，稍修平之，以通东西互援之路，自是称便。又边外有泉引入，可资灌溉，较诸堡差为饶沃。《志》云：堡西二里有马鞍山堡，北有碾槽沟。○赵川堡，在卫东北六十里。又东北至龙门关二十里。《边略》：堡在大小白阳二堡间，宣德五年筑，嘉靖十三年、隆庆四年增修，周二里有奇。边墩有沙嘴子为最冲。边外西古道，即外境也。《志》云：堡东八里有白庙堡，白庙东北七里有龙潭。

龙门关堡，在小白阳堡东南。宣德三年置，嘉靖四十三年、万历十三年增筑，周二里有奇。关门在堡东五里，俯关下瞰堡城，若在平原，然沟河盘错，近实难逾。正统间，北路不守，全镇倚为东偏半壁。盖虽视小白阳诸堡差为腹里，而烽火由此以达南山，往来应援，恒出于此，备未可疏也。《志》云：龙门堡，即故龙门镇，在镇东八十里。元尝移置望云县于此。其南乡产铜。又镇北百二十里，有牙恰村，旧产银。○固疆堡，今镇治也。《宋志》：宣和五年，归化州内属。六年，筑固疆堡，南去新州七十里，寻为女真所陷。又老鸦庄，在镇西北四十里。辽、金时，顿舍处也。《志》云：元筑，明因遗址增修，为戍守之所。

天桥关口。在镇南百八十里。南至怀来卫境之沿河口四十五里，与宛平县接界。

○万全左卫，镇西六十里。西至怀安卫六十里，西南至山西蔚州二百五十里。

唐初为妫州地,后为武州地。契丹属归化州。金属宣德州。元为宣德府地。明初废。洪武二十六年,置今卫。后迁改不一。洪武三十一年,调山西蔚州,寻又调通州,而卫名不改。永乐初,复为万全左卫。今仍之。

卫唇齿镇城,翼带云、蔚,西偏之屏蔽也。《边防考》:卫虽近内地,而为东西孔道,往来络绎,汛守不可不密。

宣平废县,卫西十里。本文德县之大新镇。金承安二年,置宣平县,属宣德州。大安三年,蒙古败金于野狐岭,进薄宣平,克缙山县游骑,遂入居庸。明年,复克宣平,陷德兴府。元仍曰宣平县,属宣德府,移治于辛庄。明初废,寻改置今卫,筑卫城。正统九年,增筑城,周九里有奇。议者以城大难守,嘉靖四十二年,截三分之一。今城方六里有奇。

沙城,在卫西北。隋开皇三年,突厥寇幽州,总管李崇拒之于沙城,突厥围之,败没。即此城也。自是常为戍守处。明永乐中,北征,道宣府,次沙岭,次万全,次沙城。是也。景泰二年,设沙城堡。正德八年,敌寇万全,咸宁侯仇钺自大同驰救,战于沙城,败绩。隆庆二年,增筑。五年,又修东西两关,共周五里,资为保障。《志》云:卫北五里有九王城,相传辽时所筑,今废。

瓦窑山,卫东南五里,以陶甓所在而名。《志》云:卫西南四里有香炉山。又六里有没皮山,以山无草木也。又有红塘山,在卫南十里,下有红塘河。

洋河,卫北五里。自塞外流经此,东南入宣府卫界。又东河,在卫东一里,自德安卫流入,即水沟口河也。北流与洋河合,可资灌溉。○西海子,在卫城西,水环三十余里,东南流入于洋河。

会河堡,在卫西。辽、金时所置戍守处也。宋嘉定四年,蒙古败金人于獾儿嘴，追至会河堡，遂进薄宣平。即此。

宁远站堡。卫东三十余里。永乐初，设站于此。嘉靖四十一年，被敌攻毁。万历六年，改筑，周三里有奇。堡当张家口之冲。万历二十七年，复于堡北刘平寺湾，新置土墩一座，周回建瓮城以翼之。往来行旅，恃以无患。堡本属镇城，万历六年，改属上西路管辖。

○万全右卫，镇西八十里。西至怀安卫四十里，西南至山西大同府三百五十里。

唐武州地。元属宣德府。明洪武中，与左卫同置，曰万全右卫。今仍之。

卫控御边陲，为东西声援。漠南有事，每当其冲，防维不可略也。

德胜城，即今卫治。《边防考》：右卫初与左卫同城，永乐二年，城德胜口，移卫治焉。本曰德胜堡，洪武二十六年所置，至是改筑为卫。城东北面河，西南平坦，去边三十里，屡有边患。成化十年，设上西路参将于此，所辖边墙一百二十四里有奇。其近卫城者镇河、平夷等墩台，俱极冲口。外庄窠沟一带，为部落驻牧。万历二十六年，增修卫城，周六里有奇。

翠屏山，卫北三里。两峡高百余丈，望之如屏。宋嘉定四年，蒙古攻金西京，金将胡沙虎弃城遁，蒙古主追败之于翠屏山，遂取西京。西京，即大同府也。○大尖山，在卫东北六里。又卫西北三十里，有小尖山。

马头山，在卫西北。《志》云：在洗马林堡西北四里，山下出泉，盛暑极寒。山之阳有水关洞。又东孤山，在堡北四十里，以独出群山而名。堡西北三十里，又有西孤山，陡峻突立，产赤石脂。又有北高山，在堡西二十五里。○寨儿岭，在堡南五里，其山四合若寨。又堡西南有黑龙洞。已上皆洗马林之险也。

野狐岭，卫北三十里。势极高峻，风力猛烈，雁飞遇风辄堕地。宋景祐四年，契丹主宗真猎于野狐岭。又北有獾儿嘴。嘉定四年，蒙古破金抚州将南下，金将完颜九斤驻兵野狐岭以备之。蒙古进至獾儿嘴，金人遁走。元至元十九年，如野狐岭。明初洪武三年，李文忠北伐，出野狐岭，败元兵于察罕脑儿。景泰初，上皇自北还，也先遣兵送至野狐岭。抚州，即今废兴和所。察罕脑儿，见开平卫。○兴宁岭，《志》云在卫南八十里。又卫西北五里，有紫岩，有泉出焉。

西阳河，在卫西北。永乐二十一年，征阿鲁台，次西阳河，进次上庄堡，遣将追之于宿嵬山。是也。《志》云：西阳河东南流注于滦河。亦曰西洋河，在今柴沟堡北百步。又东洋河在柴沟堡西北八里，南洋河在堡西南五里，至堡东七里而合，如燕尾然，俗谓之燕尾河。皆会于西洋河。又有红草沟，在卫城西北十二里。又孙柴沟河，在洗马林西南十里，下流皆注于西洋河。○龙池泉，在卫城东南，其水清冷，引入城中，资以灌溉。宋雍熙二年，契丹主隆绪如儒州，寻至龙泉。即此。又沙城暖泉，在柴沟堡东北八里，其水冬温夏凉，资以灌溉。

张家口堡，卫东三十五里，东南至镇城四十四里。宣德四年筑，嘉靖十二年、万历二年增筑。堡周四里。其灭虏台等处，为最冲。口外有狮子屯一带，属部落驻牧处也。堡为互市之所，关防最密。《边略》：张家堡西北有黑山墩。嘉靖中，督臣翁万达议曰：宣府西路黑山台，直望马营堡之威远墩，不过百三十里，兴和十八村在焉。地沃饶可耕，自永乐中陷没，于是自右卫张家口、羊房、龙门，以至马营，回环三百余里，北路受敌愈多，悬绝难守。若引垣直之，由黑山以至威远，则掣三百里戍为百三十里戍，利甚大也。《志》云：堡北四里有水泉山。又有红崖，在堡东北十里。

膳房堡，在卫北二十里。成化十五年筑，嘉靖十二年、万历元年增筑，堡周二里有奇。其野狐岭、平山台，为最冲。口外大红沟一带，为诸部落驻牧。《边防考》：膳房堡沿边关口，永乐中北征之路也。弘治九年，从此入犯。镇城及南路东西顺圣城一带，防御最切。有大水泉，在堡北三里。

新开口堡，卫西北四十里，膳房堡西。宣德十年筑，嘉靖七年、隆庆四年增修，周二里有奇。其宁远、德胜、镇胡等墩台，为最冲口。外榆林庄一带，属部落驻牧处也。《边防考》：堡逼近外境，向来屡被侵犯，俗称为东马营，比于北路之马营堡。又正南泉，在堡城南。城西南，又有清水泉。

新河口堡，卫西四十里。宣德十年筑，嘉靖六年、隆庆五年增修，周二里有奇。堡设在平川，西北两面皆沿边，孤悬为最。有水沟、平安等墩台，为最冲。口外牛心山、甜水海等处，皆部长驻牧，往往由此窥犯右卫。万历中，增修治世台等处。山险堑深，足为保障。《志》云：堡东北有桃山，又东北九里有虞台岭。弘治末，敌由此入寇，为卫境之险。已上四堡，俱上西路管辖。

柴沟堡，卫西北四十里，南去怀安卫五十里。正统二年筑，景泰、成化、嘉靖间，及万历二年皆增修，周七里有奇，北去边二十里。有平顶台、黑水关等处，为最冲。口外草垛山一带，皆驻牧之处。《边防考》：旧设西路参将驻扎右卫。嘉靖中，以沿边多事，右卫去各堡隔远，应援未便，因更设参将一员，驻扎柴沟。以右卫为上西路，此为下西路。分边东起新河口，西至大同平远堡界，长一百十五里有奇，当西北之要害，为东南之重障。与上西路互相形援，势如臂指云。

洗马林堡，卫西北七十里，西南至柴沟堡四十里。宣德九年，北巡至洗马林。十年，筑城置戍。隆庆五年增修，周四里有奇。其镇河台为最冲。边外大谎堆、桂柏山，皆部长驻牧。嘉靖四十四年，蒙古黄台吉从此突犯。俗称西马营，以近边平坦难守，与东马营相埒也。

渡口堡，在柴沟堡西南二十里。《志》云：堡东北至蔚州深井堡六十。里。弘治九年筑，万历五年增筑，周二里有奇。沿边有牛心、大尖等山，险峻足恃。○西阳河堡，在渡口堡西南十五里，去卫城八十里。正统五年筑，成化十年、万历三年展筑，周四里有奇。堡为宣镇极西，西北与大同平远堡接壤，两面皆边，最称冲要。其永平台、镇靖台等处，俱边外驻牧之地。《边略》：西阳河堡西有陈家堡，东去万全右卫百里，西达大同之天成卫。嘉靖中，翁万达言：张家口、洗马林、西阳河一带，与大同天成接境，最为要冲，当指辞联络，休戚一体，疆场始可无患。《志》云：堡东南十里有华山，下有灵潭，虽旱不涸。又有雪岭，在堡东南八里。

上庄堡。在卫北。永乐中，车驾北征，尝驻于此。又卫北三里有大胜甸。《志》云：蒙古与金人战，大败金人于此，因名。元人尝筑城于此，亦曰大胜城。今亦见山西广昌县。

○怀安卫，镇西百二十里。东至万全左卫六十里，西南至山西大同府二百八十里。

汉上谷郡地。唐属新州。契丹属奉圣州，寻属大同府。金因之。元属宣德府，后属隆兴路。明初废。洪武二十六年，改置怀安卫。今仍设卫如故。

卫捍御冲边，翼蔽云、朔，东西形援，屹为要地。

保安右卫，在怀安城内。永乐十五年，以天策卫为保安右卫，治顺圣川。十七年，调西沙城，即万全卫之沙城也。二十年，移建于此。

怀安城，今卫城也。本汉上谷郡地。唐末置怀安县，属新州。契丹属奉圣州。《辽志》云：怀安，汉夷舆县地。按《水经注》夷舆在居庸故城东北，《辽志》误也。又云：自魏至隋，皆为突厥所据。唐克突厥，废为怀荒镇。辽始析文德县，置怀安县。亦误也。金亦曰怀安县，属大同府。元改属宣德府。中统三年，改属隆兴路。明初废，寻改置今卫，筑城置戍。隆庆三年增筑，周九里有奇。

威宁城，卫东北百二十里。金承安二年，以抚州新城镇置威宁县。元改隶宣德府，寻属隆兴路。明初废。《志》云：县北有昌州城，金置州，元城其地，寻废。今为荨麻林堡。盖在荨麻岭旁也。昌州，即元之宝昌州，在今开平卫境。《志》误。

御夷镇城，在卫西北，所谓濡源之地也。后魏初，拓跋禄官分其国为三部。一居上谷之北，濡源之西，自统之。魏主焘始置御夷镇于濡源西北，为六镇之一。即此。《水经注》：密云戍，在御夷镇东南九十里，鲍丘水径其西。似镇与密云境相近。贾耽曰：密云去御夷镇，几九百里。道元时，六镇已陷没，岂传闻之误欤？抑纪载之讹欤。

水沟口山，卫南十五里。两山巍峙百余丈，下有水沟口河，因名。又云头山，在卫西南三十里，山高耸，云覆其上即雨。中有班石洞，称幽胜。其相近者，曰虎窝山，崖畔水出，盛暑结为冰柱，隆冬反释，亦天地之异气也。○良山，在卫西十五里，旧名狼山。《志》云：魏主珪天赐二年，如狼山，至延水，《志》以为即此狼山也。明永乐中，车驾驻此，因改今名。又平顶山，在卫西三十里，内有天窖洞，四围俱山，一穴而入，可避兵。

花山，卫西北三十里。春夏多花，上有池，岁旱不涸。又白腰山，在卫东北三十里，高耸壁立，腰有白土如带，因名。又荨麻岭，在卫北八十里，岭路崎岖，塞口要地也。《志》云：卫西至枳儿岭二十里，接顺圣西城界。

水沟口河，在卫城南。自顺圣境流入，经水沟口山下，东北流至万全左卫，入洋河，亦名曹河。《志》云：卫西七里有柳河，亦东流入于西水沟口河。

李信屯堡，卫西北四十五里。嘉靖十六年，抚臣韩邦奇言：李信屯，宣府咽喉也。其地两山俱尽，又与大同接境，守此不惟防遏兵冲，亦可潜消意外，因创筑堡城。万历十八年增修，周二里有奇。西北去大同永嘉堡十里。其地有两山对峙,为宣、大两镇交错之所,西当瓦窑口之冲,亦要地也。堡与二卫俱下西路分辖,与大同阳和卫相犄角。

兴宁口。在卫西。外接极边,南抵顺圣川。敌每由此阑入,恃此为南路之蔽。汛守最切。

○怀来卫,镇东南百五十里。东至延庆州六十五里,西南至山西蔚州二百四十里。

汉上谷郡地。晋及后魏因之。北齐置长宁、永丰二郡,并改置北燕州于此。周曰燕州。隋属幽州。唐初亦置北燕州。贞观八年,改曰妫州。武后时,置清夷军于州城内。天宝初,曰妫川郡。乾元初,复曰妫州。五代晋初,没于契丹,曰可汗州。《辽志》:五代时,奚王去诸以数千帐屯妫州,自别为西奚,号可汗州。契丹因之,亦曰清平军。金州废,改属德兴府。元属奉圣州。延祐三年,改属龙庆州。明初,改置守御怀来千户所。永乐十五年,改为怀来右卫。十六年,改曰怀来卫。今因之。

卫密迩居庸,为关门之外卫。蒙古败金人于妫川,进薄居庸。明靖难初,燕王起于北平,引兵拔居庸,曰:怀来未下,居庸有必争之理。遂袭怀来而守之。山后诸州,以次降附。于是北平之肩背益固。正统末,朔骑充斥,怀来且为战地,而震惊及于宫阙矣。卫为畿辅襟要,宣镇咽喉,疆索有事,卫每当其冲,不可不为苞桑虑也。

○延庆右卫,在怀来城内。旧置于居庸关,宣德五年,移建于此。本曰隆庆右卫,隆庆初,改名延庆右卫。今仍置延庆卫。

废妫川县,今卫治。汉沮阳县地。高齐移燕州治此,置怀戎县。隋大业初,属涿郡。唐为妫州治。武后垂拱初,置清夷军于州界。圣历初,突厥寇清夷军,即此。契丹得其地,改曰怀来县。金明昌六年,又改曰妫川县,属德兴府。贞祐初,蒙古薄宣平,金主命胡沙虎军妫川。胡沙虎欲移屯南口,蒙古袭败之。南口,即居庸南口也。元复为怀来县。明初废。永乐十六年,改置今卫。二十年,展筑卫城,北倚高冈。正统、景泰间,及嘉靖四十五年,修筑,周七里。万历十四年,展筑城西,共周八里有奇。卫当东路之中,与昌平横岭相表里云。

废且居县,在卫西北。汉县,属上谷郡。后汉废。《水经注》:阳乐水出且居县东北,是也。又广边城,亦在卫北。唐置广边镇,亦曰广边军。五代梁乾化三年,晋将李嗣源略刘守光山北地,克武州。燕将元行钦攻武州,嗣源驰救,行钦却,追至广边军,行钦败降。《唐会要》:怀戎县北有广边军,故白云城也。宋白曰:军在妫州北百三十里,近雕窠村,盖即今之雕鹗堡。○宁武城,在卫西,唐所置宁武军也。乾符五年,李克用作乱,据大同,侵幽州境,进击宁武军。宋白曰:云州东取宁武妫州路,至幽州七百里。又怀柔城,亦在卫西。《唐志》:先天初,于妫、蔚州界置怀柔军。即此城也。又有长城,在卫北九十里。《唐史》:开元中,张说所筑。

螺山,卫北十余里。下有奉化寺。山多材木,资民用。《括地志》云:怀戎县北三里有釜山。黄帝合符釜山,盖谓此。或以为螺山,即釜山之讹云。○大海陀山,卫东北三十里,高百仞,下有龙潭。又《括地志》云:怀戎县东南有羹颉山,汉高祖封兄子信为羹颉侯,盖取此以名。

军都山,卫南五十里,东西高耸。《志》云:汉军都县,以此山名。又水谷山,在卫南十六里。一名龙山。又南五里,有水头山。又松峰山,在卫南三十里。

唐家岭,在卫东南。景泰初,上皇北还,自怀来行一日至唐家岭,即此。一云岭有唐儿庵。嘉靖三十四年，敌由此入犯。又火石岭，在卫南二十里，产五色火石，因名。嘉靖二十九年，敌由此入犯。又桃花岩，在卫南三十里。卫西南三十里，又有乳香岩。

棒棰峪，卫东南三十里，接延庆州界。旧有边墙，东达大小红门、岔道诸处，谓之南山口，宣镇之内阻也。

妫川，在卫城东南。又西南流入保安州界，合于桑乾河。金人谓之合河。有合河镇，在今保安境内。

殷繁水，旧在卫北。晋义熙十二年，魏主嗣大猎于牛川，临殷繁水。《北史》：魏主嗣登釜山，临殷繁水。是也。今堙。牛川，见山西大同府。

马兰溪，在卫东北。《括地志》以为即上兰水也。汉初，周勃代樊哙击卢绾，破绾军于上兰，盖即此溪云。

土木驿堡，卫西南二十五里。东北至延庆州八十里，西至保安州四十里。地界相错，为往来之孔道。本名统漠镇。唐末高开道据怀戎时所置，后讹为土木。永乐初，置堡于此。正统末，车驾自大同还，为瓦剌也先所逼，驻跸此堡。堡无水泉，南去十五里有河，为敌所据。军中凿井，至二丈馀，不得水。其旁有麻峪口，敌骑自此入，挟驾北出雷家站，成蒙尘之祸，堡遂毁。嘉靖四十五年，就故堡修筑。隆庆三年，复修治，周二里有奇，当长安岭红站口之冲，为襟要之地。今红站、麻峪口、雷家站，俱见保安州境。又雷家站，一作漯家站，即今保安州治。

榆林驿堡，卫东南三十里。元置榆林驿。致和元年，上都兵讨燕帖木儿，次于榆林，燕帖木儿军于居庸关。遣兵袭败之，追至怀来而还。明初亦置驿，东至岔道口二十五里，至居庸关五十八里。永乐十二年，北征，自龙虎台次榆林。二十年，亲征，次榆林。是也。《志》云：堡初置于卫东羊儿峪北，正统末移于此。隆庆三年增筑，周二里有奇，介岔道、怀来之间。逾此而南，即昌平之白羊口，为控扼之所。

沿河口。卫南百三十里。东南达宛平县之王平口九十里，西南至涞水县马水口百五十里，沿边次冲也。○横河戍，在卫境。《唐志》：妫州有横河、柴城二戍，永定、窖子二关。今皆堙。

○开平卫，镇东北三百里。又东北至故开平卫四百里，东南至龙门卫百七十五里。

汉上谷郡地。唐为妫州地。契丹属奉圣州。金因之。元为云州地。明宣德五年，始移置开平卫于此。今设卫如旧。

卫孤悬绝塞，最称冲要。明初，大宁未弃，兴和未移，旧开平气势联络，为我藩辅。谋之不臧，始患开平隔远，且虞独石虚縻矣。《边防考》：宣镇三面皆边，汛守特重，而独石尤为全镇咽喉。其地挺出山后，寇犯宣、蓟，往往出没于此。土木之变，议者欲弃独石不守。于忠肃曰：弃之，不独宣、大、怀来难守，即京师不免动摇。于是命将出龙门，克复旧境，寇始不敢为患。时科臣叶盛亦曰：独石、马营不弃，则六师何以陷土木? 紫荆、白羊不破，则虏骑何以薄都城? 盖以独石城为藩篱重地也。盖京师之肩背，在宣镇，而宣镇之肩背，在独石也。

独石城，今卫治。本元云州之独石地。明初，为戍守之所。宣德中，移置开平卫于此。孤悬北路，称为绝塞。正统末，陷于也先。景泰三年，恢复。屡次增筑，万历十年，复加修治，城周六里有奇。上北路参将驻此。旧分边东起靖胡堡，西止中路龙门关，沿长七百余里。寻改东面牧马堡属下北路，西面金家庄属中路。所辖大边，五百一十四里有奇，二边一百八十六里。而本卫所辖，大边百六十三里，二边百三里。有柳河墩等冲口。外旧开平、明沙湾一带，皆诸部落驻牧。

东山，卫东三十里。极高峻，上有墩台，可瞭三百余里。《志》云：卫东北十里有总高山，登之，远见辽海。又有东胜山，在卫东五里。卫东南十里，有崆峒山。○毡帽山，在卫西北十里，圆耸卓立，远望如帽，因名。下有毡帽川。又有常宁山，在卫西十里。

白庙儿山，在卫东北境。边人谓之三间房，又名插汉根儿。乃蓟、宣通路，滦河经其北，东去密云县白马关四百五十里。或以为即白山也。《汉纪》：建武二十一年，乌桓屡寇代郡以东，其居上谷塞外白山者尤强，命马援将三千骑击之，无功而还。

偏岭，卫北四十五里。或曰即天岭也。胡峤《陷番记》：自归化州行三日，登天岭。岭东西连亘，有路北下，四顾冥然，黄云白草，不可穷极。契丹谓曰辞乡岭。陷番者至此，辄南望恸哭而去。盖讹偏为天也。成祖北征，自独石度偏岭，至开平之隰宁驿。是也。又独石，在今城南。一石屹立平地上，广数楹。有独石神庙，城因以名。

韭菜川，在卫东。源出东山，流经卫南，与毡帽山水合，南流至赤城堡，为东河之上源。○独石水，在卫南，流经云州堡，合于龙门川。

清泉堡，在卫东北边外。山下有清泉涌出，绕堡东，因名。景泰四年创筑，隆庆五年、万历十五年增修，周二里有奇。地虽孤悬，四塞颇险。正北至栅口不过三里。口外有大松林、双水海子，皆外境也，防御最切。

半壁店堡，在卫南二十里，去云州四十里。堡在平川，其东西两面皆山，壁立道傍，因名。旧本民堡。明嘉靖三十七年，敌由独石、深井、镇门等墩，入犯猫儿峪。道路为梗，因改为官堡，设防于此。隆庆元年、万历十一年增修，周一里有奇。虽在边内，而当南北往来之冲，实独石噤喉处也。

猫儿峪堡，在半壁店堡南，云州堡北二十里，道出开平者，此为中路。与伴壁店同时修筑，周一里有奇。东北控大川，当清泉口之冲。正统以前，敌往往由此长驱，北困独石，南陷云州。此堡设而东栅口恃此障蔽，兵氛稍息。已上三堡，俱上北路管辖。

凉亭驿。卫东北百里。明初所置八驿之一也。太宗北征，尝驻跸于此。宣德中，朵颜入犯独石，守将杨洪遮击之于凉亭驿，又追败之于白塔儿、三岔口，其地俱在今边外。

○龙门卫，镇东北百二十里。西北至开平卫百七十五里，南至延庆州一百八十里。

汉上谷郡地。唐末属新州。契丹属奉圣州。金属弘州，寻属德兴府。元属云州。明初废。宣德六年，始置龙门卫。今仍设龙门卫。

卫为镇城肘腋，道路四通，防维或疏，则所在皆荆棘矣。东面之防卫，为最切也。

龙门废县，今卫治。唐末置龙门县，属新州。契丹属奉圣州。金仍曰龙门县，寻属德兴府。明昌二年，又改属宣德州。元废县为龙门镇，属宣德县。至元二十八年，复置望云县于此，属云州。明初，州县俱废。宣德中，置今卫。正统末，为敌所陷。景泰中，收复。嘉靖中，复毁于兵。隆庆二年修筑，周四里有奇。城依山为险，有制虏、石门等墩台为最冲。边外太子城、大小庄窝，皆部落环聚处也。《边防考》：卫城为宣镇门庭，寇若突犯，则雕窠、龙门所、小白阳、长安岭诸处，皆骚动矣。防卫不可不御也。

大松山，卫西十里。上有古松盘曲，因名。宋天禧四年，契丹主隆绪如鸳鸯泺，遂猎于松山，即此。明永乐中北征，驻跸于此。又塔沟山，在卫西十五里，一名双塔山，两峰极高，各有浮图，元至元中建。又娘子山，在卫西二十里，山高耸，而无险恶之势，因名。○红石山，在卫东五里，以石色红润而名。又双峰山，在卫北二十里，两峰相向，高出众山。

洗马岭，在卫北。太宗北征，次龙门，获北寇遗马二十余匹于洗马岭，即此处也。又剪子峪，在卫东二十里，其形如剪，一名大岭山。

红山水，在卫东。源出红石山，东北流经云州所，合于龙门川。又样田河，在卫南二十里，源出独石塞外，流经此，又东北合于红山水。○娘子泉，在娘子山下，泉水溢出，势甚浩瀚，可资灌溉。正统十四年竭，后渐溢出，为民利。

三岔口堡，在卫东。东北抵赤城，南通雕鹗，西达卫城，为行旅三岐之路，因名。本民堡。嘉靖二十八年，始议筑城置戍。万历十七年增筑，周一里有奇。旧属下北路，后改属中路。盖堡界中、北两路间也。《志》云：卫东南三十里，有羊城，元人市易处。

金家庄堡。卫西北七十里。成化二年筑，正德十三年、万历四年增修，周二里有奇。堡跨据高阜，南北两山夹峙，最为险要。有镇边墩为极冲。堡北十五里，为静盘道、进远墩，皆寇门也，捍御尤切。《边防考》：龙门卫及二堡，俱中路参将管辖。

○龙门守御千户所，镇东北二百四十里，本元云州之东庄地。宣德六年，筑城建所于此。隆庆四年增筑，周四里有奇。万历十八年，以北路地势隔远，添设下北路参将驻此，分管大边长一百六十里，二边九十一里。边外有白草、瓦房诸处，为敌兵往来之冲。而本所辖大边八十五里，二边五十三里。墩台则平镇等处，其极冲也。边外白塔儿、瀼水塘一带，皆其驻牧处。今仍置龙门所。

西高山，所西五十里。山高耸，登其巅，可以远望。又北高山，在所北二十里，亦峻拔，经夏冰雪常存。○鹰窠山，在所东南四里。《志》云：所西南十里，有鹰嘴山，以形似名也。又聚阳山，在所东南三十里。

黑峪山，所南十里。峪中有仙鹤洞，洞最深。又有燕窝、石窝，内可容数十人。○龙王嵯，在所西北八里，嵯峨高耸，云出则雨至。又磨盘嵯，在所西十里，亦以形似名。

白河，在所东。《蓟门考》：滴水崖之水，悬崖而下者，即白河之上源。又东有白河堡、镇河墩，皆白河所经也。又清水河，在所城南，流合于白河。

牧马堡，在所北，故牧场也。弘治十年创筑。嘉靖二十五年、万历十五年增筑，周一里有奇。北距永宁口二十里，为最冲。口外地名七峰嵯，即诸部落驻牧之地。由永宁口下青扬，犯本堡，则龙门、云州皆骚动矣。捍御不可不早。

滴水崖堡，在所东北。据悬崖，崖水瀑布而下，因名。弘治八年筑，隆庆三年增修，周三里有奇。东去大边二十里，即蓟门古北口之后也。堡山径错杂，距守为难。边外大石墙、庆阳口等处，皆为外境。而盘道口等墩，悉通大举，议者欲自盘道墩，迄永宁县靖胡堡之大卫口，修墙堑崖，创为重险。俾北路之兵，由此入卫南山，东路之兵，由此出援独石，庶为得策云。

宁远堡，在滴水崖东。旧为朵颜易马市口。景泰以后，敌骑屡由此入犯。嘉靖二十八年，筑堡于此。四十五年增筑，周二里有奇。东去盘道口边十五里，最为冲要。

长伸地堡，在宁远东北。旧为朵颜所窃据。万历七年，收复。十年，筑堡戍守，周一里有奇。边墩有镇安台等冲。口外乱泉寺一带，皆部落驻牧。堡北有巡简寺，其扼险处也。

样田堡，在所东南。旧名鸡田，民堡也。嘉靖三十七年，始改为官堡。万历十六年修筑，周二里有奇。堡虽距边稍远，而往来络绎，为应援要地。已上五堡，俱下北路管辖。

李家庄。在所东北。嘉靖二十八年，敌犯滴水崖，大同帅周尚文驰救，遇敌于李家庄，败却之。《边防考》：朵颜别部常驻此。其北有万松沟，亦夷地也。又有蒋家庄，在所北，旧为要冲。

〇长安岭堡，镇东百四十里。元为怀来、龙门二县地。明初，置丰峪驿。永乐九年，筑城置堡，改今名，周五里有奇。弘治三年，增置守御千户所。万历中，分属下北路。《边防考》：独石、马营一带，地虽悬远，然寇不能径下者，以长安岭为之阻也。其城东西跨岭，中通线道，旁径逼仄，居庸而外，此为重关之险。岭北有东山庙等堡，今皆残破。而东西斗子营、施家冲等地，悉为诸部落错据，未可恃险而忘备矣。今设长安岭营。

八仙山，堡西二里。八峰高耸，中有石室。又堡西南二里，有马鞍山。东南里许，有松山。《志》云：堡城南有凤凰山，堡西一里有龙潭山，有瀑布泉。〇双尖山，在堡北十里，有双峰并耸。又石盘山，在所东南二十五里。

长安岭，即堡治。本名枪竿岭，或曰桑乾岭之讹也。永乐中，改今名。嘉靖二十七年，敌由独石逾长安岭，掠隆、永。即此。又有李老峪，在堡北三十里。

鹰窝山泉。堡西北三里。引入堡中，汇而为池，可给居人。又洪赞井，在堡西洪赞山下，井甚深，汲之不竭。

〇雕鹗堡，镇东北百七十里。元云州之雕窠站。明初，置浩岭驿。永乐中，增置雕鄂堡。二十八年，北征还，次榆木川，大渐，太孙奉迎于雕鹗堡。宣德六年，筑城置戍。成化八年、隆庆四年增修，周二里有奇。万历十八年，分属下北路。堡当北路之中，为往来要道。境内有清水潭、起龙沟等处，皆诸部落驻牧之地也。

浩门岭，堡北二十五里。明初以此名驿。上有松数百株，郁然苍秀。〇碧落崖，在堡东四十里，亦名滴水崖。石崖滴水去地百余仞，隆冬不冻。又东有香炉峰。

南河，在堡南。自堡西北之剪儿峪、狗儿村，合流至此，东南流入密云北境之白河。

大海陀潭。堡东三十里。在大海陀崖谷间，有泉下汇为潭。堡南盖与怀来卫接境也。

〇赤城堡，镇东北二百里。其地有古赤城，相传蚩尤所居。后魏主珪登国二年，幸广宁，遂如赤城。即此。亦谓之东赤城，以别于平城之西赤城也。登国三年，贺兰部内乱，魏主珪与后燕共攻之。燕慕容麟击擒贺讷于赤城。既而魏主珪幸东赤城。又神瑞二年，复如赤城。皆此城也。五代晋天福六年，遣使如契丹，见契丹主德光于赤城。元为云州之赤城站。明初，置云门驿。宣德五年，筑城置戍。正统间，陷没。景泰初，恢复。嘉靖三十三年，俺答入犯，大掠而去。万历二十四年增修，城周三里有奇。近边有玉石沟等冲，边外野鸡川所属部落也。今设赤城营。

赤城山，堡东五里。山石多赤。《志》云：古赤城在北山，坐据高险，最得形胜。盖即此山矣。〇青羊塞山，在堡西南十五里。又堡西北四十里，有刘不老山。北六十里，有偏头山。西北七十里，有野鸡山，以山多雉也。《志》云：堡西七十三里，又有玉石沟山，迫近大边，为扼要之地。

东河，在堡东。自独石云州东南流，经古北口，为通州白河上源。〇西河，在堡西五里。又西十里，有温泉流合焉。东流分为二，一从西北入城，一从城南流合于东河。宋咸平三年，契丹主隆绪如赤城，浴于汤泉。或曰即温泉也。一云：堡西南六十里有赤城汤，自龙门山根涌出，北流成池。其水暴热，傍有冷泉。相传此为汤泉云。

镇宁堡。在堡西北四十里，当赤城、马营二边之冲。弘治十一年筑，万历十五年增修，周二里有奇。堡去边密迩，惟东面邻山，西南北皆平地，距东西二栅口不过十余里。有擒胡等边墩，为最冲。边外光头嵯、小庄窠、野鸡川等处，皆通大举，悉为驻牧之地。《边防考》：赤城、镇宁，俱属上北路管辖。

〇云州堡，镇东北二百十里。本望云川地，契丹常为游猎之所。辽主贤初建潜邸于此，其后号为御庄。寻置望云县，属奉圣州。金因之。元置云州治焉。至元二年，废县存州。明初改置云州驿。宣德五年，于河西大路筑城置戍。正统末，陷没。景泰初，收复。五年，增置新军千户所。隆庆二年，展筑堡城，周三里有奇。堡当南北通衢。堡北五里，曰龙门口、岐路西直马营，东北直独石、镇安，为冲要之处。今设云州堡城守营。

白城，堡东北百里。金世宗雍纳凉之所也。又章宗璟生于此。又有黑城，在白城西南九十里。〇长城，在堡北。《地志》：望云县有古长城。

龙门山，堡东北五里。两山石壁对峙，高数百尺，望之若门，塞外诸水，皆出于此。亦曰龙门峡。《辽志》：龙门县有龙门山，徼外诸河及沙漠潦水，皆经其下。雨则俄顷水逾十仞，晴则清浅可涉，塞北控扼之冲也。宋宝元初，契丹主宗真如龙门山。即此。又有东猫儿峪，在龙门峡北十里。〇金阁山，在堡西南十五里，有游仙峪、长春洞，称名胜云。《志》云：堡东北四十里，有棋盘山，峰峦高峻，人罕能陟，其顶平正，因名。又拂云堆，在堡北四里。又北里许，有舍身崖。

滦河，堡北六十里。自宣府西境之炭山东北流经此，入废桓州界。《一统志》：滦河发源炭山，乱泉四注，合为此河。详见大川滦河。

龙门川，堡东北五里。合独石、红山二水，从龙门峡南流，下流合于白河。

金莲川，堡东北百里。川产黄花，状若芙蕖，因名。金主雍大定六年，至望云，将如金莲川，不果。十二年，如金莲川纳凉，后数至焉。元主忽必烈为诸王时，总治漠南，开府金莲川。即此地也。

鸳鸯泊，堡西北百余里，周八十里。其水停积不流，自辽金以来，为飞放之所。宋宣和四年，金人自泽州袭辽主于鸳鸯泺，辽主走云中。五年，女真完颜旻至儒州，寻至鸳鸯泺。即此。泽州，今大宁废惠州也。

镇安堡，在金莲川东。成化八年筑，正德六年、万历十五年皆增修，周二里有奇。堡重峦叠嶂，四面皆山。东逼两河口，径通边外。山岭高峻，北骑乘之而下，势若建瓴。凡入内地，堡辄被困。且两河口外，林木丛杂，侦瞭尤难。其三间屋、轴舻湾诸处，俱北人驻牧，防御不易。《边防考》：云州、镇安二堡，俱上北路管辖。嘉靖二十七年，敌入宣、大塞，督臣翁万达策其必趋镇安堡，遣将赵卿备之。敌佯攻独石，卿违命驰援。敌遂趣长安岭，掠隆庆、永宁堡。盖控扼要地矣。

牙头寨。在堡北。元置，今废。明初，华云龙出云州，袭破元兵于牙头寨。即此地也。

〇马营堡，镇东北二百六十八里。元为云州之大猫儿峪。宣德七年创筑。正统八年增修，十四年陷没。景泰初收复。隆庆初增修，周六里有奇。分管大边百七十余里，二边四十里有奇。其威远等墩，为最冲。边外三道沟等处，即其驻牧处。《边防考》：马营、独石、长安岭，为宣府北路之险。叶盛言：马营、独石不弃，则六师何以陷土木？是也。

冠帽山，在堡城西北隅。《志》云：堡两角枕山，而西面更为险隘。然三面平川，敌登山俯瞰，城中患无遁形，守御为艰也。《志》云：堡北二里有纱帽山，即冠帽山矣。〇鹤山，在堡东二里，上多桧柏，一望森然，俗名东山。又堡东五十里，有雷山，山高峻，下多积雪坚冰。

红山，堡东南二十里。山高险，石色多赤。下有红泉，东流合大河，入龙门峡。又桦岭，在堡北五十里，以多产桦木而名。又苍崖，在堡南二十里，上有飞泉。

滦河，在堡南。自宣府流入境，与云州堡分界。正统十四年，敌围马营三日，据河断流，营中无水，遂陷。○神泉，在堡北三里。池方一亩，其水迸出，转流成河，东流合于滦河。

松树堡，在马营之西。嘉靖二十五年筑，万历二年增修，周一里有奇。堡一望平川，无险可倚，距二边营盘道、梁栅口，不过十里。近堡有孤山、双沟、磨天岭等处，俱要冲也。

君子堡，在马营西北。宣德初置。五年，毁于贼。嘉靖二十五年修治，万历八年增修，周一里有奇。堡山坡漫衍，北距大边镇、远镇、门盘道等口，不过二十里，而得胜墩为最冲。又距二边西栅口，不过五里，宽敞易于突犯。敌若从此逼马营堡，其首冲也。

仓上堡。在马营东南。旧为蓄聚之所，因名。嘉靖三十七年创筑，隆庆六年、万历十六年俱增修，周不及一里。四面皆鸟道相通，贼从马营犯云州，此其首冲也。自马营以下诸堡，俱属上北路管辖。

附见：

○废开平卫，东至大宁废卫四百三十里，东南至古北口四百里，西南至宣府镇七百里，北至沙漠四百七十里。自卫至京师六百三十里，至南京三千二百里。

《禹贡》冀州北境。秦、汉时为上谷郡地，后为东夷所据。唐为奚、契丹地。金灭契丹，为桓州地。蒙古主蒙哥使其弟忽必烈镇漠南，渐置城郭。中统初，建开平府。五年，号为上都。至元五年，曰上都路。明初改置开平卫。宣德五年，以馈饷艰远，移卫于独石，而开平卫遂废。

卫北控沙漠，南屏燕、蓟，山川雄固，回环千里。《元史》：世祖命刘秉忠于新桓州东四十五里建开平府，龙冈蟠其阴，滦河经其阳。东北十里有大松林，郁葱盘卫，山多材木，水饶鱼虾，盐货狼藉，畜牧蕃息，居民利之。寻建为上都，岁尝巡幸，与大都并称两都，为辅车之势，地利诚得矣。明初洪武二年，常遇春取开平，遂建卫于此。洪武二十七年，置驿传。自北平中路至开平七百六十五里，置十四驿。西路至开平六百三十里，置十三驿。

成祖尝曰：守开平、兴和、大宁、辽东、宁夏、甘肃边境，永无事矣。既而大宁内徙，兴和复废。开平孤悬绝塞，左右无援，遂弃其地。驯致宣、蓟艰危，关门浅露，而窥伺及于畿辅矣。夫汉、唐都关中，开朔方、城受降。明都燕京，乃废大宁，弃开平，孰得而孰失哉？叶向高尝言：自开平失，而要害藉于他族。宣、辽隔若秦、越，燕、蓟多事，盖自弃开平昉也。

开平废县，卫东百里。《志》云：旧有东阳古城。元至元初，置开平县为附郭，寻省。后复置县。《都邑考》：上都城周四十里，内有大明、仪天、宝云、宸庆、玉德、慈福等殿，延春、紫檀、连香、凝晖诸楼阁，星拱、云从、日精、月华诸门。而县治在其西南，明初并废。

兴和城，卫西南四百余里，去宣府三百余里。后魏柔远镇地。唐新州地。契丹建为抚州。金为柔远镇。明昌三年，复置抚州，治柔远县。又升为镇宁军，属西京路。元亦曰抚州，寻升为隆兴路，亦曰兴和路。明初洪武三年，李文忠克兴和。七年，蓝玉败元于兴和。寻改为兴和守御千户所，以重兵驻守，与开平并峙。永乐二十年，蒙古阿鲁台袭陷其城，因移守御所入宣府城中，遂弃其地。《志》云：兴和，开平之通道，宣府之外藩也。元主往来上都，尝驻跸于此。成祖北征，亦每驻跸焉。其度漠之处，在开平者曰榆木川、盘石镇，在兴和者曰杨林戍、禽胡山。明初，置戍漠南，以兴和、开平为两大镇，故宣、蓟之患寡。又高原废县，即兴和旧治也。金曰柔远县。《金志》：县置于燕子城，初隶宣德州，后为抚州附郭。元改为高原县，隆兴路治焉。明初废。《宣府志》：高原废县，在怀安卫北百六十里。又高原县境有比羊城，相传亦辽、金时置。

集宁城，在兴和西百五十里。金置集宁县，属抚州。元置集宁路治焉。明初废。又西为丰利废县，亦金置，属抚州。元废。《志》云：二县近大同边界。

桓州城，在卫西。本乌桓所居。金置桓州，亦曰威远军，治清塞县。州有二城，南为新城，北为故城，相去三十里。元初废入开平。至元初，复置。明初，置桓州驿于此。《志》曰：明初设开平卫。洪武三十一年，置马驿八：东曰凉亭、沈河、赛峰、黄崖四驿，接大宁；西曰桓州、威虏、明安、隰宁四驿，接独石。开平废，而八驿亦为弃地矣。《一统志》：桓州城，在云州堡北三百六十里。

兴州城，卫东二百里。本汉上谷郡女祁县地，东部都尉治此。后汉省。唐为奚王府西省地。辽置北安州，亦曰兴化军。女真将粘没喝败辽奚王于北安州，拔其城。即此。金改为兴州，兼置兴仁县为州治。又改军名曰宁朔军。元仍曰兴州，属上都路，以附郭兴化县省入，俗谓之大兴州。明初洪武二年，常遇春追败也速于全宁，进次大兴州，败其守兵，遂进克开平。是也。三年，以兴州隶北平府。四年，州废，改立左、右、中、前、后五卫。永乐初，移入内地。○兴安城，在州西南，汉上谷郡地。辽置利民县，《志》以为即汉且居县地。《水经注》：且居县在涿鹿西北境。《辽志》误也。金废为利民寨。元置兴安县，属兴州。或曰金末兴州尝寄治此，后又徙密云，俗因名为小兴州。《志》云：兴安废县南去古北口一百三十里。《山水记》：大兴州直密云县曹家寨东北，距古北口可三日程。小兴州直古北口外九十里而近耳。

宜兴城，在兴州西。《金志》：本兴化县之白檀镇。泰和三年，置宜兴县，属兴州。元因之。致和初，燕帖木儿以脱脱不花守古北口，与大都兵战于宜兴。是也。明初县废。《一统志》：宜兴废县在云州堡东四百五十里。

宝昌城，在兴和西北。金置昌州，寻改为建昌县，属桓州。明昌七年，复置昌州，属德兴府。元曰宝昌州，属隆兴路。明初废。又宝山废县，在城南，地名狗泺。金明昌中置县，属昌州。元废。

应昌城，在卫东北二百里。元置应昌路，领应昌县。明初洪武三年，元顺帝殂于应昌，其子爱猷识理达腊嗣立此。李文忠自开平袭之，克应昌，获元太子买的里八剌。是也。又有泰宁、德宁等路，俱在卫北，分领泰宁、德宁二县，元置。明初废。○宁昌城，在卫西北。元置宁昌路，领宁昌一县。明初废。

卧龙山，卫北三里，元人所谓龙冈也。又城西四十里有牛心山，城南四十里有南屏山。○闵安山，在卫西南，近明安驿。明宣德中黄直败敌处也。又大伯颜山，亦在卫西南。其下为鸣銮戍，成祖尝大阅于此。

大青山，在卫西南，或曰即青岭也。宋宣和四年，金粘没喝败辽奚王于北安州，拔其城。知辽主穷迫，乃约斜也出青岭，己出瓢岭，期会于羊城泺，共袭辽主。瓢岭，在青岭之北。羊城泺，见山西大同府。

骆驼山，在卫西。又有红罗山。明洪武三年，李文忠败元兵于骆驼山，进克红罗山，遂次开平。是也。

禽胡山，在兴和西北。明初，王师擒寇乃儿不花于此，因名。成祖北征，凯旋至擒胡山。又南至清流泉，皆勒铭而还。又有宿嵬山，在兴和北，亦曰宿嵬口，度漠处也。永乐二十一年，北征，遣先锋陈懋追阿鲁台至宿嵬山，不及而还。《北征录》云：宿嵬口在饮马河北，成祖追寇至此。

路儿岭，在兴州东，或曰即鹿儿岭也，在永平府迁安县之景山北。元至正二十四年，孛罗帖木儿屯大同，与太子有隙，遣兵犯阙，入居庸关。太子迎战，不利，东走古北口，趣兴、松，至路儿岭。诏追及之，还宫。兴，兴州。松，松州。松州，今见大宁卫。○新开岭，在兴州西。明初，常遇春克大兴州，道新开岭，进克开平。是也。又扼胡岭，在卫北。元顺帝至元初，幸上都，驻扼胡岭。即此。

凌霄峰，在兴和东北。永乐八年，北征，登凌霄峰，望漠北。又煞胡原，在桓州北境，其南百余里有威远川。永乐二十年，北征，由照宁进，次威远川，又进次煞胡原，获阿鲁台辎重处。

翠微冈，在漠北，其南为双流泺。又东南为苍崖峡，亦名苍山，亦曰苍崖戍。成祖北征时，尝驻此。又东南即榆木川矣。○大石崖，在卫东，近大宁高州境。明初，华云龙出塞，至大石崖，破刘学士等寨。又李文忠亦破敌于此。

滦河，在卫南。自宣府界流经桓州开平境，东南流入永平府界。北人谓之商都，元人亦谓之御河。大德七年，浚上都滦河。延祐四年，城南御河西北岸为水冲啮，命及时修治。泰定三年，上都言大西关南马市口，滦河侵啮北堤，复命修塞。今详见大川滦河。

兔儿河，卫西南百余里。出沙涡中，东流合于滦河。○香河，在卫东北，出松林中，南流入滦河。又有簸箕河、间河，俱出松林中，西南流，与滦河合。

可温河，在应昌西北。又西北地名哈喇莽来，乃度漠处也。明初洪武四年，李文忠讨元遗众，取道于此。○曲律运河，近漠北。明初，俞通海分道追元兵，驻师于此。

白海子，在卫西南，大青山之北。亦曰长水海子。土人因其四望白沙，呼为插汉恼儿。插汉，译言白。恼儿，译言海子。相近有苦水海子。又西即骆驼山也。明初，李文忠自万全出师，北至察罕恼儿地，进败元兵于白海子之骆驼山。即此。

榆木川，在卫西北，当碛口往来之冲。成祖晏驾处也。川之西，曰盘石镇。又三不剌川，在卫境。元主铁木耳立于上都，狩于三不剌川之地，以董文周谏，遂还大都。又百查儿川，亦在卫境，元顺帝至元中，大猎于此。

鱼儿泺，在兴和西。《金志》：柔远县有大渔泺，即鱼儿泺矣。宋嘉定八年，蒙古铁木真屯抚州。既而驻军鱼儿泺，遣三哥拔都帅万骑，自西夏趋京兆，攻金潼关。是也。又安同泊，在开平北境。元元贞二年，驻安同泊，以诞节受朝贺。即此。

铁幡竿渠，在卫城内。《元史》：大德二年，开渠于上都。郭守敬言：频年山水暴下，非大为渠堰广五六十步不可。执政吝于工费，缩其广三之一。明年大雨暴至，山水注下，渠不能容，漂没甚众，几及行殿。即此渠也。○玉沙泉，在卫北。永乐十二年，驻跸于此。

鸣銮镇，在大伯颜山下，亦曰鸣銮戍。永乐八年，北征，次鸣銮镇。即此。○杨林戍，在兴和西北，亦曰杨林城。其北为彻里怯儿地，成祖度大漠时，经此。又有大泉戍，亦在杨林戍北。盖碛口之要地也。

乌沙堡，在废兴和西。宋嘉定中，金主永济命独吉千家奴诣抚州，以备蒙古。至乌沙堡，未及设备，蒙古奄至，陷之。进至乌月营，破白登城，遂攻西京。乌月营，或曰在乌沙堡西南。

黑山峪，在卫东北。永乐二十一年，亲征兀良哈，驻跸于此。又正统七年，杨洪出黑山，与成国公朱勇东西齐举，进击兀良哈。洪至克列苏，俘斩福馀都指挥安出部酋。即此。

三峡口，在卫西北，度碛处也。其西即苍崖峡。自峡而西，为兰忽失温地，成祖败寇于此，赐名杀胡镇。又九龙口，亦度碛处也。成祖北征，太孙从驾，与敌战于九龙口，敌遁走。《志》云：九龙口与饮马河相近。

凉亭，在卫城南。有东西二凉亭，乃元时巡幸驻跸处。又卫北有北凉亭,亦元时游猎处也。明永乐二十年,车驾次西凉亭。正统三年,兀良哈西侵葭州,引还。边将杨洪出独石,邀败之于西凉亭。即此。《山水记》:开平南五十里,曰东凉亭。又四十里曰沈河,五十里曰叭八,六十里曰黄崖,五十里曰滦河,又五十里曰灰岭,六十里曰古城,又五十里曰青松。又南五十六里,即古北口矣。此洪武二十七年所置驿路也。永乐中,移古城驿于大喜峰口内,为朵颜入贡道。馀并废。

八儿思地,在卫西。元至正二十五年,孛罗帖木儿以大同叛,使其党秃坚帖木儿攻上都之附太子者。会孛罗被诛,秃坚以轻兵走至八儿思地,上都兵追擒之。

王忽察都地,在卫西北。元天历二年,和世㻋即位于和林北。引而南,自兀纳八地,次于哈儿哈纳秃。自七月至八月朔,乃次于王忽察都。图帖睦尔入见,遂崩。图帖睦尔还至上都,复即位。○木儿古彻兀地,在卫南境。元至正二十年,北边诸王阿鲁辉帖木儿拥兵南犯,屯于木儿古彻兀之地,将犯京畿,元主遣兵讨之,不克。

察罕脑儿地,在卫西。元至元二十年,复议征日本,籴粮于察罕脑儿,以给军匠。又至治初,元主如上都。以察罕脑儿行宫制度卑隘,欲更广之,以解任谏而止。明洪武四年,李文忠出野狐岭,至察罕脑儿。是也。

苦脱孙地。在应昌东北,李文忠败敌处也。相近有落马河,即偏将孙虎战死处。《明史》:开平东南百里有敖目旧巢,四围皆山,壁立如削,林木茂密。其中平衍,周百里。水斥卤,可煮盐。土肥饶,可屯种。东西皆有小径,崎岖陡削,惟攀援可行。东径通古北一带近路,其隘口一夫可扼也。崇祯三年,王师出剿,其族远遁。若取而守之,亦陵寝外卫云。又西北三十里,为滦河所经。河之东,其地亦名白海子。贼犯宣、蓟,此其往来大道也。

○废大宁卫,东至泰宁夷卫界七百里,南至永平府边四百五十里,西南至喜峰口边四百八十里，西至开平废卫四百三十里。自卫至京师八百里，至南京三千四百五十里。

古营州地。夏商时冀州地。周为幽州地。春秋时亦为山戎地。战国时属燕。服虔曰：古东胡地也。在匈奴东，故曰东胡。其后燕将秦开袭破之。秦属辽西郡。两汉因之。汉末为奚所据。三国魏为昌黎郡地。《通典》：建安中，魏公操北征，始复旧境。晋初因之。建兴中，鲜卑慕容廆有其地。《燕录》：慕容廆，昌黎鲜卑也。曾祖莫护跋，魏初自塞外入辽西，从讨公孙渊有功，拜率义王，始建国于棘城之北。父涉珪进拜鲜卑单于，迁邑辽东之北。晋太康中，廆嗣立。元康四年，徙于徒河之青山，又移居大棘城。建武初，拜昌黎公。太和中，属于苻坚，寻又为后燕所有。隆安初，慕容宝保据于此。其后冯跋据之。宋元嘉十三年，后魏取其地，亦置昌黎、建德等郡，兼置营州治焉。后属于高齐，为建德、冀阳二郡地。齐亡，其疏属高保宁据此。隋开皇三年，取其地，废郡，仍曰营州。大业初，改州为辽西郡。唐初为韩库莫奚所据。贞观十九年，征高丽，驻跸于此。诸奚臣附，部帅苏支从征，奚长可度帅众内附。因复置营州，并置饶乐都督府。府即今卫治也，以饶乐水为名。开元二十三年，改为奉诚都督府。天宝后，府废。咸通中，契丹始大，奚族皆臣属焉。辽主隆绪统和二十五年，始城其地，实以汉户，曰中京大定府。金贞元初，改曰北京路。元至元七年，改曰大宁路。十五年，改曰武平路，后仍为大宁路。明洪武十三年，收复。二十年，建大宁卫，又置北平行都司。二十七年，置驿传，自大宁东路，至广宁四百八十五里，置十驿。郑晓曰：行都司置于惠州。似误。永乐初废。

卫居宣、辽之肘腋，为燕、蓟之屏翰。自秦汉以上，皆为中原
地。晋室不纲，鲜卑强恣，遂窃其土疆，为中原患。慕容令言于其
父垂曰：守龙城以内抚燕代，外怀群夷，肥如之险，足以自保。垂
不从而奔秦。其后慕容宝还据其地，立国犹数十年。唐置营州，镇
摄蕃落。天宝中为平虏镇，犄角范阳，襟带辽、碣。安禄山并帅其
地，遂成唐室之祸。五季浊乱，营州先入于契丹，因而窥伺河北，
拾取燕云。萌芽于朱梁之季，泛滥于弱宋之时。履霜坚冰，信非一
日之故矣。《辽志》：中京幅员千里，多大山深谷，阻险足以自固。
自辽以后，皆为北偏重地。明初，分藩置戍，所以东臂辽东，西肘
宣府，使藩垣巩固，门庭无觊觎之隙也。洪武十四年，封子权为宁
王，守北藩。二十年，命宋国公冯胜等征纳哈出，谕令据大宁塞，分兵列
戍，以控制之胜，遂筑大宁、宽河、会州、富峪四城。师出，辄留重兵为
守，卒破降纳哈出，寻尽平朵颜三卫地。永乐初，虽徙兴营等卫于内
地，然城守犹存，三卫未敢侵轶。自土木之变，三卫益恣，辽河东
西及三岔河北故地辽河、三岔河，俱见辽东，悉为所据，蓟辽从此
多事。诘尔戎兵，以陟禹迹，营州可终弃乎哉？郑晓云：永乐初以大
宁地尽畀兀良哈，譬之左臂痛肿，则上谷孤孑；后背伛偻，则卢龙单薄；
哽其喉吭，则辽海坐隔；扼其胸腹，则陵寝震惊。失计甚矣！诚欲为保边
固圉计，而可使宣、辽中绝，诸部得以裂我险阻，阚我门庭乎？

大定废县，旧为卫治。《志》云：汉辽西郡之新安平县也。后汉县
废。隋末，地没于奚。唐太宗置饶乐都督府于此，以授降夷酋长。唐末
没于契丹。宋景德四年，契丹始建中京大定府，并置大定县为府治。宋王
曾《上契丹事》：辽上京城垣卑小，方圆才四里许，门垣重屋而已。其南曰
朱夏门，内有步廊市楼。城外一望皆长松深谷，所产多青盐、黄豕。是也。

金、元仍曰大定县。明初改置卫，寻废。《边录》：大宁城，即辽金时故址，洪武二十二年改拓，有门五，城周十二里有奇。正统以后，故址遂墟。

长安废县，在卫南。《志》云：汉辽西郡宾从县地也。契丹置长安县，属大定府。金改为长兴县。元省入大定县。又文定县，在卫东南，又南为升平县，俱辽置金废。○劝农废县，在卫东南，亦汉宾从县地。辽置劝农县，属大定府。金废。又富庶废县，在卫东，亦汉新平县地。辽置富庶县，属大定府。金元因之。明初废。又归化废县，亦在卫东，辽置，属大定府。金废。

营州故城，卫东三百里，南至辽东锦州百五十里。《通典》：州城东至辽河四百八十里，南至海三百六十里，西至北平郡七百里，北至契丹界五十里。是也。商周为孤竹国地。春秋时为山戎地。战国属燕。秦汉及晋俱属辽西郡。晋建兴以后，属于慕容氏。咸康七年，慕容皝以柳城之北、龙山之西，为福德之地，乃营制宫庙，改柳城为龙城。八年，遂迁都焉。寻号新宫曰和龙宫，宫门曰弘光门。永和六年，慕容隽请迁于蓟。八年，建留台于龙都，即龙城也。隆安初，慕容宝复都于此。义熙三年，冯跋等作乱，废其主慕容熙，攻弘光门，推高云为主。五年，云为宠臣离班等所弑。冯跋升弘光门观变，遂自立为天王，仍都龙城。宋元嘉九年，魏主焘攻和龙。穿围堑以守之，不克。十三年，魏取和龙，置镇于此。二十一年，仍置营州。魏收《志》：永安末，陷于群贼。天平初，收复，领昌黎等郡。后属于高齐。齐亡，其疏属高保宁据于此。隋开皇三年，幽州总管阴寿击之，保宁走死，和龙诸县悉平，复置营州。炀帝曰辽西郡。唐复为营州。武后万岁通天初，营州为契丹李尽忠所陷。神龙四年，州移治渔阳。开元四年，契丹、奚皆内附。五年，复置营州于柳城，兼置平卢军于城内。六年，以宗室女为公主妻契丹。契丹作乱，公主走平卢。八年，营州都督许钦澹遣兵讨契丹，兵败，遂移军入渝关，仍寄治渔阳。十年，复还故治。天宝初，改为柳城郡，寻置平卢节度使于此，以安禄山为镇帅。及禄山以范阳、平卢叛，平卢镇将刘客奴寻挈地来归。上元二年，史思明复并其地，后遂为卢龙巡属。乾宁三年，李克用取卢龙，克营州。天有末，刘守光据幽州，营州没于契丹。五代梁乾化三年，晋将刘光濬攻刘守光，拔其平州，遂下营州。贞明初，又为契丹所取。《辽志》云：营州为奚所据。契丹平奚，乃取其地。完葺故柳城，改置霸州，亦曰彰武军节度。宋庆历二年，契丹升霸州为兴中府。金因之。元至元七年，降为兴中州。明初废。〇柳城废县，即营州治也。章怀太子贤曰：柳城故城，在今营州南。汉置县，属辽西郡，西部都尉治焉。后汉县废。建安中，辽西乌桓蹋顿据其地。曹操伐乌桓，田畴请出卢龙达柳城。是也。晋咸康中，慕容氏改置龙城县。其后元兴中，慕容熙于龙门外筑龙腾苑，又于苑中起逍遥宫，凿曲光海。刘宋时，亦谓之黄龙城。元嘉十二年，北燕冯弘来贡，宋封为燕王，江南谓之黄龙国。沈约曰：北国以和龙为黄龙府。《水经注》：白狼水北径黄龙城东。《十三州志》：昌黎有黄龙亭。盖曹魏时，柳城为昌黎县地，后因名和龙为黄龙城。后魏为营州治。隋开皇初，遣长孙晟出黄龙道，通使于奚、霫、契丹，是也。寻又改县为龙山县。十八年，复为柳城县。大业八年，又置襄平郡，寄治柳城。唐亦为营州治。《开元十道志》：舜筑柳城。是虞舜以前，已有柳城之地，因有营州之称也。《郡国志》：州当营室之分，故曰营州。契丹置霸城县于此，为霸州治。重熙中，改曰兴中县。金因之。元废。又广宁废县，在柳城南。《辽志》云：此为汉柳城县。阿保机以定州俘户，置营州邻海军于此。又置广宁县，为州治，后移置于平州东南。寻废营州，以县属平州。金改为昌黎县，即今永平府属县云。

　　阳乐城，在故营州东。汉县，属辽西郡。后汉辽西郡治此。嘉平末，赵苞为辽西太守，自甘陵迎其母垂到郡，道经柳城。值鲜卑入塞，为所劫质。旧《志》云：柳城东百里，即至阳乐。是也。晋仍为辽西郡治。后魏并入徒河，又改置县于辽西郡之西境。今见滦州甘陵，亦见前清河县。

徒河城，在营州东百九十里。汉县，属辽西郡。后汉属辽东属国。魏省入昌黎。晋太康十年，慕容廆以辽东僻远，徙居徒河之青山。寻又徙棘城。建兴初，幽州都督王浚檄慕容廆讨辽西鲜卑段疾陆眷。廆遣子翰攻之，取徒河新城，至阳乐。翰因留壁徒河之青山，后遂复置徒河县。后魏太平真君八年，并徒河入广兴县。旧《志》云：徒河西南百里，即阳乐故城。又广兴城，在营州东百里，慕容燕所置县也。后魏属昌黎郡。后周废。○新城，在徒河之西。晋永嘉中，鲜卑段氏所置县。慕容翰攻段疾陆眷，取其新城。其后慕容熙置青州，治新城，即其地也。

棘城，在营州东南百七十里。汉交黎县地，属辽西郡。曹魏景初二年，鲜卑莫护跋从司马懿伐公孙渊有功，拜率义王，始建国于棘城之北。晋元康四年，莫护跋之孙慕容廆徙居大棘城，因置棘城县。咸康四年，石虎攻慕容皝于棘城，败还。后魏太平真君八年，并入龙城县。杜佑曰：棘城，古颛顼之墟也。

昌黎城，在营州东南。汉置交黎县，属辽西郡，东部都尉治焉。后汉曰昌黎县。安帝置辽东属国都尉治此。魏正始五年，鲜卑内附，置昌黎郡。晋因之，又为平州治。太康二年，鲜卑慕容涉归寇昌黎，既而安北将军严询败鲜卑于昌黎。咸康二年，慕容皝以其弟仁据平郭，自昌黎东践冰而进，凡三百余里，至历林口，舍辎重，轻兵趣平郭。仁不及备，遂擒之。《图经》：昌黎南近大海也。《载记》：咸康中，慕容皝都龙城，改昌黎太守为昌黎尹。又皝破宇文归，徙其部人五万余落于昌黎，义熙五年，冯跋即天王位于昌黎。盖燕移置昌黎郡于龙城也。后魏昌黎郡亦治龙城，省昌黎县入焉。《括地志》：后汉省柳城入昌黎。慕容皝都龙城，本昌黎县地，相去数十里而近也。历林口，见辽东故平郭县。

白狼城，在营州西南。汉县，属右北平郡。后汉省。建安中，魏公操伐乌桓，历平冈，登白狼堆。去柳城二百余里，即故白狼地也。晋咸康六年，石虎谋伐慕容皝，自幽州以东至白狼，皆大兴屯田。其后慕容燕复置白狼县，又析置广都县，属北平郡。太元十五年，北平人吴柱作乱，破北平郡，转寇广都，入白狼城。是也。北燕以白狼为重镇，置并州及建德郡治焉。宋元嘉九年，后魏主焘攻和龙，别将拓跋健攻建德，拔之。师还，复属北燕。十三年，北魏将娥清等攻燕，克白狼城。魏收《志》：真君八年，置建德郡，治白狼城，领广都、石城等县。是时，以白狼县并入广都也。高齐时，复废广都入龙城县。

　　石城故城，在营州西南。汉县，属右北平郡。后汉省。慕容燕复置县，并置石城郡治焉。晋隆安初，慕容宝自蓟趋龙城至广都，其子会作乱。宝驰诣龙城，会遣骑追至石城，不及。二年，宝复自蓟城还龙城，至建安，留顿石城，寻至乙连。是也。宋元嘉九年，北燕石城太守李崇以郡降后魏。魏太平真君八年，以石城县属建德郡。北齐县废。○阳武废县，在故石城东。后魏正光末，置县，属建德郡。亦高齐时废。

　　平刚城，营州西南五百里。汉县，为右北平郡治。刚，一作冈，或作岗。后汉移郡治土垠县，遂废。建安十一年，曹操击乌桓，至无终。时方夏，水雨滨海涔下，泞滞不通。彼亦遮守蹊要，军不得进。田畴进曰：旧北平郡治在平刚，道出卢龙，达于柳城。自建武以来，陷坏断绝，而尚有微径可从。若嘿回军，从卢龙口，越白檀之险，出空虚之地，路近而便掩其不备，蹋顿可不战擒也。操从之。畴引军上徐无山，堑山堙谷五百余里。经白檀，历平刚，涉鲜卑庭，东指柳城，果平乌桓。《水经注》：自无终东出卢龙塞，又东至凡城，又东北趣平刚，此为正道。今自徐无转而西北，改经白檀，乃历平刚，所谓行兵无人之地也。自徐无至平刚，路迂而险。自平刚至柳城，则近而便矣。晋咸康四年，后赵石虎击段辽于辽西，辽奔平刚。永和中，慕容皝遣将军叔虞攻乌桓悉罗侯于平刚。魏收《志》：平刚县，后魏初为冀阳郡治。真君八年，并入昌黎郡。东魏武定五年，复置郡，兼领柳城县。《五代志》：冀阳城，在平刚故县东。慕容廆以冀州流人置冀阳郡,时又以豫州流人置成周郡,并州流人置唐国郡,又于平州界内置乐浪等郡。宋元嘉九年,魏主焘攻北燕和龙,不克。引兵西还,徙营丘、成周、辽东、乐浪、带方、玄菟六郡民三万家于幽州。是也。高齐废平刚等县,以冀阳郡寄治龙城。隋初郡废。土垠,今见蓟州丰润县。徐无,见玉田县。白檀,见昌平州密云县。

营丘城,在营州南。《后燕录》:慕容廆以青州流人置营丘郡。《水经注》:渝水首受白狼水,南流经营丘城西。后魏初,郡县俱废。正光末,复置营丘郡,领富平、永安二县。高齐时废。契丹重熙初,析霸城县置营丘郡。盖因故郡为名也。

乐浪城,亦在营州西南。晋建兴初,慕容廆侨置郡于此,以处乐浪流民。后魏初废。正光末复置,领永洛、带方二县。魏收《志》乐浪郡治连城,是也。高齐郡废,而县不改。隋开皇初,二县俱废。永洛,《隋志》作永乐。○襄平城,在营州东南。后魏正光中,侨置辽东郡于此,领襄平、新昌二县。高齐郡县俱废。

定荒城,在营州境。后魏正光末,析龙城、广兴二县地,置定荒县。高齐时废。《五代志》:后魏营州领建德、冀阳、昌黎、辽东、乐浪、营丘等六郡及龙城等县。后齐惟留建德、冀阳二郡,永乐、带方、龙城、广兴等四县。隋开皇初,惟留建德一郡、龙城一县,其余悉废。寻又废郡,改置营州。○武原废县,亦在营州境,慕容燕所置也。后魏初废。

威德城,在营州东北。东晋初,辽西鲜卑宇文涉夜干之南罗城也。建元二年,慕容皝并其地,改为威德城。又有紫蒙城,在柳城西北。紫蒙川,宇文氏国都也。慕容皝击斩涉夜干,乘胜追逐,克其都城,逸豆归走死,遂灭宇文氏,辟地千余里。又有沙城,亦曰沙野,在龙城东北六百里。晋太和四年,燕慕容令自秦奔还,燕主暐徙之沙城。既而令举兵沙城,东袭威德城,克之。将袭龙城,为降将所杀。○广安城,在故棘城

北。晋咸和七年，慕容皝讨宇文逸豆归，军于广安，进筑渝阴、安晋二城
而还。胡氏曰：渝阴，在渝河之阴安。晋城，在威德城东南。

乙连城，在营州西南二百里。东晋初，段国之东境。咸康三年，慕
容皝攻段辽于乙连城，筑好城以逼之。又筑兴国城，与乙连城相距数十
里。段辽来攻，屡败之。隆安二年，后燕慕容宝保龙城，议复伐魏，次于
乙连。其下段速骨等作乱，宝走免。义熙十四年，魏主嗣遣长孙道生等
袭燕，拔乙连城。进攻冯跋于和龙，不克。胡氏曰：乙连城在曲水之西。
〇建安城，在故乙连城南，令支之北。晋隆安二年，慕容宝以段速骨等之
乱，自龙城南奔。至蓟，欲赴慕容德于滑台，不得达，引还龙城，北行至
建安。既而宝为兰汗所弑，慕容盛使慕容奇自龙城逃出，起兵建安，进
屯乙连。是也。

凡城，在营州西南，慕容氏所置城也。郦道元曰：自卢龙东越青
陉，至凡城二百许里，自凡城东北出平刚故城，可百八十里，向黄龙城
五百里。建安十一年，曹操征乌桓，蹋顿逆战于凡城，被杀。晋咸康四
年，慕容皝却石虎之兵，讨诸城之叛者，皆下之，拓境至凡城。五年，石
虎遣李农镇令支，农帅众攻燕凡城。隆安五年，燕慕容熙置并州刺史，
镇凡城。是也。后魏废。又楄卢城，在凡城东。《水经注》：渝水南流，
东屈与一水合，世名之槛仑水。城在水傍，故曰楄卢。慕容氏置城于此，
为戍守处。

宿军城，在营州东北。后燕所置城也。又为平州治。晋元兴初，
高句丽攻后燕宿军城，平州刺史慕容归弃城走。慕容熙改置营州，镇宿
军。冯跋时，复为平州治。后魏废。〇临川城，亦在营州东北，燕置。宋
元嘉十三年，后魏攻北燕，燕主冯弘请迎于高丽。高丽遣其将葛卢等将
众至和龙，屯于临川。或曰：临川，水名也。

武兴城，在营州南。其西与令支城相近。晋咸康二年，段辽遣将李

咏袭慕容皝。咏趋武兴，皝将张萌击擒之。〇管子城，亦在营州西南。后汉中平五年，渔阳张纯等叛，寇幽、冀诸州，公孙瓒击败之于属国石门。纯等逾塞走，瓒引兵追纯，深入无继。纯与乌桓丘力居等围瓒于辽西管子城。即此。《志》云：齐伐山戎，管仲尝至此城，因以名。又州西南有蹋顿城。后汉末，乌桓蹋顿尝屯此，因名。晋咸康四年，石虎谋攻慕容皝，遣其将曹伏将青州兵渡海，戍蹋顿城，无水而还。因戍于海岛，运谷三百万斛以给之。隋大业八年，伐高丽，分军出蹋顿道。是也。

怀远城，在营州东，隋所置镇也。大业七年，将伐高丽，发民夫运米积于此。十年，复征兵伐高丽，驾次怀远镇。唐为怀远守捉城。贞观十九年，伐高丽，李世勣军发柳城，多张形势。若出怀远镇者，而潜师北趋甬道，自通定济辽水。通定，在辽水西，时世勣渡辽水至玄菟也。〇泸河城，在营州东南，亦隋所置镇。大业七年，将伐高丽，发民夫运米，积于泸河、怀远二镇。其相近者，又有汝罗城。《新唐书》：隋大业中，于营州境汝罗故城置辽西郡，领辽西、泸河、怀远三县。盖初置郡以处靺鞨降人，唐武德初改为燕州。又废泸河县。四年，以靺鞨渠帅突地稽为燕州总管。五年，自营州迁治幽州城内。

安东城，在营州东南二百七十里。杜佑曰：本汉辽西故郡城。唐总章初，置安东都护府于平壤城。上元二年，徙辽东故城。仪凤二年，徙新城。开元二年，徙于平州。天宝二载，徙于辽西故郡城。是也。至德后废。〇镇安城，亦在故营州东，唐置。本燕郡守捉城，德宗时改曰镇安军。又有五守捉城，在镇安城西，亦唐置。

闾山城，在营州东。《辽志》：本汉之且虑县，辽西郡治此。后汉移治阳乐县，遂废。辽初，置卢家军。开泰二年，改置闾山县，隶大定府。后改属兴中府。金废。又象雷废县，亦在州西境。辽开泰二年，以麦务川置象雷县，隶大定府，后改属兴中府。金废。〇兴城废县，在营州西南。《辽志》：本汉海阳县地，阿保机平渤海，迁汉户杂居兴州界。契丹主隆绪时建城，置严州保肃军，治兴城县。金州废，以县隶锦州，寻改属兴中府。元废。

慎州城，在营州南。唐武德初置州，领涑沫靺鞨乌素固部落，兼领逢龙县为州治，后寄治于良乡县故都乡城。《五代志》：唐长兴二年，置怀化军于慎州，兼领瑞州，以东丹突欲为怀化节度使。盖遥领二州也。四年，又改为昭化军，时州地已没于契丹。○威州城，在营州东南境。唐武德二年，置辽州总管于燕支城，寻徙治营州城内。贞观初，改为威州，又置感化县为州治，后寄治良乡县之石窟堡。燕支城，或云在辽东都司北境。瑞州，见辽东广宁前屯卫。

师州城，在营州东北。唐贞观三年，置师州于营州东北废杨师镇，治杨师县，领契丹、室韦部落，隶营州都督。天宝十一载，安禄山击奚、契丹，为所败，遁入师州，还平卢。是也。其后寄治于良乡之故东间城。又夷宾城，在营州界内。乾封中，置夷宾州，领靺鞨愁思岭部落，兼置来苏县为州治，后寄治于良乡县之故广阳城。○带州城，在营州境。贞观十九年，于营州界内置处契丹乙失革部落，兼置孤竹县为州治，后寄治于昌平县之清水店。

顺州城，在营州南。唐贞观四年，突厥亡，侨置顺州于营州南五柳戍，以故东偏可汗突利为州都督，后移治幽州城内。又州南有废黔州城，《辽志》云：本汉辽西郡地，阿保机置盛吉县于此。后置黔州，亦曰阜昌军治焉。金废。

惠州城，大宁卫西南二百里。《志》云：本汉右北平郡土垠县地。辽置泽州，亦曰广济军，领神山、滦河二县，属中京路。宋宣和四年，金取辽中京，遂下泽州。是也。金承安中，改置惠州。泰和四年罢。元复置惠州，以附郭神山县省入。《吾学编》：洪武初，割元大宁路锦、义、建、利诸州隶辽东，设北平行都司于惠州，领营兴等二十余卫、所。永乐初，司卫所悉移入内地城，遂废。〇滦河废县，在州东南。《辽志》：本汉徐无县地，开泰中置县，属泽州。金废。《金志》云：承安二年，以孩儿馆为滦阳县，属惠州。泰和四年罢。盖即滦河旧地，《永平志》谓即今迁安县境汉儿庄也。

崇州城，在卫东南。唐武德五年，分饶乐都督府置崇州，处奚可汗部落。贞观三年，徙治营州东北之废杨师镇，又置昌黎县为州治。万岁通天初，许钦寂与契丹战于崇州，败没。刘昫曰：贞观二年，置北黎州于废杨师镇。八年，改为崇州，治昌黎县。寻为契丹所陷，寄治于潞县之古潞城。〇鲜州城，在卫东。唐武德五年，分饶乐都督置，处奚部落，治宾从县。盖与昌黎皆因汉旧名也，后亦寄治古潞城。

建州城，卫东南四百余里。唐武德初，尝置昌黎县，属崇州。五代初，契丹置建州保静军于此。汉乾祐初，故晋李太后请于契丹主耶律兀欲，愿依汉人城寨之侧，给田以耕桑自瞻。许之。乃自黄龙府迁于建州南四十里，给地五十顷，令从者耕以自给。《辽志》：州在灵河南，屡遭水患。契丹主隆绪时，又迁于河北，即唐之故崇州城治焉。初曰武宁郡，后曰保静军。金因之。元亦曰建州城。明初废。《五代史》：自辽阳行十数日，过义州、霸州，至建州。胡氏曰：建州之南为义州，建州之北则土河。土河之北，则契丹中京大定府也。《金人疆域图》：建州南至燕京千二百四十五里。〇永霸废县，建州属县也。《金志》云：本唐昌黎县地，辽置永霸县。又析置永康县，俱属建州。金废永康县。元复改置建平县为建州治。明初废。

玄州城，在卫东南。隋初置州，处契丹李去闾部落。唐因之，治静蕃县，后寄治范阳县之鲁泊村。〇金源城，在卫东，唐初为玄州地。景云元年，析置青山州，治青山县，后寄治于范阳县之水门村。辽开泰二年，置金源县于此，属大定府。金、元因之。《金志》云：县有金甸，因名。明初废。

惠和城，卫东北百里。辽置惠州于此，亦曰惠和军，领惠和县。金州废，县属大定府。元因之。明初废。《辽志》云：惠州，唐归义州地也。阿保机俘汉民于兔麛山下，筑城居之，谓之惠州。

和众城，亦在卫东。《志》云：汉临渝县地，唐初为慎州地。载初二年，析置黎州，处浮渝靺鞨乌素固部落，隶营州，治新黎县。复寄治良乡县故都乡城，其地为奚所据。辽置渝州，亦曰高平军，治和众县。金废州，县属大定府。元因之。明初废。〇永和城，在渝州西南。《辽志》云：汉昌城县地，属右北平郡，后废。辽开泰中，置县于此，属渝州。金废。

武安城，卫东北二百里。唐初为昌州地。载初中，析置沃州，处契丹松漠部落，治滨海县，隶营州都督。后寄治于蓟县东南之回城。阿保机初俘汉民，置木叶山下，因建城于此以迁之，曰杏堝新城。复以辽西户益之，更名新州。统和八年，改曰武安州，治沃野县。金废州，改沃野县曰武安县。大定七年，又改为武平县，隶高州，寻改属大定府。元因之。明初，华云龙逐元孽，败之于武平。即此城也。

高州城，卫北二百里。《志》云：唐信州之地。万岁通天初，以契丹室活部置信州，治黄龙县，隶营州都督，后寄治范阳城内。契丹主隆绪开泰中，伐高丽，以俘户置高州，领三韩一县。金初，置节度使。皇统三年，州废，以县属大定府。寻复为高州，以三韩县省入。明初废。又三韩废县，故高州治也。辰韩为扶馀，弁韩为新罗，马韩为高丽。辽伐高丽，俘三国遗人置三韩县。金因之。元省。〇遂州城，在高州西南。《辽志》：本高州地，辽置遂州，在檀州西二百里，东北至临潢一千里。

潭州城，在卫东。《志》云：本汉交黎县地。唐贞观二年，于废静蕃戍置昌州，领契丹松漠部落，治龙山县，隶营州都督。后移治三合镇，寻寄治于安次县古常道城。契丹初置习家寨于此。开泰二年，置龙山县，寻置潭州广润军治焉。金废潭州，以县属利州。元改属大定府。《金志》：利州所领，有兰州寨、漆河镇。元废。○利州城，在卫东南，地名琵琶川。唐末，契丹迁奚人于此。统和四年，置阜俗县。二十六年，置利州治焉，属大定府。金因之。元省阜俗县入利州。明初州废。

松州城，在卫西北。《志》云：汉辽西郡文成县地。本松林南境，辽置松江州胜安军，治松江县，为商贾会聚之地。金废州，改县为松山县，属大定府。元复置松州，寻以松山县省入，改属上都路。明初废。○恩州城，在卫西南。《志》云：汉新安平县地也。辽开泰中，以勃海户置恩州怀德军，治恩化县，属大定府。金废为恩化镇。

全宁城，在高州东北。元时置全宁路，领全宁县。明初洪武二年，常遇春奉诏取开平，过惠州，取全宁，败元丞相也速兵，进攻大兴州，擒元相脱火出，遂克开平。正统九年，成国公朱勇等讨三卫。勇出喜峰口为中路，别将马谅出界岭口为北路，徐亨出刘家口为南路，陈怀出古北口为西北路。逾滦河，渡柳河，经大小兴州，过神树。至全宁，遇福馀，逆战，寇败遁，即此。

会州城，卫西南二百四十里。明初置。又二百四十里，即遵化州之喜峰口也。《志》云：喜峰口北六十里，为椴木谷寨。又六十里，至富民城，松亭关在焉。其相近者曰宽河。自是而东北，曰松山，曰会州，各六十里。由会州而东，曰东庄，曰富峪驿。又东北至新城、大宁，亦各六十里，共四百八十里。洪武二十年，冯胜北征纳哈出，出松亭关，筑大宁、宽河、会州、富峪四城。是也。建文初，燕王取大宁，还至会州，简阅将士。宣德二年，兀良哈犯大宁，经会州，将及宽河。时上亲历诸关寨，驻跸蓟州之石门驿，闻之曰：今出喜峰口路隘且险，当出其不意擒之。遂北至宽河进战，兀良哈大败，诛其渠帅。遂进次泠岭，又北至会州，乃班师。是也。○青城，在卫东南九十里。又东南至会州百五十里，旧为戍守处。万历初，三卫颖克等窃据于此。

七金山，在卫东南。中多长松，一望郁然。土人皆畜牧于此。《一统志》：山有七峰，因名。卫境之大山也。又石门山，在故柳城县西南。后汉中平五年，公孙瓒讨张纯等，战于属国石门，纯等大败，即此。

马盂山，在卫北。《志》云：山东西千里，南北五百里。北接故临潢境。高、松等州，皆在其南。土河之源出焉。○彻彻儿山，亦在卫北。明洪武中，燕王北讨，抵大宁，沿黄河而北。掩击敌兵，败之于彻彻儿山，追至兀良哈之秃城而还。《一统志》：洪武中，总兵官周兴北征，自兀者河追至彻彻儿山下，大破之。

灰山，在卫东北。明初，元人屯聚于此。洪武八年，徐达出塞讨乃颜不花至北黄河，敌骑骇遁。傅友德选轻骑夜袭灰山，克之。○虎头山，在卫北。正统中，朱勇讨三卫，败福馀于全宁，次虎头山及流沙河，遇泰宁朵颜诸军，又败之。

太子山，在卫西南。契丹主宗真清宁九年，田于滦水之太子山。耶律重元作乱，讨平之而还。○胡土白山，在卫境。宋宣和五年，金人陷辽上京。辽主延禧谋拒之，至中京，猎于胡土白山。《金志》：抚州有胡土白山，本名麻达葛山。大定二十九年，更名抚州。今兴和城，似非此山也。

毡帽山，在卫北。明洪武七年，李文忠攻高州大石崖，克之。进至毡帽山，破斩敌众。是也。○哈剌温山，在卫东。其相近者，曰贵烈河。元至元二十五年，都指挥土土哈败叛人乃颜馀党哈丹于此。

龙山，在营州东。燕慕容皝时，有黑白三龙斗于此，皝率僚属观之，祭以太牢，二龙交首嬉戏解角而去，因名。其宫曰和龙，以柳城为和龙城，山亦曰龙山。○安萝山，或云在营州东南。唐贞观十八年，伐高丽，诸军大集于幽州，遣姜行本等先督众工造梯冲于安萝山。

白狼山，在营州西南。《志》曰：近故凡城界，汉白狼县以此名。曹操伐乌桓，登白狼山，望营州，卒与敌遇，操纵击，大败之。或谓之白鹿山。晋元兴三年，后燕主慕容熙游畋，北登白鹿山，东逾青岭，南临沧海而还。郦道元曰：白鹿山，即白狼山矣。魏收《志》：广都县有白狼山、白狼水。又云：建德郡石城县有白鹿山祠。○马兜山，亦在营州西南。段辽掠柳城，慕容皝遣封奕帅骑伏于马兜山，破斩辽将荣伯保。是也。

青山，在营州东南。《通典》：徒河县之青山，在柳城东百九十里，即慕容翰攻鲜卑留壁处也。晋元兴三年，燕慕容熙与符后游畋，东逾青岭。胡氏曰：青岭即青陉，在龙城东南四百余里。盖即青山矣。高齐主洋天保四年，击契丹至平州，从西道趋长堑，使司徒潘相乐自东道趋青山。齐主至白狼城，进至昌黎城。又使韩轨率精骑断契丹走路，至杨师水，倍道兼行，掩袭契丹，大破之。潘相乐至青山，击契丹别部，亦破之。长堑，即卢龙塞，见永平府。杨师水，见下。又旧《志》：柳城东二百里，有鲜卑山。又棘城东塞外亦有鲜卑山，东胡因以为号。或曰鲜卑山即青山也。

突门岭，在卫西南，其西有甘松陉。晋建元二年，慕容皝灭宇文部，石虎遣兵自甘松出救之，不及。又义熙十四年，魏主嗣东巡濡源及甘松，遣将袭后燕冯跋于和龙，嗣屯突门岭以待之，即此。○九荆岭，在卫西南。《新唐志》：自渔阳郡东北渡滦河，有古卢龙镇，又有斗陉镇。自古卢龙北，经九荆岭、受米城、张洪隘、度石岭，至奚、王帐六百里。又东北行，傍土护真河，五百里至奚、契丹牙帐。又北百里，至室韦帐。旧《志》云：九荆岭，亦卫境大山也。

摘星岭，在卫南境。唐末，刘仁恭据幽州，尝乘秋深入，逾摘星岭，以击契丹。即此。○松陉岭，《志》云在营州西北百里，亦曰松岍。岍，读如硎。梁天监七年，魏安州三戍兵反，上谷贼杜洛周自松岍赴之。或曰即此松陉。误。

冷岭，在废会州南。又南有偏岭。明宣德三年，车驾败兀良哈于宽河。明日，次冷岭。又明日，次会州。既而自会州引还，次铁将军店，又南次摆山站。明日，次偏岭。又明日，入喜峰口。是也。

牛尾谷，在营州北。晋咸和九年，辽西鲜卑段兰攻柳城，败慕容皝将慕容汗于此。〇黄榆谷，在营州西南二百五十里。晋隆安初，后燕慕容宝自蓟北趋龙城，宿广都黄榆谷。其子会作乱处也。

索莫汗陉，在营州西南。慕容宝自石城还龙城，至索莫汗陉，去龙城四十里。又营州西境有板陉，亦险塞处也。晋隆安四年，慕容盛遣将李旱讨叛将李朗于令支。军还，闻盛诛其徒卫双，弃军亡走，至板陉而还。

土河，在卫南。自马盂山发源，东南流经此，又东北流，至朵颜卫境之木叶山，合于潢水，又南入于辽河。《五代史》：土河之南为建州，北为契丹中京大定府。《金志》：大定县有土河及阴凉河。盖卫境之大川也。明正统八年，命朱勇等讨三卫，分兵出喜峰等口，期至黄河、土河两叉口，会辽东各路兵马追剿，互有斩获而还。或曰土河亦名温榆河。〇老河，在卫南。《志》云：出会州西北，经兴州南，又经大宁城南里许，复东北流，与黄河合，又东北过火郎兀儿大山，乃东流入辽东三垒河，归于海。土名曰老花母林。土人称河曰母林也。或曰老河即土河之别名矣。

饶乐河，在卫北。源亦出马盂山，其下流东北入于潢河。晋大宁三年，宇文乞得归侵慕容廆，廆遣世子皝等击之。乞得归据浇水拒皝，皝等大破之。浇水，即饶乐水矣。其后库莫奚建牙于此，曰弱落水。太元十三年，拓跋珪破库莫奚于弱落水南。又谓之浇落水。隆安二年，时慕容宝还都龙城，议袭库莫奚，北渡浇落水，不果。皆此水也。《辽志》：库莫奚为慕容皝所破，徙居松漠间。既复营于饶乐水南，温榆河北。唐因置饶乐都督府，亦谓之黄河。以其下流入于潢水也。《北边事实》：黄河离蓟门边约千三百里，水不甚深广，土人多驻牧于此。亦曰北黄河，译名哈剌母林。或谓之乌龙江。旧《志》：大宁在乌龙江南，渔阳塞北，即饶乐水矣。

阴凉河。在卫北。自卫西北松林中发源，流经临潢府南境，合于潢河。宋政和七年，辽主延禧以金人取东京，乃自燕至阴凉河，募辽人为兵处也。《辽志》：临潢府境有阴凉河。○贵烈河，在卫东。流经广宁北境，又东南入于辽河。元至元二十五年，皇孙铁木耳行边讨叛人乃颜馀党，别将都指挥土土哈败火鲁火孙军，还至哈剌温山，夜渡贵烈河，复击取哈丹军，尽得辽左诸部，置东路万户府而还。

流河，在卫西南，近密云墙子岭。边外红门川各山谷水泉皆流合焉。由西南而东北历遵化诸关口外，近三台山关北境，合于滦河。其水回环曲折，绕渡九次，有头道、二道、三道等称。今名之曰九道流河。○澈河，亦在卫西南，近蓟州东北大安口边外，东流经遵化边口，入龙井儿关，又东南入于滦河。今卫境宽漫，大川多称澈河川。

恶河，在卫东南七十里。东南流入辽东大凌河。译名敖母林，今讹为恶木林。○忽儿海河，出卫东废潭州东山中，东流经辽东塞外，至女真境，入松花江。又有艾葱河、莽哥河，俱出潭州东山，东流经女真境，入于海。

回水，在营州西南。晋延康二年，段辽遣将李咏袭慕容皝，趋武兴。又遣段兰屯柳城西回水，宇文逸豆归攻安晋，为兰声援，皆为皝所败。或曰回水亦名曲水。胡氏曰：回水，据《载记》当在好城西北。好城，与武兴、安晋俱相近也。

白狼水，在故白狼县东南。《水经注》：白狼水出白狼县东南，北径白狼山，又东北径昌黎故城西，又北径黄龙城东，又东北出，东流为二水。右水即渝水也，自塞南入海。其一水东北出塞，为白狼水。又东南流，至故辽东郡房县界，注于辽水。《初学记》：狼河附黄龙城东北，下即白狼水。

阳师水，在营州东北。高齐主洋击契丹，遣韩轨率精骑至此，断契丹走路处也。后魏置阳师镇。唐贞观三年，于废镇置师州及阳师县，皆以水为名。○锦川，在卫东南，下流入滦河。洪武二年，常遇春经鹿儿岭抵惠州，败元将江文清于锦川，进次全宁。或云：锦川，一名浭水，即迁安县还乡河之上源。误也。又有广河，亦曰功河，自会州东境南流，入喜峰口，合于滦河。

紫蒙川，在营州西北。《晋书·载记》：秦汉之间，东胡邑于紫蒙川。晋时，南匈奴别部宇文氏国于此，为慕容皝所灭。《唐志》平州有紫蒙、白狼、昌黎等戍。盖平州之北境，契丹之南界也。开元二十二年，幽州节度使张守珪初平契丹，大阅于紫蒙川，以镇抚之。即此。

以逊川，在卫西南，又西至小兴州五十里。皆诸部落驻牧处也。○白塔川，在古北口外二百余里。正统四年，宣府帅杨洪破三卫叛众五百余骑于白塔儿，即此。又无碍川，去古北口三百五十里，皆诸部落驻牧处。

薛延泽，在龙城东北数百里，与沙城相近。慕容令起兵于沙城，东袭威德，据其城，为其徒所袭，走薛延泽，被擒，即此。○横沟，在龙城西南。晋隆安二年，慕容盛以兰汗之乱，遣慕容奇起兵建安。事平，命奇罢兵，奇不受命，勒兵进至横沟，去龙城十里。即此。

羌胡固，在营州东北。北魏主焘延和元年，伐北燕。冯弘围和龙，燕尚书高绍保羌胡固，魏主攻拔之。○花道戍，在卫西。宋嘉定七年，蒙古将木华黎攻金北京，守将银青帅众御之于花道，败还，北京遂降于蒙古。

通天馆，卫南二十里，契丹所置也。《辽史》：契丹建中京，有大同馆以待宋使，朝天馆以待新罗使，来宾馆以待夏使。王曾《上契丹事》：自檀州金沟馆九十里至古北口，两崖峭险，仅容单轨。又度德胜岭，盘道数层，俗名思乡岭。八十里至新馆，过雕窠岭、偏枪岭四十里，至如来馆。过乌滦河，东有滦州。又过黑斗岭、度云岭、芹菜岭七十里，至柳河馆，馆西北有铁冶。又过松亭岭，甚险峻，七十里至打造部落。东南行五十里，至牛山馆，八十里至鹿儿峡馆，过虾蟆岭九十里，至铁浆馆。过石子岭，自此渐出山，七十里至富峪馆，八十里至通天馆，二十里至中京大定府，入大同馆云。

镇安堡，在卫南。正德四年，泰宁长满蛮率部落二万余，欲附居塞下，以避北房。边臣以闻，兵部议许居故镇安堡。即此。〇卢思台，在营州南界。《志》云：台去幽州八百里。唐贞观十八年，伐高丽，由漕渠运米至台侧，浅涩不能进。胡氏曰：漕渠，即曹操伐乌桓时所开平房渠也。

神树站，在故全宁城西南。明永乐十九年，命边将置逻骑营于古北口之北神树之地。又正统九年，命大帅陈怀等出古北口，过神树，破福馀于全宁。是也。〇摆山站，在废会州西南百二十里。宣德三年，车驾自会州还，次铁将军店。明日，次摆山站。是也。

满套儿地，在密云边白马关外二百五十里。其南百四十里，曰白庙儿山，近独石境。又石伯岭，在满套儿北八十里，亦曰木虎岭，三卫皆驻牧于此。〇逃军兔，在卫南，夷巢也，去永平边二百五十里。

斗里库地，在卫西南。又西南去密云墙子岭关二百余里，西去黑谷关百三十里，当东西合犯之冲。少北有把汗土门，宽敞可以屯聚。《志》曰：斗里库稍西三四里，为二条道。又西南三十余里，为窄道儿，窄道儿去黑谷关仅三十里。又西南行八十里，曰三垒口。三垒口西行百余里，犯墙子岭。东南行百余里，则犯马兰、松棚一带。故三垒口之防卫最切。

大硙场。在卫东南二百余里。又东南至常海百余里，自常海至抚宁边外百余里，皆三卫驻牧之地。《志》云：大硙场南有横山，长六七十里，稍西曰横岭。

附考:

兀良哈,在大宁卫北。其地东接海西,西连开平,北抵北海。古山戎地。秦为辽西郡北境。汉为奚酋所据,后汉末,为曹公操所败,走匿松漠间。后魏时复居于此,号厍莫奚。其后服属契丹。元为大宁路北境。明初,破降北胡。洪武二十二年,故元宗室辽王阿礼失里及朵颜诸酋请内附,诏以兀良哈之地,置三卫居之。其地在潢水之北,即辽金时临潢、庆州诸境。中曰泰宁卫,以阿礼失里为指挥使,塔宾木儿为同知。东曰福馀卫,以海撒男答溪为指挥同知。西曰朵颜卫,以脱鲁忽察儿为指挥同知。各领部落为外藩。靖难兵起,三卫以从征有功,尽官其长。而宁藩及都司诸卫,皆迁内郡。大宁地虚,三卫因窃出没塞下。永乐二十年北征,以兀良哈为阿鲁台乡导,乃先荡其巢。三卫创,稍复自归。宣德二年,兀良哈侵边,上方巡幸各边塞,遂出喜峰口亲征之,战于宽河,众奔溃。六年,诏蠲其罪,使自新。正统初,三卫复通蒙古脱欢及诸部,伺塞下。三年,三卫长阿鲁夕等西掠葭州,还,为边帅所破。六年,福馀部火赤完哈等犯边。明年,其长字台等又犯辽东,边将皆击擒之。八年,蒙古脱欢死,子乜先屡犯塞,朵颜乘隙肆扰。明年,三卫并入寇,命成国公朱勇等出喜峰、古北、界岭、刘家等口,东西进讨。虏败衄,怨我益深,因导乜先入寇。十四年,福馀、泰宁结乜先犯塞,朵颜独扼险不从,因不得利,大掠二卫人畜去,二卫益衰。而朵颜独强,竟与乜告合致土木之变。嗣后三卫益挟彼为重,尽没辽河东西三垒河故地。初,卫制以泰宁为首,三卫所分地,延袤共千余里。及朵颜益强,遂为首称。自广宁前屯,历喜峰边宣府者,皆属朵颜。自锦、义度潢河,至白云山,皆属泰宁。自黄泥洼以东,至开原,皆属福馀,东西亘三千里,蓟辽日以多事。景泰三年,三卫言乜先将以冬月住哈剌莽,于谦以三卫为敌间,请敕边臣防御。五年,泰宁长革于帖木儿上书,乞大宁废城,不许。天顺五年,三卫与蒙古孛来通。故事,贡道由喜峰口。景泰末,渐从独石、万全右卫阑入。至是乃随孛来使者入云中，邀厚赏。成化十四年，三卫请改贡道从开原，不许。弘治十七年，时三卫屡请增贡互市，不许。朵颜遂通小王子入寇。正德四年，泰宁长满蛮率部落三万余，欲附居塞下，避北虏。边臣以闻，兵部议许居故镇安堡，戒边臣毋纵之入边。时朵颜强，而诣部中花当为贵种，数请增贡不得，遂通小王子部落，自遵化县鲇鱼关入犯。遣都督桂勇讨之。即而复许入贡，未几复入犯。嘉靖十年，花当诸子把儿孙犯遵化马兰峪。未几，花当孙革兰台袭职，入寇渔阳，诸小关皆残破。既而复导其长阿堆哈利赤来掠遵化、迁安诸边寨。二十一年，诱俺答入犯迁安之青山口。蒙古呼朵颜为辽阳军时，告边人曰：辽阳军导我来耳。二十七年，革兰台死，子影克袭职。三十八年，蒙古把都儿十余万骑挟影克等为乡导，溃墙深入。明年，复犯迁安县一片石关。四十二年，纠东西部落由密云县墙子岭深入。隆庆元年，复扰边。是后督臣谭纶、帅臣戚继光，协谋练兵增垣，制驭有方，三卫稍戢。万历初，帅臣李成梁复屡败之。自是朔骑恒驻牧会州、青城间，诸帅中长昂尤黠，数扰边。其后分部散居，莫能自振，乃折而东合，实为残蓟之本焉。《边略》：三卫皆喜剽窃，善反覆，往往勾敌为患，而朵颜尤强狡。然贪中国赐予燕抚之厚，亦时以敌情告我，得预为之防，此惟在抚之得其宜，不可轻信而堕其计中，亦不可驱迫而使为彼用也。

临潢城，在朵颜卫北。《辽志》云：本汉辽东郡之西安平县，后废。阿保机创业于此。负山抱海，天险足固。地肥沃，宜耕植，饶水草，便畜牧。初置宫曰龙眉宫。神册三年筑城，名曰皇都。天显元年，展郛郭，建宫室。十一年，更名曰上京，府曰临潢。城高二丈，幅员二十七里。东门曰迎春，曰雁儿。南曰顺阳。西曰金德，曰西雁儿。北曰景福。又北为皇城，高三丈。东门曰安东，南曰大顺，西曰乾德，北曰拱辰。中为大内之门，南曰承天，东曰东华，西曰西华。其南为临潢府治，其侧为临潢县。又西南为长泰县。金初因之，寻改为北京。完颜亮天德二年，改为临潢府路，其临潢、长泰县仍旧。元府县俱废。宋大中祥符九年，薛映记曰：由中京正北八十里至松山馆，七十里至崇信馆，九十里至广宁馆，五十里至姚家寨馆，五十里至咸宁馆，三十里度潢水石桥，旁有饶州。又五十里保和馆，度黑水河，七十里宣化馆，五十里长泰馆。馆西二十里有佛舍、民居，即祖州。又四十里至临潢府。自过崇信馆，乃契丹旧境，其南即奚地也。入承天门内，所有殿舍毡庐皆东向。胡三省曰：辽大定府，北至临潢凡七百里。

　　废潞县，在临潢城东北。阿保机掠潞县民置县，并掠渤海杂户益之。《辽志》：上京东门之北，曰潞县。又东南曰兴仁县。南门之东，有回鹘营，回鹘商贩留居上京者，置营居之。西南曰同文驿，诸国信使所居也。驿西南曰临潢驿，以待夏国使。又西曰宣化县。县西南曰定霸县，又西曰保和县。西门之北曰易俗县。县东曰迁辽县。皆辽初掠汉户及勃海、扶馀户置。金废入临潢、长泰二县。〇废宁塞县，在临潢东南。金泰和初置，属临潢府。元废。

　　废祖州，在临潢西南四十里。本辽右八部世没里地。阿保机每秋猎于此，始置西楼，后建城，号祖州，亦曰天成军。城周九里，东门曰望京，南曰大夏，西曰液山，北曰兴国。西北隅有内城，其南门曰兴圣。凡三门，上有楼阁。东为州廨。又南则东为长霸县，西为咸宁县，俱在州城内。城东南二十里，有越王城。阿保机伯父述鲁封于越王，置城于此，因名。辽主延禧时，以女真叛，自将东讨。其臣耶律章奴作乱，亡归上京，掠府库至祖州。即此。金改为奉州，寻废。

　　废怀州，在临潢西南百里。本唐归诚州，以契丹降部置。武后万岁通天初，归诚州刺史孙万荣与松漠都督李尽忠叛，寇营州。即此。后废。《辽志》：废归诚州，太宗德光行帐牧放于此，后葬于西山，曰怀陵。因置怀州奉陵军，其附郭县曰扶馀县，本勃海扶馀县俘户也。又领显理县,亦以故勃海显理府俘户而名。金改为奉德军,寻废。

废庆州,临潢西百六十里。《志》云:本大保山黑河之地。岩谷险峻,辽主述律建城,号黑河州。后废。圣宗隆绪复建庆州玄宁军,领玄德、孝安二县。金亦曰庆州,改置朔平县,废玄德县入焉,有榷场务。元废。《金志》:州为辽主陵寝所在,有行宫,比他州为富庶,宝货多聚藏于此。其西至桓州九百里。《北边纪事》:旧庆州在大宁北六百余里,西南至开平八百余里。地皆大松,号曰千里松林。明初洪武三年,李文忠败元主于应昌,穷追至北庆州而还。三十年,冯胜北征,遣蓝玉出遵化道松亭关,袭之于庆州。是也。〇孝安废县,在庆州西南,金改为庆民县,寻废。

废全州,在临潢西南二百三十里。金主璟承安三年,始置全州盘安军,治安丰县。《金志》:承安元年,改丰州铺为安丰县,隶临潢府。三年,置全州治焉。又改胡设务为靖封县,黑河铺为卢川县,并属全州。后废靖封县,以卢川县改属临潢府。金末,全州移寄蓟州。元废。《志》云:卢川县在庆州南二百三十里。

废泰州,在临潢东南。《辽志》:泰州德昌军,本契丹二十部族牧放之地,因黑鼠族累犯龙化州,民不能御,遂移东南六百里,建城居之,曰泰州,治乐康县,兼领兴国一县。金大定中,州县俱废。承安中,改置金安县,又于长春县改置泰州,以金安隶焉。寻废。〇废长春州,在临潢东北。《辽志》:本鸭子河春猎之地。辽主宗真置长春州韶阳军,领长春一县,县本混同江地也。金废主亮降州为县,隶肇州。承安三年,改置泰州于此,领长春县。元废。《金志》:泰州北至边四百里,南至懿州八百里,东至肇州三百五十里。又《北边纪事》:长春州亦曰长春路。宋政和初,辽主延禧如长春州,至混同江钓鱼。五年,辽主讨女直,以兵十万出长春路。又分五部兵出北山骆驼口,别以步骑五万南出宁江州。盖长春去女真最近也。边人亦谓之新泰州。明初洪武二十年，命冯胜等讨纳哈出。纳哈出闻之，弃金山巢穴，营于新泰州，去辽阳千八百里，即故长春县矣。自长春而东北，有详稳九区，即营田九区法，今纵横故址犹存。自长春而西北，有群牧十二所，盖蕃育处也。今为福馀境内地。肇州、宁江，俱见辽东塞外女真之境。

废乌州，在临潢东南。《辽志》：本乌丸地，东胡别种也。辽北大王撻剌占为牧地，建城，因置乌州静安军于此，领爱民一县。金废。〇废仪坤州，在临潢东。本契丹右大部地，回鹘部落所居。述律后生于此，因建为州，治广义县。后又析置来远县，寻省。

废永州，在临潢南。阿保机置南楼于此，辽主贤始置永州永昌军。《辽志》云：东潢河、南土河二水合流，故曰永州。冬月牙帐多驻此，谓之冬捺钵。木叶山在焉。领长宁县。金废州，以县属临潢府。又义丰废县，在永州西北百里。契丹耶律德光迁勃海义州民于此，仍置义州。重熙初，始废州改县，曰义丰。寻又改为富义县，属庆州。金废。州西又有慈仁废县，耶律德光以其子只撒古葬于此，置慈州。重熙初，改为县，属永州。金废。

废龙化州，临潢东二百里。契丹之先奇首居此，称龙庭。阿保机建东楼，后渐修筑城邑，制度颇壮。城东有金铃冈，阿保机自立处也。德光升为龙化州兴国军，治龙化县。金废。〇废降圣州，在龙化州东。本东楼地，阿保机春月行帐多驻焉。耶律德光生于此。穆宗述律建为州，统永安一县。金废。

废饶州，临潢西南二百三十里。《辽志》云：唐贞观中，置松漠府于此。阿保机完葺故垒，建饶州匡义军，治长乐县，兼领临河、安民县。金废。

废徽州，临潢南七百里。《辽志》云：在宜州北二百里。景宗贤之女，以媵臣置徽州宣德军，谓之头下军州。诸王国舅所置仿此，其州县额及节度使，皆命于其朝云。○废丰州，在临潢南三百五十里。又废豫州，在临潢北三百里。废宁州，在临潢东北三百五十里，俱头下州也。又有松山州，《辽志》云：在上京南百七十里。俱金废。

废原州，临潢东南八百里，西南至辽东广宁卫三百里。《志》云：汉辽东郡新安平县地。契丹始置州，金废。又废福州，在原州北二十里，亦辽置，金废。○废横州，在临潢东南七百二十里。《志》云：汉辽阳县地也。辽置州，以境内有横山而名，在辽州西北九十里。

废镇州，临潢西北三千余里。本古可敦城，契丹主隆绪始置镇州，建安军屯戍于此，捍御室韦、突厥，谓之边防城。其相近者，又有防、维二州。○废静州，本泰州之金山县。契丹主延禧天庆六年，置州。金时俱废。

河董城，临潢西北千七百里。本回鹘可敦城，讹为河董城。契丹修筑，以防边患。又静边城，在临潢西北千五百里。本契丹二十部族水草地，北邻突厥，每由此盗掠，因建城防御。又皮被河城，在临潢北千五百里，亦契丹所置，以控北边。又有招州，契丹主隆绪开泰三年置，亦曰绥远军。又搭懒主城，契丹主洪基太康九年置，在胪朐河上。俱金废。

马盂山，在临潢西，南接大宁卫境。山广袤千里，中一峰形类马盂。《辽志》：临潢府境有马盂、兔儿、野鹊诸山，皆高峻，回环甚远。

祖山，在祖州西五里。《志》云：州有龙门、黎谷、液山及白马、独石、天梯诸山。契丹兀欲囚述律后于扑马山。或曰即祖州之白马山。《五代史》：兀欲幽述律后于阿保机墓，即祖山矣。又西山，在祖州西五十里，契丹耶律德光葬此，曰怀陵，因置怀州。盖大山也，契丹诸主多葬此。

庆云山，在庆州东北，本名黑岭。契丹主隆绪田于黑岭，其东京将大延琳据辽阳作乱，副留守王道平逾城走黑岭告变，讨平之。后隆绪葬于此，曰永庆陵。沈括曰：黑山，今名姚家族山，长数里，土石皆紫黑，似今之磁石。水出其下，为黑水。山在水东，水西有连山，谓之夜来山，极高峻。契丹坟墓皆在山之东南麓。又有勃突山，在州西北二百里，阿保机五代祖勃突生于此，因以名山。

木叶山，在永州东。契丹之先奇首可汗葬焉。阿保机于此建南楼，往往为射猎之处。每入犯中国，多驻于此，然后南牧云。○乌丸山。《辽志》：乌州有乌桓山、乌丸川。盖乌桓之地。后汉时，乌丸保据于此，曹操斩蹋顿，即其后也。

都山，在临潢南境。唐开元二十一年，郭英杰与契丹酋可突干战于都山，败死，或以为此山也。亦作马都山。韩愈《序乌承玼事》谓：可突干至马都山，吏民逃徙失业。承玼垒原垒石，绵四百里，寇不得进。盖山近平卢界上。承玼，即乌承玼也。《唐纪》：幽州副总管郭英杰屯于渝关外，可突干引突厥之众来，合战于都山。今亦见迁安县。○捺禄山，在朵颜卫境。唐开元十九年，平卢先锋使乌承玼破契丹可突干于此。二十二年，幽州节度使张守珪亦破契丹于捺禄山。

泠陉，山在福馀卫境。一作冷陉，亦曰冷岍。《志》云：在潢水之南，黄龙府北。奚、契丹依阻此山以自固。晋义熙初，后燕慕容熙袭契丹，至陉北，即此山之北也。唐显庆中，以阿史德枢宾为泠陉道行军总管，讨叛奚。奚降，更以枢宾等出沙砖道，讨契丹，擒其松漠都督阿卜固献东都。又延和初，幽州都督孙佺与奚酋李大酺战于泠陉，全军皆没。即此山矣。

白山，在朵颜南境。后汉时，乌桓所居。《唐志》：山在五院关外大荒中。开元二十年，幽州节度使赵含章与契丹可突干战于此，败绩。平卢先锋使乌承玼别引兵出其右，击败之。○黑山，在朵颜东境。唐显庆中，薛仁贵破契丹于黑山。又有福山，在朵颜境内，东西袤五里，南北广二十里。

赤山，在泰宁卫境。《乌桓传》：在辽东郡西北数千里。后汉建武十六年，匈奴、鲜卑、赤山乌桓，连兵入塞。永平初，辽东太守祭彤使鲜卑大都护偏何讨赤山乌桓，大破之。即此。

金山，在泰宁卫东境，近辽东开元卫界。唐会昌末，回鹘乌介可汗败依室韦，其国相逸隐啜弑之于金山。明初洪武二十年，遣冯胜讨纳哈出，太祖命之曰：先克庆州，则以全师径讨金山。既而胜分兵袭庆州，以大兵驻大宁。庆州下，遂渡辽河而东，驻金山西。又逾山至女直苦屯地。初，纳哈出分兵为三营，一曰榆林深处，一曰养鹅庄，一曰龙安一秃河。至是大军逼之，遂降。其所部在松花江北者，亦降。于是辽海悉定。松花江，见辽东卫外境内。

天门岭，在土护真河北三百里。唐武后圣历中，李楷固讨勃海大祚荣，逾天门岭逼之，为所败。○袅岭，在临潢西南。金主雍大定初，移剌窝斡旋叛，仆散忠义讨之。自懿州追至袅岭西陷泉，大败之，窝斡走死。《金志》：临潢境内有陷泉。

潢河，在临潢南，或谓之黄水。源出西北平地松林，流经临潢府南，至废永州东木叶山，合于土河。又东南入于辽河。《唐志》：自营州度松陉，北行四百里，乃至潢水。开元二十六年，平卢军使乌知义击讨叛奚馀党于潢水北，败绩。明初置三卫于潢水北。土木告变，乃窃据潢南，为蓟、辽切患。

涞流河，在临潢西北。源出马盂山，南流绕临潢三面，谓之曲江。至城北，又东入福馀界，经故黄龙府，而东合按出虎水。至女真境内，合于混同江。辽主延禧时，女真乌古乃以五国投撚部叛辽，讨败之。将见辽边将，自陈其功，行至来流水而死。即此河矣。黄龙府，在辽东塞外女真部。

霜霖河，在临潢西南境。金主雍大定初，撒八馀党移剌窝斡攻围临潢，兵益盛，僭称帝。金遣兵讨之，遇于长泺，败之。窝斡西走，复追败之于霖霖松河。窝斡去攻懿州长泺。或曰即饶州长乐县。

沙河，在祖州南。又东经临潢府境，合于潢河。五代汉初，契丹兀欲自立于幽州，引还上京。述律逆战于沙河，败走。兀欲追执之于独树渡，即此处也。又黑河，源出庆州之黑岭，流经临潢府南，下流合于潢河。

哈剌哈河，在庆州境。洪武二十二年，蓝玉追元人至此。又北为百眼井，又北即捕鱼儿海。〇屈烈儿河，在朵颜境内。明永乐十二年，大驾北征，以兀良哈附阿鲁台为边患，移军击之，大败之于屈烈儿河东北深谷中，三卫服罪，乃班师。

胪朐河，在临潢西北。永乐八年，赐名饮马河。自漠北流经此，下流合鸭子河，入混同江，注于海。又西北有皮被河，《辽志》云：在皮被河城北。源出回鹘北境，东南经突厥入胪朐河，沿河董城北，东流合沱潦河，入于海。〇鸭子河，在临潢东。流经长春县境，又东经女真之会宁府境，入于混同江，《辽志》所谓沱潦河也。

龙安一秃河，在金山之北，东北流入松花江。明初，纳哈出别营于此。冯胜驻师金山，遣别将至此，受其降处也。〇兀良河，在临潢北。《志》云：源出沙漠，东南流入女真境，合洮儿河、脑温江，入混同江。

龙驹河，《金志》：在长泰县北千余里。废主亮正隆六年，契丹西北路将撒八等叛金，金人讨之。撒八惧不胜，率众沿龙驹河西走，谋归西辽，为其下所杀。又宁塞县有滑河。宋政和四年，阿骨打取宁江州，辽议发滑水以北兵拒之。即此。

土护真水，在临潢东北。《唐志》：自古卢龙北至奚王帐六百里，又东北傍土护真河五百里，至奚、契丹牙帐。又云：出檀州燕乐县东北百八十五里，至长城口。又北八百里，有土护真河，奚王牙帐也。天宝十一载，安禄山讨契丹，过平卢千余里，至土护真水。又三百里，至契丹牙帐,为契丹及奚所败,走师州。○奥支水,出泠陉山南,下流入于潢河。《志》云:东方之别种曰霫,唐时居鲜卑故地,保据于此。

广平淀,在临潢东。辽主延禧以女真叛,亲征之。出长春路,次广平淀。其臣耶律章奴等谋叛,议立耶律淳于上京。淳驰诣广平,既而章奴大掠上京,至祖州,趋广平淀,犯行营,不克,北趋降虏山,败灭。又凉淀,在临潢西北二百余里馒头山南,辽人避暑之地。《辽志》云:地多丰草,掘地丈馀,即有坚冰。○大神淀,在临潢西南。又永州有柳林淀,亦曰马淀。

捕鱼儿海,在庆州西北。洪武二十二年,蓝玉由大宁进至庆州,袭脱古思帖木儿于此。元主走免,获其妃主而还。○盐泺,在临潢城外。其相近者,有百狗泺、鸳鸯湖、兴国惠民湖、广济湖。又庆州有辖失泺及兴国湖。

小山泉,在庆州西境。永乐中,遣将北征,闻元主脱古思帖木儿在捕鱼儿海,遂由大宁庆州兼道而进,次游魂南。道无水,军士渴甚,路傍小山忽涌四泉,士马得不困乏,因名。

新罗寨,在临潢城东南。金废主亮正隆六年,契丹西北路将撒八反,为其下所杀,推移剌窝斡为主,拥众东还,至临潢府东南新罗寨,攻临潢,围其城。即此。○真珠寨,在祖州东。胡峤《陷番记》:自契丹西楼东去四十里,至真珠寨。又东行,地势渐高。西望平地,松林郁然,四十里遂入平川。是也。

四楼,《北廷杂记》:契丹阿保机于所居大部落置楼,谓之西楼,今谓之上京。又于其南木叶山置楼,谓之南楼。又于其东千里置楼,谓之东楼。又于其北三百里置楼,为北楼。按西楼为祖州,南楼为永州,东楼为龙化州。其北楼,《辽志》未载。

石桥,在临潢南。宋胡峤《入边录》:石桥,沙河之桥也。南则姚家洲，北则宣化馆。契丹突欲及述律战于沙河石桥，即此。

平地松林，在临潢西，即千里松林也。宋宣和二年，遣赵良嗣等使金，议攻辽，金取中京，宋取燕京，而约金人自平地松林趋古北口，宋人自白沟夹攻燕京。是也。

撒里乃地。在临潢西北，金时尝避暑于此。又临潢有二十四堡，其十九堡俱在撒里乃之西，盖戍守要地也。〇女直苦屯，在金山西北。明初，冯胜征纳哈出，其部将观童以女直苦屯降。即此。

右兀良哈。

契丹，东夷也。《晋书》：契丹本东胡别种。其先为匈奴所破，保鲜卑山。魏青龙中，部酋轲比能桀骜，为幽州刺史王雄所杀，部众遂微逃潢水之南、黄龙之北，自号曰契丹，种类渐繁。义熙元年，慕容熙袭之，至陉北，畏其众而止。《隋书》：契丹与库莫奚皆东胡种，为慕容氏所破，窜于松漠之间。齐建元初，契丹军帅莫贺弗勿干为高丽所侵，帅部落万余口入附于魏，居白狼水东。自是部众浸盛。大业初，入寇营州，诏韦云起护突厥兵讨败之。《唐史》：契丹本鲜卑地，居辽泽中，潢水南岸，南距渝关千一百三十里，自渝关去幽州又七百一十四里。其地南控黄龙，北带潢水，冷陉屏右，辽河堑左。高原多榆柳，下湿饶蒲苇。当元魏时，有地数百里。至唐初，大贺氏蚕食扶馀、室韦、奚、鞨鞨之区，地方二千余里。贞观二十二年，内属，以其地置玄州，隶营州都督府。既而所部皆内属，乃更置松漠府。又以其别帅达稽等部，各建为州，置刺史。达稽部曰峭落州，纥便部曰弹汗州，独活部曰无逢州，苏阿部曰羽陵州，突便部曰白连州，芮奚部曰徒河州，坠斤部曰万丹州，伏部曰匹黎、赤山二州。以大贺氏窟哥为使，持节十州军事。分州建官，盖昉于此。武后万岁通天初，松漠都督李尽忠、归诚州刺史孙万荣举兵反，攻陷营州，寻败死。开元四年，契丹李失活来降，仍授松漠都督，兼置静折军，以其部长为经略大使，八部落部长仍为刺史如故。十八年，契丹将可突干弑其主李那固，帅其国人并奚众叛降突厥。二十二年，幽州节度使张守珪平之。天宝四载，契丹王李怀节、奚王李延宠，皆降附。五载，立奚部娑固为昭信王，契丹酋楷落为恭仁王。其后亦叛服不一。《九国志》：契丹，古匈奴种。《五代旧史》：东胡种也。唐末，中原多故，契丹益强。其地东南接海，东际辽河，西包冷硎，北界松陉，辟地东西三千里。遥辇氏更八部，曰旦利皆部、乙室活部、实活部、纳尾部、频没部、内会鸡部、集解部、奚嗢部，属县四十有一。每部设刺史，县置令。而阿保机以迭剌部之众，代遥辇氏起临潢，东并勃海。耶律德光立晋，有燕云十六州，而契丹之盛极矣。宋氏曰：契丹之先，为匈奴所破，保鲜卑山。至元魏时，始号契丹。唐开元二年，来归，置松漠都督府，以其长失活为都督、松漠郡王。二十年，国乱，信安王祎讨平之。天宝以后，契丹始盛。唐末，阿保机代有其地。今考前后纪载，宋氏之言未为详核也。《辽·兵志》：契丹在隋世，分为十部。唐大贺氏分为八部，其后中衰，仅存五部。有耶律雅里者，复分为八，立二府以总之，析三耶律氏为七，二审密氏为五，凡十二部。遥辇氏代大贺氏，兵力益振。阿保机在遥辇氏时，授钺专征，破室韦、突厥、奚三国，以功授大迭烈府。夷离堇。复侵扰代北。遥辇可汗卒，逊位于阿保机，悉平东西奚，有奚、霫之众。旋略幽州境，伐背阴国，俘获甚众。神册初，亲征突厥、吐浑、党项、小蕃、沙陀诸部，还攻振武，略蔚、新、武、妫、儒五州，尽有代北、河曲、阴山之众，遂取山北八军。四年，平于骨里国。明年，破党项，攻矢德军，拔十二栅。六年，出居庸关，掠檀、顺等州及定州以北诸城镇。天赞初，以户口滋多，统辖疏远，分北大浓兀为二部，立两节度统之。三年，又征党项。四年，犯渤海。天显初，灭渤海。此契丹侵并之次第也。胡氏曰：阿保机自唐末击灭七部，并为一国，北侵室韦、女真，西取突厥故地。击奚，灭之，复立奚王，而使契丹监其国兵。东北诸部，皆畏服之。又契丹初灭奚，夺其营州地。五代梁乾化三年，为后唐所取，寻复得之。同光初，并陷平州。其后屡犯幽州诸巡属，河北为之衰耗。长兴三年，移营而西，窥伺云、代之境。石晋资其力，代有唐祚，因以燕、云十六州酬之。契丹四境，几于万里。中国之祸，契丹为厉阶也。

奚，亦东胡种也。或曰即乌桓蹋顿之后。晋永嘉以后，有库莫奚，属鲜卑宇文部，与契丹同类而异种。《隋书》：库莫奚为慕容氏所破，遗落窜匿松漠间。其俗甚为不洁，而善射猎，好寇抄。后魏太和十四年，库莫奚寇魏边，安州部将娄龙儿击却之。高齐天保三年，齐主洋伐库莫奚，大破之。其后单称为奚，有五姓，一阿会部，二处和部，三奥失部，四度稽部，五元俟折部，各有酋领。《唐史》：贞观二十二年，奚帅所部皆内附，以其地为饶乐府。又以阿会等部为弱水、祁黎、洛环、太鲁、渴野等五州，皆统于营州。万岁通天中，奚酋叛附于契丹。开元二年，奚酋李大酺来降，仍授饶乐都督。元和初，奚王海落可入朝，以为饶乐郡王，遣归。唐末，徙居阴凉川东，去营州都督府五百里，西南去幽州九百里，东南接海，山川延袤三千里。后为契丹所并，徙居琵琶川。《五代旧史》：奚之先为匈奴所破，保乌丸山。后为五姓奚，各有辱纥主为之酋领。欧阳修曰：五部奚，一阿荟，二啜米，三粤质，四怒皆，五黑纥支。唐末居阴凉川，后徙琵琶川，去幽州东北数百里。五代初，五姓奚皆役属于契丹。既而苦契丹苛虐，奚王去诸以别部西徙妫州，依北山射猎，始分为东、西奚，附于刘守光。守光灭，附于后唐。石晋初，复属于契丹。自是东、西奚皆为所并。今大宁卫境废利州，即故琵琶川也。

霫，亦东胡种，一名白霫。唐贞观四年，突厥亡，奚、霫、室韦等皆内附。二十八年，以白霫部为居延州。《五代史》：霫与突厥同俗，保洛陉山南奥支水。后为奚及契丹所侵，益徙而北。女真以其地置霫郡，南去燕山千里。《宋史》：靖康二年，金人劫上皇及帝于燕山，迁于霫郡，居于相府院，继又徙之韩州。霫盖为女真所并也。韩州，见辽东三万卫。

室韦，《北史》：契丹类也。其南即契丹。宋祁曰：室韦，契丹别种，居东胡北边。盖丁零苗裔，地据黄龙，北傍徭越河，西南去长安七千里。国无君长，惟大部号莫贺咄管。析为七部，曰岭西、山北、黄头、如老、婆萵、讷北、骆丹，皆附于突厥。宋白曰：室韦在柳城东北，近者三千里，远者六千里而赢。东黑水靺鞨，西突厥，南契丹，北濒海。其别种曰黑车子。唐会昌三年，回鹘乌介可汗败保黑车子族。唐赐黠戛斯诏云：黑车子距汉界一千余里。是也。又唐末，契丹阿保机击黄头室韦，破之。其种又有臭泊室韦，或曰臭泊。盖因所居以名其部。五代初，七姓室韦皆役属于契丹。室韦本有二十余部，其近契丹者七姓也。

乌桓，《后汉书》：乌桓故地，在丁零西南、乌孙东北。武帝遣霍去病击破匈奴左地，因徙乌桓于上谷、渔阳、右北平、辽西、辽东五郡塞外，为汉侦察匈奴动静，始置护乌桓校尉监领之。后汉初，渐为边患，辽东太守祭彤讨破之，寻皆降附。灵帝初，分为四部，各称王。建安中，辽西乌桓蹋顿有武略，总摄上谷、辽东、右北平三部大人，助袁绍灭公孙瓒。绍承制皆赐以单于印绶，而蹋顿常为雄长。建安十二年，曹操击乌桓，斩蹋顿，诸部皆降。又代郡、上郡境内，亦皆有乌桓错居其间。二十年，代郡乌桓三单于反，曹彰击平之。自是衰弱，服于鲜卑。

鲜卑，东胡也。别依鲜卑山，因以为号。汉初为冒顿所破，远窜辽东塞外，与乌桓相接，不通中国。后汉建武十七年，始入塞为寇，辽东太守祭彤讨破之，后遂服属焉。和帝永元中，耿夔等讨破北匈奴，鲜卑因转徙据其地。匈奴馀种留者十余万落，皆自号鲜卑，鲜卑由此渐盛。安帝时，屡寇代郡、上谷以东，为边患。桓帝时，鲜卑益强，其长檀石槐立庭于代郡高柳北三百余里弹汗山。南抄缘边，北拒丁零，东却夫馀，西击乌孙，尽匈奴故地，东西万四千里。延熹末，益为边患，自分其地为三部。从右北平以东，至辽东接夫馀、濊貊二千余里为东部。从右北平以西，至上谷十余邑为中部。从上谷以西，至敦煌乌孙二千余里为西部。各置大人领之，大为边患。光和以后稍衰息。建安末，别种轲比能复强，众推为鲜卑大人。魏黄初中，自云中、五原以东抵辽水，皆为鲜卑庭。青龙三年，幽州刺史王雄使勇士韩龙刺杀轲比能，自是种落离散。景元中，鲜卑索头部大人拓跋力微复雄于代北，即北魏之先也。

乌罗护，亦东夷也。一名乌洛侯。《北史》：乌落侯国，在地豆干国之北，去代四千五百余里。后魏太平真君三年，乌洛侯遣使如魏，言其国西北有魏初起时石庙，去平城四千余里云。《唐书》：乌罗护，亦曰乌罗浑，即后魏之乌落侯也。东邻靺鞨，风俗相似，直长安东北六千里。贞观二十年，讨薛延陀，遣宇文法诣乌罗护、靺鞨二国。是也。后亦为契丹所并。

地豆干。亦东胡别种。《北史》：地豆干，在室韦西千余里。其室韦在勿吉之北。勿吉在高丽之北。后魏太和十四年，地豆干频寇边，魏将拓跋颐击走之。正光二年，柔然主示发为其族婆罗门所败，奔地豆干，地豆干杀之。后为突厥所灭。

右东北诸夷。

南直方舆纪要序

以东南之形势，而能与天下相权衡者，南直而已。春秋时，勾吴实雄长于东南，以兵威破楚、臣越、败齐，又阙深沟于商鲁间，北属之沂，西属之济，以会晋公午于黄池。当是时，微越之故，吴且霸天下。项羽率会稽子弟，度江而西，一战而斩李由，再战而降章邯。夫山东豪杰，起而亡秦者，已半天下。乃钜鹿之围，诸侯救赵者，且十余壁，卒莫敢纵兵。及羽渡河，战士无不一当十，遂大破秦兵。当是时，微楚兵，秦且复振。然则谓亡秦者，非江东子弟之力不可也。或者曰：明太祖以江南而奄有中原，为千古创见之局。此实不然，从来建事功者，得失虽殊，成亏或异，而其能发愤以有为则一也。楚南公之言曰：楚虽三户，亡秦必楚。故西北与东南，恒有互为屈伸之理，项羽、刘季，并起于东南，季成而羽败，要皆力足以亡秦者也。桓温用江淮之甲，覆李势于西川，震苻健于灞上，走姚襄于洛阳，逼慕容于枋头，可云赫然振拔矣。而骄蹇自用，功以不集。刘裕翦除桓玄，收复荆楚，北平广固，西定梁、益，乃经营河洛，规取关中。以拓跋之强，滨河镇戍，亦敛息而避其锋，使不急成篡事，则保据河山，未可知也。谓非能以东南有为者乎？或者又谓吴越之人大都剽轻而脆弱，然楚汉用之而强。晋南渡以后，北府之兵，常为天下雄。祖逖自京口纠合骁健，击楫渡江，威行河朔。刘牢之以北府兵摧洛涧，斩梁成，则苻秦夺气。刘裕以乌合数百人，奋起京口，直入金陵，而伪楚奔亡。则兵非不可用也。且夫曹操之用兵，武侯所谓仿佛孙吴者也。舳舻千里，南下荆襄，目中固已无江东矣。赤壁之役，狼狈北还，而后知江东未可与争。苻坚以百万之众，长驱而南，坚之心以为我之力足以东灭燕，西并凉，北举代，晋人残敝之馀，不足以撄其锋也。淝水一战，风声鹤唳，皆为晋兵，坚虽不亡于晋，而已亡于伐晋之日矣。南北分疆，两淮皆战场也。往来角逐，见利则进，择险而守，胜负之数，略相当矣。朱全忠之强横，不能得志于杨行密。周世宗攻寿州，三年而后克之。宋于奔亡之馀，立国江沱。江中之战、大仪之战、顺昌之战、拓皋之战，金人且惴惴焉。所憾者，主昏于上，大奸在旁，视君父如仇雠，弃中原如脱屣耳。使能内任李纲，外任岳飞，而谓不能直抵燕云，吾不信也。然则谓东南不足以立国者，非也。晋之取吴也，用兵三十万，而所出之道六；涂中、江西、武昌、夏口、江陵、巴蜀是也。隋之取陈也，用兵五十万，而所出之道八；六合、襄阳、永安、江陵、蕲春、庐江、广陵、东海是也。宋之取江南也，用兵十万，而所出之道一荆南。蒙古之取宋也，用兵十五万，而所出之道二.淮南、襄阳。盖吴与陈皆滨江设险，利在多其途以分其势。南唐有吴越以挠其东南，而上流之势复入于宋，一军自荆南东下，而破竹之形成矣。元人用全力以取襄樊，宋之藩篱，既已摧坏，但遣偏师挈淮南之援，而以重兵沿江直入，宋人已在掌握中矣。此时势各殊之故也。或者曰：江东之形势，系于楚、蜀，而两淮犹次之。晋人先取蜀汉，王濬巴东之军，十四日而抵三山矣。杨素出永安，陈沿江镇戍尽为所陷。唐初辅公祏之叛也，虽发四道兵击之，江州、宣州、谯亳、淮泗也。而先登破敌，夺其险要，卒从江州而入。宋平江南，克其池州，径向采石。伯颜入汉济江，引军而东，新郢以下，遂尔风靡。且六朝都建康，强藩巨镇，往往自荆、襄、江、郢，构衅称兵，为建康祸。盖上游畸重之势也。太祖初定金陵，陈友谅肆其凶狂，争太平、犯龙江，祸且迫于肘腋。追殪之于鄱阳，进规武昌，而东南之势大定。夫然后措置两淮，兴师北伐，太祖诚明于缓急之势哉！是何也？敌在淮南，而长江之险，吾与敌共；敌在上游，而长江之险，乃制之于敌矣。虽然，淮南亦未可轻也。人亦有言：欲固东南者，必争江汉；欲规中原者，必得淮泗。有江汉而无淮泗，国必弱；有淮泗而无江汉之上游，国必危。孙氏东不得广陵，西不得合肥，故终吴之世，不能与魏人相遇于中原。东晋以彭城、寿阳为重镇，故桓温、刘裕得以再问中原，继东晋而起者，其时之盛衰，大约以淮南北之存亡为断。杨行密起于淮南，兼有江南北数十州，于群雄中，最为强盛。李氏失淮南，而国以弱，未几而国以亡矣。明初规画畿辅，跨江逾淮，幅员最广。夫亦保江者不在江南，保淮者不在淮南之意乎！盖彭城、邳、泗，北连青、齐，西道梁、宋，与中原形援相及，呼吸相闻，自古及今，要会之处也。圣人举动，一日而周百世之防，一方而通天下之势，其以此矣。至于江淮之间，五方之所聚也，百货之所集也。田畴沃衍之利，山川薮泽之富，远近不能及也。汉吴王濞以铸山煮海，国用富饶，招致亡命，倡为七国之祸。太史公曰：夫吴东有海盐之饶、章山之铜、三江五湖之利，江东一都会也。魏晋之际，戍守淮南，用刘馥、邓艾之策，兴陂堰，事耕屯，则转输不劳，而军用饶给。吴人于江南，废郡县之吏，置典农、督农之官，则谷粟充溢，虽疆场多事，恒无饥乏之虑。六朝时，往往修其故辙。自古未有不事民生而可以立国者。况扬州富庶，常甲天下。自唐及五季，称为扬一益二。今鱼盐谷粟布帛丝絮之饶，商贾百工技艺之众，及陂塘堤堰耕屯种植之宜，于古未有改也。用以聚糗粮，厚资储，则奔走天下，不患无具矣。岂褊浅瘠弱仅固一隅者可以同日语哉？或者曰：淮北风气杂揉，类多顽梗。朱温以砀山群盗，而擅干唐祚。刘福通之徒，皆以妖术惑众，骚动天下。今其余风或未殄也。夫声教一新，则观感自易，其然。岂其然乎？

读史方舆纪要卷十九

南直一　封域　山川险要

　　○《禹贡》：淮海惟扬州。《周礼·职方》：东南曰扬州。应劭曰：州界多水，水波扬也。又江南之气燥劲，厥性轻扬。春秋时为吴地，其在天文，斗则吴之分野，亦兼鲁宋之疆。邳、泗以北，故鲁地。徐州，则宋地也，在《禹贡》为徐州之域。越灭吴，并其地。战国时为楚地。秦始皇兼天下，为九江、鄣郡、会稽及泗水郡地。项羽都彭城，亦为楚地。汉初，为吴、楚、淮南诸国之境。武帝置十三州，此为扬州，而淮北则属于徐州。后汉因之。三国魏跨有淮南，亦置扬州，治寿春。而江南为吴地。已上见第二卷。后仿此。晋亦置扬州，初治寿春。平吴后，治建邺。渡江后，扬州遂为王畿。时侨置州郡，参错其间。按：晋及十六国，并见第三卷。后仿此。刘宋侨置南徐、南兖、南豫诸州，南徐治京口，南兖治广陵，南豫治历阳。徐详见刘宋州郡。后仿此。而扬州如故。元凶劭弑逆，分浙东五郡为会州，省扬州立司隶校尉。劭诛，复故。孝建二年，复分扬州浙东五郡，置东扬州。大明三年，更以扬州丹阳、淮南、宣城、吴郡、吴兴、义兴六郡为王畿，而以东扬州为扬州。大明八年，子业立，仍以王畿为扬州，扬州为东扬州。萧齐复增置豫州、青州、冀州及北兖、北徐诸州。豫治寿春，青、冀治朐山，北兖治淮阴，北徐治钟离。梁初因之，其后分裂益多。陈初自江以北，没于高齐。后虽复取淮南，而不能有也。隋氏亦置十三州，然不详所统。自刘宋以下，俱见第四卷。后仿此。唐贞观中，分天下为十道，此为江南及淮南道。开元中，又分江南为东西道。东道治苏州，西道治洪州。唐末属于杨行密，而吴郡属于吴越。后为李昇所据。唐末节镇及十国分合，俱详见第五、第六卷。后仿此。宋置淮南、江南及两浙路。元丰改作，又分淮南、江南皆为东西路。渡江以后，又分两浙置浙西路。元置浙江行省于杭州，河南行省于汴梁，而江淮南北地分属焉。自宋至元，俱见第七、第八卷。后仿此。明初定鼎于金陵，遂为都会。正统六年，始为陪都，为直隶府者凡十有四，州四，属州凡十三，县凡九十有六，总为里一万三千七百四十三，夏秋二税，大约五百九十九万五千三十四石有奇。而卫所参列其中。今为江南布政使司。

〇应天府，属县八。

上元县，附郭。　江宁县，附郭。　句容县，　溧阳县，溧水县，　高淳县，　江浦县，　六合县。

〇凤阳府，属州五，县十三。

凤阳县，附郭。　临淮县，　怀远县，　定远县，　五河县，　虹县。

寿州，属县二。

霍丘县，　蒙城县。

泗州，属县二。

盱眙县，　天长县。

宿州，属县一。

灵璧县，

颍州，属县二。

颍上县，　太和县。

亳州，

○淮安府，属州二，县九。

山阳县，附郭。　清河县，　盐城县，　安东县，　桃源县，　沭阳县。

海州，属县一。

赣榆县，

邳州，属县二。

宿迁县，　睢宁县。

○扬州府，属州三，县七。

江都县，附郭。　仪真县，　泰兴县。

高邮州，属县二。

宝应县，　兴化县。

泰州，属县一。

如皋县，

通州，属县一。

海门县，今废。

○苏州府，属州一，县七。

吴县，附郭。　长洲县，附郭。　吴江县，　昆山县，　常熟县， 嘉定县。

太仓州，属县一。

崇明县，

○松江府，属县三，今增置娄县。

华亭县，附郭。 上海县， 青浦县。

○常州府，属县五。

武进县，附郭。 无锡县， 宜兴县， 江阴县， 靖江县。

○镇江府，属县三。

丹徒县，附郭。 丹阳县， 金坛县。

○庐州府，属州二，县六。

合肥县，附郭。 舒城县， 庐江县。

无为州，属县一。

巢县，

六安州，属县二。

英山县， 霍山县。

○安庆府，属县六。

怀宁县，附郭。 桐城县， 潜山县， 太湖县， 宿松县， 望江县。

○太平府，属县三。

当涂县，附郭。 芜湖县， 繁昌县。

○池州府，属县六。

贵池县，附郭。 青阳县， 铜陵县， 石埭县， 建德县， 东流县。

○宁国府，属县六。

宣城县，附郭。 南陵县， 泾县， 宁国县， 旌德县，
太平县。

○徽州府，属县六。

歙县，附郭。 休宁县， 婺源县， 祁门县， 黟县，
绩溪。

直隶○徐州，属县四。

萧县， 沛县， 丰县， 砀山县。

直隶○滁州，属县二。

全椒县， 来安县。

直隶○和州，属县一。

含山县，

直隶○广德州，属县一。

建平县。

○东滨海，

自淮安府东北接山东胶州界，松江府东南接浙江海盐县界，
几千二百里，皆海滨也。而淮安之安东，为淮河入海之口。扬州之
海门，海门县，今废，入通州。为大江入海之口。苏州之崇明，则孤
悬海中，为江口扞蔽，诚东南之险矣。

○南据五湖，

五湖，即太湖也，与浙江湖州府分界。

○西接梁楚，

自徐、亳以西，徐州、亳州。则梁地。梁，今归德府。自颍、寿以西，颍州、寿州。则楚地也。楚地，谓汝宁府。

○北有淮甸。

邳、徐之境，皆跨淮北，上接山东，所以联络中原，翼蔽肩背也。

○其名山，则有钟山，

钟山，在江宁府城东北朝阳门外，旧《志》：在城东北十五里。诸葛武侯所云钟山龙蟠者也。一名蒋山，吴大帝祖讳钟，因改曰蒋山，以汉末秣陵尉蒋子文逐贼有功，死，葬于此，因名。亦曰金陵山，亦曰北山，一名紫金山。庾阐《扬都赋》谓时有紫金，故名。山周回六十里，高百五十余丈，负北面南。其东则达青龙、雁门诸山，北连雉亭山，青龙山，在今江宁府城东南三十五里。雁门山，则在城东南六十里。雉亭山，在城东北四十里，一名骑亭山。西临青溪山，南有钟浦水，流入秦淮。《丹阳记》：一作《金陵新志》，明张铉撰。京师南并连岭，而蒋山岩峣巉峻，实作扬州之镇。晋咸和三年，苏峻反于历阳，自横江济，从南道出蒋陵，胡氏曰：蒋山之陵阜也。战于西陵，钟山南，吴大帝陵也，亦曰孙陵。台军败绩，峻遂攻青溪栅，入台城。齐永元二年，崔慧景自京口向建康，拔竹里。见句容县。东昏侯使中领军王莹督军据湖头，玄武湖头。筑垒。上带蒋山西岩，以拒慧景。万副儿因说慧景曰：今平路皆为台军所断，不可议进，惟宜从蒋山龙尾上，出其不意耳。胡氏曰：自山趾筑道陂陀以登山，曰龙尾。从之，分遣千余人，鱼贯缘山，自西岩夜下，鼓叫临城中，即西岩下垒中也。台军惊溃。遂入北篱门，屯乐游苑。宫门闭，东府、石头、白下诸城皆溃。《齐纪》：永明中，惠文太子立楼观于钟山下，号曰东田。又于东田起小苑，营城包巷，弥亘华远。建武二年，诏罢东田，及毁苑中兴光楼。梁太清二年，侯景迫台城，邵陵王纶自京口入援。景遣兵御之于江乘。赵伯超谓纶曰：今若从黄城大路，黄城，当作江乘。又《金陵志》：上元县东北清风乡有黄城村。必与贼遇，不如径指钟山，突据广漠门，出敌不意，城围必解。纶从之，夜行失道，迁二十里，及旦，营于蒋山。景见之，大骇，悉送所掠妇女珍货于石头，具舟欲走。纶御军无法，寻为贼所败。梁末，徐嗣徽引齐军潜至钟山，侯安都与齐将王敬宝战于龙尾。既而齐师潜逾钟山，陈霸先分军顿乐游苑东及覆舟山北，断其冲要，齐师败却。陈祯明末，隋师来伐，贺若弼自广陵济江入京口。司马涓言于后主，请北据蒋山，南断淮水。谓秦淮水。不从。既而弼趣建康，分兵断曲阿之冲而入，进据钟山，《一统志》：钟山龙尾上有贺若弼垒，去府城二十里。与陈兵战于白土冈，乘胜至乐游苑。遂夜烧北掖门，入台城。《唐六典》：蒋山，江南道名山之一也。今峰岩泉壑，其得名者，以数十计。朱子曰：天下山皆发源于岷山，钟山实其脉之尽者。盖自六朝以来，东南名胜，钟山其最著矣。明初败元人于方山营，进败元人于蒋山，直抵集庆城下，遂克之。《金陵记》：明陈沂撰。钟山磅礴奇秀，比诸山特高，林木郁葱，泉流清冽。山之阳，陵寝奠焉。俯视群山，气象雄伟，钟祥衍庆，有由来矣。嘉靖中，诏改山名曰神烈山，以表功德云。

　　〇梁山、

梁山有二：东梁山，一名博望山，在太平府西南三十里。西梁山，在和州南六十里。夹江对峙，如门之辟，亦曰天门山。《郡国志》：即《元和郡县志》。天门山，一名蛾眉山。《春秋》昭十七年，楚获吴乘舟馀皇处也。两山岸江，相望数里，为大江之关要。晋人伐吴，王濬自武昌顺流东下，吴主遣将军张象帅舟师万人，御之于梁山。象望旌而降，濬遂直指建业。东晋时，王敦作乱及桓温专命，皆自上流移镇姑熟。说者曰：夺梁山之险也。宋元嘉二十七年，北魏主焘军瓜埠，声言欲渡江，宋于南岸分军守御，置戍博望。三十年，元凶劭弑逆，武陵王骏讨之，自寻阳东下。劭党萧斌，劝劭勒水军自上流决战，不尔，则保据梁山。劭不能用。孝建元年，江州刺史臧质以南郡王义宣叛，宋主命柳元景、王玄谟帅诸将讨之，进据梁山洲，于两岸筑堰月垒，水陆待之。质至梁山，亦夹陈两岸，与官军相拒。义宣至芜湖，质进说曰：今若以万人取南州，则梁山中绝；时柳元景自采石进屯姑熟，为梁山后援。万人缀梁山，则玄谟必不敢动。下官中流鼓棹，直趣石头，此上策也。义宣不能用。质因西南风急，遣兵攻梁山西垒，陷之。既而义宣至梁山，顿兵西岸，遣其将刘谌之与臧质进攻东城，为玄谟等所败。今两山有却月城故址，相传即玄谟所筑。大明七年，祀梁山，大阅于江中，立双阙于山上。齐建元初，魏人入寇司、豫二州，缘淮驱略，江北居民惊扰。诏于梁山置二军，南州置三军以备之。永元元年，陈显达举兵江州，东昏侯使将军胡松等拒之于梁山。梁敬帝初，江州刺史侯瑱拥兵上游，不附于陈霸先。霸先遣将侯安都等帅舟师立栅于梁山以备之。继而齐兵亦出栅口，栅江口也，见和州。

向梁山。霸先将黄丛逆击破之，齐师退保芜湖。霸先复遣将沈泰等共据梁山，寻亲如梁山巡抚诸军。唐武德七年，辅公祐叛，遣其将冯慧亮等帅舟师屯博望山，仍于梁山连铁锁，断江路，筑却月城，延袤十余里，旋为李孝恭所败。宋南渡后，置寨于此。绍兴三十一年，金亮南侵，至和州，以梁山泺水浅，议改舟以渡，不果。今有官兵戍守。李白《梁山铭》曰：梁山博望，关扃楚滨；夹据洪流，实为要津；天险之地，无德匪亲。守建康者，西偏津要，梁山其最矣。

　　〇采石、

　　采石山，亦曰采石圻，在太平府西北二十五里。渡横江，西至和州二十五里，东北至江宁府八十五里，亦谓之牛渚圻。《舆地志》：陈顾野王撰。半渚山北，谓之采石。盖大江东北流，牛渚、采石俱列江东岸。采石去牛渚不过里许，故牛渚圻通谓之采石。《元和志》：采石西接乌江，即和州江。北连建业。戍城在牛渚山上，与和州横江渡对。其地突出江中，自昔津渡处也。秦始皇东巡会稽，道丹阳，至钱塘，即由此渡。后汉兴平二年，孙策渡横江，攻刘由牛渚营，尽得邸阁粮谷战具。其后孙权使孙瑜自溧阳移兵屯牛渚。自是以后，常为重镇。黄武中，使全琮屯牛渚。孙皓建衡二年，谋伐晋，大举兵从牛渚西上，旋引还。又以何植为牛渚督，作横江坞。晋咸宁五年，伐吴，遣王浑向牛渚。及王濬由武昌东下，晋宿牛渚部分。明日，前至三山。见江宁府。永嘉元年，陈敏据建业，扬州刺史刘机等出历阳讨敏。敏使其弟宏据牛渚拒之。成帝咸和三年，苏峻据历阳以叛，济自横江，登牛渚，望蒋山。咸康元年，石

虎南寇，游骑至历阳，诏戍牛渚及慈湖、芜湖以备之。永和中，谢
尚镇于此，亦曰采石戍。隆安二年，豫州刺史庾楷以历阳叛，谯王
尚之大破楷于牛渚。宋元嘉二十七年，魏主焘入寇，军瓜埠。宋
分军戍采石，又陈舰列营，周亘江畔，自采石至暨阳六七百里。孝
建初，义宣作乱，柳元景军于采石。齐永元初，陈显达自寻阳东
下，败台军于采石，建康震恐。二年，崔慧景逼台城，豫州刺史萧
懿方讨寿阳，屯小岘，闻警，即帅数千人自采石济江，顿越城见应
天府。亦曰南洲津。梁普通六年，置南津校尉于此。大通二年，侯
景攻历阳，历阳太守庄铁以城降，说景曰：今宜急趣建康，若朝
廷遣羸兵千人，直据采石，虽有精甲百万，不能济矣。景遂引兵临
江，时羊侃请以二千人急据采石，梁主不从。侃叹曰：今兹败矣。
先是，梁主闻景叛，遣将军王质巡江防遏，至是，陈昕言：采石急
须重镇，王质水军轻弱，恐不能济。诏即以昕代质戍采石，质去
采石，而昕犹未下渚，秦淮渚也。景谍知之。大喜曰：吾事济矣。遂
自横江济采石，袭陷姑孰，至慈湖，建康震骇。承圣初，王僧辩等
讨侯景，至芜湖，景将侯子鉴据姑孰南洲以拒之，既而僧辩至姑
孰，子鉴帅步骑渡洲，于岸挑战，败奔建康南洲，即采石矣。梁主
方智初，齐人纳萧渊明为梁主，王僧辩迎之于历阳，渊明自采石济
江。既而陈霸先杀僧辩，废渊明，与齐人相持。绍泰二年，齐谯、
秦二州刺史徐嗣徽等袭采石，执戍主张怀钧。陈末，隋军临江。
樊毅曰：京口、采石，俱是要地，各须锐兵五千、金翅二百，缘江
上下防扞，如其不然，大事去矣。既而韩擒虎以兵五百人，自横江
宵济采石，而陈以亡。隋置牛渚圻镇。唐贞观初，改镇为戍。文德

初，杨行密谋取宣州，议约和州、升州兵，自采石济江侵其境，而行密从庐州济江，自西道击之。宋开宝七年，曹彬败江南兵于采石矶，先是樊若水尝渔于采石，以小舟载丝绳维南岸，疾棹至北岸，以度江之广狭，遂诣阙，请造舟为梁以济师，由是大军长驱，如履平地。绍兴末，金亮南侵，两淮皆陷，遂筑台和州江岸，挥兵渡采石，王应麟曰：和州东二十里有西采石，其下为杨林渡，即金亮督兵渡江处。为虞允文所败。明初，自和阳渡江，诸将欲向牛渚，太祖曰：牛渚敌营所在，备必密，先登采石，敌不知所备矣。遂克牛渚，下太平。今采石矶临江为险，有官兵驻守。《志》云：昔人于此取石，因名。又牛渚山下名燃犀浦，相传温峤燃犀炤水处也。陆氏游曰：古来江南有事，从采石度者十之九，从京口渡者十之一。盖以江面狭于瓜洲也。今洲渚纡回，采石形势，又复一变矣。详见川渎大江。

　　○岘山。

　　岘山有二：大岘山在和州含山县东北十三里，小岘山在含山县北二十里。《舆地志》：小岘在合肥之东，大岘在小岘之东。是也。胡三省曰：六朝都建康，自历阳西趣寿阳，自寿阳东向建康，大小岘为往来之要路，而小岘尤为险厄。《纪胜》：《舆地纪胜》，宋王象之撰。小岘一名昭关，两山峙立，为庐寿往来之冲。范雎曰：子胥橐载而出昭关。即此。刘宋孝建初，荆州刺史南郡王义宣作乱，豫州刺史鲁爽据寿阳应之，引兵趣历阳，前锋为薛安都所败，乃留军大岘，使鲁瑜屯小岘，既而食尽引退，安都追斩爽于小岘，进克寿阳。泰始二年，豫州刺史殷琰举兵寿阳以应晋安王子勋，诏山阳王休祐等讨之。休祐军历阳，遣将刘勔进军小岘，合肥遂来降。齐永元二年，裴叔业以寿阳降魏，东昏侯使萧懿进讨，懿将步军三万屯小岘。梁天监初，魏小岘戍主党法宗袭大岘戍，破之。二年，魏扬州刺史任城王澄复遣将分道寇大岘，拔之。四年，豫州刺史王超宗将兵围魏小岘，时梁置豫州于历阳，今和州。为魏将李叔仁所败。五年，韦叡攻魏小岘，拔之，遂进至合肥。承圣元年，时侯景据建康，齐人屡侵景边地，景遣其党郭元建帅步军趣小岘，侯子鉴帅舟师向濡须，齐人引却。陈大建五年，遣吴明彻等北伐，鲁广达破齐师于大岘。唐《元和志》：大小二岘，淮南襟要之地也。宋绍兴十一年，王德复和州，兀术退屯于昭关，德击败之。三十一年，金亮南侵，自涡口渡淮，守将王权弃庐州退屯昭关，又自昭关退保和州，淮西大扰。隆兴二年，金人入濠、滁，王彦弃昭关走，两淮几陷。祝穆曰：昭关之口，两山壁立，可以守御。绍兴间，张浚尝因山筑城，置水匮以遏金人。盖形险可恃也。明末，贼犯凤阳，尝分兵守小岘。盖惧金陵援师也。其山长二十里，水绕山下，为往来者必经之处。

　　○其大川，则有大江、

　　大江，自江西九江府彭泽县流入界。江北岸为宿松县及望江县，又东北至安庆府城西南，江南岸为东流县，以至池州府城西北，经桐城县境南，桐城县属安庆府。铜陵县城北，铜陵县属池州府。而入庐州府无为州界及太平府繁昌县界，自此益折而东北，江西岸为和州，东岸为芜湖县，太平府天门、采石之险在焉。又东北经江宁府界，江北岸则六合县、江浦县，以至扬州府之仪真县瓜洲镇，江南岸则江宁府以及句容县北境，至镇江府京口闸，与瓜洲南

北相对，为渡江之津要。自此引而东，南岸经丹阳县常州府境及
江阴县城北，又东为苏州府常熟县之北境，北岸则历泰兴、靖江、
如皋县境，又东历通州之狼山，与常熟县福山对境，又东至海门
县入于海，海门县，今堙于海。而靖江则孤悬于江中，靖江县在江中，
本属江南。今城北新沙平阔，直接江北泰兴县，而江在城南矣。崇明则
翼峙于江口，此境内江流之大略也。吴纪涉曰：长江自西陵以至
江都，五千七百里，疆界虽远，而险要必争之地，不过数处，犹人
有八尺之躯，靡不受患，其护风寒，亦数处耳。北魏陆叡曰：长江
浩荡，敌之巨防也。宋吴表臣曰：古来都建康者，以大江为要会。
大江之南，上自荆、鄂，下至常、润，不过十郡。十郡之间，其要不
过七渡：上流最紧者三，荆南之公安、石首，二县俱属荆州府。岳之
北津；即府西北三十里之三江口。中流最紧者二，鄂之武昌，太平之
采石；下流最紧者二，建康之宣化镇、江之瓜州。《宋会要》：一作
《中兴会要》，宋梁克家辑。绍兴二年，命沿江岸置烽火台，以为斥
堠，自当涂之褐山、东采石、慈湖、繁昌、三山至建康之马家渡、
大城冈，池州之鹊头山，凡八所。又绍兴七年，叶梦得言：建康、
太平、池州紧要临口，江北可济渡处，凡一十九处。咸淳十年，汪
立信言：沿江之守，不过七千里，若距百里而屯，屯有守将，十屯为
府，府有总督，其尤要害处，辄三倍其兵，无事则泛舟长江，往来
游徼，有事则东西齐奋，战守并用，互相形援，以为联络，率然之
势，此上策也。时宋已失荆襄，故滨江之备切。王应麟曰：塞建平之
口，建平，今荆州府归州。使自三峡者不得下；据武昌之津，使自汉
水者不得进；守采石之险，使自合肥者不得渡；据瓜步之冲，使自

盱眙者不得至，此守江之策也。明初，以大江当建康肘腋，而江南财赋渊薮，转输所必资，增置营军，特命大臣经理，上自九江，滨于大海，设险置防，皆为重地。嘉靖间，倭寇充斥，东南糜烂，于是江防、海防之议益起，沙洲浦渚，节节为防，详且密矣。然而机变无方，风帆迅疾，未可绳以守株之见也。唐顺之曰：江口蓼角嘴见废海门县、营前沙见崇明县，南北相对，海面阔百四五十里，此江防第一重门户。江北周家桥见扬州府，与江南岸圌山相对，圌山，见镇江府。江中有顺江洲，为两岸分界。周家桥南至顺江洲，江面止六七里。顺江洲南至新洲夹，江面止七八里。新洲夹至圌山，江面不过十四、五里，此为江防第二重门户。京口、瓜洲，南北相对，江面不过十八里，此江防第三重门户也。今瓜洲渡江至京口，江面不过七里有奇。馀详川渎异同。

○淮河、

淮河自河南固始县而东流入界，经颍州南，霍丘县北，颍上县南，又东经寿州北及怀远县城南，又东经凤阳府城及临淮县城北，又东北经五河县城东，盱眙县城北，泗州城南，又东北至清河县南合大河，又东经淮安府城北及安东县城南，而入海。长淮南北大小群川，无不附淮以达海者，而涡、颍、汴、泗诸水，则尤要害所关也。《春秋》襄三年，晋会诸侯于鸡泽见直隶广平府，使荀会逆吴子于淮上。三国魏黄初五年，谋伐吴，为水军，亲御龙舟，循蔡、颍蔡、颍二河也浮淮，如寿春。六年，复伐吴，帅舟师自谯循涡入淮，至广陵。晋永和中，姚襄屯历阳，夹淮广兴屯田。殷浩恶其强盛，迁之于梁国。自南北分疆，往往以长淮为大江之蔽。陈人失淮南,遂为隋人所并。唐末,杨行密与朱温呕战于淮上,温不能度淮。杨氏遂能以淮南之境,与中原抗。五代周取淮南,而李氏之亡不旋踵矣。宋王德曰:淮者,江之蔽也,弃淮不守,是为唇亡齿寒。绍兴三十一年,金亮南侵,诏刘锜等备清河、颍河、涡河口。开禧二年,金人以韩侂胄败盟,遣仆散揆等分道入寇,一出颍、寿,一出涡口,一出清河口。时丘崇为两淮宣抚,或劝崇弃庐和,为守江计。崇曰:弃淮,则与敌共长江之险,吾当与淮南俱存亡耳。又宝庆三年,李全据楚州,赵范言:有淮则有江,无淮则长江以北港汊芦苇之处,敌人皆可潜师以济。江面数千里,何从而防哉?真氏曰:淮东要害在清河口,淮西要害在涡颍口,欲固两淮,先防三口。杨氏万里曰:固国者,以江而不以淮;固江者,以淮而不以江也。馀详川渎异同。

○黄河、

黄河,自宋神宗时决于澶州,合南清河而入淮,自是淮北遂被河患。五六百年之间,川原故道,几几尽失其旧矣。而国家漕运,又藉黄河以相灌注,故补救之法,万绪千端,犹虞无济。今大河在境中者,由河南归德府永城县界,流经徐州砀山县北,又东至丰县南,又经沛县南及萧县北,至州城东北,而合于泗水。盖夺汴水入泗之旧道也。入泗以后,遂夺泗水之经流,从吕梁洪而东经邳州宿迁县之南,桃源县之北,至清河县而合于淮,东注于海,并夺淮河之经流矣。详见川渎异同。

○清河、

清河,即泗水也,亦曰南清河。源出山东泗水县东五十里之陪尾山，四泉并发。西流至县北八里，始合为一。又西经曲阜县北，过兖州府城中，至济宁州城东，分南北流。北流入会通河，南流自鱼台县南入徐州境，经沛县东，至州城东北，又东南流过邳州宿迁县南，又东经桃源县北，至淮安清河县西北三十里三汊河口，分为大、小二清河。又南达于淮，《志》云：大清河由清河县治东北入淮，小清河由县治西南入淮，相去仅五里。谓之清口，亦曰泗口，亦曰淮口。《禹贡》曰：浮于淮、泗。《周礼·职方》：青州，川淮、泗。《汉志》：泗水过郡六，鲁国、山阳、济阴、沛、楚国、泗水。行千一百一十里。景帝三年，吴楚七国反。周亚夫击之，坚壁昌邑，见山东金乡县。使弓高侯等，弓高侯，韩颓当也。将轻骑出淮泗口，绝吴楚兵后，塞其饷道。吴楚粮绝，卒以败散。后汉初平四年，曹操击败陶谦于彭城，进攻郯，见山东郯城县。坑杀男女十万口于泗水，水为不流。晋大宁初，徐州刺史卞敦镇泗口，闻石勒寇彭城、下邳，退保盱眙，淮南大震。二年，勒将石瞻复寇下邳、彭城，取东莞、东海，兖州刺史刘遐自彭城退保泗口。永和五年，石季龙死，国乱。褚裒上表请伐赵，即日戒严，直指泗口。八年，殷浩北伐，亦屯军于此。太元三年，苻秦围彭城，谢玄等驰救，军于泗口。义熙五年，刘裕伐南燕，帅舟师自淮入泗。十三年伐秦，自淮、泗入清河。此清河谓济水。宋元嘉七年，遣到彦之等将兵复河南地。彦之自淮入泗，水渗，水下漉为渗。日行才十里，自四月至秋七月，始至须昌今见山东东平州，乃溯河西上。泰始三年，徐州刺史薛安都以彭城降魏，魏将尉元等入彭城。宋张永等引兵攻之，不克而退。会天大雪，泗水冰合，永等弃船步走。尉元与薛安都前后邀击，永等大败。尉元以彭城兵荒之后，公私困竭，请发冀、相、济、兖四州粟，取张永所弃船九百艘，沿清运载以赈新民，魏主从之。此清水谓济水及泗水也。元尝言宋人图淮北，必自清、泗趣下邳。是也。既而宋主复遣沈攸之击彭城。攸之以清泗方涸，运粮不继，固执以为不可。宋主强遣之。尉元大败攸之于淮清口，攸之退走淮阴。齐建元二年，遣领军李安民巡行清、泗诸戍以备魏。梁天监五年，将军蓝怀恭与魏将邢峦战，败于睢口，睢水入淮之口。峦进围宿预。怀恭复于清南筑城，清水南也。峦与杨大眼攻拔之。陈大建十年，吴明彻北伐，围彭城，堰泗水灌之。周将王轨驰救，引兵据淮口，结长围，以铁锁贯车轮数百，沉之清水，以遏陈船归路。又于两端筑城，一旬之间，水路断绝。明彻乃决堰，乘水势退军，冀以入淮。至清口，水势渐微，舟碍车轮不得过，为轨所擒。陈主大惧，因命樊毅都督清口上至荆山缘淮诸军。毅遣军度淮北，对清口筑城，军士弃城还。唐乾宁四年，朱全忠大举击杨行密，分遣庞师古等将徐、宿、宋、滑之兵壁清口，将趋扬州。或告师古营地污下，不可久处。不听。行密拒之于楚州，壅淮上流，分军潜渡淮袭之，汴军仓皇拒战，淮水大至，行密济淮夹击之，斩师古。汴军遂溃。周显德四年，克唐泗州。唐人以战船赴援，泊洞口，闻泗州败没，退保清口。洞口，见盱眙浮山。周主命步骑夹南北两岸而进，水军复自中流追之，大败唐兵于楚州西北。宋绍兴五年，韩世忠镇楚州，州控扼清河口，恒屯重兵戍守。三十一年，金亮南侵，遣其臣李通造浮梁于淮水上，将自清河口入淮东，又以舟运粮至清口。时刘锜在扬州，移军驻清口，使善没者凿沉其舟。金人不得进，乃由涡口度淮。隆兴二年，金将纥石烈志宁自清河口入淮。魏胜拒战于淮阴，败绩。金人遂陷楚州。开禧二年，金人分道入寇，一出颍、寿，一出涡口，一出清河口。既而金将胡沙虎自清口渡淮，围楚州。淳祐十一年，蒙古忽必烈置经略司于河南，分兵屯田，西起襄、邓，东连清口、桃源，列障守之。既而泸州叛将州属四川。刘整复献策于蒙古曰：清口、桃源，河、淮要冲，宜先城其地，屯山东军，以图进取。朝廷闻之，命于清口择地利筑城备之。胡文定公曰：欲固下流，必守淮、泗。真氏尝言淮东要害在清河口，是也。今大河南徙，夺泗流而合于淮，清口当河淮交会之冲，形势至重。且国家岁漕，东南数百万，悉由清口而北。此诚南北咽喉所系，不可一日忘备矣。

　　○沘水、

　　沘水，出庐州府西北四十里鸡鸣山。吕忱《字林》：沘水出良余山，俗谓之连枷山，或以为独山，即今庐州府西二十里之大蜀山也。《寰宇记》：沘水出府西南八十里之蓝家山。《南畿志》：沘水出府西南七十里之紫蓬山。今以王象之《纪胜》为据。北流二十里，分为二：其一东南流过府城东，又东南七十余里，而入巢湖。其一西北流二百里，至凤阳府寿州城东北，又西流十余里，至州北入于淮。《尔雅》：归异出同曰肥。王象之曰：古者巢湖水北合于肥河。故魏窥江南，则循涡入淮，自淮入肥，由肥而趣巢湖，与吴人相持于东关。吴人挠魏，亦必由此。司马迁谓合肥、寿春受南北湖，盖此水耳。建安十四年，曹操至谯，引水军自涡入淮，出沘水，军合肥。晋太元八年，苻坚入寇，陷寿阳，谢玄等拒之。坚军逼沘水而阵。玄遣使谓

秦人，愿移阵少却，使晋兵得渡，决胜负。坚欲乘其半渡击之，挥
兵使却。秦兵一退，不可复止。玄等引兵渡淝水击之，秦兵大败。
义熙十三年，刘裕伐秦，遣王镇恶等自淮、肥向许、洛。宋景平元
年，魏人入寇淮南，时庐陵王义真镇寿阳，遣其将沈叔狸将兵屯
肥口以备之。齐建元二年，垣崇祖守寿阳，魏人来攻。崇祖欲治
外城，堰淝水以自固。议者谓郭大难守，且自有淝水以来，未尝堰
也。崇祖曰：若弃外城，敌必据之，外修楼橹，内筑长围，则坐成
擒矣。守郭筑堰，是吾不谏之策也。乃于外城西北堰淝水，堰北
筑小城，周为深堑，使数千人守之。魏人力攻小城，谋破肥堰。崇
祖登城，决堰下水。魏军皆被漂溺，遂退走。又永元二年，魏取寿
阳，陈伯之引兵攻之，防淮口甚固。此淮口，汝水入淮之口也，在颍
州东南，去寿阳不过百里。魏汝阴太守汝阴，今颍州。傅永将兵救寿
阳，去淮口二十余里，牵船上汝水南岸，以水牛挽之，直南趋淮，
下船即渡，遂入寿阳，击伯之军于肥口，大破之。梁天监五年，韦
叡攻魏合肥，案行山川，曰：汾水可以灌平阳。即此是也。乃堰淝
水，堰成水通，舟舰继至，既而使军主王怀静筑城于岸以守堰，
为魏所拔。魏人乘胜至堤下，且来凿堤，叡亲与之争。魏兵却，因
筑垒于堤以自固，又起斗舰，高与城等，四面临之，城遂溃。陈大
建五年，王琳以齐兵屯寿阳。吴明彻攻之，堰淝水以灌城，城中大
困。遂克之。说者曰：淝水经寿阳城外，引流入城，交络城中，堰
淝水以灌城，其势顺易也。十一年，周人侵淮南，梁士彦至肥口，
与韦孝宽合军围寿阳，克之。隋唐以来，淝水皆为寿州津要。《六
典》：淮南道大川曰淝水。五代周显德二年，周主至寿州城下，营

于淝水之阳，命诸军围城，既又遣侯章等攻其水寨，决壕之西北隅，导濠水入肥，寻克其城。夫庐、寿二州，为江淮形势之地，而淝水又为庐、寿战守之资，今水陆变迁，淝水故道几不可问云。

○睢水、

睢水，汴水之支流也。汴水，详见河南大川。《水经》注：睢水出陈留县西浪荡渠，《汉志》注：睢水首受莨荡水，皆汴水也。其下流过睢陵县故城北，睢陵，今见盱眙县。而东南流经下相县故城南，下相，今见宿迁县。又东南流入泗。今自河南开封府陈留县东北四十里与汴河分流，东南流经杞县北，又东经睢州北及宁陵县之南，又东经归德府城南，又东至夏邑、永城县南，永城以上，皆属河南。而入徐州之砀山、萧县界。过县南，又东历徐州南境，宿州北境，过灵壁县北，又东出睢宁城北，至宿迁县东南，而合于泗水。今为大河经流。亦曰睢口，亦曰小河口，以睢水亦兼小河之名也。《春秋》僖十九年，宋襄公使邾子用鄫子于次睢之社。此水之社也。汉二年，汉王率诸侯兵入彭城。项羽击汉军于睢水上，水为之不流。汉三年，楚汉相持荥阳、成皋间。彭越为汉游兵度睢水，与项声、薛公战下邳，大破楚军。后汉建安十五年，曹操军谯，治睢阳渠。盖因睢水而作渠。渠今在河南陈州、睢州之间。宋泰始二年，沈攸之奉诏攻彭城，至焦虚，去下邳五十余里。下邳，即今邳州。下邳戍主陈显达引兵迎攸之，至睢清口，泗水曰南清河，故睢口为睢清口。为魏将孔伯恭所败。梁天监五年，将军蓝怀恭与魏邢峦战于睢口，败绩，峦进围宿预。盖南北交兵，睢口常为兵冲矣。明建文四年，何福拒燕兵，相持于小河之上。在今灵壁县。弘治十六年，河决张秋。白昂自归德小坝导水经睢宁，至宿迁小河口，入漕河济运，即此睢水也。《汉志》：睢水历郡四，谓陈留郡、梁国、楚国、临淮郡也。行千三百六十里。《元和志》：睢水势虽小而流长，于梁楚间，实为衿束之处。

○涂水、

涂水，即滁河。涂，音除。源出庐州府合肥县东北七十里废梁县界，《历阳志》：滁河出废梁县厅事侧，呼为龙潭。《寰宇记》：滁源出慎县西暴秃古塘。慎县，即梁县是也。东流过滁州全椒县南六十里。《通释》：涂水南去和州亦六十里。又东至滁州东南，为三汊河。又东入江宁府六合县，为瓦梁河。东南流至瓜埠口，而入大江。瓜埠，见六合县。《三国志》：吴赤乌十三年，作堂邑涂塘，以淹北道。堂邑，即今六合县。涂塘，即瓦梁堰。又今滁州，古曰涂中。晋咸宁五年，诸军分道伐吴，琅邪王伷出涂中。咸和元年，议欲作涂塘以遏北寇，祖约闻之曰：是弃吾也。时约镇寿春，在涂塘外也。因谋为变。大元四年，苻秦寇淮南，谢石帅舟师屯涂中。元兴元年，桓玄东下，遣将冯该攻历阳。豫州刺史谯王尚之众溃，逃于涂中，为玄军所获。北齐于六合置秦州，以州前江浦通涂水，乃伐大木栅水中，以备陈人。陈大建七年，吴明彻攻拔之。《唐六典》：淮南大川曰滁水。《五行志》：太和八年，滁州大水，溺万余户，即滁水也。五代时，南唐于涂水上立清流关见滁州，又立瓦梁堰，为东西瓦梁城。周显德三年，南唐何延锡言于其主曰：六合西二十五里，有堰曰瓦梁，水曰涂河。由河而上数百里，巨细骈比，辐辏吴堰，按：吴堰，瓦梁堰之别名，以孙吴始作此堰也。又瓦梁城，一名吴王城。今其地亦名姜家渡。中阙横断，群山回环，不止鱼三州岷，三州，滁、和及雄州也。南唐时，置雄州于六合县。海四百里，其实据天经而绝地纬之要者，请修筑之。功未就而罢。宋景德元年，废瓦梁堰。知全椒王巘尝言：吴堰众流辐集，群山回环，东西相望，底若大陆，如瓦之口，丸泥可封也。绍兴十一年，金亮南侵，屯重兵滁河，造三闸，储水深数尺。虞允文败金人于采石，命别将张深守滁河口，扼大江之冲。开禧二年，金人南犯，仆散揆屯瓦梁河，控真、扬诸州之冲，张旗帜于沿江上下，江表大震。明初下滁、扬，元人扼瓦梁垒，王师力战，克之。盖自昔控扼之地也。薛氏宋薛居正撰《五代史》，今未见。曰：孙氏割据，作涂中东兴塘见后东关，以掩北道。南朝城瓦梁城，塞涂河为渊，障蔽长江，号称北海。大抵淮东之地，沮泽多而丘陵少。淮西山泽相半，无水隔者。独邾城白沙戍见湖广黄州府。入武昌及六安、舒城走南硖见安庆府桐城县。二路耳。古人多于川泽之地立塘堰焉，以遏水溉田。在孙氏时，尽罢县邑，治以屯田都尉。魏自刘馥、邓艾之后，大田淮南。迄南北朝，增饰弥广。今舒州有吴陂堰，见安庆府潜山县。庐江有七门堰，见庐州府舒城县。巢县有东兴塘，滁、和州、六合间有涂塘、瓦梁堰，天长有石梁堰，高邮有白马塘，扬州有邵伯埭、裘塘屯，俱分见本处。楚州有石鳖塘、今见宝应县、射陂即射阳湖，见淮安府山阳县。洪泽陂，亦见山阳县。淮阴有白水屯，同上。盱眙有破釜塘，今曰洪泽浦。安丰有芍陂，见寿州。固始有茹陂。见河南固始县。是皆古人屯田遏水之迹，其余不可胜纪。大要六安以东，有芍陂之险；钟离以东，无非湖浊之地；西自皖东至扬，则多断流为阻。故自前世征役，多出东道。如吴邗沟，魏广陵周鹳河，亦见山阳县。率资堰焉水之利，南北所通行也。惟庐、寿一路，陆有东关、濡须、硖石此亦谓桐城县之南硖石。之厄，重以陂水之艰，最为险要。《宋会要》：即《中兴会要》。绍兴三年，命江淮南引塘泺，开畎浍以阻金兵。朱氏麟曰：吴大帝筑堂邑涂塘，以淹北道，王凌请攻讨，而司马懿不许。诸葛恪一城东兴，以遏巢湖，而魏之三将数十万之众，皆覆没于堤下。则堰水以固圉，未为非策也。

〇运河、

运河，亦曰江南河，即隋大业中所开。唐、宋因之，以转漕东南。《宋志》：运河自秀州杉青闸见浙江嘉兴府。至平江府盘门，在大湖之际，与湖相连。而阊门至常州，有枫桥、浒墅、乌角溪、在苏州府西北五十里。新安溪、在无锡县南三十里。将军堰，在无锡县南一里。皆通大湖。惟五泻闸通江阴军，即今之高桥，在无锡县北十里。河港势低，水易走泄，又旧闸损坏，急须修筑。不独潴水可以通舟，而无锡、晋陵间所有阳湖，亦当积水，则四傍之田，无旱暵之患矣。惟常州至丹阳，地势高卬，虽有奔牛、吕城二闸，别无湖港可以潴水。自丹阳至镇江，地形尤高，虽有练湖，亦浅涸不能济远。运河浅狭，莫此为甚，浚治所当先也。其镇江闸口，亦易淤塞，尤宜通利。今自浙江嘉兴府北，溯流入界，逾江浮淮，以达于河，而接山东鱼台县境，回环千五百五十余里，供输数百万，皆取给于此。由浙江嘉兴府之运河，四十里而至吴江县，又五十里而至苏州府城南。转而西北，九十里至无锡县，又九十里至常州府城东。由城南而西，一百有十里至丹阳县，又九十里至镇江府城东。自城南而西，出京口闸，以入于江。渡江八里，即瓜洲镇。自瓜洲而北四十里，至扬州府城南。由城东而北，一百有十里至高邮州，又北一百二十五里至宝应县，又一百里至淮安府城南。自城而西五十五里，出清江浦，以入于淮。渡淮而北，五里至清河县，又西七十五里至桃源县，又一百二十里至宿迁县，又一百三十里至邳州，又经睢宁灵璧境凡一百二十里而入吕梁洪，又六十里至徐州洪。转而北，凡一百五十里而至沛县，又北五十里入山东境。此江南漕河之大略也。详见川渎漕河。

〇洮湖、

洮湖，洮，音姚。俗读滔，一名长荡湖，荡，通作塘。在江宁府溧阳县北二十里，镇江府金坛县西南三十里，常州府宜兴县西百里。虞翻、韦昭、周处、郦道元，皆以洮湖为五湖之一也。湖周一百二十里，《志》云：东西二十里，南北三十五里。西通石臼、丹阳等湖，东通太湖。中有大坏、小坏二山，皆水环四面，望之若浮，亦名浮山俗。作巫山。巫，即浮音之转也。今小坏山亦名白石山。汉十一年，徵黥布于淮南，布败走江南。汉别将追击之于洮水南北，皆大破之，即洮湖矣。晋咸和三年，苏峻既败，苏逸以万余人自延陵湖将入吴兴，将军王允之追获之于溧阳延陵湖，或曰亦即洮湖也。隆安二年，王恭举兵京口。其将刘牢之还袭恭，恭奔曲阿。故吏殷确以船载恭，将奔桓玄于横江，至长荡湖被执。时殷仲堪亦自江陵举兵东下，桓玄为前锋至横江也。刘宋泰始二年，会稽长史孔觊发兵应寻阳，时晋安王子勋举兵于寻阳。义兴太守刘延熙等亦据郡应觊，宋主或遣庚业代延熙为义兴守。业至长荡湖，即与延熙合，于湖口夹岸筑城，与延熙遥相应援。宋主使任农夫击之。农夫自延陵出长荡攻业，破之，遂进克义兴。盖湖密迩金陵，为东南捷径，诚战守要地也。宋德祐初，转运判官赵淮起义兵，据长荡湖**丠**，**㘴**，读偶。见溧阳县。图复建康，不克。《金陵志》：即张铉《金陵新志》。芜湖县河东接太平府南六十里之黄池河，又东接溧水县西南之固城湖、丹阳湖，及县南之石臼湖，流会长荡湖，而入太湖。自东坝筑，而丹阳石臼湖诸水俱西流入大江，与长荡湖相隔矣。《水利论》明伍馀福著。曰：金坛、武进、宜兴之间，有地名夹苧干，东抵宜兴县西北之滆湖，北通长荡湖，西接五堰。盖长荡湖之水，东接荆溪而入太湖。昔人引之北泄于滆湖，又泄滆湖之水北入武进县西南之大吴渎、荡口渎、白鱼湾、高梅渎及白鹤溪，而接于运河，下流归于大江。单氏谔谔，宋人，著《吴中水利录》。所云：上接滆湖而运河有功，下达荆溪而震泽无害，为宣、润、常三州之深利者也。今日就埋塞。盖水利之不讲久矣。

　　○太湖、

　　太湖，在苏州府西南三十里，常州府东南八十里，浙江湖州府北二十八里。其滨湖之县，曰吴县、吴江、武进、无锡、宜兴、乌程、长兴，纵广三百八十三里，周回三万六千顷。或谓之震泽。《禹贡》曰：三江既入，震泽底定。是也。或谓之具区。《职方》：扬州，薮具区。《尔雅》亦谓之具区。《山海经》：浮玉之山，北望具区。或谓之笠泽。《左传》哀十七年，越伐吴，吴子御之笠泽，是也。或谓之五湖。《职方》：浸五湖。《越语》：越兴师伐吴，至于五湖。又范蠡曰：与我争三江五湖之利者，非吴也耶？《史记·河渠书》：于吴则通渠三江五湖。《吴世家》：越王涉江袭吴，去城七里而军。吴王闻之，去晋而归，与越争于五湖。又范蠡乘舟出五湖口，太史公登姑苏望五湖。是也。《山海经》注谓之三山湖，又谓之洞庭湖。张勃云：五湖者，水周行五百里，故名。虞翻曰：大湖东通长洲松江，南通乌程霅溪，西通义兴荆溪，北通晋陵滆湖，东南通嘉兴韭溪，水凡五道，故曰五湖。翻又云：太湖有五湖，滆湖、洮湖、射湖、贵湖及太湖为五湖。盖太湖之小支俱连太湖，故太湖兼得五湖之名。陆龟蒙云：太湖上禀咸池、五车之气，故一水五名。是皆以太湖为五湖也。韦昭曰：五湖者，胥湖见下、蠡湖、见无锡县。洮湖、见前。滆湖见常州府。就太湖而为五。郦道元曰：长荡湖、射湖、贵湖、射贵湖，今常州府之芙蓉湖也。当时或分为二，又虞翻亦以射、贵为二湖也。滆湖与太湖而五。此即虞氏之说。司马贞则曰：具区、洮滆，贞以洮、滆二湖为一湖。彭蠡、见江西大川。青草、洞庭俱见湖广大川。为五湖。李善曰：洞庭、彭蠡、震泽、巢湖见庐州府、鉴湖见浙江绍兴府。为五湖。夫《国语》明言吴伐越，战于五湖矣。《河渠书》：于吴则三江五湖。《晋书》：桓玄补义兴太守，叹曰：父为九州牧，儿为五湖长。此五湖即大湖之明徵也。《史记正义》曰：五湖，菱湖、游湖、莫湖、贡湖、胥湖也，皆大湖东岸五湾。今大湖之中，亦自有五名：一曰菱湖，莫釐之东，与徐侯山相值者为菱湖，周三十五里。相传吴王种菱处。徐侯山，在苏州西北四十里滨湖。一曰莫湖，莫釐西北与菱湖相连，周五十里。一曰胥湖，南连莫湖，东逼胥山，周六十里，胥山在苏州府西南六十里，当大湖口，亦曰胥口。一曰贡湖，长山西北连无锡老岸者，曰贡湖，周百九十里。长山，在苏州府西五十五里滨湖。一曰游湖，在长山之东，周五十里。《姑苏志》：明王鏊辑。

贡湖、游湖、胥湖、梅梁湖、金鼎湖为五湖。梅梁湖，在西洞庭山之东北。相传孙吴时进梅梁至此，沉于水。王鏊曰：在夫椒山东。金鼎湖，在梅梁湖西。相传吴王尝沉金鼎于此。王鏊云：在杜圻之西，鱼查之东。又有东皋里湖，在西洞庭山之东。王鏊曰：在林屋之东。是也。《名胜志》：菱、莫、胥、贡、游五湖之外，梅梁、金鼎、东皋里别为三小湖，今总名为太湖。杜圻、鱼查，皆湖中小山也。《吴地记》：唐陆广微著。五湖，大湖东岸五湾也。古者水流顺道，五湖溪径可分。后世蓄泄不时，浸淫泛滥，五湖并而为一，与具区无以辨矣。宋叶梦得曰：水弥漫而滩浅者，薮也；洼下而钟水者，浸也。太湖多滩浅处，有菱芡蒲鱼之利，故曰薮，以富得民。《吴郡志》：宋范成大著。太湖东西二百余里，南北百二十里，周五百里，中有七十二峰，为三吴之巨浸。盖震泽之西北，有建康、常、润数郡之水自百渎注之，旧《志》：百渎，在宜兴者七十四，在武进者二十六，凡四十余里。今皆堙塞。西南则有宣、歙、临安、苕霅诸水自七十二溇注之。七十二溇，在乌程者三十有九，在长兴者三十有四，今亦堙塞。《吴江志》云：诸溇皆源于湖州嘉兴境内，经吴江县西南而北注太湖。盖旧道已堙。《志》虽列载其名，要非实录矣。其旁近州邑之水，类皆以太湖为壑，源多流盛，惟赖三江导之入海而已。王鏊曰：东南诸水，皆归太湖，其最大者有二：一自宁国、建康等处入溧阳，迤逦至长荡湖，并润州金坛、延陵、丹阳诸水，会于宜兴以入；一自宣、歙天目诸山，下杭之临安、馀杭，湖之安吉、武康、长兴以入，皆由吴江分流入海。入海之处，地多堈碛，且潮沙易淤，故太湖之水，易噎而难泄，奔腾激荡。浙西恒多水患，苏、松承其下流，剥肤为甚。唐长庆四年，太湖决溢。宋景祐初，范仲淹知苏州，以州地滨震泽，田多水患，募游手疏五河，五河，常熟之白茆、许浦，昆山之茜泾、下张、七鸦也。导积水入海。元祐中，单谔议置五堰于溧阳，开百渎于宜兴，置斗门于江阴，分列千桥于吴江，以经理太湖之水。绍兴二十三年，谏议史才言：浙西民田最广，平时无甚害者，太湖之利也。近年濒湖之地，多为兵卒侵据，累土增高，旱则据之以溉，而民田不沾其利，涝则远近泛滥，不得入湖，而民田尽没，望尽复太湖旧迹，俾军民均利。明年，大理丞周环言：临安、平江、湖、秀四州下田，多为积水所浸，缘溪山诸水，并归太湖，自太湖分二派：东南一派，由松江入海；东北一派，由诸浦注之江，今泥沙淤塞，宜以时浚决，俾水势疏畅，实四州无穷之利。二十八年，转运使赵子潚等言：太湖者，数川之巨浸，而独泄以松江一川，宜其势有所不逮，是以昔人于常熟之北，开二十四浦，二十四浦，谓许浦、白茆、福山，及黄泗、奚浦、西成、东成、水门塘、崔浦、耿泾、鱼罩、邬沟、瓦浦、塘浦、高浦、金泾、石撞、陆河、北浦、千步泾、司马泾、野儿、钱泾、黄莺潬，是也。疏而导之江。又于昆山之北，开一十二浦，十二浦，谓掘浦、下张、七鸦、茜泾、杨林、六鹤、顾泾、川沙、五岳、蔡浦、琅港、参浦也。分而注之海。时嘉定县太仓州未置，昆山之地，东至于海。三十六浦，渐为潮汐泥沙所积。其开江之卒亦废，于是民田有湮没之患。天禧、天圣间，漕臣张纶尝于常熟、昆山，各开众浦。景祐间，郡守范仲淹亦亲至海浦，开浚五河。政和间，提举官赵霖复尝开浚。今诸浦堙塞，又非昔比，宜大加开浚，诏如所请。元时亦尝浚治，以浙西为财赋之本，特设水利之官，以董浚治之役，而未有修其职者。弘治七年，工部侍郎徐贯议浚吴江长桥水口，导太湖之水，散入淀湖、昆承、阳城等湖，而开吴淞江下流及大石、赵屯等浦以泄淀湖之水，开白茅、白鱼洪、鲇鱼口诸处俱在常熟县东北。以泄昆承湖之水，开七浦、盐铁等塘常熟、昆山、嘉定、太仓，俱有此塘。以泄阳城湖之水，使太湖下流，分入江海。又议开湖州溇泾，泄天目诸山水，自西南入太湖；开常州百渎，泄荆溪之水，自西北入太湖；又开各斗门，以泄运河之水，由江阴入江。寻复湮废。嘉靖初，抚臣李充嗣复议开七十二溇，以治太湖上流，浚赵屯、大盈诸浦，以泄吴淞下流，功亦未集。说者曰：固五堰以清上源，浚三江以清下流，则太湖可保百年无事。盖五堰者，所以堰金陵、宣歙诸水，使自芜湖入江者也。五堰始于杨行密，本作此为拖船馈粮之计，宋人遂因之，以节水入江，今东坝其故址也。见江宁府溧阳县广通坝。元末，五堰废坏。明初复修东坝故址，于是宜兴百渎之流益减，所患三江旧迹，日就沦废而已。夫太湖居江浙数郡之中，无事时为财赋所资，有事时即要害所寄也。唐武德三年，李子通为杜伏威所败，自京口东走太湖，收合亡散，袭败沈法兴于吴郡，遂取其地。五代时，吴越、南唐，往往相持于此。明初平张士诚，亦自宜兴出太湖，先取其湖州。盖自昔用兵者出奇之地。谈地利者，可不加之意哉？

〇三江、

三江，皆太湖之委流也，一曰松江，一曰娄江，一曰东江。《禹贡》：三江既入，震泽底定。释之者曰：松江下七十里分流，东北入海者为娄江，东南流者为东江，并松江为三江。《史记正义》：苏州东南三十里名三江口。一江西南上七十里至太湖，曰松江。一江东北下三百余里入海，曰下江，亦曰娄江。一江东南上

七十里至白蚬湖，亦曰白蚬江，见吴江县。曰上江，亦曰东江。孔氏
上下之说，据三江口而立言，似一淞江而分上下二流也。《吴地记》：松
江东南行七十里，得三江口。主太湖分流处而言，则七十里；主苏州
而言，则三十里，正相合也。今故道大抵湮没矣。《记》云：淞江，一
名笠泽，一名松陵江，一名吴淞江。自太湖分流，出吴江县城东南
之长桥，东北流合庞山湖。在苏州府南二十里。又东北经唐浦，苏州
府东二十五里。折而东南流，为甪直浦。亦名甫里，去唐浦十余里，在
昆山县西南三十六里。又东南流，历淀湖，在昆山县南八十里，松江府
西北七十二里。合五浦赵屯、大盈、顾会、崧子、龙盘五浦。详松江府。
而入上海县境。地名宋家桥，在县西北。又东南流，与黄浦合。合处
在县东北三十六里。又迤逦至吴淞口，在嘉定县东南三十六里，去上
海县五十余里。入于海。此松江之大略也。娄江，亦名下江，自太
湖分流，出吴江县西北鲇鱼口，在吴江县西北十八里。北流入运河，
在苏州府城南。一云自府西三十里木渎口，出胥门外石灰桥，而合运河。
盖皆非旧流也。经城东，为娄门洪，又东至淀墅湖，在府东南二十五
里。又东为陈湖，在府东南三十五里。又东阳城湖、巴城湖之水入
焉。阳城湖，在府东北二十里，下流在昆山县西三十五里。巴城湖，在县
西北二十里。历昆山县南，在县南九里。俗亦谓之三江口，误也。至太
仓州城南，州去昆山县四十里。州西南诸水悉入焉。又东为刘河口，
俗亦名刘家河。刘，即娄之讹也。在州东南七十里。入于海。此娄江之
大略也。东江，一名上江，亦自太湖分流，经浙江嘉兴府境，至海
盐县乍浦入于海。乍浦，在海盐县东北二十五里。今嘉兴府诸湖荡之
水，过嘉善县，北流入松江府之泖湖，在府西三十五里。又北会吴

淞江，今东会黄浦而合吴淞江。入于海。《吴志》：东江自大姚分支，过淀湖，东入嘉定县界，又东合上海黄浦。自黄浦复东北，经嘉定之江湾，又东北流，亦名吴淞江者，为东江也。按：大姚，一作摇城，在苏州府城东南葑门外三十八里。淀湖，在大姚东南五十里。此皆附会之辞，非东江故流也。此东江之大略也。《昆山志》：东江自太湖分流，出白蚬湖，入急水港，由薛淀湖东南入海。说者曰：捍海塘筑，而东江之流绝。海盐县之捍海塘也。理或然矣。《国语》子胥曰：吴之与越也，三江环之，民无所移。《战国策》黄歇曰：吴攻齐人于艾陵，还为越王擒于三江之浦。《三国志》孙策曰：以吴越之众，三江之固，足以观成败。自孔安国泥于《禹贡》中江、北江之文，而三江之疑始起。韦昭则误以松江、钱塘江、浦阳江为三江，浦阳江，今见浙江大川。郭璞则又以岷江、浙江、松江为三江。王安石云：一江自义兴，一江自毗陵，一江自吴县。苏轼则云：彭蠡之下，一江自分为三江。近代或以钱塘、吴淞、娄江为三江。永乐中，嘉定人周程上言三江水利，其说如此。祖述其说者，纷纭错出，要无当于《禹贡》之本旨也。夫三江之通塞，系太湖之利病；太湖之利病，系浙西之丰歉；浙西之丰歉，系国计之盈缩，未可置之度外也。然而三江之浅淤，非一日矣。宋元嘉、梁大通之间，议者常以松江壅塞，欲导吴郡之水，从浙江入海，不果。唐时水利修举，太湖之患尚鲜。宋天禧以后，或议开浚诸浦，或议修筑堤堰，而三江之故道滋晦。景祐中，范仲淹尝言修围、浚河、置闸，缺一不可。盖浦港利用浚，海口利用闸，圩岸利于坚厚也。其后言水利者，大抵祖述是说。政和中，提举赵霖亦奏三说曰：开治港浦，置闸启闭，筑圩裹田，三者兼资并济云。

宝元初，以吴淞江壅塞，转运使叶清臣请疏盘龙汇及沪渎入海。沪渎，见上海县。熙宁三年，郏亶言：太湖汪洋浩荡，导其水入海者，止三江耳。三江已不得见，仅藉吴淞一江，必俟开广而深通之，庶几有济。崇宁二年，提举徐确疏吴淞江下流，凡七十四里。大观初，舍人许光凝言：太湖在诸郡间，必导之入海，然后水有所归。吴人谓开一江有一江之利，浚一浦有一浦之利，望疏涤江浦，以除水患。诏简按三江故迹以闻。三年，两浙监司请开吴淞江，及浚浦港，修堰闸。工部谓：今所具三江，或非禹迹。又吴淞江散漫，不可开淘，命诸司再行相度。政和六年，诏平江三十六浦内，三十六浦，详见前太湖。自昔置闸，随潮启闭，今久堙塞，致积水为患，其令守臣讲究利害，导归江海，依旧置闸。寻罢。隆兴二年，诏两浙运判陈弥作开浚常熟、昆山诸浦，以分导吴淞江水。时浚常熟之许浦、白茅、崔浦、黄泗等浦，昆山之茜泾、下张、七鸦、川沙、杨林、掘浦，凡十浦。今茜泾诸浦，分见太仓嘉定境内。元至元十三年，宣慰朱清浚娄江入海，以通海运。二十九年，时吴中屡遭水患。吴执中言：吴淞江旧传可敌千浦，今东自河沙汇见华亭县，西至道褐浦见昆山县，两岸涨沙，渐与岸平，其中仅存江洪一线。虽有上海新泾、太仓刘家港，岂能尽泄诸郡之水？宜亟行开浚。大德八年，议者以吴淞江入海口故道，潮沙久淤，凡堙塞良田百有余里，况海运亦由是而出，宜为浚治。于是复疏大湖、淀山湖，及浚吴淞江海口故道。时都水监任仁发请疏吴淞江，西自上海县界旧江，东抵嘉定石桥滨，迤逦入海，长三十八里有奇。十年，复浚吴淞等处漕河。时都水庸田使麻合马嘉上言：太湖为利甚大，而泛滥之害亦不轻。近年

以来，因上源吴江州一带桥洪塘岸椿钉坝塞，流水艰涩。又因沿
江水面，并左右淀山湖、泖诸处，权豪种植芦苇，围裹为田，边近
江湖河港，隘口沙滩，滋生茭芦，阻截上源太湖水势，以致湖水无
力，不能汛涤潮沙，遂将江口淤塞。今太湖不入松江，而北流入至
和等塘，即昆山塘。经由太仓出刘家等港注于海。并淀山湖之水，
望东南流于大漕港、柘泽塘，在华亭青浦县界。东西横泖。泄于新
泾、上海浦，注江达海。故议者谓吴淞江渐成废疾，不可救疗。今
莫如开广上源石塘桥洪水洞一百三十余处，使水流通快。其淀山
湖迤东埋塞河道，东西横泖等处，疏浚深阔，以泄淀山湖、长泖等
水，及将平江、昆山、嘉定应有埋塞河道，亦行挑浚，分泄太湖水
势，注刘家港入海。其豪强占据各处围田，鱼簖茭芦莳稗阻水去
处，尽行起除禁止。仍令于吴淞江地面，嘉定州、松江府、上海县
等处，将通潮河港，谕民于港口多设水窦，以时启闭，泄放湖水，
庶松江旧道可通矣。至治中，复议浚太湖入海故道，及常熟、昆
山、嘉定、华亭、上海河道，凡七十八处。泰定初，又议浚乌泥泾、
大盈浦，以通吴淞下流。乌泥泾，见上海县。后至元初，都水任仁
发言：太湖之西，诸山环峙，地形高阜，而南北东三处江海之岸，
亦多冈脊，地形高卬，太湖潴于其中，势若盘盂。言治水者，皆知
水性就下，当导之使通。不知治水之法，须识潮水之背顺，地形之
高低，沙泥之聚散，隘口之缓急，寻源溯流，各得其当，而后水可
治也。至正初，复浚吴淞江，兼浚各闸旧河直道，以通利积水。其
后亦数议浚治。国朝永乐二年，嘉兴、苏、松水患特甚，诏户部尚
书夏原吉治之。原吉言：江南诸郡，苏、松最居下流，常、嘉、湖三

郡土田高多下少，环以太湖，绵亘五百余里。纳杭、湖、宣、歙诸州之水，散注淀山等湖，以入三江。顷浦港堙塞，汇流涨溢，伤害苗稼。拯治之法，宜浚涤吴淞诸浦港，泄其壅淤，以入于海。吴淞江向袤二百余里，广百五十余丈，西接太湖，东通海。前代屡疏导之，以当潮汐之冲，沙泥淤积，旋疏旋塞。自吴江长桥至下界浦，即昆山县之夏驾浦。约百二十余里，虽稍通流，多有浅窄。又自下界浦，抵上海县南跄浦口，可百三十余里，潮沙壅障，葭芦丛生，已成平陆，欲即开浚，未易施工。臣相视得嘉定刘家港，即古娄江，径通大海；常熟白茅港，径入大江，皆广川迅流，宜疏吴淞江南北，两岸安亭等浦港，安亭镇，在昆山县东南四十五里。引太湖诸水入刘家、白茅二港，使直注江海。先是元泰定中，郡人周文英议弃吴淞涂涨之地，专事刘家河、白茅浦，以故水入海。原吉盖祖其说。又松江、黄浦乃通吴淞江要道，今下流壅塞，难即疏浚。傍有范家浜，至南跄浦口，范家浜，见华亭县。南跄浦口，见上海县。可径达海，宜浚，令深阔，上接黄浦，以达泖湖之水。此即《禹贡》三江入海之迹。俟既开通，相度地势，各置石闸，以时启闭。每岁水涸时，修圩岸以御暴流，则事功可成矣。从之。按原吉治水，时多艳称之。议者谓：原吉浚白茅，欲以泄湖水，不知白茅势高于湖，终不足以泄震泽之水。又凿夏驾浦，挈吴淞江水北达娄江，不知娄江虽通，仅自复故道，而新洋、夏驾二浦，横冲松江之腹，是反为之害也。又浚上海范家港，挈吴淞江南达黄浦入海，不知松江为东西横流，大水势顺流驶，黄浦为南北纵流，小水势逆流缓，导南北之纵浦，夺东西之巨流，是通其小而塞其大，计一时之近功，忘百世之远图也。其后三吴多水患，实原吉创垂未善云。宣德七年,苏州守臣况钟言:苏、松、嘉、湖之地,有太湖、庞山、阳城、昆承、沙湖、南湖,昆承湖,见常熟县。沙湖,见苏州府。南湖,见嘉兴府。联属广袤几千余里。其水东南出嘉定吴淞江,东出昆山刘家港,东北出常熟白茅港,年久淤塞,请以时疏浚。正统五年,抚臣周忱修治吴淞江正流,自原吉浚黄浦以导淞江,淞江故道,直流百里,遂淤。民因开垦成田,忱立表江心,督民开浚,故道复通。又挑浚昆山顾浦,以泄涨溢。天顺二年,抚臣崔恭浚大盈等浦,以出吴淞之水。时恭访得吴淞江利病,因分江为三段,督工挑浚。昆山县自夏驾口至白鹤江,挑四千六十六丈。上海县自白鹤江至卞家渡,挑四千六十七丈。嘉定县自卞家渡至庄家泾,挑五千五百六十七丈。出旧江凡万三千七百七丈。成化十年,抚臣毕亨亦议开松江。时复浚夏驾浦至西庄家港。弘治七年,工部侍郎徐贯治吴淞江,又开浚帆归浦至分庄七十余里。帆归浦,在昆山南四十余里。分庄嘴,在青浦县北三十里。是年,水利佥事伍性浚吴淞中股四十余里,并浚顾会、赵屯诸浦。八年,抚臣朱瑄复议浚三江下流。正德四年,吴中大水,科臣吴岩请疏浚下流及修筑围岸。略曰:太湖潴数郡之水,而三江导之入海。若下流淀淤,众水必至泛滥。如白茅港、七浦塘、刘家河,苏州东北泄水大川也。吴淞江、大黄浦,松江东北泄水大川也。其间各有旁港支渠,引上流之水归其中,而并入于海,则源委治矣。又浙西之田,高下不等,随其多寡,各有成围。吴越以来,夙称膏腴。宋臣范仲淹尝言:江南围田中有渠,外有门闸。旱则开闸,引江水之利;涝则闭闸,拒江水之害。旱涝不及,为农美利。是知围田全仗岸塍,岸塍常利修筑,水涨则增其里,水涸则筑其外。务令坚固高阔,可通往来。随其旱涝,而车屋出入,则先事有备,而田皆成熟矣。嘉靖元年,以抚臣李充嗣言:浚吴淞江，自夏驾浦龙王庙至嘉定县旧江口，计六千余丈。二十二年，按臣吕光询上言水利，一曰广浚疏以备潴泄。三吴泽国，西南受太湖、阳城诸水，形势尤卑，而东北际海冈陇之地视西南特高。昔人于下流疏为塘浦，导诸湖之水，由北以入江，由东以入海，而又引江潮流行于冈陇之外。是以潴泄有法，而水旱皆不为患。今惟黄浦、刘河颇通，而大湖诸水，源多势盛，二江不足以泄之，冈陇支河，又多壅绝。于是高下俱病。治之之法，先其要者，宜治淀山等处茭芦之地，导引太湖之水，散入阳城、昆承、三泖等湖。又开吴淞江，并大石、赵屯等浦，泄淀山之水，以达于海；浚白茅港，并鲇鱼口见常熟县。等处，泄昆承之水，以注于江；开七浦、盐铁等塘，见昆山、嘉定等县。泄阳城之水，以达于江。又导田间之水，悉入小浦，以纳大浦。使流者皆有所归，而潴者皆有所泄，则下流之地治矣。一曰修圩岸以固横流。苏、松、常、镇，居东南下流，而苏、松又居常、镇下流。秋霖泛涨，风涛相暴，则河浦逆行田间，冲啮为患。宋王纯臣尝令吴民作田塍御水，而郏亶亦云：治河以治田为本。盖惟田圩渐坏，而岁多水灾也。一曰复板闸以防淤淀。河浦之水，皆自平原流入江海。水缓而潮急，沙随浪涌，其势易淤，不数年即沮洳成陆。岁岁修之，则不胜其费。昔人权其便宜，去江海十余里，或七八里，夹流为闸，平时随潮启闭，以御淤沙；岁旱则闭而不启，以畜其流；岁涝则启而不闭，以宣其溢。《志》称置闸有三利，是也。隆庆三年，抚臣海瑞言：吴淞江泄太湖之水，由黄浦入海，今水利不修，潮泥日积，太湖因之奔涌。臣按行故道，请加浚治。于是浚吴淞江，自黄渡见嘉定县。起，至宋家桥，在上海县。凡七十里。万历六年,御史林应训复疏黄渡以西,至昆山千浦,以辟吴淞上流。十五年,水利副使许应逵复浚吴淞江,功卒不成。说者谓吴淞江昔为中江,其泄震泽之水,直而不迂,比二江尤切。若但开吴淞江,则水势自定。近代以来,泖淀之水,尽趣黄浦以入海。吴江东北所泄太湖之水,悉从新洋江泄于娄江,而松江乃有漫水之目矣。然则浙西之患,未有已也。

〇大海。

海自苏、松而淮、扬,上达山东。《春秋》哀八年,吴徐承帅舟师将自海入齐。《国语》:夫差会晋公午于黄池,越王勾践命范蠡、舌庸率师沿海溯淮以绝吴路。即今海道也。孙吴嘉禾元年,遣将军周贺等乘海至辽东,从公孙渊求马。贺还至成山,今见山东文登县。魏将田豫邀击杀之。明年,公孙渊遣使称臣于吴,吴主权大悦,遣张弥等报使,渊斩弥等首送魏。吴主欲浮海伐之,群下力谏而止。赤乌元年,魏遣司马懿等击公孙渊,渊复遣使称臣,求救于吴。既而渊灭,吴督军使者羊衜击魏辽东守将,俘人民而还。晋咸和五年,石赵将刘徵率众数千浮海而南,东南诸县多见杀掠。隋开皇八年,伐陈,分遣青州刺史燕荣等由东海道入吴,击败吴州刺史萧巘于包山,悉平吴越之境。宋末,李全据楚州,欲遣海舟自苏州洋入平江、嘉兴觇畿甸。其后,元人资此为馈运通途。明洪武中,滨海置戍,以防倭寇。及嘉靖中,倭寇突,犯苏、松、淮、扬之间,几无宁宇。于是防维益密。今自金山卫而东北,为柘林堡、青村所,又北为南汇嘴、川沙堡,又北为吴淞江。此皆苏、松之喉吭。吴淞而南,虽有港汊,每多砂碛,贼可登岸,兵难泊舟,

实兼水陆之险。于此防御，至为切要。吴淞而北，为刘家河，为七
鸦港，又东为崇明县七鸦，而西为白茅港，为福山，又折而西北，
为扬舍，为江阴，为靖江，又西为孟河，为圌山。此皆江南岸之险，
舟师备御之地也。江北岸则东起料角嘴、大河口，以及吕四、卢
家等场，沿杨树港、海门里河，以上今多埋于海。达通州、如皋、泰
州，则逼近扬州矣。逾海门而北，则为徐步营，在旧海门县北。又
北则为掘港，见如皋县。又东北则为新插港。旧在海门县西北。转
而西北，则金沙、盐城、庙湾、见山阳县。刘庄、亦见山阳县。姚家
荡。在盐城县。又西北则蛤蜊、麻线等港，俱在山阳县。而至大海口
矣。大海口，即淮河入海处，在淮安府东。贼由狼山江而西，则三江口
在扬州府东南，为登犯之径。若越海门而北，则必犯大海口。大海
口有水陆路，南通庙湾，与刘庄、姚家荡，俱为大镇，贼每觊觎。
若安东海州之东北，有大北海，不惟道里迂远，且沙碛甚多。掘
港、新插港之东，亦有北海，沙碛亦多，不堪重载，为备稍缓矣。
《海防考》：江南之要害四：曰金山卫，以迫近海塘，北接吴淞口
也。曰吴淞口，以苏、松二郡之要害也。曰刘家河，由太仓入犯之
径道也。曰白茆港，自常熟入犯之要口也。江北之要害三：曰新港
即三江口，以逼近扬州也。曰北海，所从以通新插港，又有盐徒聚
艘于此也。曰庙湾，以其为巨镇，而可通大海口也。明翁大立曰：
海防惟有三策：出海会哨，毋使入港，此为上策。循塘距守，毋使
登岸，此为中策。出水列阵，毋使近城，此为下策。不得已而至守
城，则无策矣。

　　○其重险，则有东关濡须、东兴附见。

东关，在庐州府无为州巢县东南四十里，东北距和州含山县七十里。其地有濡须水，水口即东关也。亦谓之栅江口，有东西两关。西关，在东关西十里七宝山上。东关之南岸，吴筑城。西关之北岸，魏置栅。李吉甫曰：濡须水出巢湖，见庐州府。东流经濡须山、七宝山之间，濡须山，在和州含山县西南七十五里。七宝山，在巢县东南三十里。两山对峙，中有石梁，凿石通流，至为险阻，即东关口也。濡须水出关口，东流注于江。相传夏禹所凿。三国吴于北岸筑城，魏亦对岸置栅。建安十七年，吕蒙守濡须，闻曹公欲东兵，劝权夹水口立坞。诸将皆曰：上岸击贼，洗足入船，何用坞为？蒙曰：兵有利钝，战无百胜，如有邂逅，敌步骑蹙人，不暇及水，其得入船乎？权曰：善。遂作濡须坞。胡氏曰：濡须坞在巢县东南四十里。亦曰偃月城，以形如偃月也。十八年，曹公至濡须，与权相拒月馀。权乘轻舟入堰月坞，行五六里，回环作鼓吹，操不敢击。二十年，操军居巢，孙权保濡须坞，操攻之，不克，引还。权使周泰督濡须坞。吴黄武元年，魏人分道来侵，使曹仁以步骑数万向濡须，吴将朱桓拒之。诸将以兵少，惧不敌。桓曰：胜负在将，不在众寡。兵法称客倍而主人半者，谓俱在平原，而士卒勇怯等耳。今仁千里步涉，士马罢困，桓与诸军共据高城，南临大江，北背山陵，以逸待劳，为主制客。此百战百胜之势也。及战，仁果败去。七年，魏主叡复使贾逵向东关以侵吴，不克。黄龙二年，于濡须坞复筑东兴堤，以遏巢湖，其后攻魏淮南，败以内读纳。舰，遂废而不治。及废帝亮即位，诸葛恪复作东兴大堤遏巢湖，左右结山，侠夹同。筑两城，使全端留略守之。魏遣诸葛诞、胡遵来攻东关，作浮桥以渡军，于堤上分兵攻两城。城高峻不可拔，为恪所败。魏军还，桥坏，死亡甚众。宝鼎三年，吴主出东关，谋侵晋，不果。晋平吴，东关废。东晋咸和三年，祖约以寿春叛。毛宝攻约军于东关，拔合肥戍。梁天监二年，魏扬州刺史元澄表称：萧衍频断东关，欲令澡湖澡、巢同。泛溢，以灌淮南诸戍。吴楚便水，且灌且掠，淮南之地，将非国有。寿阳去江五百余里，众庶惶惶，并惧水害。脱乘民之愿，攻敌之虚，虽混一不能必果，江西自是无虞矣。魏主因委澄经略。澄遂分兵寇东关诸戍。三年，将军赵祖悦与魏将陈伯之战于东关，败绩。大清三年，侯景陷台城。合州刺史萧范以合肥输于东魏，将兵出东关，屯濡须，以待上游援军。大宝二年，侯景攻巴陵，败还建康。荀朗自巢湖出濡须邀景，破其后军。承圣二年，齐主洋使其将郭元建治水军于合肥，将袭建康。王僧辩军于姑熟，遣将侯瑱等筑垒于东关以备之。瑱与元建战于东关，齐人大败。既而齐纳萧渊明于梁，至东关，梁将裴之横拒之。齐克东关，斩之横。王僧辩大惧，遂谋纳渊明。太平二年，陈霸先遣将徐度出东关，至合肥，烧齐船三千艘。陈永定三年，王淋奉梁永嘉王庄出屯濡须口以击陈。明年，琳至栅口，栅口，宋白曰：即濡须口。见和州栅江。陈将侯瑱御之于芜湖东关。春水稍长，舟舰得通，琳连结齐人，引巢湖之众，舳舻相次而下，军势甚盛，寻为瑱所败。大建五年，遣吴明彻等北伐，别将任众军于东关，克齐东西二城，即诸葛诞所筑二城。齐州郡望风降下。十一年，周人侵淮南，遣樊毅将水军自东关入焦湖。焦湖，即巢湖。唐废东关。宋置戍于此。张浚曰：武侯谓曹操四越巢湖不成者，巢湖之水，南通大江，濡须正扼其冲，东西两关，又从而辅翼之，馈舟难通。故虽有十万之师，未能寇大江也。绍兴十一年，兀术陷庐州。刘锜至东关，见其地负山面水，遂引兵据之，以遏虏冲。三十二年，杨存中议省江淮州县。给事中金安节言：庐之合肥，和之濡须，皆古人控扼孔道。盖形势之地，攻守百倍。且濡须、巢湖之水，上接店步，见合肥县。下接江口，可通漕舟，乞择将经理。从之。张氏栻曰：自古倚长江之险者，屯兵据要，虽在江南，而挫敌取胜，多在江北。故吕蒙筑濡须坞，而朱桓以偏将却曹仁之全师；诸葛恪修东兴堤，而丁奉以兵三千，破胡遵七十万。转弱为强，形势然也。又曰：无为军巢县之濡须及东西关，山川重复，盖昔人尺寸必争之地。大约巢湖之水，上通合肥，濡须正扼其冲，东西两关，又从而辅翼之。故虽有十万之师来寇大江，据要害以临之，敌未能以得志也。《通释》：东关亦曰东兴，其地高峻险狭，易于控御。天下有事，诚必争之地也。

按江南以江淮为险，而守江莫如守淮，昔人论之详矣。宋吴氏师道。曰：吴据荆、扬，尽长江所极而有之，而寿阳、合肥、蕲春，皆为魏境。吴不敢涉淮以取魏，而魏不敢绝江以取吴。盖其轻重强弱，足以相攻拒也。故魏人攻濡须，吴必倾国以争之；吴人攻合肥，魏必力战以拒之。终吴之世，曾不得淮南尺寸地，故卒无以抗魏。及魏已下蜀，经略上流，屯寿春，出广陵，则吴以亡矣。唐氏庚。曰：自古天下裂为南地，其得失皆在淮南。晋元帝渡江迄于陈，抗对北寇者，五代得淮南也。杨行密割据迄于李氏，不宾中国者，三姓得淮南也。吴不得淮南，而邓艾理之，故吴并于晋。陈不得淮南，而贺若弼理之，故陈并于隋。南得淮，则足以拒北；北得淮，则南不能自保矣。刘氏季裴。曰：自古守淮，莫难于谢玄，又莫难于杨行密。淝水之役，谢玄以八万人当苻坚九十万之众。清口之役，杨行密以三万人当朱全忠八州之师。众寡殊绝，而卒以胜者，扼淮以拒敌，而不延敌以入淮也。孙仲谋以江守江，杨行密以淮守淮，晋人以淮守江。胡氏安国。曰：守江者必先守淮，自淮而东，以楚、泗、广陵为之表，则京口、秣陵得以遮蔽；自淮而西，以寿阳、历阳为之表，则建康、姑孰得以遮蔽。长江以限南北，而长淮又所以蔽长江也。又曰：淮之东，根本在广陵，而山阳、盱眙为门户；淮之西，重镇在合肥，而钟离、寿春为扞蔽。自古未有欲守长江，而不保淮甸者。淮甸者国之唇，江南者国之齿。叶氏适。曰：自古保江，必先固淮。曹操不能越濡须，苻坚不能出涡口，魏太武不能窥瓜步，周世宗不能有寿春，以我先得淮也。王氏希先。曰：三国鼎立、南北瓜分之际，两淮间常为天下战场。孙仲谋立坞濡须，曹操先计后战，不能争也。谢幼度师于淝上，苻坚拥众山立，不能抗也。沈璞守一盱眙，佛狸倾国南向，往复再攻，其城不能下也。张氏虞卿。曰：前世南北战争之际，魏军尝至瓜步矣，石季龙掠骑尝至历阳矣，石勒寇豫州，至江而还。此皆限于江，而不得骋者也。周瑜谓舍鞍马，事舟楫，非彼所长。赤壁之役，果有成功。至于羊祜之言，则以南人所长，惟在水战，一入其境，则长江非复所用。有如瑜者为用，则祜之言，谓之不然可也；无如瑜者为用，则祜之言，不可不察也。胡氏宏。曰：昔人谓大江天所以限南北。而陆抗乃曰：此守国末务，非智者所先。何也？杜预尝袭乐乡矣，

胡奋尝入夏口矣，贺若弼尝济广陵矣，曹彬尝渡采石矣，则其险
信不足恃也。虽未足恃，然魏武困于居巢，曹丕困于濡须，拓跋困
于瓜步，苻坚困于淝水，皆不得渡，则其险亦未可弃也。设险以得
人为本，保险以智计为先。人胜险为上，险胜人为下。人与险均，
才得中策。王氏彦恢。曰：建康自古用武之地，然必内以大江为控
扼，外以淮甸为藩篱。夫大江以南，千里浩邈，决欲控扼，非战舰
不可。大江以北，万里坦途，欲扼长驱，非战车不可。至于舒、庐、
滁、和，良畴百万，并力营田，措置军食，此又战守之先资也。

读史方舆纪要卷二十

南直二　应天府

〇应天府，东北至镇江府二百里，西南至太平府一百三十五里，西至和州一百三十里，西北至滁州一百四十五里，东北至扬州府二百二十里，至北京二千五百五十里。

《禹贡》扬州之域。春秋时吴地。旧《志》云：《左传》长岸地也。按昭十七年，吴伐楚，司马子鱼战于长岸，大败吴师。获其乘舟馀皇。杜氏曰：长岸，楚地。或以为在今无为州滨江。此不言所在之地，盖传疑耳。战国属越，后属楚。楚威王初，置金陵邑。相传因地有王气，埋金镇之，故名。秦改曰秣陵，属鄣郡。汉初属荆国，后属吴，又属江都国。元封初，属丹阳郡。《丹阳图》：自句容以西属鄣郡，以东属会稽郡。元封二年，始改鄣郡为丹阳。后汉因之。孙吴自京口徙都此，改秣陵曰建业。建安十六年，孙权所改。晋平吴，移置丹阳郡，兼置扬州治焉。时改建业曰建邺。元帝都建业，建兴初，避愍帝讳，又改建邺曰建康。改丹阳太守为尹。宋、齐、梁、陈因之。隋平陈，郡废，于石头城置蒋州。大业三年，复曰丹阳郡。唐武德三年，置扬州。七年，改为蒋州。八年，复为扬州，置大都督府。九年，扬州移治江都。以金陵诸邑，分属宣、润二州。至德二载，置江宁郡。乾元元年，改为升州。时又置浙西节度使治焉。上元初，州废。大顺元年，复置。唐末，杨氏于升州建大都督府。五代梁贞明三年，徐温徙镇海军治升州。六年，改为金陵府。石晋天福二年，南唐李氏都之，改为江宁府。谓之西都，而以江都为东都。宋复为升州。天禧二年，升为江宁府建康军节度。仁宗初封昇王也。建炎三年，改为建康府。时建行都，置行宫留守。元为建康路。至元二十三年，自杭州移江南诸道行御史台治此。天历二年，改为集庆路。《元史》云：以文宗潜邸故也。国朝定都于此，曰应天府，领县八。今改为江宁府。府前据大江，自金陵北向，则大江当其前。南连重岭，牛首、雁门诸山。凭高据深，形势独胜。孙吴建都于此，西引荆楚之固，东集吴会之粟，以曹氏之强，而不能为兼并之计也。诸葛武侯云：金陵，钟山龙蟠，石头虎踞，帝王之宅。王导亦云：经营四方，此为根本。盖舟车便利，则无艰阻之虞；田野沃饶，则有转输之藉。金陵在东南，言地利者，自不能舍此而他及也。晋咸康中，苏峻入建康，郗鉴自广陵起兵赴难，遣间使至寻阳，谓温峤曰：或闻贼欲挟天子东入会稽，当先立营垒，屯据要害，既防贼越逸，又断贼粮运，然后坚壁清野以待贼。贼攻城不下，野无所掠，东道既断，粮运自绝，必覆溃矣。峤从之，峻由此败。宋元徽二年，桂阳王休范自寻阳举兵东下。萧道成曰：昔上流谋逆，皆因淹缓致败，休范必远惩前失，轻兵急下，乘我无备。今应变之术，不宜远出，若偏师失律，大沮众心。宜顿新亭、白下，坚守宫城、东府、石头，以待贼至。千里孤军，后无委积，求战不得，自然瓦解。我请顿新亭，以当其锋。征北守白下，时张永为征北将军。领军屯宣阳门，时刘勔为领军。为诸军节度，破贼必矣。从之，休范果败。梁敬帝初，徐嗣徽以谯、秦二州附于齐，引齐兵入石头，攻建康。陈霸先问计于韦载。载曰：齐师若分兵先据三吴之路，略地东境，则时事去矣。今急通东道，转输分兵，截彼之粮道，则齐将之首旬日可致也。霸先从之，齐兵败却。隋末，杜伏威据丹阳，雄于江东，其后辅公祐继之，几成东南之患。唐武氏之乱，徐敬业等起兵扬州。其党薛仲璋曰：金陵有王气，且大江天险，足以为固。不如先取常、润，为定霸之基，然后北向，以图中原。进无不利，退有所归，此良策也。敬业从之，至于败亡。盖迷于事机，而地利不足恃矣。杜佑曰：自孙吴以金陵立国，其后晋宋蹑其成辙，犹能北问中原。下逮梁、陈，虽疆土渐蹙，而声教所通，尚为四方系望，岂非东南都会恒在建康欤？宋胡安国曰：建康以三吴为东门，荆、蜀为西户，七闽、二广为南府。李纲曰：建康控引二浙，襟带江淮，漕运贮谷，无不便利。然必淮南有藩篱形势之固，然后建康为可都。后唐李氏有淮南，则可以都金陵。其后淮南为周世宗所取，遂以削弱。又言万乘所居，必择形势以为驻跸之所。举天下形势而言，关中为上。以东南形势而言，则当以建康为便。卫肤敏曰：建康外连江淮，内控湖海，实为东南要会。张浚曰：东南形势，莫重建康，实为中兴之本。张守曰：建康自六朝为帝王都，江流险阔，气象雄伟，据要会以经理中原，依险阻以捍御强敌，可为行都，以待恢复。而吴芾亦言于高宗曰：建康控带襄汉，经略淮甸，请留此以系中原之望。张邵亦言：有中原之形势，有东南之形势，今纵未能遽争中原，宜进

都金陵，因江、淮、蜀、汉、闽、广之资，以图兴复。李光曰：建康
之地，进可以战，退足以守。自建康至姑熟一百八十里，其隘可守
者有六：曰江宁镇，曰碙砂夹，曰采石，曰大信，其上则有芜湖、繁
昌，皆与淮南对境。其余皆芦篠之场，或崎岸危矶，水势湍悍，难
施舟楫，莫若预于诸隘屯兵积粟，竭力固守，时会一至，即北向以
清中原。王应麟曰：金陵倚山带江，九州天险。胡三省曰：建康控
制长江，呼吸之间，上下千里，足以虎视吴、楚，应接梁、宋。盖
宋人不能忘情于中原，故规画建康，为最详也。明太祖初起兵，冯
国用进策曰：金陵龙蟠虎踞，真帝王都，愿先拔金陵而定鼎，然后
命将四出，扫除群寇，天下不难定也。太祖从之，遂以廓清六合。
然而用金陵者，亦不可不知其方。陈埜先尝谓太祖曰：集庆右环
大江，左枕崇冈，三面据水，以山为郭，以江为池，地势险阻，利
于步战。若南据溧阳，东捣镇江，西扼太平，据险阻，绝粮道，自
可不战而下。故太祖定太平，即命徐达等克溧水、溧阳、句容、芜
湖，乃攻集庆。而燕王破盛庸于浦子口，见江浦县。诸将请径薄京
城。王曰：镇江咽喉之地。若城守不下，往来非便，先下镇江，彼
势益孤矣。会镇江守将来降，乃趣京师。埜先之言，安在不可与郗
鉴之策相衡而论哉？

　　今府城，即明京城，亦即六朝时故都也。旧《志》云：吴大帝
筑都城，东晋至陈皆因之。其城近覆舟山，去秦淮五里，内为宫
城。《建康宫阙簿》：吴大帝所筑苑城也。东晋以后，亦曰宫城，亦曰台
城，亦曰苑城。宫门周六里一百十步，有门六：所谓台城六门也。宋
武陵王骏讨元凶劭，劭兵败，闭守六门。梁侯景叛逼建康，梁主分遣韦

黯等屯六门。又湘东王绎谓王僧辩，六门之内，自极兵威，即此。南曰大
司马门，《官苑记》：大司马门，南直宣阳门。《梁书》：侯景攻台城，纵
火烧大司马门及东西华诸门，又斫东掖门，羊侃击却之。既而梁主幸大
司马门，又太子纲遣孟恭自大司马门出荡，恭降于景。其门内曰云龙门，
则殿前正门也。晋咸和三年，苏峻逼台城，羊曼勒兵守云龙门。宋景平二
年，徐羡之等废立，引兵入云龙门。元嘉末，元凶劭弑逆，从万春门入，
其党张超之等驰入云龙门及斋阁，拔刃径上合殿。齐永明末，中书郎王
融欲矫诏立竟陵王子良，以子良兵禁诸门，萧鸾亟驰至，排云龙门而入。
既而鸾弑郁林王昭业，自尚书省入云龙门。时国子祭酒江敩又被召入宫，
至云龙门，托药发，吐车中而去。又东昏侯末，王珍国等谋行弑，其党开
云龙门，引兵入殿。梁天监二年，谢朏诣云龙门，诏见于华林园。是也。
《建康实录》云：宫墙第二重东面门，曰云龙门，对第三重宫墙之万春
门，似误。东曰万春门、吴宫东门曰苍龙门，后改为万春门，在东面南
头。东华门，《官苑记》：晋之东掖门，后为东华门。西曰西华门、《官
苑记》：晋西掖门，后改为西华门。《梁书》：太清三年，侯景攻台城，为
求和，诏盟于西华门外。大阳门，在西面南头。晋太和六年，桓温废立，
帝奕步下西堂，乘犊车出神虎门，或曰即大阳门也。《梁书》：陶弘景脱
朝服，挂神虎门。又侯景再攻台城，邵陵世子坚屯大阳门，其书佐董勋
等于城西北楼引景众登城，城陷。《实录》又云：神虎门宫墙第二重西面
门，亦曰神武，对第三重宫墙之千秋门。《官苑记》：宋元嘉二年，于苑城
东西立万春、千秋二门。齐改万春为云龙，千秋为神虎，似误。北曰承明
门。宋桂阳王休范之乱，萧道成在新亭，以台城危逼，遣兵自石头济淮，
从承明门入卫宫省，既而道成党王敬则弑苍梧王，道成入自承明门。梁
侯景围台城，江子一等开承明门出，与诸弟皆战死。是也。又有南掖、左
掖、右掖、北掖及端门、止车诸门，盖宫门名云。晋桓玄篡位，闻桓谦等

为义师所败，遂出南掖门西遁。齐永元初，始安王遥光叛据东府城，左将军沈约驰入西掖门，尚书令徐孝嗣等共出南掖门。二年，崔慧景等作乱，其将崔恭祖突入北掖门，乃复出，既而恭祖劝慧景烧北掖楼，慧景不从，时萧懿屯南掖门，处分城内。三年，萧衍围宫城，别将杨公则屯领军府垒，北楼与南掖门相对，城中以弩射之，既而衍克台城，公则率麾下陈于南掖门。梁天监初，齐东昏侯嬖臣孙文明等，率其徒入南北掖门作乱，烧神虎门总章观，入卫尉府。敬帝初，徐嗣徽据石头，引齐兵至阙下，侯安都守台城，开东西掖门出战，大破之。陈祯明末，隋将贺若弼来伐，烧北掖门而入。是也。《建康记》：六朝宫门正南曰端门。梁时又置石阙于端门外，又有东宫城在台城东，其南门曰承华，东门曰安阳，西门曰则天，或曰奉化。宋元凶劭弑逆，呼左卫率袁淑停车奉化门，即西门也。一云：台城六门，大司马、阊阖门、万春门、广莫门、大通门、千秋门也。**外为都城，周二十里十九步，有门十二：**晋自元帝渡江以后，诸城门皆用洛阳旧名，宋、齐、梁、陈皆因而不改。《通释》：晋初有宣阳门，至成帝作新宫，始修都城，开陵阳等五门，与宣阳门为六，似十二门，又后所增置。唐许嵩《建康实录》：都城三重，外重六门，宣阳、广阳、津阳、清明、建阳、西明也。**正南曰宣阳门，**本洛阳南面西头第二门名也。晋太宁二年，王敦将沈充、钱凤渡淮，突犯宣阳门。咸和三年，苏峻作乱，庾亮率众将陈于宣阳门内。隆安二年，王敦、殷仲堪，自京口、江陵，举兵逼建康，诏谢琰屯于宣阳门。元兴初，桓玄逼建康，至新亭，会稽世子元显陈于宣阳门外。三年，刘裕讨玄入建康，焚桓温神主于宣阳门外。宋桂阳王休范之乱，萧道成将张敬儿斩休范将杜黑骡于宣阳门。齐永元末，萧衍东下，王茂等败东军于大航，长驱至宣阳门。梁太清二年，侯景渡朱雀航，入宣阳门。是也。宣阳之南五里，曰朱雀门，又南六里，为国门。见后朱雀桁。**宣阳之东曰平昌门，**《宫苑记》：晋宫城北面最东曰平昌门，宋曰承明门。恐误。又东曰开阳门，宣阳之西曰津阳门，《实录》云：宋元嘉二十五年，改开阳曰津阳。恐误。正东曰东阳门，东阳之南曰清明门，之北曰建阳门，亦曰建春门。齐明帝末，王敬则起兵会稽，以奉南康侯子恪为名。子恪从吴郡自归，达建阳门。是也。正西曰西明门。一名白门。宋元嘉二年，讨徐羡之等杀害营阳、庐陵之罪，羡之承诏至西明门外。齐东昏侯末，闻萧衍克江郢，云：须来至白门，当一决。既而衍使陈伯之屯西明门。梁元帝初，王僧辩等讨侯景，景军败，诸军逐北至西明门。景至阙下，不敢入台，遂东走。敬帝时，徐嗣徽引齐兵逼建康。陈霸先出西明门，大败之。是也。《金陵记》：建康西门曰白门，以方色名也。西明之南曰广阳门，初曰陵阳门，后改。梁大同七年，吏部尚书蔡撙除交趾并诏为广阳门郎，撙耻之，遂还乡里作乱。之北曰阊阖门。《实录》：宫城南面次东为阊阖门，后改为南掖门，俗谓之天门。陈时谓之端门，恐误。北面之东曰广莫门，晋咸康初，石虎南寇，游骑至历阳，帝观兵广莫门以备之。咸安末，妖人卢悚晨攻广莫门，诈称海西公还，由云龙门突入殿庭。宋元嘉三年，讨傅亮废杀之罪，杀之于广莫门。齐崔慧景之乱，自钟山西岩而下，入广莫门。是也。又《宋纪》：元嘉二十五年，新作阊阖、广莫二门，旋改广莫曰承明门。盖作都城之阊阖，宫城之广莫，非此门也。西曰大夏门。《宫苑记》：都城十二门：南四门，最西曰陵阳，后改广阳；正门曰宣阳；稍东曰开阳，后改津阳；最东曰清明。东面二门，东曰东阳，北曰建春，后改建阳。西二门，南曰阊阖，北曰西明。北四门，西曰大夏，中曰玄武，齐时改宣平；稍东曰广莫，陈改北捷；最东曰延熹。今考之，与正史不合。又《建康实录》与《宫苑记》所载，宫城及都城诸门，参错不一，姑削之。又自晋以来，于秦淮南北两岸，设篱门五十六所，谓之郊门，亦曰篱门。《宫苑记》：东晋以后，建康城之外城，惟设竹篱，而有六门。齐高帝建元二年，命改筑都墙，俗仍谓为篱门。永元初，始安王遥光举兵东府城，诏左兴盛屯东篱门。明年，崔慧景作乱，复遣左兴盛拒之于北篱门。又萧衍东下，至新林，分遣陈伯之等据西篱门。又有国门，梁天监七年作，在越城东南，亦曰望国门。侯景入犯，使羊侃领千骑顿望国门，是也。侯景入台城，明宫阙，大都灰烬。陈时复加修葺。至隋师入建康，宫殿陵园，城垣庐舍，悉皆平荡。六朝旧迹，蔓草荒烟，无仅存者矣。隋开皇九年，平陈，诏建康城邑宫室，并平荡耕垦，更于石头城中置蒋州。唐又废州，以其地属润州，其后始更置州郡。杨吴时，改筑城垣，跨秦淮南北，周回二十五里，《五代史》：梁贞明六年，徐温遣陈彦谦城金陵。后唐长兴三年，徐知诰复广金陵城，周二十里，为八门，东、西、南、北四门而外，溯秦淮而东者曰上水门，沿秦淮而西者曰下水门，西之南曰栅寨门。旧凿城立栅，以通古运渎。元时亦置闸，以泄城内积水入江，俗呼为窗子口，又西南为龙光门云。内为子城。周四里有奇，亦曰牙城，有东、西、南三门，而无北门。李氏从而都之，晋天福二年，徐知诰篡立，改牙城曰宫城。大抵承杨吴之旧。宋南渡后，虽设行宫留守，而无所增加。宋于子城内置升州治，后为建康府治。绍兴二年，以府治为行宫，增筑子城曰皇城，而规模皆如旧制。明初建为京师，更新城阙，乃益廓而大之，东尽钟山之麓，西阻石头之固，《志》云：自杨吴以来，城西皆据石头冈阜之脊。明初亦因其制。北控湖山，南临长干，而秦淮贯其中，横缩纡徐，周九十六里，内则皇城奠焉。在京城内之东偏，当钟山之阳。正门曰洪武门，南直正阳门。东曰东安门，西曰西安门。殿基在宋元东城外，旧燕雀湖地，其西安门以北宫墙，即都城故址，东出青溪桥处也。又有旧内城，亦在京城中。宋绍兴二年，即建康府治为行宫，在东锦绣坊。元至元二十三年，为行御史台治。至正十六年，太祖入金陵，建军府于此，寻为王府。又建为皇宫，比于皇城，大内宫阙成，称为旧内。又今府治在西锦绣坊，本元初故治也。后迁徙不一，明初复改置于此。**都城凡十三门**：南曰正阳门，正阳之西曰通济，秦淮水由此入城，故上水门也。又西曰聚宝。本旧南门，太祖更名。西南则曰三山，亦曰水西门，秦淮下流经此，故下水门也。曰石城。本旧西门，亦曰大西门，太祖更名。《城邑考》：石城门，即周显王三十六年，楚威王所筑金陵邑城之地也。明初鼎新，京城唯南门、大西、水西三门尚仍旧，而易以新名。北曰太平门，太平之西曰神策，又西曰金川，靖难师至，李景隆献门处也。曰钟阜。东曰朝阳门，西曰清凉门。清凉之北曰定淮，曰仪凤。后塞钟阜、仪凤二门，存十一门。《都城记》：都城自旧东门外截濠为城，沿淮水北崇礼街地，开拓八里，增南出门二，曰通济，曰正阳；自正阳以东，增东出门一，曰朝阳；自钟山之麓，围绕而西，抵覆舟山，建北出门，曰太平；又西据覆舟、鸡鸣，缘湖水以北，至直渎山而西八里，建北出门二，曰神策，曰金川；自金川北绕狮子山于中，雉堞相向，建门二，曰钟阜，曰仪凤；自仪凤迤逦而南，建门二，曰定淮，曰清凉，以接旧西门焉。其外郭西北，则依山带江，东南则阻山控野，周一百八十里，有门十六。东面之门凡六，曰姚坊、仙鹤、麒麟、沧波、高桥、双桥。南面之门凡六，曰上方、夹冈、凤台、驯象、大安德、小安德。西面之门一，曰江东。北面之门凡三，曰佛宁，曰上元，曰观音。山川环列，气象宏伟，诚东南都会、卜宅开基之胜地也。

〇上元县。附郭。在府治东北。本秦秣陵县地。吴曰建业。晋平吴，仍曰秣陵。太康三年，分秣陵北为建业，寻改业为邺。建兴初，又改曰建康。后因之。隋并为江宁县。唐初因之。上元初，改为上元县。今编户二百三里。

〇江宁县，附郭。在府治西南。本秦秣陵县地。晋太康二年，分置临江县。三年，更名江宁，在今县西南六十里。后因之。隋开皇十年，徙治今城，又省秣陵、建康、同夏三县，合为江宁县。唐武德三年，改曰归化。八年，改曰金陵。明年，又改为白下。贞观九年，复曰江宁。上元初，改为上元。天祐十四年，杨氏复析上元置江宁县。今因之。编户三十六坊厢，七十四里。

秣陵城，在府东南五十里。秦县，属鄣郡。《志》云：始皇三十七年，自会稽还，改金陵为秣陵。汉因之，武帝封江都易王子缠为侯邑，寻属丹阳郡。建安四年，孙策渡江攻秣陵。其后，张纮以秣陵山川形胜，劝孙权以为治所。刘备东过秣陵，亦劝权居之。建安十七年，权自京口徙秣陵，改为建业，而旧治如故。孙皓宝鼎初，山贼施但自秣陵逼建业，诸葛靓迎击之于九里汀。晋永康中，郗隆为扬州刺史，治秣陵。沈约曰：秣陵县本治去京邑六十里，今名故治村。义熙九年，移治京邑之斗场。元熙初，又省扬州禁防参军县移治其处。二年，刘裕受禅，奉帝为零陵王，即宫于故秣陵县。梁绍泰二年，徐嗣徽等引齐兵登芜湖，入丹阳，至秣陵故治，此皆故秣陵城也。胡氏曰：今西州桥、冶城之间，即晋元熙初移置秣陵县之地。《实录》云：在故台城南八里小长干巷内。吴氏若曰：故秣陵北抵句容，西抵建康，防守最切。其南即九里汀，东入秦淮，溉田百余顷。宋置秣陵镇，在今秣陵桥东。元置巡司及税务于此。今为秣陵关。

建康城，在府治南。本秦秣陵县地。《江表传》：张纮谓孙权曰：秣陵，楚武王置，本名金陵，地势冈阜连接石头，秦始皇东巡，望气者言金陵地形，有王者都邑之气。故掘断连冈，改名秣陵，今处所具存，宜为都邑。刘备东过秣陵，亦劝权居之。《献帝春秋》：建安十七年，孙权自京口徙秣陵,曰:秣陵有小江百余里,可以安大船,吾方理水军,当移据之,寻改曰建业。吴赤乌十年,缮修宫室,改作太初宫居之。晋平吴,复为秣陵。太康三年,复分秣陵之水北置建邺县,为丹阳郡治。建兴初,改曰建康。宋白曰:晋分秣陵为二邑,自淮水南为秣陵,北为建业。是也。隋平陈,省建康入江宁。《元和志》:建康县城在上元县南二里。

石头城,府西二里。有石头山。《舆地志》:山环七里一百步,北缘大江,南抵秦淮口,去台城九里,山上有城,相传楚威王灭越,置金陵邑于此。《图经》:石头城在上元县西四里,南抵淮水,当淮之口,南开二门,东开一门,其南门之西者曰西门。又有石头仓城,仓城之门曰仓门。汉建安十六年,孙权徙治秣陵,明年城石头,贮宝货军器于此。诸葛武侯使建业,曰:石头虎踞,王业之基也。其地控扼江险,为金陵必争之处。王濬帅舟师过三山,鼓噪入石头,孙皓遂降。晋永康二年,郗隆为扬州刺史,参军王邃镇石头,将士争往归邃,隆遣从事于牛渚禁之,不能止,将士遂奉邃攻隆,杀之。时隆镇秣陵。胡氏曰:于牛渚禁将士往石头,疑扬州还治淮南也。或曰:时赵王伦篡逆,齐王冏镇许昌,移檄讨伦,将士欲奉邃西应冏,故隆于牛渚禁之耳。六朝尝以腹心大臣镇守。东晋永昌元年,王敦自武昌举兵向建康,以征虏将军周札都督石头诸军事,守石头,敦至,札开门纳之,敦据石头,叹曰:吾不复为盛德事矣。帝命刁协,刘隗等,帅众攻石头,皆大败。太宁二年,王敦复自姑孰谋犯京师,命温峤、卞敦守石头。咸和初,庾亮疑苏峻、祖约,又畏陶侃,修石头以备之。二年,峻以历阳叛,亮使弟翼备石头,既而峻入台城,闻西方兵起,遂逼帝迁于石头,陶侃等以勤王之兵东下,会于石头,官兵共攻之,卒不能克。四年,侃等入石头,京邑之祸始解。永和八年,以谢尚戍石头。太和五年,桓温伐袁瑾于寿春,使刘波镇守石头。隆安二年,王恭复自京口叛,桓玄以江陵之兵应恭,进至横江,诏会稽世子元显守石头以备之,俄而玄等至石头,丹阳尹王恺发京邑士民拒守。五年,孙恩自海道奄至丹

徒，建康震骇，命冠军将军高素等守石头。元兴三年，刘裕讨桓玄，玄
潜具舟石头，闻桓谦等军败，遂出南掖门，西趣石头，浮江南走，裕入建
康，即徙屯石头。义熙四年，刘裕以刘道怜为并州刺史，戍石头。六年，
卢循入寇建康，刘裕方平南燕，倍道驰还，发民亟治石头城。议者谓宜
分兵守诸津要，裕曰：贼众我寡，若分兵屯守，则测人虚实，且一处失
利，则沮三军之心，今聚众石头，随宜应赴，既令彼无以测多少，又于众
刀不分也。既而循至淮口，裕自屯石头，恐循侵轶，伐树栅石头淮口。元
兴初，刘裕以其子义真为扬州刺史，镇石头。宋元嘉初，以皇弟义宣镇
石头。二十七年，魏主焘入寇，至瓜步，声言欲渡江，诏太子劭守石头，
统水军，丹阳尹徐湛之守石头仓城，上登石头城，有忧色。三十年，元凶
劭弑逆。逆濬在西州，未得劭信，时南平王铄戍石头，濬从南门出，径向
石头。俄而劭驰骑召濬，将军王庆未知濬与劭同谋，劝濬曰：太子反逆，
天下怨愤，明公但当坚闭城门，坐食积粟，不过三日，凶党自离矣。濬不
听，劭使檀和之戍守石头，未几，武陵王骏自寻阳东讨劭党，萧斌劝劭勒
水军，自上流决战，江夏王义恭恐南军不利。给劭曰：骏远来疲弊，正宜
以逸待之，割弃南岸，栅断石头，此先朝旧法也。劭从之，骏既至，或劝
劭保石头。劭曰：昔人所以固石头者，俟诸侯勤王耳。我若守此，谁当见
救？惟应力战决之。又元徽二年，桂阳王休范自寻阳举兵东下，萧道成
议坚守宫城、东府、石头，以待贼至，因分遣沈怀明戍石头城。昇明初，
中书监袁粲镇石头，粲知萧道成有不臣之志，阴欲图之，既而沈攸之举
兵江陵，粲欲为难，道成党苏烈等助粲守石头，因据仓城拒粲，道成复
遣戴僧静自仓门入，助烈等攻粲，粲败死，百姓歌可怜石头城者也。三
年，道成封齐公，以石头城为其世子宫，一如东宫。齐建元二年，魏人南
侵，诏内外纂严，征南郡王长懋镇石头。永元三年，张欣泰等谋废立。其
党迎建安王宝寅于石头向台城，至杜姥宅，城门闭，谋不得发，众遂溃。
既而萧衍东下，东昏侯使张瓌镇石头，瓌旋弃石头还，衍遂自新林移镇

石头，命诸军攻六门，未几，东昏侯为其下所弑，国子博士范云送其首诣石头。梁太清二年，侯景作乱，诏西丰公大春守石头。景兵至阙下，大春弃石头奔京口，别将彭文粲等以石头降景。景使其党于子悦守之。既而景攻围台城，久未下。时景军乏食。东城米可支一年，而援军断其路。景乃佯为求和，因运东城米入石头，攻围愈急，台城遂陷。承圣初，王僧辩、陈霸先讨侯景，自张公洲乘潮入淮。景塞淮口，又缘淮作城，自石头至于朱雀街，十余里中，楼堞相望，以拒官军。僧辩问计于霸先，霸先曰：前援军数十万，皆隔水而望，竟不度岸，贼登高望之，表里俱尽，故能覆我师徒，今围石头，须度北岸。乃于石头西落星山筑栅，众军次连八城，直出石头东北。景恐西州路断，亦于石头东北筑五城，以遏大路。僧辩寻进军于石头城北招提寺，侯景陈于西州之西，合战，景大败，贼将卢晖略以石头降。敬帝初，王僧辩立萧渊明为帝，屯石头。陈霸先自京口袭之，其将侯安都亦自京口帅水军趣石头，至城北，弃舟登岸。石头城北接冈阜，不甚危峻，军人捧安都投于女垣内，众随而入。霸先兵亦自南门入，遂杀僧辩。既而谯、秦二州刺史徐嗣徽以州入齐，导齐兵度江据石头。陈霸先自义兴驰还建康，齐人度粟马入石头，又于仓门水南立二栅，与梁兵相拒。霸先进兵攻二栅，纵火焚之。石头城中无水，霸先绝其南北汲路，四面攻围，齐将柳达摩危惧，请和而去。陈大建二年，复修石头，以贮军食。隋开皇九年，平陈，毁建康城邑，更于石头置蒋州。晋王广班师，留王韶镇石头，委以后事。唐初亦置蒋州于此。武德四年，为扬州治。七年，平辅公祐，仍为蒋州。八年，建扬州大都督府治焉。明年，扬州移治江都，此城遂废。武后光宅中，徐敬业举兵讨武氏，使其徒崔洪渡江守石头，敬业平，因分军戍此，寻置为镇，仍徙县仓实之。建中四年，时朱泚作乱，江东观察使韩滉筑石头，修坞壁，起建业，抵京岘，雉堞相望以自固。又于城中穿井，皆百尺。元和二年，李锜为镇海节度使，遣兵修筑石头，谋据江左。宋绍兴初，议者以建康城西隅，据石头冈阜之脊，以立城基，险与敌共，当因石头故址，修筑堡坞，使敌不敢据高临下。《丹阳记》：石头城，吴时悉土坞，义熙中，始加砖累石，因山为城，因江为池，地形险固有奇势，亦谓之石首城。《六朝记》：孙权缘淮立栅，又于江岸必争之地筑城，名曰石头，常以腹心大臣镇守。今石城故基，乃杨行密时稍迁近南，夹淮带江，以尽地利，其形势与长干山连接。又有石头仓，六朝时，与太仓及常平仓为三仓。梁天监初，江州别驾邓缮说刺史陈伯之作乱云：台城府藏空竭，三仓无米。是也。张舜民曰：石头城者，天生城壁，有如城然，在清凉寺北覆舟山上，江行自北来者，循石头城，转入秦淮。陆游曰：龙湾望石头山不甚高，然峭立江中，缭绕如垣墙，清凉寺距石头里许，西望即宣化渡及历阳诸山也。《一统志》：今清凉、报恩寺，即石头城之地，杨吴名兴教寺。南唐曰石城清凉寺。明洪武中易今名云。

江宁城，在府西南六十里。晋武帝太康初，分秣陵立临江县。二年，更名江宁，其治所临江滨，南为江宁浦。太宁二年，王敦使王含等犯建康，败遁，温峤等追之于江宁。咸和初，石勒将石聪寇淮南，建康大震，诏王导军于江宁。刘宋元嘉末，武陵王骏讨元凶劭，使柳元景为前锋，元景以舟舰不坚，倍道兼行，至丹阳，步上，既而武陵王亦至江宁。齐东昏侯末，萧衍东下，遣曹景宗等进顿江宁，李居士自新亭驰至江宁，为景宗所败。梁敬帝时，徐嗣徽等据石头，与陈霸先战，不胜，因往采石迎齐援军，将还石头，霸先遣兵诣江宁，据要险，嗣徽等水步不敢进，顿于江宁浦口，霸先遣侯安都帅水军袭破之。《金陵览古》云：新亭去江宁十里。宋白曰：晋咸和初，以江外无事，于南浦置县。今江宁县南七十里故城在焉。隋开皇十年，移于冶城，自是故城始废。胡氏曰：宋白所谓今县，乃天祐十四年杨吴所置县也，其故城，宋为江宁镇。吕氏祉曰：江宁镇，太平入建康水陆之冲也。其地去大城冈、马家渡尚远，关系至重，王敦、苏峻，犯建康。宋武帝骏、梁武帝衍，起兵皆屯此。今有江宁镇巡司。元至元十六年，明太祖自太平取集庆诸军，水陆并集，至江宁镇，攻陈兆先营，克之，进围集庆，拔其城。今江宁驿置于此。

台城，在今上元县治东北五里，本吴后苑城也。晋平吴，置建业县于秣陵水北，南渡建都，依苑城以为固。太宁二年，王敦使王含等入犯，议者以苑城小而不固，宜及含等军势未成，出城拒战，都鉴以为不可，乃止。咸和三年，苏峻作乱，入台城，既而迫，迁帝于石头，逼劫居民，聚之后苑，使其党匡术守苑城。四年，术以苑城来归。陶侃等推陆晔督宫城军事，命毛宝守南城，邓岳守西城，宫城即苑城之别名，南城、西城，即苑城南、苑城西也。既而苏逸等并力来攻，不能克，及乱平，宫阙灰烬，以建平园为宫。五年，复于台城内作新宫。八年，宫成，名建康宫。自是亦谓之宫城。宋元嘉三十年，武陵王骏讨元凶劭，劭兵败，闭守台城六门，于门内凿堑立栅，诸军攻克之。元徽二年，桂阳王休范自寻阳入犯，至新林，其将丁文豪请直攻台城，休范即遣文豪将兵趣台城。又城东有冈，谓之台冈，苍梧王末，恒与左右于台冈赌跳，仍往青园尼寺，晚至新安寺，寺皆在台城外也。齐东昏侯末，萧衍镇石头，命诸军攻台城，东昏侯驱逼士民入城，闭门自守，衍合诸军筑长围守之。《金陵记》：南北朝时，建康无外城，台城以外，惟设六篱门而已，百官第宅，皆在台城外，有警，辄恃台城为固。梁天监七年，于朱雀门外渡淮五里，树国门以示观望。又于端门之外，立石阙凡四，高五丈，广三丈六尺。侯景乱后，宫宇多为灰烬，而石阙犹存。《梁史》：太清二年，侯景逼建康，始命缮修宫城，为受敌之备。继又命韦黯等分守宫城诸门及朝堂，既而景至，列兵绕台城，百道进攻，久之不能陷。乃引玄武湖水灌台城，阙前皆为洪流。明年，景伪降而复叛，乃决石阙前水，百道攻城，昼夜不息，叛者引贼登城，城陷。承圣初，侯景为王僧辩等所败。还至阙下，不敢入台，仰观石阙，叹息久之，遂东走，僧辩遣杜崱入据台城。又《宫城记》：吴时自宫门南出，至朱雀门，凡七八里，府寺相属，自阊阖门北出承明门，抵玄武湖，凡十余里。陈亦为宫城。隋平陈，城邑故址，悉皆毁坏。唐光启三年，徐州叛将张雄屯扬州之东塘，遣其党赵晖据上元，晖治南朝台城而居之，遂叛雄，雄寻拔上元，晖走死，城亦旋废。宋淳熙十五年，陈亮请经理建业，言今之建业，非昔之建业也，臣尝登石头钟阜而望，直在沙觜傍耳。钟阜之支陇，隐隐而下，今行宫据其平处，以临城市，城之前，则逼山而斗绝焉，此必后世之读《山经》而相宅者之所定，江南李氏之所为，非有据高临下，以乘王气而用之之意也。本朝以至仁临天下，不恃险以为固，故因而不废耳。臣尝问之，钟阜之僧亦能言，在钟阜之侧，大司马门边在今马军新营之旁，其地据高临下，东环平冈以为固，西城石头以为重，带玄武以为险，拥秦淮清溪以为阻，是以王气可乘，而运动如意，若如今城，则费侯景数日之力耳。曹彬登长干，兀术上雨花台，皆俯瞰城市，虽飞鸟不能逃也。《南都志》：今四十八卫以南，玄津桥大街以北，即台城故处。

冶城，在府西石城门内，本吴冶铸处。六朝时，有东西二冶，以有罪者配焉。《郡国志》：王导移冶于石头东髑髅山，以故地多园亭，谓之西园。太元十五年，建冶城寺于此。桓玄入建康，废寺为西苑，寻复故，亦曰冶亭。义熙十一年，刘裕伐司马休之于江陵，以高阳内史刘钟领石头戍事，屯冶亭。又梁敬帝初，徐嗣徽等据石头，陈霸先使徐度立栅于冶城以拒之，嗣徽等来攻，霸先自西明门出击，嗣徽大败，既而霸先对冶城立航，悉度众军，攻齐人石头水南二栅，拔之。陈永定二年，遣临川王蒨西讨王琳，送之于冶城寺。隋开皇十年，移江宁县治冶城。胡氏曰：冶城近石头，在六朝西明门外。陆游曰：今天庆观在冶城山麓。《金陵记》：冶城即今府治西北朝天宫，杨吴之紫极宫，宋之天庆观也。又有东冶亭，在半山寺后。自建康东门往蒋山，至此半道，因名。晋太元中，谢安为扬州，袁宏为东扬州，祖道冶亭。宋元嘉六年，王裕之辞尚书令东还，车驾幸东冶饯送。王安石诗：遥望钟山岑，应知冶城路。谓东冶亭也。

越城，在府南六里。《图经》：在江宁县南三里秦淮水南。范蠡佐越灭吴，欲图霸中国，因立城于此以威楚。今遗址尚存，亦名范蠡城，人呼为越台。晋太宁二年，王敦畔，自于湖遣王含、钱凤奄至江宁南岸，诏遣段秀乘夜渡水击之，大破之于越城。义熙六年，卢循至淮口，刘裕修治越城，使王仲德屯守。齐永元二年，崔慧景逼台城，萧懿自小岘入援，自采石济江，顿越城，举火城中，鼓叫称庆。明年，萧衍东下，至新林，命王茂进据越城，是也。宋吕祉曰：越王城故基，与长干相接，凭高下瞰城内，为与敌分险处。宋初，曹彬下江南。登长干，北望金陵，问其地，曰：伏龟案也。督军攻之，南城遂陷，今府西南聚宝门外，曰长干里，其间民居稠密，大报恩寺在焉。江东人谓山陇间曰干，有大长干、小长干、东长干之名，城址与长干山相连，形势特重。《金陵记》：长干寺在长干里中，北去上元县治五里。梁大同三年，修长干寺阿育王塔，是也。宋曰天禧寺，今为大报恩寺，宋人谓建康城南直天禧寺，即此。《图经》：越城在长干桥西，周回二里八十步。《金陵志》：越城东南有国门，亦曰望国门，梁作，侯景犯建康，令羊侃顿守者也。

东府城，在今皇城西安门外清溪桥东，南临淮水。晋会稽王道子宅也。道子领扬州，宅在州东，故曰东府，自是领扬州者辄镇焉，为六朝故事。《舆地志》：东府城，晋安帝时筑。元兴三年，刘裕平桓玄，自石头还镇东府。宋元嘉中，彭城王义康为司徒，徙居东府，又于东府侧起司徒府。元嘉末，武陵王骏讨元凶劭，将军朱修之克东府。元徽二年，桂阳王休范作乱，褚澄开东府门纳南军，推安成王准据东府，既而张敬儿等攻克之。四年，建平王景素举兵京口，京师纂严，萧道成使其子赜镇东府。五年，迎立安成王准于东府，入居朝堂，道成出镇东府，既而沈攸之举兵江陵，道成入守朝堂，命其子嶷代镇东府，攸之平，道成还镇东府。齐永明中，嶷常镇焉。七年，嶷还第，敕其世子子廉代镇东府。隆昌初，萧鸾弑郁林王昭业，改立新安王昭文，鸾遂移镇东府。永元初，始安王遥光举兵东府，集部曲于东府东门，诏萧坦之等帅台军讨之，众军围东城三面，烧司徒府，遥光败死。二年，崔慧景自广陵逼台城，江夏王宝玄镇京口，与慧景合，随军东府。三年，萧衍至建康，东昏侯将徐元瑜以东府城降。梁太清二年，以侯景入犯，分命萧推守东府，既而景陷东府，杀推。三年，萧嗣等度淮，攻东府前栅，焚之。东府有米，可支一年，时援军营于青溪东，东府与石头路中断，景患之，从王伟计，乃伪求和，以缓援军，运东府米悉入石头，遂复叛。既而萧会理等进营东府城北，为景所败，台城旋陷。承圣初，王僧辩等讨侯景，景将侯子鉴败于姑孰，走还建康，据东府。陈大建十四年，始兴王叔陵作乱，据东府，断青溪道，萧摩诃攻之，屯城西门，叔陵走死。隋平陈，城废。《元和志》：东府城在上元县东七里，有东西南三门。六朝时，建康有事，必置兵守此，亦谓之东城。《金陵志》：东府城东北角有土山，晋会稽王道子所作也。宋武帝初领扬州，筑东府城。元嘉中，彭城王义康更开拓之，作东西垩，自后常为宰相府第。景和中，尝改为东宫，旋复故。泰始中，建安王休仁镇东府，讹言东城出天子，帝惧，杀休仁，而常闭东府不居。元徽中，桂阳王休范反，车骑典签茅恬开东府纳贼。齐高帝初封齐，以东府为齐宫。梁太清三年，为侯景所据，毁土墙，易以砖甓。绍泰末焚毁。陈天嘉末，徙治府城东三里齐安寺，西临淮水。陈亡，复焚废。

西州城，在上元县治西二里，周围三里。晋扬州刺史治所，太元中，会稽王道子领扬州，而居东府，故曰东府西州。胡氏曰：扬州刺史治台城西，故曰西州。或曰：城在台城西，故名。宋大明中，以东府为诸王邸，西州为丹阳尹治所。齐建元三年，诏南郡王长懋移镇西州。永明二年，竟陵王子良为扬州刺史，镇西州。永元初，陈显达与台军战于西州前，槊折，台军继至，显达不能抗，走至西州后乌榜村，为台军所杀。《图经》：初立西州城，未有篱门，树乌榜而已，村因以名。梁大宝初，侯景以西州为府，请梁主幸西州。承圣初，王僧辩等讨侯景，景战于西州之西，大败。《舆地志》：西州城，晋元帝时筑。《续通典》：汉扬州刺史理秣陵，刘由为刺史，始移理曲阿。孙策因号秣陵为西州，误矣。《实录》：城西接冶城，东连运渎。今朝天宫西即西州桥，宋曰望仙桥。景定中，又改曰武卫桥，是其处也。

丹阳城，在府西南五十里，又西南至太平府八十五里。本秦县，始皇三十七年，过丹阳至钱塘，即此。汉仍为丹阳县，属丹阳郡。武帝封江都易王子敢为侯邑。后汉仍为丹阳县。晋因之。宋齐俱属丹阳尹。隋开皇九年废，入溧水县，俗谓之小丹阳，对丹阳郡而言也。晋咸和二年，苏峻济自横江，陶回谓庾亮曰：峻知石头有重戍，不敢直下，必向小丹阳南道步来，伏兵邀之，峻可擒也。不听，既而峻果自小丹阳来，迷失道，夜行无复部分，至蒋陵覆舟山，亮始悔惧。宋元嘉末，柳元景奉武陵王骏讨元凶劭，以舟舰不坚，至丹阳，步上。升明三年，萧道成篡位，废帝为汝阴王，筑宫于丹阳故县。梁绍泰二年，齐兵发芜湖入丹阳县，至秣陵，步上。又绍泰三年，徐嗣徽为周文育所败，留船芜湖，自丹阳步上，陈霸先拒之于白城，文育亦至，遂败之。唐初尝置丹阳县于此，贞观初复废。《括地志》：丹阳县城在江宁旧县东南五里，又丹阳郡城在府东南。《三国志》：建安二十五年，权自建业徙都武昌，以吕范为丹阳太守，治建业。沈约曰：丹阳郡本治宛陵。晋太康二年，移治建业。大兴初，改为丹阳尹，其城周一顷，有东、南、北三门。《图经》云：晋太康中所筑也。卢循寇建康，徐赤特迎战，败绩于张侯桥，循兵大上，至丹阳郡。又侯景自历阳趣建康，诏临贺王正德屯丹阳郡。《金陵记》：城西去长乐桥一里，南临大路。今武定桥东南有长乐巷。《一统志》：丹阳郡城在府东南四里，又东南二十里有五城，即晋太宁初，王敦党王含、钱凤战败，率馀党自倪塘西置五城造营处也。唐景云中，县令陆彦恭于城侧造桥渡秦淮，亦名五城渡。

白下城，在府治北十四里。《舆地志》：即江乘废县之白石垒也。

《志》云：白石垒在上元县北十三里，当石头城之东北，台城之西，本名白石陂。陶侃讨苏峻，诸将议于查浦筑垒，部将李根曰：查浦地下，又在水南，惟白石峻极险固，可容数千人，贼来攻不克，灭贼之冲也。侃然之，一宿而垒成，贼大惊，侃使庾亮以二千人屯守，峻帅步骑万余，四面攻围不克。太和六年，桓温自广陵将还姑孰，屯于白石。隆安五年，孙恩奄至丹徒，建康震骇，分遣将军桓谦备白石，既而恩至白石，知建康有备，不敢进而还。义熙六年，卢循犯建康，伏兵秦淮南岸，使老弱乘舟向白石，声言自白石步上，既而突犯查浦。宋元嘉二十七年，魏主焘声言渡江，诏分军守白下、新亭诸处。大明四年，为蚕所置大殿于此，其后谓之白下。废帝子业末，沈文秀出为青州刺史，部曲屯白下，密谋废立，沈庆之不从，乃不果发。泰始二年，晋安王子勋举兵寻阳，其将孙冲之曰：今挂帆直取白下，众军兼行相接，分据新亭、南州，则一麾定矣。又后废帝昱元徽二年，桂阳王休范亦自江州逼建康，萧道成谓宜顿军新亭、白下，因分遣张永屯白下，是也。又齐武帝以白下城依山带江，因移南琅邪郡治焉。《齐纪》：永明六年，如琅邪城讲武。七年，复如琅邪城。九年，魏李彪来聘还，齐主亲送至琅邪城。延兴初，巴陵王子伦为南兰陵太守，镇琅邪城。萧鸾遣其典签华伯茂杀之。盖白下城北临江浒，故常置镇戍于此。建武二年，魏人南寇，中外戒严，命陈显达往来新亭、白下，以张声势。永元二年，裴叔业以寿阳降魏，诏崔慧景将水军进讨，齐主出琅邪城送之。三年，萧衍逼建康，琅邪城主张本以城降。梁天监五年，萧宏伐魏，自洛口遁还，乘小舰济江，夜至白石垒，叩城门求入。普通六年，幸白下城，履行六军顿所。太清二年，分遣谢禧等守白下，以备侯景，景兵至阙下，禧等弃白下走。绍泰中，陈霸先与齐兵战于幕府山，命侯安都自白下横击其后，齐人大败。陈大建十一年，江北州县悉没于后周，遣将杨宝安镇白下。祯明末，隋师来伐，陈主命樊猛、蒋元徽，领青龙八十艘，于白下游奕，以御隋六合之师。唐武德九年，改金陵为白下县，移治白下城。贞观七年，复移治郭下。《元和志》：东晋以后，江津要地，或言白石，或言白下，实一处也。《金陵记》：今之龙湾，即古白下。《图经》云：今靖安镇有白下城故基，去府城十八里。

江乘城，府东北七十里。本秦县，属鄣郡。始皇三十七年，自会稽还，过吴，从江乘渡，即此。汉亦曰江乘县，属丹阳郡。孙氏省县，为典农都尉治。晋太康初，复置，渡江后，属南琅邪郡。宋、齐因之。隋废。后汉兴平初，孙策渡江，自牛渚进攻秣陵，以秣陵险固，转攻江乘。吴黄武三年，曹丕来伐，至广陵，徐盛献计，植木依苇，为疑城假楼，自石头至江乘，联绵相接数百里，一夕而成。晋永嘉初，陈敏据建业，败走江乘，获之。咸康初，桓温领琅邪太守，镇江乘之蒲洲，寻以石季龙造舰青州，掠沿海州郡，命蔡谟沿江戍守，东至土山，西至江乘。元兴三年，桓玄作乱，刘裕讨之，败玄将吴甫之于江乘。梁太清二年，侯景围台城，邵陵王纶自京口入援，景遣军拒纶于江乘。绍泰初，齐兵犯建康，陈霸先遣别将钱明将水军出江乘，邀击齐人粮运，尽获其船米，齐人大窘。《括地志》：江乘故城，在句容县北六十里，地名琅邪乡。

临沂城，在上元县西北三十八里。晋咸康初，分江乘县境侨立临沂县，为南琅邪郡治。齐永明中，始移郡治白下，县亦移焉。梁敬帝时，陈霸先大破齐人于幕府山，追奔至临沂，即此。隋初，郡县俱废。《志》云：城在独石山北，临大江，县境又有阳都废县。东晋初，侨置属南琅邪郡。宋大明中，省入临沂。又有即丘废县，亦东晋初侨置。宋元嘉中，省入阳都。

金城，在上元县北三十五里。《括地志》：在江乘蒲洲上，相传孙吴所筑。晋永昌初，王敦逼建康，诏刘隗屯金城。咸康初，桓温出镇江乘之蒲洲金城，求割江乘县境，立南琅邪郡。太元八年，谢石等败苻坚于淝水，师旋，谢安劳师于金城。萧子显《齐志》：南琅邪本治金城，永明中，乃移治白下。王隐《晋书》：江乘南岸有琅邪城。

湖熟城，在上元县东四十五里淮水北。汉县，属丹阳郡，武帝封江都易王子胥行为侯邑。后汉仍为湖熟县。孙吴省县，为典农都尉。晋复置县。宋、齐因之。隋废。《三国志》：孙策渡江，破刘由党薛礼等于秣陵，又破由别将于梅陵，转攻湖熟江乘，皆下之，进击刘由于曲阿。晋咸康三年，毛宝以苏峻之乱，烧句容、湖熟积聚。义熙九年，罢临沂、湖熟脂泽田，以赐贫民。又宋元嘉二十三年，浚淮，起湖熟废田千余顷，是也。《元丰志》：上元县有湖熟镇。宋淳化中，改为淳化镇。今府东高桥门外二十里有淳化镇，亦曰淳化关。其地遮蔽句容，应接京口，形势冲要，有巡司戍守。○白城，胡氏曰：在湖熟故县界。梁绍泰二年，齐兵进及倪塘，陈霸先拒之于白城，与周文育等力战，败徐嗣徽等于此。《志》云：今府东北三十里有白山，南接钟山，白城当在其处。

怀德城，在府北。晋元帝初封琅邪王，其国人侨寓江南者近千户。大兴三年，因立怀德县，寻废。《实录》云：怀德县旧置于宫城南七里，后改为费县，移于宫城西北三里。宋元嘉十五年省。《古迹编》云：费县故城，在今上元县北九里潮沟村。又同夏废县，在上元县东十五里。梁武帝生于同夏里。大同中，置县。陈因之。隋废。今其地有同夏浦。又东南有安业废县，唐初置，旋废。

白马城，《金陵志》：在江宁县北三十里，吴时为烽火之所。《丹阳记》云：白马城在石头城西南最高处，旧置烽火台，并置城为戍守处。盖孙吴以后，大约于沿江筑台，以举烽燧，自建康至西陵，并日而达云。○宣武城，在府治西北九里。《胜览》：宋沈庆之所筑，孝武欲北伐，问须兵几何。庆之曰：二十万。孝武疑其多，乃令庆之守此城，而自率六军攻之，不能下，乃罢北讨。

钟山府，治东北十五里，京邑之巨镇也。明太祖玄宫奠其阳，远近群山，环绕拱卫，郁葱巍焕，雄胜天开，设孝陵卫官军守护。馀详见名山蒋山。〇石头山，《志》云：在上元县治西四里，六朝时，为险要必争之地。《南徐州记》：江乘县西二里有大浦，发源石城山，东入江，此山与卢龙幕府相连，迤逦达于京口。《江乘记》：石头山岭嶂千里，相重若一，游历者以为吴之石城，犹楚之九疑也。上有石头城，详见上。

聚宝山，在府南聚宝门外稍东。冈阜最高处，曰雨花台，以梁时僧云光讲经雨花而名。兀术尝登雨花台，望城中，盖其地势独高也。《方舆胜览》：雨花台在城南一里，据冈阜高处，俯瞰城闉，江山四极，无不在目，即聚宝山之东巅也。山麓为梅冈，或谓之梅陵，相传汉梅铜屯兵地。孙策破刘由别将于梅陵，即此。明初改筑都城，雨花台无复旧观，而报恩塔高耸巍焕，可以尽城郭川原之胜。又凤台山在府南，亦曰凤台冈。刘宋元嘉中，有凤集此，筑台其上，山因以名。旧《志》：冈南傍秦淮，今有凤台门。

覆舟山，在府北太平门内。旧《志》：在府北七里，形如覆舟，因名。山脉东连钟山，北临玄武湖。东晋咸和三年，苏峻败台军于陵口，进至蒋陵覆舟山。元兴三年，刘裕讨桓玄，败其兵于江乘，进至覆舟山东，使羸弱登山，张旗帜为疑兵。数道并进，布满山谷，玄将桓谦等皆败走。梁太清二年，侯景作乱，邵陵王纶自京口入援，营于蒋山，既而景陈兵于覆舟山，纶进军玄武湖侧，为景所败。敬帝初，徐嗣徽复引齐兵犯建康，潜逾钟山，陈霸先率众分屯乐游苑及覆舟山，断其冲要，是也。一名龙山，宋元嘉中，尝改名玄武山。陈大建中，又改为龙舟山。

鸡鸣山，在覆舟山西南。旧《志》：在府西北七里。《寰宇记》：山西接落星冈，北临栖玄塘，本名鸡笼山，以形似名。宋元嘉十六年，征庐山隐士雷次宗至建康，为开馆于鸡笼山，使聚徒教授，是也。齐永明二年，竟陵王子良镇西州，开西邸于鸡笼山。明初于山阳立十庙，又置浑天仪于山巅, 赐名钦天山。《志》云: 刘宋时以黑龙见玄武湖, 亦名龙山。
《郡志》: 鸡鸣山北有太子湖, 吴宣明太子所浚, 一名西池。

幕府山, 府西北二十里神策门外。周三十里, 高七十余丈, 有五峰
相接。晋元帝过江, 王导开幕府于此, 因名。北滨大江, 有五马渡。元帝
初与彭城等五王渡江至此也。宋元嘉二十七年, 魏太武南侵, 至瓜埠, 文
帝登幕府山, 观望形势。梁末, 齐军犯建康, 至幕府山, 霸先帅麾下出幕
府山, 纵兵大战, 齐师大溃, 追奔至临沂。陈祯明中, 后主尝校猎于此。
居人多于此煅石取灰, 因名石灰山。明初, 陈友谅侵建康, 太祖命常遇春
伏兵于石灰山侧, 即此。今有石灰山关。

大壮观山, 在府北十八里, 东接钟山, 南临玄武湖。陈宣帝起大壮
观于此, 因名。《南史》: 陈大建十一年, 幸大壮阅武, 步骑十万陈于玄武
湖上, 循乐游苑振旅而还。山北旧有蠡湖, 元时筑为塘以溉田, 今废。又
直渎山, 在府北三十五里, 山周二十五里, 旁有直渎洞, 盖直渎之水, 从
山麓流入大江也。

四望山, 府西北十里。西临大江, 南接石头山, 北连狮子。吴孙皓
杀其司市陈声, 投其身于四望之下。又晋温峤伐苏峻, 筑垒于四望矶, 以
逼石头, 盖山下有矶也。又马鞍山, 亦在府西北十里, 以形似名, 西临大
江, 东接石头城, 西北连狮子山。

狮子山, 府西北二十里。亦曰卢龙山。晋元帝初度江, 见此山绵
延, 因以拟北地卢龙。《志》云: 山在城西北隅, 周回十二里, 西临大江。
明初, 陈友谅趣建康, 太祖亲总大军驻狮子山, 友谅犯江东桥, 转向龙
江, 至山下, 登岸立栅, 大祖率诸军大战, 友谅败走, 寻建阅江楼于此。
《金陵记》: 狮子山在金川门外。

临沂山, 府东北四十里。山周三十里, 北接落星山, 西临大江, 其
西南即古临沂县城。又雉亭山, 一名骑亭山, 与临沂山相接。又五里接衡

阳山。《志》云：府东北三十里观音门外，曰观音山，北滨大江，西引幕府诸山，东连临沂、衡阳诸山，形如错绣，皆悬崖削壁，共捍大江，真天设之险也。

摄山，府东北四十五里。山周四十里，与衡阳诸山接。陈霸先败齐兵于幕府山，其江乘、摄山、钟山诸军，相次克捷，是也。《地记》：摄山形方，四面重岭似伞，亦名伞山，东连画石山，西南接落星山。《志》云：落星山周回六里，北临大江。吴大帝时，有三层高楼，名落星楼。《吴郡赋》所云飨戎旅于落星之楼，是也。

方山，府东南四十五里。《志》云：山高百六十丈，周二十七里，形如方印，一名天印山。秦凿金陵山，疏淮水为渎处也。吴大帝时，为方士葛玄立观方山。宋元嘉末，何尚之请致仕，退居方山。齐武帝尝幸焉，欲立方山苑，不果。梁绍泰二年，齐兵至秣陵故治，陈霸先遣周文育屯方山以御之，既而齐人跨淮立桥栅度兵，夜至方山，进及倪塘，建康震骇。明初，败元将陈埜先于此，进攻集庆，是也。

土山，府东南二十里。山无岩石。晋谢安尝游此，以拟会稽东山，亦名小东山。《实录》：吴景帝自会稽还曲阿，即日进至布塞亭，孙琳迎于土山之野。又石季龙谋入寇，蔡谟沿江戍守，自土山进至江乘。苻坚入寇，谢安举谢玄拒之，乃命驾游土山别墅。唐韩滉筑石头城，自京口至土山，皆修坞壁，即此处也。又东南曰石硊山，一名竹山。《志》云：秦始皇以金陵有天子气，乃凿方山，断长垄为秦淮渎。今方山直属土山三十里，皆秦所凿处，而石硊山西九里。又有大垄，下枕淮流，尤为可据。《祥符图经》硊一作柜，此山横据秦淮之上，以扼水势如柜然，因名。《金陵志》：秦淮东经方山石硊之间，西经卢龙、马鞍之间，或以为秦断长垄之所也。

雁门山，府东南六十里，周二十余里，山势连亘，类北地雁门，因名。山东北有温泉，能治冷疾。《舆地志》云：建康自东而北，群山绵亘，凡数十里，今雁门之西，接彭城诸山，东接大城山。又东为竹堂山，竹堂之西北则白山，东南则云穴诸山，冈陇回环，皆与钟山相映带。又汤山，在府东七十里，接云穴山，有汤泉六穴出山下。又铜山，在府东南七十里，周十九里，昔尝采铜于此，因名。

牛首山，府南三十里，一名仙窟山，以山后有石窟也。本名牛头山，有二峰东西相对。晋元帝初作宫殿，王导指双峰曰：此天阙也。故亦名天阙山。刘宋大明三年，立南郊坛于牛首山西。宋建炎中，兀术凿老鹳河趣建康，岳飞设伏于牛头山待之，贼败走。《金陵记》：牛首山周回四十七里，高百四十丈，其南为祖堂山，周四十里，高百二十七丈，本名幽栖山。唐贞观初，改今名。其东北有岩山，周十五里，高七十一丈。吴天纪初，尝立石刻于山上，纪功德。刘宋大明六年，葬殷贵妃于龙山，凿冈道数十里，时改岩山为龙山也。武帝景宁陵亦在焉。又明帝泰始七年，射雉岩山，杀其弟休祐，即此。又府东南三十五里有青龙山。

三山，在府城西南五十七里。三峰排列，下临大江。晋王濬伐吴，顺流而下，直指三山，是也。齐建元初，魏人入寇，于三山、烈洲、慈姥，各置军以备之，亦曰三山矶。陆游曰：凡山临江，皆谓之矶，三山又西，则江宁夹。《舆地志》：三山周回四里，大江从西来，势如建瓴，而此山突出当其冲，有三峰南北相接，积石森郁，滨于大江。吴时津戍处也。《郡志》：山一名护国山，亦名下三山，在江宁镇东，又江宁镇西有上三山。

烈山，府西南七十里。山临大江。《舆地志》：吴时津济处也。内有小河，可泊船，商旅多停此，以避烈风，故名。《北征记》谓之溧洲，洲有土山，其形似栗也。亦曰洌洲。晋哀帝末，会稽王昱闻陈祐弃洛阳，会桓温于洌洲，共议征讨。洌与溧音相近耳。又桓冲发建康，谢安送之溧洲。宋武陵王讨元凶劭，自南州进次溧洲。齐建元初，置军于此，以备魏人南寇。今舟行自采石东下，未至三山，江中有山，即洌山也，下有洲，曰洌山洲，港曰洌山港，有矶突出湍间，曰乱石矶。张舜民曰：过三山西上十余里，至洌洲，自溧洲过白土矶，入慈湖夹。《金陵记》：溧洲周回六十里。相传王濬伐吴，曾憩于此。又白都山，在府西南八十里，西临大江，昔仙人白仲都居此，山因以名。《吴志》：孙峻杀诸葛恪，又遣其党追杀恪子竦等于白都，即此山云。

慈姥山，府西南百十里。以山有慈姥庙而名。积石临江，崖壁峻绝，一名鼓吹山，以山产箫管也。山下有慈姥溪，与太平府当涂县接界。旧《志》：慈姥港泄慈湖以东之水入江。近港又有慈姥矶，今曰和尚港。

横山，府西南百二十里。周八十里，高二百丈。《左传》襄三年，楚子重伐吴，取鸠兹，至于衡山，盖谓此山。一名横望山，以四面望之皆横也。西连太平府界，今亦见太平府。

白土冈，府东十三里。隋贺若弼与陈兵战于白土冈，擒萧摩诃于此。《金陵记》：白土冈周回十里，高十丈，南至淮，即钟山之南麓也。

石子冈，府南十五里。其地有梓桐山，山北为石子冈。《吴志》：建业南有长陵，名石子冈，葬者依焉。孙峻杀诸葛恪，投尸于此。隋平陈，韩擒虎自横江至新林，任忠迎降于石子冈，引擒虎入朱雀门。今有擒虎垒，在府西四里。《寰宇记》：石子冈周回二十里。今城南高座寺后，即石子冈之地。又有白杨路，《志》云：石子冈之横道也。陈始兴王叔陵反，部麾下渡小航，将趣新林，萧摩诃追擒之于白杨路。即此。《金陵志》：路在府城南十里。

落星冈，府西北九里。齐东昏侯永元元年，江州刺史陈显达举兵逼建康，军于新林，潜军夜袭宫城，明日以数千人登落星冈，新亭诸军皆溃还。又陈霸先讨侯景，于石头西落星山筑栅。胡氏曰：石头城西有横陇，谓之落星冈，亦名落星墩。又府西三十里有落星洲，西南五十里有落星山,皆以星殒得名。又有落星山,在今摄山之西南,见上。

武帐冈,在台城北。六朝时,仿洛阳旧制,置宣武场,设行宫殿便坐于此,冈因以名。杜佑曰:武帐冈在广莫门外。宋元嘉二十二年,以衡阳王义季为南兖州刺史,伐之于武帐冈。又二十五年,大蒐于宣武场。大明三年,南兖州刺史随王诞举兵广陵,上亲总禁军顿宣武堂。《志》云:冈在石灰山侧,宣武城盖置于此。

西陵,旧《志》:在府东北十五里。俗名松陵冈,即钟山之南麓。吴大帝葬焉,亦曰孙陵。晋卞壸与苏峻战于孙陵,败绩。齐武帝建商飙馆,以九日宴群臣于此,俗因呼为九日台。○东陵,在府北,覆舟山东麓也。刘裕讨桓玄,玄使桓谦屯东陵,卞范之屯覆舟山西。胡氏曰:东陵在覆舟山东北。又有白木陂,在东陵之东。苏峻之乱,陶侃等讨之,侃督水军向石头,庾亮等自白石南上,峻突陈不得入,将回趣白木陂、马蹄,为官军所杀。

燕子矶,在观音门西。《金陵记》:幕府山东有绝壁临江,梯磴危峻,飞槛凌空者,弘济寺也。与弘济寺对岸相望,翻江石壁,势欲飞动者,燕子矶也,俱为江滨峻险处。○道士墩,在府南。萧衍东下,至新林,命邓元起据道士墩,以逼台城。《志》云:墩旧在台城南五里。

大江,在府城北二十二里。自太平府流入境,至城西南,绕出东北,入镇江府界。《金陵志》:都城在大江东南,自府西南一百十里之慈姥山。至府东北百里之下蜀港,凡二百余里,一名扬子江。《江乘记》:大江从县西二百二十里承当涂,分鲚浦上田为界,纡回二百九十三里,与和州乌江及扬州六合,并分中流为界,西引蜀汉,南下交广,东会沧溟,北达淮泗,自大禹疏凿之迹,无不通焉。魏文帝出广陵,望长江曰:嗟乎,此天所以限南北也。宋元嘉二十七年,魏主焘南寇,至瓜步,伐苇为筏,声言欲渡江,建康震骇,遣刘遵考等将兵分守津要游逻,上接于湖，下至蔡洲，陈舰列营，周亘江滨，自采石至于暨阳六七百里。其后历隋唐以至宋元，南北有事，皆以滨江为要地。《宋志》：嘉定五年，守臣王度言：府境北据大江，是为天险，上自采石，下达瓜步，千有余里，共置六渡：一曰烈山渡，二曰南浦渡，三曰龙湾渡，四曰东阳渡，五曰大城堰渡，六曰冈沙渡。旧皆与河渡分额，岁万余缗，其后法制寝废，奸豪因以为厉，请更保甲，明法禁，从之。胡氏曰：江水东流，自武昌以下，渐渐向北，盖南纪诸山所迫，陂郡之势，渐使之然也。至于江宁，江流愈北，建康当下流都会，望浔阳、武昌，皆直南，望历阳、寿阳，皆直西，故建康谓历阳、皖城以西，皆曰江西，而江西亦谓建康为江东，建康谓采石为南州，京口为北府，皆地势然也。《郡志》：今府境之江南岸，上自慈姥浦，下至下蜀港，二百里而遥。北岸上自浮沙口，下至东沟，不及二百里。江之支流旁出者，大曰河，小曰港，曰沟，曰渡。石激水曰矶，水中可居曰洲，两山间曰夹，萦回曰套，水所注曰浦。江流南北迁徙，今昔迥殊。异时江泊石头，后徙而北，今又渐南，然尚去石头十余里。兹志其可知者。自慈姥浦而东下，为镰刀湾，为烈山港，有矶突出湍间，名乱石矶。又东北即白鹭洲，其南岸曰犊儿矶，上接江宁浦口，下为大胜河。自大胜河以东，有水数曲，曰响水沟、灯盏沟、上新河、中新河、下新河，皆濒江要地。其北岸则芝麻河、穴子河、王家套、八字沟，皆列墩燎望处也。又有洲曰长洲、白沙、梅子、句容、秀才、火药等洲，皆在江浦境南岸，自下新河而东，为草鞋夹，其外为道士洲，上有屯驻处，曰江心营，近南曰护国洲、中口洲，自道士洲直抵北岸，为浦子口。又东以达于瓜步，其滨江诸洲曰拦江，曰工部官洲、老洲、柳洲、赵家洲，曰㡇担洲，洲东为㡇担河，其北即滁河口也。江流至此，亦曰宣化漾。有洲，亦名新洲，其下为矶山，山屹立中流，石色白，类矶，故名。又数里为西沟，近黄天荡，为东沟，二水自江出，皆折而西，与仪真县接，六合江尽此矣。南岸中洲口而下，有山踞江而出者，曰焦家嘴。又东曰观音山，水曰观音港，港口耸石，下瞰江水，曰燕子矶，历涛山、唐家渡、袁家河、东阳港，遂接黄天荡，中有洲，属上元县，其上为草场，自龙潭而东，洲渚限隔，有斜腾洲、太子洲。洲外为老鸦夹，又东为天宁洲，皆句容界，其诸水分流，曰白家沟、杨家港、双沟港、罗泗港，而邪沟尤为津要，自此而东，遂与镇江接。此近时江道之可记者也。今见大川大江及川渎异同。

秦淮水，在上元县治东南三里。吴张纮曰：秦始皇以金陵有王气，故掘断连冈接石头城处。今方山、石𤄗、横渎。是也。《建康实录》云：秦淮水旧名龙藏浦，有二源：一发句容县北六十里之华山，南流。一发溧水县东南二十里之东庐山，北流。合于方山，西经府城中，至石头城注大江，其水经流三百里，地势高下。屈曲自然，不类人功，疑非始皇所凿也。孙吴至六朝都城，皆去秦淮五里，吴时夹淮立栅十余里，史所称栅塘是也。梁天监九年，新作缘淮塘，北岸起石头，迄东冶。南岸起后渚篱门，迄三桥，以防涨溢，又作两重栅，皆施行马，时亦呼为栅，塞淮上自石头，至方山，运渎，总二十四渡，皆浮航往来，亦曰二十四航，惟大航用杜预河桥之法，遇警急，即撤桥为备。自杨吴时改筑金陵城，乃贯秦淮于城中，今秦淮二源，合流入方山埭，自方山之冈陇两崖，北流经正阳门外上方桥，又西入上水门，北经大中桥，与城濠合，又西接淮清桥，与清溪合，又南经武定桥而西，历桐树湾，穿镇淮、饮虹上下二浮桥，北通斗门桥，合运渎出下水门，经石头城入江，绵亘萦纡于京邑之内。晋咸和四年，苏峻作乱，峻使其弟逸据石头，诸军进攻之，逸将苏硕度淮逆战，温峤击斩之。隆安末，孙恩作乱，自海口奄至丹徒，建康震骇，分遣将军刘袭栅断淮口，丹阳尹司马恢之戍秦淮南岸。义熙六年，卢循逼建康，至淮口，刘裕屯石头以拒之，既又出陈于南塘，南塘，秦淮南岸也。时裕惧循侵轶，亦伐树栅石头、淮口。宋元嘉末，元凶劭弑逆，武陵王骏自江州东下讨之，悉迁淮南居民于北岸，义师渐近，劭又焚淮南岸室屋，及淮内船舫，悉驱民家渡水北，既而柳元景至江宁，使别将薛安都帅铁骑耀兵于淮上。劭寻遣军攻元景于新亭，劭众溃坠淮死者甚众。齐永元二年，南兖州刺史崔慧景逼台城，萧懿自采石渡江入援，顿越城，慧景遣其子觉将兵渡淮南岸，为懿所败，赴淮死者二千余人，觉单马退，开桁阻淮，懿军寻渡北岸，慧景众皆散走。梁太清二年，侯景围台城，援军大集于新林、蔡洲，缘淮树栅，景亦于北岸树栅应之。承圣初，王僧辩等败侯景兵于姑孰，进至张公洲，遂督诸军乘潮入淮，景塞淮口，缘淮作城，十余里中，楼堞相接。绍泰初，徐嗣徽引齐军袭建康，据石头城，与陈霸先相持，韦载言于霸先曰：今急于淮南因侯景故垒筑城，以通东道转输，分兵袭彼之粮运，则齐将之首，旬日可致。从之，齐人败去。陈祯明末，隋将韩擒虎等自采石趣建康，司马消请南断淮水以拒之，隋军渐逼，任忠谓陈主曰：今宜固守台城，缘淮立栅，北军虽来，勿与交战，分兵断江路，无令彼信得通，给臣精兵，下江径掩六合，则诸军不击自去矣。时隋晋王广以大军屯六合也。宋开宝八年，曹彬击江南，进次秦淮，江南兵水陆十万，陈于城下。时舟楫未具，潘美率兵径渡，大军随之，江南兵大败。秦淮在金陵南面，自昔为缘城险要云。

玄武湖，在府城北太平门外。旧《志》：在上元县北十里，一名蒋陵湖，一名秣陵湖，亦曰后湖，以在故台城后也。湖周四十里，东西有沟，流入秦淮，春夏水深七尺，秋冬四尺，灌田百余顷，湖故桑泊也。三国吴谓之后湖，后废。晋元帝太兴二年，创为北湖，以肄舟师。明年，筑长堤以壅北山之水，东自覆舟山，西至宣武城，凡六里余。太宁二年，王敦使王含等犯建康，顾飏说敦将沈充曰：今决破栅塘，因湖水以灌京邑，乘水势纵舟师以攻之，此上策也。栅塘在秦淮水上，湖即玄武湖。宋元嘉二十二年，复筑北堤，南抵城东七里之白塘，以肄舟师。二十三年，黑龙见，乃立三神山于湖上，改名玄武，大阅水军，号昆明池，俗呼为饮马塘。时又于湖侧作大窦，通水入华林园天渊池，复贯串宫掖，注城南堑。元徽四年，建平王景素举兵京口，萧道成屯玄武湖以备之。齐永明中，亦演水军于此。永泰初,王敬则举兵会稽,至曲阿。诏沈文季屯湖头,备京口路。胡氏曰:湖头即玄武湖旁地,东接蒋山西岩,西抵玄武湖堤,地势平坦,当京口大路。永元二年,崔慧景自京口逼建康,诏遣王莹筑垒湖头上,带蒋山西岩以拒之,是也。梁太清二年,侯景作乱,邵陵王纶自京口入援台城,由蒋山而前,军玄武湖。景军于覆舟山,及战,为景所败。既而梁将宋嶷降景,教之引玄武湖水以灌台城,阙前皆为洪流,台城寻陷。绍泰初,齐军逾钟山,至玄武湖,陈霸先败之于幕府山。《南唐迩事》:金陵北有湖,周数十里,名山大川,掩映如画,六朝旧迹,多出其间,每岁茭藕网罟之利,不下数十百千云。宋天禧初,知升州丁谓言:城北有后湖,往时岁旱水竭。给为民田,凡七十六顷,荫溉之利遂废。今宜复旧制,疏为陂塘以畜水,使负郭无旱岁,从之。四年,给为放生池。熙宁八年,王安石言:金陵北关外,有湖二百余顷,古迹号为玄武,前代以为游玩之地,今空贮波涛,守之无用,臣欲于内权开十字河源,泄去余水,决沥微波,使贫困饥人,尽得螺蚌鱼虾之饶,此目下之利,水退之后,分济贫民,假以官牛官种,又明年之计也。诏从之。自是开十字河,立四斗门以泄水,湖遂废为田,又跨河为桥,以通往来,岁久,旧迹益堙,惟城北十三里,仅存一池。祝穆云:玄武湖今为后军寨,是也。元时亦废塞,明初复开浚,中有旧洲、新洲及龙引、莲萼等洲。洪武中,置库于湖中洲上,以贮天下图籍,又筑太平堤,以备湖水潦溢。《实录》:湖在三国时已有之,吴宝鼎二年,开城北渠,引后湖水流入新宫,是也。或谓之练湖。徐爰《释问》:湖实创始于东晋大兴中云。

娄湖,府东南十五里。吴张昭所浚以溉田,周十里,昭封娄侯,故名。《南史》:宋大明中,沈庆之有园在娄湖,一夕徙居之。齐永明初,望气者云:新林娄湖东府西有王气,正月甲子,筑青溪宫,作新林娄湖苑以厌之。陈大建十年,立方明坛于娄湖,陈主如娄湖誓众,是也。宋时筑湖为苑。《志》云:城南十里有舰澳。梁武帝引娄湖水以藏舟,又西北入于秦淮，今亦废。又有稳船湖，在今佛宁门外，明洪武初所开，引江水潴以泊舟，且避风涛之险云。

迎檐湖，旧《志》：在石头城西南五里。晋南渡后，衣冠行李塞于湖上，因名。一作额担湖。《齐书》作雏担湖。宋升明元年，刘秉等谋诛萧道成，不克，自石头走至额担湖见杀。湖北又有苏峻湖，本名白石陂，即晋李阳斩苏峻处，今俱埋废。又莺雀湖，《图经》云：在城东二里梁昭明太子墓侧。湖周二里，其水流入青溪。宋元时为白荡湖，一名前湖，寻埋，今故宫正值其地。○半阳湖，在府东北四十里，水同一壑，而冷热相半，民引热水溉田，一岁再熟，亦曰半阳湖。又摄湖，在府东北五十里。《金陵志》：湖周二十五里，摄山之水，流入江乘浦，注于摄湖，又北入于江。又有三冈湖，在府东六十里，周十余里，上有三冈，俯临湖侧，因名。今俱废。

青溪，在上元县东六里。溪发源钟山，下入秦淮，逶迤九曲，有七桥跨其上。《实录》：吴赤乌四年，凿东渠通北堑，以泄玄武湖水，南接于秦淮，逶迤十五里，名曰青溪。其接秦淮处，有青溪闸口。自杨吴城金陵，青溪遂分而为二：在城外者，由城濠达于淮；在城内者，埋塞仅存一线耳。《郡志》：青溪引秦淮水而成。今府城北太平门下由潮沟南流入旧内，又出西安门外之竹桥，入濠而绝，又绕出旧内旁，至淮清桥，与秦淮河合者，是其遗迹也。晋太宁二年，王敦将沈充犯建康，刘遐败之于青溪。咸和三年，苏峻败卞壶等于西陵，进攻青溪栅，因风纵火，台省及诸营寺署，一时荡尽。又齐太祖尝居青溪，东有青溪故宅。杜佑曰：齐时有青溪宫，后改为芳林苑。永元初，始安王遥光谋篡立，以刘暄有异议，遣左右王昙庆刺暄于青溪桥，不果，既而遥光举兵东府城，诏曹虎屯青溪大桥以讨之。大桥，或曰青溪中桥也。梁太清二年，侯景作乱，柳元礼等援台城，自新亭移营大桁，令韦粲顿青塘，当石头中路立栅。未合，侯景帅锐卒攻粲。粲使军主郑逸逆击之，命别将刘叔胤以舟师截其后。叔胤不进，逸败。景乘胜攻綮，綮与子弟皆战死。仲礼驰救，与景战于青塘，景大败，沉淮水死者千余人，于是景不复济南岸。青塘，盖迫近淮渚，在青溪之南岸。三年，萧嗣等将兵渡淮，攻东府前栅，焚之，侯景退，众军营于青溪之东，寻溃还。隋开皇九年，平陈，斩张丽华、孔贵嫔于青溪栅下。自杨吴改筑城垣，而青溪始埋。《宋志》：乾道五年，建康守臣张孝祥言：青溪旧自天津桥出栅寨门入江，缘栅寨门近地，为有力者所得，遂筑断青溪口，创为园辅，致水流壅塞，时有泛溢之患，若访求古迹，使青溪直通大江，城内可永无水患。既而汪澈代孝祥奏于西园依故道开浚，使水通栅寨门入江。开庆中，马光祖复浚之，筑堤飞桥，以便往来，盖青溪九曲，时仅存一曲矣。栅寨门，《志》云：在秦淮上，于故栅塘开水门，泄城中水入江，俗号栅寨门。又溪上旧有募士桥，相传三国吴建。桥西南有埭，曰鸡鸣埭。○长溪，在上元县东南六十里。《丹阳记》：溪东承句容赤山湖水，经故湖熟县南，入于秦淮。

新开河，在府西南。《实录》云：旧城濠在通济门内，旁入秦淮，又自通济门外与秦淮分流，绕而南经聚宝门外长干桥，至三山门外，与秦淮水复合，此杨吴时旧城濠也。其自三山门外，历石城及定淮诸门，达于草鞋夹，入江，复自三汊河而南，经江东桥，与府西南十二里之阴山运道，合出大城港入江者，此宋元新开河也。明初，陈友谅侵建康，趣江东桥，舟师欲出新河口路，太祖命赵德胜跨河筑虎口城以守，即此。《志》云：江东门外有上新河，稍南五里通大江，江中舟船，尽泊此以避风浪。又有中新河、下新河，亦在江东门外，南去上新河十里，流通大江，官司船舫所泊处也，皆洪武初所开。又自下新河而东，水分三股，一引石城桥，一引江东桥，一自草鞋夹以达于江，亦名三汊河云。

新河，在冶城西南。《志》云：在白鹭州西，西南流二十余里通大江。旧名蕃人河，今亦谓之新开河。又上元东北六十里有芦门河，亦曰蕃人河。《志》云：河在黄天荡南芦场内。兀术为韩世忠扼于黄天荡，或教之于芦场地，凿大渠二十余里，上接江口，出世忠之上。兀术从之，又傍冶城西南，凿渠成。金人悉趣建康，欲越江而北，为世忠所觉，尾击败之。汪藻云：敌于建康抱城开两河，谓此两蕃人河也。亦作老鹳河。《宋史》：建炎四年，韩世忠扼兀术于江中，兀术自京口沿南岸而西，将至黄天荡，卒不得济，或曰老鹳河故道，今虽堙塞，若凿之，可通秦淮，兀术从之。一夕渠成，凡五十里，遂趣建康，为岳武穆所败而还。《金陵志》：老鹳嘴与句容接界，东去东阳镇三十里，元置马站于此。芦门河盖近老鹳嘴云。

靖安河，在府西北二十里。自靖安镇下缺口取径道入仪真八十余里。《吴津记》：自金陵抵白沙江，流旷数百里，波涛汹怒，其尤者为乐官山、李家漾，至急流浊港口，凡十有八处，风波至为险阻。宣和六年，发运使卢公得古漕河，于靖安镇之下缺口取径道，于青沙夹趋北岸穿坍月港，由港尾越北小江，入仪真新河，抵新城下八十余里，以易大江百有五十里之险。《志》云：龙安津在靖安河口，即靖安渡。○护龙河，在上元县治东北，引而南，合于青溪水。宋凿《志》云：即故子城三面濠，今堙废逾半矣。又有御河，在皇城内，明时所凿，出东安门外柏川桥，合于城濠。

运渎，在上元县治西北。三国吴赤乌八年，发屯兵三万，凿句容中道，至云阳西城，以通吴会船舰，号破冈渎。又使都伯凿城西南，自秦淮北抵仓城，以达吴越运船，盖引破冈渎由方山埭接于秦淮，以避大江之险，又自秦淮而东北达于苑仓也。《金陵事实》：运渎引江水而成，在故台城西南，旧有六桥跨其上。五代以来，久已堙塞。今三山门内斗门桥以北，近旧内城，东合青溪又北折而西，从铁窗棂出城者，是其故迹也。吕氏祉曰：古都城去秦淮既远，其漕运必资舟楫，而濠堑亦须灌注，故孙吴开运渎，凿潮沟，穿青溪，皆引水入城中，由城北堑而入后湖也。自杨氏依淮为城，城之东堑，皆通淮水，西南边江以为险，春夏积雨，淮水泛溢，城市往往被其害，至冬水涸，濠内往往乾浅。议者谓宜于秦淮上下置闸，遇淮水暴涨，则闭上流，令水自城外输泻入濠，以杀水势，冬间浅涸，即闭下流，蓄以养濠堑，又城北地势高峻，濠水不过数尺，若据吴之旧，开潮沟以东引江水，开青溪以西引秦淮，萦绕城之北面，入于后湖，则城北濠堑，自然通快矣。破冈渎，见句容县及镇江府丹阳县。

直渎，在府东二十二里。源出方山，东北流接竹篠河，又经直渎山，北达于江，晋温峤讨苏峻，遣王愆期屯军直渎。孙盛《晋春秋》：直渎在方山。陆游曰：孙吴时所开也。梁有直渎戍，承圣初，王僧辩等讨侯景，入建康，贼党王伟与侯子鉴等将奔朱方，于道相失，伟至直渎，为戍主所擒。王安石诗山盘直渎输淮口，是也。今堙废。○竹篠港，在府东北三十里，《志》云：港西通靖安，东达石步，南至直渎，北临大江，旧有竹卜镇。胡氏曰：即竹里也。晋隆安元年，王恭举兵京口，讨王国宝等，国宝请于会稽王道子，遣兵戍竹里，夜遇风雨，各散归。元置巡司于此。《金陵志》：石步港在上元县东北四十里摄山之西，亦北达大江。宋置石步寨巡司，为滨江戍守处。

班渎，在府北。胡氏曰：在新洲西南，刘牢之讨桓玄，军于溧洲，既降，玄乃移屯班渎，即此。又义沟渎在上元县治东二十里，下流入秦淮，溉田百余顷。

潮沟，上元县西四里。吴赤乌中所凿，引江潮抵青溪，接秦淮水，西通运渎，北连后湖，陈霸先与齐兵相持于覆舟山，会大雨，齐军坐立泥中，而台中及潮沟北路燥，齐兵大困，是也。五代时废。今自青溪而西，抵鸡笼山以东南，是其故址。

查浦，在府西南十里大江南岸。《实录》云：石头南上十里，即查浦，查浦南上十里，即新亭也。晋苏峻之乱，陶侃入援，屯于查浦，又李阳与苏逸战此。义熙六年，卢循犯建康，泊蔡洲，刘裕筑查浦、药园、廷尉三垒，备其侵逸，既而循声言悉众向白石，裕遣沈林子等戍南岸，断查浦，循焚查浦，进至张侯桥，林子据栅力战，却之。又有沙门浦，在查浦之西。陶侃、温峤共讨苏峻，侃屯查浦，峤屯沙门浦，是也。

板桥浦， 府西南三十里。源出府南三十里观子山，下流经此，又北为大胜河，注于江。三国吴末，沈莹等屯于板桥，以拒晋军，败死。齐末，萧衍至新林，分遣吕僧珍据白板桥，李居士自新亭直来薄垒，为僧珍所败。梁太清二年，侯景犯建康，由板桥至朱雀航南。元末，陈埜先屯兵于此，以拒王师。《实录》：新林南上十里至板桥，自板桥南上三十里至洌洲。张舜民曰：出秦淮西南行，循东岸行小夹中十里，至板桥店。胡氏曰：建康府城西南，江宁镇北，有板桥市。其地与新林相近，谢朓所云新林白板桥也。

新林浦， 在府城西南十八里，合大胜河，滨大江，亦曰新林港。宋元嘉二年，讨徐羡之等杀害营阳庐陵王之罪。羡之自西州走至新林自杀。元徽二年，桂阳王休范自寻阳逼建康，军至新林，舍舟步上，进攻新亭。齐永元初，陈显达亦自寻阳举兵逼建康，败台军于采石，进军新林，潜军夜袭宫城，于是新亭诸军皆溃。又萧衍东下至新林，分命诸将进逼建康。梁侯景之叛，韦粲、柳仲礼等赴援，合军屯新林，既而景陷台城，西侵江、郢。大宝二年，景发建康，自石头至新林，舳舻相接。隋伐陈，晋王广遣总管杜彦与韩擒虎合兵屯于新林。宋开宝七年，曹彬等伐南唐，败其兵于新林港。旧《志》：新林浦阔三丈，长十二里。梁武帝从新亭凿渠通新林浦，又于新林浦西开大道，立殿宇为江潭苑，未毕，而有台城之乱。今有新林桥，在府西南十五里。○蟹浦，在府西北十六里。《舆地志》：白下城西南有蟹浦，源出钟山，北流九里，入大江。齐崔慧景军败，单骑走至蟹浦，为渔人所杀，即此。

江宁浦， 府南七十五里。源出当涂县界，长三十里，经故江宁县入大江，即陈霸先遣侯安都袭破齐兵处也。《元志》云：浦溉田凡百二十顷，又秣陵浦在府东南五十里。《志》云：源出府东南七十里之竹堂山，北流八里入葛家湖，又十里入长溪，合于秦淮。旧《志》：浦源出龙山，龙山在府西南九十五里，接当涂县界。似误。

蔡洲，府西二十五里。《志》云：在江宁县西南十八里石头西岸。一名蔡家泾。晋苏峻之乱，陶侃等入援，舟师直指石头，至于蔡洲。又殷仲堪以江陵畔，前锋杨佺期、桓玄军至石头，既而回军蔡洲。卢循犯建康，引兵向新亭，回泊蔡洲。宋以拓跋焘入寇，至瓜步，诏分军屯蔡洲，又游逻上自于湖，下接蔡洲。齐建元初，魏主宏遣兵入寇，诏置五军于蔡洲，先为之备。梁侯景围台城，合州刺史鄱阳王范，遣其世子嗣与西豫州刺史裴之高等将兵入援，军于蔡洲。又陈霸先等讨侯景，大军进姑孰，先锋次蔡洲。一名张公洲。侯景之乱，司州刺史柳仲礼亦入援，至横江，裴之高自张公洲遣船度仲礼，是也。承圣初，王僧辩等败侯景将侯子鉴于南洲，督诸军至张公洲，乘潮入淮。《志》云：蔡洲周回五十三里，张公洲周回三里，在江宁县西南五里，盖蔡洲之别渚云。

白鹭洲，在府西南江中，南直新林浦。宋初，曹彬破南唐兵于新林港，又破之于白鹭洲。《郡志》：烈洲东北，即白鹭洲。《丹阳记》：江宁县西三里有白鹭洲，周回十五里，与城相望。近《志》：三山门外西关中街，水环绕处，当为白鹭洲。盖沿袭旧名，非故址也。〇茄子洲，在府西南十三里，亦曰茄子浦，昔时周回十一里。陶侃等讨苏峻军于茄子浦，郗鉴自广陵帅众渡江，与侃会于此。又府西南四十里，旧有迷子洲，周二十里。

马印洲，在府北二十里。《志》作马昂洲，周十五里，晋元帝渡江初牧马处也。梁太清三年，南兖州刺史萧会理等援台城，会众三万，军于马印洲。时梁主已许景求和，景虑会理等自白下而上，启请北军聚还南岸，不尔，妨臣济江，从之。胡氏曰：马印洲，即今黄家沙、老鹳渚一带。梁置琅邪郡于江乘蒲洲上，即今王家沙，与白下城相近，在台城之北，南岸即秦淮南岸，时援军悉营于此。〇阖闾洲，旧在府北江中。贺循曰：江中剧地，惟有阖闾一处，地势险奥，亡逃所聚，王敦将钱凤走阖闾洲，为周光所杀，即此。又长命洲在石头城南，梁武帝放生处。《志》云：石头城下有蚵蚾矶，南唐宋齐丘嫉汪台符之才，害之于此。

　　新洲，在府北四十里。一云在京口西大江中。三国吴太平中，孙琳使其党孙虑袭执朱据于新洲。又刘裕少时，尝伐荻新洲。《晋纪》：隆安二年，孙恩自丹徒进至白石，欲掩建康不备，闻刘牢之引军还至新洲，不敢进而去。元兴初，刘牢之走新洲，自缢而死。胡氏曰：新洲，今之珠金沙也。贾似道军溃于鲁港，夜驻金珠沙，奔还扬州，即此。鲁港，见芜湖县鲁明江。

　　后渚，在府西南，秦淮别渚也。梁天监八年，新作缘淮塘南岸，自后渚迄于三桥。三桥在今府城东南，时有三桥篱门。又太清中，柳仲礼等赴援台城，军于新林，侯景于后渚挑战，即此。又有安乐渚。桓玄犯建康，军新亭，帝遣侍中劳玄于安乐渚。渚盖在新亭之东。六朝时有秦淮渚。胡氏曰：秦淮之渚也，在东府前。齐永明末，郁林王昭业即位，武帝梓官下渚，帝于端门内奉辞。又永元初，曲江公遥欣之丧自荆州还，停东府前渚，部曲悉归始安王遥光，是也。又永元二年，崔慧景逼宫城，左兴盛军溃，不得入宫，逃淮渚荻舫中，慧景擒杀之。

　　倪塘，在上元县东南二十五里。王敦使王含、钱凤逼建康，败于越城，含率馀党于倪塘西置五城，如却月势。又隆安二年，王恭复叛，斩于倪塘。梁敬帝时，齐兵至秣陵故治，自方山进至倪塘，陈霸先拒之于白城。《金陵记》：建康在六朝时，西至石头，东至倪塘，南至石子冈，北过蒋山，相距各四十里，户凡二十八万。侯景之乱，至于陈，时中外人物，不及宋齐之半。胡氏曰：倪塘，倪氏所筑塘也，在建康东北，方山埭南。似误。

横塘，在府西南。《实录》云：在秦淮南岸，近石头西陶家渚。吴大帝时，自江口缘淮筑堤，谓之横塘。《吴都赋》所云横塘查下楼台之盛，天下莫比也者。或云：横塘亦曰南塘。晋义熙七年，刘裕拒卢循于石头，寻出陈于南塘，即此。自横塘而北，接于栅塘，即今秦淮径口矣。《金陵记》：陶家渚西对蔡洲，六朝时，每饯北使于此。○临贺塘，在府东二十里，梁临贺王正德筑塘潴水以溉田。又有铜塘，在府东四十里，亦昔时溉田处，今废。又有长塘，在府东南五十里。元时屈曲长五十里，溉田百顷。

方山埭，在府东南四十五里。《建康实录》：吴赤乌八年，使校尉陈勋发屯兵于方山南，绝淮立埭。是也。杜佑曰：东晋至陈，西有石头津，东有方山埭，各置津主一人，贼曹一人，直水五人，以简察禁物。齐武帝为太子时，自晋陵、武进拜陵还，晚进方山埭，是当时往来水道也。宋元凶劭之乱，随王诞遣军自会稽向建康，败劭军于曲阿，劭因缘淮树栅，决破柏冈、方山埭，以绝东军，盖断运道以拒之也。柏冈埭，见句容绛岩湖。

黄天荡，在府东北八十里。韩世忠与兀术相持处也。胡氏曰：大江过升州界，浸以深广，自老鹳嘴度白沙，横阔三十余里，俗呼黄天荡。《舆程记》：黄天荡一带大江，阔四十里，中间有太子洲，其余汊港村落，限隔横错，水陆之盗，多出于此。而龙潭、斜沟，特为津要。龙潭、斜沟，见句容县。白沙，见仪真县。

马家渡，在府西南九十五里。亦曰马家洲，又为马家步，或曰即硐沙夹也。宋建炎三年，金人由马家渡渡江，陷太平州，长驱至建康。吕氏祉曰：金人犯顺，每越采石而度硐沙夹，盖硐沙夹江面狭于采石，而舍舟登岸，平原旷野，此骑兵之地，故金人得之，遂陷建康。叶氏适曰：马家渡与采石相去六十里，采石江阔而险，马家渡江狭而平。《郡志》云：磵沙夹在府西南七十里。盖与马家渡相接。

麾扇渡，在府治南。旧《志》云：在朱雀航之左，一名毛翁渡。晋陈敏据建业，出军临大航岸，顾荣以白羽扇挥之，其军遂溃，因名。今为瓦屑坝。又有桃叶渡，亦在秦淮口。《志》云：即今武定桥北。

张公凸渡，在府北三十里，临大江，与六合县桃叶山相对。旧从张公凸至江南岸，犹四十里，相传隋平陈，行军总管宇文述济自此。宋熙宁五年，守臣开张公凸、上栾家矶及马鞍山河道，有诏褒美，是也。

落马涧，在府西南二里。亦曰南涧，下流合于秦淮。宋柳元景败元凶劭于新亭，鼓噪乘之，劭兵争赴死涧中，涧为之溢，因名落马涧。《志》云：涧在江宁县南五里，东北流入于城濠。宋时讹为跃马涧。

建康宫，在故台城内。《实录》：吴大帝迁都建业，徙武昌宫室材瓦缮太初宫，其正殿曰神龙，中门曰公车，中门之东曰升贤，又东曰左掖，中门之西曰明扬，又西曰右掖，又东面门曰苍龙，西面门曰白虎，北面门曰玄武，继又于宫中作临海、赤乌等殿，弯碕、临硎等门。左思所云左称弯碕，右号临硎者也。晋石冰之乱，太初宫毁，陈敏平石冰，营府舍于故址。元帝渡江，即敏所营居之，及即位，称为建康宫。咸和三年，苏峻作乱，尽焚台城宫室，峻平，乃复营治。七年，新宫成，正殿曰太极殿，又为东西堂及东西二上阁，自是屡加修饰。太元中，大小殿宇凡三千五百间，寻又作清暑殿，极土木之美，宋仍晋旧名，所居殿曰西殿。文帝时谓之合殿，其地在斋阁之后。孝武大明五年，改清暑殿曰嘉禾，又增造玉烛、紫极、含章诸殿。齐又作昭阳、显阳二殿于宫中。永明中，复作寿昌、凤华、灵曜三殿，时又有凤庄、乾光、灵祐、正福、延昌等殿。东昏时，复起芳乐、玉寿诸殿，穷极绮丽。梁时有五明、披香、凤光、文德、武德、乐寿诸殿，皆晋宋以来，历代修造，而光华、宝云诸殿，往往以施佛寺。又有至敬殿及景阳台，则梁主置七庙座于中。又有净居殿，则梁主燕居处也。《南史》：禁中有寿光殿，亦曰寿光省，梁武受禅，范云徘徊寿光阁外。是也。又天监十二年，复作太极殿。十四年，冠太子统于此。太清二年，侯景围台城，梁主祀蚩尤于太极殿前。明年，台城陷，景入见于太极东堂，既而景使其党于子悦守之，又使王伟守武德殿，是时宫省府署，残毁甚众，惟太极犹如旧制。承圣初，王僧辩等破侯景，不戢军士，剽掠居民，自石头至东府，号泣满道，军士遗火焚太极殿及东西堂。陈时复加营缮。永定以后，建置滋多，时宫中有嘉德、昭德、寿安、乾明、觉华等殿。大建末，复营承明、含香、柏梁等殿，前后以数十计，及隋军南下，贺若弼置后主于德教殿，以兵卫守，而陈亡矣。南唐亦都江宁，改金陵府舍为宫厅，堂曰殿，有兴祥、崇英、凝华、积庆等殿。升元四年，改兴祥为昭德，积庆为穆清，崇英为延英，而凝华内殿，则前为升元殿，后为雍和殿，时宫中又有万寿、清辉等殿，及澄心堂、百尺楼、绮霞阁之属，德昌宫则内府库藏之所也。唐亡，宋仍改为升州治。庆历八年，江宁大火，延烧殆尽，惟存玉烛一殿。高宗南渡，以建康为形胜之会，绍兴二年，即建康府治为行宫，以备巡幸，虽有宫门寝殿朝堂之制，而朴素无文。及蒙古入建康，至元十五年，析故宫材木，输之大都，遗址仅存，民得而场圃之矣。

昭明宫，《吴志》：在太初宫东，后主皓甘露二年建，谓之新宫。自太初宫移居之，晋避讳改曰显明宫，后废。又有东宫，在台城东南。《舆地志》：吴东宫在台城南，晋初移于西南，后复移于宫城东南。自宋以后，东宫皆在宫城东北，亦谓之永安宫。《宫苑记》：永安宫在台城东华门外。晋太元二十一年，以东海王第作东宫，安帝立何皇后居于此，谓之永安宫，桓玄篡位，拆其材木入西宫，以其地为射场。宋元嘉十五年，复筑东宫。梁因之。《梁书》：侯景围台城，时东宫以及馆署府寺仓厩之属，悉在台城外，景党分据公车、左卫诸府。东宫近城贼众，登墙射城内，至夜，复于东宫置酒奏乐。太子纲遣人焚之，台殿及所聚图书皆尽，景又烧乘黄厩、士林馆、太府寺诸处，宫城以外，皆为灰烬。陈复营东宫。大建九年，移太子居之。又有吴南宫，亦在府南秦淮上，吴太子宫也。赤乌二年，吴主适南宫。刘宋置欣乐宫于此。陈亡，俱废。

金华宫，旧《志》：在青溪东，去台城三里，梁别宫也，大同中所筑。又有陈安德宫，在宣阳门西南，陈宣帝时筑。隋平陈，移江宁县治此，明年复罢。中有池，宋时犹谓之安德宫池，又有未央等宫。《南史》：宋废帝景和元年，以东府城为未央宫，石头城为长乐宫，北邸为建章宫，南第为长杨宫云。

华林园，在故台城内建康宫北隅，吴时宫苑也。晋曰华林园，中有天渊池，盖旁洛阳旧制。自晋以后，每临华林园听讼，为六朝故事。宋元嘉二十三年，筑景阳山于华林园，始造景阳楼、大壮观、层城观、通天观及凤光、华光、兴化诸殿。大明初，改景阳楼曰庆云，寻复旧。时又建灵曜前后殿、日观台、芳香堂、竹林堂于园内。废帝子业射鬼竹林堂，寿寂之等谋弑之。时建安王休仁等知其谋，事作，休仁等相随奔景阳山。园门曰凤庄门。齐建武中，以始安王遥光父讳凤，改曰望贤门。明帝鸾常令遥光乘舆自望贤门入，是也。《齐史》：建武二年，杀萧谌于华林园。四年，诛王晏于华林省。又永元初，杀徐孝嗣于华林省，即华林园也。东昏侯末，每燕乐于华林园，及萧衍将逼建康，乃于华光殿前习战，衍围台城，复登景阳楼屋上望之，既而被宦者黄泰平等弑于含德殿，殿亦在华林园也。梁武帝时，又于园内起重阁，上曰重云殿，下曰光严殿。陈永初中，又有听讼、临政诸殿。及至德二年，复营临春、结绮、望仙三阁于华林园光昭殿前。又三年，而景阳之辱至矣。《宫苑记》：天渊池亦曰天泉池，相传吴宝鼎中，于玄武湖侧凿大窦，引水入宫城为此池，池内、池南，皆有亭堂环列。又有西池，吴宣明太子孙登所凿也，亦谓之太子西池，在宫西隅，因名。晋南渡后，往往游宴于此。又景阳楼有井，一名胭脂井，亦曰辱井，以陈后主与张丽华、孔贵嫔，遁入井中，为隋军所获也。景阳楼亦曰景阳殿。○永福省，在故台城中。刘宋时太子所居，元凶劭即位，称疾居永福省。梁太清三年，太子纲迁居永福省。及景陷台城，收朝士王侯，皆送至永福省，即此。

乐游苑，在覆舟山南，晋之芍药园也。义熙中，即其地筑垒，以拒卢循，因名药园垒。宋元嘉中，辟为北苑，更造楼观于山后，改名乐游苑，往往禊饮于此。《宋书》：元嘉二十二年，筑北堤，浚玄武湖于乐游苑北。大明三年，作正阳、林光等殿于苑内，又筑上林苑于玄武湖北，于苑中作景阳山。齐东昏侯永元二年，崔慧景至建康，入北篱门，顿乐游苑。梁大宝初，侯景请梁主禊宴于乐游苑，帐饮三日，乃还。敬帝初，齐兵逾钟山，陈霸先分军拒之于乐游苑东及覆舟山北，自是焚毁。陈天嘉中，更加修葺。大建七年，复筑甘露亭于覆舟山上。隋伐陈，贺若弼自京口趣建康，陈后主命萧摩诃屯乐游苑，既而弼败陈兵于白土冈，进至乐游苑，烧北掖门入，是也。今城北土桥南小教场即其地。

江潭苑，在府西二十里新林路。梁天监中所作。侯景围台城，以食尽伪和于梁，时萧会理等军马印洲，太子纲从景所请，勒令自白下城移军江潭苑，是也。或曰：江潭苑一名王游苑。先是韦粲等至新林，屯于王游苑，即此。《舆地志》：梁武帝从新亭凿渠通新林浦，又为池，开大道，立殿宇，名王游苑，未成而侯景乱。○建兴苑，《志》云：在府治西南秦淮南岸，本吴时南苑也。宋明帝葬于此。梁天监四年，改置建兴苑。侯景之乱，裴之高入援，军于南苑，寻迎柳仲礼等，会于青塘，立营据建兴苑，是也。

桂林苑，《宫苑记》：在府北落星山之阳，吴苑也。《吴都赋》：数军实于桂林之苑，是矣。又有芳乐苑，在故台城中。《南史》：齐东昏侯即台城阅武堂为芳乐苑，百姓歌阅武堂种杨柳者也。旧《志》：上元城东六里又有博望苑，齐文惠太子建，时又辟玄圃于台城北，极山水之胜。梁时亦为太子游览处。○南苑，在宣阳门内，梁置有德阳堂。中大通二年，改封魏汝南王悦为魏王，饯于德阳堂，遣兵送至境上。又大同二年，使贺拔胜还西魏，饯之南苑。太清二年，以侯景犯阙，收诸寺库公藏钱，聚之德阳堂，以充军费，是也。寻毁。

杜姥宅，旧在台城南披门外，晋成帝杜皇后母裴氏立第于此，因名。宋苍梧王时，休范将杜黑骡败台军于朱雀航，乘胜渡淮，径进至杜姥宅，陈显达击破之。齐东昏侯永元初，陈显达举兵江州，东昏侯使左兴盛屯杜姥宅。又侯景攻台城，克东府，载其尸聚于杜姥宅，遥示城中。后王僧辩等讨败侯景，遣裴之横等分屯杜姥宅，是也。姥莫辅反。

中堂，在府治南。《志》云：在旧都城宣阳门外。晋明帝大宁二年，王敦复反，帝屯于中堂，或谓之南皇堂。自是建康有警，多以亲贵出顿中堂。隆安二年，王恭、殷仲堪之乱，会稽王道子屯于中堂。五年，孙恩犯丹徒，遣将军王嘏等屯中堂。义熙六年，卢循犯建康，至淮口，琅邪王德文屯中皇堂。宋景平二年，徐羡之等废立宜都王义隆，即位于中堂。元嘉末，元凶劭弑逆，急召逆濬屯中堂。泰始二年，晋安王子勋举兵寻阳，帝出顿中堂。又苍梧王时，休范作乱，萧道成谓中堂旧是置兵地，是也。《晋纪》：孝武以太学在秦淮南，去台城悬远，权以中堂为太学，亲释奠焉，或以为即朝堂。陈祯明三年，隋兵度江，陈主命豫章王叔英屯朝堂。《金陵志》：吴建中堂，每岁暮习元会仪于此。

仪贤堂，在宫城北华林园内，本名延贤堂。宋元嘉三年，帝临延贤堂听讼。自是每岁三讯，皆于此堂，因名听讼堂。梁天监七年，改名仪贤。侯景入宣阳门，据台城门外公车府，萧正德据左卫府，既而以正德即帝位于仪贤堂。《金陵志》：仪贤堂在故都城宣阳门内路西，梁时策孝廉秀士于此，因名。又有集雅馆，梁天监五年置。大同七年，又立士林馆于宫城西，皆会集诸儒讲学谈礼之所云。〇积弩堂，在台城北。晋隆安五年，孙恩窥建康，豫州刺史司马尚之帅精骑入卫京师，径屯积弩堂，是也。

　　新亭，在江宁县南十五里，近江渚。东晋初，为诸名士游宴之所，即周𫖮等相对流涕处。宁康元年，桓温自姑孰入朝，谢安等迎于新亭。隆安二年，殷仲堪举兵江陵，前锋杨佺期至石头，刘牢之帅北府兵赴京师，军于新亭，佺期等皆失色，回泊蔡洲。元兴初，桓玄逼建康，军至新亭。义熙六年，卢循犯建康，刘裕拒之，屯于石头，谓将佐曰：贼于新亭步上，其锋不可当，若回泊西岸，此成擒耳。徐道覆劝循从新亭至白石，焚舟而上，数道进攻，循不听。裕登城见循引兵向新亭，顾左右失色，既而回泊蔡洲，乃悦。宋景平二年，徐羡之等废立，宜都王义隆自江陵至建康，群臣迎拜于新亭。又元嘉末，武陵王骏讨逆劭，柳元景将前军潜至新亭，依山为垒，劭使萧斌等水陆合攻，劭自登朱雀门督战，败还，骏旋至新亭，即帝位，因改新亭曰中兴堂。元徽二年，桂阳王休范自寻阳袭建康，萧道成曰：休范轻兵急下，乘我无备，宜顿军新亭、白下，坚守宫城、东府、石头，以待贼至，遂请出顿新亭，以当其锋，休范至新林，舍舟步上，攻道成于新亭，不克。升明元年，沈攸之举兵江陵，萧道成遣诸将黄回等皆出屯新林，既而遣回等西上，道成出顿新亭。齐永元三年，萧衍举兵自襄阳东下，东昏侯遣军主胡松屯新亭，寻复遣冯元嗣西救郢城，茹法珍等送之中兴堂，松党杀元嗣，谋还袭台城，不果，东昏侯寻遣李居士屯新亭，衍逼建康，居士以新亭兵逆战，败于江宁，衍将曹景宗等因分据皂荚桥及赤鼻逻。新亭城主江道林引兵出战，为衍军所擒，居士寻以新亭降衍。梁太清二年，侯景逼建康，分遣宁国公大临屯新亭，既而柳仲礼等入援，军至新亭，寻列营桁南，与景相持。宋建炎四年，岳飞败兀术于牛头山，兀术趣龙湾，飞邀击之于新亭，大破之，亭废。乾道五年，守臣史正志重建。吕氏祉曰：自吴以来，石头南上至查浦，查浦南上至新亭，新亭南上至新林，新林南上至板桥，板桥南上至洌洲，陆有城埠，水有舟楫，建康西南面之险也。

征虏亭，在石头坞。晋太元元年，徵罗将军谢安止此亭，因名。《金陵记》：京师有三亭，新亭、治亭、征虏亭也。胡氏曰：征虏亭在方山南，自玄武湖头大路东出至征罗亭。齐明帝末，王敬则举兵会稽，至曲阿，太子宝卷使人上屋，望见征虏亭失火，谓敬则军至，急装欲走，即此。

永昌亭，在府东。吴太平三年，孙綝迎立琅邪王，王行至曲阿布塞亭，翌日至永昌亭，綝使其弟恩以乘舆法驾奉迎处也。

临沧观，在府南十五里劳山上。吴置，为送别之所。《舆地志》：新亭垒上有望远楼。宋元嘉中，改名临沧观。桂阳王休范攻萧道成于新亭，白服乘肩舆，自登城南临沧观，道成将王回、张敬儿诈降于休范，遂袭杀之，后谓之劳劳亭。今劳山在新亭南，亦谓之南冈。

大胜关，府西南三十里，其地即大城港镇，有大城港、合板桥、新林等浦之水入江，为江流险厄处。旁有垅阜，亦曰大城冈。宋置巡简寨，绍兴二年，复置烽火台。元为大城港水驿，亦曰大城港镇。明初置大胜关港，亦曰大胜港，陈友谅来侵，太祖命杨璟驻兵大胜港，友谅至，璟御之，友谅见港水狭，即退出大江，趣江东桥败去。今有巡司，兼置驿于此，东北至江东巡司二十里。

龙江关，在仪凤门外。明初御陈友谅，使张德胜等出龙江关是也。又有龙江驿，在金川门外十五里大江边，舟楫辐辏于此，为南北津要。又新江关在江东门外，出中新河，渡江二十里，达江浦口。明初，置江东巡司，兼置驿于此，亦曰新江口，江防治中驻焉。旧《志》：江东巡司在新江关外，秣陵镇巡司在夹冈门外，江淮巡司在江淮关，江东马驿在新江关内，龙江水马驿在通江桥西，淳化巡司在上元县东四十五里，大胜驿在江宁县西南三十里，江宁马驿在江宁县西南六十里。又有新江口营，东至观音门，东北至草鞋夹，皆二十里。○石灰山关，在幕府山北，明初置，见上。

靖安镇，府西北二十里。本曰龙安镇，以镇有龙湾也。宋曰静安。建炎四年，金人焚掠建康，自静安度宣化而去，岳飞邀败之于静安镇，既而兀术为韩世忠所扼，乃凿老鹳河故道通秦淮，飞复败之于牛头山，兀术进次龙湾，飞营于南门新城，与战，又败之，兀术遂自龙湾出江，又为韩世忠所败。新城一作新亭，龙湾即静安也。吕氏祉曰：静安与真州宣化镇，分江为界，自宣化至盘城、竹墩、上下瓦梁，乃泗州之间道，其斥堠戍守，不可不严，有靖安河，亦取道真州之径也。元置龙湾水站。明初陈友谅突犯金陵，太祖命康茂才守龙湾，即此。《志》云：龙湾在府北十五里。

金陵镇，府南六十里。本名陶吴铺，宋改为镇。元设税务于此。〇葛仙乡，在府东南七十里。明初，王师败陈埜先于秦淮水上，追之至此，乡民执埜先杀之。

廷尉垒，在府北，旧廷尉寺舍地。刘裕御卢循筑查浦、药园、廷尉三垒，此即三垒之一。或曰：垒盖近淮口。〇新竹寨，在府西南。宋开宝七年，曹彬伐南唐，败其兵于新竹寨，又败之于白鹭洲及新林港，是也。

朱雀桁，今聚宝门内镇淮桥，即孙吴之南津桥，晋之朱雀桁也。胡氏曰：桥在孙吴建业宫城朱雀门南，跨秦淮水南北岸，以渡行人，自吴以来已有之，亦谓之南航，以在台城南也，亦谓之大航，以秦淮诸航，此为之最也。晋永嘉初，陈敏窃据建业，其将钱广等谋讨之，勒兵朱雀桥南，敏使甘卓击广，卓遂与广合断桥，收船南岸。大宁二年，王敦使王含犯建康，奄至江宁南岸，温峤烧朱雀航以挫其锋，自是以泊船为浮航，航长九十步，广六丈，每有警，则撤航为备。宋武陵王骏讨元凶劭，鲁秀等募勇士攻大航，克之。元徽中，江州刺史桂阳王休范逼建康，军至新林，遣其将丁文豪别趣台城。自皂荚桥直至朱雀桁南，时别将杜黑骡方力攻新亭，不克，亦舍新亭北趋朱雀桁，刘勔议撤桁以折南军之势，王道隆不许，南军遂渡淮，中外大震。齐东昏侯末，萧衍东下至新林，命诸将分据要害，李居士请于东昏侯，烧南岸邑屋，以开战场，自大航以西，新亭以北皆尽。继而东昏侯遣将军王珍国等陈于朱雀航南，开航背以绝归路，衍将王茂等直前奋击，东军大溃，赴淮死者无算。梁太清二年，侯景犯建康，至朱雀桁南，时庾信守朱雀门，帅兵陈于桁北，太子纲命开桁以挫其锋，临贺王正德沮其议，景至，信乃帅众开桁，始除一舸。景军突至，信弃军走，正德党沈子睦时为南塘游军，复闭桁度景，景遂入宣阳门，既而援军至蔡洲，景悉驱南岸居民于水北，焚其庐舍，大桁以西，扫地俱尽。三年，柳仲礼等以西道军自新亭徙营大桁，劭陵王纶等复自东道至，俱列营桁南。承圣元年，王僧辩等讨侯景，景复于航南缘淮作城拒守，敬帝初，齐兵犯建康入石头。陈霸先遣韦载于大航筑侯景故垒，使杜棱守之，齐人败去。绍泰二年，齐兵复自芜湖渡江，至秣陵故治，霸先仍遣杜棱顿大航南御之，盖六朝时建康有事，未有不急备大航南岸者。《建康记》：朱雀桁北即朱雀门，孙吴时曰大航门，门北直宣阳门五里，南直国门六里。晋咸康二年，始曰朱雀门。或曰：太元三年所改建，设两铜雀于其上。宋大明五年，立南北二驰道，自阊阖门至朱雀门，为南驰道，自承明门至玄武湖，为北驰道。子业初立，罢之。一云是年改朱雀门曰古皋门。梁大同二年，始复曰朱雀门。太清二年，侯景入犯，临贺王正德叛附景，朝廷不知其情，使屯朱雀门，景至航南，复使屯宣阳门，而庾信守朱雀门。陈祯明末，隋军渡江，任忠自吴兴入赴，仍屯朱雀门，既而忠降，隋引韩擒虎入朱雀门，盖门与航相因以称也。《舆地志》：自石头东至运渎，总二十四航，相传晋咸康中所立，惟朱雀为大航，与竹格、骠骑、丹阳为四航。宁康元年，诏除丹阳、竹格等四航税，是也。自隋灭陈，诸航始废。杨吴虽复修治，而无复前规。今自镇淮桥而下跨秦淮南北者，大抵非六朝之旧也。

竹格渚航，在朱雀航西。晋大宁二年，王敦将沈充、钱凤犯建康，从竹格渚渡淮，至宣阳门，拔栅将战，刘遐、苏峻，自南塘横击，大破之。胡氏曰：南塘即秦淮之南塘岸也。六朝时，又有南津校尉，亦以督察秦淮南岸而名。

骠骑航，在故东府城南秦淮河上。《金陵志》：晋太元中，骠骑府立东航。一云会稽王道子所立，亦曰东府城桥。一云梁临川王宏为骠骑大将军，居东府，桥因以名。亦谓之小航，对大航而言也。陈大建末，后主弟叔陵据东府作乱，萧摩诃攻之，叔陵率步骑自小航度，欲趣新林，乘舟奔隋，不克而死。祯明末，沈众入援京邑，顿于小航，对东府置陈，即骠骑航也。又有丹阳后航，在丹阳郡城，后亦跨秦淮为四航之一。外又有榻航，在石头左右，温峤欲救匡术于苑城，别驾罗洞曰：不如攻榻航，术围自解，是也。陈亡俱废。

罗落桥，府东北四十里。地名石步镇，亦名石步桥。刘裕讨桓玄，斩玄将吴甫之于江乘，进至罗落桥，又斩玄将皇甫敷，是也。陈霸先自京口袭王僧辩于石头，使别将徐度等帅水军前发，霸先帅马步自江乘罗落桥会之。罗落桥本属江乘县，缘水设罗落之所，自京口趋建康，此为大路。桥下有罗落浦，受摄湖之水，北入大江。

菰首桥，在今宫城东南。梁太清二年，高州刺史李迁仕等援台城，与萧嗣等进营于青溪东，迁仕等率锐卒深入，进至菰首桥东，为侯景伏兵所败。桥盖在青溪上，亦名走马桥。《金陵记》：青溪旧跨七桥，七桥者，自北而南，曰东门桥、尹桥、鸡鸣桥、募士桥、菰首桥、中桥、大桥也。齐东昏侯时，始安王遥光据东府以叛，遣萧坦之讨之，坦之屯湘宫寺，左兴盛屯东篱门，曹虎屯青溪中桥，遥光兵败见杀。高州，今广东属郡。

张侯桥，在府南。卢循犯建康，焚查浦，至张侯桥，刘裕将徐赤特击之，为贼所败。又侯景逼建康，度朱雀桁，萧正德帅众于张侯桥，迎景入宣阳门。盖秦淮北岸横桥也。

饮虹桥，在府西南秦淮河上。吴时谓之新桥，运渎由此入秦淮。唐时谓之万岁桥，后又曰饮虹桥。宋乾道五年，守臣史正志重建，上为大屋数十楹，与镇淮桥并称壮丽。自是俱与镇淮桥屡经修葺，盖津要相亚也。今仍曰新桥，桥北为斗门桥，旧名禅灵寺桥。《金陵志》：新桥对禅灵诸渡，是也。今斗门桥在三山门内，其下即水闸，为运渎入秦淮处。又天津桥在上元县治西。宋时在行宫南面，本名虹桥。政和中，蔡嶷改建，因曰蔡公桥。建炎中改今名。《郡志》：古运渎自此合于青溪，今名内桥。

长乐桥，在镇淮桥东，亦曰长乐渡。《志》云：上元县东南六里为桐树湾，秦淮曲折处也。旧多桐树，因名。湾东北有浮航，即故长乐桥，今废。盖秦淮横亘京邑中，曲折不一，其近东冶亭者，曰汝南湾。东晋初，汝南王宏偕元帝渡江时居此也。又有舟子洲，亦近镇淮桥。梁天监十三年，以朱雀门东北淮水纡曲，数有水患，又舟行流冲太庙湾，乃凿通中央为舟子洲，诸郡秀才之上计者，皆憩止于此。《金陵记》：洲在城南隅，周回七里，当朱雀航、长乐渡之间。今亦埋废。

大中桥，在今宫城西。南唐时东门桥也，旁有白下亭，因名白下桥。宋嘉泰四年重建，改曰上春桥。明曰大中桥，又西曰淮青桥，秦淮、青溪之水会于此，旧亦名东水闸。○武定桥，在镇淮桥东北，宋淳熙中建，名曰嘉瑞浮桥。景定二年更名，亦曰上浮桥，时以长乐桥为下浮桥也。又通济桥，在今通济门外，又东南曰中和桥，又东南为上方桥，皆秦淮诸桥之最著者。

葛桥，在方山东南。刘宋元徽四年，建元王景素举兵京口，李安民破之于葛桥，即此。又有铜桥，在上元县东二里。《五代史》：南唐升元三年，讲武于铜驼桥，是也。○周郎桥，在府东八十里。相传周瑜从孙策破秣陵，下湖熟，此其所经云。

北郊坛，在覆舟山南，晋成帝咸康八年所立也。隆安二年，王恭等作乱，诏王恂守北郊，卢循入寇，刘裕使刘敬宣屯于此。梁敬帝时，齐军至玄武湖西北，将据北郊坛，陈霸先帅众军自覆舟山东，移顿坛北以拒之，是也。《志》云：北郊坛，宋大明三年，尝移于钟山北原，寻复旧。又有南郊坛，在城西南。《南史》：晋筑南郊坛，在台城巳位。宋大明三年，诏移于牛首山，西直宫城之午位，未几复故。

耕坛，在府东。《志》云：在故台城东南八里。宋元嘉二十一年，诏度宫之辰地八里外，制为耕坛，亲行籍田处也。梁敬帝初，徐嗣徽等引齐兵犯建康，至湖熟，陈霸先使侯安都拒之，于高桥又战于耕坛，败之。高桥，《金陵志》：在上元县东十五里。今高桥门是其处。

龙首仓，在石头城，亦谓之石头津仓。江左置。时又有台城内仓、南塘仓、常平仓、东西太仓、东宫仓，在外有豫章、钓矶、钱唐等仓。《金陵记》：吴置仓城，在苑城中，亦曰苑仓，即东晋以后之太仓也。

牛屯，在府东南。吴孙皓宝鼎初，永安山贼施但等劫吴主庶弟谦作乱，北至建业未至三十里，时丁固等留镇建业，逆战于牛屯，即时败散。胡氏曰：牛屯去建业城二十一里，永安，今湖州府武康县。又有马牧，旧《志》：在府南二十五里。徐嗣徽等导齐兵至秣陵故治，陈霸先遣周文育屯方山，徐度顿马牧，杜棱顿大航南以御之。盖皆旧时闲牧马牛之地。《志》云：今有牧马桥，在府西南三十七里，临牧马浦，其水流入秦淮。晋永和中，置马牧于此。自宋至陈皆因之，桥因以名。又府西南六十八里有牧牛亭，亦六朝故址云。

华里，在府西南。孙皓建衡二年，大举兵出华里，从牛渚西上，已而不果。○会同馆，在府东南七十里。《舆程记》：自牛首山东行四十里至此，又东北四十里为高桥门，又东四十里为高庙，即句容县往来大道也。

爱敬寺，在蒋山西。梁武帝所造。太清二年，邵陵王纶赴援台城，营于蒋山，因山巅寒雪，乃引军下爱敬寺，既而战于玄武湖侧，军败，走入天宝寺。景追之，纵火烧寺，纶奔朱方。天宝寺盖在玄武湖北。又定林寺，旧在蒋山顶应潮井后，齐东昏侯尝射猎至此。○法轮寺，在府城北覆舟山下。齐崔慧景围宫城，顿法轮寺，对客高谈处也。

耆阇寺，在府东北。耆，一作祇。今鸡鸣山西有祇阇山寺在其处。隋贺若弼自京口趋建康，陈后主命萧摩诃屯乐游苑，樊毅屯耆阇寺，鲁广达屯白土冈，孔范屯宝田寺。宝田寺盖在白土冈南。○湘宫寺，在府东青溪之北。宋明帝或初为湘东王，及即位，以旧第建此寺，极土木之胜。齐永元初，始安王遥光举兵东府城，诏萧坦之讨之，坦之屯湘宫寺，是也。

禅灵寺，在府西南。梁承圣初，王僧辩至张公洲，乘潮入淮，进至禅灵寺前。又招提寺在石头城北，王僧辩与侯景战处也。○长乐寺，在台城南。梁绍泰二年，齐兵至倪塘，游骑至台城门外，陈霸先总禁兵出顿长乐寺，是也。今皆堙废。

同泰寺，在故台城后苑中。梁大通中建，自是四舍身寺中。大同十一年，同泰寺浮图灾，乃更起十二层浮图，将成，值侯景乱而止，及景围台城，其党范桃棒据同泰寺。《志》云：同泰寺基杨吴顺义中起千福院。宋为法宝寺，后为精锐中军寨。明为旗手卫营地。○光宅寺，在府东南。梁天监初，以三桥旧宅为光宅寺。三桥，旧《志》在秣陵县同夏里。十七年，帝幸光宅寺，有盗伏于骠骑航，上将行，心动，乃于朱雀航过，是也。

灵谷寺，在外城内，钟山之阳。《金陵记》：蒋山寺旧在山南，本名道林寺。梁曰开善寺。宋曰太平兴国寺，后为蒋山寺。明因孝陵奠焉，乃移于东麓，赐名灵谷寺。又有漆园、桐园、棕园，俱在钟山之阳。洪武初，以造海运及防倭战船，所用油、漆、棕缆，为费甚重，乃立三园，植棕、漆、桐树各千万株以备用，而省民供焉。

庄严寺。在府城南。梁太清三年，百济入贡，见城阙荒圮，异于向来，哭于端门外，侯景怒，录送庄严寺。陈永定二年，舍身大庄严寺，是也。又半山寺，在旧城东七里，东距钟山亦七里，其地名白荡，积水为患。宋元丰中，王安石居此，乃凿渠决水通城河，寻舍宅为寺，赐额曰保宁禅寺，寺后即东冶亭也。

〇句容县，府东九十里。东至镇江府丹阳县九十里，东北至镇江府一百里。汉初置县，属鄣郡，以县有句曲山而名。武帝封长沙定王子党为句容侯。元封中，属丹阳郡。后汉至六朝皆因之。隋平陈，属扬州。大业初，属江都郡。唐武德四年，于县置茅州。七年，州废，县属蒋州，寻又属润州。至德二载，属江宁郡。乾元初，属升州，寻还属润州。大顺初，仍属升州。宋天禧四年，改名常宁，寻复旧。今城周二里有奇，编户二百五十二里。

茅山，在县东南四十五里，山高三十里，周百五十里。初名句曲山，又名已山，皆以形似名。《吴越春秋》：禹巡天下，登茅山以朝诸侯，更名为会稽，亦曰苗山。《茅山记》：秦始皇三十七年，游会稽，还登句曲。今茅山北垂有良常、秦望诸山，以始皇名也。汉有三茅君，得道于此，因谓之三茅峰，梁陶弘景亦隐居此山。《道书》以为第八洞天第一福地，有三峰并秀，其支山别阜，随地立名者，约三十余山，连峰叠嶂，南达吴兴、天目诸山，大抵皆茅山也。又有峰岩洞壑、冈垄泉涧之属，其得名者以百计。《唐六典》：江南道名山之一，曰茅山，亦见镇江府金坛县。

绛岩山，县西南三十里。本名赤山，亦曰赭山。汉以丹阳名郡，盖本此。唐天宝中，改今名，山极险峻，其下临湖。五季之乱，居民多避难其上。建炎中，乡民复依之，以免祸。

华山，在县北六十里。山高九里，泉壑殊胜，秦淮水源于此，亦曰花山。《元史》：至正七年，集庆路花山贼三十六人作乱，官军万数不能进讨，反为所败。即此山也。

竹里山，县北六十里。涂甚倾险，号为翻车岘。《元和志》：山有长涧，高下深阻。晋隆安初，王恭举兵京口，会稽王道子遣兵戍竹里。二年，恭复版，使刘牢之为前锋，牢之至竹里，斩恭别将颜延以降。元兴三年，刘裕讨桓玄，自京口军于竹里。宋元徽四年，建平王景素举兵京口，诏遣任农夫等将兵讨之。景素欲断竹里，以拒台军，不果。齐永元二年，崔慧景自京口向建康，东昏侯命张佛护等据竹里，为数城以拒之。慧景拔竹里，进至查硎，是也。查硎盖与竹里相近，六朝时，京口至建康，皆取道于此。《金陵志》：县北仓头市东有竹里桥，南边山，北滨江，父老云：昔时路出山间，西接东阳，绕摄山之北，由江乘、罗落、以至建康，即宋武讨桓玄之道也。胡氏曰：建康府竹篠镇，即竹里地，在行宫东北三十许里。今自上元东二十里佘婆冈以至东阳，乃后世所开，非古路矣。《上元志》：佘婆冈有蛇盘铺，音讹也。

戍山，在县北六十里，北临大江。相传齐沈庆之尝戍守于此。又花碌山，在县北五十里，旧产矾。〇甲山，在县西南五十里，其山峰峦竞秀，甲于左右诸山。又望湖冈，在县南四十里。《志》云：自山而南，又四十里而达溧水县。

大江，县北七十里，与扬州仪真县分界。又东有斜沟，大江津要处也。《江防志》：斜沟东北抵仪真高资港四十里，西北抵仪真旧江口三十五里，又与龙潭镇并为滨江要地。

绛岩湖，县西南三十里。一名赤山湖。源出绛岩山，县南境诸山溪之水，悉流入焉，下通秦淮，县及上元之田，赖以灌溉。《志》云：吴赤乌中，筑赤山塘，引水为湖，历代皆修筑，后废。唐麟德二年，县令杨延嘉因故堤复置，寻又废。大历十二年，县令王昕又修复之，周百二十里，立二斗门，以节旱潦，溉田万顷。又有百堽堰，在县西南三十五里，与斗门同置，湖水由此入秦淮，南唐屡经修筑。宋时湖禁尤严，湖心有磐石，旧为湖水疏闭之节。庆历中，叶清臣知建康府，又立石柱刻水则于其上。《志》云：百堽堰亦曰柏冈埭，宋元凶劭决破柏冈方山埭，以绝东军，即此。

下蜀港，县北六十里。西南至府九十里，东北至镇江府六十里。俗呼为官港。唐上元初，刘展以广陵叛，李峘屯京口以拒之。展军白沙，设疑兵于瓜洲，若趋北固者，潜自上流济，袭下蜀，峘众遂溃。明年，田神功讨展于京口，亦遣别将自白沙济西趋下蜀，击展败之。宋绍兴十一年，金亮南侵，虞允文驻京口，命张深守滁河口，扼大江之冲，以苗定驻下蜀为援。下蜀盖近江津，宋置下蜀镇巡司，元废。白沙，今见扬州府仪真县。

官塘河，在县东五十里，东北流入镇江府丹徒县界，又县东四十里，有新河，源出东北六十里之驹骊山，南流入溧阳县之长荡湖，注于太湖。〇亭水，旧在城东。《志》云：源出县北三十里之亭山，绕县城东，又南与赤山湖合流，经百堽堰，下流入于秦淮。

破冈渎，县东南二十五里，六朝时运道也。吴赤乌八年，凿句容中道至云阳西城，以通吴会舡舰，上下凡一十四埭，其地亦曰破岭，亦曰破墩，亦曰破冈埭。宋元凶劭之乱，会稽太守随王诞等遣兵向建康，劭决破冈埭，以绝东军。明帝初，孔觊等以会稽兵应晋安王子勋，前军至晋陵，诏巴陵王休若御之，屯于延陵，诸将惧东军之逼，劝休若退保破冈，休若不从。又萧衍东下，东昏侯使申胄屯破墩，为建康声援，胄降于衍，衍使弟恢镇破墩，是也。今亦见镇江府丹阳县。延陵，亦见丹阳。

大业垒，在县北。晋苏峻之乱，会稽、吴兴、义兴、吴郡，皆起兵讨峻，峻分兵击之，东兵多为所败，陶侃等乃令都鉴屯京口，筑大业、曲阿、庱亭三垒，以分峻兵势，峻遣兵急攻大业，参军曹纳曰：大业，京口之扞蔽也，一旦不守，贼兵径至，不可当也。陶侃在查浦，将救大业，长史殷羡曰：吾兵不习步战，救大业而不捷，则大事去矣，不如急攻石头，则大业自解，从之。贼果引去。胡氏曰：大业，里名，在丹阳县北。《一统志》三垒俱在丹阳县东四十七里，误也。○仁威垒，在县城白羊门内。《志》云：萧梁承圣初，有仁威将军周弘让城句容以居，命曰仁威垒。又俗传达奚将军尝屯兵于此，亦曰甲城。

白土镇，在县东四十里，为句容、丹阳之中路。元置税务，今白埠公馆置此。又高庙镇在县西南四十五里，又西四十五里，即高桥门也。

常宁镇，县东南四十里。宋天禧初，置常宁寨于此。旧有巡司及税务局，今废。又土桥镇，在县西二十里，接上元县界。○东阳镇，在县西北六十里，宋置东阳寨巡司于此。又东四十里，即下蜀镇，宋叶适创瓜步堡，屏蔽东阳、下蜀，盖置堡于瓜步山。《志》云：东阳镇西南去上元县六十里。云亭驿，在县治西。

龙潭镇。在县北八十里，地有龙潭，因名。镇逼临大江，明初置巡司，兼设龙潭水马驿。建文四年，燕王济江，次龙潭，是也。正统二年，复建岁积仓于此，为滨江要害。○悬藁桥，在县西十五里，相传周瑜驻军处。又西五里，曰周郎桥。又沈公桥，在县南二十五里，相传以沈庆之名。

○溧阳县，府东南二百四十里。东至常州府宜兴县九十里，南至广德州百五十里，北至镇江府金坛县百二十里。秦县，属鄣郡，以在溧水之阳而名。汉属丹阳郡。吴晋以后因之。隋属蒋州，寻改属润州，后并入溧水县。大业初，属丹阳郡。唐初，复析置溧阳县，属宣州，后改属升州。宋因之。元至元中，升为溧阳路，寻降为县。元贞初，又升为州。明初，复为县。今城周四里，编户二百二十六里。

旧县城，县西北四十五里。《志》云：秦置县于溧水北，汉置于固城，在今高淳县界。隋并入溧水县。唐武德三年，复置溧阳县，盖治此。天复二年，始移今治。宋置旧县巡司于此。今犹谓之旧县村。

永世城，县南十五里。三国吴分溧阳县置永平县。晋太康中，更名永世。永嘉以后，改属义兴郡，寻复属丹阳郡。刘宋泰始初，晋安王子勋举兵寻阳，会稽、义兴诸郡皆应之，兵至永世，宫省危惧，即此城也。隋平陈，废。开皇十二年，复置，属宣州。唐废。

平陵城，县西北三十五里。晋大兴中，分永世、溧阳置平陵县，属义兴郡，城南五里有平陵山，因名。晋咸和四年，平苏峻之乱，其党张健等西趋故鄣，郗鉴遣参军李闳追斩之于平陵山，是也。宋元嘉九年，县废。

茭山，县西六里。东面石壁削成，上有龙潭，又西四里曰岩山。《志》云：晋李闳追斩苏峻党张健等，盖在此山下。○锡华山，在县南四十五里，峰峦秀出，一名小华山。

铁山，县东南五十里。尝产铁，今有坑冶遗址。又东南八里，有铜官山，昔产铜，今石中犹莹然如麸状。又县西南七十里有铁冶山，相传前代铸钱处，一名铁岘山。

伍牙山，在县西南六十里。相传伍子胥伐楚，还建牙旗于山上，因名。亦名护牙山。元阿剌罕攻破银澍东坝，至护牙山，败宋兵，即此。○石门山，在县西南二十里，有两山相拒如门。又石屋山，在县南六十里，相传吴王使欧冶子铸剑处。

瓦屋山，在县西北八十里，山形连亘，两崖隆起，其状如屋，其相接者，又有鸦髻山，有两峰并耸，俗名丫头山，北去句容县皆七十余里。○分界山，在县西北八十里，山巅与溧水县分界。旧《志》：县有曹山，亦曰曹姥山，溧水出焉。在县西北八十五里。

岊山，县东北二十五里洮湖之上。宋德祐初，蒙古陷建康，转运判官赵淮起兵溧阳、宜兴间，屯据岊山，阻长荡湖为固，寻败没。《寰宇记》：常、润二州分界于此山之巅，岊一作岧，读若偶。宋置巡司于此，一名岠姥峰。

溧水，县西北四十里，即永阳江也。一名濑水。相传子胥乞食投金处，今其地有投金濑，亦曰金渊。《汉志》注：溧水出南湖。《祥符图经》：溧水承丹阳湖，东入长荡湖。丹阳湖即南湖也。溧水经溧水、溧阳，又东接宜兴县之荆溪。《元和志》：溧水在溧阳县南六里，盖指旧县治而言也。张铉曰：诸家谓溧水西北出曹姥山，经溧水州界，又经溧阳州而东，合于永阳江，非也。溧水即永阳江之上源，大江南岸之水，多会于此。江上有渚，曰濑渚，又谓之陵水。范雎说秦昭王：子胥出昭关，至陵水。是也。自濑渚东流为濑溪，乡民误曰烂溪，入长荡湖，又分流东行，为吴王漕。盖五代时杨行密漕运所经也。自东坝筑，而丹阳湖之水，不复入于溧水、永阳江之源流，亦滋晦矣。《水利考》：永阳江，亦曰颍阳江，古名中江，又谓之九阳江。

长荡湖，县北二十里。一名洮湖。中有大浮山，西南去县四十五里，陶隐居所云石孤耸以独绝，岸垂天而若浮者也。又有小浮山，去县二十五里，亦在湖中。今详见大川长荡湖。

黄山湖，在县西三十七里黄山下，湖周五十里。又三塔湖，在县西七十里，周四十里，一名梁成湖，俗名三塔堰。稍西南曰升平湖，五堰之水，东流注于湖。又有溪水，自建平县之梅渚来会焉，下流俱合于永阳江。○千里湖，《志》云：在县东南十五里，俗呼千里水淹。

白云溪，在县东十里。一名白云径。县境之水多汇流于此，清澈可鉴，东流会于宜兴县之荆溪。又高友溪，在县南二十里，源出广德诸山，聚而为溪，经黄墟荡，合于白云溪。又举善溪，在县南三十里，亦出广德诸山，会众流合于高友溪。

百丈沟，在县南三里。一名百步沟。源出县南五里之燕山，东北入白云溪，旧有坝三十四，潴水溉田，岁久淤塞。弘治初，县令杨荣因故址开浚，中存九坝，民赖其利。又缫车泾，在县南十里，西接黄墟荡，东北属于白云溪，岁久淤塞。成化中，知县熊达疏浚，为灌溉之利。○径渎，旧《志》云：在县北三十里，自金坛县境流经县界，入长荡湖。晋宋间有此渎。隋大业中，县令达奚明又加疏浚，今堙。又葛涪水淹，在县西十五里，昔周四十五里。又西五里曰新昌水淹，互相通注，引水溉田。今淤。

广通镇，县西百十里，西北至高淳县六十里，为分界处。俗谓之东坝。《志》云：春秋时，吴王阖闾伐楚，用伍员计，开河以运粮，东通太湖，西入长江，因名胥溪河，其后渐堙。唐景福二年，孙儒围杨行密于宣州，行密将台濛作鲁阳五堰，拖轻舸馈粮，故得不困，鲁阳盖五坝旁地名也。坝西北有吴漕水，亦以行密而名。宋时五堰渐废，改为东西二坝，坝卑，薄水易泄，故高淳无水患，而苏、常、湖三州，当太湖委流，被害尤甚。宜兴进士单锷因议复筑五堰，阻上流诸水，使不入荆溪，下太湖，苏轼题之。元时，河流渐塞。明初，定鼎金陵，以苏浙粮道自东坝入，可避江险。洪武二十五年，复胥溪河，建石闸启闭，始命曰广通镇，又凿溧水县胭脂冈，引丹阳诸湖之水，会秦淮河以入江。自是苏浙之漕，皆自东坝，直达金陵。永乐初，苏、松水灾特甚，是时运道亦废，于是修筑东坝，高厚至数十丈，严禁决泻，以苏下流水患。今商贾往来，多集于此。馀详高淳县。

陶庄。在县北八十里鸦髻山东，有公馆，为溧阳。句容之通道。《宋志》：县北三十五里，有山前巡司。○周城埠，在县西南四十五里。宋末，土人尝结寨筑城于此，以御侵暴，周回濠迹尚存，亦曰周城。又上兴埠，在县西北六十里，旧有巡司戍守。

○溧水县，府东八十五里。东北至句容县八十里，西南至宁国府二百里。本溧阳县地。隋开皇十八年，改置溧水县，属蒋州。大业中，属丹阳郡。唐武德三年，杜伏威遣辅公衣石攻李子通，渡江克丹阳，军于溧水，子通平，县属扬州。九年，改属宣州。乾元初，又属升州，寻复故。大顺二年，贼将孙儒渡江，自润州而南，至溧水，杨行密自宣州遣其将李神福袭败其前军，是也。宋仍属升州。元元贞初，升为溧水州。明初复为县。今城周五里，编户二百五十五里。

中山，县东十里。孤耸不与群山接。一名浊山。《舆地志》：浊山有浊水，流演不息，相传山出兔毫，为笔工妙。○东庐山，在县东二十里，有水三源，一为秦淮河，一入马沉港，一为吴漕河，入丹阳湖。

杜城山，县东南十二里。相传隋大业末，杜伏威屯军于此，下有杜城。又官塘山，在县东二十五里，一名官山。山麓有大塘，筑堰以资灌溉，其旁为官塘镇。

芝山，在县东南七十里。上有李子洞，泉出沸涌，相去三百步。又有燕洞，产石燕，中容数千人。杨吴将田頵作乱，邑人尝避兵于此。○铜山，在县西南四十五里，山产铜，昔尝冶铸于此。

秦淮水，在城西。自东庐山西流，经县治南，又西北至方山埭，与华山所出之秦淮河合，而入上元县境。

胭脂河，县西十里。其地有胭脂冈，因名。明洪武中，议通苏浙粮运，命崇山侯李新凿开胭脂冈，引石臼湖水，会于秦淮，以为运河。永乐初废。

石臼湖，县西南四十里，接高淳县及太平府当涂县界。湖西南与丹阳湖相连，一望渟泓，中有军山、塔子、马头、雀垒等四山。又丹阳湖，亦在县西南七十里，一名路西湖。昔时大江以南、太湖以西之水，多汇于此，流入太湖。今引流西北，经太平府芜湖县，入于大江。○沙湖，在县南六十里，周五十余亩，为堰以资灌溉。

马沉港。县东南三十七里。出县东五十里分界山，流入石臼湖。又蒲塘港，在县南二十里。源出溧阳县境之方山，下流亦入于石臼湖。一名浦里塘。三国吴永安三年,丹阳都尉严密,议建丹阳湖田作浦里塘,久之不成,即此。

○高淳县,府南百四十里。西至太平府芜湖县百里。本溧水县之高淳镇。弘治四年,分置县。嘉靖五年,始筑土城。周三里,编户一十二里。

固城,《志》云:在县南十五里。春秋时,吴所筑,为濑渚邑。周景王五年,楚使子围败吴军于此,城陷于楚。汉置溧阳县,盖治于固城。后城邑迁徙,此城遂废,宋为固城镇。今因之。

学山,县治东一里,学宫在其旁,因名。又县治在镇山上,县本高淳镇,山因以名。○秀山,在县东南三十里,山多松柏。又东南三十里为花山。

固城湖,在县西南五里,有水四泒,汇流成湖。西通石臼、丹阳二湖,与当涂、宣城县分界。湖之东即广通坝,又县治南临淳溪河,即固城湖支流也。《志》云:县南六十余里有大山,其水北流入固城湖,曰大山水,经五堰,东入溧阳三塔港。

丹阳湖,县西南三十里,中流与当涂县分界。湖周一百九十五里,东连石臼、固城二湖。《志》云:湖源有三:出徽州府黟县者为舒泉,出广德州白石山者为桐水,出溧水县东庐山者为吴漕水,俱汇于丹阳湖。分二流:一西出芜湖,一北出当涂县姑熟溪,俱注于大江。○石臼湖,在县西二十里,与当涂、溧水二县分界。

馀家堰,县东南七十五里。《金陵志》:溧水州东南百里有银林堰,亦曰银㵼堰。林,本作淋,宋避讳,改曰林。稍东南曰分水堰,又东南五里曰苦李堰,又五里曰何家堰,又五里曰馀家堰,所谓五堰也。杨吴时曰鲁阳五堰。今谓之东坝,界高淳、溧阳二县之境。○於家堰,在县东南四十里,旧《志》亦以为五堰之一,今废。

广通镇。县东南六十里,与溧阳县分界,即东坝也。又东十二里有下坝，旧谓之东西二坝，今总曰东坝，亦呼为银潴东坝，即杨吴五坝之地。唐景福二年，杨行密将台濛作五堰，以拽馈运轻舸，是也。苏轼曰：五堰以障宣、歙、金陵、九阳江之水，使入芜湖，其后贩卖簰木入东西二浙者，以五堰为阻，遂废去。而东西坝列焉。于是宣、歙诸水，多入荆溪间，有入芜湖者，亦西北之源，而非东南之流也。《志》云：五坝即分水、银潴、双河、东坝之地，银潴者，以石窒堰，复熔铁淋石，以固之也。苏、常，承中江之流，恒病漂没，五堰筑，则中江不复东，而宣、歙诸水，皆自芜湖达大江。宋德佑初，以元兵渐迫临安，遣赵淮戍银潴东坝，既而元将阿剌罕破银潴东坝，遂克广德，军四安镇，今自太湖、宜兴至东坝，不二日，便径达会城。盖又为戍守重地矣。《舆程记》：东坝北至溧水县一百二十里，东北至金坛县一百六十里，西南至宁国府一百二十里，西北至太平府百六十里，南至广德州四十里。明洪武中，尝建置石闸，以均节五堰之水。永乐初，复改筑土坝，兼设广通镇巡司，并佥溧阳、溧水人夫防守，禁止盗泄。正统弘治中，皆增筑之。嘉靖初，复修治。盖东南水利所关也。

〇**江浦县**，府西四十里。西北至滁州百里。本六合县地。明洪武九年，始分六合县及滁、和二州地，置县于浦子口。二十四年，又割江宁一乡隶之，移治旷口山之阳，即今县也。县无城，编户二十四里。

东葛城，县西北三十五里。《志》云：萧梁时，侨置临淮郡，治东葛城。是也。旧为馆驿，又有西葛城，在县西北四十里。《魏志》：临滁郡治葛城，领怀德县。怀德，见下六合县。〇浦子口城，在县东三十里。明洪武四年，立应天卫命指挥丁德筑城于此，周十四里有奇。九年，置县治焉，县寻移今治，而城如故，为南北津渡之要。

龙洞山，县西二十五里。西接天井山，东连西华山及马鞍山。又定山，在县东北二十五里，即六合县之六合山，亦与龙洞山相接。〇四溃山，在县西南七十里，俗呼四马山。又县西南四十五里有阴陵山。旧《志》以为项羽败走处，盖传讹也。

黄悦岭，在县西北十五里。又骆驼岭，在县东北二十五里。皆今驿道所经。○白篠岭，在县西北三十里，亦为东西通道。

大江，在县东南三里。其地曰江淮关口。向设江淮驿，有新江口渡。又县东八里曰八字沟渡，县西南十五里曰西江口渡，又有新河口渡，在县西南百里和州界，皆滨江处也。而最冲要者，曰浦子口渡，自此渡江，至府城观音门二十里而近，一名安阳渡。《江防考》：浦子口西二十里为江淮巡司，旧属应天府司。东至瓜埠八十里，西至和州浮沙口，亦八十余里，中间有穴子河，在县南四十里，又南二十里为芝麻河，皆江水灌注处也。其东为王家套、八字沟，洲、渚、汊、港，纵横错杂，并为险要。

浦子口河，县东二十里，源出定山，由浦子口，西入江。《志》云：浦子口有左右二水，环抱萦回，名东西沟云。又沙河在县东三十里，宋天禧中，范仲淹领漕事，以大江风涛之险，开此河，引江水支流，下至瓜埠入江，即六合县之长芦河也。

后河，县西北三十五里，即滁河之下流，自滁州东流，经县北三十里之茅塘桥，接六合县界，东出瓜步入江。《志》云：县西北有费家渡，道出滁州。

高望镇。县西南二十里。又县西三十里有香泉镇，以近汤泉而名。《志》云：泉在镇西南五里，本名汤泉。明初赐名香泉。又乌江镇，在县西南七十里，古乌江县地也。今详见和州。

○六合县，府西北百三十里。北至天长县九十里，东南至仪真县七十里，东至扬州府一百三十里。春秋时楚之棠邑。襄十四年，楚子囊师于棠以伐吴，又伍尚为棠邑大夫，是也。汉为棠邑县，属临淮郡。后汉属广陵郡。三国时，为吴魏分界处。晋复属临淮郡。惠帝永兴元年，分立棠邑郡。太元四年，苻秦寇淮南，遣将毛安之率众屯棠邑，即此。安帝改为秦郡，又改置尉氏县。宋因之。齐永明初，罢秦郡，以尉氏县属齐郡。梁仍属秦郡。或亦谓之新秦。侯景置西兖州于此，又遣其党郭元建为北道行台，镇新秦，是也。寻改置秦州。北齐亦曰秦州，又为瓦梁郡。陈曰义州。后周曰方州，又改郡为六合郡。隋初郡废，以尉氏县为六合县。大业初州废，县属江都郡。十二年，杜伏威起兵屯于六合。明年，隋将陈棱讨之，为伏威所败。唐初复置方州，贞观初罢，属扬州。南唐于此置雄州。周仍为六合县。显德三年，时韩令坤袭克扬州，唐遣兵来争，周主命赵匡胤军六合，扬州之守始固。宋属真州。元因之。明洪武三年，改属扬州府。二十二年，又改今属。旧有土城，周七里，今废。编户十七里。

棠邑城，在县北。汉县也。晋改置尉氏县。萧梁仍置棠邑县，东魏又增置横山县。陈因之，并属秦郡。后周又改横山为方山县。隋开皇四年，俱省入六合县。今设棠邑驿，在县治东。〇秦县城，在县西北。东晋末，侨置秦县，为秦郡治。宋因之。萧齐亦属齐郡。后废。

瓜埠城，在县东二十五里瓜埠山侧。萧齐建元初，自郁洲徙齐郡治瓜埠城，盖是时所筑也。郁洲，见淮安府海州。

胡墅城，在县东六十里，南岸对石头城。梁敬帝初，徐嗣徽引齐兵据石头城，齐复遣将崔子崇等，于胡墅度米载马以济之，陈霸先遣侯安都夜袭胡墅，烧其舻，断其运道。又陈大建五年，吴明彻等伐齐，克秦郡，瓜埠、胡墅二城皆降。十一年，复没于后周。十三年，周罗睺攻隋胡墅，拔之。明年，归胡墅于隋以请和。

怀德城，在县西。《宋志》：大明五年立，又以历阳之乌江，并二县立临江郡。永光初郡省，以怀德属秦郡。齐复置临江郡，怀德县属焉。东魏属临滁郡。后齐县废。临滁，今滁州全椒县。

瓜步山，县东二十五里，亦曰瓜埠，东临大江。宋元嘉二十七年，魏主焘至六合，登瓜步，隔江望秣陵，才数十里，因凿山为盘道于其上，设毡殿。《魏史》谓起行宫于瓜步，是也。二十八年，魏师还，帝如瓜步，既而使沈庆之徙彭城流民数千家于瓜步。三十年，武陵王骏讨元凶劭，至新亭，豫州刺史刘遵考，亦遣其将夏侯献之军于瓜步。大明七年，帝如瓜步山，废帝子业时，义阳王昶举兵彭城，旋奔魏，子业因自白下济江，至瓜步。《齐志》：建元初，徙齐郡治瓜埠，即此。东昏侯末，命李叔献屯瓜步，叔献降于萧衍。梁绍泰二年，徐嗣徽引齐兵犯建康，陈霸先潜遣将沈泰渡江，袭齐行台赵彦深于瓜步，获舰百余艘，粟万斛。陈大建十一年，阅武于大壮观山，命陈景帅楼舰出瓜步江，振旅而还。唐至德二载，永王璘作乱，自当涂进据丹阳，淮南采访使李成式等遣兵军于瓜步，广张旗帜，列于江津，璘党望之，始有惧色，相率来降。五代周显德三年，侵唐淮南，遣赵匡胤军六合，唐主遣其弟齐王景达将兵二万，自瓜步济江，距六合二十余里，设栅不进，数日，乃趋六合，为匡胤所败。鲍照云：瓜步江中之眇小山耳，徒以因迥为高，据绝作雄，临清瞰远，擅秀含奇，亦居势使之然也。《江防考》：自瓜步渡江为唐家渡，至南岸二十里。又二十五里即南京之观音门也，向设瓜步巡司。

六合山，县西南六十里。亦名六峰山，有寒山、狮子、石人、双鸡、芙蓉、高妙等峰，互相拱抱，县以此名。今五峰在县境，惟狮子峰入江浦界中，山多泉石岩壑之胜。又盘城山在县南五里，旧《志》云：下有盘城，宋置步军司庄及兵寨于北。

桃叶山，县南六十里，隋初置六合镇于此。开皇九年伐陈，晋王广屯军于六合镇桃叶山，是也。山之西为宣化山，北接盘城山下，为宣化镇。

灵岩山，在县东十五里。山岩高峻，泉石秀美，为县之胜。又东十五里曰横山。《志》云：宋建炎中，刘纲尝保聚此山。又咸淳中，施忠亦拒敌于此，其相接者曰方山，昔皆以山名县。〇滁口山，在县南十八里，山下临滁河，其相对者曰城子山。

马头山，县东北三十五里。山势雄秀，泉石奇胜。又有马鞍山，在县北二十五里。《志》云：宋将毕再遇败金人于此。〇冶山，在县东北五十里，相传吴王濞铸钱处，其相接者曰牛头山，峰峦耸秀，高入云表，有泉出焉，西流为冶浦。

三山，在县西北六十五里，接天长、来安二县界。竹镇港之水出焉，流入滁河。又龙山在县西北五十里，山之西，复有一山，连亘于来安县界，曰西龙山。

赤岸山，在瓜埠东五里，下临江中。《南兖州记》云：潮水自海门入，冲激六七百里，至此，其势始衰。郭璞《江赋》所称鼓洪涛于赤岸也。《寰宇记》：山高十二丈，周四里，临大江，土色皆赤，因名。〇蜀冈，在县东北三十里，南接仪真，东连江都，绵亘数十里。相传以地脉通蜀而名，亦名昆仑冈。鲍昭《赋》：轴以昆冈，盖指此。

大江，在县东南三十里，自江浦县流入境，与上元县分界，滨江而南，即府城也。有滁口在瓜步山下，为自昔冲要处。

滁河，在县治西南。自滁和州界会五十四流之水，入县境分为三，亦名三汊河，南接江浦县界，又东合为一，流经县治，复东南至瓜埠入江，即古滁水也。陈大建五年，吴明彻攻齐秦州，州前江浦通滁水，齐人以大木立栅水中，明彻遣别将程文季攻拔其栅，遂克之。宋绍兴三十年，金亮南侵，造三闸，渚滁水，塞瓜埠口。虞允文自采石还京口，命张深守滁河口，扼大江之冲，以苗定驻下蜀为援，是也。详见大川涂河。

冶浦河，在县东二里。源出牛头山，北通天长，南入滁河。又沙河，在县南长芦镇，亦曰西河，亦曰长芦江，自江浦县导流入境。《宋会要》：天圣三年，发运使张纶请开真州长芦口河属之江。是也。《志》以为范仲淹所开。又东沟水亦在长芦镇东，宋绍兴间所开，为商旅舣舟之所。

河子沟，县东南二十五里。旧名急流江，今曰急水沟，宋淳熙初所开新河也，下流入于大江。沟北又有岳子河，《志》云：兀术屯瓜步时，岳飞遣子云凿此河袭之，因名。俗呼为鸭子河。○陈里港，在县南二十五里，南接瓜步，西入扬子江。元设巡司于此。

瓦梁垒，在县西五十五里，西北距滁州八十五里，即孙吴所作涂塘处也。亦曰瓦梁城。陈大建五年，吴明彻败齐军于石梁，瓦梁城降。明初与元兵相持于瓦梁垒，其处有东西二城。《纪胜》曰：瓦梁堰即涂塘也，堰上有瓦梁城，亦曰吴王城，在姜家渡西，即孙权屯兵处。宋尝修故城，开四门，今馀址尚存。《江防考》：姜家渡在县西四十里，亦名新渡口。张氏曰：自瓦梁下舡直至滁河口，便入大江，此防守要地也，石梁见泗州天长县。

长芦镇，在县南二十五里，滨长芦江。旧为戍守处。齐建元初，魏人南寇，分军守长芦。梁大宝初，萧会理等以侯景出屯皖口，建康中虚，谋诛王纬，使萧乂理出奔长芦，集众得千余人，事觉，被杀。又有长芦寺，宋淳熙十三年，徙寺于滁口山之东。张舜民曰：长芦镇在滁河西南，宋设沿江巡官监税渡。今亦见扬州仪真县界。

宣化镇，在县南六十里六合山，东滨宣化江。有宣化渡，亦曰五马渡，晋元帝与诸王渡江处也。南岸对建康之靖安镇，最为冲要。旧有晋王城，相传即隋伐陈时，晋王广所筑。宋置巡司及税务于此。绍兴十一年，张浚救濠州，为金人所败，驰入宣化，寻议筑城驻守，不果。吴表臣言：大江下流最急者，有建康之宣化，是也。张氏曰：自滁州全椒县出宣化渡，则径达建康靖安镇，又泗州盱眙有小径，由张店出瓦梁、盘城，至宣化不满三百里，兀术曾由此至六合下寨，此有事时必守之地也。

竹镇，在县西北五十里。《志》云：宋设巡司及税务于此。又韩世忠及毕再遇败金人处也。或谓即竹墩镇，今见泗州。〇郭墅，在县东五里。宋嘉熙中，土人立寨拒守于此。

士林馆。在县西北。梁元帝初，齐兵围秦郡，陈霸先赴援，大败齐将郭元建于士林，是也。《志》云：竹镇有士林馆。

附见：

孝陵卫。在京城东北钟山南麓。又济川卫，亦在金城外。旧《志》云：明初于京城内设锦衣等三十七卫，于江北设江淮等十卫，城外则设孝陵、济川二卫，共四十九卫，环卫京师，总领官军三万余员名。

读史方舆纪要卷二十一

南直三　凤阳府

○凤阳府。东至淮安府四百里，东南至滁州二百二十里，西南至庐州府二百七十里，西至河南陈州七百二十里，北至徐州四百十八里，西北至河南归德府五百二十里。自府治至京师二千里，至江宁府三百三十里。

《禹贡》扬州之域。古为涂山氏国。春秋时为钟离子国。战国属楚。秦属九江郡。汉初为淮南国，武帝时复属九江郡。后汉因之。晋初，属淮南郡。成帝时，置钟离郡。沈约云：安帝时置。刘宋明帝时，侨置徐州于此。萧齐为北徐州。梁因之。东魏改置楚州，后齐亦曰西楚州。隋改曰豪州。大业初，复为钟离郡。唐复曰豪州。天宝初，亦曰钟离郡。乾元初，又为豪州。《新唐志》：濠字，初作豪，元和三年，始改从濠。南唐保大初，置定远军。宋仍曰濠州。亦为钟离郡。元至元十三年，置濠州安抚司。十五年，改为临濠府。二十八年，复为濠州，属安丰路。明初为兴基之地。吴元年，改临濠府。洪武五年，改中立府，定为中都。七年，改为凤阳府，自旧城移治中都城中。直隶京师。正统后，隶南京，领州五、县十三。今仍曰凤阳府。

府西连汝、颍，东道楚、泗，为建业之肩背，中原之腰膂。春秋时，吴人观兵于淮上，遂能争长中原，及赵灭吴，而不能正江淮地，楚东侵诸侯地至泗上。《史记·越世家》：勾践已去，渡淮南，以淮上地与楚。盖楚之后亡，由于有淮泗也。自秦以后，东南多故，起于淮泗间者，往往为天下雄，南北朝时，钟离常为重镇，岂非以据淮之中，形势便利，阻水带山，战守有资乎？自陈人失淮南，而江边卑埤外，遂无以抗中原。宋绍兴六年，刘豫寇淮西，朝议欲弃淮保江。张浚曰：淮南诸屯，所以屏蔽大江，使贼得淮南，因粮就运，以为家计，则长江之险，与敌共有，江南未可保也。又曰：淮东宜于盱眙屯驻，以扼清河上流，淮西宜于濠、寿屯驻，以扼涡、颍运道。真氏曰：有濠、梁之遮蔽，则敌不得走历阳。后魏邢峦谓：钟离天险，盖以控扼淮滨，防守要重也。又长淮南北，土广田良，从来有事江淮者，耕屯其并兼之本欤！

今府城，即洪武五年所立中都城也。内为皇城，凡四门，正南曰午门，外为都城，周五十里四百步，凡九门。南面三门：正南曰洪武，南之左曰南左甲第，右曰前右甲第。北面二门：东曰北左甲第，西曰后右甲第。东面三门：正东曰独山以面独山而名，东之北曰长春，南曰朝阳。西面一门曰涂山，其城仅有土墙，而无濠堑。今因故内城修筑，置府治于其中。

○凤阳县，附郭。本钟离县地。明初为临淮县地。洪武七年，析临淮之太平、清乐、广德、永丰四乡置县，以在凤凰山之阳，因名。十一年，又割虹县南八都益之。编户三十六里。

梁城，府西南九十里。亦曰南梁城。晋太元中，侨立南梁郡于淮南，兼领侨县。义熙中土断，始有淮南故地，属南豫州。宋大明六年属西豫州，改为淮南郡。八年，复故。《志》云：南梁郡治睢阳。盖宋析寿春地侨置，即此城也。《水经注》：淮水经寿春城北，又东经梁城。是矣。齐永元二年，南梁郡入魏，因别置梁郡，治北谯。胡氏曰：梁城在钟离西南，寿阳东北。梁天监五年，徐州刺史昌义之，魏将陈伯之战于梁城，败绩，伯之寻自梁城来归，义之因进克梁城，既而魏将邢峦与元英合攻钟离，义之引退。六年，元英攻钟离，不克，单骑遁入梁城，缘淮百余里，尸相枕藉。十五年，魏将崔亮攻赵祖悦于夹石，诏昌义之等溯淮赴救，魏兵守下蔡，断淮流，义之屯梁城，不得进。后魏仍置南梁郡。隋开皇初废。今淮河中有梁城滩，东至洛河口二十五里。〇西古城，在府治东十八里，临淮之西，盖南北相争时军垒也。

　　荆山堰城，府西六十里，即梁所筑荆山堰，梁天监十三年，魏降人王足陈计，求堰淮水，以灌寿阳，足引北方童谣曰：荆山为上格，浮山为下格，潼沱为激沟，并灌巨野泽。梁主从之，议者谓淮内沙土漂轻不坚实，功不可就，不听，遂发徐扬民二十万众筑之，令太子右卫率康绚董其役，于钟离南起浮山，北抵巉石，依岸筑土，合脊于中流，至十四年四月，堰将合，淮水漂疾，辄复决溃。或谓江淮多有蛟龙，能乘风雨，决坏崖岸，其性恶铁，因引东西二冶故铁器，大则釜鬲，小则镬锄，数千万斤，沉于堰所，犹不能合，乃伐树为井干，填以巨石，加土其上，缘淮百里内冈陵木石无巨细必尽，负担者肩背尽穿，夏日疾疫，死者相枕，蝇虫昼夜合，魏遣将萧宝寅决淮堰，不克。是冬寒甚，淮泗尽冻，死亡者十七八。十五年四月，堰乃成，其长九里，下阔百四十丈，上广四十五丈，高二十丈，深十九丈五尺，夹之以堤，并植杞柳，军人安堵，列居其上，其水清澈，俯视居人庐墓，了然皆在其下，或谓绚曰：四渎，天所以节宣其气，不可久塞。若凿湫东注，则游波宽缓，堰得不坏，绚从之。是时水之所及，夹淮方数百里，魏寿阳城戍移屯于八公山，南北居人，散就冈陇。至秋九月，淮水暴涨，堰悉坏决，其声如雷闻三百里，缘淮城戍村落十余万口，皆奔流入海。普通七年，淮堰水盛，寿阳城几没，乃遣夏侯亶等攻拔之，此盖其旧址也。时筑城以守堰，北对荆山，因名。

万岁山，在皇城北，城垣经其上，东西有二峰对峙，东曰日精，西曰月华。山之东，又有盛家山，西有马鞍山，皆相连接，又凤凰山在府治北，府之主山也。府城东又有独山，观星台在其上。○栏干山，在府西二十里，相接如栏干然。又曹山在府西北三十里，相传曹操尝屯兵于此，因名。

乌云山，府东南六十里。亦名乌雾山，以山多蒙雾也，与定远县接界。又陡山，在府西南六十里，以山势峻险而名。

濠塘山，府东南七十里。濠水东源发于此，一名钟乳山，以山穴中出钟乳也。又镇邪山，在府南八十里，相传昔人铸剑处。濠水西源出于此。○云母山，在府西南三十里，出云母府西南五十里。又有石膏山，出石膏。

淮水，府北十里。自寿州流经此，东北入泗州界。详见大川淮水及川渎异同。

濠水，在府南十里。有二源，东源出濠塘山，西源出镇邪山，流至旧府城西南五十里升高山而合，又东北流，至城东十五里有石绝水，谓之濠梁，亦曰石梁河。今之九虹桥也，桥有九梁，故名。又经临淮城东，至新河口而入淮，谓之濠口。

明月河，在旧城东南，北流汇于淮河。又李家湾，在府南，宋绍兴六年，杨沂中败刘猊于藕塘，猊北走，张俊自盱眙趋濠州，与战于李家湾，猊大败宵遁。

皇陵，在府西南十二里。内为皇城，周七十余步，中为砖城，周六里八十一步，外为土城，周二十八里。明皇陵卫置于此。

长淮关，在府西北三十里，地名粉团洲。长淮卫置于此。

王庄驿。府东北七十里。濠梁驿，在旧城北关外。又府北十五里淮河北岸，有十里城递运所。

〇临淮县，府东北二十里。秦钟离县。汉因之，属九江郡。晋属淮南郡，后为钟离郡治。宋、齐以后，州郡皆治此。明洪武三年，改置中立县，寻改今名。城周九里有奇，编户四十七里。

钟离城，在县东四里。古钟离子国。《左传》成十五年，叔孙侨如及诸侯之大夫会吴于钟离，吴始通也。昭四年，楚箴尹宜咎，城钟离以备吴。二十三年，吴败楚师于钟离。二十四年，楚子为舟师以略吴疆，师还吴踵，楚遂灭巢及钟离。《史记·楚世家》：平王时，吴之边邑卑梁女子与楚边邑钟离小僮争桑，两家交怒相攻，遂灭卑梁人，卑梁大夫怒，发邑兵攻钟离，楚王闻之怒，发国兵灭卑梁，吴王大怒，亦发兵使公子光攻楚，遂拔钟离、居巢，楚恐而城郢，则钟离互为吴楚之边邑也。汉因置钟离县。后汉建安二年，吕布自下邳与韩暹、杨奉等合军，向寿春讨袁术，水陆并进，至钟离而还。晋亦为钟离县，成帝时置郡于此。宋因之。泰始三年，淮北陷，徐州移镇钟离。齐时亦为徐州治，建元二年，魏人来侵，遣将军贺罗分道出钟离。建武二年，魏拓跋衍攻钟离，徐州刺史萧惠休拒破之，既而魏主循淮而东，至钟离，诏崔慧景等赴救，魏不能克。梁天监五年，萧宏伐魏，自洛口败退，魏人乘胜取马头城，诏修钟离城，为战守之备。既而魏将元英等进围钟离，邢峦谓钟离天险，必无克状。魏主不听。梁遣曹景宗督军二十万赴救，魏人败走。太清三年，北徐州刺史萧正表以钟离降魏。高齐时，改置楚州治焉。隋开皇三年，废钟离郡，改楚州曰豪州。大业初，复改为钟离郡。唐置濠州，钟离县治于城外。五代时，淮南、南唐有其地。周显德四年攻拔之，仍为濠州治。宋、元因之。明初增置凤阳县，而钟离改曰临淮。杜佑曰：钟离旧城，在今县东四里。

是唐时县移今治也。《寰宇记》：隋置钟离郡于此，土人呼为鲁城。今府城西南十五里有东鲁山，又西南三里有西鲁山，城或因山以名欤？又旧府城，在县西南二里，故濠州城也。自唐以来，濠州皆治此。后周显德四年，周主至镇淮军，渡淮至濠州城西。既而李重进破濠州南城，周主自攻濠州，别将王审琦又拔其水寨，复破其水军于城北，拔其羊马城，寻克之。《志》云：旧府城一名三牛城，以郡治有三石牛也。郡介濠、淮间，多水灾、牛、土畜，故以厌之。《一统志》：城在今府城东二十里，又东去钟离故城六里。

小东城，在县东北。秦始皇二年，筑此以镇濠口。《通释》：小东城在钟离县东一里。又燕县城在县东，或曰：即钟离故城也。汉南燕县，属东郡。江左侨置于此，为钟离郡治。宋、齐因之。后魏为钟离、陈留二郡治。高齐废。

乐平城，在县东南。本汉县，属东郡。江左侨置于钟离郡界。宋泰始二年，薛安都从子索儿自石梁溃走乐平，即此。石梁见六合县。○公路城，在县东，袁术据淮南时所筑。又盱眙县境，亦有此城。

梅城山，县东四十里，以山岩如城而名。又东十里有石门山。○小横山，在县南五十里。以山势横亘而名。又青山，在县西南五十里，有青山涧，北流入于淮水。

白沙山，县东八十里。山多白沙，因名。又化明山，在县东六十里。《志》云：隋改招义县曰化明，以此山名也。

淮河，在县城北。有浮桥跨其上，东北流入五河县界，自昔险要处也。萧齐建武二年，魏主济淮攻钟离，不克，乃自邵阳洲引还，馀兵未济，齐人据渚，邀断津路，魏将奚康生击破渚中兵，杨播结阵于南岸，与齐兵力战，仅而得济。唐咸通十年，徐州贼庞勋遣其党据濠州，淮南帅马举进讨，堑其三面而围之，城北面临淮，贼犹得与徐州通，勋因遣兵屯北津，与城中贼相应，举遣将渡淮击败之，平其寨。五代周显德三年，周主自寿州循淮而东，至濠州。四年，周主攻濠州，唐人屯战船数百于城北，植巨木于淮水，以限周兵，周主攻之，拔其木，焚其栅，寻拔州城，是也。

濠水，在城东。自凤阳县流入境，至城东新河口，注于淮。亦谓之濠口。宋人《修城记》：濠之为城，长淮引桐柏之源横其北，石梁会众水之流环其西。是也。《通释》：濠州旧有东西二城，濠水介其中。

邵阳洲，县东北十八里淮水中。萧齐建武二年，魏主宏攻钟离，不拔，筑城于邵阳洲上栅，断水路夹筑二城，齐将裴叔业攻拔之。梁天监三年，魏将元澄攻钟离，张惠绍将兵五千诣钟离，澄遣别将刘思祖等邀之，战于邵阳洲，大败梁兵。五年，魏元英复攻钟离，曹景宗赴救，违诏顿邵阳洲尾，值暴风引还。钟离北阻淮水，魏人于邵阳洲两岸为桥，树栅数百步，跨淮通道。英据南岸攻城，别将杨大眼据北岸立城，以通粮运。徐州刺史昌义之固守钟离不下，豫州刺史常睿自合肥驰救，与景宗进顿邵阳洲，叡于景宗营前二十里，夜掘长堑，树鹿角截洲为城，去魏城百余步，比晓而营立。又豫装高舰，与魏桥等为火攻之计。会淮水暴涨，叡与诸将分道进攻，斗舰竞发，魏洲上军尽殪，敢死之士，拔栅斩桥，风怒火烈，水又漂疾，倏忽之间，桥栅俱尽，魏军大溃。洲北又有赵草城，时曹景宗以牧人过淮北伐刍槁，辄为魏将杨大眼所略。乃于大眼城南数里筑垒，垒成，使别将赵草守之。有抄掠者，皆为草所杀。自后始得纵刍牧，因以赵草名其城。城距洲数里，据淮为险。

乘龙洲，县东北四十里淮水中流。五代周显德四年，周主自镇淮军夜济淮，至濠州城西，州东北十八里有洲，唐人栅于其上，据水自固，谓周兵必不能涉，周主自攻之，命别将康保裔帅甲士数百，乘橐驼涉水，赵匡胤帅骑兵继之，遂拔之。《志》云：时周兵夜持炬乘橐驼渡淮，濠兵惊以为鬼乘龙也，洲因以名。○道人洲，《志》云：在邵阳洲东。梁天监五年，魏元英围钟离，诏曹景宗驰救，先顿道人洲，俟众军俱进，既而景宗违诏而前，据邵阳洲尾，值暴风雨，还守道人洲。

千人塘，在县南。《唐志》：钟离南有故千人塘，乾封中，修以溉田。

红心桥。在县南六十里。旁有马驿，曰红心驿。又南六十里，至定远县之池河驿。

○怀远县，府西北七十里。北至宿州百八十里，南至寿州百四十里，东南至定远县百八十里。汉沛郡平阿、向二县及九江郡当涂县地。五代周置镇淮军。宋废。宝祐二年，置怀远军。元改军为县，以荆山县省入。县有故城，今废。编户四十里。

荆山城，在县治北三里。亦谓之旧城，北魏所置城也。梁天监十四年，魏人以梁堰淮水，命杨大眼镇荆山，因筑城置戍于此。普通五年，北兖州刺史赵景悦围魏荆山，拔之。魏将元琛赴救，复荆山戍，既而荆山来降，寻没于东魏。高齐因置荆山郡治于此。隋初郡废。唐为钟离县地。五代周显德四年，围唐寿州，大破其援军于紫金山，馀众东走，周军夹岸追之。周主自赵步循北岸驰至荆山洪，距赵步二百余里，夜宿镇淮军，因城之。盖是时置军筑城也。是年，唐将郭廷谓将水军断涡口浮梁，又袭败武宁节度使武行于定远，周主因自石梁至镇淮军，遂济淮攻濠州。宋初军废。宝祐五年，贾似道奏，以涡口上环荆山，下连淮岸，险要可据，遂置荆山县，改军名怀远，以县属焉。元改军为县，以荆山县省入。紫金山、赵步，俱见寿州界。

当涂城，在县东七里涂山北麓下。古涂山氏国。汉为当涂县，属九江郡。武帝封魏不害为侯邑。后汉仍为当涂县。建安十三年，孙权围合肥，使张昭攻当涂，不克。县寻废。晋初复置，属淮南郡。沈约曰：三国时，江淮为战争之地，淮南虚无民户，晋平吴，民各还本，故复立也。其后中原丧乱，北寇南侵，淮南民多南渡。成帝时，淮南益多故，民渡江者转多，乃于江南立淮南郡及当涂诸县，而淮南之当涂遂废。安帝时，立马头郡及侨置诸县于其地。宋、齐因之。后魏亦为马头郡。高齐改曰马头县，又改置荆山郡。隋开皇初，郡废，改县曰涂山，属濠州。唐武德四年，并入钟离。

马头郡城，在县西南二十里，下临淮河。旧《志》云：在县西二十里，又西二十里，有梁时所置马头新城，下有新城淮河渡。沈约曰：马头郡，晋安帝立，因山形如马头而名，领虞县等县，属南豫州，虞县亦侨置县也。宋元嘉二十七年，魏人分道南寇，遣将长孙真趣马头，拓跋英趣钟离，既而拓跋仁逼寿阳、马头、钟离，悉被焚掠。齐建元二年，魏拓跋琛攻拔马头戍，杀太守刘从。梁天监五年，魏将元英等复取梁城，遂北至马头城，攻拔之，寻复入于梁。梁末，魏复取之。陈大建五年伐齐，沈善庆克马头城，是也。《南齐志》以虞县钟离郡，而马头郡治己吾县。后魏又以己吾属沛郡，而马头郡治蕲县，盖皆当涂故地。齐省。《舆程记》：今县西二十二里，地名马头城，为往来渡淮者必经之地，盖即南北朝时故郡治矣。胡氏曰：当涂故城，南北朝兵争之际，为马头郡城。胡氏盖误以当涂城为马头城云。又寿州、六安州，皆有此城，详见后。

涡口城，县东北十五里。今讹为蒮城。齐建武末，裴叔业攻涡阳，魏将王肃等驰救，叔业引还，为魏所败，还保涡口。唐时于涡口对岸筑两城，刺史常带两城使。建中二年，李正己叛，遣兵扼埇桥、涡口、江淮进奉船千余艘，泊涡口不敢进，诏以张万福为濠州刺史，万福驰至涡口，立马岸上，悉发江淮进奉船，相御以进，淄青将士睥睨不敢动。李吉甫云：濠有涡口之险。是也。五代周显德三年，攻唐淮南，周主至濠州，时涡口奏新作浮梁成，遂如涡口置镇淮军。明年，城镇淮军为二城，夹淮水，徙下蔡浮梁于其间，以扼濠、寿应援之路，会淮水涨，唐濠州将郭廷谓以

水军溯淮，欲掩不备，焚浮梁，为周将赵匡赞所败，周主寻命白训戍镇
淮军，镇淮军盖即涡口城也。宋绍兴初，伪齐刘猊自涡口侵定远。嘉定十二
年，金人分道寇淮南，知楚州贾涉使李全邀其归路，全进至涡口，败金人
于化湖陂，又追败之于曹家庄而还。化湖陂，在县北曹家庄，近宿州界。

平阿城，县北三十里。战国时齐邑，魏惠王三十五年，与齐宣王会
于平阿南。后属楚。汉置平阿县，属沛郡。后汉属九江郡。光武更封耿阜
为侯邑。曹魏嘉平初，兖州刺史令狐愚屯于平阿以拒吴人，是也。晋属淮
南郡，永嘉后废。《水经注》：淮水过当涂县北，又北，沙水注之，淮之
西，有平阿故城，是也。梁时复置平阿，在今高邮、天长界，非故县。

龙亢城，县西北八十五里，在涡水之阳。汉沛郡属县。元鼎五年，
封摎广德为龙亢侯。后汉仍属沛国。晋属谯国。南渡后废，侨置于今和
州境。后魏尝置马头郡于此。萧齐建武末，裴叔业攻魏涡阳，别遣军主
萧璝等攻龙亢戍，破魏兵。龙亢即马头郡也。梁普通六年，赵景悦拔魏
龙亢，亦置龙亢郡，领龙亢等县。东魏、北齐因之。隋初，郡县俱废，入
蕲县。唐初复析夏丘置龙亢县，贞观中省。今县有龙亢村，亢，读冈。○向
城，在县东北四十五里。杜氏曰：龙亢县东南有向城，春秋时向国也。《左
传》隐二年，莒人入向，谓此。汉置向县，属沛郡。后汉因之。魏废。

考城，县东南四十五里。本汉陈留郡属县。江左侨置于此。沈约
《志》：考城县属盱眙郡，萧齐因之，后废。○边军城，在县西北八里。
《志》云：宋末，江淮安抚使夏贵所筑。

荆山，在县治西南。今县城经其上。萧梁于山下立堰，以遏淮流，
因曰荆山堰。魏人亦于此置戍，以重兵守之，南北多事，荆山常为襟要。
《水经注》：淮水过涂山，而后至荆山。胡氏曰：涂山在钟离西九十五里，
荆山在钟离西八十五里，盖淮流屈曲，故道里相悬也。

涂山，县东南八里，与荆山对峙。《左传》昭四年，楚椒举曰：穆有

涂山之会。又哀七年，子服景伯曰：禹会诸侯于涂山，执玉帛者万国。杜
预曰：寿春之涂山也。今山南有禹墟及禹会村。东汉顺帝末，九江盗徐
凤、马勉，攻烧城邑，凤称无上将军，勉称帝，筑宫于当涂山中。《续汉
志》：当涂县有马丘聚，徐凤反于此。是也。五代周显德三年，师围寿春，
南唐援兵皆维舟于淮，营于涂山之下，周主命赵匡胤击之，大败唐兵于
涡口。《唐六典》：涂山，淮南道名山之一。《水经注》：荆、涂二山，相为
一脉，禹以桐柏之流，泛滥为害，乃凿山为二以通之。今两山间有断接
谷，滨淮为胜云。○洛河山，在县南六十里，以近洛河而名，山产煤炭。

淮水，在县东南一里，介在荆、涂两峡间。今名洪头，有巨石横亘
若门限，每冬水浅则见。相传即大禹所凿也，亦即萧梁时置堰处矣。

涡水，在县东北一里。班固曰：淮阳国扶沟县有涡水，首受蒗荡
渠，东至向入淮，过郡三，行千里。《水经》：阴沟水出河南阳武县蒗荡
渠，东南至沛为涡水，涡水东径谯郡，又东南至下邳睢陵县入淮，是涡
水为汴河之支流也。《广志》：今涡河自归德府鹿邑县境，流入亳州界。
黄河从西北来注之，经亳城北，与马尚河合，东南流，经蒙城县，而入县
界，至县东入淮，谓之涡口，今黄河横决，涡口上源，几不可问矣。汉建
安十四年，曹公至谯，引水军自涡入淮，出淝水，军合肥，开芍陂屯田。
曹丕黄初五年，以舟师自谯循涡入淮。吴孙皓建衡二年，遣丁奉入涡口。
齐建武末，裴叔业攻魏涡阳，不克，还保涡口。宋绍兴三十一年，金亮南
侵，亦自涡口渡淮。明建文四年，燕王南下，驻于涡河，涡口盖淮南要害
之地也。又塌河在县西十五里流合涡水，入于淮。

洛水，在县南七十里，其地有洛河镇，上流自定远县流入，至此注
于淮，亦谓之洛涧。《水经注》：洛涧北历秦墟，下注淮，谓之洛口。《纪
胜》云：洛水自定远县西白望堆，流入寿州界，屈曲而北，历秦墟，至新
城村南十五里，入于淮，即洛口也。晋大元八年，苻坚寇晋遣将梁成屯

洛涧，栅水以扼东兵，谢玄遣刘牢之率精兵破斩之。梁天监四年，谋伐魏，遣杨公则将宿卫兵塞洛口，与魏将石荣战，斩之，既而以临川王宏都督北讨诸军事，次洛口，魏将奚康生等言于元英曰：梁人久不进兵，其势可见，若进据洛水，彼必奔散。英不从，既而洛口暴风雨，军中惊，遂溃还，魏人因取马头城。盖洛口与马头城相近也。《志》云：今县南六十里有洛河渡，盖即淮河渡处，以近洛口而名。又有洛河镇巡司，戍守洛口。

涊河，在县东北二十里，源出宿州龙山湖，东南流，经县之双墩村，入于淮，明建文四年，燕兵至涡河，平安自后蹑之，燕王曰：此地滨河，多林木，敌疑有伏，必不敢轻进，涊河旁地平少树，彼必不疑，可设伏覆之也。乃率骑至涊河设伏，安至，败走。《志》云：县北十五里，又有涊河，自蒙城县流入境，与宿州之涊河合流入淮。

茌眉戍。在县西北，魏置。齐建元二年，魏人攻钟离，徐州刺史崔文仲击却之，又遣兵渡淮，攻破其茌眉戍，是也。○柳滩驿，在县南七十里，为南达寿州之中道。

○定远县，府南九十里，东至滁州，西至寿州，南至庐州府，俱百八十里。秦置东城县。汉因之。梁改置定远县，兼置临濠郡。后齐改郡曰广安。隋初郡废，县属濠州，唐因之。五代周显德二年，遣军侵唐淮南，唐遣皇甫晖等将兵屯定远，即此。有土城周五里余，今编户三十二里。

东城，县东南五十里。秦邑。陈胜将葛婴至东城，立襄强为楚王。又项王败于垓下，引而东，至东城，乃有二十八骑处也。汉为东城县，属九江郡。文帝八年，封淮南厉王子良为侯邑。东汉改属下邳。顺帝末，阴陵人徐凤反攻，烧东城。建安三年，袁术以鲁肃为东城长。晋仍属淮南。永嘉四年，淮南太守裴硕袭扬州都督周馥于寿春，兵败，退保东城。宋后废。梁天监二年，后魏以萧宝寅都督东扬等三州诸军事，屯东城。杜佑曰：故东城，梁于此置临淮郡，又尝置安州，侯景乱废。《寰宇记》：梁天监中，土人蔡丰据东城，自魏来归，武帝嘉之，改东城为丰城县，以表其功，寻并入定远。

　　曲阳，城在县西北九十五里。汉置曲阳县，属九江郡。后汉曰西曲阳。应劭曰：以在淮曲之阳而名。下邳有曲阳，故此加西。晋因之，后废。后魏置彭、沛二郡及南部县，治曲阳城。梁普通六年，曹世宗拔魏曲阳，又拔秦墟。《水经注》：洛水经淮南曲阳故城，又北历秦墟，秦墟盖亦是时戍守处也。《隋志》：梁置九江郡。后齐废郡为曲阳县，寻又废入定远，即此城矣。《中都志》：今寿州东北八十三里，有故西曲阳城。

　　阴陵城，在县西北六十里。故楚邑，即项王败至阴陵迷失道处也。汉置县，属九江郡。后汉为郡治。初平四年，袁术保阴陵，集兵淮北，进向寿春，即此。晋仍属淮南郡。宋后县废。梁置北谯郡，治阴陵故城。天监五年，徐州刺史王伯敖与魏元英战于阴陵，败绩，既而魏围钟离，韦叡自合肥驰救，取直道，由阴陵大泽，行值涧谷，辄飞桥以渡，即此。东魏亦为北谯郡治。后周郡县俱废。

　　间城，县西北百十五里。相传后魏主焘南侵时，筑城于此，置西沛郡，后废为间城。又《濠梁志》云：废定远县，在今县西南八十里。元至元中，始迁今治。旧城濠东西南各阔十丈，北阔二十丈，引北山涧谷水注之，岁尝不竭。

　　韭山，县东北四十里。山暖多韭，因名。上有石城，兵火时保聚处也，山下有洞穴，洞水尝流不竭。○大横山，在县东七十里，以横界于东南而名，山上有石垒城。又皇甫山，亦在县东七十里，俗传有皇甫将军屯兵于此，山因以名。

　　横涧山，在县西北七十里。上有石累城及涧泉，兵火时，尝屯御于此。明太祖初起义兵，取横涧山，遂入滁阳。又县境有豁鼻山、妙山、洪山，皆元末乡里豪杰聚众结寨处。○槎牙山，亦在县西七十里，以山势嶙岘而名。又县东四十里有银岭，旧有银冶。

池河，在县南六十里。源出庐州府巢县，流入境内，凡百四十里，东北注于淮，其入淮处，亦谓之池口。《水经注》：池水东北径东城县故城南，又东北径二山间，又东北入淮，为池口也。

洛河，在县西九十里，西北流入怀远县界。《志》云：县有青河洞，洛水出焉。《水经注》：洛水上承苑马塘，亦即淝水之支流也，苑马塘盖与寿州之芍陂相近。

马丘聚，在县西南二十五里。亦曰蓝栅城。《后汉书》当涂有马丘聚，徐凤反于此，《志》以为即此地也。今亦名马丘城。○越家坊，在县东南八十里。宋绍兴六年，刘猊率众寇定远，欲趣宣化，犯建康，杨沂中自泗州趣濠州，与猊遇于越家坊，败之。

藕塘镇。县东六十里。宋绍兴六年，刘猊为杨沂中所败，欲西趣合肥，至藕塘，沂中复遇之，猊据山立阵，矢下如雨，沂中急击之，猊众溃乱。又绍兴十一年，金人围濠州，刘锜驰救，军于藕塘。《宋会要》：乾道初，濠州移治藕塘镇。嘉定四年，城定远州，复还旧治。○张桥驿，在县南四十里，路达合肥。又池河驿，在县东六十里，路出滁州。

○五河县，府东北百十里，东至泗州百五十里，北至虹县九十里，东北至邳州宿迁县二百五十里，本泗州五河口。宋端平二年，金亡遗民来归，置隘使屯田。咸淳六年，置安淮军及五河县于此，以五水交流而名也。元废军，县属临濠府。至元十七年，改属泗州。明初改今属。编户二十五里。

安淮城，在县治北二里浍河北岸。宋所置安淮军城也，俗谓之故军城，亦曰五河城。淳祐四年，吕文德败蒙古兵于五河，复其城，即此。今置安淮驿，在县北一里浍河南岸。

淮河，在县东一里。自临淮县东北流经此，又东入泗州境。《志》

云：县城南一里有金刚嘴，形长而锐，为淮壖之障蔽。

浍河，在县西北二里。其上流自河南永城县流经宿州境，又东南入县境，经县治南入于淮。或谓之涣水，盖涣水与浍水合流也。五代周显德四年，围唐濠州，唐有水军在涣水东，欲救濠，周主自将水陆兵击之，大破唐兵于洞口。洞口，见盱眙县浮山。

沱河，在县治西北一里。源出宿州东南之紫荇湖，历灵壁、虹县，流入境，又东流入于淮。○漴河，在县治东南二里，县南一里有南湖，汇众流而成，流为漴河，亦东流入于淮。

潼河，县东北四十里。亦自虹县流入，经县东北二里，通于沱河，东流入淮。已上所谓五河也。《志》曰：五河交会处，在县东二里，谓之五河口。

上店。在县西五十里浍河南岸，有上店巡司戍守。又县治北一里浍河南岸，有安淮驿。万历中俱革。上店东十里为上店渡，亦浍河渡口也。

○虹县，府东北百七十里。东南至泗州二百二十里，北至邳州睢宁县九十里，西至宿州灵壁县七十里。汉置夏丘县，属沛郡。后汉属下邳国。晋因之，后废。东魏武定六年，复置夏丘县，属临潼郡。后齐因之，兼置夏丘郡，寻置潼州。后周改州曰宋州，县曰晋陵。隋开皇初，郡废。十八年，州废，复改县曰夏丘，属泗州。大业初，属下邳郡。唐初属仁州，改置虹县。贞观八年，仍属泗州。元和四年，移宿州治此，寻复旧，以县属宿州。宋因之。绍兴四年，复改属泗州。寻没于金，仍属泗州。元因之。明初，改今属。有土城周三里，编户十六里。

夏丘城，县东一里。汉县治此。相传尧封禹为夏伯，此其故邑也，县因以名。东晋初废。东魏复置夏丘县于今治。后齐置夏丘郡，寻移置潼州于此。陈大建六年，将军樊毅克齐潼州，是也。后周为宋州治。隋亦曰夏丘县。唐武德四年，分置虹县于古虹城。六年，废夏丘县。贞观六年，移虹县治焉，即今县也。

虹城，在县西七十里。《晋书·地道记》：《左传》昭八年，大蒐于红，即此。误也。汉曰虹县，属沛郡。后汉属沛国。晋因之，后废。后魏为戍守处。齐建武四年，魏主宏侵淮北，徐州刺史裴叔业引兵攻魏虹城，以分其势。亦曰绛城，音转耳。陈大建五年，吴明彻等克淮南，绛城来降，即此。唐复置虹县，移于今治。

取虑城，县北百二十里。汉县，属沛郡。《舆地志》：取虑，读曰秋间。后汉改属下邳国。初平四年，曹操攻陶谦于郯，不克，还攻取虑。睢陵、夏丘，皆屠之。晋仍属下邳国。后魏亦曰取虑县，置临潼郡。《水经注》：城临潼水，因名。梁大通初，将军成景隽拔魏临潼，因置潼州于此。大清初，东魏将慕容绍宗大败梁军于彭城，进围潼州，刺史郭凤弃城走。魏收《志》：梁置潼州。武定七年，改置睢州，治取虑城，是也。后齐废州，又以取虑县并入睢陵。今见盱眙县夏丘。○晋陵城，在县西北八十里。魏收《志》：临潼郡治临潼城。孝昌中，为梁所陷。武定六年，改置晋陵县，为临潼郡治。后齐改郡曰潼郡，以睢州并入焉。后周复改夏丘曰晋陵，而以晋陵并入。《志》云：今潼郡城，在灵璧县东北七十五里。盖壤相接也。

僮城，在县西北七十里。汉县，属临淮郡。后汉属下邳国。明帝封沛献王子嘉为侯邑。晋亦曰僮县。宋、齐仍属下邳郡。后魏因之。梁普通五年，徐州刺史成景隽拔魏僮城，是也。后周废，唐为虹县之僮城镇。宋因之。元祐以后，割属灵璧县。《金志》：元光初，议于灵璧县僮城镇设仓都监，监支纳时，开长直渎，由万安湖舟运入汴至泗，以贮粟也。或曰：僮城镇，《金志》本作僮郡镇。盖即高齐所置僮郡，而非僮县云。

平山，县北三十五里。山势平衍，因名。又秦桥山在县东北二十五里，山南五里有秦桥，为往来通道。又鹿鸣山，在县西三十五里。

朱山，县东北四十里。上有圣水，泉甘而冽，虽旱不涸。又东北二十里有赤山。

汴河，在县治南。自灵壁县流入境，又东流经此，至泗州入淮。宋熙宁八年，都水丞侯叔献言：旧开汴渠，自泗州至南京，皆通利，惟虹县东有礓石三十里余不可疏浚，乞更开修。从之。今水流日堙，非复旧道矣。

潼河，县东南六十里。《志》云：县有二潼河，南潼河出县西之羊城湖，东南流，经万安胡，至五河县入淮；其北潼河，亦出县西，东北流，经白鹿湖，合于睢宁县之小河。○沱河，在县西。其上源自灵壁县东南，流入县境，亦谓之北沱河，河南又有南沱河，合流而入五河县境。

蕲水，在县东。自宿州废蕲县流入界，又东北流，合于睢宁县之睢水。县东又有凄河、新河，俱南接汴河，东北流，入宿迁县界，注于泗水。

蒲姑陂，在县北。杜预曰：取虑县东有蒲姑陂。《左传》昭十六年，齐伐徐，至于蒲隧，即此陂也。○广济新渠，在县东百十里。唐开元二十七年，采访使齐浣开，自虹至淮阴北十八里入淮，以便漕，既成，湍急不可行，遂废。《浣传》云：以淮至徐城险，凿渠十八里，入清水以利漕，人称其便。似非实录。

娄亭，在县东北。杜预曰：僮县东南有娄亭。《春秋》僖十四年，楚人败徐于娄林，即此。僮盖春秋时徐地也。○乐安乡，亦在废僮县界。成帝初，匡衡封乐安侯，食邑于此。

垓下聚。县西五十里。孔颖达曰：垓下是高冈绝岩，今犹高三四尺，其聚邑及堤，皆在岩侧，因取名焉。汉五年，项王军垓下，兵少食尽，汉军及诸侯兵围之数重处也。

附见：

皇陵卫，府西南十二里皇陵城中，洪武二年置。又长淮卫，在府西北三十里长淮关，亦洪武中置。《志》云：府城中有中都留守司及留守中、左二卫。又有凤阳卫及中、左二卫，曰凤阳三卫，并置怀远卫，俱属留守司。

英武卫，在定远县北四十五里。又县东北五十里有飞熊卫。俱洪武十一年置。

洪塘湖屯田千户所。在府东北四十里，亦洪武十一年置，属留守司。

〇寿州，府西一百八十里。东南至庐州府百七十里，南至庐州府六安州二百里，西南至河南光州四百二十里，西北至亳州四百里。

春秋时，六、蓼国地，战国时属楚，名曰寿春。楚考烈王二十二年，为秦所败，徙都寿春，仍名曰郢，即此地也。秦为九江郡。汉初为淮南国。按汉初封黥布为淮南王，都六。十一年，始封子长为淮南王，都寿春。武帝复为九江郡。后汉因之，兼置扬州治焉。袁术为曹操所败，奔九江，寻僭号，以九江太守为淮南尹。魏曰淮南郡，仍置扬州为重镇。西晋因之。平吴后，扬州治建康。惠帝末，复治寿春。南渡后，又治建康。东晋初，亦曰淮南郡，仍为重镇。宋为豫州治。永初二年，分淮西为豫州，寄治寿春。齐因之，亦为重镇。后魏曰扬州。梁复曰豫州。太清元年，以悬瓠为豫州，寿春为南豫州。东魏、北齐复为扬州，陈复为豫州，后周又为扬州，皆治此。隋开皇九年，改置寿州。开皇八年，置淮南行台于寿春，将伐陈也。炀帝改为淮南郡。唐复为寿州。天宝初，曰寿春郡。乾元初，复为寿州。杨吴为忠正军，南唐为清淮军。周世宗显德四年，取寿州，复曰忠正军，徙治下蔡。《旧五代史》：唐明宗天成二年，升寿州为忠正军。长兴二年，又为昭信军。宋白曰：天成初，升寿州为顺化军，盖皆遥领也。宋仍为寿州。亦曰寿春郡忠正军。政和六年，升寿春府。乾道三年，改为安丰军。《宋志》：绍兴十二年，升安丰县为军，罢寿春府为寿州。三十二年，复为府，安丰军隶焉。乾道三年，改寿春府为安丰军，还治寿春。元为安丰路，至元十四年，改宋安丰军为路。明年，降为散府。十六年，复为路。明初复曰寿州，以州治寿春县省入编户四十三里。领县二。今仍旧。

　　州控扼淮、颍，襟带江沱，为西北之要枢，东南之屏蔽。汉伍被谓淮南王，南收衡山，衡山国，今六安州之西南。以击庐江，庐江国故地，在今池州府以西南。有寻阳之船，汉寻阳县，在今湖广蕲州东，守下雉之城下雉，见湖广兴国州。结九江之浦，绝豫章之口，豫章口，盖即今江西之湖口。强弩临江而守，以禁南郡之下，东收江东、会稽，南通劲越，犹可屈强江淮间。自魏晋用兵，与江东争雄长，未尝不先事寿春。及晋迁江左，而寿春之势益重。元帝时，应詹曰：寿春一方之会，远振河洛之形势，近为徐、豫之藩镇，宜绥集流散，专事农桑。成帝时，寿春入于后赵，朝议欲攻取之，蔡谟曰：寿阳城小而固，自寿阳至琅邪，城壁相望，其间远者才百余里，一城见攻，众城必救，贼之邮驿，一日千里，河北之骑，足以来赴，夫以白起、韩信、项籍之勇，犹发梁焚舟，背水而阵，今欲停船水渚，引兵造城，前对坚敌，顾临归路，此兵法所忌，若进攻未拔，北骑卒至，惧桓子不知所为，而舟中之指可掬也。乃止。简文帝初，袁真以寿春叛。伏滔著《正淮论》曰：寿阳东连三吴之富，南引荆、汝之利，北接梁、宋，平途不过七百，西援陈、许，水陆不出千里, 外有江、湖之阻, 内有淮、淝之固, 龙泉之陂, 良田万顷, 舒、六之贡, 利尽蛮越。是也。齐高帝谓寿春贼之所冲, 宜深为之备。北魏源怀言: 寿春去建康不过七百里, 乘舟藉水, 倏忽可至。考寿春陆路至建康不过四百七十余里, 水路北由淮水, 南出淝水, 皆千五百余里, 而至建康。源怀之言, 盖酌水陆之中也。南北朝时, 寿春皆为重镇。隋欲并陈, 亦先屯重兵于此。唐时江淮有变, 必以寿春为襟要。杨氏据淮南, 寿州之防尤重。南唐坚守寿州, 以抗周师, 周兵虽屡胜, 略有滁、和、光、舒、蕲之境, 东克扬州, 而寿州未下, 诸州卒不能固也。及显德四年, 攻克寿州, 而淮、泗已东, 次第风靡矣。宋开宝五年, 将有事江南, 其臣林仁肇密请于其主, 欲假精兵自寿春径渡, 复江北旧境, 彼纵来援, 臣据淮御之, 势不能败。江南主不从。及宋室南渡, 亦首推寿州为雄郡。吕氏祉曰: 淮西建康之屏蔽, 寿春又淮西之本源也。寿春失, 则出合肥扰历阳, 建康不得安枕矣。故李延寿以为建业之肩髀, 萧子显以为淮南之都会,《南齐志》: 寿春, 淮南一都会, 地方千里, 有陂泽之饶。良有以也。真氏德秀曰: 有安丰之屏蔽, 则敌不得以犯合肥。周氏必大曰: 自晋至宋, 寿阳皆为重镇, 寇少至, 则淮、泗诸郡坚守, 以待救援, 大至, 则发民而归寿阳。盖寿阳不陷, 敌虽深入, 终不能越之而有淮南。谢玄淝水之战, 却苻秦百万之师。刘仁瞻坚壁自守, 周世宗攻之, 三年不能下。寿春之形势, 亦可见矣。

寿春废县, 即今城也。秦置县。汉五年, 刘贾南渡淮, 围寿春, 即此。寻为九江郡治。后汉建武五年, 幸寿春, 寻为扬州治。后汉末为袁术所据, 曹操得之, 以为重镇。魏甘露二年, 诸葛诞据寿春, 文钦自吴驰救，诞寻以猜疑杀钦，钦子鸯虎将兵在小城中，逾城走，既而城陷，诞将麾下突小城欲出，见杀，盖寿春有大小二城也。晋自渡江后，寿春尤为重镇。咸和三年，祖约以寿春叛，其部将潜以城降于后赵。永和五年，赵将王浃以城来归，遣陈逵据寿春，既而褚裒自彭城退师，逵焚积聚，毁城遁还。太和四年，袁真复以寿春叛降燕，真寻卒，子瑾继之。明年，桓温遣兵攻寿春，克其南城，瑾寻败灭，孝武改曰寿阳。元熙初，刘裕移镇寿阳。《通典》：寿州罗城，楚考烈王筑；子城，宋武帝移镇时筑。《广记》云：寿阳城中有二城，一曰相国城，刘裕伐长安时筑；一曰金城，寿阳中城也。自晋以来，中城率谓之金城，按曹魏时已有小城，则裕所筑者，相国城也。齐建元初，魏人南侵，遣薛虎子等分道出寿阳。二年，魏拓跋嘉与刘昶寇寿阳，豫州刺史垣崇祖欲治外城，诸将以郭大难守，欲退保内城，崇祖不可，魏师败却。永明十一年，魏人议南寇，大积马刍于淮、泗间，诏崔慧景为豫州刺史，镇寿阳以备之。隆昌初，萧鸾以萧衍为宁朔将军，戍寿阳，密防慧景也。建武二年，魏人南寇，诏沈文季守寿阳，以拒魏师。永元二年，豫州刺史裴叔业以寿阳降魏，魏置扬州刺史，镇寿阳。梁普通五年，豫州刺史裴邃自合肥袭寿阳，克外郭，魏长孙稚御却之。六年，复攻寿阳，败魏军。七年，时淮堰水盛，寿阳城几没，乃复遣夏侯亶等攻寿阳，寿阳降，复置豫州。太清二年，侯景袭入寿阳，寻作乱，留兵守寿阳，帅轻骑东掩建康，合州刺史萧范遣兵攻寿阳，克其罗城，攻中城，不克而退，范复益兵攻之。三年，景将王显贵以寿阳降东魏。陈大建五年，吴明彻攻齐寿阳，齐王琳等保寿阳外郭，明彻急攻之，城溃，齐兵退据相国城及金城，明彻堰肥水灌城，遂克之。自后周至南唐，州郡皆治此。五代周克寿州，移州治下蔡，寿春县属焉。宋初因之。绍兴十六年，改属安丰军。三十二年，还属寿春府。乾道三年，改寿春府为安丰军，移治寿春。元安丰路亦治此。明初省。今州城周十三里有奇。《一统志》：州西四十里有寿春故城，相传楚寿春盖治此。又州东一里有诸葛城，相传诸葛诞所筑。

下蔡城，州北三十里，古州来也。《左传》成七年，吴入州来。昭四年，楚然丹城州来，以备吴。十二年，楚子狩于州来。十三年，吴灭州来。十九年，楚城州来。二十三年，吴人伐州来。自是遂为吴地，季札始邑于延陵，后邑于此，故曰延州来季子。哀二年，蔡昭侯自新蔡迁于州来，谓之下蔡，盖为吴所迁也。汉置下蔡县，属沛郡。后汉属九江郡。晋属淮南郡。升平三年，谢石军下蔡，帅众入涡、颍，以援洛阳，旋溃还。南北朝时，皆为战争要地。齐建元二年，魏人南侵，分遣其将贺罗出下蔡。三年，魏攻寿阳，垣崇祖击却之，恐魏人复寇淮北，乃徙下蔡戍于淮东。既而魏师闻其内徙，果平其故城，崇祖引兵渡淮，击破之。建武二年，魏置下蔡郡，自是常以重兵戍守。梁天监十四年，魏将崔亮攻赵祖悦于硖石，亮遣崔延伯守下蔡，延伯与别将伊瓮生夹淮为营，取车轮去辋，削锐其幅，两两接对，揉竹为緪，连贯相属，并十余道，横水为桥，两头施大辘轳，出没遂意，不可烧斫。既断祖悦走路，又令战船不通，硖石遂下。郦道元曰：淮水自硖石北径下蔡故城东，淮之东岸又有一城，曰下蔡新城，二城对据，翼蔽淮滨。杜佑曰：梁于硖石山下筑城以拒魏，即下蔡新城也。大通中，魏乱。梁得下蔡，改置汴州及汴郡，因亦名汴城。齐废郡。隋仍为下蔡县，属颍州。唐武德四年，置涡州治焉。八年州废，仍属颍州。五代周显德二年，围唐寿州，徙正阳浮梁于下蔡，使张永德屯于此。唐将林仁肇以水陆军援寿春，欲焚下蔡浮梁，不克，为周兵所败。时永德为铁绠千余尺，距浮梁千余步，横绝淮流，系以巨木，由是唐兵不能近。未几，唐人复以水军攻下蔡，永德击败之。三年，周主败唐兵于紫金山，分兵守诸寨，还下蔡，发陈、蔡诸州丁夫筑下蔡城。四年，寿州降，遂徙治下蔡。宋亦为寿州治，后又改州为寿春府，时亦谓下蔡为北寿春，而寿春县为南寿春。绍兴六年，杨沂中等败刘猊于藕塘，追至南寿春而还，此即寿春县也。十一年，兀术陷寿春，乃渡淮，陷庐州，此寿春即下蔡城也。乾道三年,改置安丰军于寿春县,下蔡县属焉。元因之,元末,江淮多故,下蔡县始废。《里道记》:下蔡西抵正阳镇五十五里。林氏曰:下蔡,古州来也。吴之始图楚也,争巢、钟离、州来三邑,盖七十年而后取之,失淮由失州来也。《志》云:州北三十里有蔡国城,即下蔡矣。今有下蔡巡司。

硖石城,在州西北二十五里硖石山上。山两岸相对,淮水经其中,相传大禹所凿,因于山上对岸结二城,以防津要。《水经注》:淮水过寿春北,右合淝水,又北径山峡中,谓之硖石。三国魏甘露元年,诸葛诞据寿春,司马昭遣王昶军硖石以逼之。晋大元八年,苻坚大举入寇,侵寿春。晋将胡彬赴援,闻城陷,因退保硖石。齐永元二年,裴叔业以寿阳降魏,东昏侯遣萧懿进讨,懿遣别将陈伯之溯淮西上,军于硖石,以逼寿阳,为魏将传永等所败。梁天监十四年,赵祖悦袭魏西硖石据之,以逼寿阳,更筑外城,徙缘淮之民,以实城内,魏将崔延伯攻之未下,魏复遣李平等水陆进攻,克其外城,祖悦出降。十五年,浮山堰成,淮水泛溢,魏扬州刺史李崇作浮桥于硖石戍间以备之。太清二年,侯景为东魏慕容绍宗所败,自涡阳走硖石,济淮袭寿春据之。陈大建五年,吴明彻等伐齐军至硖口,克其北岸城,南岸守者弃城走,淮北诸城皆来降,硖口即硖石口也。唐武德七年,李世勣讨辅公祏,渡淮拔寿阳,次硖石。《通释》:硖石以淮水中流分界,在西岸者为西硖石,属下蔡,在东岸者则属寿春。杜佑曰:硖石东北,即下蔡城。是也。

马头戍城,在州西北二十里,淮滨戍守处也。梁天监五年,取魏合肥,魏人守寿阳,于马头置戍,普通五年,梁取寿阳,亦置戍于此。太清二年,东魏慕容绍宗败侯景于涡阳,景自硖石济淮南奔马头,戍主刘神茂往侯景,遂导景袭寿阳,既而侯景以寿阳叛,西攻马头,东攻木栅,是马头在寿阳西也。或以为当涂之马头郡,误矣。又马头东南有白捺城,又南有欧阳戍。普通二年,裴邃镇合肥,勒兵欲袭寿阳,恐魏觉之,先移魏扬州刺史长孙稚云：如闻欲修白捺城，此亦须营欧阳，设交境之备，稚谋于僚佐，杨侃曰：白捺小城，本非形胜，遽好狡计，恐有他意，移檄报之。遽不敢发。盖梁取合肥，与魏寿阳对境，白捺、欧阳皆边戍处也。木栅，胡氏曰：在荆山西。

　　安丰城，州西南六十里，西去霍丘县九十里。春秋时，六国地。汉置安丰县，属六安国。后汉建武中，封窦融为安丰侯，寻复为县，属庐江郡。三国魏置安丰郡。甘露二年，诸葛诞据寿春，讨司马昭，请救于吴，吴遣朱异率兵进屯安丰，为诞外援。晋安丰县属安丰郡。安帝时郡废，县属弋阳郡。宋末，复置安丰郡治焉。齐因之。梁置陈留、安丰二郡。后魏亦置安丰郡。魏收《志》：扬州有安丰郡。又霍州有安丰郡，治洛步城。《水经注》：安丰，今为迁城郡治。章怀太子贤曰：宋齐间，安丰已杂入蛮境，故分析侨置，非止一城矣。今霍山县西北亦有安丰故城。后齐因之。隋郡废，县属寿州。唐因之。乾宁四年，朱全忠侵淮南，使其将葛从周以兖、郓、曹、濮之师壁安丰，将趣寿州。是也。宋亦为安丰县，属寿州。绍兴十二年，升为安丰军，以六安、霍丘、寿春三县隶焉。三十二年，安丰军改属寿春府。隆兴二年，以军使兼知安丰县事。乾道三年，移置安丰军于寿春县，以安丰县属焉。元属安丰路。明初废。今为安丰乡。《志》云：安丰县东北五里有陈留废城，梁置陈留郡及县于此，隋废。○都陆城，在安丰县南。汉博乡县，元帝封六安缪王子交为侯邑，属九江郡。王莽改曰扬陆。后汉省。魏诸葛诞据寿春，吴遣朱异帅诸将赴救，异留辎重于都陆，进屯黎浆，为魏将石苞等所败，既而魏太山太守胡烈以奇兵袭都陆，尽焚异粮，异走还。胡氏曰：都陆或即此地。《晋书·地道记》：都陆在黎浆南。

　　安城县城，在州南。梁普通五年，豫州刺史裴邃攻寿阳之安城，既而马头、安城皆降。魏收《志》：梁置新兴郡，治安城县，即此。又魏昌城，在州东七里。梁天监十四年，浮山堰成，淮水泛涨，魏扬州刺史李崇筑魏昌城于八公山东南，以备寿阳城坏。是也。○义昌城，在州西南。宋《永初郡国志》：安丰有义昌县，晋末，尝立郡。宋初废为县，寻并入安丰。

小黄城，在州西。《寰宇记》：晋义熙十二年，置小黄县，在安丰城西北三十里，或即黄城也。胡氏曰：下蔡在淮北，黄城在寿阳西。又西有郭默城，相传晋咸和中，郭默尝屯此。陈大建五年，吴明彻攻寿阳，别将鲁天念克黄城。郭默城降，诏置司州于黄城，十一年，周韦孝宽侵淮南，分遣宇文亮攻黄城，拔之。十二年，鲁广达复克周之郭默城，是黄城与郭默城相近也。○苍陵城，在州西北。《水经注》：淮水东流，与颍水会，东南径苍陵北，又东北流经寿春县故城西。陈大建五年，吴明彻下寿阳，齐人遣兵援苍陵，败去。《地形志》寿春县，故楚有苍陵城。

八公山，州东北五里，淝水之北，淮水之南。相传汉淮南王安与八公学仙于此，因名。亦谓之北山。三国魏甘露二年，诸葛诞据寿春，请救于吴，吴使文钦及全怿等驰救，魏王基等方围城未合，文钦等从城东北，因山乘险，将其众突入城，既而司马昭敕基转据北山，基不听，筑长围固守，诞等败亡。晋太元九年，苻坚南侵，谢玄御之于淝水，坚登寿阳城，望见八公山草木，皆以为晋兵。齐建武二年，魏主宏入寇，遣济淮至寿阳，登八公山。梁天监十二年，寿阳久雨，大水入城，庐舍皆没，魏扬州刺史李崇，勒兵泊于城上，水增未已，乃乘船附于女墙，城不没者二板，将佐劝崇弃城保北山，崇不可。一名肥陵山，山之北麓与紫金相接。《唐六典》：淮南道名山曰八公山。

紫金山，州东北十里。五代周显德三年，围唐寿州，久之不克。南唐援兵皆营于紫金山，周将李重进邀击，大破之，夺其二寨，既而周主至下蔡，渡淮抵寿春城下，遂军于紫金山南。四年，唐援兵益集，列十余寨，与城中烽火相应，又筑甬道抵寿州，欲运粮以馈之，绵亘数十里，周主命赵匡胤击其先锋寨及山北一寨，皆破之，断其甬道，唐兵首尾不能相救，寻复击其紫金山寨，大破之。宋绍兴六年，刘豫分道入寇，遣其子麟率中路兵，由寿春犯合肥，侄猊率东路兵，由紫荆山出涡口，犯定远，孔彦舟率西路兵，由光州犯六安，紫荆即紫金也。《志》云：州北五里有连珠寨，紫荆山腰有石凳大路，遗趾尚存，即周世宗屯兵处。

硖石山，州西北二十五里。夹淮为险，自古戍守要地，上有硖石城。详见前。○青冈，在州西北三十里。晋太元八年，谢玄等败苻坚于淝水，乘胜追击，至于青冈。胡氏曰：青冈去寿春县三十里。是也。

淮水，在州西北二十五里。自霍丘县而东，经正阳镇，颍水流合焉，谓之颍口。又东至寿州北，淝水流合焉，谓之肥口，亦谓之淮口。《史记》：秦始皇二十八年，于泗水中求周鼎，弗得，乃西南渡淮水，之衡山、南郡。渡处盖在州北。晋咸和三年，祖约以寿春叛，约诸将阴与后赵通，赵将石聪等遂济淮攻寿春，约兵溃走历阳。齐建武二年，魏主入寇，济淮至寿阳，又循淮而东，至钟离。盖淮水分南北之险，州实当其冲也。

淝水，在州东北十里。自庐州府北流，经废安丰县境，又北流经此，折而西北，流十里，入于淮。胡氏曰：淝水在城北二里，旧引淝水交络城中。故昔人每恃淝水为攻守之资。齐东昏侯永元二年，豫州刺史裴叔业以帝数诛大臣，心不自安，乃登寿阳城望淝水。陈大建五年，吴明彻攻寿阳，引淝水灌城。五代周显德二年，攻南唐寿州，周主自营于淝水之阳，寻命士卒以方舟载炮，自肥河中流击寿春城，又束巨竹数十万，竿上施板屋，号曰竹龙，载甲士以攻之，会淝水暴涨，炮舟、竹龙，皆漂向南岸，为唐兵所焚。《志》云：今州有东肥河，自州城东北，西流十里入淮。西肥河在下蔡城西南十里，东流十里入淮，盖源流断续，故有东西之分耳。又有小史埭，在州城西北，即齐垣崇祖筑肥堰以灌魏军处，亦曰淝水堰。今详见大川淝水。

颖水，在州西北四十里。《汉志》：颖水出阳城县阳乾山，东至下蔡入淮，是也。其入淮处，谓之颖尾。《左传》昭十二年，楚子狩于州来，次于颖尾，亦曰颖口。魏黄初五年，魏主丕御龙舟，循蔡颖浮淮如寿春，盖自颖口入淮也。晋太元八年，苻坚入寇，使苻雄引军三十万，先至颖口。陈大建五年，吴明彻等攻寿阳，齐将皮景和赴救，屯于淮口，久之，渡淮去寿阳三十里而军，寿阳为陈所拔，既而齐兵复至颖口，陈将樊毅击走之。胡氏曰：景和自颖上出至淮而屯，淮口即颖口也。唐建中三年，李希烈阻兵淮西，江淮输物留梗，诏徙饷道自颖入汴。元和十一年，置淮颖水道，以馈讨淮西诸军，杨子等院米皆自淮阴溯流至寿州，入颖口。五代周显德三年，攻唐淮南，周师自闵河沿颖入淮。绍兴三十一年，金亮南侵，诏淮西诸军保颖口，盖扼要之地也。详见河南大川颖水。

淠水，在州西七十里。源出六安州霍山中，入河南固始县界，又东经霍丘县，至州境北流入淮。《水经注》：淠水出庐江灊县霍山，至安丰县故城西北入于淮。唐乾宁四年，朱温将葛从周攻寿州，为淮南将朱延寿等所败，引还，淮南兵追至淠水，从周半济，淮南兵击之，从周仅免。

芍陂，在安丰城南百步。亦曰安丰塘，亦曰期思陂。《淮南子》：孙叔敖决期思之水，灌雩娄之野。《意林》：孙叔敖作期思陂，而荆之土田赡。《水经注》：肥水东北径白芍亭东，积而为湖，谓之芍陂，周百二十许里，在寿春县南八十里，陂有五门，吐纳川流，西北为香门陂水，北径孙叔敖祠下，谓之芍陂渎。又北分为二水，一水东注黎浆，一北至肥水。《皇览》：楚大夫子思造芍陂。崔实《月令》：叔敖作期思陂。《华夷对境图》：芍陂周回二百二十四里，与阳泉大业陂，并孙叔敖所作，开沟引淠水，为子午渠，开六门，灌田万顷。《通释》：芍陂首受淠水，西自六安，北界驹虞石，东自濠州之南横石水皆入焉。《后汉书·王景传》：建初八年，徙庐江太守，郡界有故芍陂稻田，景驱率吏民，修起芜废，灌田可万顷，由是境内丰给。《魏志》：建安十四年，曹操军谯，引水军自涡入淮，出肥水，军合肥，开芍陂屯田。盖自芍陂上施水，则至合肥也。建安五年，刘馥为扬州刺史，镇合肥，广屯田，修芍陂、茹陂、七门、吴塘诸堰，以溉稻田，公私有积，历代为利。后邓艾重修此陂，堰山谷之水，旁为小陂五十余所，沿淮诸镇，并仰给于此。《吴志》：赤乌四年，全琮略淮南，决芍陂，魏将王凌与琮战于芍陂，琮败还。晋初，吴丁奉、诸葛靓皆出芍陂攻合肥。又刘颂为扬州，亦修治芍陂。永和八年，谢尚与苻秦将苻雄战于许昌，败奔淮南，姚襄送尚于芍陂。九年，姚襄自淮南进据芍陂，寻徙屯于盱眙。伏滔曰：龙泉之陂，良畴万顷，谓芍陂也。宋元嘉七年，长沙王义欣为豫州刺史，镇寿阳，芍陂久废，义欣修治堤防，因旧沟引渒水入陂，溉田万余顷，无复旱灾。齐建元二年，豫州刺史垣崇祖修理芍陂屯田。隋开皇中，赵轨为寿州长史，芍陂旧有五门堰，轨更开三十六门，灌田五千余顷。唐上元中，亦于寿春置芍陂屯田。《元和志》：芍陂周三百二十四里，径百里。宋熙宁中，尝议修治。元至元二十一年，江淮行省言：安丰芍陂，可溉田万顷，若立屯开耕，实为便益。从之，于安丰立万户府，屯户一万四千八百有奇，后废。夫芍陂，淮南田赋之本也，曹公置扬州郡县，长吏开芍陂屯田，而军用饶给。齐、梁间，皆于芍陂屯田，而转输无扰，乃弃而不事，何欤？期思，见河南固始县。芍，读作鹊。

大漴陂，在下蔡城西北百二十里。《玉海》：下蔡西北六十里有黄陂，八十里有鸡陂，东北八十里有湄陂。皆隋末废，唐复置，溉田数百顷。○永乐渠，在安丰城东北十里。唐广德二年，宰相元载置此，以溉高原之田。大历十三年废。

横塘，在州东。《水经注》：肥水入芍陂，又北，右合阎润水，积为阳湖，阳湖水西北径死虏亭，南为横塘西注。宋泰始二年，豫州刺史殷琰据寿阳，以应晋安王子勋寻阳之师，遣将刘顺等据死虎筑垒，以拒刘勔之兵。又遣杜叔宝逆粮于死虎，刘勔遣将吕安国等间道出顺后，于横塘抄之，叔宝败走。又尉升湖，旧《志》：在州南。北魏主恪延昌初，寿春大水，扬州治中裴绚帅城南民泛舟南走，避水高原，因以众叛，刺史李崇讨擒之，还至尉升湖，绚投水死。

八叠滩，在州西北淮水旁。宋开禧二年，金仆散揆等寇颍寿，至淮，遣人密测淮水，惟八叠滩可涉，即遣将扬兵下，蔡声言欲涉，守将何汝厉乃悉众屯花靥以备之，揆遣赛不等潜师渡八叠，驻于南岸，官军骇溃，揆遂夺颍口，下安丰军及霍丘县，进围和州。又黄口滩，在州西北。宋嘉定十一年，金人犯安丰军黄口滩。盖皆滨淮要地也。

死虎垒，在州东四十余里。宋泰始二年，豫州刺史殷琰遣将刘顺等东据宛塘，筑四垒以拒刘勔。《通典》曰：宛塘，死虎之讹也。齐永元三年，裴叔业以寿阳降魏，诏萧懿讨之，懿屯小岘，遣裨将胡松、李居士帅众屯死虎，即此也。《水经注》：肥水合阎润水，积为阳湖，自塘西北径死虏亭，即殷琰将刘顺筑垒处。是又名死虏也。

正阳镇，在州西六十里。淮水流出颍、寿之间，夹淮有东、西正阳镇，东正阳属寿州故安丰县界，西正阳属颍州颍上县界。唐天祐二年，朱全忠侵淮南，自光州至寿州，寿州人坚壁清野待之，全忠欲围之，无林木可为栅，乃退屯正阳，渡淮而北。汉乾祐元年，南唐兵渡淮攻正阳，周显德二年伐唐，李谷等为浮梁，自正阳济淮，败南唐兵于寿州城下。三年，唐将刘彦贞趋救李谷，虑正阳浮梁为彦贞所断，乃焚其刍粮，退保正阳，彦贞闻之喜，引兵轻进，直抵正阳，周将李重进度淮，逆战于正阳东，大破之，既而周主至正阳，进次寿州城下。四年，周克寿州，南唐林仁肇谓其主曰：愿假臣兵数万，直抵寿春，分据正阳，收复淮甸。盖淮滨之津要也。今西正阳有刘备、关羽二城，与颍州接境。《元史》：至元九年，董文炳筑两城于正阳，以遏宋兵。十年，宋将来争，霖雨淮涨，舟师薄城，文炳病剧，子士选击却之，即此。后人讹为刘关所筑。《舆程记》：东正阳商众所聚，西正阳土著所居。向来每岁委官收船料，以给凤阳高墙之费。

赵步，在州东北，淮河北岸。朱梁乾化三年，遣王景仁侵庐、寿，淮南将徐温等遇于赵步，却之，复战于霍丘，梁兵败去。周显德四年，周主自将略淮南，自下蔡军于赵步，大破唐兵于紫荆山，馀众沿淮东走，周主自赵步将骑数百，循北岸追之，诸将以步骑循南岸迫之，水军自中流而下，唐兵奔溃。胡氏曰：赵步南直紫金山。是也。王象之曰：赵步在淮河北岸，水滨泊舟之地，土人坎岸为道以上下，谓之步，赵步，以赵氏居此而名。今自寿春花靥镇，沿淮东下百余里，即赵步滩。又东径梁城滩，北齐及梁控扼之地也，在淮水中。又东二十五里至洛河口。○花靥镇，在州西北二十五里，相传以宋武帝女寿阳公主而名。宋绍兴二年，庐寿镇抚使王亨收复安丰军之花靥镇。镇盖州境戍守要地。

来远镇，在州西南。周显德二年，李谷攻唐寿州不克，唐将刘彦贞驰救，至来远镇，距寿州百里，又以战舰数百艘趋正阳，为攻浮梁之势，李谷惧，退保正阳。《九域志》：寿州安丰县有来远镇。胡氏曰：来远镇近东正阳，西至淠河十里。《五代史》作距寿州二百里，误也。○山口镇，在州东，五代周显德三年，败南唐兵于寿州城下，前锋将白延遇复败唐兵于山口镇。四年，刘重遇奏杀紫金山溃兵三千人于寿州东山口，盖即山口镇也。又上窑镇，亦在州东。周显德三年，李谷奏败南唐兵于此。亦作上窑。

黎浆亭，在州东南。《水经注》：芍陂渎水东注黎浆水，水东经黎浆亭南，又东注淝水，谓之黎浆水口。吴朱异救诸葛诞于寿春，进屯黎浆。又梁普通五年，裴邃拔荻城，又拔黟城，进屯黎浆。七年，梁主以淮堰水盛，寿阳城几没，遣郢州刺史元树等自北道攻黎浆，豫州刺史夏侯亶自南道攻寿阳。是也。荻城、黟城，盖是时寿阳、合肥间沿边戍守处。

尉武亭，在州北。宋元嘉二十七年，遣军北伐，豫州部将刘康祖进逼虎牢，继而诸军败退，魏主焘遣兵分道深入，使拓跋仁自洛阳趋寿阳，仁拔悬瓠项城而进，宋主诏康祖还守寿阳，至尉武，去寿阳数十里，为仁所追及，康祖战死，时南平王铄镇寿阳，复遣其将王罗汉守尉武，魏人攻拔之。

鸡备亭，在安丰故城西南。《左传》昭二十三年，吴败顿、胡、沈、蔡、陈、许之师于鸡父。杜预曰：安丰南有鸡备亭，即鸡父也。○栖贤寺，在州西北。梁天监三年，魏使萧宝寅都督东扬等三州，屯东城。宝寅至汝阴，东城已为梁所取，乃屯寿阳栖贤寺，是也。

石桥。在州西北。晋太和六年，袁瑾据寿春，求救于苻秦，秦苻坚等赴救，桓温遣桓伊、桓石虔等击败之于石桥。胡氏曰：石桥在淝水北。○肥桥，在城北淝水上。《五代史》：周显德三年，行视水寨，至肥桥。《志》云：桥在州西北十里，近肥口。今置寿春驿于此。又有新站驿，在州西北十里，路出颍州。又北炉巡司在州东九十里，正阳巡司在州西六十里。

○霍丘县，州西南百二十里，南至六安州百八十里，西至河南固始县百四十里，北至颍上县七十里。《志》云：周成王时，霍叔迁于此，县因以名。春秋时为蓼国地，战国时为楚地。汉置松滋县，属庐江郡。后汉省入安丰县。晋复置松滋县，属安丰郡。宋齐因之。梁为安丰郡治。后魏仍属安丰郡。东魏县废。隋开皇十九年，改置霍丘县，属寿州。唐武德四年，置蓼州于此。七年，州废，仍属寿州。县城周不及二里，今废。编户十二里。

松滋城，在县东十五里。汉县治此，属庐江郡。昭帝封六安共王子霸为侯邑。后汉县省。三国魏复置，属安丰国。晋咸和中，置松兹郡，寻复为县。宋仍属安丰郡。齐因之，后废。唐初，亦尝置松滋县，属蓼州，旋废入霍丘县。五代梁开平二年，遣亳州将寇彦卿侵淮南，袭霍丘，为土豪朱景所败，即今县也。○义成废县，在县北四十里。汉县，属沛郡。后汉属九江郡。东晋初，侨置于此，改属淮南郡，寻废。

成德城，在县东南。汉县，属九江郡。后汉因之。魏晋属淮南郡，后废。《水经注》：淝水过九江成德县西北，入芍陂，又北右合阎润水。是也。○狄城，在废成德县南，即获丘也。《水经注》：淝水自获丘过成德县西，南北朝时，置戍守于此，谓之获城。亦曰狄城。梁普通五年，裴邃自合肥拔狄城，又拔甓城，二城盖相近也。《魏书》：世宗时，李神为陈留太守，领获丘戍主。《地形志》扬州有陈留郡，治浚仪，盖皆侨置。《隋志》安丰有梁陈留郡，隋初废。

雩娄城，在县西南八十里。《春秋》襄二十六年，楚人侵吴及雩娄。昭五年，楚使沈尹射待命于巢，薳启疆待命于雩娄，以备吴是也。汉为县，属庐江郡。晋属安丰郡。刘宋元嘉二十五年，置边城左郡，领雩娄等县。齐改属安丰郡。梁改置西边城郡，领雩娄县。后魏因之。后周废。又史水废县，在县北。宋元嘉二十五年，以豫州蛮户置县，属边城左郡，盖以史河为名。齐改属安丰郡。梁复属边城郡。后魏因之。魏收《志》：边城郡治麻步山，领史水一县。后齐废入雩娄县。又开化废县，在雩娄县西南。亦宋元嘉中置，属边城左郡。齐属安丰郡。梁复故。后魏属西边城郡。后齐省。唐武德四年，复置开化县。贞观初，省入盛唐县。

安风城，县西南二十里。汉县，属六安国。后汉初，以安丰、阳泉、蓼、安风四县，封窦融为安丰侯。《郡国志》：安风侯国属庐江郡，三国魏置安丰郡，治安风县，正元二年，毌丘俭举兵寿春，进屯项，司马师遣豫州刺史诸葛诞自安风向寿春。是也。晋仍为郡治，后省。杜佑曰：霍丘城北有安风津，曹魏安风都尉理，毌丘俭败走安风津见杀处也。或讹风为丰。《水经注》：淮水过安丰东北，又东为安丰津，水南有城，故安丰都尉治，后立霍丘戍于此。梁天监二年，庐江太守裴邃克魏霍丘城。此霍丘也，隋因以名县。

蓼县城，在县西北，接固始县界。古蓼国，皋陶之后封此。《春秋》文五年，为楚所灭。汉置蓼县，高祖封孔聚为侯邑，寻属六安国。后汉属庐江郡。晋属安丰郡，后废。宋泰始二年，庞孟虬以司州兵应晋安王子勋，因救殷琰于寿阳，进至弋阳，刘勔遣吕安国迎击之于蓼潭，大破之。《水经注》：决水经蓼县故城，东灌水会焉。所谓蓼潭，当是其处。

阳泉城，在县西九十里。汉县，属六安国。后汉属庐江郡。灵帝封黄琬为侯邑。三国魏为庐江郡治。晋因之，后废。后魏又尝侨置汝阳县于阳泉城，寻废。《志》云：县西有决口戍。梁普通中，于决水东阳泉古城置，后改为临水县，其旁有临水山，皆以临决水而名。《广志》：阳泉县有阳泉湖。

阳石城，在县东南，亦曰羊石。梁天监二年，后魏以降将陈伯之为江州刺史，屯阳石。四年，杨公则出洛口，别将姜庆真与魏战于羊石，不利，公则退保马头。五年，庐江太守裴邃克魏羊石城，进克霍丘。胡氏曰：羊石城在庐江西北，霍丘东南，洛口见怀远县。

义州城，在县西南。梁普通二年，义州刺史元僧明及边城太守田官德举州降魏，魏拜僧明为西豫州刺史，官德为义州刺史。既而梁遣裴邃讨僧明，深入魏境，从边城道出其不意，魏所署义州刺史封寿据檀公岘，邃击降之。《水经注》：零娄南大别山，俗名为檀公岘，安丰故城，即边城郡治也。盖义州本蛮州，在故零娄县界，后移置于光州定城郡云。

大别山，县西南八十里，接河南固始县界。《汉志》：在安丰县南，以为即禹贡之大别。郦道元曰：大别山俗谓之檀公岘，巴水出焉。一名巴山，又名下灵山，决水亦出于此。又名分水山。《唐六典》：江南道名山之一，曰大别。《纪胜》云：大别山一名安阳山，以汉安丰县在山东北，阳泉县在山西北也。巴水，今见湖广黄州府。

长山，在县西八十里。有三山相连，曰南长山、北长山、中长山。又西十里曰临水山，山西带史河，因名。其相近者为高祖山，接固始县界，相传汉高追项羽时过此，因名。

九仙山，在县南百里。又南百里有三尖山，以山峰鼎峙也。又南百里曰望到山，山形峭拔，遥望似近，而行实难到，亦曰望到岭。

东陵，在县西。《汉志》庐江郡注曰：金兰西北有东陵乡，灌水出焉。梁天监五年，韦叡克合肥，诸军进至东陵，有诏班师去魏城既近，叡身乘小舆殿后，全军还合肥。姚思廉《梁书》：时魏守甓城，去东陵二十里。东陵盖乡名也。《水经注》东陵乡大苏山，灌水所出，在庐江金兰县西北，即此东陵矣。大苏山，今见河南商城县。

淮水，在县北三十里。自颍州流入境，又东北接颍上县界。唐天祐二年，朱全忠侵淮南，自颍州济淮，军于霍丘，遣将围寿州，不克而还。五代梁乾化三年，王景仁侵吴、庐、寿，还渡淮，吴霍丘将朱景潜移其所表之津，置于深渊，梁军望表而涉，溺死甚众。《五代志》：淮自霍丘以上，西尽光州。南唐时，每冬淮水浅涸，常发兵戍守，谓之把浅。周显德初，南唐寿州监军吴廷诏，以为疆场无事，坐费资粮，悉罢之。清淮节度使刘仁赡上表固争，不能得，既而周军来伐，备不及设矣。又新河，在县北二十里，淮水支流也。宋宣和以前，不通舟楫。建炎后，湍流冲激，河流渐大，东北合于淮河。

灌水，在县西四十里，源出大苏山。《汉志》注：雩娄县有灌水，北至蓼入决，过郡二，行五百十里，郡二，谓庐江、六安也。今自固始县东流入县境，合史水入于淮。宋泰始二年，汝南太守常珍奇以悬瓠降魏，旋叛魏，烧劫悬瓠，驱掠安成、上蔡、平舆，三县民屯于灌水，即此。〇丰水，在县西南十里，本名穷水。《水经注》：穷水出安丰穷谷。是也。

《左传》昭二十七年，楚救潜，沈尹戌与吴师遇于穷水，即此。今讹为澧水。《志》云：县西南三十里有枣林塘，周六里，澧河源出于此，东北流入淮。

史河，在县北。自固始县流入境，北注于淮。本名决水。《汉志》注：零娄有决水，北至蓼入淮。是也。又有灭河，在县东二十五里，自六安州北香河岭，分流至此，北流注于史河。又淠水，在县东五十里，亦自固始县流入境，又东北入州界，注于淮。今俗谓之东河。

阳泉水，在县西八十里。《水经注》：阳泉水首受决水，东北径阳泉县故城东，又西北入决水，谓之阳泉口，亦谓之阳宜口。吴嘉禾六年，陆逊引兵下庐江，魏满宠整军向阳宜口，吴人夜遁，时庐江郡治阳泉也。又魏甘露二年，诸葛诞举兵寿春，吴朱异率兵屯安丰，为阳泉声援，司马昭遣兖州刺史泰宁破之于阳渊，或曰即阳泉也。

大业陂，县东北十五里，周二十余里，人呼为水门塘。相传古名镇淮洲，陷而为陂。

高唐店，县西北六十里，亦曰高唐市。宋绍兴初，金人由颍、寿渡淮，败宋军于高唐市，进攻固始，不克。今有高唐店巡司，在高塘集。又开顺镇巡司，在县南百六十里，丁塔巡司，在丁塔店。

秋栅。在县北。唐兴元初，李希烈遣将杜少诚取寿州及江都，寿州刺史张建封遣兵守霍丘秋栅，贼不能过，即此。○义城台在县东北三十五里，高十丈，广八十丈，亦晋时戍守处。

○蒙城县，州北百八十里，东至怀远县百五十里，西至亳州二百二十里，北至宿州百二十里。汉置山桑县，属沛郡。后汉属汝南郡。三国魏属谯郡。晋因之。太元中，置南谯郡，寻侨置于淮南。后魏太和中，置南兖州，治涡阳。景明中，改置涡阳郡。孝昌中入于梁，改置西徐州。东魏武定中，改置谯州南谯郡。陈大建五年，克齐淮南，谯城降，即

此城也。后周仍为谯州及南谯郡。隋开皇初郡废。十六年，改涡阳县曰
淝水。大业初州废，县复曰山桑，属谯郡。唐属亳州，天宝初改曰蒙城。
五代汉乾祐二年，蒙城镇将颜师朗以城降于南唐，改属寿州。宋仍属亳
州。金又改属寿州。元因之。县无城，今编户十八里。

山桑城，县北三十七里。汉县治此。后汉建武初，封王常为山桑侯
邑焉。晋永和九年，殷浩追姚襄至山桑，为襄所败，襄使其兄益守之。后
魏改置涡阳县，旧城遂废。今亭基陵阜高峻，一名北平城。

涡阳城，在县东北，以涡水经其南而名。东晋以后为戍守处。萧齐
置马头郡于此。《魏书》：太和十八年，齐马头太守孟表据郡来归，除南
兖州刺史，仍领马头太守，镇涡阳。萧齐建武末，魏攻义阳，裴叔业围涡
阳以救义阳，魏南兖州刺史孟表固守不下，王肃自义阳驰救，齐军乃还，
时南兖州治涡阳。梁普通五年，遣将围涡阳，魏元琛救却之。大通初，复
遣曹仲宗、陈庆之攻涡阳，与魏军相持，魏人犄角筑十三城，悉为庆之所
拔，涡阳降，因置西徐州治焉。太清初，侯景自谯退保涡阳，为东魏将慕
容绍宗所败。即此。

蒙县城，在县西南七十里，有南北二城。北魏置蒙县。梁于此置
北新安郡。中大通四年，取魏谯城，魏将樊子鹄围谯，分兵攻取蒙县等
五城，以绝援兵路，谯城复陷于魏。东魏置蒙郡。后齐废郡，寻复为郡
治。隋初郡废，复并县入涡阳，俗谓之旧城。

垂惠城，在县西北二十里。《郡国志》汝南郡山桑县有垂惠聚。太
子贤曰：山桑西北有礼城，故垂惠聚也。杜佑曰：垂惠在今蒙城县西北。
后汉建武三年，盖延等击破刘永于睢阳，其将苏茂、周建，奔垂惠，共立
永子纡为梁王。四年，遣马武等围垂惠，寻克之。即此城也。〇檀城，在
县北四十里。《寰宇记》：檀道济所筑，俗呼檀公城。今有檀城山。

狼山，县西北二十八里，有南北两山相对。又驼山，在县西北二十

里，山首尾高而中陷，俗呼驼腰山，一名灵山。又西北五里有齐山。

涡水，在县北二里，自亳州流经此，又东入怀远县境。梁大通中，陈庆之败魏兵，克涡阳，尸咽涡水。又太清初，侯景保涡阳，东魏将慕容绍宗击之，为所败，退保谯城，复遣斛律光等击景，戒曰：勿渡涡水。光军于水北，景临涡水与战，曰：汝岂自解不渡水南？绍宗教汝也！光等败走。段韶复与景相持，夹涡而军。既而绍宗进击景，景众溃，争赴涡水，水为不流。是也。《志》云：元初，黄河溢入涡水，后河徙而北，涡水自亳东流经县北，又东二百里至荆山口入淮。明正统中，黄河复通于涡河。后河仍分流，而涡水浅淤过半矣。

肥河，县北三十里。旧《志》：肥河自亳州流入境，又东入怀远县界，县境又有旧黄河，在东南五十里，盖决溢时所经也。

驼涧，在县西北。梁陈庆之等攻涡阳，魏遣将元昭等赴援，前军至驼涧，去涡阳四十五里，为庆之所败。《志》云：涧水出驼山，因名。胡氏曰：今自肥河口溯淮而上，得驼涧滩。似误。

下城父聚。在县西北八十里。秦二世二年，陈王涉之汝阴，还至下城父，其御庄贾杀之以降秦。刘昭曰：山桑县有下城父聚。○寨头店，在县东六十里，战争时置寨于此，因名。

附见：

寿州卫。在州城内，洪武初置。

○泗州，府东二百里。东至淮安府百九十里，东南至江宁府六合县二百六十里，北至淮安府邳州三百二十里，西北至虹县二百二十里。

《禹贡》徐州地，春秋时为徐子国，秦属泗水郡，汉属临淮郡，东汉属下邳国，晋仍属临淮郡，后魏属宿预郡，东魏属东楚州，后周为泗州地，隋大业初，属下邳郡，唐改置泗州，初治宿预，寻治徐城，开元二十五年，治临淮。天宝初，改曰临淮郡，乾元初，复为泗州，五代时属吴，朱梁贞明四年，杨吴置静淮节度于此。后属南唐，宋仍曰泗州，亦曰临淮郡。元因之，明初，以州治临淮省入，仍曰泗州，编户四十二里。领县二，今因之。

州北接中原，南通吴会，所谓梁、宋、吴、楚之冲，齐、鲁、汴、洛之道也。《楚世家》言：越已灭吴，而不能正淮北，楚东侵广地至泗上。苏代谓齐王：有淮北则楚之东国危。自秦汉之季，迄于南北争雄，江淮有事，未尝不先争泗上也。唐李吉甫曰：临淮者，汴泗之冲，舟车之会，为必守之地。广明初，曹全晸拒黄巢于泗上即泗州，势孤无援，为巢所败，而祸流中原矣。时宰相卢携议发诸道兵扼泗州，而以汴州帅为都统，使贼不得前，然官军竟无与贼抗者。周世宗与南唐争淮南，屡战于泗州、盱眙间，宋人以和议成，遂与金人画淮为界。宋绍兴十二年，和议成，置榷场于盱眙，后又置于光州、枣阳、安丰军，金人则置榷场于寿州、邓州、凤翔府。寿州，盖金人所得下蔡地。绍兴末，以金亮南侵，因渐规淮北。及隆兴二年，金人陷海州，寇泗州。胡铨言：海、泗，今日之藩篱咽喉也，彼得海、泗，则两淮决不可保，两淮不保，则大江决不可守，大江不守，则江浙决不可安。既而和议复定，乃还守旧境。嘉定中，韩侂胄开边衅，复泗州。丘崇言：泗州孤立淮北，若金人南出清河口及犯天长等城，首尾中断，堕敌计矣。乃弃泗州，还军盱眙。王应麟曰：取泗州间道，可以直走建康。亦谓自天长而南也。明靖难之师拔灵璧，遂渡淮克盱眙，由天长南向，列师江上，盖泗州者，全淮之门户，而天长者，又建康之噤喉也。西山真氏曰：天长西趣盱眙，南趣六合，东趣扬州，自扬州至盱眙，凡数百里，平畴沃壤，极目无际，重湖陂泽，眇莽相连，田野之民，皆坚忍强悍，此强兵足食进取之资也。

临淮废县，今州治。本徐城县地。唐长安四年，始分徐城南界两乡于沙熟淮口置。开元二十二年，移泗州治焉。咸通九年，徐州贼庞勋遣其党寇泗州，栅于城西。十年，淮南帅马举击败之，贼退保徐城。五代周显德四年，周主攻泗州，赵匡胤焚其南门，破水寨及月城，周主居月城楼，督将士攻城泗州寻降。宋建隆二年，废徐城县为徐城驿。景德二年，移临淮县治徐城驿。元复还旧治。明初省。又州城，旧有东西二土城，明初始以砖石修砌，合为一城，汴河经其中，城周九里有奇。

徐城废县，州西北五十里。古徐子国。《春秋》庄二十六年，齐人伐徐，自是徐屡见于春秋。昭三十年，吴灭徐，徐子章禹奔楚。汉置徐县，为临淮郡治。后汉属下邳国。晋仍属临淮郡。宋省。梁置东平、阳平、清河、归义四县。东魏改为高平县，并置高平郡，治大徐城。隋初郡废，县属泗州。开皇十八年，改为徐城县。唐仍属泗州。《括地志》徐城县北四十里有大徐城，即古徐国。因以大徐城为徐城镇。胡氏曰：镇在泗州北百余里，自此而西北，则入徐州界，其道里纡远。唐上元初，刘展叛，自宋州东下，淮东节度邓景山拒之于徐城，军溃。咸通九年，桂州叛卒庞勋等行及徐城，乃西北入宿州，盖至符离，则北至徐州才百二十里耳。此皆谓大徐城也。五代时，徐城县仍属泗州。宋建隆二年省。《志》云：今州东北八十里有古城，相传徐偃王所筑。《郡国志》亦谓之薄城。

淮平城，在州西二十里。《宋志》：绍兴二十一年，泗州地入于金，析临淮地置淮平县，后亦入金，侨置盱眙县。明昌二年，复改曰淮平，元废。○南重冈城。《寰宇记》云：隋重冈县也，在徐城西北九十里通济渠南。大业八年，于此置县，依重冈山为名。今《隋志》不载。

吴城，在故徐城县北三十里。相传陈吴明彻所筑。《郡国志》：徐城县西南八十五里又有古屯城，陈吴明彻于此置堰，断淮水以灌濠州，缘此筑城，置兵防守，其城内南北作隔，分为两城，又于淮水南招义县界筑城临水，与此城南北相对，俱谓之屯城。又沥桥城，《寰宇记》：在徐城西南二十五里。梁天监中，筑此置戍，南临沥水桥。

淮阳城，州东北百里，亦徐县地。晋义熙中，置淮阳郡。宋、齐因之。魏高闾曰：角城去淮阳十八里。是也。梁亦为淮阳郡。天监五年，将军蓝怀恭与魏将邢峦战败于清南，萧昞弃淮阳遁还。六年，魏淮阳镇将常邕和以城来降，寻复入于魏。普通五年，遣将攻魏淮阳，不克。东魏亦曰淮阳郡。魏收《志》：淮阳郡有淮阳县。武定七年，改梁西淮郡七县置。齐因之。陈大建五年，吴明彻等克齐淮南，诸戍淮阳郡弃城走。后周亦曰淮阳郡。《隋志》：梁析淮阳地置绥化、吕梁二郡。东魏武定七年，改置绥化县，后周又改为淮阳，隋开皇初郡废，县属泗州。唐初因之。贞观初，省入宿迁县。《郡国志》：淮阳城在徐城东北五十里，西临淮水，有抱月城，其城抱淮、泗水，形势似月。今州东北七十里有半城遗址，疑即古抱月城矣。

朱沛城，在故徐城西北六十里。其地有朱沛水。梁因置朱沛郡。魏收《志》：武定七年，改梁朱沛、循义、安丰三郡置朱沛县，属高平郡。后齐因之。后周并朱沛入高平县。

甓山，州西四十里。下有甓山湖，南通淮。又土山，在州北二十里，昔时汴河东堤也。

巉石山，州西百十里。与盱眙县浮山相对，即梁天监中筑堰处，上有城垒故址。又西二十里有车门山，山下有路通车，因名。

淮水，在城南一里，与盱眙中流分界。唐贞元八年，淮水溢没泗州城。周显德中，攻泗州，唐人立水寨于淮滨，又筑月城，两端抱水，以拒周师，为周军所破。《宋史》：开宝七年，淮水溢入州城，迄今淮水涨溢，泗辄当其患。旧有护城堤，历代皆修治之。明万历十六年，河臣潘季驯增修石堤，高厚视昔有加。

汴水，在州城北。亦曰通济渠。自虹县流入境，绕祖陵东北，复折而西南，至城南入淮。旧《志》：汴水出泗州东西两城间入淮。今上流埋塞，惟夏月水涨，舟楫仅通虹县。详河南大川。

直河，州东北二十里。宋崇宁三年，开此以通汴，东有一字河流合焉。《志》云：州西北有黄冈口，东至直河口，约五十余里。夏秋时，淮水泛溢，辄由二口滋入，与诸湖会，水淹及祖陵冈足。议筑堤以绕之。又拦马河，在城北十八里，夏月亦通汴河。○安河，在州东北六十里，下流入淮。又州东十里有虹蓝河，上流为土桥河。俱南流入淮。

永泰湖，州北五十里。《郡国志》：隋大业三年，开通济渠，塞断溧水，自尔成湖。今州北七十里有溧河，近河有洗马沟，相传徐偃王洗马处，水通安河。○塔影湖，在州西北四十里，以湖东龟山寺塔影倒入湖中而名，水通溧河，又州西百十里有峰山湖。○沙湖，在州北五里，当祖陵之东南。州西十里又有陡湖，在祖陵西南，东通沙湖，下流入淮。

蒲阳陂，在州西北。东汉元初三年，张禹为下邳相，徐县北界有蒲阳陂，傍多良田，而埋废莫修。禹为开三门，通引灌溉，遂成熟田数百顷，邻郡贫者皆归之，室庐相属，其下成市。后岁至垦千余顷，民用饶给。《东观记》：陂水广二十里，径百里，在道西，其东有田可万顷。

归仁集堤，在州西北五十里，接宿迁东界。其北有白鹿、邸家等湖，其南有祖陵旁之陡湖及沙湖，黄河泛涨，倒灌小河诸口，并挟湖水冲射祖陵及泗州城，故筑堤以捍之，近卫泗州，远固高堰，最为要害，堤长三十九里。高堰，今见淮安府。

祖陵，在州东北十二里，于平原中突起高阜，较泗州城址高二丈三尺有奇。沙、陡二湖潴蓄于前，面淮背黄，合流于东，而龟山在淮河南岸，平出淮中，约束去流，风气完固，真天开胜地也。

竹墩镇，在州东南。宋建炎中，金人南侵，挞懒屯泗州，兀术屯竹墩镇，为韩世忠所扼，不得前，寻引退。《志》云：竹墩，路通天长、六合，为建康之径道。〇青阳镇，在州西北百五十里，与虹县、宿州接境处也。

临泗驿。州北百十里，路出宿迁。又有泗水驿，在州南门外。州西五十里有杨庄驿，又西二十五里旧有龙寓驿，往来濠、徐之通道也。

〇盱眙县，州南七里。东至高邮州宝应县百八十里，东北至淮安府清河县百五十里，南至滁州百九十里。春秋时为吴善道地。襄五年，仲孙蔑、卫孙林父，会吴于善道，是也。秦为盱眙县，项羽尊楚怀王孙心为义帝，都盱眙。汉属临淮郡，郡都尉治焉。武帝封江都易王子蒙为侯邑。许慎曰：张目为盱，举目为眙，盱眙者，城居山上，可以瞩远也。后汉县属下邳国。晋为临淮郡治。永和九年，姚襄自芍陂济淮，屯盱眙。太元三年，苻秦将俱难等陷盱眙，谢玄率兵进攻，秦兵败走。义熙中，置盱眙郡。宋因之。元嘉二十七年，沈璞为盱眙太守，璞以郡当冲要，乃缮城浚隍，积财谷，储矢石，豫为城守之备。及魏主焘入寇，南至瓜埠，还盱眙，为璞及臧质所败。南齐因之。后移北兖州来治。梁仍曰盱眙郡。东魏因之。陈大建五年，吴明彻等伐齐，盱眙降，因改置北谯州，寻废州。隋初废郡，仍为盱眙县，属扬州。唐武德初，置西楚州。八年州废，以县属楚州。光宅初，改县曰建中，寻复故。建中初，又改属泗州。五代唐长兴二年，吴升为昭信军，寻复旧。宋初属楚州。乾德初，改属泗州。建炎二年，升为昭信军。四年，复为盱眙县，改属濠州。绍兴十一年，又改隶天长军。十二年，复升为昭信军。元仍置盱眙县，招信军治焉。至元十四年，升为招信路。十五年，改为临淮府。二十七年府废，复曰盱眙县，属泗州。明初因之。县凭山为城，编户三十一里。

睢陵城，县西六十里。汉县，属临淮郡，武帝封江都易王子定为侯邑。后汉属下邳国。晋因之。元帝尝侨置济阴郡。宋大明初，亦侨置济阴郡于此。泰始二年，晋安王子勋之乱，济阴太守申阐据睢陵应建康。寻没于魏，置淮阳郡。齐建元二年，崔叔阳破魏睢陵，杀淮阳太守梁恶是也。《水经注》：睢陵故县在虹县东境。宋为济阴郡治。南齐末，其地入魏，移济阴郡于淮南钟离东界，仍置睢陵县，当即是城也。梁因之。后为魏人所陷。普通五年，徐州刺史成景僑拔魏睢陵。太清二年，又没于东魏，改属彭城郡，寻复置睢阳郡于此。后齐改县曰池南。陈复曰睢陵。后周又改县曰招义。隋初郡废，县属濠州。大业初，又改县曰化明。唐仍曰招义，属濠州。宋为招信县，属泗州。建炎四年，还属濠州。绍兴四年，复隶泗州，寻又改属天长军。十二年，隶招信军。元初因之。至元二十年并入盱眙。今为旧县巡司。《中都志》：县西五十里有济阴城。唐初尝置济阴县，贞观初省。

淮陵城，县西北九十五里。汉县，属临淮郡。后汉属下邳国。晋属临淮郡。惠帝元康七年，分置淮陵国。永嘉后废。梁天监二年，魏扬州刺史元澄等入寇，澄分命诸将攻东关、大岘、淮陵九山，徐州刺史潘伯邻救淮陵，为魏所败。○焦城，在淮陵废县西。梁天监二年，魏元澄南寇，将军王燮保焦城，魏党法宗等攻拔之，进破淮陵，即此。

富陵城，在县东北六十里。汉县，属临淮郡。高祖十一年，黥布反，击荆王贾，贾走死富陵，即此。后汉废。后魏亦置富陵县，属淮阴郡。后齐废。

直渎城，在县南。晋义熙中，析盱眙县置直渎县，属盱眙郡。宋齐及梁因之。后魏仍属盱眙郡。隋初并入盱眙。○赘其城，在县西。汉县，属临淮郡。吕后封吕更始为赘其侯，邑于此。后汉县废。晋复置，寻又废。县西南有阳城及考城二县，俱晋末侨置县，属盱眙郡。隋初废。

鲁城，县东南三十里。后魏尝侨置鲁县，属淮阴郡。后齐废，即此城也。《志》云：县东北三里有彭城，盖亦南北朝时所侨置。○公路城，在县东北七十余里，今为公路村，相传袁术屯兵处。《城邑考》：县东北三十里有汉王城与项王城、小儿城，三城相连，相传项氏立楚后时屯兵处。

东山，在县治东南。山有石洞，左曰灵关，右曰剑壁，皆曲折相通。宋元嘉二十七年，魏寇彭城，将军臧质赴救，至盱眙，魏主焘已过淮，质遣其将胡崇之等营东山。毛熙祚据前浦，皆为魏人所败。明年，魏主还攻盱眙，筑长围，一夕而合，运东山土石以填堑，力攻，久之不克。胡氏曰：东山、前浦，皆在盱眙左右。东山之北，则高家山。高家山之东，则陡山，稍南则都梁山。都梁山之东北，则古盱眙城，城临遇明河。又东径杨茅涧口，又东径富陵河口，则君山，魏太武作浮桥于此。自此渡淮，稍东则龟山矣。○台子山，在县治东一里。宋元嘉中，臧质守盱眙以拒魏人，魏主造弩台于山上，以射城中，因名。治东又有第一山，治南有清风山，皆名胜处也。

君山，县东北六里。魏邓艾尝于此堰涧为塘以溉田。晋太元四年，谢玄等败苻秦将俱难于淮阴，秦人退屯淮北之君川，即君山之川矣。宋元嘉中，魏主焘筑长围，围盱眙，作浮桥于君山，绝水陆道，即此。亦曰军山，又东北一里曰长围山。《志》云：魏主焘围盱眙，自都梁山筑长城，造浮桥，绝水路，此其旧址。

陡山，在县东北五里，下瞰淮流，其势陡峻，亦曰斗山。《一统志》：山与都梁山相接，当淮流之险峻。胡氏曰：陡山之东，古盱眙也。唐咸通十年，辛谠为泗州迎粮于淮南，舟载钱米，还至斗山，贼将王弘立帅众拒之于盱眙，布战舰塞淮流，谠击败之，遂入泗州。○望州山，在县南五里。《志》云：自南而登，可见泗州城。又县东有磨旗山，相传南北交兵，每立旗帜于山上。

九头山，县南三十五里。山有九丘，因名。梁天监二年，魏豫州刺史元澄分命诸将攻淮陵九山。或曰：九山，即此山也，或谓之塘山。宋嘉定六年，尤焴言：白水塘源出塘山，其山冈阜重叠，溪涧萦纡，凡四十里。盖因白水塘而得名。

龟山，在县东北三十里。《志》云：山有二，上龟山在县治西南，下龟山在此山西南隅，上有绝壁，下有重渊，相传禹锁淮涡水神巫支祁于此。宋嘉定十二年，山东贼时青来附，处之龟山。又宝庆三年，李全以青州叛，降蒙古，袭据楚州，败金将完颜讹可于龟山。即此。

都梁山，在县东南五十里。广袤甚远，产都梁香，隋建都梁宫，并置城于此。项安世曰：都梁山上水极清浅，中多兰草，俗谓兰为都梁也。隋大业二年，炀帝起行宫于山上，殿阁三重，长廊回绕。其下有磐泉，七源并导，合为一流。又于宫西南淮水侧凿钓鱼台，临淮高岸。又起四望殿，前有曲河，以停龙舟大舸。其离宫别馆，萦带淮滨，俗呼都梁宫。大业十年，贼孟让自长白山寇掠诸郡，至盱眙，据都梁宫，阻淮为固，王世充破走之。唐光宅元年，徐敬业起兵扬州，武后使李孝逸讨之，敬业屯下阿，使其弟敬猷逼淮阴，其将韦超屯都梁山，孝逸至都梁诸将以险固不可攻，薛克构曰：超众少，击之必举，举都梁，则淮阴、高邮、望风瓦解矣。从之，超果遁去。又上元二年，刘展据江淮诸州以叛，平卢将田神功屯任城，奉诏进讨，至都梁，刘展自广陵将兵迎战，败走。咸通九年，桂州叛卒庞勋据彭城，遣其党围泗州，淮南遣兵赴援，皆屯都梁城，与泗州隔淮相望，贼围都梁而陷之，据淮口，漕驿路绝，既而戴可师奉诏讨勋，欲先夺淮口，后救泗州，围都梁城，贼伪降遁去，可师入其城，贼帅王弘立乘大雾掩击，官军尽没。《寰宇记》：山在县东南六十里，淮滨之阻狭也。

青山，县西南八十五里。宋绍兴间，刘泽保聚于此，金人不敢近，其城垒故址犹存。《志》亦作清平山。又西南六十余里有嘉山,亦有营寨旧址。○三台山,在县西南百五十里,山有三峰,东西南鼎立,上可屯十万众。宋建炎中,刘纲保聚于此。元末,定远豪王弼亦结寨其上。

浮山,县西百四十里。北临淮水,一名临淮山。《水经注》:淮水自钟离县又东经浮山,北对巉石山。梁筑浮山堰,盖以此山名也。杜佑曰:浮山去钟离郡九十里,山下有穴,名浮山洞,夏潦不能及,冬涸不加高。浮山之名亦以此。五代周显德四年,破南唐水军于洞口,即浮山洞口也。既而周主攻下泗州,唐战船赴援者,犹泊洞口,周主遣骑侦之,唐兵退保清口。清口谓清河口矣。○云山,在县东七十余里。一名东阳山,盖因旧县而名。上有天井,冬夏皆水深五丈许。

淮河,在县北二里,与泗州中流分界。自五河县流入境,又东一百五十里至清河口合于黄河,城北有长沙洲,自淮水渡接牛场港,长二里,淮水泛涨,赖以捍御。

运河,在县东北三十里。宋元丰六年开运河,自龟山蛇浦起,讫于洪泽,凿为复河,亘五十七里有奇,广十五丈,深丈有五尺,发运使蒋之奇董其役,以避淮流之险,为转输之利。谓之龟山运河,亦谓之洪泽河。宋《国史》:先是发运使许元自淮阴开新河,属之洪泽,避长淮之险,凡四十九里,久而堙涩。熙宁四年,发运副使皮公弼修泗州洪泽河六十里,以避漕运涉淮风涛之患。至是发运使罗拯,复欲自洪泽而上凿龟山里河,以达于淮。会发运使蒋之奇入对,建言上有清汴,下有洪泽,中间风涛之险,不过百里。宜自龟山蛇浦,下属洪泽,凿左肋为复河,取淮为源,不置插堰,可免风涛覆溺之虞。议者以为便,遂成之。建中、靖国初,复下司修筑。自是岁以为常。南渡后,始罢其役。○直河,在今城北郭内,唐太极初,敕使魏景倩引淮水至黄石冈,以通扬州,即此河也。

池河,在县西南,自合肥县境流入,北注于淮,又有津里河,源出嘉山，亦北流入于淮。

洪泽浦，县北三十里。旧名破釜塘。邓艾立白水塘，与破釜相连，开水门八以溉田。其后炀帝幸江都，道经此，久旱遇雨，因改今名。唐咸通九年，徐州贼庞勋遣其党李圜攻泗州，敕使郭厚本将淮南兵救之，军洪泽，畏贼强不敢进。宋乾道七年，诏浚洪泽至龟山浅涩处以通运。元至元二十三年，淮南立洪泽、芍陂两处屯田。初，两淮兵燹之馀，荆榛蔽野，宣慰司昂吉儿言：可立屯田，以给军饷。至是试行，果大获，遂以兵三万屯此，岁得米数十万斛。○万岁湖，在县西二十里，方圆四十里。周世宗攻泗州，驻跸于此，民皆呼万岁，因名。

曲溪堰，在县西南十里。亦名新河堰。唐咸通中，高骈镇淮南，有曲溪屯将。五代周显德二年，张永德败唐泗州兵于曲溪堰。是也。○九山湾，在县西。梁天监二年，魏元澄分命诸将犯淮陵九山，徐州刺史司马明素将兵救九山。胡氏曰：盱眙县西南十五里有三城，又西十五里至淮陵城，临池河，池河过淮陵城西而北入淮，谓之池河口。九山店在淮北，南直淮陵。九山店之东则陷坬湖，南则马城，淮流至此，谓之九山湾。其东则凤凰洲，在淮水中，约长十里。今土人亦呼九山湾为狮子渡，北兵渡淮之津要也。

都梁宫，在都梁山上，隋置。《志》云：县东南十五里，旧为都梁驿，炀帝亦置宫殿于此。今地名莲塘。

洪泽镇。在县东。《九域志》：盱眙有洪泽镇。王氏曰：镇有二，一在盱眙，一在山阳界。宋绍兴中，韩世忠欲伏兵洪泽镇，邀金使者张通古处也。今县东六十里至石灰窑，又三十里至洪泽驿，由水道沿淮至淮口，此其必由之道也。○淮原驿，在县西南三十里，为往来濠、庐之通道。

○天长县，州东南百五十七里。东至扬州府百二十里，东南至扬州府仪真县百二十里，南至江宁府六合县九十里。汉东阳县地。刘宋侨置南沛郡及沛县于此。萧齐亦置南沛郡及沛县。梁置泾州，领泾城、东阳二郡。后齐因之。陈废州，并二郡为沛郡。大建十一年，没于后周，改置石梁郡及石梁县。隋郡废，县属扬州。大业中，改县曰永福。唐初废。天宝初，置千秋县，仍属扬州。七载，改为天长县。光启三年，淮南军乱，杨行密自庐州趋广陵，至天长，是也。南唐为天长制置使。升元六年，改曰建武军。明年，又改为雄州。周显德四年，克唐泗州，攻楚州，使降将郭廷谓将其濠州兵攻天长，天长降，改为天长军。宋因之。至道二年，复为天长县，属扬州。建炎初，又升为军。绍兴初，复为县。十一年，又升为军。十二年复为县，隶招信军。元改属泗州。明因之。县旧有土城，周六里，今废，编户二十里。

东阳城，县东七十里。秦县，陈婴为东阳令史，即此。汉属临淮郡。后汉永平中，属下邳国，寻改属广陵郡。刘昭《志》：县有长洲泽，吴王濞太仓在焉。晋复属临淮郡，后废。今故址尚存，俗谓之屈城。

石梁城，县北二十五里。江左所置戍守处也。宋泰始二年，薛安都举兵彭城，应晋安王子勋，遣其从子索儿引兵向广陵，为张永、萧道成所败，退保石梁。梁承圣二年，秦州刺史严超达围齐泾，州侯瑱等俱出石梁，为超达声援，寻为齐将段韶所败，引还。陈大建五年，吴明彻大败齐兵于城下，遂克石梁。十一年，为后周所取，置石梁县于此，后废。唐武德七年，又置石梁县。贞观初省。今亦谓之旧城，其东有关城，关城之东有月城，皆战争时所筑。又有土城，在县东北三十里，一名新城，盖县尝迁治于此。○横山城，在县西南三十里，梁置横山县于此。后周省入石梁。又有义城，在县南二十五里，或曰梁时尝置义城县于此。

横山，在县南五十里。山形四平，望之若横。宋建炎中，刘纲尝保聚于此。又冶山，亦在县南五十里，汉吴王濞冶铸处也。上有天井及白龙池、铁牛洞，又南十里有道人山。○覆釜山，在县西五十里。相传周世宗取淮南时，驻跸于此。

望城冈，县西十里。又西三十五里为夹寨冈，又寨子冈在县东四十五里，皆昔时营垒处。又有宋城冈，在县北十三里。〇东长冈，在县东北十五里。县西十三里又有西长冈，逶迤萦绕，与望城诸冈前后相接。

石梁河，县西北三十里。源出滁州，或谓之铜城河。自天长以西诸水，俱流入焉，汇为五湖，接高邮州界，分流为樊梁溪，一名下阿溪，唐徐敬业为李孝逸所败处也。《通释》：天长有石梁堰，后周因以名县。〇汊涧河，在县东四十五里。山间三处于此合流，由县东北入于五湖。

得胜河，县北七里。涧谷诸水汇流于此。上有破城，城下为破城渡。相传汉高祖败淮南王英布，引兵渡此，因名。东北流入于五湖。

五湖，县东北四十五里，以五水合一而名。东接高邮州之毗沙湖。又创冈湖，在县北四十里，东接五湖。又有丁溪在县东四十五里，亦与五湖相灌注。〇万岁湖，在县西五里，周十里，相传以秦始皇经此而名。

下阿镇，在县东北下阿溪上，因名。唐光宅初，徐敬业举兵扬州，武后使李孝逸击之，敬业拒之于下阿，阻水为守，魏元忠曰：风顺荻干，火攻之利也。从之，敬业败死。宋白曰：下阿镇本属高邮，唐天宝初，割高邮、六合、江都三县地，置千秋县，故在县境。

铜城镇，在县北四十五里。汉吴王濞即大铜山铸钱处，后因以名镇。又城门乡，在县东北四十五里。今有巡司戍守。〇大仪镇，在县东南五十里，与扬州府接界。今见江都县。

平原桥。在县西九十里，西北通盱眙，东南通六合，为往来之要地。又鸦口桥，在县东南。宋绍兴初，韩世忠败金人于大仪，别将复败金人于鸦口桥，即此。

附见：

泗州卫。在州城内。洪武初置。

○宿州，府西北二百三十三里，东北至淮安府邳州二百二十里，西至河南永城县百三十里，北至徐州百五十里，南至蒙城县百二十里。

《禹贡》徐州地，周为宿国地，春秋时属宋，后并于楚。秦属泗水郡，汉属沛郡，后汉属沛国，晋因之。梁置睢州，后齐置睢南郡。隋属徐州，唐初因之，元和四年，始析徐、泗二州地置宿州。五代因之。宋亦曰宿州，亦曰符离郡。开宝初，兼置保静军节度。金仍旧。元属归德府，明初改今属。编户五十一里。领县一。今仍之。

州西翼梁、宋，北控邳、徐，南襟濠、寿，东限淮、泗，舟车要会，战守所资也。唐建中四年，李泌言：东南漕运，自淮达汴，徐之埇桥，为江、淮、汴口。五代梁乾化四年，徐州附于吴，而宿州中梗，徐州复入于梁。州在徐、泗之间，岂非噤喉之所欤。《五代史》：梁武宁帅王殷叛附吴，梁主遣牛存节等讨之，存节军于宿州，吴军赴援徐州，为存节所败，徐州复为梁有。胡三省曰：不径攻徐州，而南屯宿州，据埇桥之要，且绝淮南之援也。

符离废县，州北二十五里。故楚邑。《战国策》：冷向曰：楚南有符离之塞。秦置县，陈胜令符离人葛婴将兵徇蕲以东，是也。汉属沛郡。武帝封路博德为侯邑。后汉属沛国。晋因之，后废。萧梁置淮阳县及沛郡于此。东魏武定六年，改郡曰睢南，县曰斛城。后齐复为符离县，仍置睢南郡。隋初郡废，县属徐州。唐因之。元和四年，置宿州治于符离城南，以扼淮汴之冲。咸通九年，叛卒庞勋等自桂城，而西徐州观察使崔彦曾命宿州兵出符离，泗州兵出虹县以拒之，不克。十年，勋党张玄稔以州来归，明日，引军袭入符离，遂北趣徐州，是也。宋亦为符离县，隆兴二年，张浚督诸将北伐，劲宏渊等大败于符离，金人遂进攻淮南。元至元三年，省县入州。今符离集盖以此名。《城邑考》：今州城周六里有奇，门四。

铚城，州南四十六里。战国时宋邑。黄歇说秦王，魏氏出兵而攻留、方与、铚、湖陵、砀、萧、相，故宋必尽，此即金至邑也。秦置铚县，二世初，陈胜起大泽乡，收兵攻蕲、金至，皆下之。汉属沛郡。后汉属沛国。晋属谯郡。宋时，废南谯郡有铚县，乃侨置也。后属魏。梁大通二年，遣将军陈庆之送魏北海王颢还北，颢袭魏金至城而据之。是也。方与见山东鱼台县，馀见徐州。

临涣城。在州西南九十一里。唐临涣县治也。萧梁置临涣郡于故铚城，领白禅、丹城等县。东魏因之。后齐废郡为临涣县。隋开皇初，县属亳州，以丹城县省入。大业初，复以白禅县省入。唐因之。刘昫曰：唐初置谯州，领临涣、永城、山桑、蕲县。贞观十七年，州废，自故铚城移临涣县于废谯州，仍属亳州。元和九年，割属宿州。宋金因之。元至元二年省。○涣北废县，亦在州西南。梁置，属临涣郡。后魏因之。后齐废。

竹邑城。在州北。秦曰竹邑。汉高十二年，黥布反，曹参破布军，南至蕲，还定竹邑、萧、相、留，即此竹邑矣。寻为竹县，属沛郡。后汉曰竹邑，属沛国。晋因之，亦曰竺邑，后废。北魏置竹邑戍。齐建元二年，徐州刺史崔文仲遣兵拔魏竹邑戍，是也。寻复没于魏。梁大通初，成景隽攻魏竹邑，拔之，于此置睢州。东魏武定五年，改置南济阴郡，领顿丘、定陶二县。北齐复曰竹邑县。隋开皇三年，州县俱省入符离。刘昫曰：符离县，隋治朝斛城。唐贞观初，移治竹邑。《括地志》：今符离即故竹邑也。

相城。在州西北九十里。《志》云：古相土所居，宋共公徙都于此。秦置相县，二世二年，章邯别将司马㞕将兵北定楚地，屠相，至砀，即此。汉为沛郡治。后汉及晋皆为沛国治。宋、齐徙沛郡治萧，而相县属之。魏亦属沛郡。后周省。或讹为襄城。唐咸通十年，徐州贼庞勋遣其党王弘立犯官军于鹿塘寨，为沙陀将朱邪赤心所败，自鹿塘至襄城，伏尸五十里。既而庞勋自萧县攻柳子，约襄城、留武、小睢诸寨，合兵并进，襄城兵先至，攻柳子，为官军所败。于是康承训进克临涣，并拔襄城、留武、小睢诸寨。诸寨盖在临涣南也。

蕲城，州南三十六里。楚邑也。《楚世家》：王负刍四年，秦王翦追破楚师，至蕲南，杀将军项燕。即此处也。秦置县，二世二年，陈胜起兵于蕲。汉十二年，黥布叛，渡淮而西，帝自将讨布，与布军遇于蕲西，寻亦置蕲县，属沛郡，郡都尉治焉。后汉属沛国。建安二年，曹操讨袁术，术留其将桥蕤等于蕲阳以拒操，操击斩之。晋属谯郡。宋及后魏因之。梁改置蕲郡。东魏因之。后齐亦为蕲郡治。隋初郡废，县属徐州。唐因之。元和九年，改属宿州。宋亦曰蕲县。金人仍属宿州。元废。又有庸城，在蕲西。汉高与布军遇于蕲西，壁庸城望布军。是也。

赤坎城，《寰宇记》：在虹县西南百九十五里，是也。梁天监八年，置赤坎戍。大同二年，废戍置仁州，中大同二年，遣仁州刺史湛海珍发兵趣悬瓠，是也。魏收《志》：武定六年，仁州及临淮郡皆治已吾县，即赤坎城。后齐因之。陈大建五年，吴明彻等伐齐，克仁州。隋大业初，州废入蕲县。唐武德四年，复置仁州于夏丘。贞观八年，州废。夏丘，见前虹县。《志》云：县南三十里有霸王城，相传项羽屯兵处。

灵壁城，在州西北。孔颖达曰：符离西北九十里有小城，古灵壁城也。杜佑曰：符离北有灵壁，项羽击汉军于彭城，汉卒南走山，楚又追击，至灵壁东睢水上，汉军却，为楚所挤，多杀汉卒十余万人，皆入睢水，睢水为之不流。即此处。又晋惠帝永兴二年，东海王越起兵屯萧，将西讨河间王颙于长安，豫州刺史刘乔遣其子祐拒之于萧县之灵壁，越不得进。《水经注》：睢水东径沛郡相县，又径彭城郡之灵壁东。

相山，州西北九十里。山甚危峻，相县盖以山名。《志》云：州北五十里有离山，产符离草。《尔雅》所谓莞也，县名符离，以此亦谓之茅山。又有大山在州北四十五里。〇骞山，在州北七十里，以山有闵子骞墓而名。墓左有龙涴潭，灌田数千顷，又有丘瞳山，在州西北七十里。

汴河，在城北。自河南永城县流入界，又东南流入虹县界。《志》云：炀帝自汴开河，经州境至泗，长千三百里，两岸筑堤。今州城东南尚有故迹，名曰隋堤。唐咸通九年，叛卒庞勋自徐还攻宿州，军于符离，州将焦璐决汴水以断北路，贼至，水尚浅，遂涉水攻城，城陷。既而徐州军追贼至州北，决水已深，徐州将元密渡水围城，为贼所败。又自州而东，汴皆有堤，贼寻自宿州掠船顺流东下，官军追之，贼舣舟堤下，而陈于堤上，伏兵舟中，官军至阵者，走入陂中，官军登堤，贼自舟中出兵夹攻，一军悉没。又宋绍兴十年，王德复宿州，金人阻汴水邀战，德策马先济，步骑从之，金人败走，遂取其城。

睢河，在州北二十里。自萧县流入，与徐州接界。项羽击汉军睢水上，即此。唐咸通九年，叛贼庞勋等至符离，州军讨之，溃于睢水上，贼从符离竟抵宿州，陷之。

涣水，在州西南五十里。亦自河南永城流入境，经废临涣城北，又东合于浍水。胡氏曰：涣水经亳、宿二州间，东南至泗州巉石山，西南入淮，亦谓之澺水。丁度《集韵》云：澺，呼外反，一作涣，是澺水即涣水也。《战国策》：魏拔赵邯郸，楚救赵，取睢、澺之间。梁天监二年，韦叡破魏军于钟离，遂北至澺水上。唐咸通十年，徐州贼庞勋袭宋州，不克，渡汴水，南掠亳州，官兵追之，勋循涣水而东，至蕲，将济，官军四集，败死。

浍水，州南三十五里。亦自永城县流入境，合涣水，经州东南入灵璧县境，又东南至五河县入淮。又泡河，在州南九十里，源出亳州舒安湖，经永城境，至临涣旧县南，又东合于浍河。《史记》：汉十二年，汉将别击黥布军洮水南北，皆大破之。徐广曰：洮音导，或以为即泡水之讹。按是时布已败走江南，则非泡水明矣。〇沱水，在州东南六十里。《志》

云：州东南有紫亭湖，沱水出焉，东流入灵壁县界。

浍河，在州南九十里。《志》云：州南有龙山湖，浍水出焉，东南流入怀远县界，注于淮。○蕲水，在废蕲县南，东流入虹县境。《括地志》：睢水至谷熟而两分，一为蕲水。然则蕲水即睢水也，亦谓之毂水。

牌湖堤，在符离旧城东北五十里。灌田五百余顷，本隋旧堤。唐显庆中修治，后复废。《唐史》：符离县有安阜屯，盖亦导水耕屯处也。

埇桥，州北二十五里。亦名符离桥，今名永济桥，跨汴水上。《舆地记》：隋氏凿汴以来，徐州南控埇桥，以扼汴路，故其镇尤重。唐于其地置盐铁院。建中二年，淄青帅李正己拒命，屯兵埇桥，江淮漕船数千余，不敢逾涡口。贞元十九年，徐州军乱，泗州刺史张伾出兵攻埇桥，大败而还。元和四年，议者以埇桥在徐州南界汴水上，当舟车之会，因置宿州以镇之。至唐末，汴水溃决，自埇桥东南，悉为污泽。周世宗显德三年，谋伐南唐，发民夫，因故堤疏导，东至泗上。五年，复浚汴口，导河流达于淮。于是江淮舟楫始通。今汴河堙废，埇桥不复为襟要矣。

柳子镇，在州西北九十里。范成大《北使录》：自临涣县北行四十五里至柳子镇，是也。唐咸通九年，庞勋据徐州，康承训讨之，军于新兴，贼姚周屯柳子拒守，承训寻自鹿塘进军，逼贼于柳子，周渡涣水来战，官军败却之，进围柳子，贼弃寨走沙陀，以精骑邀击，自柳子至芳亭，贼死者相枕，贼党周重曰：柳子要地，既已失之，危如累卵矣。既而庞勋复合兵攻柳子，大败，走还彭城。宋绍兴十年，杨沂中自亳州还至宿州。金遣间给以敌骑数百屯柳子，沂中自将五百骑夜袭之，不见敌而还。金以精兵伏归路，沂中军溃，自寿春走归泗，金人遂屠宿州。《里道记》：柳子镇西行三十里至永城县之鹿塘，又三十里至新兴镇。

袤亭，在州西。《左传》桓十五年，公会宋公、卫侯、陈侯于袤，伐郑也。杜预曰：相县西南有袤亭，一名茟。○芳亭，在州北，即唐咸通中官军败贼处。又有柳溪亭。咸通十年，庞勋将张玄稔等以州城降，官军诛勋党张伦等于柳溪亭，是也。亭在州城内。

大泽乡，在故蕲县西。秦二世元年，陈胜、吴广起兵于蕲，拔大泽乡，即此。又蕲西有甃乡，甃，颜师古曰：读直惠反。亦曰甀。汉高十二年，讨黥布，布西与上兵遇蕲西会甀，是也。○桐墟镇，在废蕲县西南。《里道记》：自宿州桐墟镇而南，至涡口渡淮。金人《疆域图》：临淮县有桐墟镇。

第城驿。在州西。唐咸通十年，庞勋攻康承训于柳子，大败，退还彭城，使其党张实分诸寨兵屯第城驿，既而承训拔临涣，又进拔襄城、留武、小睢等寨，乘胜长驱，遂拔第城，进抵宿州西，筑城而守之，即此。○睢阳驿，在州城东，又有百善道驿，在州西七十里。《寰宇记》云：古百战道也。又大店驿，在州东五十里，东走灵璧之道州，北六十里又有夹沟驿，则北出徐州之道也。

○灵璧县，州东百二十里。东北至邳州睢宁县百五十里，西北至徐州萧县二百二十里。本虹县灵璧镇，宋元祐初，升为县，旋复为镇。七年，又升为县。政和七年，改曰灵璧，属宿州。金因之。元省入泗州，寻复置，仍属宿州。明因之。旧城周七里有奇，今废。编户三十八里。

浍城，在县南。汉浍县，属沛郡。应劭曰：浍水所出，南入淮。后汉属沛国。晋因之。后废。苏林曰：浍有垓下聚，盖县本虹县地也。

谷阳城，县西北七十五里。汉县，属沛郡。应劭曰：县在榖水之阳，榖水即睢水也。晋省。魏太和中，置榖阳镇，寻置平阳郡。武定六年，改置榖阳郡，治高昌县，兼领连城县。后齐因之。陈大建五年，吴明彻攻齐淮南，榖阳士民杀其戍主以城降。隋废郡为县，属徐州。唐省入蕲。

齐眉山，在县西南三十里。山开八字，如列眉然。明建文三年，燕王南下，徐辉祖败之于此。○磬石山，在县北七十里，山产磬石，即《禹贡》

所云泗滨浮磬也。祝穆曰：山北距泗水五六十里，当横流之际。泗水经山下，事非诬矣。

凤凰山，在县西五里。以形似名。又县西北五里有栲栳山，以山回环如椅也。黄河经县界，亦有栲栳湾之名。又有孟山，在县东北七十里，接睢宁县界。

黄河，在县东北五十里。自徐州东南流入县境，又东入睢宁县界，县西北双沟一带，尤为河防要害。《河渠考》：双沟西去吕梁洪五十里，在黄河南岸，其东为睢宁县接境之曲头集，河常决于此，而栲栳湾在黄河北岸，亦扫湾急溜处也，防维不可或疏矣。

睢水，在县北六十里。自宿州流入境，亦谓之小河，又东入睢宁县界。明建文三年，何福败燕兵于此，是时燕师久驻齐眉山，暑雨多疾疫，诸将曰：小河之东，地平衍，士马可休息，请退屯于此。王不可，乃止。

汴河，在县治南二十步。自宿州流入，又东南入虹县界。旧通舟楫，今淤。〇浍水，在县南七十里，自宿州流入境，东南入五河县界。又沱河，在县西南四十里，亦自宿州流入，又东南入虹县界。

陡沟，县南百里。或曰：浍水之支流也。宋隆兴初，李显忠自濠梁渡淮，至陡沟，败金将萧琦，遂复灵璧。〇石湖，在县东北十五里，旧为睢、汴支流所汇，中有巨石，因名。县境又有沫沟湖，今涸。

固镇。在县西七十里，有固镇保巡司，其南为固镇驿。

附见：

宿州卫。在州城内，洪武中置。

〇颍州，府西四百四十里，东南至寿州二百九十里，南至河南固始县百十里，西至河南汝宁府三百里，西北至河南陈州二百七十里，北至亳州二百二十里。

《禹贡》豫州地，春秋时胡子国，战国属楚。秦为颍川郡地。两汉为汝南郡地。三国魏景初二年，置汝阴郡，后废。晋泰始二年，复置，宋因之。后魏亦曰汝阴郡，孝昌四年，置颍州，兼置汝阴、弋阳二郡。魏收《志》：梁得汝阴，置双头郡，魏因之也。后齐仍曰汝阴郡。隋初，郡废州存。大业初，复为汝阴郡。唐武德四年，改置信州。六年，仍曰颍州。天宝初，亦曰汝阴郡。乾元初，复为颍州。五代因之。宋仍曰颍州。元丰二年，升顺昌军节度。政和六年，改为顺昌府。金复为颍州。元属汝宁府，以州治汝阴县省入。明改今属，亦曰颍州编户三十二里，领县二。今因之。

州东蔽濠、寿，西出陈、许，不特可以固淮服之藩篱，实恃以通中原之声气，且川泽流通，田畴沃衍，耕屯于此，兵食可以交足也，席邓艾之仓箱，建刘锜之旗帜，古今人岂真不相及哉？

汝阴废县，今州治。汉置县，属汝南郡。高祖时，封夏侯婴为侯邑。又更始二年，封其宗室信为汝阴王，是也。后汉亦属汝南郡。章和初，幸汝阴。魏为汝阴郡治，自是州郡皆治此。宋泰始二年，魏拓跋石自悬瓠引兵攻汝阴太守张超，不克，退屯陈项，寻复来攻，卒不克，久之，始没于魏。隋亦为汝阴郡治。大业末，郡城为贼房献伯所陷，郡人江子建设栅为险以御之。唐武德四年，平王世充，子建举州来属，诏授子建为刺史，即其栅处筑城，谓之信州城，东南距故州城十里，以近汝南襄信城而名也。六年，复为颍州，移入旧城。宋颍州亦治此。开宝六年，移汝阴县治于州城东南十里，后复旧。金因之。元至元二年省。《志》云：今州有二城，南城土垣周五里有奇，相传故汝阴城也。北城砖石修砌，周四里有奇，洪武中所筑城也。二城相连，并为州治。

胡城，在州西北二里。春秋时胡国城也。定十五年，为楚所灭。杜预曰：汝阴西北有胡城。晋咸康五年，赵王虎以夔安为大都督，帅诸军南寇安进，据胡亭，寇江夏。胡氏曰：即胡城也。〇任城在州北三里颍水北岸。《志》云：陈将任忠于此筑城，以迫汝阴，今为河水荡决，俗呼蛮奴寨。蛮奴，忠字也。又博城在州东北四十里。《志》云：司马宣王使邓艾于此屯田，以备东南，盖仓城也。

细阳城，州西北四十里。或曰：战国时，楚考烈王迁巨阳，此即巨阳城。后讹为细阳。汉置细阳县，属汝南郡。光武封岑彭子遵为侯邑。晋县废。又有乐昌城，在州西。吕后封张敖前姬子寿为乐昌侯。徐广曰：细阳之池阳乡也。南北朝时，尝置乐昌县于此。

新郪城，州东八里，城西三里有土阜，屹然高大，谓之郪丘。魏安釐王十一年，秦拔郪丘，是也。汉置新郪县，属汝南郡。后汉建初四年，封殷侯为宋公，国于新郪，曰宋公国，晋为宋县，属汝阴郡。宋齐因之。后魏亦为宋县。梁大通末，置陈留郡及陈留县，兼置陈州。东魏废州。隋初废郡。开皇十八年，改为颍阳县，属颍州。大业末废。今亦谓之颍阳城。近《志》云：颍阳城在今太和县西北四十五里。《水经注》云：宋公县在细阳西北也。

清丘城，在州东五十六里。梁中大通初，得淮北地，侨置许昌县，为北陈留、颍川二郡治。东魏因之。后齐曰颍川郡，隋开皇初，郡废。十八年，改县曰清丘，属颍州。唐初因之，贞观初废。《志》云：城在颍水北岸，旁有清丘，因名。

财州城，州西南百十里。《隋志》：东魏置财州。后齐废州，置包信县。开皇初废。今有二土城，相去二三里，土人呼为东才城、西才城。又西三十里有永安城。《志》云：武德四年，于汝水北岸置永安县，属信州，寻废，其市井犹存。又北三里有县治子城。〇黄城，在州东南百三十五里。梁中大通初，置黄城县，为颍川郡治。东魏武定七年，改置下蔡郡，仍治黄城县。后周郡县俱废。又屯城，在州西南百七十里龙项湾东。相传周伐南唐，筑城屯兵于此。又州南百十里汝水之阳有地理城。《志》云：元至顺中，置颍水县于此。至正间，刘福通作乱，县毁。

金牛岭，在州南百二十里淮水北岸，与朱皋镇相近。又七旗岭，在县南七十五里，北临谷河，有七旗桥，为往来通道。《志》云：州南八十里有金丘，在淮水傍。州东十里颍水北岸又有寝丘云。

颍河，在城北，自河南沈丘县流入境。《志》云：自河南鹿邑县，经太和县而至州城北。盖鹿邑、太和，俱与沈丘及州境相接也。自州而东，经颍上县至正阳镇入于淮，谓之颍口。唐咸通初，颍州大水，即颍河涨溢矣。宋绍兴十年，刘锜保顺昌，金人涉颍河至城下，为锜所败，既而兀术至，锜为三浮桥于颍河上，且毒颍水上流，金人饮之辄毙，及战，敌败走。《河渠考》：金人季年，河决太康，自颍西北陈州界入境，东南流经城北。元末，又自通许分流，一支入涡河，一支自陈州商水入南顿，混颍水东流过项城赵家渡，而入沈丘县境，历乳香台，过县北而入州界。明洪武八年，黄河分决入颍水，直至颍州北门外。正统十二年，河徙鹿邑，旧流遂绝。成化末年，黄河一支复通于颍，其后通塞不时，俗亦谓颍水为小河。今详河南大川颍水。

淮水，在州南百里。自河南固始县流入境，有水台湾，去州百余里，淮河经此，波流渐阔，又东入霍丘县界。唐天祐初，朱全忠侵杨行密，自颍州济淮，军于霍丘，即此处也。

汝水，在州南百里。自河南息县流入境。《志》云：汝水东北流，至桃花店入州界，又东至永安废县，环地理故城，至朱皋镇入于淮，亦谓之淮口。齐东昏侯时，陈伯之攻寿阳，魏汝阴太守傅永将郡兵救寿阳，去淮二十余里，牵船上汝水南岸以牛挽之直南趣淮，下船即渡，遂达寿阳处也。

旧黄河，在州西北。《志》云：明初自太和县流入颍，经州北门外，东流至正阳镇入淮。盖夺颍河经流也。正统十二年，上流淤塞，惟河南西华县境一枝入颍合流，后亦埋绝。《中都志》：今州西百四十里有界溪湖，长三十余里；州西北百五十里有白杨湖，亦周数十里，皆旧时大河所经，淤隔为湖。

柳河，州西五十里。自太和县流入境，合于茨河，又东至州西二十五里之茨河渡，入于颍河。又西茨河，在州西北六十里，合太和县新集以南诸水，至州西五十里废柳河驿，而合于柳河。〇润河，有二，大润河在州南五十里，小润河在州南三十里，流至桃花店接大润河，又东南入颍上县境，注于淮。

西湖，州西北二里。长十里，广二里，颍河合诸水汇流处也。又张家湖，在州东三十里，颍水北岸，方六七十里。相传即古寝丘，后陷为湖。

刺河，自鹿邑东至州北，入颍河。

清陂塘，州南百二十里。引淮水灌田，为利甚溥。又椒陂塘，在州南三十五里。唐永徽中，刺史柳宝积所开，引润水溉田二百余顷。今有椒塘镇。〇百尺堨，亦曰百尺堰，亦曰百尺沟。《元和志》：在州西北百里，俗讹为山阳堰，旧自河南沈丘县接州界。

朱皋镇，在州南百二十里。下临长淮，有朱皋渡，南至固始县六十里，为两境要冲。元至正十一年，刘福通破颍州，据朱皋，攻罗山、上蔡等县。明正德六年，贼赵燧犯颍州，入朱皋镇，即此。今有巡司，属固始县。〇永宁镇，在州东南百里，又东百余里即正阳镇也。周世宗伐南唐，至永宁镇，又东至正阳，即此。

李村，在州北。宋绍兴十年，金人围顺昌，为刘锜所败，移寨于李村，距城二十里，锜出奇兵袭败之，金人退十五里而军，锜复募壮士掩击，金人退屯老婆湾。或曰：老婆湾在太和县颍河北岸。《志》云：今州北十里有贺胜台，刘锜退贼后，于此犒军处也。○相让台，在州东二里，相传楚王避暑处，亦谓之相让城。

白沙窝。在州西北。宋绍兴中，金将韩将军屯于白沙窝，距顺昌城三十里，刘锜袭败之。又白龙王庙，在州西北十五里。明正德中，贼杨虎由亳州犯颍州，至此渡小黄河，官军扼而歼之。

留陵驿。在州东六十里。颍河经其下，东入颍上县。又颍州驿，在东关外。驿口桥，在州西百里，一名一虎桥，路出汝宁。又茨河渡口有石羊铺，亦水陆通道也。

○颍上县，州东南百二十里。西南至河南固始县百八十里，北至河南永城县百四十里。汉汝南郡慎县地。晋属汝阴郡。东魏置下蔡郡。后齐废郡。隋属颍州。大业初，改为颍上县。唐、宋俱属颍州。元废，寻复置。今城周三里有奇，编户十三里。

慎县城，在县西北。《左传》哀十六年，吴人伐慎，白公败之，即此。汉置慎县，属汝南郡。后汉建武二年，改封宛王赐为慎侯。魏正元二年，毌丘俭讨司马师，不克，自项走慎。晋属汝阴郡。太和六年，苻秦将苻鉴等救袁瑾于寿春，桓伊等破鉴于石桥，秦兵退屯慎城。刘宋改置慎县于合肥县境，属南汝阴郡，此城遂废。○甘城，亦在县西北。《括地志》：秦甘罗旧居此，城因以名。罗，楚下蔡人也。杜佑曰：故甘城，梁于此置下蔡郡，有关，吴魏以来，关防津济之所也。今为甘城驿，颍河所经。

郑城，在县南。梁普通六年，裴邃拔魏郑城，汝、颍间皆响应。《水经注》：颍水过慎县故城南，而东南流，经蜩蟟郭东，俗谓之郑城。宋白曰：南北朝画淮为守，关防莫谨于此。隋大业三年，于今县南故郑城置颍上县，以地枕颍水上流为名也。唐武德初，移于今治。按《志》云：旧城在县北十二里，临沙河，基址犹存，则今城又非唐初所移之城矣。

颍河，在城东门外。亦曰沙河。自州境东流入县界，又东南至正阳镇入淮，谓之颍口。三国魏嘉平三年，司马懿袭王凌于寿春，凌迎降于丘头，懿沿颍东下，住船淮中，即此处也。唐元和十一年，讨吴元济，江淮运米，自寿州西四十里入颍口，又溯流至颍州，而西入溵河，以供行营诸军云。丘头见河南沈丘县。

淮河，县南三十里，自州境东流入县界，西南与霍丘县分境，东南与寿州分境，而颍口合淮之处，则从来南北巨防也。

润河，县西南四十里，自颍州流入境，注于淮河。《志》云：县北五十余里又有济河，出亳州，东北流，合淝水，至五河县入淮。○阳台湖，在县北十二里，有东西二水，导源沙河，合流经阳台下，湖因以名，亦曰东西阳台湖，物产甚多，民获其利，下流通于淮河。

正阳镇，县东南八十里，所谓西正阳也，下临淮津。五代汉乾祐二年，唐兵渡淮攻正阳，颍州将白福通击败之。上有刘备、关羽二城，蒙古将董文炳所筑也。旁又有土城基，周三里，俗谓之张飞城。

江口驿。在县西北五十里颍河东岸，为水陆要冲，其在县北者曰甘城驿。二驿，万历中革。○庙台渡在县南二十五里，淮河津济处也。

○太和县，州西北九十里。西至河南项城县百四十里，西南至河南新蔡县百八十里，北至亳州百八十里。汉汝南郡细阳县地，后为汝阴县地。宋开宝中，析置万寿县，以万寿乡而名。宣和中，改为泰和县。元初省入颍州，后复置，改泰曰太。今城周七里有奇，编户二十一里。

万寿废县，在今县城西。《志》云：县本汝阴之百尺镇，古百尺堰也。宋开宝六年，分汝阴县北万寿等五乡置县，治百尺镇，后改曰泰和。元移今治。○宋玉城，在县北七十里。玉，后魏将也。齐建元初，魏遣宋玉、刘昶攻寿阳，筑城于此以屯兵，因名。其城周四里，故址犹存。

原鹿城，在县西。本宋邑，春秋时谓之鹿上。僖二十一年，宋人、齐人、楚人盟鹿上，是也。后汉始置原鹿县，属汝南郡。光武封阴识为侯邑。晋属汝阴郡，后废。《水经注》：汝水至原鹿县入淮，盖在颍州西界也。

万寿山，县北五十里。唐以名乡。宋复以名县。

沙河，县南二里，即颍水也。颍水合蔡，故兼有沙河之名，自河南鹿邑县流入境，亦与沈丘县接界，又东南流，而入州境。

柳河，在县西南七十里，旧黄河支流也。上通项城，下达颍州，入于沙河。又茨河，在县东北二十里，亦因大河冲决而成，自河南鹿邑县流入界，东南达颍州，入沙河。又有宋塘河，在县北六十里，自亳州肥河分流，至县东北，入于茨河。

斤沟镇。在县东南。旧为戍守处，今亦名斤沟店。○和阳驿，在县西南五十里。又县西七十里有界溪，为陈、汝往来之道。又有北原和巡司，在县北十里。

附见：

颍川卫。在州城内。洪武初建，属河南都指挥使司。又颍州守御千户所一，属颍川卫。

○亳州，府西北四百五十里。南至颍州二百二十里，西至河南陈州二百里，北至河南归德府百三十里。

古豫州地，周武王封神农之后于焦，即此。后改为谯，春秋时为陈国之谯邑，战国属宋，后属楚。秦属砀郡，汉属沛郡，后汉属沛国。又豫州治谯，即此。魏置谯郡，晋及刘宋因之。后魏仍置谯郡，正始中，兼置南兖州治焉。梁中大通三年，来降，置谯州，明年，没于魏。按《魏书》：钟由败后，分徐、豫二州，以谯城立南兖州。事在正始四年。或作正光，误也。后齐因之。后周改为亳州。置总管府治焉。隋亦曰亳州，大业初，复曰谯郡。唐又为亳州，天宝初，亦曰谯郡。乾元初，复故。五代因之。宋仍曰亳州亦曰谯郡。大中祥符七年，升为集庆军节度。金亦曰亳州。元属归德府。明初以州治谯县省入，寻降为县，改属颍州。弘治九年，复为亳州编户二十三里，属凤阳府。今仍之。

按：州走汴、宋之郊，拊颍、寿之背，南北分疆，此亦争衡之所也。昔者曹瞒得志，以谯地居冲要，且先世本邑也，往往治兵于谯，以图南侵。及曹丕篡位，遂建陪都，其后有事江淮，辄顿舍于此。晋祖逖志清中原，亦从事于谯。及桓温伐燕，实自谯而北也。拓跋蚕食淮南，恒以谯为重镇。宇文周与陈争江北之地，军府实置于谯州。唐平辅公祏，亦命一军自谯亳而南矣。朱温以盗贼之雄，初得宣武，即屯据亳州，而东方诸镇，以次供其吞噬，岂非地有所必争乎？宋南渡以后，亳州为敌守，而汴宋竟不可复。盖襟要攸关，州在豫、徐、扬三州间，固不独为一隅之利害而已。

废谯县，今州治。战国时楚邑。秦置谯县，陈胜初起，攻谯下之，是也。汉亦为谯县，属沛郡。后汉建武四年，幸谯，仍属沛国。曹操生长于谯，自言于谯东五十里筑精舍，欲春夏读书，秋冬射猎，建安中，往往治兵于谯，以击孙权。曹丕篡位，改建五都，谯其一也，数如谯，议南侵。明帝叡亦尝至焉。晋仍为谯郡治，永兴二年，范阳王虓遣将刘琨等击豫州刺史刘乔之子祐于谯。祐败死，时虓与东海王越共举兵讨河间王颙于关中，祐以兵拒越也。永昌初，陷于石勒。永和五年，复归于晋。升平三年，没于慕容燕。太和四年，桓温伐燕，遣豫州刺史袁真出寿春，克谯及梁，时苻秦救燕，温还师至谯，为秦将苟池所邀击，大败。晋末县废，而谯城如故。刘宋亦置谯郡，又侨置陈留郡，治小黄县。后魏置南兖州，治谯城，仍领陈留等郡。隋初郡废。大业三年，改小黄为谯县，徙谯郡治焉。唐宋皆为亳州治。明初省。今州城周九里有奇。门四。

谯城，刘昫曰：即今宿州之废临涣城。唐初，谯州治此。贞观十七年，州废，以故城为临涣县治，后遂误以隋之谯县为古谯城云。又梅城废县，在今州南四十里。隋开皇六年，分小黄县置梅城县，属亳州。大业三年，并入谯县。

城父城，州东南七十里。春秋时陈邑。《左传》僖二十三年，楚伐陈。遂取焦、夷。襄元年，晋以东诸侯之师伐陈，遂侵楚焦、夷。昭九年，楚迁许于夷实城父。三十年，吴灭徐，徐子奔楚，楚城夷而处之。三十一年，吴伐夷。哀六年，吴伐陈，楚救陈师于城父。盖夷后为城父也。秦二世二年，遣长史司马欣、董翳击盗，杀陈胜于城父。汉五年，刘贾军从寿春屠城父，至垓下，寻置城父县，属沛郡。高帝封功臣尹恢为侯邑。后汉属汝南郡。晋属谯郡。刘宋侨置浚仪县，属陈留郡，以城父县并入。后魏因之。梁普通六年，裴邃拔魏郑城，魏元琛赴救，军于城父，不敢进。大同初，遣将元庆和攻东魏城父，高欢遣窦泰据城拒之。太清初，侯景围东魏谯城不下，还攻城父，拔之。后齐亦曰浚仪县。隋开皇十八年，复曰城父，属亳州。唐因之。中和末，以朱全忠父名诚，改县曰焦夷。光启初，秦宗权寇亳、颍，朱全忠败之于焦夷，是也。五代梁龙德初，又改焦夷曰夷父。后唐复为城父县。宋因之。仍属亳州。元初省入谯县，寻复置。明初废。

建成城，在州东北八十里。汉县，属沛郡，曹参初封建成君。宣帝五凤中，封黄霸为侯邑，属沛郡。后汉省，或讹为建平城。魏收《志》：天平中，复置马头郡，治建平城。盖即此城。《隋志》：酂县有马头郡，后魏所置。今酂县废城，在河南永城县，盖境相接矣。后齐郡废。《金志》亳州有马头镇。盖因故郡而名。

长垣城，在州东。刘宋析谯县地，侨置长垣县，属谯郡，又置陈留郡，寄治长垣县。后魏废。又有下邑城，在州东北五十里。后魏侨置下邑县，属马头郡。后齐废。《隋志》：酂县有下邑废城，即此。

虎头冈，在州北二里。伏回数里，为城北之屏障。

涡河，州西三十八里。从河南鹿邑县，东流至城北，与马尚河合，流入蒙城县界。魏主丕黄初六年，以舟师自谯循涡入淮，即此处也。又州西北三十里有旧黄河。其相近者又有漳河，或曰：亦黄河冲决时分流处也。并流入于涡河。

马尚河，在城北。自河南商丘县汴河分流，经州境，入于涡河。其支流入河南永城县界，谓之浍水。又有泡水，在州东北五十里。《志》云：州北有舒安湖，泡水出焉。亦流入河南永城县界。

淝河，在州南百五十里。蔡、颍以东积水所汇，引而为河，入蒙城县界，下流注于淮。又州西南十五里有清水河，东北流入于涡河。

乾溪，在旧城父县南五里。《左传》：昭八年，楚伐吴师于豫章，次于乾溪。十二年，楚子狩于州来，次于乾溪，即是溪也。《新序》：楚王起章华之台，为乾溪之役。今馀迹犹存。

芦洲，在州东，涡水北岸。或曰：其地旧多芦苇，因名。晋大兴中，祖逖北伐，屯兵芦洲，盖即此地也。又州南有高陂水。《志》云：陂周四十三里，鱼蚌菱芡之薮也。

百尺口，州东南五十里，亦曰百尺河，即陈、颍间百尺沟支渠矣。北流入于涡水。宋宝祐二年，蒙古将张柔以连岁勤兵两淮，艰于粮运，请城亳州而戍之；又以涡水北隘浅，不可行舟军，既病涉，曹、濮、魏博粟皆不至，而百尺口为宋往来之路，俱筑甬道，一自亳而北，一自亳而南，置堡立栅，密为侦逻。由是粮运悉达。

义门镇，州东六十里。今有巡司戍守，又双沟镇在州南六十里。宋绍定六年，金主自归德如蔡，至亳州，进次州南，避雨双沟寺，见蓬蒿满目，为之一恸，盖镇有佛寺云。金人《疆域图》谯县有双沟镇。

王家市，在州北。市，一作寺。宋绍定六年，金主在归德，蒙古将忒木碍围亳州以逼之，金主遣蒲察官奴伪与和，密自归德南行登舟由系东而北，杀守堤逻卒，径至王家市，掩忒木碍之营，大败之。

官竹园，在州东北。梁中大通四年，元树镇谯城，为魏将樊子鹄等所攻，梁将羊侃赴救，至官竹，而树已败，遂还。《水经注》：睢水自睢阳东南流，历竹园水次，绿竹荫渚，菁菁弥望，世谓之梁王竹园，官收其利，因曰官竹。

明王台。在城西北一里。元至正十五年，刘福通自砀山清河迎韩林儿为帝，号小明王，据亳，此其即位台也。今为通真观。〇八角台，在州东南三里，相传曹操所筑，于此大飨军士。

附见：

武平卫。在州城内。洪武初，置熊韬卫。二十二年，改曰武平卫。

读史方舆纪要卷二十二

南直四　淮安府

　　○淮安府，东至海岸二百三十里，南至扬州府三百二十里，西至凤阳府泗州百九十里，北至山东莒州五百九十里，西北至山东沂州五百四十里。自府治至京师二千五十里，至南京五百里。

　　《禹贡》扬州之域。春秋属吴。战国属楚。秦属九江郡。汉属临淮郡。后汉属广陵郡及下邳国。三国魏为临淮、广陵二郡地。晋因之。东晋时建为重镇。义熙中，分广陵立山阳郡。刘宋因之。泰始中，侨立兖州治淮阴县。齐曰北兖州，亦为重镇。梁因之。太清中，没于东魏，改置淮州，又分置淮阴郡。隋开皇初，改置楚州十二年，移治山阳。大业初，州废改属江都郡。唐武德四年，置东楚州。八年，改为楚州。天宝初，曰淮阴郡。乾元初复故。五代时，升为顺化军。《旧史》：后唐长兴三年，升楚州为顺化军，授吴越钱元瓘为节度使，镇明州。时楚州属于杨吴，盖遥领也。宋亦曰楚州亦曰山阳郡，建炎四年，置楚、泗、承州及涟水军镇抚等使于此，寻废。宋末，改淮安州。元为淮安路，属河南行省。明初，改为淮安府，直隶京师，领州二、县九。今仍曰淮安府。

府阻淮凭海,控制山东。春秋时,夫差欲通中国,道出江淮,即从事于此。及曹丕谋吴,舟师亦由此而南也。其后南北有事,辄倚为重镇。东晋初,以祖约、刘隗相继守此。荀羡曰:羡永和中镇淮阴。淮阴旧镇,地形都要,水陆交通,易以观衅,沃野有开殖之资,方舟有运漕之利。是也。太元三年,苻秦入寇襄阳,其兖州刺史彭超曰:愿更遣重将攻淮南诸城,为棋劫之势,东西并运,丹阳不足平也。坚从之,益发兵寇淮阴、盱眙。盖淮阴去丹阳四百里而近,北对青、泗,则转输易通;南出江津,则风帆易达。由淮入江,此其必争之道矣。梁沈约曰:山阳北接清、泗,临淮守险,有平阳石鳖,田稻丰饶。北魏高闾谓寿阳、盱眙、淮阴,为淮南之本原,岂不信哉?唐李邕曰:淮阴者,江海通津,淮楚之巨防也。其后杨吴据有淮南,以山阳、清口为门户,遂能挫朱温之锋。及山阳入于后周,而南唐之烽火近在江滨矣。宋人南迁,以江淮立国,于是山阳之势益重。吴表臣曰:山阳控扼之地,失之则无以屏蔽淮东。徐宗偃曰:山阳南北必争之地也。我得之,可以进取山东;敌若得之,淮南不能以朝夕固矣。陈敏曰:楚州南北噤喉也,长淮二千余里,河道通北方者凡五,曰颍、曰蔡、曰涡、曰汴、曰泗,而通南方以入江者,惟楚州运河一处。周世宗自北神堰凿老鹳河,通战舰入大江,唐之淮南,不可复保,此前车也。是故韩世忠尝保山阳,以拒方张之寇。陈亮曰:韩世忠顿兵八万于山阳,如老熊之当道,而淮东得以安寝,此守淮之要法也。刘锜议塞清口,以阻逆亮之师。绍兴三十一年,金亮南侵,刘锜镇楚州,凿敌舟沉清口,敌之舟师不能越也。会淮西丧败,锜孤军不能独立,又病甚,不能治军,乃引而南,敌势遂益张。及蒙古侵陵，叛臣刘整亦劝其从事于清口、桃源，为进取之计。岂非地利不可或忽乎？元董抟霄曰：淮安南北噤喉，江浙冲要，其地一失，两淮皆未易保。今岁漕数百万，咸取道于淮安，哽咽或生，则京师有立稿之虑，故特设重臣，置屯军以经略之。然则南北安危所系，岂不以淮安哉？

〇**山阳县**，附郭。汉临淮郡射阳县地。后汉属广陵郡。晋因之。义熙中置县，为山阳郡治，以境内有山阳津而名。宋齐及梁因之。后魏亦为山阳郡治。隋废郡，寻为楚州治。大业初，属江都郡。唐亦为楚州治。宋因之。绍定初，升山阳县为淮安军。端平初，又改为淮安州，寻曰淮安县。德祐元年，元人于马罗寨立山阳新城，以逼淮安。明年，淮安陷，仍曰淮安县。二年，以淮安并入山阳。明因之。编户一百有二里。

淮安城，即山阳旧城也。沈约云：义熙中，始立山阳县。或曰：城本东晋初所置，太和四年，桓温伐燕，败还，收散卒屯于山阳，即此城矣。自义熙以后，皆为山阳郡治。宋元嘉二十八年，魏主焘南寇，至瓜步，山阳太守萧僧珍悉敛其民入城，蓄陂水令满。须魏人至，决以灌之，魏人还至山阳，不敢留而去。梁太清中，没于东魏。陈大建五年，吴明彻复取山阳，寻没于后周。自隋以后，楚州皆治此。五代周显德四年，周主攻楚州，克其月城，是也。宋末，始改山阳曰淮安。元省。《志》云：今郡有三城，曰旧城、新城、联城，旧城相传即义熙故址。南宋初，复修筑之，北使过此，目为银铸城。是也。其北门曰闇门，南门楼曰宴花楼，西门曰望云城，周十二里有奇。明新城在旧城北一里北辰镇，元所置山阳县城也。张士诚改筑，周七里有奇。明洪武二年，置大河卫于城内。旧城之北，新城之南，有隙地，嘉靖三十九年，筑为联城。今亦谓之夹城，四门，十二楼，为垣凡七千丈有奇。

淮阴城，府西北四十里。秦县。汉仍为淮阴县，韩信以楚王改封淮阴侯，是也。寻属临淮郡。后汉属下邳国。晋为广陵郡治。东晋时建为重镇。建兴末，祖逖渡江，屯淮阴，起冶铸兵，募兵而前。大兴四年，以刘隗为青州刺史，镇淮阴。永和五年，荀羡镇淮阴，以地形都要，屯兵无地，乃营立城池。八年，以荀顗监青州军事，镇淮阴。太元三年，苻秦将俱难等寇陷淮阴，既而谢玄等进攻，帅舟师乘潮而上，夜焚淮桥，秦人败遁。淮桥，秦人作于淮上，以渡兵者也。十年，谢玄镇淮阴。明年，以朱序代玄。义熙五年，以南燕屡寇淮北，诏并州刺史刘道怜镇淮阴。宋泰始三年，使行徐州事萧道成镇淮阴。五年，尽失淮北地，淮阴益为重镇，移兖州治焉。七年，谓之北兖州。齐建元初，魏人南侵，遣将拓跋嘉等分道出淮阴及广陵。梁亦谓之北兖州，后又改置淮州及淮阴郡。太清三年，没于东魏，亦曰淮州及淮阴郡，而改淮阴县曰淮恩。后齐因之。陈大建五年，伐齐，淮阴降。九年，没于后周。又改县曰寿张，侨置东平郡治焉。隋开皇初，复改郡曰淮阴，寻废郡，以县为淮阴县，属楚州。大业初，州废，又并县入山阳。唐乾封二年，复析置淮阴县，仍属楚州。宋因之。绍兴五年，废为镇。明年，复故。三十一年，金亮南侵，将自清口渡淮，刘锜次于淮阴，列兵运河岸以遏之，敌不敢进。嘉定七年，移县于八里庄，寻复旧治。元至元二十年，并入山阳。

新城，在府西三十里。宋咸淳五年，置新城县，为控扼之处，属楚州。元至元二十年，省入山阳。今城东北有仁义二坝自城南引湖水，东北抵坝口，城西北有礼、智、信三坝，亦引湖水，西北抵坝口，每遇清江口淤塞，运船从东二坝入淮，官民商船经西三坝入淮，所谓淮安五坝也。永乐十三年，陈瑄所置。

韩信城，府西十里。相传韩信受封时所筑。元至正十六年，张士诚遣兵攻淮安，褚不华与刘甲拒守，甲别将兵守韩信城，与淮安城相犄角，寇不能陷，会甲奉檄别往击贼，淮南孤危，遂为士诚所破。又有韩王庄，在淮阴故城西北，信冢、宅皆在焉。○甘罗城，在淮阴故城北一里，相传甘罗所筑，故淮阴亦兼甘罗之称。《运道考》：甘罗城东有天妃祠，祠东北为天妃口。永乐初，陈瑄置新庄闸于此，为入淮之口，后移于三里沟，在甘罗城东南，谓之通济闸。万历六年，又移闸于甘罗城南，西接淮口，即今之运道。

仓城，在府城东南。《寰宇记》：山阳东南有故仓城，与郡城相接。隋文帝将伐陈，因旧城修筑，储积馀百万石。大业末，恒有陈谷，乱后荒废。《志》云：今府东南六十里有仓城。〇拓塘城，在府西南四十里。有三城，约围一里许，水经其西，相传炀帝幸江都聚粮处也。又有刘王城，在府东南十里，运河西岸，相传吴王濞所筑。又有西辽城，在府治东二里，相传唐太宗征辽时征兵屯此，因名。

钵池山，府西北四十里。以形似名。冈阜盘旋，凡三四里。今堤此以御河患。又有金牛洞，在府西北十里。五代周世宗尝宿兵于此。

淮水，在城北五里。自泗州龟山北麓东流，稍折而北，至清河县南，黄河来会焉，又东北流至城北。复东流九十里，经安东县城南，又东北流入海，天下之大川，莫过于河，而淮又与之合，两渎同流，奔腾盘曲，郡适当其冲，故水患常多而形胜亦萃焉。今详见大川河淮及川渎异同。

清江浦，在府城西。自城外达于淮，凡六十里。旧为沙河，一名乌沙河。《宋志》：楚州北有山阳湾，淮流迅急，每致沉溺。雍熙中，漕臣刘蟠议开沙河，避淮水之险。乔维岳继之，自楚州至淮阴，开导凡六十里，舟行便利，其后淤塞。明永乐中，平江伯陈瑄修治运河，故老言，城西管家湖西北至鸭陈口，仅二十里，与清河口相值，宜凿为渠，引湖水入淮，以便漕运。瑄从之，乃凿清江浦，引水由管家湖，入鸭陈口达淮，由管家湖筑堤亘十里，以便引舟。其入淮之处，设河口坝，新庄闸，以时启闭。自新庄闸而东，因其高卑，递为福兴、清江、移风等闸，至府南淮阴驿，而合于渎河。复虑北河涨溢，南侵漕河，于是堤北河南岸，长四十里以防之。又虑南河涨溢，北侵漕河，于是筑漕河南高家堰一带，长二十六里以防之。漕河只许粮船及进奉船入口，五百一放，旋过旋塞，设官监督。其大小官民船舰，悉由五坝车盘，以达外河，无敢阑入者，于是运道通行无阻。后稍废弛，至隆庆四年，淮决高家堰，清口淤塞，粮道艰阻。五年，漕臣王宗沐，于府西南筑高家堰堤，北自武家墩，经大小涧，至阜宁湖，计三十余里，以捍淮之东侵；又于府之北境堤新城，起清江浦，经钵池山，至柳浦湾，凡六十余里，以捍河之南溢。万历五年，漕臣吴桂芳等修新庄等闸，增筑清江浦南堤，以御湖水，加北岸以御黄淮，又创板闸漕堤，南连旧堤，北接新堤。六年，河臣潘季驯复经理之，而运河复为安流。浦旁有仓以备积储，为转输之利，即今常盈仓也。

山阳渎，在府城东，古邗沟也。其入淮处，谓之末口。《春秋》哀九年，吴城邗沟，通江淮。杜氏曰：于邗江筑城穿沟，东北通射阳湖，西北至末口入淮，以通粮道。是也。《国语》：夫差使王孙苟告劳于周，曰：余沿江溯淮、阙沟深水，出于商鲁之间，《吴越春秋》：吴将伐齐，自广陵阙江通淮，即此渎矣。历秦汉至南北朝，道出江淮，必由此渎。隋开皇七年，将伐陈，于扬州开山阳渎以通漕。大业元年，以邗沟水道屈曲，发民浚治，自山阳至扬子入江，渠广四十步，旧自府城东南郭，又西北流，至城北达于淮。唐宋以来，运道皆由此。明永乐初，创开新河，由郡西径达于淮，自府南六十里平河桥，南抵瓜、仪，则渎河旧道也。今皆堤湖凿渠置闸设洞，以时启闭，使旱潦相准，为转输之利，亦谓之浊水，亦谓之内河。

老鹳河，在城西七十里。五代周显德四年，略唐淮南，欲引战舰自淮入江，阻北神堰，不得度，因凿楚州西北鹳水，以通其道，旬日而成，巨舰数百艘，皆达于大江。盖由鹳河出山阳渎以入江也。或谓之灌口。隋大业中，筑汴堤，自大梁至灌口，即此。

故城河，在府东南五十里。本名寿河。唐景福初，朱全忠将刘瓒据楚州，感化节度使时溥自楚州而南，杨行密将张训败之寿河，遂取楚州，是也。河东入射阳湖，西南连黄浦。明弘治间尝浚之，以达盐城、高邮、宝应、兴化诸处。

永济河，在府南十里。一名新河。万历六年，以清江浦浅阻，开此济运，长六十五里，设三闸，东接运渎口。一曰窑湾闸，又西曰永清闸，又西曰龙江闸，以接于淮。行运一年，议者以妨于部税，旋闭。二十四年，河臣杨一魁以淮水泛溢，乃分引淮流，由永济河达泾河，下射阳湖入海，既而复塞。天启三年，以淮河正流淤浅，乃浚新河，以通回空等船，而大挑正河。明年，工毕，运船仍由正河，新河复坝塞之。今涸。常居敬云：新河北去清江浦十里，内有管家湖、徐家湖、二泽潴水，宜时浚之，以防正河之匮乏。

泾河，府南五十里。亦入宝应县界，分引漕河涨溢，东流注于射阳湖。又涧河，在府东南五十里，旧为盐城运道，府东境小水，多会于此，下流入射阳湖。○范家河，在府城东。万历十四年，河决范家口。今有石堤防卫。又草湾河，在府西二十里淮河北岸，南对清江浦。嘉靖三十二年，淮河旁决于此，分流成河。万历四年，河臣吴桂芳复开浚之，后通塞不时。十七年，河复由此分流，凡六十里，至安东赤晏庙，仍归正河。

射阳湖，府东南七十里。亦曰射陂，一名博支湖。阔三十丈，长三百里，与盐城、宝应县分界。汉武帝子广陵王胥有罪，其相胜之奏夺王射陂，是也。唐大历三年，尝置官屯于此，寻废。今府境东南诸水，皆汇于湖中，复灌输于淮以入海，而潮沙溢入，浅淤且过半矣。

管家湖，在府城西望云门外。宋嘉定间，郡守应纯之言：本州向西一带，湖荡相连，可以设险，合别开新河一道，与运河接，取土填垒捍岸，则旧运河与湖通连，水面深阔，形势益便。遂开河于湖北，筑垒湖岸以限湖水，自马家湾西至陈文庄，于是管家湖与老鹳河相接，楚州西北，宛然巨浸，且练习舟师，为战守计，敌不敢犯。一名西湖，其接老鹳河处，亦谓之新路。○阜宁湖，在府西南五十里，在高家堰之南，又西接洪泽湖。淮水盛涨，往往挟湖水为患，堤防常切焉。

洪泽屯，在府东。《唐志》：上元中，于射阳湖置洪泽屯，厥田沃壤，大获其利。又有洪泽闸。宋隆兴中，魏胜守海州，调发兵粮，由运河至洪泽，出闸入淮，是也。○白水塘，在府西南九十里，魏邓艾修此灌田，置屯四十九处，与盱眙破釜塘相连，今详扬州府宝应县。

柳浦湾，府东北四十里。万历初，河臣潘季驯筑堤防河处也。《河防考》：柳浦东有高岭巡司，亦河滨要口，季驯自柳浦接筑长堤至此，凡四十里。

马逻港，在府东北九十里。由此陆路走庙湾。明初，徐达攻淮安，败张士诚援兵于此，遂拔淮安城。今有巡司戍此。唐顺之曰：自马逻陆路至庙湾，兵势迂而馈饷亦艰。是也。又芦浦港，在府东北百十里，东南入射阳湖。○建义港，在府东北八十里，东南流合通济沟，入射阳湖，又北注于淮。《志》云：通济沟在府东北六十里，东经马逻港而入射阳湖，西自横沟入于淮。○高良涧，在府西南九十里。《志》云：由清河涧沙埠桥西入淮。万历二十一年，淮水决入此。

海，府东二百里有大海口，为淮河入海处。其南为庙湾，庙湾之西为刘庄，又西南为盐城县之姚家场，皆沿海大镇也。大海口东南有蛤蜊、麻线二港，为窥伺之径道。宋末，李全作乱，据楚州，遣海舟出海口，由苏州洋入平江、嘉兴，以习海道。明嘉靖中倭乱，庙湾、刘庄受害尤剧云。

北神堰，在府城北五里。古末口也，吴王夫差沟通江淮之处。后人于此立堰，以淮水低沟水高，防其泄也。舟行度堰始入淮，亦号为平水堰。五代周显德五年，自将兵攻楚州，欲引战舰自淮入江，尽略淮南地，而齐云舰大，阻北神堰不得度，谋凿鹳水，以通其道，遣使行视，还言地形不便。周主自往规画，发民夫浚之，旬日而成，巨舰数百艘，皆达于江，唐人大惊，以为神。宋天圣四年，易为水堰。今新河导而北神堰遂废。

高家堰，府西南四十里。汉陈登筑堰防淮，此其故址也。明永乐初，陈瑄始为筑治。隆庆四年，淮水决于此，王宗沐复修葺之。万历三年，又为淮水决坏。六年，潘季驯更为修筑，堤长六十里。《河防考》：高家堰西有阜陵、洪泽诸湖。隆庆中，淮水挟湖水决于此，合扬州宝应县之白马、氾光诸湖，又决黄浦、八浅，山阳、高、宝、兴、盐诸境，悉为巨浸。淮既东，黄河亦蹑其后，西灌凤、泗，而清口堙塞，淮黄交病矣。万历中，更为修筑，堰南有越城周家桥，地势稍亢，因筑减水坝，淮水涨则溢入白马湖，消则仍为陆地，而后运道无阻。盖高堰者，黄、淮两河之关键也。

常丰堰，在府东。南唐大历中，黜陟使李承置，以御海潮，溉屯田瘠卤，收常十倍他税。又棠梨泾，《志》云：在淮阴西九十里，唐长庆初所开。

通济闸，在淮阴故城南，即浊水入淮处。永乐中，陈瑄于天妃寺东北通河之口，置新庄闸，为运道咽喉之地，自新庄以至板闸，或为四闸，或为五闸，以时增减，达于城南。弘治七年，河灌新庄闸口，至清江浦三十余里，淤浅不通，诏有司修浚。嘉靖末，废新庄闸，改置通济闸于三里沟。隆庆中，河臣万恭复开天妃口闸以济运，既而复闭天妃口，由通济闸。六年，河臣潘季驯奏迁通济闸于甘罗城南。今因之。

庙湾镇，府东北百八十里，为滨海冲要处。亦曰庙湾场。嘉靖中，倭寇往阑入于此。《志》云：府东北九十里为马逻镇，有马逻巡司戍守，百六十里为北沙镇。又二十里即庙湾，有庙湾巡司。〇刘庄，在府东南百五十里。嘉靖二十八年，倭据庙湾，东侵淮安，官兵败之于姚家荡，又败之于刘庄。贼复遁入庙湾，寻败走。官军追至虾子港，贼乘舟开洋遁去。

南昌亭，在府西三十里。秦置亭于此，韩信寄食南昌亭长，是也。又欧阳戍，亦在淮阴旧县界。南北朝时，戍守于此。宋泰始中，吴喜使萧道成屯军欧阳,即此。○羊寨,在府东北二百二十里,有巡司戍守,其西为戴百户营,亦海口列戍处也。

周家桥。府西南九十余里,北去高堰五十里。又南为翟家坝,淮水东溢,往往从此奔冲,为高、宝一带之患,堤防至切。又平河桥,在府西南四十里,南至宝应县六十里,为往来通衢。○西义桥,在新城西门外,旧名西铁桥,为行旅辏集之所。又东义桥,在新城东门外。《河防考》:清河而下,黄淮交流注海,越二十里,一大折于淮郡之西桥,又五十里,一大折于徐家坝,湍激之势,不可无备。《志》云:府城望云门外有淮阴驿。又崇河、满浦二驿,今革。

○**清河县**,府西五十里。西南至泗州百五十里,南至泗州天长县二百十里。汉淮阴县地。唐为临淮县地。乾符中,高骈置淮宁军于淮口,即此。宋为泗州清河口地。绍兴初,屯重兵于此。咸淳末,始置清河军及县。元至元十五年,废军,以县属淮安路。县无城,今编户三十六里。

吴城,县西二十里大清河之涯。有东西三城,宋南渡后,尝置县于此。《会要》云:绍兴五年,罢楚州吴城县为吴城镇。是也。又有清河旧城,《志》云:县初治大清口。元泰定中,黄河决溢,迁于甘罗城。大历初,以地僻水灾,民居稀少,迁于小清河口之西北,即今治也,东去淮阴城十里。

黄河,在县西。自桃源县流入境,至县治西南清河口而入淮,自是河淮合一,沂泗诸流,尽失其旧。○淮河,在县治南,自泗州流入境,至小清河口,黄河流合焉。自此以东,淮皆变为河,而客大主小,决溢不能免矣。

清河,在县治西,即泗水下流也。自山东泗水县,流经徐、邳之境,过桃源县北,又东至县西北三十里之三汊口,分为大小二清河,大河由县治东北入淮,小河由县治西南入淮,即古清口也,今为河淮交会之口,详见大川清河。

　　洪泽湖，在县南六十里。湖长八十里，与泗州盱眙县相接。又北萍湖，在县南九十里，与淮水通流。〇三角湖，在县西北八里，四围高阜，水潴其中，雨潦涨溢，则注于大清河。《志》云：县境湖泽相连，大小以数十计，其下流皆达于河淮，县盖钟水之区矣。又双沟，在县西南三十里，出泗州迮家湾，通流入淮。

　　渔沟镇，县北四十里。又北二十里，旧为金城驿，亦曰金城乡，往来孔道也。又有浪石镇，在县东北二十里。万历十四年，议者欲自桃源县界三汊镇浚老黄河，经鱼沟、浪石，又东至瓦子滩、颜家河，仍合安东县赤晏庙之正河，是也。

　　洪泽镇。亦曰洪泽驿，在河北岸。唐咸通九年，庞勋据彭城，其党吴回攻泗州甚急，敕使郭厚本将淮南兵救之，至洪泽，不敢进，辛谠从泗州出求救，因邀五百人至淮南岸，度淮击贼，走之。明设洪泽巡司于此。〇马头镇，在县东七里，其下为马头渡，有巡司戍守，亦淮滨要地。

　　〇**盐城县**，府东南二百三十里，西南至高邮州二百四十里，北至安东县二百里。汉盐渎县，属临淮郡。后汉属广陵郡。三国时废。晋复置，仍属广陵郡。义熙中，改曰盐城县。刘宋属山阳郡。齐、梁因之。高齐置射阳郡。陈改曰盐城郡。后周因之。隋初郡废，仍曰盐城县，属楚州。大业初，改属江都郡。唐仍属楚州。南唐属泰州。宋复属楚州。绍兴初，属涟水军寻复旧。元属淮安路。今城周七里，编户九十三里。

　　射阳城，县西九十里。汉县，属临淮郡，高祖封项伯为侯邑。《功臣表》：汉六年，封刘缠为射阳侯，即项伯也。后汉属广陵郡，陈登为广陵太守，治射阳。三国时废。晋复置，仍属广陵郡。刘宋侨置于江南，属临淮郡，而故射阳县遂废。齐、梁因之。隋末，常彻据盐城，置射州于故射阳县，又分置新安、安乐县。唐废射州，省三县俱入盐城。戴延之《西征记》曰：吴王濞反于广陵，射阳侯率众至山阳拒之，县有山阳津，晋因以名郡。○巢城，在县北百二十里。相传黄巢将寇广陵，屯兵于此，因筑是城。

沙冈，在县西北。南抵县西十八里之冈门镇，东北距海，延袤五六十里。

海，在县东，自海浦东北出洋，凡五十里，相传元时漕运由此港出海，以达直沽，有堤在东门外二里，谓之捍海堰。唐大历中，李承为淮南节度判官，谓海潮漫为盐卤，良田必废，因自县东北接山阳县，南抵通泰、海门，筑堤障岸，绵亘薮百里。宋天圣初，张纶刺泰州，留意修复，时范仲淹监西溪盐仓，力赞之，议移堤势稍西，垒石以固其外，迤逦如坡，不与水争，虽洪涛不能冲击。五年，堤成，长一百四十三里有奇，俗谓之塘潮岸。淳熙八年，淮东提举赵伯昌言，捍海堰遮护民田，屏蔽盐灶，其功甚大。今日就颓圮，每风潮泛溢，辄淹没田庐，毁坏亭灶。自宣和、绍兴以来，屡被其害，望敕有司随时修葺。务令坚久，从之。亦谓之范公堤。于是滨海沮洳泻卤之地，复为良田，民得奠居。元詹士龙为兴化宰，复加修葺，民被其利。明景泰三年重修。嘉靖中，倭贼从山阳大海口阑入县境，官军据岸遏之，贼不能前。盖不特田畴攸赖，而亦守御所资也。

射阳湖，县西北百四十里。明万历中，兴化令欧阳东凤议，以射阳淤塞，欲于湖旁二十余里开神台河，迤北由葫芦港，迤西出朦胧喻口，直走庙湾入海，不果。今与山阳、宝应县接界。○大踪湖，在县西南百里，南北径三十里，东西广十五里，与兴化分湖为界，南接鱼鲸湖，北达射阳湖。又马鞍湖，在县西三十里，环三十里，下流亦北入于射阳湖。

芦沟河，在县西北六十里。《志》云：县西五十里有东塘河。又西曰西塘河，俱自大踪湖分流，至此合为芦沟河，又西北二十里，合于张岐塘，塘袤三十里，又北经县西北百里之侍其汊，而合马鞍湖之水，又西北达于射阳湖。

运河，在县西南七十里。《志》云：通泰以北诸水，经县西南八十里，为东西界河，与兴化县中流分界，西入大踪湖，自界河分流北出，为旧运河。又有新运河，在县东南五十里。流经县东南三十里伍祐盐场，西北合于旧运河。又西北注于东塘河，又有官河，亦自大踪湖引流而北，至县西五十里注东塘河，谓之盐河。

广惠碶，县东三里。旧名白波湫，运河水涨则自此决泄入海，以杀水势，夏秋海潮浩大，亦由此冲入浸田。宋淳熙六年，摄县事教授刘炜始用砖石甃砌，名曰广惠。明万历四年，河臣王宗沐修盐城石碶海口，以疏运河涨水入海之路，即此。《邑志》：广惠碶，宋绍兴五年重修。洪武二十九年复建。

盐城监，在县南，古盐亭也。历代海岸煎盐之所。南唐置监，管盐亭百二十三。《寰宇记》：南唐立盐城镇。周平江淮，因之不改，管盐场九所，曰伍祐，曰紫庄，曰南八游，曰北八游，曰丁溪，曰竹子，曰新兴，曰七惠，曰四安，俱在县南北三五十里之间。《邑志》：县人以煎盐为业，不耕种而富饶，公私商运，舳舻千计，此吴濞所以富国强兵，而抗衡汉室也。今府境之盐场凡十，而在盐城者四，曰白驹，曰刘庄，曰伍祐，曰新兴。在山阳者一，曰庙湾。在海州者三，曰板浦，曰莞渎，曰临洪。在安东者凡二，曰兴庄团，曰徐浦渎。皆民生所赖而国用所资也。

喻口镇，县西北百二十里。有喻口渡，淮河津要也。宋绍定三年，叛贼李全据楚州，袭陷盐城，诱射阳湖人造浮桥于喻口，以便盐城往来。明设喻口镇巡司。嘉靖中，倭屯庙湾。唐顺之谓：若从宝应拖船过坝，自清沟、喻口水路进攻，路径而饷易。是也。清沟镇，今在县西百四十里，有清沟渡。县西北四十里又有清沟巡司，旧名崖沟。

朦胧镇。县北百八十里。《志》云：广洋、射阳诸湖下流，昔时俱经朦胧、喻口, 出庙湾入海。又伍祐镇在县东南三十里, 新兴镇在县北十八里, 即伍祐、新兴二盐场也。又沙沟镇在县西百四十里, 又县西七十里有大冈镇, 又西十里为唐桥镇, 皆商民辏集之所。○姚家场, 在县西北, 商贾辏集, 为滨海大镇。

○**安东县**, 府东北九十里, 北至海州二百八十里, 西至桃源县百六十里。汉淮浦县地, 属临淮郡。后汉属下邳郡。晋属广陵郡, 后省。齐建元年, 始移东海郡治涟口县, 仍侨置襄贲县于此。东魏曰海安郡。隋初废郡, 改县曰涟水, 属海州。唐武德四年, 置涟州。贞观初, 州废, 县属泗州。总章初, 改属楚州。咸亨五年, 仍属泗州。宋太平兴国五年, 置涟水军。熙宁五年, 改为县, 隶楚州。元祐初, 复为军。绍兴五年, 废为县。三十二年, 复为军。旋没于金。绍定初, 归宋, 改为县, 属宝应州。端平初, 又为涟水军。景定初, 改安东州, 治涟水县。元省县, 以州属淮安路。明初改州为县。县无城, 编户四里。

金城, 县东北三十里。唐武德四年, 分涟水县, 置金城县。贞观初省。今为金城镇。《志》云: 县治东有三城, 曰大城, 曰东城, 二城相连, 夹城有濠, 谓之市河。又有西城, 与大城稍远, 百余步亦有濠, 俱宋嘉熙中知州萧均所筑。今废。《城邑考》: 县北十五里有营城, 元末董抟霄驻兵于此。

淮水, 在县治南。自山阳县流入境。县西南三里有金刚嘴, 突出淮岸, 当波流冲激处, 因砌筑之, 以杀水势, 遂为西城捍蔽。过县南, 东流五十里, 折旋入海。海北有云梯关, 亦曰云梯海口。《志》云: 县东十五里有淮堤, 即范公堤也。

涟水, 县西北三里, 即沭阳县之沭水分流也。在沭阳者曰南涟, 在县境者曰北涟, 又有西涟、中涟、东涟之名。中涟阔八十丈, 北通官河, 南通市河。其上流曰西涟, 下流曰东涟, 皆阔三十余丈, 自城东入淮谓之涟口。《汉志》淮浦县有游水，北入海。《水经注》：淮水自淮阴又东至淮浦县，枝分为游水，北至朐县与沭水合。盖即涟水矣。萧齐建元四年，魏人南侵，分遣元泰等一军出涟口。杜佑曰：涟水县有涟口渡，今黄河南注涟水，入于黄河。万历三十六年，水涨，徙去民居，作坝相隔，涟水虽仍入河，离县东涟口已十五里，谓之堑上。

官河，县北三十里。一名漕河。《唐会要》：垂拱四年，开泗州涟水县新漕渠，以通海、沂、密等州，南入于淮。宋元符初，工部言淮南开修楚州支家河，导涟水与淮通，赐名通涟河，即此河也。今自西涟南通中涟，至县东北百里，接遏蛮等河，南入淮，北通海州诸盐场，为商旅辏集之道。〇一帆河，在县东北五十里，南接东涟，北通海。县东北遏蛮、白阳等河，凡十余道，皆西接官河，东入一帆河，以达于海。

支家河，在县西十五里。其上流为县西北七十里之古寨河，径县西北十五里，为成子河。又南为支家河，南入于淮。《志》云：支家河西有古月城，去县二十五里。又大义河，在县西北五十里。又西北二十里为小义河，自沭阳县桑墟湖导流，东南达于涟水。

硕项湖，县西北百二十里，湖东西四十里，南北八十里，与海州沭阳、赣榆接境，亦曰太湖，又谓之石潒湖，一名硕潒湖。其西接桑墟湖，为涟水之上源。〇傅湖，在县东北八十里，袤十里，广六里。又龙潭在县治东南，南临长淮为堰以潴水，本名澳河，城中市河流入焉。

海，在县东北百余里。县境之水，皆汇于此。《志》云：县东迤北有五港、灌口诸处。向为黄河委流达海之道，迂曲周回，几二百余里，深阔不及正流十分之一。

白头关，县东北百里。《舆程记》：由县东北三十里至金城镇，又四十里为对江口，又三十里为白头关，由陆路趣海州之道也。〇云梯关，在县东北，《舆程记》：自县东水道抵云梯关，凡二百四十里，与海州接界。今详见海州。又老鹳亭，在金城镇东北六十里，自县境趣山东登、莱之道也。

长乐镇。在县东北百里，有巡司戍守。又鱼场口镇，在县东北百三十里。又有坝上巡司，在县治东南，即涟水坝也，为淮滨之津要。

○桃源县，府西北百二十里，西北至宿迁县九十里。南至泗州百九十里。本宿迁县之桃园镇。金兴定初，置淮滨县，属泗州，寻废。元复置桃园县，属淮安路。后讹园为源。今土城周三里，编户四十三里。

古城，县西北六十里。《志》云：晋石崇镇下邳时筑此城，今为古城驿。嘉靖四十五年，改巡司。又灵城，在县北二十里，相传楚灵王所筑，城南二里有章华台故址云。

马厂坡，在县东黄河南岸。明隆庆四年，大河决于此。万历中，因堋筑堤，以防溃决。《河防考》：马厂坡地势平漫，黄水涨，则从此入淮而淮淤，淮水涨，则从此分入河而清口溺，筑横堤于此，所以障黄淮之浸淫也。

黄河，在县城北。其西北三十里曰崔镇口，有崔镇渡，河尝决于此。崔镇而东二十里曰徐升口，又东二十里曰季泰口，又东二十里即三汊镇口，东去清河县三十里。万历六年，河臣潘季驯筑滚水石坝于崔镇一带，以防大河之溃溢，皆在河北岸。

崇河，县北四十里。上有崇河桥。相传晋石崇尝立仓于此，因开河以通舟楫，西自宿迁县界，接仓基诸湖之水，东入沭阳县界，下流注于涟水。

杜村湖，县东南三十里。又五里为大庄湖，黄河馀流所汇也，水涨则南通淮河。

白洋河镇。县西六十里，有白洋河渡，与宿迁县接界。又县北八十里有赤鲤湖镇。○三汊镇，在县东三十里，与清河县接界，有三汊巡司。

又县东十里有张泗冲镇。○桃源驿,在县北四十里,与崇河桥相近,陆道所必经也。

○**沭阳县**,府北百七十里,西南至桃源县百二十里,东北至海州百六十里,西北至山东郯城县百六十里。汉东海郡厚丘县地。刘宋于此置潼县,属北下邳郡。齐属北东海郡。梁置潼阳郡。东魏改为沭阳郡,兼置怀文县。后周改县曰沭阳。隋初郡废,县属海州。唐因之。总章初,改属泗州,后复属海州。宋因之。南渡后,没于金。寻复得之,仍属海州。明改今属。今土城周四里,编户六十七里。

潼县城,县南六里。刘宋置县治此。又有下城废县,在县南三里。魏收《志》:魏武定七年,置下城县,属沭阳郡。是也。高齐仍属沭阳郡。陈大建五年,吴明彻等伐齐,至淮南,齐沭阳郡弃城走,遂省下城入怀文。后周又改怀文曰沭阳县。隋唐因之。五代周广顺二年,慕容彦超以兖州叛归南唐,唐援军至下邳,周遣军拒之,唐兵退屯沭阳,徐州将张令彬进击,大败唐兵,即今县也。俗名潼县城曰旧县城。尝置僮阳驿,今革。

厚丘城,县北四十六里。汉县,属东海郡。晋因之。刘宋省。后魏置戍守于此。齐建武二年,魏人攻义阳,诏青、冀二州出军攻魏,以分兵势,军主桑系祖攻魏建陵、驿马、厚江三城,皆拔之,因仍置厚丘县,属北东海郡。魏废。唐武德四年,复置厚丘县,属海州。八年,省入沭阳县。驿马城,或曰在厚丘北,亦魏置戍处。

建陵城,在县西北。古郯国地,亦曰中城,后属鲁。《左传》成九年,城中城。杜预曰:厚丘县西南有中城。是也。汉置建陵县于此,属东海郡。景帝时,封卫绾为侯邑。又宣帝封鲁孝王子遂于此。后汉县省。后魏复置建陵县,有建陵山,郯郡治焉。齐建武二年,拔魏建陵城。又梁普通五年,裴邃等攻魏,克建陵城,是也。后周废。

阴平城,县西北四十里。汉县,属东海郡,成帝封楚孝王子回为侯邑。后汉仍属东海郡。晋废。章怀太子贤曰：故城在承县西南。盖其地与山东峄县接境。○平曲城，在县东北。汉县，属东海郡，宣帝封广陵厉王子曾为侯邑。后汉省。

建陵山，县西北百里，与山东郯城县接境。山南北长而东西狭，上多陵阜，汉因以名。县又有获丘山，在县西八十里。○韩山，在县东北五十里，相传韩信为楚王时，曾讲武于此，因名。

沭水，在县治东南。《水经注》：沭水出琅邪东莞县西北大弁山。是也。今自山东沂水县，流经莒州，入沂州界，又东南经郯城县，合马脊固诸涧水，流至县境，又东入于桑墟湖。《志》云：沭水至县，分为五道，一入涟水，一入桑墟湖，三入太湖，太湖即硕项湖也。萧梁时，土人张高等于县北凿河，引水溉田二百余顷，俗呼红花水。又宋沈适为沭阳簿，疏沭水为百渠九堰，得上田七千顷。

硕项湖，县东八十里。亦曰太湖，与安东县接境。东南各有小河，下达于淮。又桑墟湖，在硕项湖西北，入海州境内。

曲沭戍，在县西北。《水经注》：沭水过建陵县故城东，又南经建陵山西，魏立大堰，遏水西流，两渎之会，置城防之，曰曲沭戍。梁普通五年，裴邃等克魏建陵城，又克曲沭戍。盖曲沭在建陵之西也。

洪沟镇，县西六十里，又西六十里而达宿迁县。○桑墟镇，在县北四十里，以近桑墟湖而名。又县东四十里有柳庄镇。皆往来要地也。

新兴营。县西北二十里，又县西北十里有西营。元至正间，沂州守将王信所筑以御寇。又黑军营，在县西十五里，县南十里为东营，则董抟霄所筑也。○黄军营，在县西南五里，县东南十五里有南营，东十五里有浮营。《志》云：元至元中，达如真所筑。

附见：

淮安卫。在府城内，洪武初建。又大河卫，在府北新城内，洪武初建，又有盐城守御千户所，在县城内。洪武末建，属高邮卫。

〇海州。府北三百七十里。东至海岸二十八里，西南至凤阳府泗州五百四十里，西至徐州四百八十里，西北至山东沂州二百二十里，北至山东莒州四百七十二里。

古徐州地，春秋时郯子国，后为鲁之东境。秦属薛郡，后分为郯郡。汉为东海郡。后汉及晋因之。刘宋泰始中，侨置青、冀二州治郁洲。齐因之。梁置南北二青州治怀仁。东魏改州为海州治龙沮。隋初仍曰海州始治朐山。大业初，又改为东海郡。唐复曰海州。天宝初，亦曰东海郡。乾元初，复为海州。宋因之。亦曰东海郡。南渡后，没于金。绍兴七年，收复。隆兴初，复割以畀金。嘉定十二年复。宝庆末，为李全所据。绍定四年，全死又复。端平二年，州徙治东海县。淳祐十一年，全子瓘据州，治朐山。景定二年，瓘降，改置西海州，而海州仍治东海县，寻复以西海州为海州。元曰海州路，又改为海宁府，寻降为海宁州，隶淮安路。明初复为海州，以州治朐山县省入，编户九十三里。领县一。今仍之。

州阻海连山，为南北襟要。六朝时，置重镇于此，以掣肘索头南寇之锋。隋平江南，分道朐山，捷出三吴，而东南遂无坚垒。宋魏胜取海州，而山东响应，及群盗李全据之，南窥浙右，北扰青、齐，江淮之间，几于困弊。盖水陆交通，可左可右，用兵之际，未始非形胜所关也。王应麟曰：海、泗者，东南之藩蔽，得泗可以取淮北，得海可以收山东。

朐山废县，今州治。秦曰朐县，属薛郡。汉属东海郡。后汉建武五年，董宪等自郯走，保朐，吴汉进围朐，寻破斩之。晋仍属东海郡。宋初因之，寻废。萧齐建元二年，角城降魏，魏遣将郎大檀出朐城应之，即故

朐县也。亦曰朐山。是年，魏将拓跋嘉帅众十万围朐山，朐山戍主玄元度
婴城固守，魏人败却。四年，以青州移镇朐山，又东莞、琅邪二郡，俱侨
治焉，后没于魏。梁天监五年，青、冀二州刺史桓和克魏朐山城。十年，
琅邪民万寿杀东莞、琅邪二郡太守刘晰，据朐山，召魏军，魏徐州刺史卢
昶遣兵据之。诏马仙琕围朐山，青、冀二州刺史张稷权顿六里，以督馈
运。魏将胡文骥以朐山降。《梁书》：时改郡曰琅邪，县曰招远。侯景之
乱，没于东魏，复曰朐县，仍属琅邪郡。陈大建五年，伐齐，别将刘桃枝
克朐山城。寻属后周，亦曰朐山县，兼置朐山郡治焉。隋为海州治。唐宋
因之。明初省。《城邑考》：州城，梁天监中马仙琕筑。宋绍兴中，魏胜
复筑之。宝祐中，李瓒亦尝修治。今有东西二城，洪武中，置守御海州中
千户所在西城内，守御东海中千户所，在东城内。城周九里有奇。《续通
典》：汉朐县故城，在今州西南九十里。

　　东海废县，州东十九里。汉赣榆县地，即郁洲山也。刘宋泰始二
年，侨置青、冀二州于此，累石为城，高八九尺，四面环海，虚置郡县，荒
民无几。七年，立东海县，属东海郡。《宋志》：明帝于郁洲侨立青州及
齐郡、北海郡。泰始七年，又割赣榆立郁县。萧齐时，郁洲为齐郡治。建
元初，徙北海郡治齐郡故城，改郁洲为都昌，而分置广饶县。梁仍为北
海郡。东魏武定七年，改东海郡治赣榆，仍领广饶县。陈大建五年，吴明
彻等伐齐，东海来降。隋初废郡及东海县。仁寿初，复改广饶曰东海，属
海州，唐武德四年，置环州。八年，州废，仍属海州。又废青山、石城、赣
榆等县入焉。元和十四年，楚州刺史李听攻平卢叛帅李师道，克东海、
朐山、怀仁等县，宋仍属海州。端平二年，徙海州治此，寻复故。《城邑
记》：东海故城有大小二城，贾似道献捷时，通为一城，西南控海，东北
抵山，周围十三里，皆砌以石。元至元二十年，省县入朐山。向有东海巡
司戍守。嘉靖十六年，改置巡司于新坝。

　　海西废县，州南百二十里。汉东海郡属县，武帝封李广利为侯邑。

后汉属广陵郡。建安初，先主保广陵，与袁术战败，屯于海西。即此。晋县废。宋泰始七年，置郁县，立西海郡。齐建元二年，魏分军南侵，遣将白吐头等出西海，元泰等出连口。永明中，改郁县为都昌。后魏改为安流。魏收《志》：武定七年，分襄贲县地置海西县，属海安郡。梁承圣末，吴明彻围海西，不克，引还，即此。后周并入朐山。连口即涟口，见安东县。

怀仁废县，州北八十里。汉赣榆县地。宋为艾塘戍。泰始三年，垣崇祖戍朐山，魏人来袭，戍者皆下船欲走，崇祖绐之曰：艾塘义人已得破贼。谓此也。魏于其地置黄郭戍。齐建武四年，黄县纷以万余人攻魏南青州黄郭戍，为戍主崔僧渊所败，举军皆没，梁得其地，置南北二青州于此。太清三年，北青州刺史王奉伯举州附魏。胡氏云：梁大通二年，魏北青州刺史元世俊以州来降。魏北青州治东阳，去梁境甚远。盖世俊以怀仁之地来降耳。东魏武定七年，又改置义塘郡及义塘、怀仁等县，寻并义塘县入怀仁。隋初废郡属海州。唐因之。元和十五年，楚州刺史李听讨李师道，克怀仁等县。是也。南唐又移县治赣榆城，而故城遂废。

龙沮城，州西六十里。《城冢记》：楚将龙且所筑也，韩信下齐，项羽遣且筑垒，大小凡二。刘宋泰豫初，以垣崇祖行徐州事，戍龙沮。萧梁置龙沮县，兼置东彭城郡。后魏因之，并移海州治龙沮城。高齐时废。唐武德四年，亦置龙沮县，属海州。八年废。今为龙沮镇。魏收《志》龙沮县有即丘城，盖与山东沂州接界。

青山城，州东北六十里青山之麓。唐武德四年，置青山县，属环州，八年废。《寰宇记》：青山之阴，有汉赣榆县故城。〇钟离昧城，《郡国志》：在州东南百里伊卢乡。《史记》项王亡将钟离昧家伊卢。是也。城旁有羽泉，相传为舜殛鲧处，《一统志》云：州西八十三里，又有东安废县。东安，汉城阳国属县，后汉属琅邪，在今山东沂水县，或南北朝时侨置于此。

胸山，州南四里。上有双峰如削，俗呼马耳峰，旁有龙潭，水甚清冽。秦始皇三十五年东巡，立石东海上胸界中，以为东门阙。盖在此。后汉和平二年，胸山崩。宋泰始三年，薛安都以彭城降魏，垣崇祖将部曲奔胸山，据之。胸山濒海孤危，崇祖浮舟山侧，为备。自是每置戍于此。其东北岭曰石棚山，有巨石覆压岩上如棚，因名，岭甚高峻。又州西二里有谢禄山。禄，东海人，赤眉将也，尝屯兵于此，因名。

郁洲山，州东北十九里。海中有大洲，周围数百里，谓之郁洲，亦曰郁州，《山海经》所谓郁山在海中者也。晋隆安五年，孙恩袭建康，不克，浮海北走郁洲，将军高雅之御之，为恩所执，既而刘裕破走之。宋元嘉二十七年，魏人南寇，进逼彭城，时江夏王义恭督兵彭城，甚惧，长史何勖议席卷奔郁洲，不果。泰始三年，魏人围青州刺史明僧嵩于东阳，刘怀珍自山阳浮海赴救，至东海，闻僧嵩已败，保东莱，怀珍进据胸城，众惧，欲保郁洲，怀珍不可而止，自是青、冀二州皆侨治焉。七年，垣崇祖保郁洲，自洲将数百人入魏境七百里，据蒙山。齐初亦为青州治。《齐志》：郁洲有田畴鱼盐之利，宋刘明善为青州刺史，以海中易固，不峻城雉，乃聚石为之，高可八九尺，后为齐郡治。永明初，徙齐郡治瓜步，以北海郡治焉。梁复为青、冀二州治，天监十二年，郁洲近魏境，民多私与魏人交市，先一年，胸山外叛，郁洲亦阴与魏通，胸山平，心不自安，其民徐道用等遂作乱，夜袭州城，杀青冀二州刺史张稷降魏，魏遣兵赴之，游肇谏曰：胸山滨海，卑湿难居，郁洲又在海中，得之无用，于敌要近，不当劳军旅，费馈运以争之，不听。既而梁北兖州刺史康绚遣兵进讨，复取郁洲。自隋以后，皆为东海县治。《通典》郁洲即田横所保。东魏武定中，置临海镇于此。其山亦名郁郁山，又名苍梧山。山有九峰，俗传自苍梧飞来也。东阳，今见山东益都县。蒙山，今见山东费县。

巨平山，州北三十里。一名由吾峰。南接东海，北抵虚沟，中有龙潭，其南岭上有吕母固。高二里，即王莽时，琅邪海曲吕母招亡命数千，杀其令，还保海岛处也。山之东岭曰栖云山。海曲，见山东莒州日照县。○马岭山，在州西百五十里，与山东沂州接界。

卢石山，州东南六十里。山多黑石，因名。相传韩信为楚王，镇于三卢。宋张耒云：三卢者，卢石山、伊卢山、句卢山也。伊卢山在州东南八十二里，近伊卢乡，一名大伊莱山。句卢山在州东南百二十里。○古城山，在州东五里，《地理新书》以为海州故城也，基址犹存，宋时戍守其上。一名孔望山，相传孔子问官于郯子，尝登此望海。

小鬲山，州东北六十里。孤峰特秀，三面壁立，俯临深溪，惟东隅可通人行。其上累石为城，亦谓之田横固。又有平山，在州东北百里，其相去十五里曰嚶游山，周回浮海中，群鸟多翔集于此，元时海运所经。○蛎山，在州东南百里海中，四面平坦，潮生则没其半，山多蛎，因名。又州南百里有大、小伊山，南北相距约二十里。又东、西二陬山，亦在州东南百里，一在海隅，一在海中，东西相对，皆滨海守望处也。

海，州东二十八里。南接朐山，北接赣榆，西趣州城，往来渡处广二十余里。《寰宇记》：州渡海处名黑风渡，七月渡者多覆溺之患，馀月则否。州东有捍海堰。《南兖州记》：堰有二，一在东海城东北三里，西南接郁洲山，东北至巨平山，长三十九里。隋开皇十五年，县令元暖造，外以捍潮，内以储水，大获灌溉之利。一在城北三里，南接谢禄山，北至石城山，长六十三里，高五尺。开皇九年，县令张孝徵造。亦名东西堰。

桑墟湖，州西南九十里。与沭阳县接界。上接沭河，下流入海。又硕项湖，在州南百四十里，与桑墟湖相接，安东、沭阳境内之水，皆蓄泄于此，谓之太湖。又有龙沟湖，源出太湖，东入官河，在州南百三十里。

蔷薇河，州治西一里。东北通海，西北通赣榆，南通新坝，直抵淮阴，内接市河入州城，先时漕运由此入淮，北场盐课亦从此达安东。后以潮汐往来，旋浚旋塞。《志》云：河源出州西北百里之羽山，过州北八里独树浦，达石㳦河，其石㳦河在州南二十里。旧时州境之水，多汇于此以达海云。○临洪河，在州北十里。自赣榆县流入境，州南二十里有银山，下为银山坝，临洪水流至此，接于石㳦河。

涟河，在州西南。上引沂沭及桑虚湖之水，经石㳦镇及县东南三十里之黑土湾渡入海。又有景济河，在州东南二十里，为运盐通道。○官河，在州西十里，即唐垂拱中所开漕河，自沂密达州至涟水县入淮者也。后废。《志》云：今州南四十里有新坝，西障沂、沭，东捍海潮，导涟河之水，达于官河，东南流接安东县之支家河。又有房山河，在州西南六十里房山镇，源自马岭山，流入官河。又有一帆河，在州东南八十里，自官河分流，至伊卢山，南达安东县。

于公浦，州北十里，产盐，以汉于公为名。自此而北有白沟等十余浦，皆通潮汐，居民以煎盐为业。又徐渎浦，在州东北四十余里，上接巨平诸山之水入海，有徐渎浦场。又宿城浦，在州东北七十里，四面俱山，舟楫遇风，则宿于此。

石闼堰，在州西南，或曰：即石㳦河上游也。宋天禧四年，淮南劝农使王贯之导海州石闼堰水入涟水军以溉田。绍兴中，金人攻海州，先遣一军自州西南断城中饷道，魏胜拒之于石闼堰，金人败退。○沙堰，在州城东北。宋绍兴三十一年，金人围海州，魏胜拒之于北关，金人从间道渡河趣关，后胜敛兵入城，金人欲越沙堰，围城为营，胜据堰拒之，金人败退。今与石闼堰俱埋废。又十三陂皆在州境，《唐志》：海州有陂十三，蓄水溉田，皆贞观以来所筑，今俱废。《志》云：州西十里又有韩信堰，相传信为楚王时，以地泄下，乃立此堰，今为大路。

永安堤，州东二十里。北接山，南环郭，长亘七里。唐开元十四年，海潮暴涨，百姓漂溺，刺史杜令昭筑堤障之，民获其利。○杨口堤，在州南东,自板浦西抵涟河,为南北要地。万历中,海潮浸漫,行旅艰阻,知州杨凤筑堤十五里,商旅称便。又西接刘公堤,长亦十五里,知州刘梦松所增筑也。

北关,州北五里。或云:南宋时筑此,据险戍守,以保障州城。绍兴末,魏胜败金人于北关,是也。自此而北六十里为安东卫,即山东境内矣。

云梯关,在州东南海岸,有军戍守。《舆程记》:由虚沟营飘海百八十里,至高公垛。又一百二十里,达云梯关,又百八十里,达安东县之六套,又六十里,至安东县,此由山东胶州达淮安之海道也。

虚沟营,在州东北。《舆程记》:州东北六十里至塔儿湾,又北三十里为南城,又北三十里为大村,又东北三十里即虚沟营也。又三十里渡海岛,为海州北出山东之水道。○大营,在州西五里,《志》云:蒙古阿鲁攻围海州时所筑。

石湫镇,州南二十里,旧有石湫堰。宋绍兴三十一年,金人围海州,张子盖自镇江赴援,至楚州,先趣涟水,择便道以进,至石湫堰,击败敌兵,是也。今镇东北有九洪桥,即旧时堰水处。○新坝镇,在州南四十里,新坝置于此。今为往来冲要。

板浦镇,州东南四十里有板浦,堰坝以运盐。河随海潮注泄,易于淀淤,乃设堰坝,以北障海潮,南蓄河流,盐场在焉,为商贾辐凑之所。《舆程记》:自板浦渡海口至州城道五十里。○临洪镇,在州北十里,有临洪盐场。又筦渎浦镇,在州东南百四十里,有筦渎盐场。

新桥。在州北。宋绍兴末,魏胜复海州,金人来争,军于州北二十里之新桥,胜击败之,继复益兵来围,李宝以舟师由海道赴援,与胜败金人于北关,是也。今废。○高桥,在州西九十里,有高桥巡司。又兴国庄,在州西七十里,今置驿于此。州南百二十里又有惠泽巡司,司南七里即龙沟湖也。

○赣榆县，州北百二十里，西至山东沂州百八十里，北至山东日照县百六十里。汉县，属琅邪郡。后汉属东海郡。魏省。晋复置。宋因之。齐属北海郡。后魏仍属东海郡。后周县废。唐武德四年，复置赣榆县。八年，省入东海县。南唐改置怀仁县于此。宋因之。乾道三年，金人改曰赣榆。金亡，宋以县寄治东海军，后复废。元仍置县，属海宁州。今城周四里，编户五十六里。

赣榆城，在今县东南，汉县治此。宋白曰：怀仁县东北三十里，有汉赣榆城，一名盐仓城。今县城，唐初所置也。《城邑考》：隋末臧君相据海州筑城，取故赣榆为名，在今县西二十里。近《志》：县北三十里有盐仓城，又北三十里有旧赣榆城。恐误。

纪鄣城，县北七十五里。《春秋》昭十九年，齐伐莒，莒子奔纪鄣，齐师入纪。杜预曰：赣榆东北有纪城，即纪鄣也。南北朝时为戍守处。萧齐建武二年，青冀二州刺史王洪范遣军主崔延袭魏纪城，克之。《城邑考》：纪城周一里余，近海。

祝其城，县西五十里。汉县，属东海郡。后汉因之。晋仍属东海郡，后废。唐武德四年，复置祝其县，属海州。八年，废。或曰：祝其即春秋时鲁地。《左传》定十年，公会齐侯于祝其，实夹谷。即此云。○虎坑城，在县西北，南北朝时置戍处也。萧齐建武二年，魏人攻义阳、钟离，诏青冀二州刺史张冲出军攻魏，以分其势，冲分遣军主杜僧护攻魏虎坑、冯时、即丘，拔之。三城盖相近。即丘，今见山东沂州。

武陵城，县南五十九里。萧梁时，侨置齐郡于此。东魏武定七年，改置武陵郡，领上鲜、洛要二县。魏收《志》：梁置高密县，魏改曰洛要，其地有武陵城，因改置武陵郡。是也。后齐郡废，《寰宇记》：县南五十里有沂州城，宋泰始中，侨置沂州于此。按：宋末尝置沂州。又云：

县西十五里有莒城，即古莒国。皆传讹矣。○艾不城，在县东南。相传田横避难，汉使艾不追横，因筑此城。晋时尝移赣榆县理此。《寰宇记》：艾不城在东海县北二十四里。

利城故城，县西六十里。汉县，属东海郡。后汉因之。建安三年，曹操尝析置利城郡。魏废。晋仍属东海郡，后废。唐初复置，寻省入怀仁县。又归义城，在县北二十四里，魏收《志》：武定七年，置归义县，属义塘郡，是也。后齐因之。后周并入怀仁县。

羽山，县西北八十里。高四里，周回八里，相传舜殛鲧处。《禹贡》：羽畎夏翟。曾氏注：羽山之谷，雉具五色，山因以羽名，下有羽渊。《志》云：山西北至沂州亦八十里，盖接界处也。又有分水岭，在县北七十里。自岭而北，至日照县九十里，盖与日照县分界。今置递运所于此。○夹谷山，《寰宇记》：在县西三十八里，即孔子相定公会齐侯处。

拦头山，县东北七十里。有石拦际海，可遮洪涛，因名。其并峙者，曰阿夜山，山临海，雾气尝昏如夜，因名，亦接日照县界。○怀仁山，在县北四十里，昔以此名县。又有末山，在县西南七十里，《志》云：西北之山，山至此而尽，因名。

剑水，县西南七十里。《志》云：源出沂州界三峣山，即弱马沟也，东流入县界，又有尧水，同源东注，合流入海。○腰带河，在城南。《志》云：源亦出沂州，环绕县城，东流入海。又有临洪河，在县南六十里，流入海州境。

海，县东十五里。北接山东，东通大洋，汪洋回绕，岛屿参差，称为易守而难犯云。

荻水镇，县东北七十里。有荻水，源出莒州，东流入海。五代汉乾祐二年，密州刺史王万敢击南唐荻水镇，大掠而还。今有荻水镇巡司。又有临洪镇巡司，在县南六十里。

洛要镇。县东南六十里，后魏洛要县盖置于此。○上庄驿，在县南
七十里。又县北八十里为王坊驿，自海州北出山东之通道也。又中冈递运
所，在县北二十里。

○邳州，府西北四百五十里。西至徐州百八十里，北至山东沂州
二百八十里，东北至海州三百五十里。

古徐州地，夏为邳国。春秋时为薛国地。战国为齐地。秦属
薛郡。汉属东海郡。东汉永平中，改临淮郡为下邳国，治于此。晋
因之。宋、齐俱为下邳郡。后魏因之。孝昌初，置东徐州。梁中大
通五年得之，改为武州。后周曰邳州。隋初，废下邳郡。大业初，废
州，复为下邳郡。移治宿豫县。唐初，仍曰邳州仍治下邳。贞观初，
州废，改属泗州。元和中，改属徐州。宋太平兴国七年，置淮阳
军。金复曰邳州。元因之，属归德府。明初，改今属，以州治下邳
县省入，编户四十七里。领县二。今仍之。

州北控齐鲁，南蔽江淮，水陆交通，实为冲要。春秋时，谓之
淮北地。《战国策》：苏代谓齐王：有淮北，则楚之东国危。盖淮
南襟要，恒在上游也。汉室纷更，徐、淮最为多事。曹操得之，遂
以控扼东南。及晋室之衰，纵横驰逐，下邳几无宁岁。刘裕之平南
燕也，帅舟师自淮入泗，至下邳，留船舰步进。及卢循逼建康，裕
还至下邳，以船载辎重，自帅精锐，步归建康，则下邳实水陆之
冲矣。故后魏尉元亦云：宋人向彭城，必由清泗过宿预，历下邳，
趣青州，亦由下邳沂水经东安。此数者皆宋人用师之要。今若先
定下邳，平宿预，镇淮阳，戍东安，见山东沂水县。则青、冀诸镇，时
冀州治历城。可不攻而克。盖争淮北，必争下邳也。历梁、陈之季，

下邳尝为战场。后周取邳、徐以临淮南，朱温争邳、徐以阻行密，唐光化二年，杨行密攻徐州，不克，引还，汴人追之，及于下邳，杀千余人。亦其证也。盖南北争雄，得失之机，常视淮、泗，下邳岂非必争之地欤？

下邳城，州治东，古邳国也。《左传》昭元年，赵文子曰：商有姺、邳。此即邳国矣。应劭曰：邳在薛，后徙此，故曰下邳。薛瓒曰：有上邳，故云下。《春秋》定元年传云：薛祖奚仲迁于邳。或以自北迁此，故谓之下邳。秦置下邳县，属薛郡。二世二年，项梁西渡淮，军下邳，是也。汉初封韩信为楚王，都下邳，后为县，属东海郡。后汉建武四年，董宪等保下邳，既而去下邳，还兰陵。五年，帝徇彭城、下邳。永平十五年，东巡，耕于下邳。十七年，改置下邳国于此。建安初，先主为徐州牧，屯下邳，吕布袭取之。三年，曹操破斩布于下邳。四年，先主取徐州，留关羽守下邳，寻为操所败。魏晋皆为下邳国，尝为重镇。晋永兴二年，琅邪王睿监徐州军事，留守下邳。大宁中，没于石勒。永和五年收复。太元三年没于苻坚，坚使扬州刺史戍焉。九年，谢玄取下邳，秦人遂弃彭城，玄进据之。义熙五年，刘裕伐南燕，自下邳步进。宋元嘉二十七年，魏主焘南寇，分遣拓跋那自青州趣下邳，泰始二年下邳，为魏所取。梁天监五年，张惠绍攻下邳，不克，还军宿预。魏孝昌初，置东徐州于此。永熙二年降梁，梁置武州，改下邳曰归政县。太清二年又降于东魏，复曰东徐州。陈大建六年，复得之。十一年，为周所取，亦曰下邳郡，兼置邳州。隋郡废州存，大业初，复置郡于宿豫县，下邳县属焉。唐初置州，寻复为下邳县。宋置淮阳军。金元皆为州治。明初省。宋武《北征记》：下邳城，凡三重，大城周十二里半，其南门曰白门。中城周四里，吕布所筑，南临白门。汉建安三年，广陵太守陈登为曹操先驱，至下邳，攻城，吕布拒之，操引泗、沂二水灌城，擒布，斩之。白门楼下又有小城，累甓坚峻，周二里许，相传石崇所筑。州城西又有一小城，周三百四十步，相传亦崇所筑也。宋嘉定十六年，李全欲攻金邳州，州四面阻水，不能进而还。盖州尝恃水为险云。《志》云：今州东三里有土城故址，即下邳旧城。今城金人所置，明初修筑，周五里有奇。

武原城，在州西北八十里。汉县，属楚国。后汉属彭城国。晋因之。宋初废。泰始二年，薛安都以彭城降魏，宋将张永等进军，逼彭城，军于下磕，分遣别将王穆之守辎重于武原，为魏将尉元所破，即故县也。魏仍为武原县，属下邳郡。东魏武定八年，复置武原郡治焉。后周郡县俱废。下磕，见徐州。

良城，州北六十里。春秋时邾地。昭十三年，晋侯将会吴子于良，水道不可，吴子辞，乃还。哀十五年，楚伐吴，陈侯使公孙贞子吊焉，及良而卒。《史记》：越王无强谓齐威王使者曰：愿齐之试兵南阳、莒地，以聚常、郯之境。常即良也。南阳，齐西境邑。汉置良成县，属东海郡。后汉属下邳国。晋曰良城县。宋仍属下邳郡。后魏亦为良城县。萧梁尝置武原郡于此。高齐及后周因之。隋郡废，仍曰良城县，属下邳郡。唐属邳州，贞观初省。○郯城，在州东北八十里，汉郯县城也。《通典》下邳县北有故郯县。《志》云：城在沂、武二水间。今见山东郯城县。或云在州北五十里，恐误。

葛峄山，州西北六里。古文以为即《禹贡》之峄山，似误。俗名距山，谓与沂水相距也。今亦见山东峄县。○半戈山，在州西三里，回绕州治，形如半戈。又羊山，在州西南六里，即睢宁县之阳山也。昔在大河南岸，今河经山南，遂为州境。州西九里，又有青羊山。

艾山，州北百里，接山东沂州界。魏收《志》：武定八年，置艾山县，属武原郡。盖以此山名也。县旋废。或以为沂水所出，误。○忧路山，在州东北百四十里，峰峦峻险，行者崎岖，因名。又磐石山，在州西南八十里。《禹贡》：泗滨浮磬。《志》以为此山所产石也。山北去泗水四十里，盖洪水时近泗滨矣。

泗水，在州南二里。自山东泗水县，流经徐州，又东入宿迁县界，下流至清口合淮。今为大河经流。《志》云：州东南二十里有匙头湾，在大河北岸，又有张林浦、沙坊诸处，俱扫湾要害也。又郭湾，亦在州东。又东近宿迁县界，为直口、磨儿庄口、刘口，俱为险溜。又东则董家沟矣。今详川渎异同。

沂水，在城西一里。自山东沂州西南流经州北，分为二：一绕城北，西南流入泗。一绕城东，至城南，亦注于泗，谓之小沂水。水上有桥，张良遇黄石公处，所谓圯桥也。圯音夷，曹操攻下邳于此，壅沂、泗灌城。《元和志》：下邳沂水一名长利池。《邑志》：古圯桥在今州治东南，亦谓之圯上，今堙。

泇河，在州西北九十里。源出山东峄县，合蛤、鳗、连汪诸湖，东会沂水，从周湖、柳湖，接州东之直河，又东南入宿迁县境之黄郭湖、落马湖，从董、陈二口，入于黄河。《河防考》：隆庆中，河臣翁大立议开泇河济运，不果。万历三年，巡漕御史刘光国等，复请从沛县夏镇马家桥，经州北葛墟岭良城侯家湾入泇河口，至清河县大河口入黄河，计五百三十里，以便漕。议者谓泇口穿葛墟诸山，皆沙石不可凿，南北大湖相连，不易堤，非计。乃止。二十一年，舒应龙挑徐州北境韩庄中心沟，凿山划石，通彭河水道入黄河，而泇口始辟。二十五年，刘东星因韩庄故道，凿良城侯迁庄及挑万庄，由黄泥湾至宿迁之董家口，试行运，而泇脉始通。三十五年，李化龙复循旧迹，起自夏镇，迄于直口，凡二百六十余里，避黄河险者三百余里，中间开李家港以避河淤，开王市田家口以避湖险，凿却山以展河渠，建良城、台庄、侯迁、顿庄、丁庙、万庄、张庄、德胜等闸以节宣水利，而泇河之利始备。崇祯七年，漕臣扬一鹏复议浚之，上言云：

泇河上自沛县李家港，下至直河口，计长二百六十里，今新挑之河，避弯取直，实二百四十里，宿迁至赵村约百二十里，赵村至峄县万家庄约九十余里，万庄至夏镇亦约九十里。自李家港至刘昌庄、全挑新河八里，建闸一座。刘昌庄至万家庄，计长八十里，内除韩庄等处二十里六分旧渠外，全挑新河十六里，浚旧河四十四里四分，建闸一座。万家庄至黄林庄，计长四十里，内浚旧河三十八里三分，全挑新河一里七分，建闸三座。黄林庄至直河出口，计长一百三十一里，内除梁家、纪家、田家集共七十里旧河深阔免挑，并王市东新河三十里派山东助挑外，实浚旧河四里五分，全挑新河二十六里，建闸三座。自是东南之漕，皆取道于此。

直河，州东五里。《志》云：蒙、沂诸山之水，汇为沭缨湖，又分派而南，至州东南六十里，为直河口，入于泗河。万历十五年，浊流倒灌，河口遂塞，诸山水俱由落马湖经董家、陈家二沟出大河，议者谓筑直堤于直河东岸，近北阎家集口，遏诸山水，不使东入落马湖，直河口可不淤也。二十九年，分黄开泇之议定，运艘皆由直河而达于泇河矣。

武河，州西北五十里。源自山东峄县马旺山许家泉，流经州西北二十五里，汇为蛤湖。州西北二十里又有蝘湖，亦武水所注也，引流五十里，由乾沟口注于泗河。《志》云：州北百里有营河，自沂州流入境，注于武河。又城子河，在州西北五十里，自沂州芦塘湖流注营河。○洪河，在州东南三十里。又有曲吕河，在州东二十里，自坝头入洪河，合直河而入泗河。

泇口镇，州西北九十里，亦曰泇口集。又州北八十里有郭家庄。正统中，刘六等作乱，官军败之于泇口集，又败之于郭家庄，是也。○源雀镇，在州东北。《金史》：保大中，弃山东地，惟戍守邳州之源雀镇，以拒蒙古。盖其地当山东冲要也。或曰：即故良城矣。

焦墟，在州东。宋泰始三年，沈攸之奉诏攻彭城，至焦墟，去下邳五十里，是也。又州境有高迁亭。后汉桓帝延熹中，以诛梁冀功，封尚书令周承为高迁亭侯。《十三州志》下邳有高迁乡。

直河镇。州东南三十五里。《志》云：直河驿在州东南六十里。《会要》云：嘉靖四十五年，改置直河巡司于此。又有新安驿，在州西四十里，嘉靖四十五年改巡司。皆滨大河。○馀行镇，在州北七十里，《志》云：其地有馀行省城，元末沂州将王信所筑。

○宿迁县，州东南百二十里，东南至府城二百四十里，西南至凤阳府虹县百四十里，西北至山东郯城县百八十里。春秋时，钟吾子国也。《左传》昭二十七年，吴公子烛庸奔钟吾。又三十年，吴执钟吾子，即此。秦为下相县地。汉为踤犹县，属临淮郡。踤、仇同。后汉县省。东晋义熙中，置宿豫县，属淮阳郡。宋仍之。泰始中，没于魏。魏置南徐州治焉。齐永元初，魏南徐州刺史沈陵帅宿豫之众来奔，魏人因废为镇。梁天监中得之，改置东徐州。太清三年，东徐州刺史湛海珍降魏是也。东魏改置东楚州，仍曰宿豫郡。陈大建五年，伐齐，克之，改置北齐州，寻改安州。后周改曰泗州，仍置宿豫郡。隋初郡废。大业初，又改泗州为下邳郡，仍治宿豫。唐初，复置泗州，治宿豫。开元二十三年，州移治临淮，以宿豫属之。宝应初，以代宗讳，改曰宿迁，寻隶徐州。五代因之。宋属邳州。元初，省入邳州。至元十二年，复置，属淮安军。十五年，还属邳州。县故无城，今城周四里，编户五十四里。

宿豫故城，在县东南。杜佑曰：故泗口也。晋明帝大宁中，兖州刺史刘遐自彭城退屯泗口，即此。义熙初，始置城邑，其地东临泗水，南近淮水，自后常为重镇。义熙五年，南燕将慕容兴宗等寇宿豫，拔之，大掠而去。宋泰始三年，魏将孔伯恭攻宿豫，宿豫戍将鲁僧遵弃城走，自是没于后魏。梁天监五年，张惠绍侵魏徐州，拔宿豫，执城主马成龙，未几，魏邢峦围宿豫，败梁兵于清南，惠绍弃城南走。七年，魏将成景隽杀宿豫戍主严仲贤以城来降，魏将杨椿将兵攻之，不克。普通六年，萧综以彭城降魏，魏乘胜取诸城戍，至宿豫而还。侯景作乱，为东魏所取。承圣三年，齐宿预民东方白额以城降梁，梁遣将杜僧明助之，齐将王球来攻，败退。寻复入于齐。陈大建五年伐齐，鲁广达克南徐州，诏以广达为北徐州刺史镇其地。十一年，又为后周所陷。隋大业中，下邳郡治焉。唐废郡，寻改县曰宿迁。《志》云：春秋时，宋迁宿国之人于此，因名。欧阳忞曰：晋元帝督运军储于此，以为邸阁，后因有宿预之名。宋白曰：故城在邳州东南百八十里。近《志》在县西五里，恐误。

下相城，在县西北七十里。秦置下相县，项羽下相人也。汉亦为下相县，属临淮郡。应劭曰：相水出沛国，流至此，故曰下相。后汉属下邳国。曹操攻徐州，屠男女四十余万口于下相，泗水为之不流，即此。晋属临淮郡。后魏亦曰下相县。孝昌三年，置盱眙郡。东魏武定八年，改临清郡治此，寻废。

角城，在县东南百余里。《宋志》作甬城。晋安帝义熙中，土断，立为淮阳郡治。宋因之，常为重镇。泰始二年，徐州刺史薛安都举兵应晋安王子勋，诏以申令孙为徐州刺史，令孙进据淮阳，降于安都，既而魏将孔大恒攻淮阳，淮阳太守崔武仲焚城走。齐建元二年，角城戍主举城降魏，魏遣将封延等出角城应之。三年，魏主寇淮阳，围军主成买于角城，买败死。永明六年，角城戍将张蒲因大雾，乘船入清中采樵，潜纳魏兵，戍主皇甫仲贤拒却之。梁天监三年，角城戍主柴庆宗以城降魏，徐州刺史元鉴遣淮阳太守吴泰生将兵赴之。五年，将军萧炳击魏徐州，围淮阳，魏将赵怡等救淮阳，按魏将高闾云：角城蕞尔，处在淮北，去淮阳十八里，是角城与淮阳有二城也。东魏亦曰角城县。魏收《志》：武定七年，改梁临清、天水、浮阳三县置，仍为淮阳郡治。高齐改为文城县。后周又曰临清县。隋省入淮阳县。淮阳，今见泗州。○栅渊城，在县西南。魏收《志》：下邳郡有栅渊县。武定八年，分宿豫县，置属下邳郡。陈大建六年，樊毅克齐下邳、高栅等六城。高栅，盖即栅渊也。

凌城，县东南五十里。汉县，为泗水国治。后汉属广陵郡。晋属下邳国，宋省。应劭曰：凌水所出。《水经注》：水东流，径县城东，又东南入于淮，县以此名。○泗阳城，在县东南八里。汉县，属泗水国。后汉省。或谓之魏阳城，盖曹丕时所改。

司吾城，在县西北。汉县，属东海郡。后汉属下邳国。应劭曰：古钟吾国也。晋属临淮郡，后省。梁普通五年，魏东海太守韦敬欣以司吾城来降，是也。今县西北有司吾乡。旧设钟吾驿，在县西南。

济岷城，在县北。东晋时，以蜀西、济北流人，置济岷郡。咸和三年，济岷太守刘闿等杀下邳内史夏侯嘉，以下邳叛入后赵，郡寻废。沈约《宋志》：淮阳郡晋宁县，本属济岷郡，宋改属淮阳。○樊阶城，在县东。南北朝时，为戍守处。宋泰始三年，魏将孔伯恭造火车攻宿豫，沈攸之退保樊阶城。齐建元三年，遣将桓康败魏人于淮阳，进拔樊谐城，樊谐即樊阶之讹也。又县有高平城，汉临淮郡属县也，后汉省。又汉武封栾大为乐通侯，表在高平。即韦昭曰：在临淮之高平。

马陵山，县北二里。高十五丈，周十二里，陵阜如马。其冈脉曰灵杰山，前阻运河。○峒峿山，在县北七十里，上有石洞，泉流不竭。宋绍兴中，首领张荣屯此，以拒金人。《志》云：县西北七十里又有司镇山，高五十丈，周十五里。又二十里有塔山，高数丈，周数里，上有土城，相传五代时郭彦威屯兵其上。

黄河，在县南。又东南经废陵城南，入桃源县界，即泗水故流也，亦谓之清水。梁天监五年，将军蓝怀恭与魏将邢峦战于睢口，败绩，峦进围宿预，怀恭复于清南筑城，峦等攻拔之。时张惠绍守宿预，遂弃城南走。

睢水，在县东南十里。自睢宁县流入境，俗谓之小河，至此合于黄

河，谓之睢口，亦谓之睢清口，今亦曰小河口渡。宋泰始三年，沈攸之与
魏人战，败绩于此。今详见大川睢水。

白洋河，县东南三十五里。即小河之支流也，亦流入于大河。《河
防考》：小河口之通塞，乃归仁堤之关要也，而县东北耿车、时儿滩一
带，上自高卓，下至时滩，皆应接筑长堤，使睢水不得漫入于埠子等湖，
则河口常通，而归仁之防益固。盖归仁堤所以束睢湖之水，并入于黄
河。睢利，则临、睢、宿三县，皆无沮洳之患矣。

落马湖，县西北四十里。又西即黄墩湖。县西二里有陈沟口，又西
二十里曰董沟口，即落马湖，南通大河之口也。由湖口至邳州直河东岸马
颊口，可五十里，中有河可因者二十里，壅塞宜通者三十里。天启中，议开
新河于此，避磨儿庄、刘口等处七十里之险，自是运艘皆由陈沟口达于
泇河。崇祯八年，河臣刘荣嗣以落马湖阻运，自宿迁至徐州开河注之，黄
水迁徙，不可以舟，遂获罪。

仓基湖，县东南三十里。《寰宇记》：湖周四十五里，旧为石崇积
贮之所，有闸曰石崇闸，其水导流为崇河，入桃源县界。〇白鹿湖，在县
西南五十里，由小河入泗。又有上泊水湖，在县南三十里，由武家沟入
泗。《志》云：县西北八十里，有诸葛湖，又侍丘湖，在县东北五十里，水
由新沟口入泗，潘季驯曰：侍丘与落马湖相连，山东蒙、沂诸水，俱由侍
丘、落马诸湖入于大河，湖外有马陵诸山，蜿蜒环抱，为天然遥堤云。

孙溪渚，在县东。胡氏曰：在淮阳之北，清水之滨。齐建元三年，
魏人围角城，不克而退，齐将李安民等追之，败魏兵于孙溪渚。

峒峿镇。在峒峿山下。五代汉乾祐初，南唐遣将皇甫晖出沂、泗，
招纳淮北群盗，汉徐州将成德钦败之于峒峿镇，唐兵引还，即此。或曰：
即故司吾县也。《志》云：县东北百二十里有刘马庄关，一作刘家庄，有
巡司，又东北百八十里而至海州。

○睢宁县，州南六十里。西北至徐州二百里，西至宿州二百四十里，东南至泗州二百里。本宿迁县地。金兴定三年，以宿迁县之古城置睢宁县，属泗州。元改属邳州。今土城周三里余，编户二十六里。

新城，县南五十里，相传宋韩侂胄所筑。

阳山，县西北五十里。上有五层石台，亦谓之羊山。万历中，潘季驯于羊山、龟山、土山相接处，创筑横堤数十里，以防大河泛溢，是也。又有刘胡山，在县西北七十二里。山周数里，相传昔有刘胡将军屯此而名。

黄河，县北五十里，与邳州接界。《志》云：县西北七十里为马家浅，东至邳州新安浅二十里，西接灵璧县之双沟，亦二十里。河南岸又有王家口、白浪浅等处，皆河防要地也。又黑山口，在马家浅西，接徐州界，亦为大河东决之口。

睢水，在县治北。自宿州灵璧县流经此，又东北流四十里，引芹沟湖水入宿迁县界。《志》云：芹沟湖在县东十五里，周八里，流入睢河。

峰山湖，县东北四十里，周十二里。万历中，河臣潘季驯筑双沟遥堤，恐河涨直至峰山湖，分流旁决，因筑羊山横堤以备之。又合湖，在县西北七十里，一名葛湖，流合沂水，南入大河。

高作镇。县东十五里。又县西三十里有子仙镇，县北六十里有本社镇，县西北六十里为新安镇，皆居民商旅萃集之所也。

附见：

邳州卫。在州治东南，洪武十三年建。

读史方舆纪要卷二十三

南直五　扬州府

○扬州府。东至海三百六十里，南渡江至镇江府五十里，西至滁州二百六十里，西北至凤阳府泗州二百十里，北至淮安府三百二十里。自府治至京师二千三百二十里，至南京二百二十里。

《禹贡》扬州之域，春秋时属吴。后属越。战国时属楚。秦属九江郡。楚汉之际，分置东阳郡。汉初属荆国，后又属吴。景帝更名江都国。武帝更名广陵国。后汉为广陵郡。三国属魏，为重镇，后属吴。吴主亮建兴二年，使卫尉冯朝城广陵。晋亦为广陵郡。初治淮阴，后治射阳，江左还治广陵。东晋以广陵控接三齐，尝使青、兖二州刺史镇此。大宁三年，却鉴都督青、兖二州军事、兖州刺史，镇广陵。苏峻平后，还治京口。宋亦置广陵郡。元嘉八年，始定为南兖州治。齐梁因之。北齐改为东广州。陈复为南兖州。后周改为吴州。隋初为扬州。置总管府。大业初，曰江都郡。炀帝幸江都，制江都太守秩与京尹同。唐武德三年，改为兖州。六年，又改邗州。九年，改为扬州。置大都督府。《唐纪》：是年以襄邑王神符检校扬州大都督，始自丹阳徙州府及居民于江北，由此广陵专有扬州之名。天宝初，曰广陵郡。乾元初，复曰扬州，兼置淮南节度于此。五代时，杨氏都焉，曰江都府。南唐以为东都。周世宗取之，复曰扬州。仍置大都督节度。宋因之。亦曰广陵郡淮南节度，建炎初，升为大都督府。元曰扬州路。至元十三年，置大都督府，又置江淮等处行中书省。明年，改为扬州路，寻又改属河南江北行中书省。明初曰淮海府，《旧志》龙凤六年改。寻曰淮扬府，后复为扬州府，时龙凤十二年，元至正二十六年也。直隶京师，领州三、县七。今仍曰扬州府。

府根柢淮左，遮蔽金陵，自昔为东南都会。贾谊曰：汉以江淮为奉地。盖鱼盐谷帛，多出东南，广陵又其都会也。吴王濞称兵于此，汉室几为动摇。孙权不得广陵，虽数争淮南，而终以长江为限。东晋以后，皆建为重镇。梁末没于高齐，而烽火照于阙下。隋人命贺若弼镇广陵，陈祚不可复保也。李子通窃取江都，亦复南据京口，规有数郡。唐时淮南雄镇，莫若扬州。及高骈拥节自雄，外成巢温之毒，内酿毕吕之祸。杨行密收其余烬，犹能并孙儒，却朱温，缮兵积粟，保固江淮。沿及南唐，尚为强国，及周世宗克扬州，江南于是日蹙矣。宋室南迁，以扬州枕江臂淮，倚为襟要。赵范曰：扬州者，国之北门，一以统淮，一以蔽江，一以守运河，皆不可无备。王应麟曰：扬州俯江湄，瞰京口，南蹑钜海之浒，北压长淮之流，必扬州有备，而后淮东可守。西山真氏曰：维扬、合肥，两淮之根本。又鲁氏涣曰：淮东控扼有六：一曰海陵，二曰喻口，三曰盐城，四曰宝应，五曰清口，六曰盱眙，而皆以扬州为根本。及宋运已移，李庭芝竭蹶于此，强寇且畏其锋。明初既定金陵，即北收扬州，不特唇齿攸寄，亦即以包并淮南也。都燕之后，转输特重，扬州为之咽喉，故防维常切。迩者北阙天崩，江沱偷息。有大臣议开府维扬者，或密投之以书。见《甲乙痛哭集》。其略曰：阁下舍廊庙之安，膺疆场之任，岂非以北风日竞，东南一隅势且岌岌哉！然而阁下遂欲驻师维扬，愚以为非计也。昔人尝言：维扬者，淮南之根本。由今日言之，则京口、金陵，又维扬之根本，而淮、泗、滁、凤皆维扬之门户也。维扬或警为之根本者，可恃乎？未可恃乎？今日之骄将悍兵、巨奸大猾，幸封爵、列营屯者，阁下将委以门户之任，又可恃乎？未可恃乎？山阳竖子；谓刘泽清，声色自娱；睢州老革谓许定国，狡黠难信。其拥兵南面咆哮江上者，谓高杰，又何为乎？颇闻阁下欲怒其傲戾，收其勇力。窃虞狂躁性成，未宜任远，悻直自用，难与图机，观已往，知将来，甚为阁下危之也。时督师欲以恢复任杰，故云。夫今日之举，安危存亡，间不容发。为阁下计，进则荣，退则辱，速则有济，缓则无功。阁下何不鼓厉三军，明□诛赏，长驱击楫，径驻彭城，延揽豪杰，抚柔归附？将见大河以南、长淮以北，必且翕然效命，其亡臣叛将留滞彼中者，亦且引领革面、冀为我用，天下事犹可为也。或者曰：大臣举动，当出万全，乘危临险，虑非长策。夫彭城，襟河带济，联络中华，故都消息，呼吸可通。彼中闻我赫然北向，有直指蓟门之势，必且迟回疑阻，不敢遽萌投鞭之意，如欲前犹却，还顾广陵、三河豪杰，必且解体。彼中从而诱纳之势，必转为所用，无异藉寇兵而赍盗粮矣！夫闭门待敌与开门揖盗，情异而失同，此不可不重为之虑也。或者曰：吾以重兵驻扬州，不足以内固根本，外维门户乎？曰：不然。往者李庭芝在扬州，不能救建康、京口之陷没。敌若以一军驻天长，则扬州震动，而分遣劲卒渡横江、下采石，我必不能分军入卫也。淮上所恃者，盱泗、山阳两军耳。恐敌向山阳，山阳必无坚垒；敌趣盱泗，盱泗必且宵奔。门户失亡，扬州且不能独固，而又谁为之援哉？嗟乎！阁下何忍苟安一城，坐视兖、豫之陆沉，养成江淮之涂炭而不悟其非也。况迩者分崩之情日见，离叛之兆已形，背城借一之举，惟恃有阁下。阁下若不赫然震动，一洗百年来颓靡之辙，载胥及溺之忧，恐非痛哭流涕所能尽也。当事者得其书颇为震动，卒不能用至于覆亡。

〇江都县，附郭。秦广陵县。汉析置江都县，属广陵国。后汉因之。晋仍属广陵郡。宋齐皆因之。自梁至隋，废置不一。大业初，为江都郡治。唐为扬州治。宋因之。今编户一百十八里。

广陵城，在府城东北。楚旧县。《史记·表》：怀王十年，城广陵。秦因之。二世二年，广陵人召平为陈王徇广陵，是也。汉因之。吴王濞都此。刘昫曰：濞筑广陵城，周十四里半，后江都国及广陵国皆治焉。后汉为广陵郡治。三国魏移郡治淮阴，而以故城为边邑。魏主丕黄初五年伐吴，自寿春至广陵，登故城，临江观兵，有问渡之志。后入于吴。吴建兴二年，孙峻使冯朝城广陵，功不成。晋灭吴，广陵郡仍治淮阴。南渡后，还治广陵。太和四年，桓温发徐、兖二州民筑广陵城，遂移镇焉。时兖州寄治广陵，徐州寄治京口，发此二州民以供役也。宋大明三年，竟陵王诞据广陵以叛，诏沈庆之攻之，克其外城，进克小城，诞败死。北齐增置江阳郡与广陵郡，并治焉。隋初郡废。开皇十八年，改县曰邗江。大业初，更名江阳，与江都县并为郡治。唐初，江阳县并入江都。贞观十八年，复析置江阳县于郭下。南唐又改为广陵县。宋初因之。熙宁五年省。南渡后复置。元废。《城邑考》云：扬州城旧有大城，又有子城，亦曰牙城。

杨行密据扬州，改牙城南门曰天兴，其后杨溥僭号，称为都城，南唐又号曰东都。及周克扬州，显德五年，使韩令坤镇之，州故城西据蜀冈，北抱雷陂，令坤以城大难守，筑故城东南隅为小城以治之。既而李重进复改筑州城，周十二里。宋绍兴中，郭棣知扬州，以为故城凭高临下，四面险固，重进始夷之而改卜今城，相距二十里，处势卑渫，寇来袭瞰，易如鼓掌，请即遗址建筑。许之，未几役竣，与旧塘南北对峙，中夹甬道，疏两濠，缓急足以转饷，谓之大城。后又于大城西南隅改筑州城，即今城也，周九里有奇。明初因之。嘉靖三十三年，复筑新城，起旧城东南，至东北角楼，周十里有奇，与旧城相埒。于是扬州有新旧两城。

江都故城，在府西南四十里。《志》云：汉县治此。三国时废。晋太康六年复置。江左时废时置。隋、唐为附郭县。今故城已圮于江。《一统志》：江都县宋治州城东南隅。元徙治北关外，至正中毁。明初改置于今治。○邗沟城，《寰宇记》：在州西四里蜀冈上。《左传》哀九年，吴城邗沟，通江淮，时将伐齐，北霸中国也。汉已后荒圮，谓之芜城。胡三省云：魏曹丕登广陵故城，即芜城矣。又有广陵故城，在府北十八里。《志》云：扬吴时，尝分江都地置城于此。

舆县城，府西四十五里。汉县，属临淮郡。后汉属广陵郡。晋因之。宋元嘉十三年，并入江都县。○齐宁城在府东南六十里，萧齐永明初置县，属广陵郡。阮升之《记》：齐建武五年，遏艾陵湖水，立衷塘屯，移齐宁县于万岁村。中兴元年废。又《图经》：隋末，尝分江阳立本化县于郡东南二里合渎渠上，旋废。

新城，府北二十五里。晋太元十年，谢安上疏求北征，出镇广陵之步丘，筑垒曰新城。宋德祐二年，李庭芝固守扬州，元将阿术遣兵守高邮、宝应，以绝其饷道，博罗欢又拔新城以逼之，即此。又张公城，在府西四十里。《志》云：东汉桓帝时，广陵贼张婴所筑，张纲为郡守，单骑造贼垒，示以恩信，婴悦服归降，即此处也。○宝祐城，在府北七里。
《志》云：城周千七百丈，遗隍断堑，隐隐可寻，即隋迷楼故基也。宋宝
祐四年，贾似道奉诏筑，所谓包平山而瞰雷塘者，时又筑新宝城，二城
相连，名曰夹城。

瓜洲城，府南四十里江滨。昔为瓜洲村，扬子江之沙碛也。沙渐
长，状如瓜字，接连扬子江口，民居其上，自唐开元以后，渐为南北襟喉
之处。上元初，刘展据广陵，设疑兵于瓜洲。若趣北固者，潜自上流济，
袭取润州。明年，平卢将田神功等讨展，军于瓜洲，济江击展，败之。或
谓之瓜埠洲，亦曰瓜洲步。《新唐书》：开元十二年，润州大风，自东北
海涛没瓜步。即此。唐末，渐有城垒。宋建炎二年，金人入淮南，陷天
长军，自扬州驰骑至瓜洲步，得小舟渡江，至镇江府，江浙大震。绍兴
三十一年，金亮南侵，扬州陷，刘琦留屯于此，以拒之，既而金人盛兵
塞瓜洲口，金亮亦引大军至此，居龟山寺。金人既却史浩，议筑城置守，
张浚谓：弃淮而守江，是以弱示敌也。议遂阻。乾道四年，始筑城置堡
于此。德祐初，元伯颜陷建康，遣张弘范屯兵瓜洲，宋军水陆进攻，不
能克，既而伯颜复遣阿术行省瓜洲，断淮东援兵，遂分军三道，进窥临
安。二年，元人劫少帝太后北去，时李庭芝镇扬州，遣其将姜才夜捣瓜
洲，以邀帝后，元人避去，才追战至浦子市而还。今城东西跨坝址，周
千五百四十三丈，有五门，江防分司驻焉。居民商贾，骈集辐辏，谓之瓜
洲镇，南岸即京口也。下蜀、东阳，见江宁府句容县。浦子市，即江浦县之
浦子口矣。

甘泉山，府西北三十五里。高二十余丈，周围二里。山有七峰，联
络如北斗，平地错落。又有圆冈二十八如列宿之拱北，上有泉，甚甘，因
名。○得胜山，在府西北三十里。宋绍兴初，韩世忠败金人于大仪，还军
至此，因名。又席帽山，在府西北十二里，与得胜山皆周二十五里，而高
不过数丈。○大铜山，在府西北七十二里。又有小铜山，在仪真县西北

二十五里。《志》云：皆汉吴王濞即山铸钱处。

蜀冈，府城西北四里。绵亘四十余里，西接仪真、六合县界，东北抵茱萸湾，隔江与金陵相对。上有蜀井，相传地脉通蜀也。《志》云：自邵伯埭以南，地势皆高卬，冈阜连亘几数百里，淮之不能合于江也，势也。《图经》云：州城在蜀冈东南，城之东南北皆平地，沟洫交贯，惟蜀冈诸山，西接庐滁，凡北兵南侵扬州，率循山而南，据高为垒以临之。唐光启三年，杨行密以毕师铎之乱，自庐州援广陵，军于扬子，并西山以逼广陵，即蜀冈也。既而行密克扬州，蔡贼秦宗权遣其弟宗衡等与行密争扬州，抵城西，据广陵故寨，即行密旧屯处矣。周显德三年，克扬州。南唐将陆孟俊自泰州进攻扬州，屯于蜀冈。周将韩令坤惧而出走，会救至，乃复入城。盖据蜀冈则断周兵粮援之道，令坤所以惧而走也。《志》云：今郡城西北外，土高于城，敌若屯此恒，有窥伺之虑。○夹冈，在府东北七里。东接湾头镇淮子河口，与蜀冈相接。又昆仑冈，在府西北八里。鲍昭赋云：轴以昆冈。一名阜冈，亦名广陵冈，与蜀冈连接，盖即蜀冈之异名矣。又有九龙冈在府南十五里。桃花冈在府西十五里，皆与蜀冈相映带。

扬子江，府南四十里。由六合县经仪真县，至瓜洲镇，又东过泰兴、如皋，历通州故海门县而入海。江心有南冷水，与镇江府分界。曹魏黄初五年至广陵，时江水盛涨，丕临望叹曰：魏虽有武骑千群，无所用之，未可图也。明年，复如广陵故城，临江观兵，见江涛汹涌，叹曰：此天所以限南北也。晋建兴末，祖逖誓清中原，自京口济广陵，其后南北津济，广陵、京口，实为襟要。刘裕平南燕，以卢循犯建康，疾驰至广陵，济江趣京口。陈霸先平侯景，军京口，济江围齐广陵。隋平陈，贺若弼自广陵济江拔京口。唐、宋以来，滨江洲渚日增，江流日狭，初自广陵扬子镇济江，江面阔，相距四十余里。唐立伊娄埭，江阔犹二十余里。宋时瓜洲渡口，犹十八里。今瓜洲渡至京口，不过七八里。渡口与江心金山寺相对，自瓜洲而东十八里，为沙河港。其东南与江心焦山寺相对，亦谓之沙坝河，旧与白塔、芒稻二河，俱为泄水通江处。又东五里，曰深港，俱东面设防处也。又东五十余里曰宝塔湾，为盐盗渊薮。其南岸汊港，可进圌山，又东南四十五里曰三江口，亦曰新港。又东至周家桥四十里，正与江南圌山相对。中有顺江洲，江面稍狭，水流至急，此处扼守，则瓜仪可保，此为金陵门户，江心要会。有一字港，上接圌山十里，下接三江口十里，官兵可以驻扎，贼由通州狼山而西，宜于此泊守。若一入新港登岸，为卞家坟、周家坟，稍西则扬州矣。此新港为可以登岸，可以入海之要口，江防最切处也。旧《图经》：扬子江自黄天荡西牛步沙，与建康为界；由瓜步下小帆山，经仪真境内，东下至铁丁港鹅翎觜，与镇江分界。东北趋江都，径通州入海，所谓扬子江也。《江防说》：大江南岸，圌山北岸，三江口为第一重门户，而镇江瓜洲则第二重门户，仪真天宁洲为第三重门户。馀见大川大江及川渎异同。

官河，府东南二里。古邗沟也，即春秋时吴通江淮之处。三国吴嘉禾三年，分道伐魏，遣将军孙韶等入淮向广陵、淮阴。又太平二年，孙峻使文钦等自江都入淮泗，以图青济，盖皆使之自邗沟以入淮也。亦谓之邗江，亦曰合渎渠，今为漕河。盖江南之漕，广陵当其咽喉，上江来者至自仪真，下江来者至自瓜洲，会于扬子桥。东北行过府城东，凡六十里而入邵伯湖，又北行六十里入高邮界，又北四十里至界首入宝应湖，又北至黄浦接淮安界，为山阳渎，由江达淮，南北长三百余里，漕河堤在焉。堤，宋张纶所筑也。天禧中，纶为江淮发运使，因隋堤之旧而增筑之，长二百里，旁锢以巨石，为十闸以泄横流，亦曰平水闸，亦曰闸堰。政和八年，发运使柳庭俊言：真、扬、楚、泗、高邮运河堤岸，旧时有斗门水闸等七十九座，限则水势，常得其平，比多损坏。诏检讨修复。绍兴五年，诏浚瓜洲至淮口运河浅涩处，自是以时增治。盖自邵伯以北，地势西高而东卑，高、宝诸湖，周数百里，受天长七十余河之水，夏秋泛溢，势若滔天，故堤堰为最切。明永乐中，平江伯陈瑄言：湖漕不堤，与无漕同，湖堤弗闸,与无堤同。置闸之法,欲密欲狭,密则水疏,无涨满之患,狭则势缓,无啮决之虞。湖溢则泄以利堤,湖落则闭以利漕。又置浅船浅夫,取河之污,厚湖之堤,闸多则水易落而堤坚,浚勤则河愈深而堤厚,庶几湖漕不病,而高宝以东之民不至有田庐漂溺之患矣。今府境官河有十一浅:曰新庙,曰浪荡,曰头潭,曰宋家,曰柳青,曰东西湾,曰花家园,曰李家庄,曰姚家潭,曰吉祥庄,曰江家庄,每浅有长吏主之,以督挑浚之役。《河渠考》:府西南二十余里有三汊河口,即仪真瓜洲达府城之道也。嘉靖七年,漕臣唐龙请于三汊河口仪真上游之地置闸,以尽漕利。天启元年,三汊河淤,发丁夫开浚,寻复故。○保扬河,在府西四里。城北三里旧有柴河,东达官河,西接市河入城,而城西一望平原,别无濠堑。崇祯十年,始自柴河口,引城东运河绕西郭,复折而西南,接城南二里之宝带河,仍合运河,延袤十六里。时又于近河东岸缘垒为城,上设敌台以备流寇侵逼,因名曰保扬。

伊娄河,在府南二十里扬子镇,南通大江。自隋以前,扬子镇临江南渡京口。唐时积沙二十五里,渡江者绕瓜步沙尾,迂回六十里。开元二十六年,齐水澣为润州刺史,请于京口埭下,直趋渡江二十里,开伊娄河于扬州南瓜洲浦,长二十五里,即达扬子镇。从之,因立伊娄埭,官收其入。至德中,永王璘作乱,据丹阳,淮南采访使李成式遣兵拒之于伊娄埭。亦曰伊娄堰。宋绍圣中,易堰以闸,今运河自瓜洲镇达于扬子桥,即此河也。《漕河考》:瓜洲漕河本名伊娄河,自唐以来,皆为漕藉津要,河口接大江,亦曰瓜洲渡。宋绍兴三十一年,金亮军瓜洲,谋犯京口,杨存中等命战士踏车船,自京口径向瓜洲,迫岸复回,金兵皆持满以待,其船中流上下,回转如飞,敌相顾骇愕。淳熙十四年,扬州守臣熊飞言:扬州运河惟藉瓜洲,真州,两闸潴积,今河水走泄,缘瓜洲上中二闸,久不修治,惟赖潮闸一座,然迫近江潮,水势冲激,易致损坏,望敕有司照旧修葺,从之。今漕河至此分为三支,如瓜字形,东西二支通江,一支阻堤，下江运艘，皆经此过坝。景泰六年，河臣陈泰以瓜洲坝下东西二港，江潮往来，泥沙填淤，乃修浚之。隆庆四年，河臣万恭更请建瓜洲闸，自时家洲达花园港，开渠长六里有奇，闸成，一名广惠，一名通惠，漕舟便之。《志》云：瓜洲运河分三支，三支之中，又分为十，各筑一坝，以河高江低，坝之使不泄也。瓜洲西七里为花园港，又西十五里为仪真县之何家港，皆为江岸设防处，有瓜洲巡司戍守。

白塔河，府东北六十里，南通扬子江，北抵运河。其水冬涸春泛，民得灌溉之利。《河漕考》：宣德七年，陈瑄开白塔河，置新闸、潘家庄、大桥。江口四闸，令江南运船从常州西北孟渎河过江，入白塔河，经运盐河，至湾头达漕河，以省瓜洲盘坝之费，人以为便。正统四年，都督武兴议以白塔河泄水，奏闭之，仍从瓜洲过坝，白塔运道遂废。又淮子河，在府东北十二里。淮，一作怀。旧《志》云：怀子河在仪真东北三十里，介勾城、陈公二塘之间，东出城北，接于运河。其在仪真境内者，亦谓之太子港。〇芒稻河，在府东三十里，《志》云：邵伯南五里有金家湾，为南通芒稻河之径，泄运堤以西诸湖之水，东南流经湾头，东绝运盐河，而输之芒稻河，由河以泄于江。万历二十三年，淮湖水涨，议者欲自金家湾入芒稻河，引淮水注江。既而河臣杨一魁开金家湾十四里，至芒稻河，复建减水石闸三座，由芒稻河通江一十八里，亦建石闸一座，一时涨水颇藉宣泄之利云。

茱萸湾，府东北十五里。阮升之《记》：吴王濞开邗沟，通运至海陵仓，以地有茱萸村，故名。今从官河分流，东经茱萸湾，行五十里至宜陵，又东六十里至泰州治。《元和志》：隋仁寿四年，开此以通漕，一名湾口，一名湾头，亦曰东塘。唐中和初，黄巢入长安，淮东帅高骈声言入讨，出屯东塘。光启三年，徐州叛将张雄、冯弘铎等初据苏州，寻败入海，引楼船溯江而西，泊于扬州东塘。时杨行密克扬州，乱将秦彦等自开化门，出奔东塘，开化门、州东门也。天复二年，时冯弘铎据上元，为行密将田頵所败，弃升州，将沿江入海，至东塘，行密迎之，遂收其众。明年，田頵与润州将安仁义叛，仁义悉焚东塘战舰。胡氏曰：东塘即今湾头至宜陵一带塘岸，对岸即润州界，淮南战舰聚焉。故仁义得焚之也。或曰：宜陵镇南旧有山洋河，南通大江。又府东十里旧有沙河，长四十里，接运河，通江。东塘，盖逼近江口，为滨江湾泊之处，以在扬州之东而名，非专指湾头为东塘矣。周显德三年，韩令坤克唐扬州而守之，唐兵来攻，令坤败之于湾头堰。宋绍兴四年，诏毁湾头港口闸，以遏金兵，令不得积水通船。绍定三年，李全以楚州叛，攻扬州，至湾头立寨，据运河之冲。德祐二年，元人攻扬州，以兵屯湾头及扬子桥、瓜步诸处，真州守苗再成欲以通泰兵攻湾头，是也。旧《志》：扬州北十五里有湾头镇。又运盐河，即湾头河之支分也，由湾头而东七十里至斗门，入泰州界，又东百六十里至海安，入如皋界，又东南百十里至白蒲，入通州界，又东七十里至新寨，入海门界，又东八十里，达吕四场。其支派通各盐场。

艾陵湖，府东北四十五里。《寰宇记》：合渎渠东有小渠，阔六步五尺，东去七里入艾陵湖。今湖在邵伯镇，东西接官河。谢安立邵伯堰，堰此湖之水也。齐建武五年，遏艾陵湖水，立茭塘屯。今自艾陵湖北，曰茒塞湖，又北曰绿洋湖，绿洋湖之西，曰瓮子湖，皆互相通，注入于官河。

邵伯湖，府北四十五里，东接艾陵湖，西接白茆湖，南通新城湖，旁有邵伯埭。晋太元十一年，谢安筑新城于城北二十里，筑堰以灌民田，民思其德，比于邵公，因名。其后湖水侵淫，渐为民害。唐兴元中，李吉甫筑堤以护田，谓之平津堰，自是相继修筑为运河堤，有斗门桥。宋天圣七年，发运使钟离瑾置闸通漕处也。遇官河水涸，辄引湖水济之。嘉靖中，县令张公宁议曰：邵伯湖上受诸湖之水，下流入江，湖口阔二十丈，以故水发则横溢为害。且邵伯堤一带与湖相连水发则直冲堤岸，宜北白露筋庙，南抵马家渡，于旧堤南别筑一堤，又自马家渡而南至八塔铺，另筑一堤，成一夹河，则河堤可保无事云。今为邵伯镇，置巡司于此。邵伯驿亦在焉，为水陆孔道。○黄子湖，在府北六十里，又朱家湖在府东北六十里，皆东通官河。《志》云：黄子湖之西，有赤岸等湖。又府东四十里有大石湖，与张纲沟相接，沟西去府城三十里，合芒稻河入大江。

雷塘，府西北十五里，亦曰雷陂。汉江都王建游雷陂，即此。唐武德五年，改葬隋炀帝于雷陂南平冈上。贞观中，李袭誉为扬州长史，引雷陂水筑句城塘，灌田八百顷。贞元中，杜佑节度淮南，决雷陂以广灌溉，斥海滨弃地为田，积米至五十万斛。《志》云：雷塘有二，上雷塘长广共六里，下雷塘长广共七里。自宋以后，日就堙废，民占为田。明屡经修复。今由淮子河引流济运。○句城塘，在府西南三十五里，与仪真县接界。长广十八里有奇，唐李袭誉所筑也。后废为田。明嘉靖中，开浚，其水东南流至乌塔沟，南入于漕河，寻复废。潘季驯曰：句城、陈公二塘，地形高阜，水俱无源，惟藉积两为塘，下流皆从仪真县响水闸出江，难以济运也。

陈公塘，府西五十里，与仪真县接界。后汉末，陈登为广陵太守，浚塘筑陂，周回九十余里，灌田千余顷，百姓德之，因名。亦曰爱敬陂，陂水散为三十六汊，为利甚溥。《唐食货志》：初，扬州疏太子港、陈登塘，凡三十四陂以益漕河，辄复堙塞。贞元中，淮南节度使杜佑，乃自江都西浚渠蜀冈之右，疏句城湖、爱敬陂，起堤灌城，以通大舟，夹堤高印，亦得灌溉，然河益卑，水下走淮，夏则舟不得前。元和三年，李吉甫节度淮南，乃筑平津堰，以泄有馀，补不足，漕运遂通。宋大中、祥符间，置斗门、石礩，引水济运。绍兴四年，诏毁陈公塘。无令走入运河，以资敌用，盖以金兵在淮南也。淳熙八年，漕臣钱冲之言：真州东二十里有陈公塘，其塘周回百里，东西北三面倚山为岸，其南带东系前人筑垒成堤，以受启闭，旱潦得籍以灌溉，漕舟复赖其通济。今日就废坏，宜仍旧修筑塘岸，建置斗门、石礩各一所，为久远之计。从之。明初渐淤，民耕佃其中。嘉靖、万历中，屡议修复，卒不果。天启四年，又修治之，寻复废。《志》云：自陈公塘接雷塘，旧有魏家河，引水至湾头，入运河。

新塘，府西北十里。长广二里余，西南接上雷塘，合流入于漕河。宋绍定四年，李全窥扬州，赵范等败之，全走死于此。亦曰小新塘。《漕河考》：陈公塘、上、下二雷塘、勾城塘、小新塘，旧为扬州五塘，运河浅涸，往往引塘水济之，其后豪民占据为田，无复潴泄之利。嘉靖中，尝大加修复，置闸设防，未几复废。盖五塘之名，仅存而已。

七里沟，府东北十里，亦曰七里港。唐宝历二年，盐铁使王播奏：扬州城内漕河水浅，舟船涩滞，转输不及期，请从府北阊门外古七里港开河而东，屈曲至禅智寺桥，通旧官河，长十九里。从之。即此河也。又蔷薇沟，在府东北六十里，其地旧为蔷薇村，接高邮州之永安港。

三里沟，旧在府西南十九里。宋德祐初，蒙古将阿术自真州乘胜趣扬州，州将姜才逆败之于三里沟，阿术佯退，才逐之，阿术还战，至扬子桥，两军夹水而阵，蒙古将张弘范绝渡进战，才军溃，敌兵进薄扬州南门。《志》云：今城南三里，亦曰三里沟，南接马泊浦，港在府南十五里，又南通深港，达大江。○官沟，在府东三十里，南通江。又府西南十五里有双港，东南十五里有华家洋港，府东四十五里曰蚬子港，东南四十五里曰倒流港，东北四十七里曰进水深港，皆通大江。其滨江以港名者，又不一处也。

龙舟堰，府南二十里。《十道志》：魏文帝丕临江试龙舟于此，因名。宋天禧二年，漕臣贾宗言：岁漕自真、扬入淮、汴，历堰者五，粮载烦于剥卸，民力罢于牵挽，官私船舰，由此速坏。今议开扬州古河，绕城南接运渠，毁龙舟、新兴、茱萸三堰，凿近堰旧路，以均水势，岁省官费十数万，功利甚厚，从之。宣和二年，以运河浅涩，发运使陈亨伯使其属向子諲相视，子諲言：运河高江淮数丈，自来置堰闸，治陂塘，复作归水澳，惜水如金，比年行直达之法，或启或闭，不暇归水。又顷毁朝宗闸，自洪泽至邵伯数百里，不为之节，故山阳上下不通。欲救其敝，宜于真州太子港筑坝一，以复怀子河故道；于瓜洲河口作坝一，以复龙舟堰；于海陵河口作坝一，以复茱萸待贤堰，使诸塘水不为瓜洲，真、泰三河所分；于北神相近作坝，权闭满浦闸，复朝宗闸，则上下无壅矣。亨伯从之，漕复通利，今废堰在扬子桥南。朝宗闸，即山阳县洪泽闸。北神堰，亦见山阳县。满浦闸，或曰即宝应县黄浦闸。新兴闸，见盐城县新兴堰。

江都宫，在故广陵城内，隋炀帝所筑宫也。其宫城东偏门曰芳林，又有玄武、玄览诸门，皆宫门也。中有成象殿及流珠堂诸处。大业十四年，司马德戡等谋为变，燕王倓觉之，夜穿芳林门侧水窦而入，至玄武门请见，不得达，为叛者所执，既而德戡等兵入成象殿，独孤开远帅殿内兵诣玄览门，叩阁请帝临战，不应，寻被弑，殡于西院流珠堂，是也。又有杨吴时造宫，在旧子城内，今皆堙废。○显福宫，在府东北，隋时城外离宫也。宇文化及等弑炀帝，夺江都舟楫，行至显福宫，虎贲郎将麦孟才等谋诛化及，不克，即此。

大仪镇，县西七十里，接天长县界。宋建隆元年，亲征淮南，李重进次大仪，遂克扬州。绍兴四年，刘豫以金人入寇，步兵自楚攻承州，骑兵自泗攻滁州。韩世忠军扬州，分兵守承州，亲提援兵至大仪，以当敌骑，伐木为栅，自断归路，勒五阵，设伏二十余所。金前军聂儿孛堇引兵趣江口，距大仪五里，别将挞不野拥铁骑过五阵东，伏发，寇大败。论者称大仪之捷，为中兴武功第一者也。

宜陵镇，府东北六十五里。地势高阜，民居稠密，自湾头达泰州之道也。又万寿镇，在府东四十里，西至宝塔湾五里，有巡司戍守。自万寿镇而东三十里，为归仁巡司，司之西即三江口，司之东为庙湾，与周家桥逼近，皆滨江设防处也。

皂角林，府南三十里。宋绍兴三十一年，金亮南侵，刘锜军瓜洲，遣将王佐等拒金人于此，佐设伏林中，敌至，伏发，金人大败。既而金人以运河岸狭,非用兵之利,遂引去,佐复追败之。

平山堂,在府西北五里蜀冈上。宋庆历三年,郡守欧阳修建,江南诸山,若拱列檐下,因名。绍定三年,李全据湾头立寨,使其将胡义为先锋,驻平山堂,以侯三城机便,既而进逼扬州,大燕于平山堂,赵范等出兵袭败之。咸淳五年,李庭芝镇扬州,以平山堂下瞰州城,敌至,则构望楼于上,张弓弩以射城中,因筑城包之。今城废堂存。

吴公台,府城西北四里。一名弩台。刘宋大明三年,沈庆之攻竟陵王诞,筑台以射城中。陈大建中,吴明彻攻广陵,增筑之,故名。唐武德元年,江都守陈棱葬炀帝于江都宫西吴公台下,即此。

扬子桥,府南二十里,自古为滨江津要,由此渡江抵京口,渡阔四十里。隋开皇十年,陈故境多叛,命杨素讨之,素帅舟师自扬子津入击,破贼帅朱莫问于京口。大业七年,升钓台,临扬子津,大宴百僚,寻置临江宫于此,亦曰扬子宫。九年,吴郡朱燮、晋陵管崇等作乱,时帝在涿郡,命虎牙郎将赵六儿将兵屯扬子,分为五营,以备贼,贼渡江,袭破其两营而去。十三年,驾出扬子,幸临江宫。唐武德二年,李子通攻江都,沈法兴遣子纶赴救,军于扬子,时杜伏威亦自历阳来救,军于清流,与纶相去数十里,子通诈为纶军,袭伏威,伏威怒,亦遣军袭纶,两军相疑,江都遂陷于子通,清流盖在府城西南。七年,辅公祐叛,任瑰讨之,拔其扬子城,广陵来降。开元以后,为沙洲所隔,齐澣开伊娄河于扬子镇南,遂为往来通津。光启三年,淮南军乱,毕师铎自高邮袭广陵,不克,军于扬子。宣州观察秦彦遣将秦稠将兵至扬子助之,进陷广陵。庐州刺史杨行密,引兵攻彦,军于扬子,并广陵西冈以逼城,彦败走。宋建炎初,幸扬州。金人破天长,帝自瓜洲南渡,金人入扬州,追至扬子桥而还。绍兴三十一年,金人犯扬子桥,刘锜拒却之。今运舟自仪真达者四十里,至石人头,入江都界。又十五里,至扬子桥,自瓜洲达者三十里,亦至扬子桥，合于官河，东折北行，经府城东，盖总会之所也。○周家桥，在府东南百四十里，南临大江，西接庙港，为控扼要地，有官兵屯驻。又东有口岸巡司，入泰兴县界。《志》云：县有万寿巡司，在县东四十里，归仁巡司在县东百二十五里，上官桥巡司在县西北八十里，瓜洲巡司在县南四十五里。邵伯巡司、邵伯驿河泊所，俱在县北四十五里。

白土戍，在府西。宋大明三年，竟陵王诞举兵广陵，诏沈庆之讨之，虑诞奔魏，使庆之断其走路，庆之营白土，去城十八里。又进军新亭逼之，新亭盖在蜀冈上。○挞扒店，在府西。宋淳祐初，蒙古入滁、和诸州，淮东将邓淳等战于扬州之挞扒店，却之。

桑里，在府城西南二十里。宋大明三年，沈庆之攻广陵，宋主命为三烽于桑里，克外城，举一烽，克内城，举两烽，擒刘诞，举三烽，是也。又丁村，在府北。宋德祐二年，扬州围久食尽，州将姜才闻高邮运米将至，出步骑与元军战于丁村，溃还。

山光寺。在府城北。唐光启三年，毕师铎戍高邮，还袭广陵，军于此。宋乾道三年，淮东提举徐子寅请开湾头港口，至镇西山光寺前桥头，以通运道，是也。又禅智寺，在府东十五里，隋故宫也。寺前有桥，跨官河上。杨吴时，徐知训与主演泛舟浊河，继又赏花禅智寺，浊河即官河矣。○蕃釐观，在旧城东南隅。五代以前，在城外，谓之后土庙，俗所谓琼花观也。唐中和二年，妖人吕用之说高骈崇大其庙，极江南工材之选。一名唐昌观，后废，明正统间重建。

○仪真县，府西七十五里。西南渡江至江宁府六十里，西北至泗州天长县百二十里，东南渡江至江宁府句容县九十里。汉江都县地。唐扬子县地，地名白沙。五代属永贞县。后唐同光二年，吴杨溥如白沙观楼船，更命白沙曰迎銮镇。宋乾德二年，升为建安军。大中祥符六年，改真州。政和七年，赐郡名曰仪真。元至元中，曰真州路，寻复为真州，隶扬州路。明初改仪真县，以州治扬子县省入，今城周九里有奇，编户十四里。

扬子废县，旧城在县东南十五里。《九域志》：扬子县东至扬州六十里，渡江而南，至金陵亦六十里。隋末，杜伏威尝置戍守于此。永淳元年，始分江都置扬子县。至德二载，永王璘作乱，淮南采访使李成式讨之，别将李铣军于杨子，是也。大历以后，盐铁转运使置巡院于此，有留后官掌之。广明初，淮南帅高骈奏改扬子院留后为发运使。五代南唐改为永贞县。宋太平兴国中，复曰扬子。大中、祥符六年，置真州，始移扬子为附郭县。建炎初，升为扬子军。四年，复为县。绍兴十年，又升军。明年，复故。元仍为扬子县。明初省。○左安城，在县西二十里，地多山溪，旁有崇丘，道出六合，盖旧时戍守处也。

城子山，县北六里。山形如城。魏文帝筑乐游台，立马赋诗于此。又焦家山，在县东北五里。宋开禧二年，金人寇真州。总辖唐璟决陈公塘水被真东北境，敌登焦家山望之，知不可越，引退。○方山，在县西三十里，其岭四面平正。唐于此屯军，置方山府。其并峙者曰横山，高广与方山相埒，二山俱接六合县境。又有鸦山，在县西四十里，以两峰相对而名。唐光启中，蔡州贼将孙儒尝屯于此，寨址犹存，俗谓之奶山，亦与方山鼎峙。

小铜山，县西北二十五里。《寰宇记》谓之大铜山，又有小铜山在其东麓。宋时淮南鼓铸，莫盛于真州。城内旧有广陵、丹阳二监，盖以大小铜山产铜也。又旧有冶官，置于小铜山西北五里。

瓜步山，县西四十七里，与六合县接界处也。又有小帆山，在瓜步东，矗起大江中，一名石帆山。《志》云：蜀冈上自六合县来，至小帆山入境，绵亘数十里，达于江都云。又赤岸山，《志》云：在县西三十里，今俱详见六合县。○灵岩山在县西七十里，山岭高峻，界仪真、六合三县间，为远近之望。

扬子江，在城南。《通释》：真州东行五十里至瓜洲，以达镇江，西行亦五十里至瓜埠，以达建康。今县南有上江、下江、旧江三口，上江口去下江口一里，下江口与江心天宁洲相对，其东十五里为旧江口，有旧江口巡司，西北至县十里，与江心新洲相对，皆为沿江戍守处。《江防考》：县南十里为天宁洲，近大江南岸，元末康茂才结寨处也。县东南五里为新洲，与天宁洲相映带，洲渚纡回，汊港环错，并为江洋要害。县东南四十里曰高资港，亦近江南岸，有巡司。西至天宁洲三十里，东至丹徒巡司七十里。明建文四年，靖难兵克仪真，立营于高资港，是也。又有何家港，在县东二十里，为北岸要口，东至江都花园港十五里，西至旧江口十里，由京口度此登岸，则东走瓜洲，西入仪真，北达扬子桥，皆为径易，故防守尤切。

运河，在县治西南。迤东行四十里，过乌塔沟，入江都县界。县东南二里，旧有江口堰，即宋之真阳堰。天圣二年，修水闸易堰，人以为利。宣和三年，真州守李琮言：州乃外江纲运要口，运河浅涩，每不能速发，按南岸有泄水斗门八，去江不满一里，欲开斗门，河身去江十丈，筑软坝引江潮入河以助运。从之。绍兴四年毁，寻复修治。淳熙十四年，扬州守臣熊飞言：扬州运河惟藉瓜洲、真州，两闸储积，今河水走泄，缘真州上下二闸损坏，乞令有司葺理。明为仪真五坝，上江运艘皆经此，凡五十五里而达扬子桥，合于官河。《河漕考》：洪武十六年，仪真县重建清江闸、惠桥腰匣、南门里潮闸，以蓄泄水，利通漕舟，从枢臣单安仁之请也。景泰五年，以县东十里有河，南接大江，北冲运河，因增置新坝，亦谓之新坝河。六年，又以仪真坝下有青泥滩、直河口二港，江潮往来，每至填淤，河臣陈泰奏请修浚，自是定制，三年一浚。今有罗泗、通济、拦潮、东关四闸，俱在运河上，自南而东，以时蓄泄云。

长芦河，在县西四十里。其上流为沙河，自江浦六合县界流入境。

宋天圣三年，发运使张纶请开长芦口河入江，以避大江风涛之险，舟楫
以为便。建炎三年，金人陷太平，长驱至建康，守臣杜充渡江遁真州，诸
将怨充严刻，谋害之，充不敢入营，居长芦寺，遂降金。寺在长芦河西，
今亦见六合县。○遇明河，在县西。宋崇宁二年，诏淮南开修遇明河，自宣
化镇江口直至泗州淮河口。今堙。

　　陈公塘，县东北三十里。其塘西北依山，东南面水有斗门石磋，历
代引以济运，今为军民所占佃。又句城塘，在县东北四十里，阔二里，长
七里，今亦废为田。《志》云：县东二十里有戴子港，即陈公塘下流也，南
入江，北流阔处，即怀子河矣。今俱详见江都县。○北山塘，在县北濠外
一里。其相接者为茆家山塘，北面依山，东西引流入濠。旧时潴为水柜
以遏敌。又有石坝，潴水溉田。今俱废。又刘塘，在县西北五十里方山之
西，灵岩山之东，导流为东沟，南入江。《志》云：东沟在县西南四十里，
为仪真、六合之交，值黄天荡，大江冲要处也。

　　老鹳嘴，在县东南。宋德祐初，蒙古将阿术攻真州，州守苗再成与
战于老鹳嘴，败绩，阿术乘胜趣扬州。或曰：即今县东南二十里之老鸦夹
也。又青山嘴，在县西三十里。《江防考》：青山嘴西至东沟二十里，东至
下江口三十里，与老鸦夹俱为滨江。

　　白沙镇，在县城南，滨江。即白沙洲也，旧为戍守要地。齐建武初，
魏人入寇，诏于白沙分置一军，长芦分置三军。唐至德二载，永王璘作
乱，军丹阳，其将冯季康奔白沙，降于淮南采访使李成式。上元元年，刘
展据广陵，军于白沙，济江袭下蜀，遂取润州。后唐同光二年，杨溥如白
沙，观楼船，徐温自金陵来朝，因号白沙为迎銮镇。周显德五年，周主如
迎銮镇，屡至江口，破唐水军。宋建隆初，太祖平李重进于扬州，令诸军习
战舰于迎銮镇。南唐主李景大惧，即白沙也。乾德二年，始置建安军于此。
○宣化镇，在县西二十里，亦曰五马渡，与六合县接界，今详见六合县。

欧阳戍，在县东北十里，《水经注》：邗沟水上承欧阳，引江入埭，六十里至广陵城。宋大明三年，竟陵王诞举兵广陵，诏沈庆之讨之，庆之进至欧阳。齐延兴元年，萧鸾使王广之袭南兖州刺史安陆王子敬，广之至欧阳，遣部将陈伯之先驱入广陵。梁太清二年，侯景围台城，北徐州刺史萧正表叛附景，景以为南兖州刺史，正表乃于欧阳立栅，以断援军。萧会理时镇广陵，遣兵袭破之，正表走还钟离。承圣初，王僧辩等破侯景，分遣陈霸先将兵向广陵，时景将郭元建以广陵降齐，霸先至欧阳，齐将辛术已据广陵，霸先遂屯欧阳，会齐兵围六合，霸先自欧阳赴救，大破之于士林，是也。士林，见六合县。○新城村，在县东北十五里，南通何家港，北达扬子桥，往来之通道也，俗谓之都天庙。

胥浦桥。在县西北七里。《志》云：胥浦之水，源出小铜山，东南流，至城西，复折而西南，流里许，为上口入江，俗谓之钥匙河，是也。宋绍兴三十一年，邵宏渊退保于此，以拒金亮之师。开禧二年，金人陷真州，寇六合，扬州帅郭倪拒之于此，败绩。又端平三年，蒙古将察罕攻真州，州守丘岳败之，乘胜出战于胥浦桥，蒙古引却。

○**泰兴县**，府东南百四十里，北至泰州九十里，东至通州百六十里。本海陵县地，南唐析置泰兴县，属泰州。宋属扬州。今城周九里，编户一百八里。

泰兴旧城，在县西北。《志》云：南唐升元初，析海陵南五乡地置县，治济川镇，在今县西北四十里。宋乾德三年，徙治于柴墟镇。熙宁中，知县尤袤排众议，筑外城，周九里有奇，俗号为龟城。建炎三年，岳飞驻泰州，以州无险可恃，退保柴墟，渡百姓于沙上，是时金人陷扬州，所至涂炭，惟县有外蔽，全活甚众。绍兴初，移县治延令村，即今城也，其故城仍曰柴墟镇。绍熙五年，淮东提举陈损之言：柴墟镇旧有提闸，为泰州泄水处，久废坏。宜于此创立斗门，西引天长、盱眙以东众湖之水，起自江都，北经高邮、宝应、山阳，抵淮阴，西入淮。又自高邮入兴化，东至盐城，极于海。又从泰州南至泰兴，彻于江，共为石砝十三、斗门七，淮东田多沮洳，由此得良田数百万顷云。

孤山，县东南七十里。南枕大江，巍然一峰，约高百仞，上多大竹。《志》云：孤山，县之镇山也。旧在江北岸，其后岸圮，山入江中。今江为平陆山，与靖江县分界。又东山，在县东六十里。

大江，旧在县南三十余里。自江都县流入界，又东入如皋县界。天启以后，沙渚涨塞，泰兴与靖江接壤处，悉为平陆，因于县南三十里开为界河，东通老沙港，西通大江，长亘五十里。

得胜河，县西四十五里。下流经县西南三十里，曰盛大港，流入大江。又庙港，在县西三十里，流经江都县境入江。县西四十五里又有过船港，成化十八年，于县东南三十里印庄河西至庙港，筑江堰。嘉靖十二年，又自庙港至过船港，增筑江堰以卫田，大为民利。

相见湾，在城东。俗谓之龙开河。河形委曲，舟行虽有先后，至此则帆墙相望，可呼而应也。又城北二里曰通泰河，一名槐子河，流合龙开河，下流俱注于江。○范蔡港，在县东南江中。明初攻泰州，张士诚遣兵赴援，舟师出大江，次范蔡港，别以小舟于江中孤山往来出没。太祖曰：士诚欲分我兵势耳，我乘其怠，急攻泰州，州破，江北瓦解矣。今旧港已堙。

新河港，县东南四十余里。元置乾塘巡司，属武进界。明初以隔在江北，改今属。今司废。

黄桥。县东四十五里，有巡司戍守。嘉靖中，官军尝败倭于此。县西四十五里又有口岸巡司，接江都县界。县南三十余里又有印庄巡司。

附见：

扬州卫。在府城内，洪武中置。又仪真卫，在仪真县城内，亦洪武中置。《志》云：兴化县有守御千户所，旧属高邮卫，今属扬州卫。

○高邮州，府东北百二十里。北至淮安府二百十里，西至凤阳府泗州二百里，东南至泰州百五十里。

春秋时吴地，秦属九江郡。汉属广陵国。后汉属广陵郡。晋属临淮郡。宋复属广陵郡。齐因之。梁置广业郡，寻改神农郡。以嘉禾之瑞改焉。隋郡废，属扬州。大业初，属江都郡。唐亦属扬州。宋开宝四年，置高邮军。熙宁五年，军罢，仍属扬州。元祐中，复置军。建炎四年，升为承州。绍兴五年，州废。三十一年，复为军。元置高邮路，寻改高邮府，属扬州路。明初改为州，以州治高邮县省入，编户八十五里。领县二。今因之。

州介于扬、楚间，号东南咽岭。唐咸通九年，桂州戍卒庞勋等叛还徐州，道经淮南。淮南将李湘言于节度使令狐绹曰：高邮岸峻而水深狭，若奇兵伏其侧，焚荻舟塞其前，而以劲兵蹙其后，可尽擒也。绹不从。及勋至徐，遂为东南大患。周显德四年，攻楚州，遣兵趣扬州，至高邮。唐人焚庐舍，悉驱其民，渡江而去。元末，张士诚据此，为江淮之厉。盖州薮泽环聚，易于控扼也。宋时州人秦观诗曰：吾乡如覆盂，高据扬楚脊；环以万顷湖，粘天无四壁。故高邮亦曰盂城。

高邮废县，今州治。秦高邮亭也。汉置县，属广陵国，后皆为高邮县。宋始为高邮军治。元为府治。明初省。今州城周十里有奇。

临泽废县，州东北九十里。刘宋大豫初置县，属海陵郡。齐、梁因之。隋初并入高邮。又州境有竹塘、三归等县，《隋志》：梁析高邮县置，属广业郡。高齐及周因之。隋俱废入高邮县。

神居山，州西南六十里。一名土山，高二十五丈，周十五里。秦观曰：山不甚广，而股趾盘礴甚大，傍占数墟，遂为州境之望。

官河，在州城西。自州南三十里江都县界露筋庙起，至州北六十里界首镇止，其西七十二涧之水，由甓社等湖经城南北金门闸及城西窑港闸而入官河，今漕运所经也。旧时漕河出城西，筑堤以卫之，曰东堤。又有西堤，滨湖以捍水，复筑堤以卫民田，曰中堤。其后东堤圮，故漕河废，漕出西堤中堤间，仍称东堤运河。其故址即唐李吉甫所筑平津堰，溉田数千顷者也。宋时修为运堤，大中祥符间，转运使吴遵路请于高邮等处置斗门九十，以蓄泄水利。天圣中，转运方仲开言：淮南漕河宜作木闸石窦，分水溉民田。重和初，柳庭俊复请修高邮运河堤岸、斗门、水闸。绍熙五年，淮东提举陈损之言：高邮、楚州之间，陂湖渺漫，茭菼弥满，宜创立堤堰，以为潴泄，庶几水旱有备。元延祐五年，命开修高邮运道。大德十年，复浚治。明为漕运经途。浚治益密，城西北有康济河，长四十余里。弘治二年，漕臣白昂以运舟入甓社湖常覆溺，触岸辄坏，乃开复河于高邮堤东，以避其险，谓之康济，盖即官河之别名也。《志》云：河起自城北杭家嘴，又北至州北三十里之张家沟、长竟、甓社湖。万历三年，湖水决州北二十里之清水潭，及潭北十里之丁志港口。明年，漕臣吴桂芳等议修复西湖老堤。老堤，洪武九年所筑湖堤，即西堤也。其康济河即故东堤，是时东堤、中堤悉堙没，老堤倾坏，淮湖之水纵横漫衍，于是议塞决口，修老堤，傍老堤民田中，改挑康济越河。于是废东堤，筑中堤，以便牵挽，遂为永制。今详见川渎漕河。

运盐河，在州城东北。一名闸河，亦曰东河。东流八十里抵兴化县河口镇，又东接泰州运河，又东至白驹、刘庄二闸，其西通新开河。宋绍熙五年，淮东提举陈损之言：自高邮、兴化至盐城二百四十里，其堤岸傍开一新河，以通舟船，仍存旧堤，以捍风浪，即此河也。《志》云：城南有城子河，东抵各盐场北达城东二里之烧香港，又北抵运盐河。

樊梁湖，州西北五十里。上流为樊梁溪，自天长县石梁河流入州界，潴而为湖，与新开、氾社为高邮三湖。《系年录》：承、楚之间，有樊梁等三湖，绵亘三百余里。宋绍兴初，有张荣者，聚众于此，击败金人，金陷扬州，荣驻鼍潭湖，积茭为城以自固。今鼍潭湖在州东北九十里，其下流通海陵溪。大抵州境湖汊最多，其大者或曰三湖，或曰五湖。蒋之奇诗：三十六湖水所潴，其间尤大为五湖。五湖盖樊梁三湖，与平阿珠湖为五也。又或以为即州西六十里之五湖云。

氾社湖，州西北二十里。东西长七十里，南北阔五十里。元至正十三年，张士诚作乱，淮南行省李齐出守氾社湖，是也。今为运道所经。

新开湖，州西北三里。其水东南俱通运河，长阔各百五十里，天长以东之水，俱汇此湖而入于淮。湖中突起一洲，可百余亩，水虽盛涨，终不能没。其洲去城十里。秦观诗：高邮西北多巨湖，累累相连如贯珠。盖州境自昔恃湖为险。《山堂考索》云：淮东川泽之国，凡小洲大潴，水势环绕，人所不到处，皆水寨也。自老鹳、新开诸湖而言，凡四十余处，而相通之寨凡九，一寨一将主之。南宋所为守淮者，皆新开等湖以为之险耳。○平阿湖，在州西八十里，其东南为五湖，接天长县之铜城河，州境诸湖皆自天长县导流东注。盖五湖汇上流诸川，源多势盛，州境平衍，故所在浸淫，遂为泽国。又珠湖，在县西七十里。《天长志》：五湖接高邮之毗沙湖，或以为珠湖矣。

武安湖，州西南三十里，与新开湖相接。又塘下湖，在州西四十里，又西十里接姜里湖。州北二十里又有张良湖，又南三里接七里湖。州西北五十里为石丘湖。皆与氾社湖相灌注。又绿洋湖，在州南三十里，与州东二十八里之张家沟相接，至州北三十五里，亦汇于氾社湖。又州西二十里有鹅儿白湖，州东北六十里有仲村湖，又东北六十里为郭真湖，接盐城县界。

白马塘，州西南七十里。北近北阿镇。晋太元中，谢玄自广陵救三阿，次于白马塘，即此。《通释》：塘阻三阿溪，谢玄破苻秦将都颜、俱难，李孝逸破徐敬业处也。又州境有富人等塘。《唐会要》：元和三年，李吉甫节度淮南，筑富人塘，固本塘，溉田且万顷。《地理志》：高邮有堤塘，溉田甚多，皆李吉甫所筑。今废。

子婴沟，州北七十里。自宝应县界泄官河之水，东南流经州境，又东接漳河，入广洋湖。万历二十四年，浚入兴化县之大踪湖。又夹沟，在州西二十里。《志》云：昔开此沟，以避武安湖官庄嘴之险，今废。○清水潭，在州北二十里。其地低洼，当下流之冲。又北十余里有丁志港、永定港等口。万历中，淮湖涨溢，清水潭及丁志口冲决最甚。

北阿镇，州西八十里。亦曰三阿。三阿者，镇之南有平阿湖，又南有下阿溪也。东晋尝侨置幽州于此。太元四年，苻秦将俱难、彭超围幽州刺史田洛于三阿，去广陵百里，朝廷大震，谢玄自广陵驰救，难、超战败，退保盱眙。或云：平阿湖侧有平阿村，村有故平阿县。魏收《志》：谯州高塘郡领平阿县。此三阿也。平阿，盖梁置，后魏因之，后周废。今下阿入天长县。

三垛镇。州东四十里。宋建炎中，金人攻楚州，诏通泰镇抚使岳飞援之，飞屯军三垛镇，为楚州声援，寇至，三战三捷。今其地有三垛桥，跨山阳河，河北接射阳湖，南至泰州樊汊镇，接江都县界。又河口镇，在州东八十里，接兴化县界，《志》云：州北三十五里有张家沟巡司，州东北百三十里有时保巡司。○孟城驿，在州南门外，界首驿在州北六十里，俱洪武中置。又稽庄，在州东南十五里，城子河经其傍。宋末，稽耸保聚于此，乡里义而归之，相率不肯附元处也。

○宝应县，州北百二十里，北至淮安府八十里，西至泗州盱眙县百八十里，西南至泗州天长县百七十里。汉为平安县，属广陵国。后汉因之，后改为安宜县。晋省，齐复置安宜县，属阳平郡。梁为阳平郡治，兼置东筦郡于此。高齐及周因之。隋郡废，县属扬州。唐武德四年，置沧州。七年，州废，县属楚州。上元三年，改为宝应县。宋因之。宝庆三年，升为宝应州，寻又升为军。元至元十六年，改置安宜府。二十年，府废，仍曰宝应县，改属高邮府。今城周九里，编户二十七里。

安宜城，在县西南。汉县治此。萧齐置阳平郡，寄治山阳，安宜县属焉。梁始为阳平郡治。太清二年，秦郡、阳平、皆降于侯景，景改阳平为北沧州，秦郡为西兖州。大宝初，东魏将辛术围阳平，不克，继而术镇下邳，复渡淮攻阳平，大掠而还。陈大建五年，吴明彻伐齐，克石梁，平阳郡降，即安宜也。隋郡废。唐初县改今治。

石鳖城，县西八十里。三国魏邓艾筑此以营田。晋永和中，荀羡镇淮阴，屯田于石鳖。萧齐建元二年，表于石鳖，立阳平郡。《地理志》：郡治泰清县，高齐时，又改泰清为石鳖。《北齐书》：乾明初，苏珍芝议修石鳖等屯，岁收数十万石，自是淮南军防足食。后周亦置石鳖县。隋初废入安宜县。《城邑考》：县东南十五里有金牛城，相传宋熙宁中筑。又县西南八十里有高黎王城，相传宋治平中筑。又有韩王城，在县东南四十里射阳湖阴，相传宋绍兴中韩世忠镇淮阴时筑。

云山，县西南百二十里。上有龙潭，四时不涸。又箕山，在县东六十里，今惟有土阜百余。《图经》：射阳阜东临射阳湖，其丘千数，即此。《志》云：阜周四十里，中有三王沟，西南通广洋湖，东北入射阳湖。又褚庙冈，在县西百里，东西长六里，南北一里。旧筑大堰于此，以蓄泄白水塘之水。

运河，在县城西。自县南六十里界首驿，至县北二十里黄浦镇，凡八十里。有东西两堤，西堤滨氾光湖，谓之旧堤，东堤为新堤，所谓弘济河也。旧时漕经氾光湖中。嘉靖中，漕臣陈毓贤以湖西受盱眙、天长之水，湖堤浅狭，易于溃决，恐运道有妨，且高宝以东，民田低下，易致沉溺，请于堤东修筑越河一道。不果。万历十二年，科臣陈大科复请开宝应越河，从之。河成，赐名弘济。盖县向称泽国，诸湖承淮河下流，汪洋冲激，漕河经此，为最险之区。

泾河，县北四十里，由山阳县界，西接漕河，经县东四十里，又东入射阳湖，又漳河在县东南六十里。西接子婴沟，东北入广洋湖。〇衡阳河，在县西南六十里，又西南四十里达衡阳镇，以迄于云山，距氾光湖百余里。旧无小河，可避风涛之险，近时挑浚六百余丈，达于氾光湖，谓之阴鹭河。

氾光湖，县西南十五里。东西长三十里，南北广十里。漕河经此，风涛多阻。万历中，开越河以避其险。氾光东北曰清水湖，在县城南，东西十二里，南北十八里，与运河相接。又洒火湖，在县西南四十里，西通衡阳河，南接安宜溪，东北入于氾光湖。

白马湖，县西北十五里。东西十五里，南北三里。其当湖心而东者，为八浅堤，漕河所经也。万历初，为湖水决坏。潘季驯以决口深阔，且水势湍急，因筑西堤于湖心浅处，仍于运河南北为截坝二道，既而八浅决口，水潴不流，遂塞之，仍护西堤，以为外捍，至今便之。《志》云：湖西连三角村，东北会运河，北达黄浦，为往来津要。或曰：白马湖即故白马塘。又县东十里为三阿乡，或曰：东晋置幽州于此。

广洋湖，县东南五十里。东西十里，南北三里。东南通沈垛港，入博支湖，西南接漳河，北连章思荡，东北会三王沟。县境之水，多汇于此，东北达射阳湖，以注于海。《志》云：沈垛港在县东南八十里，又东南十里即博支湖也。博支湖之水，北接县东九十里之马长汀，东北通盐城县，又北会于射阳湖。

射阳湖，县东六十里。湖东属盐城，西北属山阳，而西南则属宝应，萦回凡三百余里。其南北浅狭，而东西深广，为群川之委流，东达于海。今分见盐城、山阳县。〇津湖，在县南六十里，东通运河，西北接汜光湖，南入高邮州界。或曰：即精湖也。三国魏黄初六年，自广陵还至精湖。时十月水涸，战船数千，皆滞不得行，魏主留船付蒋济，济凿地聚船，作土豚遏湖水，灌之入淮，即此处也。

白水塘，县西八十五里，阔三十里，周二百五十里，北接山阳，西南接泗州盱眙县界，亦曰白水陂。三国魏邓艾所作，与盱眙破釜塘相连，开八水门，立屯溉田万二千顷。宋元嘉末，尝决此塘，以灌索卤。大业末，破釜塘坏水北入淮，于是白水塘亦涸。唐证圣中，始复修治，开置屯田。长庆中，复兴修之，今县西南四十里有徐州泾、青州泾，县西南五十里有太府泾，是时发青、徐、扬三州民凿泾以溉，塘因名。太府，谓扬州也。又县北四里有竹子泾，亦长庆中所开。五代周广顺三年，南唐楚州刺史田敬洙请修白水塘，溉田以实边。有司奉行无法，因缘扰，塘不果成。宋嘉定六年，议者谓：白水塘东至浮图庄，南至褚庙冈，有冈脊大堰，久废不治，若修复之。使高宝诸河相接，游波所及，使衡阳阜。三角村诸处，皆浸淫至城，则形势自张，下本州相度，尤焞上言：塘周百二十里，地涉山阳。盱眙两县，所堰之水。通富陵河，其源出盱眙县南之塘山，山盖因塘得名。水自高而下，溪涧萦纡，凡四十里。乃至刘家渡入富陵河。因筑为三堰，曰潭头下堰、河喜中堰、刘家上堰，下堰至中堰十二里，中堰至上堰五里，其上又有螳螂堰。在塘内，三堰既置，则塘山以东四十里之水，不得入富陵河，然后东汇为白水塘，今修设三堰之功，不宜苟且，若有溃决，则洪泽沿淮，受害非轻。又塘之西南二面皆因冈阜为限，东北二面，乃是古淤平地筑塘岸脚，阔十余丈，岁月既久，岸脊处与塘面平合，先增筑塘岸，高一丈以上。方可潴水。旧塘有八斗门，以溉塘下田，亦合修复，塘之复有三难，有二利：民间所佃塘内上腴之田，二千余顷，庐墓庄院皆在焉。一旦潴之，民必怨，一难也；塘内水盛，堤岸难测，如黄家围一带，居民千百家，所合迁徙，二难也；工役甚大，为费不赀，三难也。

塘下西北地高亢，民田多荒，东北亦有高田，灌注则成沃壤，一利也。盱眙之民如两家渡等处，因水限隔，就高保聚，绝敌入小路，二利也。但夏秋之间，既开斗门灌注，则冬春水势必杀，恐无以待敌。又盱眙保聚，止是一乡，不能尽杜他岐。窃见此塘本在高冈，下临衡阳阜二十里，三角村诸处三十里，皆系向来边兵经行横趣大仪之路，决水自高而下，皆可灌也。议未及行。今日就浅淤矣。○羡塘，在白水塘北。《唐会要》：证圣中，开置白水塘、羡塘屯田，是也。《志》云：羡塘亦在县西南，与白水塘合。

章思荡，县东南四十里。西接城子河，南通广洋湖。《志》云：成子河在县东南十八里，其西北接望直港，南通章思荡。○黄昏荡，在县东七里，东南接望直港，东北达县东八十里之凌溪。《志》云：望直港在县东十五里。宋嘉定八年所浚，西接宋泾河，宋泾即城中市河也。引流而东，接望直港，亦北达于黄昏荡。又县北有七里沟，亦西通运河，东入黄昏荡。

黄浦溪，县北二十里。有黄浦镇。南通运河，东接凌溪，又东北入射阳湖。《志》云：黄浦镇有闸，漕舟所经也。万历四十五年，漕臣陈荐檄筑黄浦闸南岸堤，至射阳湖止。明年，筑北岸堤，长各五十余里。又海陵溪，在县东九十里，自兴化县流入界，俗呼琵琶头，与马长汀相接，西北通射阳湖。○安宜溪，在县西南六十里，东北入洒火湖，西南入高邮界，达于诸湖。

长沙沟，县东二十五里，西接运河，东入广洋湖。又杨家沟，在县东八十里，东南接马长汀，西北入射阳湖。又子婴沟，在县南六十里，沟南有子婴铺，西接运河，东达漳河。○芦洲，在县东十三里。东晋初，祖逖军于芦洲，或以为即此处，误也。

槐楼镇。县南二十里。运道所经也，有槐楼巡司。又南十里为瓦店镇，又南十里为氾水镇，其相近者曰芦村镇，又南十里曰江桥镇。○黎城镇，在县西九十里。又县西南百里为衡阳镇，有衡阳巡司。又有射阳镇，在县东四十里。又安平驿，在县北门外。

〇兴化县，州东百二十里。南至泰州百二十里，北至淮安府盐城县百十里。唐海陵县之昭阳镇。杨吴始置兴化县，属江都府。南唐属泰州。宋建炎四年，改属承州。绍兴五年，改为镇，属海陵县。十九年，复为县，仍属泰州。乾道二年，属高邮军。今城周六里，编户七十二里。

运河，在城南。分流为车头河，东经德胜湖，至城东三十里，又东合串场河。又县西四里为山子河，西通海陵溪，北入白涂河。〇海陵溪，在县西十五里，自泰州北浦汀河流经县西，又西北经宝应县界入射阳湖。县东北为白涂河，西接海陵溪，东经平望湖，又东合串场河，亘百二十里。

海沟河，县东北二十五里。西接吴公湖。又县南三十五里有蚌沿河。俱东通串场河。《泰州志》：串场河自州东之西溪，引流而东北，经东台场，又北至河垛场，又北至丁溪、草堰二场，西去兴化县百十里，又北至白驹场，西南去县百二十里，又北至刘庄场，又北至盐城县之伍佑、新兴二场，又北过天妃、石䃛庙湾等口而入海，经流于中十场之间，故谓之串场河云。

得胜湖，县东十里。本名缩头湖。宋建炎中，张荣、贾虎率山东义军由梁山泊与金人转战至承、楚间，金将挞览在泰州，荣以舟师设伏，掩击于缩头湖，大败其众，因更名得胜湖。又白沙湖，在县东南十里，与得胜湖相接，岸多白沙，因名。〇大纵湖，在县北四十五里，中心与盐城县分界，又西入射阳湖。祝世禄曰：兴化起大纵湖，由旧官河历冈门镇至石䃛五十余里，浚之使深，积水可尽入海也。

平望湖，县北二十里。南接官塘，中有冈阜，四望平坦，因名。又三里曰吴公湖，昔有吴尚者隐此，因名。其水西入海陵溪，东接海沟河。〇千人湖，在县东北百里。相传隋末，有千人避难于此，得免，因名。

丁溪闸，在县东一百三里，即丁溪盐场也。又东北七里为少海、草堰二场。又县东北百二十里曰白驹场，又北曰刘庄场，接盐城县界。天启二年，兴化知县边之靖修拦潮五闸。明年，淮湖大涨，自高宝而东俱由五闸汇流入海，公私利之。又捍海堰，在县东，上接盐城，下至海门，即唐李承所创，宋范仲淹所修也。今详见盐城县。

陵亭镇，在县南二十五里。唐大顺初，朱全忠将庞师古略淮南，下天长、高邮，引兵深入，与贼将孙儒战，败于陵亭，乃还。○瓠子角，在县东南。明初徐达等攻兴化，太祖曰：瓠子角，兴化要害，寇所必经。达奉命，以兵扼其地，兴化遂下，是也。

安丰镇。县东北六十里有巡司，又芙蓉镇在县东北三十里，县北三十五里，又有长安镇。

附见：

高邮卫。在州城内。又有盐城守御千户所，在淮安府盐城县城内，属高邮卫。俱洪武中置。

○泰州，府东百二十里。东至海二百四十里，东南至通州二百七十五里，西至高邮州百五十里，南渡江至常州府二百五十里。

春秋时吴地，战国时属楚。秦属九江郡，汉属临淮郡。东晋安帝分广陵立海陵郡。宋以后因之。隋初郡废，仍属扬州。唐武德四年，置吴州。七年复废，还属扬州。杨吴乾贞中，为海陵制置院。南唐升元初，改置泰州。宋因之。元置泰州路，后改为州，属扬州路。明初仍为州，以州治海陵县省入，编户一百七十七里。领县一。今因之。

州面江枕淮，川原沃衍，鱼盐繁殖，称为奥区。若夫风帆便利，跨越吴会，联络青、齐，则海舟之利也。绝南北之津梁，扼江淮之襟要, 孰谓一州斗大, 不足以有为也欤!

海陵废县, 今州治。汉置县, 属临淮郡。后汉省。晋太康初, 复置海陵县, 属广陵郡。东晋末, 始置海陵郡。宋齐时, 海陵县皆属广陵郡, 而海陵郡治建陵县。梁时始为郡治。隋复废郡。唐初置吴州, 改为吴陵县, 州寻废, 县仍曰海陵。南唐以后, 为泰州治。明初省。今州城周十二里有奇, 门四。

建陵废县, 在州东北七十里。本东海郡属县。晋义熙中, 侨置于此, 属山阳郡, 寻属海陵郡。宋齐时为郡治。梁仍属海陵郡。隋省, 寻析置江浦县于此。大业初, 复省入海陵县。或曰: 秦汉时, 东阳废县在州东百里。其东有长洲泽, 又东有扶海州, 今堙。

新城, 州北五里。宋端平中, 州守许堪别筑堡城于湖荡沮洳中, 周二百丈。德祐二年, 元阿术遣兵拔新城, 留屯以逼泰州。元末, 张士诚入泰州, 坏其城, 乃修筑新城, 设义兵元帅府及州治于此。既而士诚将夏思恭等据守, 并葺旧州城而守之。明初, 徐达兵至泰兴, 水道不通, 乃自大江口挑河十五里, 直抵州之南门湾, 思恭等退保新城, 达因东筑海安城, 以绝通州之援, 遂克之。城今圮。

海安城, 在州东百二十里。南北朝时戍守处也。宋泰始七年, 侨置新平郡, 治江阳, 又领海安县。齐永明五年, 罢新安郡, 并入海安, 属海陵郡。陈大建五年, 将军徐敬辨克齐海安城, 是也, 后省。唐景龙二年, 又置海安县。开元十年, 省入海陵。明初, 徐达攻江北, 驻军海安, 寻进图泰州, 使孙兴祖留镇于此, 以断贼援军, 于是贼不敢犯, 盖控扼要地也。今为海安镇, 有土城, 周六里。《海防考》: 镇居如皋, 泰州之中, 东可以控御狼山, 通州海门之入, 西可以捍卫扬州, 因置巡司戍守。

天目山, 州东四十五里, 土山也。上有双井, 如目相对, 因名。又有吕城山, 在州东三十里, 山形如城。○泰山, 在州治西, 高仅五丈许, 因州以名。又罗浮山，在州西北五里泽薮中，水不能没，望之如罗浮。又中洲山，在州东北百二十里西溪镇之北。

扬子江，旧在州南三十里，入泰兴县界，有口岸港，引为渠，北达运河。今江沙涨塞，州去江远矣。

运河，在州西。自江都湾头镇而东，经州西三十里斗门镇，又东至城南，有运河坝，自坝而南为济川河，又南三十里至泰兴县之庙湾，又二十里至济川镇。通江商舶，多由此入。《志》云：运河起城北一里之东西二坝，东至新城，分而为三，一自新城东北十五里至淤祈湖，又东四十里至秦潼关，又东六十里至西溪镇，谓之西溪。至西溪复分为二，自西溪东北出，经东台场、河垛场，又北历丁溪、草堰诸场者，所谓串场河，由兴化盐城以入海者也。其自西溪而东，又二十里至梁垛场止，为正流，引为支流，南通安丰场及富安场、阔河，由阔河南至海安镇四十里，镇设东、中、西三坝以限之，自坝而南，即湾头，抵通州之各场，运盐河也。一自新城稍北，经鱼行市，又北十八里，至港口镇，又北三十七里至宁乡巡司，又北达兴化县西十五里之海陵溪，在州境亦曰浦汀河也。一自新城西北八十里至樊汊镇，又西接于官河。亦曰运盐河。相传汉吴王濞所开，三国以后，渐埋废。宋熙宁九年，发运使王子京奏请修复。自是历经修浚，为商贾经途。

西溪，州东北百十里。西接运河，东通角斜河。一名晏溪，以宋晏殊尝监西溪盐仓也。《志》云：角斜河在州东北百二十里，南通拼茶场，西通海安镇。又辟郎河，在州东北百二十里，北通兴化县之陵亭镇。

淤祈湖，州东北二十里。一名发溪河，下流入鸡雀湖。○鸡雀湖，在州东北四十里，周三十里，旧多鸡雀飞集，因名。又包老湖，亦在州东北四十里。湖周四十里，水至清而无滓，虽与他水会流，亦不杂，挈壶氏以此供滴漏云。又仇湖，在州东北百里，周三十里，东入梁垛场。○鸭子湖，在州南二十里，周二十五里，东通运河，西接济川河。

姜堰，在天目山前，濒运河。北至西溪，通盐以达上河。宋绍兴四年，诏毁之，以拒金人，寻复筑治。又有北堰，在州北四里，濒运河。宋建炎中，移堰于北门外，寻复旧。《志》云：州北三里为施家湾，今舟船骈集处也。又北二里为鱼行市。

捍海堰，在州东。《宋史》：海陵有古堰，亘百五十里。久废不治，秋涛涨溢，每冒民田。天圣中，监西溪盐税范仲淹谋于发运副使张纶，请修复之，自北海寨东南至景庄，修筑凡一百八十里，于运河置闸纳潮以通漕。又淳熙三年，州守张子正复筑月堰，以遏潮水。五年，又筑桑子河堰，自是潮不为灾。

胡逗洲，《寰宇记》：在州东南二百八十三里海中，东西八十里，南北三十五里，上多流人，煮盐为业。梁承圣初，侯景败走，自沪渎下海，欲向蒙山，其下羊鲲谋诛之，因景昼寝，语舟师直向京口，至胡逗洲，景觉，大惊，为鲲所杀。蒙山，见山东费县。逗，一作豆。

海陵监，州东北百二十里。宋为西溪盐仓，州产盐，因置监于此，以司其利。明鹾使分司于泰州者，驻西溪东北之东台场，所辖富安、安丰、梁垛、东台、何垛、丁溪、草堰、少海、角斜、栟茶等场，谓之中十场，皆分列于州东及兴化、如皋之境，而西溪镇为商贾辏集之道。今有西溪镇巡司，在州东北百二十里。又宁乡巡司，在州北六十里。〇栟茶场，在州东百十里，有寨，又东三十里即大海矣。又丁溪场闸，在州东北百四十里，又北三十八里为白驹闸，皆接兴化县界。

樊汊镇。州西北八十里，与高邮、江都分界。《志》云：州境有史家庄、灰廓村与樊汊镇三处，俱为巨盗窟穴。又秦潼镇，在州东北六十里，州北十八里为港口镇，皆滨运河。

〇如皋县，州东南百四十里，东南至通州百四十里，西至泰兴县百

里。汉海陵县地。东晋安帝始置今县,属海陵郡。宋、齐因之。隋省。唐为
海陵县之如皋镇。南唐复升为县,属泰州。今城周五里,编户四十二里。

宁海废县,在县东北。晋安帝置县,属山阳郡,寻属海陵郡。宋、齐
及梁因之。隋属扬州,以如皋县并入。唐又省县入海陵。〇临江废县,在
县南,亦晋安帝时置,初属山阳郡,寻属海陵郡。宋齐因之。后周并入宁
海县。

摩诃山,县南百二十里大江中。水势湍激,亦曰虾蟆山。今江岸崩
圮,山去岸五十余里。《志》云:县北五十里有高阜,谓之浦岸,东西长
五十里,相传古海岸也。又有平阜,在县南江宁乡,东西延亘六十里,相
传即古江岸,地肥腴,宜五谷。

会盟原,县东十里。相传吴楚会盟处。考春秋之世,吴楚始终无盟
会事,《春秋传》哀十二年,卫侯会吴于郧,公及卫侯、宋皇瑗盟。杜预
曰:郧,发阳也。海陵县东南有发由口,县本海陵地,当即此原矣。

大江,在县南六十里。昔时东接通州,西接泰兴。今县西南与靖江
县接界。

运河,在县城北。自泰州海安镇,东南流经县北三十里之立发口,
南至城北,又东四十里经白丁堰镇,又东南三十里至白蒲镇,而接通州
运河。〇龙游河,在县东南六十里。相传龙过成河,有九十九湾,北接运
河,南通扬子江。又小溪河,在县城西北,东接运河,西通泰兴县。

高阳荡,县东南八十里。西接运河,东通海,旧名祥符湖。又县东
北百二十里丰利场,有郑公滩。宋富郑公判扬州,备海寇以战舰每为海涛
所坏,因凿此滩以避之,且习水战于其中。又有汉河,亦在丰利场,南通
运河,北抵海。

掘港,在县东百三十里。西通运盐河,东抵海,有掘港营堡,并置
巡司于此。《志》云:掘港营距海洋五十里,三面环海,其北接于美舍

寨，寨在东台场海口。又南至石港寨，寨在掘港西南六十里，接通州界。○天生港，在县西，南通江，东通白蒲汊，旧有盐盗，设石庄巡司于县南六十里，以戍守之。

丁堰镇，县东四十里。嘉靖中，倭贼尝犯此。又县东百里有马塘场，又东三十里为角斜寨，北通泰州角斜河，因名。○安民营，在县南江中沙洲上。嘉靖中，置为防御之所。

白蒲镇。县东南七十里，又六十里至通州。本宋之白蒲堰。绍兴四年，毁堰以拒金人。明嘉靖三十八年，倭寇江北，分数道入犯。抚臣李遂驰至如皋，与贼遇于白蒲，勒兵不战，贼益进，遂策之曰：贼分道入，过如皋，必合，合则道有三：一自泰州通天长、凤阳，犯皇陵；一自黄桥逼瓜、仪，摇南都梗漕；若自富安场而东，海滨荒凉，掳掠无所得，至庙湾绝矣。乃吾得地时也。于是部诸将防遏，毋令得过天长、瓜、仪，而分兵缀贼后，贼果走庙湾，击平之。《志》云：通州有独山巡司，今移置于白蒲镇。又西场巡司，在县北三十里。馀见上。○曹家堡，在县北，又东北有潘庄，皆嘉靖中官军败倭贼处。

附见：

泰州守御千户所。在州城内。洪武中置，属扬州卫。

○通州，府东四百里，东至海百三十里，西南至常州府靖江县九十里，南渡江至苏州府常熟县百二十里，西北至泰州二百七十五里。

春秋时吴地，汉属临淮郡。后汉属广陵郡。晋末属海陵郡。宋、齐因之。隋属江都郡，唐属扬州。后周置静海军，寻改通州。宋初，改为崇州，以州兼。辖崇明镇，因名。寻复为通州。政和七年，赐郡名曰静海。元初，曰通州路，寻复为州，属扬州路。明初仍为州，以州治静海县省入，编户百七十里。领县一。今仍曰通州，所领海门县一,圮于海。

州据江海之会,由此历三吴,问两越,或出东海,动燕齐,亦南北之喉吭矣。周显德五年,取其地,始通吴越之路,命名通州,良有以哉!

静海废县,今州治。本海陵县地。南唐始置静海都镇制置院,后周升为静海军,寻改为通州,始置静海县为州治。宋、元因之。明初省。今州旧城周六里有奇,万历二十五年,增筑南城与州城连,复周四里有奇。

蒲涛废县,在州西。晋义熙中置,初属山阳郡,寻属海陵郡。宋、齐皆因之。后周省。

狼山,州南十五里。与塔山、军山、马鞍山、刀刃山相连属,亦谓之狼五山。相传昔有白狼居此。或云:山形如狼也,高五十三丈,周三百四十六丈,胜概甲于江北。胡氏曰:狼山上接大江,下达巨海,绝江南渡,八十里抵苏州常熟县福山镇,顺江而东,至崇明沙,扬帆乘顺风,南抵明州定海,顷刻可至,陶隐居所谓狼五山对句章岸者也。唐乾符二年,浙西狼山镇遏使王郢等有战功,怒节帅赵隐赏薄,据狼山作乱,攻陷苏、常,沿江入海,转掠二浙,南及福建,大为民患。又狼山之外即大江,亦名狼山江。梁贞明五年,吴越将钱传袆帅战舰自东洲击淮南,战狼山江,败淮南兵。明正德八年,贼刘七等大掠江淮,官军败之,贼走狼山,官军扼而歼之江,今有官兵戍守。旧设狼口巡司,在州南十八里狼山乡。○刀刃山,在狼山东,高二十九丈,周四百七十二丈,相传秦皇磨剑处,下有淡竹滩。又军山,在刀刃山东南,隔江数里,高三十五丈,周九里十三步,相传秦皇驻军处也,泉石颇胜。又塔山,在狼山西,一名黄泥山,高十七丈,周二百九十丈,下有沈雁湾、通济闸。《志》云:山有两石门相对,即元张瑄、朱清海运故道也。又马鞍山,在塔山西,高如之,而周倍之,以形似名。

海门岛，在州东南海中。《宋长编》云：国初以来，犯死获贷者，配隶登州沙门岛及通州海门岛，有屯兵使者领护，而海门岛有两处：一在崇明镇，居豪强难制者；一在东布洲，居懦弱者，皆今煮海纳官。兴国五年，始令配役者隶盐亭役使，而沙门岛如故。

布洲夹，州南四十里。有南布洲、东布洲，大海中沙涨为洲也。五代周显德五年，取唐淮南，驻军迎銮镇，闻唐战舰数百艘泊东布洲，将趣海口，扼苏杭路，周主遣慕容延钊等将水陆两军循江而下，击破之。《纪胜》云：大安镇即东布洲也，本海中沙岛，后涨成陆地，民户颇繁。又南布洲，旧亦淼然，大海沙涨成场，即今金沙场，在州东三十里，宋时煮盐其中，本场盐额岁十八万石。

海，在州东北。自淮安盐城县界，南经兴化、泰州、如皋，折而东过通州、海门，至吕四场东南料角嘴，始与江合。《海防考》：通州东北阻海，南通大江狼山，实当江海之吭，而徐东、徐西，则控扼之所也。

江，在州南二十里。渡江而南，阔七十余里，稍西即常州之靖江、江阴界，稍东即苏州之常熟界，一苇可航，为出奇之道。○刘家港，在州西，南通大江。明初，俞通海由此进逼通州，败张士诚兵。

运盐河，在州西北。自江都湾头经泰州如皋县流入界，至州东北三十里，接西亭河，有西亭盐场，巡司戍守，近场有卖鱼湾。嘉靖三十八年，倭自海门县七星港登岸，流劫西亭、金沙等场，将犯扬州，参将丘升败之于邓家庄，贼沿海觅舟，官军尾之于刘家桥、白驹沙诸处，皆败之，又追败之于七灶庄、茅花墩，贼尽歼焉。其地皆近州北境。

褚家沙，州南三十里江中。其西北为江阴之青草沙，其西为蒲沙，而褚家沙当其外口，倭贼北犯，易于登涉，亦汛守要处也。

范公堤，在州东北。《志》云：堤起自海门吕四场，迄于盐城之徐渎，绕三十盐场之西，去海远者百里，近者数十里。堤之外俱灶户煎盐之地，淡水出则盐课消，故堤以护之。堤以内俱系民户耕种之田，潮水入则田租损，故堤以防之。中间有泄水入海之路，白驹闸口及牛湾河、瓦龙冈，是也。又任公堤，在县西五里，宋开宝中筑，长二十里。

利丰监，州南三里。宋置盐监于此，管金沙、西亭、马塘、石港、丰利、利和、馀庆、吕四等八场。今通州分司辖丰利、马塘、掘冈、石冈、西亭、金沙、馀西、馀东、馀中、吕四，为上十场。○丰乐镇，在州东。《五代史》：杨吴使东洲静海都镇遏使姚彦洪修城池官廨，改东洲为丰乐镇。或曰：即今利丰监。又里河镇，在州东六十里，旧接海门县境。今皆堙于海。

石港场。在州北七十里，有石港巡司。又马塘场在州东北九十里，掘港场在州北九十里，丰利场在州西北四十里，皆与如皋县接界。

○海门县，州东四十里。本海陵县之东洲镇，后周显德五年，始置县。后渐移今治。编户八十三里。今圮于海，县废。

海门城，旧城在州东二百十五里。元末，以水患，徙治礼安乡，去州城百里。正德中，徙馀中场。嘉靖二十四年，又徙金沙场，皆寄治州境。迩来复圮于海，盖非复旧壤矣。又海门，大江入海之统名也。朱梁贞明五年，吴越钱传璙攻吴常州，吴将陈璋以水军下海门出其后，盖渡江而南耳。时未有海门县。

海，旧在县东十里。沿海有六港，潮涨则盈水，退则涸，而七星港、东夹港在六港中尤为要害，今皆没于海。旧《志》：宋时，大海去县八十里。

运盐河，在县北。自通州流经县界，直达吕四场。场旧有东洲河，乃其故道也。

新插港，在县西北。东临北海，有盐徒聚集，贼每从此登岸，西扰扬州，北扰淮安，为防御要地。○李稍港，旧在县东南。天启四年，知县严尔珪建石闸于港尾，吐纳江海，旱潦有备，并泄上河壅水，人以为便。

今沦于海中矣。

料角嘴，在县东南。旧为大江入海之冲。祝穆曰：料角嘴中有咸、淡二水，不相混杂，舟人不待汲能辨之，其形势号为控扼。绍兴中，以水师把隘于此，其沙脉坍涨不常，潮水委蛇曲折，水路可认，水盛则一望弥漫，非熟于往来者，不能知也。李宝胶西之捷道，盖出于此。《江防考》：江北岸东起蓼角嘴大河口，以及吕四、卢家等场，沿于杨树港、海门县里河镇，以达于通州。此海门县之南路也。嘉靖中，官军败倭于此。

馀东场，旧在州东九十三里。又馀西场在州东五十里，又东二十里为馀中场，后皆为县境。《海防考》：馀东、馀西，扬州之保障也。贼从狼山窥通州及海门之料角嘴、吕四场、新插港、崛港，来犯者，扼之于此，要害既得，则扬州可以无患。

吕四场。旧在州东百二十里，后为县境。俗传以吕仙四至此而名，有白水荡，其地宽阔，鱼凫鹤鹿之所泳游也，其通海处曰新河，亦名新港。《海防考》：县东吕四场，又东南料角嘴，皆形势控扼之处。○徐步营，旧在县北。又北为掘港，又北为新插港，皆贼登岸之处，海门北境之防也。旧《志》：县有吴陵、白塔河、坝上三巡司，又有张港巡司，万历十年革。

附见：

通州守御千户所。在州城内，洪武中置，属扬州卫。

读史方舆纪要卷二十四

南直六 苏州府 松江府

○苏州府，东至海岸百五十里，东南至松江府百八十里，南至浙江嘉兴府百三十里，西南至浙江湖州府二百十里，西北至常州府百九十里，北过江至扬州府通州二百七十里。自府治至江宁府五百六十里，至京师二千九百五十里。

《禹贡》扬州之域，春秋时吴国都也，自阖闾以后都于此。后属越。战国时属楚。秦置会稽郡治吴。汉初为荆国，按：吴郡似秦汉间置。《灌婴传》：攻吴郡长吴下，得吴守。又高六年，以故东阳、鄣郡、吴郡五十三县，立刘贾为荆王，是也。寻又为吴国。荆治吴，吴治广陵。景帝三年，复为会稽郡。后汉顺帝永建四年，分置吴郡。自浙江以西皆曰吴郡。晋宋因之。杜佑曰：吴郡与吴兴、丹阳为三吴。或曰：吴郡、吴兴、会稽，本一吴郡而分为三，故曰三吴。梁亦曰吴郡。太清三年，侯景置吴州，明年省，陈置吴州贞明初置。隋平陈，废吴郡，改州曰苏州。因姑苏山为名。大业初，复曰吴州，寻又为吴郡。唐武德四年，复曰苏州。开元二十一年，分置江南东道，治于此。天宝初，曰吴郡。乾元初，复曰苏州。五代时，吴越表建中吴军。后唐同光二年，以苏州为中吴节度。《志》云：梁贞明二年，吴越以苏州为中吴府，误也。宋仍曰苏州。太平兴国三年，改军名曰平江。政和三年，升为平江府。元为平江路。至正十六年，张士诚据之，改为隆平府，明年复曰平江路。明初改为苏州府，直隶京师，领州一、县七。今仍曰苏州府。

府枕江而倚湖，食海王之饶，拥土膏之利，民殷物繁。田赋所出，吴郡常书上上。说者曰：吴郡之于天下，如家之有府库，人之有胸腹也。门户多虞，而府库无恙，不可谓之穷；四肢多病，而胸腹犹充，未可谓之困。盖三代以后，东南之财力，西北之甲兵，并能争雄于天下，谓江淮以南，必无与于天下之形胜者，非通论也。春秋之末，吴始都于此，以齐、楚、晋三国之强，而吴足以入楚、祸齐、胁晋。越既并吴，山东诸侯亦且惕惕焉。及秦之衰，项羽起于会稽，钜鹿之战，士无不一当十，呼声动天地。诸侯从壁上观，皆惴恐。犹谓吴人脆弱，不足以当秦晋之甲骑乎？吴王濞率江湖子弟起而叛汉，事虽不成，君臣皆为震动。孙氏立国，吴亦其发迹之所也。孙策并江东，自曲阿徙屯吴。及东晋以后，吴郡尤为京畿重地。苏峻入建康，郗鉴谓温峤宜先防东道，断贼粮运。梁末，齐兵入石头，常载谓陈霸先：齐若分兵先据三吴之路，略地东境，则时事去矣，宜急通东道转输，分兵截彼之粮道。盖建康立国，实以东南供亿为之咽喉也。隋之取陈，分遣诸道兵东西并进，而特命一军出东海，指三吴，以断陈之粮援，于是陈亡不旋踵矣。大业之季，刘元进、沈法兴、李子通相继有其地，而不能固者，根本未立，草窃苟安，不知并兼大计耳。唐末，吴越与淮南争苏州，累战而后定。按：唐光启三年，六合镇将徐约陷苏州。龙纪初，钱镠遣弟铄破走之。大顺初，杨行密将李友取苏州。旋为贼将孙儒所陷。二年，钱镠复取苏州。乾宁三年，又为淮南将台濛所克。五年，镠复攻克之。朱梁开平二年，淮南复围苏州，不能下，自是为吴越重地。盖得苏州，则三江五湖可以为限。不然，钱塘其能一日安乎？宋建炎中，金人入平江，而两浙皆为推陷。及滨江置守，许浦一军，藉为防卫。见常熟县。元并江南，海道挽输，平江最为繁富。及张士诚窃之，而运路中绝，大都尝有匮乏之虞。士诚富强一时，为群雄冠。然则元之覆亡，未始非士诚先据平江，竭彼资储之力也。《防险说》：明唐顺之、王士骐等，辑防海、防倭、防江等说凡数十家，合为《防险说》。吴郡越江而北，可以并有淮南；常熟与江北接壤。涉海而南，可以兼取明、越；崇明去明、越密迩。溯江而上，可以包举升、润；渡湖而前，可以捷出苕、浙。由太湖过湖州，径向杭州也。夫浙西为赋财渊薮，而吴郡又为浙西都会。天下大计，安可不以吴郡为先务哉？《海防考》：苏、松喉吭，皆在吴淞江。见大川三江，又详见嘉定县。吴淞江沿袤而南，则自老鹳渚，在嘉定县东南六十里海滨。以至宝山、见嘉定县、南汇、见松江府上海县。金山，金山卫，见松江府；出江口迤逦而北，则自采淘，在吴淞北十二里。以至黄姚、在嘉定县东四十里。刘家河，见太仓州；由江口而深入，则南迤五十里即为黄浦，见松江府。直至上海；由黄姚而登岸，则嘉定、太仓、昆山、苏、常，连数百里。是吴淞江者，南为上海门户，西为苏、常藩篱，备吴淞即所以备上海，备上海即所以备苏、常也。而崇明一县，孤悬海中，诸沙环之，几三百里，为诸郡外护。此亦天设之险矣。

○吴县。附郭，府治西。故吴都。秦置吴县，为会稽郡治。东汉永建中，为吴郡治。自是州郡皆治此。隋开皇九年，尝徙治于横山东。唐武德七年，复旧。编户五百十一里。

〇长洲县，附郭，府治东。本吴之长洲苑。汉为吴县地。唐万岁通天初，析置长洲县。乾元初，改置长洲军。大历五年，复为县。今编户七百四十一里。

吴郡城，《城邑考》：今府城，即阖闾故城。周敬王六年，阖闾所筑，大城周四十二里三十步，小城八里二百六十步，开陆门八，以象天之八风；水门八，以法地之八卦。其名皆子胥所制。东曰娄、曰匠，西曰阊、曰胥，南曰盘、曰蛇，北曰齐、曰平。《吴都赋》通门二八，水道六衢是也。《史记》：春申君城故吴墟，以自为都邑。孔氏曰：今苏州也，又于城内小城西北，别筑城以居云。隋杨素曾徙治于横山东，今呼为新城。唐武德末，复还旧城。乾符三年，王郢之乱，刺史张抟重筑。朱梁龙德二年，吴越始以砖甃之。宋政和、宣和中，皆修筑。建炎中，毁于兵。淳熙中，又缮完之。开衣喜以后，隤圮逾半。嘉定十六年，丞相史弥远奏请修治，为江南一路城池之最。宝祐二年，又增置女墙及门楼。开庆、咸淳间，皆尝修缮。元定江南，凡城池悉命平毁。至正十一年兵起，诏天下缮完城郭，乃复筑垒开濠。及张士诚入据，增置月城。明平吴，更加修筑，东西九里，南北十二里，周三十四里五十三步，城内大河，凡三横四直，内外皆夹以长濠。唐时，水陆凡十六门。或曰：旧有十门。十门者，曰阊门，在今城西北，阖闾时门名也，亦谓之破楚门，后春申君讳之，名为阊门。后汉建安三年，孙策居吴，遣太史慈之豫章，饯送于昌门，或曰即阊门之讹也。曰胥门，在城西南，旧名也。一名姑胥门，以路出姑胥台而名。曰盘门，亦旧名也，在城南。一名蟠门，相传以水陆萦回而名。曰赤门，亦在城南，后人所增门。《志》云：古赤门，水道也。今盘、蚌二门之间，有赤门湾。曰蛇门，在城东南，古门名，以门在巳位也。曰蚌门，在城东。子胥曰：抉吾眼悬吴东门之上。孔氏曰：鲭门也，亦曰鲟门。鲭，普姑反。

鳝孚，覆浮反。或作封门，后改为葑门，以门外多葑田也。《志》云：原名示浦门，近水塘，越伐吴时所开。一名鲂鳟门。鲂，今《志》作鳟。俗呼为富门。曰匠门，在城东，古门名也。本名干将门，阖闾使干将铸剑处。或名将门，后讹为匠，今娄、葑二门之间，有匠门塘。曰娄门，亦在城东，以道出娄江而名。《志》云：本名矰门，后为娄门。曰齐门，在城北，古名也，相传以齐女女吴而名。曰平门，亦在城北，古名也。今有平门塘，一作巫门，谓商巫咸所葬。宋时惟有阊、胥、盘、葑、娄、齐六门，水陆共十二门。淳熙以后，胥门水陆俱塞。元仅存五门之名，而荡无防蔽。至正中复建城郭，仍辟胥门。今因旧址，亦为六门也。又子城，在大城内东偏，相传亦子胥所筑，周十二里。汉、唐、宋，皆以子城为郡治。元末，张士诚据吴，建太尉府，后称王，曰王府。士诚败，城毁，惟南门仅存颓垣，郡人呼为鼓楼城。四面旧有水道，所谓锦帆泾也。今亦多淤，惟东偏有仅存者，俗谓之濠股云。

越城，《志》云：在胥门外。越伐吴，于胥门外筑城，以逼之。今城址仿佛犹存。又有吴城，在府西南二十里横山下。《图经》云：吴王筑此以控越，今讹为鱼城，旁有山冈，隐隐如城，即故址云。又相城，在府东北五十里，相传子胥为阖闾筑城，尝相度其地，以下湿去之。今因以名乡。

虎丘山，府西北七里。一名海涌山，相传阖闾葬处。唐时讳虎，亦曰武丘。远望之，平田中一大阜耳。中有泉石之胜，四面皆水流环绕，上为浮屠。登眺则城邑川原了如指掌，亦形胜处也。明初，常遇春攻苏州，军于此。张士诚引兵出盘门，欲奔遇春，遇春与战于北濠，又战于山塘。山塘路狭，士诚兵前后填塞，遇春奋击，败之，敌兵壅入沙盆潭，溺死无算。今皆在阊门外。

横山，府西南二十里，据湖山之中。有五坞，亦名五坞山。一名踞湖山，以山临太湖，若箕踞也。《十道志》：山四面皆横，因名横山。《图经》：山临湖控越，实为要地。隋开皇九年平陈时，江南未服，聚为盗贼，诏以杨素为行军总管讨之，追击至苏州，移郡邑于横山下，欲空其旧城。今山东麓有新郭镇，东北去府城十五里，亦曰新城是也。吴越钱氏葬忠献王元璙，建荐福寺于山趾，因称荐福山。又西北为姑苏山，其西为岷山、花园、尧峰诸山，其南为宝华诸山，其东为吴山，吴山之南。又有：犹山及桃花坞，漫衍六七里，临太湖白洋湾，与吴江县分界，吴山之东北曰楞伽山，俗所称上方山也，顶有浮图。又东北为茶磨屿，以三面临水而名，俗谓之磨盘山。○黄山，在府西南十五里。《志》云：在胥塘之北，群峰高下相连。俗称笔格山，旧有黄亭涧，长数里，深阔数丈。隋大业九年，刘元进等作乱，为吐万绪所败，自毗陵退保黄山，既而王世充败元进于吴，坑降众于黄亭涧，死者三万余人。今山之西有二石洞，深可三四丈，俗名虎洞。

天平山，府西二十里。视诸山最为崷崒，群峰环峙，林峦泉石，竞秀争奇。山顶正平，曰望湖台，《志》以为郡之镇山也。其旁群山连接，支陇曰金山，西去天平里许，初名茶坞山。晋宋间，凿石得金，因易今名，顶亦有石池。又东曰岠嵷山，俗名狮子山，一名鹤阜山，又名茌雄山，相传吴王僚葬此。《水经》所谓岠岭山也。天平之西又有秦台、赤山诸山，天平之南为灵岩山。○灵岩山，在府西南二十五里，一名砚石山，有石可琢砚。又山椒有石鼓，一名石鼓山，相传山即吴王馆娃宫故地，下瞰湖滨，称为绝胜。自灵岩而西南，群山错立，互相掩映者，所谓太湖七十二峰也。

阳山，府西北三十里。一名秦徐杭山，一名万安山。又名四飞山，以山势四面若飞动也。高八百五十余丈，逶迤二十里。峰之大者凡十五，而箭缺为最。相传秦始皇校射于此，故下有射渎。《战国策》：越王以散卒三千，擒夫差于干隧。今山之别阜曰遂山，或以为即乾隧。又东北有白鹤山，产白垩，亦名白垩岭，龙湫在其南，自山而北，群山盘回相接，又西北际于太湖。《志》云：阳山西北十里曰徐侯山。一名卑犹。《吴越春秋》：

越王葬吴王于秦馀杭山。卑犹即此山云。一名徐枕山。○天池山，在府
西北二十五里，去阳山东南五里，山石峭拔，岩壑深秀。相传山顶有池，
生千叶莲花，旧因谓之华山，亦曰花山。今山半有池，横浸山腹，逾数千
丈，所谓天池也。上有石鼓、石屋及泉石洞壑诸胜。宋绍兴中，张汉卿隐
此，号为就隐山，其旁群山相接。东南曰龙池山，今曰隆池，隆池而东北
曰支硎山。《志》云：晋支遁居此，而山多平石也。一名南峰山，亦多峰岩
泉石之胜。俗名观音山，南距天平山五里而近也。

姑苏山，府西三十里。一名姑胥山，一名姑馀山。姑苏台在其上，
阖闾所作也。《国语》：越伐吴，吴师溃，吴王帅其贤良与其重禄以上姑
苏，一名胥台固。《越绝书》：阖闾起姑苏台，三年聚材，五年乃成，高见
三百里。《史记》：阖闾十九年，越伐吴，败之姑苏。又夫差于台上为长
夜之饮，子胥谏，不听，曰：吾见麋鹿游于姑苏之台也。后越伐吴，吴太
子友战败，遂焚其台。汉司马迁尝登姑苏台以望五湖。隋因山以名州。
《志》云：山在横山西北，今人称为胥台山。

穹窿山，府西南四十里。山高峻，旁滨太湖。其顶方平，广可百亩。
山半有泉曰法雨，分流下注，近采香泾复合为一，潴聚成潭，筑堰置闸，
藉以灌田。成化中，尝因故迹修治。又有香山，与穹窿相接，南址近太湖，
曰胥口。其下即采香泾也，相传吴王种香处。又有胥山，《寰宇记》：山
在太湖口。吴王杀子胥，投之于江，吴人立祠于此，胥口盖因以名。胥口
之外曰胥湖，南有高峰穹窿之脉尽于此。○白石山，在府西北三十二里。
《志》云：山在浒墅北，本名胥女山，春申君更今名。又南有小蜀山。

光福山，府西南五十五里。近太湖，为旁达嘉、湖之径道。唐乾宁
二年，董昌据越州畔，钱镠讨之，杨行密救昌，取苏州，进攻嘉兴，镠遣
顾全武破行密之兵于乌墩光福，因置寨于此。《吴地记》：山本名邓尉
山，属光福里，因名。与铜坑、玄墓诸山相连。铜坑者，一名铜井，晋宋

间，凿坑取沙土煎之，皆成铜，有泉亦以铜名。其玄墓山，亦名万峰山，南面太湖。二山皆在光福之西南。

包山，府西南八十五里太湖中。《志》云：以湖包四面而名，周四十余里，地占三乡，土宜橘柚，有居人数千家。左思《吴都赋》：指包山而为期，集洞庭而淹留。《通典》：包山一名夫椒山。《左传》襄元年，吴伐越，败之于夫椒。《史记》：夫差二年，选精兵伐越，败之夫椒，报姑苏也。杜预曰：太湖中有椒山。贺循云：包山西北曰夫椒。是也。隋灭陈，吴州刺史萧瓛据州不下，兵败，保包山，隋兵击擒之。宋置角头寨于此。明初，张士诚结寨于包山，谋拒我师，不克。今谓之西洞庭山。嘉靖三十四年，倭贼自常熟突犯郡城娄门，拥入接待寺，夺火器，官兵追之，贼由阊门夺舟入太湖，泊洞庭山下，寻复犯枫桥，走常熟。《志》云：山亦名林屋山，周回百三十五里，遥望一岛，而重冈复岭，茂林平野，闾巷井舍，不异市邑。诸峰皆秀异，而缥缈峰最高，登其巅，则吴越诸山，隐隐在目。其支峰别陇，皆以山名，逶迤起伏，争奇竞胜，而尤名者曰林屋洞。郭璞曰：太湖中有包山，山下有洞庭穴，潜行水底，无所不通，即林屋洞矣。今山有角头巡司，本宋置，相沿为戍守处。

莫釐山，亦在太湖中，与包山并峙，相去二十里。一名胥母山，谓子胥尝迎母居此，母，亦读无。或云：隋时有莫釐将军屯此。今峰之最高者曰莫釐峰，山周八十里，视西洞庭差小，而冈峦起伏，庐聚物产，大略相同，俗谓之东洞庭。明初，张士诚结寨于东西两山，明师自常州入太湖，经洞庭山口，趣湖州，士诚兵不敢出。今有东山巡司戍守。《志》云：太湖中，群山错列，而洞庭最大，山皆险固可守云。〇禹期山，在太湖中。《志》云：洞庭之支岭也。禹导吴江，以泄具区，会诸侯于此。期，一作祈。一云山在府西南七十里。

太湖，府西南三十里。亦曰五湖，界苏、常、湖三郡之中，为往来径道，有事时必备之险也。详见前大川太湖。

石湖，在府西南二十里。西南通太湖，北通横塘，东入胥门运河，相传为范蠡入五湖之口。《志》云：太湖自三江导流而外，其支流东出香山、胥山间，曰胥口，又东至吴县南，曰白洋湾，稍折而北，汇于楞伽山下，曰石湖，界吴县、吴江间，称为湖山绝胜处，有行春桥跨湖上。嘉靖三十四年，倭贼突至，转入木渎东跨塘桥，即此。又西南曰越来溪，曰木渎，皆自太湖分流来会。又东出横塘桥，去府城十里。又东入胥门运渎，俗所谓胥塘是也。

澹台湖，府西南十八里，在太湖之东。相传以澹台灭明南游至此而名。东过宝带桥入运河，分流入黄天荡及陈湖、金泾淹。○庞山湖，在府南二十里，当澹台湖之东，太湖之水，自吴江县之鲇鱼口及长桥下，东北出者皆汇于此，导流为吴淞江，又东南为黎湖、菱湖、叶泽湖、新湖，即庞山湖之旁注者也，皆与吴江县接境。

陈湖，府东南三十五里。湖广十八里，接昆山县界。嘉靖三十二年，倭寇自昆山逸入境，将趣吴江，官兵败之于此。《宋志》：陈湖，自大姚港、界浦、渡头浦、朱里浦入吴淞江，今渡湖而东南三十五里即淀山湖，路出松江三泖。《防险说》：陈湖旷野之区，湖西八里，有镬底潭，可以控扼，亦谓之车坊漾。○尹山湖，在府东南二十五里。其西北接渎墅诸湖及车坊漾之水，委流亦入于三泖。《志》云：渎墅湖亦曰独树湖。

阳城湖，府东北二十里。上接吴淞江，东流入昆山县界，潴浸广阔，溉田之利甚溥。又沙湖，在府东二十里，一名金沙湖，北对阳城湖。湖中有至和塘岸，道出昆山，其南通吴淞江。弘治九年，尝修治湖堤。今废。○蠡河，在府西北四十里，接无锡县界。《志》云：唐元和中，孟简开泰伯渎通蠡湖，因名为孟渎，亦曰漕湖，以旧尝通漕也。乐史云：湖以范蠡尝开渎通道而名。今府北十二里有蠡口，无锡县东南四十里有蠡尖口，俱以蠡湖而名。

吴淞江，在府南。从吴江县流入境，合于庞山湖，转而东入昆山县界。又娄江，在今城东娄门外，亦自吴江县流入，至城南复东北流至娄门外，东流入昆山县境。今详见大川三江。

运河，在府城西。《漕渠考》：自吴江县南平望镇，接嘉兴府界，引而北，四十里抵吴江县。又北五十里经府城西，又西北三十里而达浒墅，又十五里至望亭，接无锡县界。今详见大川运河。

黄天荡，在府东葑门外六里。上接澹台诸湖之流，东汇为渎墅诸湖，又东接于尹山湖。亦曰皇天荡。唐乾宁三年，杨行密救董昌，遣兵与钱镠兵战于皇天荡，败之，进围苏州。又朱梁开平三年，淮南兵围苏州，为吴越将孙琰等所败，又追败之于皇天荡。淮南将钟泰章多树旗帜于菰蒋中，追兵不敢进而还。《水利考》：黄天荡，东连渎墅、王墓、朝天三湖，实一水而微分界域云。

长荡，在府西十里，周二十里。府西诸流多汇于此，潴为巨浸。今多为豪民所据，遏水畜鱼，湖流渐狭，又西北达于运河。《水利考》：运河自胥门而北，经南濠支流，绕阊门城外，与北濠山塘水会，曰沙盆潭；复折而西，会枫桥诸水，又北出合虎丘山塘水者，曰石渎，亦曰射渎，相传吴王尝习射于此。其自虎丘山塘绕出虎丘北者，即长荡湖也。自城以西北之水参差，悉灌注于运河。〇大姚浦，在府东南三十八里。近《志》：吴淞江，由庞山湖出大姚浦，东北流折为三江，俗名上清、中清、下清江，又东入昆山县界。姚，一作摇。《吴志》：其地本名摇城，汉初越君摇尝居此。

越来溪，在府西南横山下，与石湖接。相传越伐吴，道出于此。上有越城桥，与行春桥相近。又香水溪，在府西二十七里，源自光福塘来，东过木渎入于横塘。《吴志》：太湖中包山旁有练渎，相传吴王练兵处。

○章练塘，在府东南四十八里。《志》云：陈湖之东为阊间浦，为章练塘，又北即用直浦，其相近者曰金泾淹，淹南为麋渎，北为龙婆，与诸湖渎互相灌注，以达于吴淞江。

浒墅，府西北三十里。亦曰许市。商民稠密，为运道要冲。《唐史》：上元初，刘展自广陵陷润州，淮南副使李藏用收散卒保苏州，与展兵战于郁墅，败奔杭州。郁墅，即浒墅之讹也。嘉靖三十四年，倭贼由无锡突犯，官兵败之，贼转犯枫桥。亦谓之嫽关。旧有巡司，景泰间改置榷关主事于此。○蠡口镇，在府北十二里。《志》云：蠡口之西为长荡、黄埭荡，接于漕湖，通无锡界，北逾冶长泾口及永仓敌楼，抵常熟界，而东北则有彭堰、阳城湖、施泽湖，通昆山县界，故有事时，以蠡口为府之北门。今有吴塔巡司，自府北四十五里常熟县界吴塔村，移置于此。

唐浦镇，府东二十五里。自葑门东十二里为金鸡堰，又六里为斜塘营，又东六里至唐浦，乃吴淞江折而南处，土坝在焉。自此而东十五里为用直浦，亦曰甫里，与昆山县接界。唐浦设险，所以遏寇从吴淞江突至之患也。又周庄，在府东五十里，自葑门东十八里高店东南行，出陈湖及淀湖之南，接松江三泖。嘉靖中，倭贼恒突犯至此，亦防御之所也。○夷亭镇，在府东三十里。《吴地记》：阖闾十年，有东夷侵逼吴境，吴王御之于此，因名。又西三里曰小夷亭，亦曰小维亭。嘉靖中，以倭乱置营，曰小维亭营。其地南有沙湖，北有阳城湖，贼从刘家河西来，可绕出小维亭后，府东有陆泾坝，实为门户。《志》云：陆泾坝在府东六里。嘉靖三十四年，官兵破倭于此。

木渎镇，府西南三十里，近太湖口。居民稠密，问渡太湖者，皆取道于此。有木渎巡司，又西有横金巡司。嘉靖三十四年，官军自跨塘桥追倭贼歼之于此。跨塘桥，在木渎东十里。○陈墓镇，在县东南五十里，东连昆山，南近淀山诸湖，有陈墓巡司。《志》云：今木渎、横金、甪头、东山四巡司属吴县，吴塔、陈墓二巡司属长洲县。

金昌亭，在阊门内。裴松之曰：阊门，吴西郭门，夫差所作，以天门通阊阖也。春申君改为昌门，金昌亭以位在西而与昌门近，故名。刘宋景平二年，徐羡之等废帝义符为营阳王，迁之于吴，止金昌亭，旋弑之，即此。○柴里，在府西。晋咸安二年，徙海西公于吴县西，令所在防卫监察之。海西公，废帝奕也。

枫桥，在府西七里。《吴地记》：吴门三百九十桥，枫桥其最著者。今为水陆孔道，商民错聚于此。嘉靖三十四年，倭贼自浒墅犯枫桥，直抵灭渡桥，屯陈家庄，官军迫之，贼夜遁。《志》云：府西南有憩桥，相传吴王行军时憩息处云。○灭渡桥，在府南十里，自昔浮渡处。元大德中，有僧建桥于此，曰灭渡。明初，俞通海攻姑苏，败张士诚兵于灭渡桥，提兵入桃花坞，荡其营。桃花坞，见上横山注。

宝带桥。府南十五里。当澹台湖、庞山湖诸湖之口，凡五十三洞。唐建。宋绍定中、明正统中重修。今运道所经。又南十里为尹山桥，明初，康茂才败张士诚兵于此，进焚其官渎，战舰。官渎，今娄门外官渎桥是也。

○**吴江县**，府东南四十五里，东北至松江府青浦县九十里，南至浙江嘉兴府九十里，西至浙江湖州府百八十里。本吴县地。唐曰松陵镇。乾宁二年，杨行密与钱镠相攻，设寨于此，曰松江寨，镠将顾全武攻拔之。朱梁开平三年，吴越始置吴江县，属苏州。时筑城于江南北两岸，有南津、北津之名。宋并为一城。元元贞二年，升为吴江州。明洪武二年，复为县。今城周五里，编户五百六十六里。

太湖，县西二里。湖浸淫数州间，县最当其冲。东门外有长桥，即太湖东出之口也。《邑志》云：湖中有一十八港，皆枢纽湖心，朝夕吞吐，利害最大。其西之田，日蚀于湖者，谓之坍湖。其东之沙，日涨为田者，谓之新涨。又有七十二溇，俱在湖南，自西而东，联比相属，以授于太湖。溇皆源于湖州嘉兴境内，而经县之西南，旧皆深通。今可容舟楫者，仅三四处，馀浅狭不过寻丈。或曰渎，或曰浦，或曰泾，或曰洪，或曰港，或曰溪，或曰口，治田者各为坝堰，随宜开塞，以备旱潦。盖后人沿袭旧名，其故道堙塞久矣。

汾湖，县东南六十里。与浙江嘉善县分界，亦曰分湖。东合诸湖荡，又东通三泖，入华亭界，其北连诸湖港，入莺脰湖。嘉靖中，倭贼往往出没于此。今有汾湖巡司，置于县东四十里芦墟村。○莺脰湖，在县南四十里，湖之上流纳烂溪荻塘诸水，出平望安德桥，汇流成湖，形如莺脰，故名。亦曰莺斗湖，南达汾湖，北接太湖。

唐家湖，县南三十四里。西连盛墩湖及夹马路，为太湖委流，东注于运河。嘉靖三十四年，倭贼从嘉兴转寇县境，至唐家湖，时官兵断塘路，截运河而坝之，以营水寨，贼不得渡，官兵进战，贼走平望，夺舟欲渡，官兵复截盛墩，断其堤，与贼战，贼大败，因改盛墩曰胜墩。《志》云：唐家湖注于运河，复溢而东出，播为诸荡漾，凡数十计，又北潴为三白荡，西北去县二十五里，又北接白蚬江，其东出则为急水港，接松江之淀山湖。○掘城湖，在县西南七十里，周三十里，分流为诸泾港，以入荻塘。

吴江，在县东门外。即长桥下分太湖之流而东出者，古名笠泽江，亦曰松陵江，亦曰松江。齐明帝末，王敬则举兵会稽，至浙江，吴郡太守张瑰遣兵拒之于松江，闻敬则军鼓声，一时散走。梁承圣初，王僧辩破侯景于建康，景东走，僧辩遣别将侯瑱追之，及景于松江，景败遁。唐乾宁二年，杨行密置寨于此，亦以松江为名，即三江之一也，东行凡二百六十里入于海。

白蚬江，在县东南四十里。其西北与庞山诸湖相通，又东为小龙港，引流入于松江。其西与诸湖荡相连，汾湖之水，亦流汇焉。孔颖达曰：三江口，一江东南上，七十里至白蚬湖者，曰东江。是也。又有姚成江，在县东北三十里，亦与白蚬江相接。《志》云：县境吐纳太湖之水为溪港者，凡数十处，而白蚬江其最著者。

运河，在县城东。自嘉兴府王江泾而北，凡三十三里，历县境之平望镇者，曰南塘河，亦曰土塘河。自湖州府南浔镇而东，凡五十三里至平望，经莺脰湖与南塘河合者，曰西塘河，亦曰荻塘河。二河既合，曰官塘河。西北行四十里至城东，又引而西北曰北塘河，亦曰古塘河。凡二十里至夹浦，入长洲县界。

烂溪，在县西南四十四里。北接莺脰湖，南受嘉兴、崇德、桐乡诸境之水，经湖州府之乌镇，分为东西二溪，流数里复合，引而东北，汇诸湖荡之水，俱注于莺脰湖。嘉靖中，倭寇往往出没烂溪、乌镇间，为嘉、湖患，向设烂溪巡司于县西南九十里之严墓村，今革。〇麻溪，在县南六十里，其南汇诸漾荡之水，东流合于烂溪，复东南行，至王江泾闻店桥而入运河。《志》云：县西南八十里，为南麻漾，东注为麻溪，又北出十余里为北麻漾，复北流，播为诸港荡，分入荻塘、烂溪及太湖县境，为众流之壑，群川大抵环回相通。嘉靖三十三年，按臣吕光询浚麻溪等河，凡五十九处，即南麻、北麻汇流诸川是也。

章练塘，县东南八十里。接诸湖荡之水，南为长滨河入嘉善县界，北为葫芦兜入华亭县界，东通三泖，西接南阳港，达于汾湖。〇瓜泾港，在县北九里，东接古塘运河，入长洲县界。嘉靖三十二年，倭贼屯石湖，县令杨芷引兵逆战于瓜泾港，颇有斩获。《志》云：瓜泾港，分太湖支流，东北出夹浦而会于吴淞江。

鲇鱼口，县北十八里。自太湖分流出此，又北汇为蠡塘，北过五龙桥，入吴县界盘门运河。其东北出者，曰夹浦，在县北二十里，入长洲县界。嘉靖三十二年，倭贼自夹浦转至三里桥，登岸焚掠，进逼县城，复转掠八斥、平望而去。《志》云：夹浦当鲇鱼口下流，有南北二柳胥港，分太湖支流，并汇于此，故夹浦亦兼柳胥之名。接吴淞江，并诸湖荡之水，势甚迅疾。宋绍兴初，建石桥。宣德中，风雨倾圮，自是以铁𦆉驾船十六艘为浮桥。弘治以后，屡屡增置，其后复废，乃设官渡以便往来，由夹浦而东，会流于澹台、庞山诸湖，仍注于吴淞江。说者谓县当吴浙之咽喉，而夹浦又县之冲要云。

平望镇，县南四十五里，为控接嘉湖之要道。宋德祐初，以元兵渐迫临安，遣将刘泾于此置寨。明初攻湖州，张士诚以水师屯平望，欲援旧馆，常遇春出间道，袭败之。其北三里曰胜墩，前对莺脰湖。嘉靖中，官军尝据此，以扼倭寇。《海防考》：苏、湖之间，莺湖为四战处。嘉靖三十三年，倭贼屡犯平望。明年，督臣胡宗宪调兵自嘉兴入胜墩，陈而待之，大捷于此。今有平望巡司，亦设平望驿。《志》云：镇北有杨家桥，明初，常遇春败张士诚兵于此。嘉靖三十四年，官兵亦败倭于此。又八尺市，在县东南二十里，运河所经，为南北冲要。嘉靖中，倭寇尝犯此。〇同里镇，在县东十五里。唐初，名铜里。宋改今名。有同里市河，东连诸湖港之水，东北接姚成江，又东北接陈湖，入昆山界。《志》云：明初，同里商民辏集，置税务局于此，寻废。今有巡司，为县东之藩蔽。

黎里镇，县东南二十里。其市河曰黎川，西通杨家诸湖，东连木瓜诸漾，又东北会诸湖荡，亦注于庞山湖。嘉靖三十二年，倭贼犯境，由黎里走泖湖。二十四年，倭自烂溪犯平望，官兵御之，复由黎里出汾湖，遂遁去。又简村，在县东南十五里地，名充浦。宋建炎五年，金人犯境，官军尝顿于此。今有简村巡司。又县东南百里吴溇村有因渎巡司，今革。

震泽镇，县西南八十五里。西去湖州南浔镇十二里有震泽河，北出太湖东北通莺脰湖，南连诸漾，凡嘉兴西北、湖州以东之水，多汇于此，有震泽巡司与烂溪巡司相为声援。《志》云：镇有底定桥，取《禹贡》震泽底定之义，跨荻塘河上，塘自湖州东入境，即运河经流也。又盛泽市，在县西南六十里，市出绵绫，商旅走集焉。〇梅堰市，亦在县西南六十里。嘉靖三十四年，倭贼由浙江崇德县及南浔镇转掠梅堰，趣平望，为官军所败。又有双杨市，在震泽东十里。

长桥，在县东二里。一名利往桥，又名垂虹桥。宋庆历八年，县尉王庭坚建，以木为之，长百三十丈，窦六十有四，中为垂虹亭。治平三年，县令孙觉重修。绍兴三年，金人犯淮南，或议焚桥为备，郡守洪遵持不可，乃止。元泰定二年，判官张显祖始甃以石，开七十二洞。顺帝至元二年，元帅宁玉再建，开八十五洞。明洪武初及永乐二年、正统五年、成化七年、十六年，屡经修治。弘治四年，工部侍郎徐贯等复浚长桥水窦，凡江口丛生荻苇，蔓延数十亩者，悉垦之，盖以利太湖噤喉也。自是亦数有修举，而桥窦或开或塞，桥南十字港一带，时有壅阏之虞，议者以为病。《水利考》：吴江长堤，一名挽路石堤，始于宋庆历二年，因风涛多，败漕舟，遂接续筑为长堤，横截五六十里，且建长桥以通水道。郏亶云：长桥，正太湖东岸泄水下吴淞江入海第一要害处，筑堤建桥，虽为挽路之利，而下流浅狭，潮沙壅积，病实基于此。元天圣初，发运使赵贺葺吴江太湖石塘路，以捍风涛，其后时加修治，而长桥水洞，往往任意筑塞，哽咽湖流，议者恒欲凿坑添桥，宽展水道，此亦救敝之一策也。又元置镇守长桥镇江水军于此。明亦置长桥巡司，寻革。

白龙桥。县南十二里。跨白龙港，西泄太湖之水，东经运河，又东潴为湖荡，东北入白蚬江。又彻浦桥，在县南九里，北抵城东南南津口，所谓石塘运河也。《志》云：吴江，古无陆地。唐元和五年，苏州刺史王仲舒，始拥土为塘。宋祥符、庆历中，屡加修治。治平五年，知县事孙觉始易以石。盖吴淞壅遏，由长堤之筑始也。自南渡至元，亦数修治。至正六年，知州那海增修高广，长千八十丈，为窦百三十有六。明亦以时修筑。

近城东南一里曰三江桥，其下亦曰三江口，又南七里为十字港，亦曰三汊口，皆西泄太湖之水，东过运河，又东为诸港，潴为叶泽湖及庞山湖，入长洲县界。

〇昆山县，府东七十里，东至太仓州三十五里，东南至松江府青浦县七十里。秦娄县地。汉因之。梁天监中，置信义县。大同初，又分置昆山县，以山为名。隋平陈，县废。开皇十八年，复置昆山县，属苏州。唐因之。光化初，钱镠将顾全武攻苏州，淮南将秦裴拔昆山而戍之，寻复为全武所克。宋亦曰昆山县。元元贞初，升为州。延祐初，徙州治于太仓。至正十七年，张士诚据苏州，复还旧治。明洪武二年，仍降为县。今城周十二里，编户三百三十八里。

娄城，在县治东。秦置县，属会稽郡。汉因之。孙权初，封张昭于此，寻又封陆逊为娄侯。晋亦为娄县，属吴郡。咸和六年，石勒将刘徵，浮海而南，寇娄县，即此。宋、齐亦为娄县治，后废。旧《志》：梁置昆山县，在今松江府西北二十里昆山之阴。隋因之。唐天宝十载，析置华亭县，始移县治于马鞍山之阳，即故娄县治也。范成大曰：今昆山县，东北三里，有村舍名娄县，古县疑置于此。又有东城，在县治东三百步，相传吴子寿梦所筑。今桥巷犹以东城为名，盖阖闾所起以候越者。

信义废县，县西二十里。梁天监六年，以娄县地置信义县，属信义郡。隋省。今为信义村，俗曰真义镇，今又讹曰进义。又有真义浦。《志》云：自城西十里为尤泾，又西十里曰真义浦，皆流合运河。

昆山，在县治西北隅。广袤三里，高七十丈。山之右曰马鞍峰，孤峰特秀，称一邑之胜。《志》云：山本名马鞍山。唐天宝中，移县治于山之阳，因改曰昆山，上有浮图。

千墩，县东南四十里。《志》云：墩北三十里，地名木瓜，有墩九百九十九，与此合为千数，因名。下为千墩浦。明永乐十年，太常少卿袁复奉命浚浦，因名少卿墩。墩西有土山，曰秦柱山，亦曰秦望山，上有烽火楼基，北去县三十里。《舆程记》：千墩又东南十里为陶桥，又东南三十里即青浦县。

运河，在城南。旧名昆山塘。北纳阳城湖，南吐松江，风涛驰突，为舟楫田庐之患。宋至和二年，县主簿丘与权修筑堤防，横绝巨浸，积土为塘，因以纪元为名，自是相继修浚。明亦屡经修治。万历三十九年，复甃石为堤。四十三年，长洲县亦筑石堤四十里，接县界。今自府城娄门而东北二十里，经沙湖又东经夷亭及真义浦，交贯县城而东入太仓州界，皆曰至和塘，为运道所经。近《志》以为娄江，误也。

娄江，县南九里。其上流，自长洲县界接陈湖及阳城湖诸流，又东益汇诸浦港之水，势盛流阔，入太仓州界，为刘河口以入海。近《志》以此为吴淞江，《一统志》以为三江口，皆误也。辨讹云：自唐宋以来，三江之名益乱，东江既湮，而娄江上流亦不可问，土人习闻吴淞江之名。凡水势深阔者，即谓之吴淞江，而至和塘自娄门而东，因意以为娄江，所谓差之毫厘，缪以千里也。○新洋江，在县东南六里，自城东四里运河分流，南接娄江。宋隆兴三年，开新洋江。乾道初，又复开浚。元泰定二年，都水监任仁发开松江，自黄浦口直至新洋江，江面阔十五丈。永乐初，复开浚，后渐堙塞。天顺以后，屡经修浚。毛节卿云：松江中绝庞山、淀湖诸水，每由新洋、夏驾而入娄江。是也。又新江，在县西南十五里，俗谓之剿娘江，宋嘉祐四年所开，以分引上流诸川，西接长洲县大姚浦，析为三江，东流五里许而后合，俗所谓三江口也，经县东南石浦至嘉定县界之安亭江湾，下流入海。

淀山湖，县东南八十里，接松江府界。亦曰薛淀湖。东西三十六里，南北十八里，周回几二百里，下流注于吴淞江。今详见松江府。○赵田湖，在县东南七十里，一名范青漾，亦曰范家田，南连淀山湖，一望巨浸。其北即千墩浦口也，俗曰新开湖。

阳城湖，县西北三十五里。与长洲县接界，常熟县南境之水亦流汇焉，吞吐群川，波流浩瀚。湖之东为包湖、傀儡诸湖，皆馀流所浸溢也。又东北即巴城湖。○巴城湖，在县西北二十里。《志》云：其地有古巴城，又有巴王冢，湖因以名。西接包湖，东连雉城湖。今包湖、雉城大抵为平陆，其西为施泽泾，出阳城湖；南曰尤泾，出至和塘；东曰温焦泾，由此竟达县城，又陈湖，在县西南五十里，接长、吴二县界。○白荡，在县南三十六里，一名白家田，西连双洋荡，又西接陈湖，南连朱沙港，汇为巨浸，下流注淀山湖。又鳗鲤瀼，在县西北十八里，西接阳城湖，南通巴城湖，东南出小虞浦，亦曰鳗鲤湖。今湮为田者逾半矣。

夏驾浦，县东南二十里。《志》云：新洋江南口，东南流十里，即夏驾浦。永乐二年，夏原吉以松江自夏驾而东沙涨，猝不可去，江北岸有刘家河入海，乃凿夏驾浦，掣江接浦，汇于刘家河。天顺三年，抚臣崔恭浚吴淞江，自夏驾浦至上海县界白鹤港。成化八年，抚臣毕亨亦浚吴淞江，自夏驾口至嘉定县西北徐公浦，凡百三十里。十年，又浚夏驾浦至嘉定县西庄家港。嘉靖初，抚臣李充嗣复浚吴淞江，亦自夏驾口起达于吴淞旧江口。崇祯十六年，复开夏驾浦，南接吴淞江，北至小瓦浦，东至太仓州界青鱼泾，盖宣泄要口也。○大石浦，在县东南三十里。《志》云：上承吴淞江，南接三林港，出淀山湖。元至治初，尝浚石浦以东诸塘浦。明弘治中及崇祯末，屡尝开浚。其相近者曰小石浦，又西为道褐浦，亦分泄要口也。嘉靖中，尝浚治以导吴淞下流。《志》所称吴淞江，即故娄江矣。

千墩浦，县南四十里。向设石浦巡司戍守。新洋诸江之水，往往汇流于此，接吴淞江入海。永乐初，夏原吉尝浚治之，今南流注于淀山湖。○瓦浦，在县东南三十六里，与太仓、嘉定接界。《志》云：浦东出鸡鸣塘，西通乔子浦，为灌溉之利。嘉靖、隆庆中，屡经浚治。崇祯初，复修浚，有大小二浦。弇，读若晃，在县东十八里。

七浦，县西北三十里。一名七浦塘，亦曰七鸦浦。接常熟、太仓界，东南出石桥圩，又东经太仓之直塘、沙头一带入海，谓之七鸦口。自宋以来，为常熟、昆山间五大浦之一。《志》云：浦东北通巴城湖，西通阳城湖，东南出为太仓境内之杨林塘，西抵斜堰。弘治四年，工部侍郎徐贯开治斜堰、七浦。九年，工部主事姚文灏疏七浦，亘五十里。浦旁旧有支渠四十六，溉田可万余顷，而斜堰东南去县三十四里，与常熟分境，旧设此以防常熟通江海潮及昆承诸湖冲决之水。嘉靖二十五年，抚臣欧阳必进易置石闸于此。自白茅塞，而西北之潮不至，堰址仅存，无复初制矣。

大虞浦，在县西南九里。又有小虞浦，在县西南三里。《志》云：唐天祐初，吴越浚新洋江及横塘，兼通大小虞二浦，并北出新塘，南通吴淞江。新塘即昆山塘矣。宋范成大曰：小虞浦北受鳗鲤诸溇之水出之江。是也。隆兴三年，小虞与诸塘浦俱经浚治。明弘治十一年，复修治大虞等浦。嘉靖二年，又浚大虞浦，泄阳城湖水，以入娄江。又县南有帆归、下张、诸天、同丘诸浦，及娄泾滨一带，俱松江宣泄处也。《水利考》：宋初，导三十六浦，分引太湖、松江积水，其在县境者十有四，在常熟者二十六，其后大抵堙塞。今自七鸦、下张、杨林浦而外，十四浦之可考者鲜矣。〇戴墟浦，在县西三十里。宋淳熙中，发运使魏浚疏至和塘，东自夹潮塘，西至戴墟浦，亘四十余里。又县西北二十里有黄茜泾。正统六年，抚臣周忱修至和塘、黄茜泾、鳗鲤泾，同时开浚是也。嘉靖四年，复浚黄茜泾以及东西诸塘浦。盖县境水患最多，而疏浚之迹，不可殚纪矣。

石浦镇，县东四十里。南通淀山湖，北枕吴淞江。元置巡司于此。明因之，景泰二年，移置于千墩浦口。今县南三十六里为千墩镇，又南六里为吴家桥，俱与青浦县接界。又安亭镇，在县东南四十五里，与嘉定县接界，旧有税课局。○泗桥镇，亦在县东南四十里。又兵墟镇，在县东四十八里，东接太仓境，南接吴淞江。《志》云：夏驾浦所经也。旧与泗桥镇俱置税课局，今废。又陆家墅，在县东南三十里，亦曰陆家滨，路出青浦，商民辐辏于此。

角直镇。县西南三十六里。又县西南四十余里有陈墓镇。俱接长洲县界。○巴城镇，在县西北十八里，西枕巴城湖及七鸦浦，又西南通傀儡、阳城诸湖，盐徒往往出没于此。旧置巡司，今徙于真义镇，仍曰巴城巡司。《志》云：县旧有宁海驿，今革。

○**常熟县**，府北九十里，东南至太仓州九十里，西北至常州府江阴县百二十里，西南至常州府无锡县百十里。本吴县地。晋太康四年，分置海虞县，属吴郡。东晋又分置南沙县，属晋陵郡。宋、齐因之。梁天监六年，增置信义郡，南沙属焉。大同六年，又分置常熟县，亦属信义郡。隋平陈，徙常熟县治南沙，以海虞、南沙二县并入属苏州。唐武德七年，又移治于故海虞城，仍属苏州。宋因之。元元贞二年，升县为州。明洪武三年，复改为县。今县城周九里有奇，编户五百十四里。

常熟故城，在今县南。刘昫曰：昆山县西百三十里有常熟故城。《九域志》：苏州北七十里有常熟故城，梁置县于此。今县即故海虞城。《城邑考》：海虞城，初时编木为栅，甚坚致，周二千二百四十丈。元时改筑土城，周四千八百四十丈。至正十六年，张士诚始甃以砖，周九里有奇，明永乐以后，日就倾圮。嘉靖三十四年，以倭乱始营版筑，西北据山，东南凭濠，屹然完固。

南沙废县，县西北五十里。沈约曰：本吴县司盐都尉署，吴时名沙中。晋平吴，立暨阳县，司盐都尉属焉。东晋时，亦曰南沙都尉。咸和五年，石勒将刘徵率众数千，掠东南诸县，杀南沙都尉许儒，进入海虞。咸康七年，始罢盐署，立为南沙县，属晋陵郡。宋、齐因之。梁置信义郡。

隋平陈，废郡，又徙常熟县治焉。唐移县于今治，故城遂墟。今奚浦、三丈浦、黄泗浦，西接江阴一带，其地犹名南沙乡。又兴国废县，在县东四十五里。梁置，属信义郡。隋废，入常熟县。元末张士诚开浚白茅，因故址筑城，周五里，曰支塘城。今为支塘市，城址犹存。《志》云：支塘以白茅支流所经而名，北枕白茅，南通盐铁塘，自昔为戍守处。

海阳废县，在县北。东晋初，割海虞北境，置东海郡，领郯、胸、利城三县。永和初，郡县并移出京口。萧齐于其地置海阳县，属晋陵郡。梁改属信义郡。隋平陈，废郡，以所领海阳、前京、信义、海虞、兴国、南沙六县，俱并入常熟县。〇莫城，在县南七里。相传莫耶铸剑处，一名剑城。今曰莫门塘。《寰宇记》云：汉时莫宠所筑，以捍海寇。又尚墅城，在县北十八里。《志》云：张士诚入福山港，筑此城以屯兵。又有鹨城，在县东十五里。隋、唐之末，以盗乱，诏村坞聚皆筑城防御，此其故址。

虞山，在县治西北。城之西北隅环其上。一名海隅山，一名乌目山。相传以虞仲葬此，因曰虞山。《名山记》：山长十八里，周四十里，高百六十丈，为县主山。登其巅，江外诸山，隐隐可见。

福山，县北四十里。下临大江，形如覆釜，本名覆釜山。唐天宝六载，改曰金凤山。天祐初，吴越于此筑城戍守，控扼江道，亦谓之金凤城。朱梁乾化三年，吴越复改为福山，与大江北岸通州之狼山相值。周显德五年，克通州，吴越遣将邵可迁等帅水军屯江南岸，与周师相应，即此处也。时谓之福山镇。宋南渡后，置水军寨。建炎三年，韩世忠控守福山，以备金人海道之师。明初败张士诚兵于福山港，进逼州城，亦置福山寨并巡司于此。嘉靖中，以倭乱，筑堡屯兵为控御要地。盖县境之北门，亦吴郡之重险也。《志》云：山周五里，东通大海，北枕大江，土人亦谓之福山冈。

顾山，在县西五十里。又西北至江阴县七十里，西南至无锡县六十里。山当三县之交，俗名三界山。一名灵龟山，又名香山。陆抵江阴，此其径道。又宛山，在县西南五十里，亦曰苑山，与无锡接界，下有宛山荡。水路出无锡，此其径道也。

大江，县北四十里。西自范港与江阴县接界，东至陶港与太仓州接界，其对境则扬州府之通州也。滨江一带，港浦错列。宋时言水利者，每议开常熟沿江二十四浦，导太湖下流，泄之江。隆兴中，平江守臣沈度等议开常熟、昆山十浦，分导太湖，达江注海。十浦，常熟之许浦、白茅、崔浦、黄泗浦及昆山之茜泾、下张、七鸦、川沙、杨林、掘浦是也。盖是时，滨江诸浦，已通塞不时。今水流变迁，旧迹之可据者甚少，而大江经流，则滔滔如故矣。

运河，在县城南。又南十五里历华荡，又南二十五里为吴塔与长洲县接界，又南为永仓敌楼，历蠡口镇，抵郡城北，折而西，合于枫桥运河。旧名元和塘，唐元和四年，郡守李素所治。后讹为云和塘，今呼为常熟塘。《宋会要》：自平江齐门至常熟百里，皆曰云和塘。是也。塘之东，港浦错出，皆引流达昆承诸湖，由白泖等浦分注大江。

白泖港，在县东七十里。泖，亦作茅。吴中诸水北出者，自县南境而汇流东注，昔皆由此入海。今自县东南二十里至鲇鱼口，又东二十五里历支塘市，又东北二十六里而达港口。旧《志》云：金陵句曲之水，注为金坛白鹤溪，合丹阳练湖水、常郡漏湖水，震泽不能容者，溢而东南，从无锡蠡濠诸湖，入常熟之华荡，绕城南，东北流为白泖港，注于江，以入海。宋人言水利者，每导太湖分流，东北由诸浦注之江，而诸浦中白泖最大，屡议疏浚，以防太湖之泛溢。《宋史》：政和十四年，诏导白茆、许浦、福山三浦。绍兴二十四年，大理丞周环议开白茅。二十八年，转运副使赵子潇议开黄泗浦、崔浦、许浦及白茅浦，不果，寻复浚治。乾道初，守臣沈度等又请开白茆等浦。元季渐塞，大为民病，张氏时发民凿白茅新渠，长九十里，与刘家港并导，以分杀水势。明永乐初，夏原吉请疏吴淞江南北两岸浦港，分引太湖诸水，入刘家河、白茅港。于是白茅导水入江，寻复淤塞。景泰五年，大水为患，侍郎李敏等复议浚白茅等塘，因挑青墩浦、横沥塘，共三四里，以通白茅之流，凿开三堰，约三四里，引水通鲇鱼口，复挑去浦口淤塞千余亩，于是积水得泄。弘治初，故道复塞。四年，侍郎徐贯等复浚白茅，且导长、吴、昆山、嘉定诸泾港，贯于白茅以入江，然上流既浅隘，而浦口复有涨沙，横亘海中，力不能去。仅二岁，复废不治。正德八年，都御史李克嗣复奉命开浚，从邑主簿俞琅议于故河旁更凿新河，以避涨沙海口，于是白茆复治。说者曰：吴民屡病水旱，而邑田常半稔者，白茆之力也。往时水流深阔，故邑称江海之交。郡之海道，起于嘉定宝山洋，迄于白茅港。天顺五年，置白茆寨于海口。成化十八年，复增立营寨，以备倭寇。嘉靖初，以倭舶乘风而上，径抵城下，于是设朱家营以当其冲，其后日益淤塞。万历以来，半为平陆矣。《志》云：县有白茆巡司，在县西北九十里。

　　许浦，县东北七十里。自县城东北三十五里经梅李塘，又三十五里为许浦，入大江。宋时以茜泾、下张、七鸦、白茆、许浦为昆、常间五大浦，又以梅李塘、白茆浦、崔浦、福山浦、黄泗浦为常熟五浦。隆兴初，屡议浚治。乾道八年，复议开许浦及白茆、崔浦。淳熙初，复诏开许浦，命守臣及许浦驻扎水军都统戚世明同措置。时郡守陈岘奉诏开决，东西共五十六里，并筑堤为固，自是水流顺达，海舶时至邑城梅李镇桥之下。水常坏舟，至凿月河以杀水势，后渐堙塞，仅存一线。明弘治十二年，邑令杨子器复议浚之，自城东达江口，长七十里有奇，寻废。《宋史》：许浦为滨江要地，旧置水军寨，南渡以后，汛守益重，韩世忠提兵讨苗刘，驻军于此，李宝驻扎许浦，涉海破金兵于胶西。是也。《会要》：建炎初，水军戍江阴、许浦、福山，无定所，又分江阴水军屯明州定海。绍兴二年，仇悆为福建、两浙、淮东沿海制置使，置司许浦，许浦水军隶焉。乾道二年，诏调泉州左翼军屯平江许浦镇。三年，改隶殿前司。五年冬，改为御前水军。六年，分立前、后、中三军，于许浦建寨万间，四月，水军统制请以平江府许浦驻扎为称。八年春，并归许浦，置副都统制统之。淳熙四年冬，以七千人为额。《玉海》：宋建炎以后，增置澉浦、淮阴、靖安、唐湾、采石诸水军，而尤大者为许浦、江阴二军。元亦为许浦镇，置许浦通事汉军万户府。明置巡司于此。今许浦淤塞，不复为要口。浦东有徐六泾，西南出梅李塘，为往来通道。

福山港，县北四十里。自城北水门二十里经斜桥，又二十里经福山，入大江。亦曰福山塘，亦曰福山浦。宋绍兴中，屡经浚治，与白茅、许浦并为要害。明宣德及弘治中，屡经修浚。嘉靖三十四年，倭贼自福山港突犯郡城娄门，寻自太湖突犯枫桥，又经娄门还福山。是时江潮深阔，今日就浅涩矣。又港东北曰崔浦，曰丁泾，亦旧时通江之口。宋绍兴二十九年，议浚崔浦、丁泾，转运使赵子潇言：福山塘与丁泾地势等，若不浚福山塘，则水必倒注于丁泾。乃并浚之。今丁泾亦堙废。旧《志》：县北五十里有崔浦桥，即崔浦入江处也。○耿泾，在县东北五十里，南通梅李塘，又北接崔浦，复分流北出，与崔浦并注大江。县境三十六浦，崔浦、耿泾，皆要口也。永乐初，夏原吉疏浚。成化、弘治中，亦相继开治，未几复塞。盖耿泾口当福山港潮沙之冲，堤隘仅能容舟，内外皆为潮沙所淤故也。

黄泗浦，县西北八十里。西南通江阴县境，北入扬子江。宋时为滨江大浦。绍兴末，屡议修浚。明设黄泗浦巡司于此，北对通州境，为控御之所。今淤。浦东三里曰三丈浦，亦北通大江。嘉靖三十四年，倭从三丈浦出没，官军扼而歼之。后筑土坝于浦口，寇警虽少，而农田甚病。又奚浦，在三丈浦东，去县七十里，北通大江，饶鱼盐之利，有奚浦市。今浦亦堙废。○金泾，在县东北九十里，南通李墓塘，又东接白茆港、李墓塘，而西接于梅李塘，汇流北出，自金泾注于大江。宋庆历中，知县事范琪浚金泾、鹤渎二浦，溉田千顷。今滨江港浦，大抵堙废，三十六浦可纪者鲜矣。

尚湖，县西南四里。长十五里，广九里。虞山峙其北，东通运河，西出江阴县界。○昆承湖，在县东南五里。旧《志》：湖长三十六里，广十八里。《水经》云：广长各十八里。盖无锡以东、长洲以北之水，泛滥而出，汇流于此。昔时分流入白茅、许浦，以达于江，其后诸浦渐湮，湖流亦日狭，土人于茭苇滩浅处，占据为田，谓之湖田，而分为泾港，散入于昆山、太仓之界，从七鸦浦、刘河诸口以入海云。

华荡，县南十二里。周三十五里，芦苇丛生。运河经其东。其西播为诸汉港，西南入长洲县界，西北入江阴县界，西入无锡县界，俱为通道。又佳菱荡，在县西南三十里，东通华荡，南接长洲县界。自佳菱荡而西五、六里为谢埭荡，稍折而北为陆家荡、宛山荡，俱与无锡县接界。

七浦塘，县东南七十里。旧《志》云：塘北通白茅港，西通阳城湖，南入昆山县境。今东南接昆山、太仓界，遇白茅浦塞，县境诸水，皆由此以入海。正统及弘治初，皆尝浚治。○盐铁塘，在县东北五十里。旧《志》云：在白茆之南，亦名内河，西接江阴，东越昆山。唐太和中疏此，缭绕数百里。元泰定初，郡人周文英言水利，请浚昆山、嘉定之盐铁塘，以通各邑塘浦，达太湖之水，不果。至正中，张氏因旧议浚之，民以为便。明宣德、景泰、弘治间，皆再浚之，横亘犹七十余里，今湮没过半矣。又旧有新安塘，在县东南，西入运河，东通昆山县界。

梅李镇，县东北三十六里，临梅李塘。其地为许浦之上游。五代钱氏有苏州，遣其将梅世忠、李开山屯兵于此，以防江，镇因以名。宋绍圣中，转运毛渐奏导梅李塘通江。其地有道通桥，许浦未塞，通泰、苏、湖，商舶皆集于此。明弘治、正德中，皆疏此塘。嘉靖中，倭贼自许浦登陆，径犯梅李，后又窃据于此，与福山、白茅贼相声援。《志》云：镇东北达许浦，东南达白茅，西北达福山，为适中之地，有事时戍守处也。

唐墅。县东南三十里。旧名尤泾，以居民唐氏所创聚，因名。道出昆山，此为中顿。又东六里曰斜堰，即昆山接境处也。又直塘市，在县东南七十里。旧《志》：县东南六十里曰任阳庄，又十里曰直塘市，与太仓州接境。○杨尖市，在县西南四十里，西接无锡，北通江阴县界。又县西北八十里为庆安镇，接江阴界，旧有庆安浦，通江。宋政和中，浚福山、庆安二浦，置闸。今故址尚存。

○嘉定县，府东百四十里，东逾海口至崇明县百七十里，南至松江府青浦县七十里，北至太仓州三十六里。唐为昆山县之疁城乡。宋为练祈市。嘉定十年，析置县，以纪年为名，属平江府。元元贞二年，曰嘉定州。明洪武二年，复为县。今城周九里，编户九百五十里。

宝山，县东南八十里。明永乐十年，命海运将士筑此以建烽堠，周六百丈，高三十丈，为海运表识，昼则举烟，夜则明火，海洋空阔，一望千里。先是，居民尝见其地有山影，至是山成，因名曰宝山。御制诗文，刻石其上。海运废，山仍为滨海戍守之所。嘉靖中，倭寇入犯，每以宝山为望，故邑之被害最剧，而宝山常为贼薮。三十四年，大败倭贼于宝山，洋患稍息。《志》云：宝山之外沿海一带有杨家路，倭自崇明而来，必取道于此。山之南有宝镇堡，亦设险处也。

东冈，在城南。亦曰东冈身。又县西五里有青冈，亦曰中冈身，又西七里曰外冈，有溪环其下。县西南十五里又有沙冈，西南十八里曰西冈，或谓之浅冈。盖海滨冈脊，天然障卫。《志》云：县境北至太仓。南至南翔，俱曰冈身路。

海，县东四十五里。北自黄姚港，南抵上海界，环县境凡八十余里。海水盐卤，而此地不异江湖，兼有灌溉之利。盖南则黄浦、吴淞江，北则刘家河，又北则大江注焉，皆回洑荡激于数百里间，故与南北海独异也。然滨江一带，夏秋间飓风霪雨，挟潮而上，往往漂没田庐。晋湖州刺史虞潭，尝筑垒海滨，以御冲潮。明洪武末，以海患遣官修筑，北抵太仓卫，南跨刘家河，长千八百余丈。永乐二年，复增筑高广。成化八年，于宝山北旧垒外又筑新垒。嘉靖二十三年，复于宝山南增筑外岸，直抵上海草荡，惟吴淞所迤北旧垒坍没，未修。迩来营葺益疏，故址多废。《志》云：县境之海，俗谓之海汧，稍北与崇明相望。

吴淞江，县南三十六里。《志》云：吴淞江过淀山湖，经昆山夏驾浦，东抵县界至顾浦，又东过黄渡，又东过江湾，又东北抵吴淞所入海。自昔三江之中，松江最大，上承太湖直流注海，湍悍清驶，海潮不得停滞，故三吴少水患。自吴江筑长堤，上流既缓，下流渐塞。宋、元以来，屡议修浚。明永乐二年，夏原吉奉命治水，谓吴淞江自夏驾浦以下，皆为潮沙所障塞。因凿夏驾浦，挈吴淞江水北达娄江，复挑顾浦，南引江水，北贯吴塘，亦由娄江入海。复浚上海县范家浜，挈江水南达黄浦入海，而故道直流百里之江，遂弃而不治。正统五年，抚臣周忱复浚，故道通流。天顺二年，抚臣崔恭复浚吴淞江，于县境浚卞家渡至庄家泾，凡五千五百六十余丈。成化十年，抚臣毕亨复自夏驾浦开至庄家泾。嘉靖二年，抚臣李充嗣复开浚，既而倭乱，吴淞江为最冲。三十二年，倭入吴淞江，明年复屡自吴淞江登岸焚掠，久之始息。隆庆三年，抚臣海瑞又疏黄浦至上海南跄。万历六年，御史林应训复疏黄渡以西至昆山千浦。大抵随浚随淤，而吴中水灾叠告矣。《禹贡》云：三江既入，震泽底定。三江仅存吴淞一江，而复不能顺流达海，震泽何由而底定哉？〇娄江，在县北二十四里，俗曰刘家河，与太仓州接界，吴淞埋塞，诸塘浦每由此入海，水势最为深阔。今亦非复旧流矣。

白鹤江，县西南四十三里。自松江府青浦县流入境，北出吴淞江。宋嘉祐六年，昆山令韩正彦开松江白鹤汇，如盘龙汇之法，为民利。崇庆四年，提举水利郏亶重浚白鹤汇。宣和中，提举赵霖复开浚，是也。又有青龙江，亦在县西南，自松江府东北流入境，合于白鹤江。宋建炎四年，金兀术自广德寇临安,制置使韩世忠以前军驻青龙,中军驻江湾,后军驻海口,欲俟兀术师还,击之,及兀术自秀州趣平江,世忠遂移师扼镇江。今水势颇微,虽以江名,仅同沟浍矣。○蟠龙江,在县西南四十里,自松江府流入境,亦曰蟠龙汇。《志》云:盘龙江南迤蒲汇塘,北入吴淞江。又县东南三十里有虬江,南接中槎、下槎二浦。县境东南诸浦港,多汇于此,南入吴淞江。《志》云:虬江自上海县流入境,县东南又有上槎浦。

大盈浦,在县西南五十里。自松江府流入境,注于吴淞江,又大卢浦亦在县西南,南通青龙江,其北径冯浦入吴淞江,亦曰渡头。○黄渡浦,在县西南四十里,南通吴淞江,对岸即大盈浦也。黄渡之北曰吴塘,北出练祁塘,达于刘家河。

顾浦,在县西南。通吴淞江,北贯练祁塘,又北会于吴塘,入太仓州境,注于刘河。宋嘉祐三年,转运使沈立开昆山、顾浦。熙宁末,郏侨议开新安浦、顾浦,使水南入松江。绍兴末,转运使赵子潚复议浚顾浦及诸泾港,以引淞江壅水,是也。明永乐二年,夏原吉又浚顾浦,引吴淞江水,北贯吴塘由娄江入海。正统五年,抚臣周忱复浚顾浦,以泄吴淞之水。弘治十一年,又尝疏浚。○徐公浦,在县西北,南通鸡鸣塘,达顾浦,北通郭泽塘,又北达刘河。宋绍兴末,赵子潚议通郭泽浦及徐公浦。明弘治十一年,郎中傅潮亦浚徐公等浦。隆庆五年,御史林应训浚吴淞江,自昆山界漫水乡至徐公浦,长四十五里,是也。又安亭泾,亦在县西,东南通顾浦,北接鸡鸣塘。宋元祐中,单锷议开安亭江,自吴江东至青龙江入海。今亦堙塞。

练祁塘,在县治南。东西长七十二里,自县治中分,曰东、西练祁。相传昔时水澄如练,亦名练川。今自顾浦纳松江之流,东折贯于吴塘,又东过盐铁塘,贯县城而东抵罗店镇,稍东北入于海。其东一支南折而东,合马路塘,又东合月浦,又东合采绚港入海。又西一支,从西门外冈北折,合北盐铁塘入娄江。土人以合流甚大，而正脉反微，谓之东西小练祁。

横沥塘。在县治东南。北袤六十里，亦自县治中分，有南、北横沥之名。自县西南二十七里孙基港口，受吴淞江水，折而东，合上槎等浦，经南翔镇，又北二十里贯城而北出，抵县北十二里之娄塘，又东北折而为双塘，复少折而西北，曰公塘，俱入刘河。今南路渐塞，北路亦日微矣。

盐铁塘。在县西十五里。从外冈中分，亦有南、北盐铁塘之名。南接陆皎浦，抵吴淞江，北贯练祁塘，经葛隆镇，达于刘河。又谓之西横沥。宋元以来，屡经浚治。元季海运，从盐铁塘东北出娄江达海。明永乐十三年，罢海运，以北盐铁、西练祁为运河。《志》云：从盐铁而西为吴塘，又西为顾浦，又西为徐公浦，三河形如川字，而练祁直贯其中，最西为安亭泾，与昆山县分界，亦东南通顾浦，北出鸡鸣塘。〇走马塘，在县东南二十里，西通横沥，东南由江湾浦入吴淞江。

顾径港，在县东四十里。上流接黄白径通练祁塘，东入于海。宋宝庆初，置顾径水军寨于县东北四十里，其北为川沙港，南接顾径港，东北入海。亦曰川沙浦。宋时与茜泾、下张、七鸦、杨林、掘浦，共为昆山六大浦，隆兴二年开浚。《宋志》：顾径西去许浦百里，与海上黄鱼垛相望。淳熙十二年，殿前司奏请分许浦水军驻此。从之。宝庆初，始置寨。明设顾泾巡司。又施家港，在县东，西通川沙港，又西北接新港。嘉靖三十三年，贼从南沙袭渡至施家港，进犯县城，转掠南翔诸镇，寻败却。万历中，浚吴淞江，自黄渡浦口东，由新泾口至施家港，是也。

黄姚港，县东北四十里，西接新泾，东北合五岳塘入海。嘉靖三十二年，倭贼自黄姚入刘家河，进掠娄塘，遂北犯太仓，转犯吴淞所，寻进薄县城，不能陷，会救至，贼引却。明年，贼复自黄姚登岸，转掠而南，越南翔，由封家滨犯松江境内。三十四年，倭舟复泊黄姚，舍舟登陆，西至娄塘，转略邻境，盖其地迫近海滨，与太仓州接界，北去刘河咫尺，南接吴淞江，向有陆兵戍守。姚，一作窑。○采绚港，在县东南吴淞所北，其西四里为周浦，又西十八里曰罗店镇。嘉靖中，贼避吴淞守兵，往往出没于此。三十五年，贼突犯采绚港，掠东境，寻引却。县南境又有师家浜、老鹳嘴、四马洪诸处，皆在吴淞江南岸，接上海县境，官军败倭处也。

赵泾，在县西南二十里。北通练祁，南出为封家滨，亦曰封家渡，又南为月河出吴淞江。宋崇宁二年，提举徐确请疏松江下流，自封家渡至大通浦，直出海口，是也。《志》云：封家滨市，在县西南三十里。

南翔镇，县南二十四里。为商贾凑集之所，横沥所经也。南去吴淞江十里，至上海县五十里。嘉靖二十三年，倭贼犯南翔、广福镇，未几复犯南翔，由封家滨直抵松江，邑西境皆为骚动。《志》云：广福镇，在县东南四十里。○月浦镇，在县东三十六里，因水而名。顾径巡司置于此。又罗店镇，在县东十八里，元置镇，自此至吴淞所，水陆皆二十六里，为县东之藩篱。嘉靖三十六年，倭贼陷吴淞所，西掠月浦及罗店，遂薄城下。今商民会聚于此。又县东南四十里曰大场镇，宋尝置盐场于此，因名。又东南十里曰真如镇，以佛寺名。

江湾镇，县东南六十里。其水自吴淞江屈曲入虬江，因曰江湾。宋有巡简寨，建炎中增置江湾乡兵寨，亦曰义兵寨。韩世忠谋邀兀术之兵，以中军驻江湾，是也。淳祐九年，又置江湾忠节水军寨，设巡司于此。贼入黄浦，犯上海，江湾其必经之地也。

黄渡镇，县西南三十六里，与青浦县接界。元置镇，因水而名，寻又置吴塘巡司于此。明因之。洪武中，市舶提举司亦置于此。太祖以去京畿密迩，曰险要不可以示远人，乃移宁波。又县西南四十里为纪王庙镇，亦市易之所也。○安亭镇，在县西南二十四里，与昆山县接界，以安亭泾而名。又县西十五里曰外冈镇，水陆冲要处也。县西北二十四里又有葛隆庙镇，与太仓州接界，一名吴公市，北至太仓州二十里。

娄塘镇，县北十二里，因水而名。西北去太仓州十二里，旧有娄塘、南馆，为往来中顿处。嘉靖中，倭贼每从刘河突犯娄塘，县境及太仓皆被其患。○刘家行，在县东南二十四里，嘉靖中，官军尝迫倭贼于此。又中槎巡司，在县南十二里，明置，洪武十八年革。

沪渎垒。《志》云：在县西四十里，傍吴淞江。晋隆安四年，袁山松筑垒于此，以备御孙恩，今废。《志》云：今青浦县青龙镇西有沪渎村。○厂头，在县东南二十五里，相传为韩世忠屯兵处。

附见：

苏州卫。在府城内，洪武初建。

吴淞江守御千户所，在嘉定县东南四十里，吴淞江北岸。洪武十九年建，属太仓卫，统百户所十，有土城，周一千一百六十余丈。自是相继增筑开四门，环濠为固。城当吴淞入海之口，初去海三里许，最为冲要，寻以海潮侵噬，东北隅渐倾入海。嘉靖十六年，备兵使者黄仪议更筑土城于旧城西南一里，不果。三十二年，倭寇突犯旧城，溃。明年改筑新城，周七百二十丈，内外皆为濠，辟水关一，旱门四，增兵戍守。三十八年，又命总兵官专驻吴淞，居中调度。翁大立曰：吴淞所为水陆要冲，苏、松喉吭，北可以扼长江之险，南可以援金山之急，故汛守特重，自是而北曰刘家河，曰七鸦港，又东为崇明县七鸦港，而西曰白茆港，曰福山，又西则江阴之扬舍，皆控扼之所，而要以吴淞为根本。

宝山守御千户所。在嘉定县东南八十里。本名青浦镇，一名高桥镇。其地东北距海，西滨吴淞江，多鱼盐芦苇之利。洪武十九年，建青浦旱寨于此，与吴淞所相犄角。三十年，增立城堡，其后累加修葺，设官军镇守。嘉靖三十二年，官军与倭战于高桥，不利。三十四年，倭贼入吴淞江，官军焚其舟，贼登岸，据青浦法昌寺，官军与战，不利，贼遂南据浙江海盐县之乍浦。三十六年，更名协守吴淞中千户所。万历五年，增筑新城，周二里有奇，更名宝山千户所。

○太仓州，府东一百五里。东至海七十里，南至松江府百三十五里，北至大江口一十六里。

春秋时吴地，后为越地，战国属楚，秦属会稽郡，汉因之。后汉顺帝以后，属吴郡，自晋及陈皆因之。隋属苏州，大业初，属吴郡。唐仍属苏州，亦属吴郡。五代时，吴越有其地。宋属平江府。元属昆山州。元贞二年，徙州治此，至正中复旧。明吴元年，立太仓卫。弘治十年，改建为州，属苏州府，编户二百三十一里。领县一。今仍曰太仓州。

州枕大海之滨，控三江之口，东翼吴郡，南蔽云间。元人由海道转输，则刘河为津要。明嘉靖中，倭寇出没，州每当其冲。就东南言之，州亦襟要之所矣。

太仓城，今州治。相传孙权都吴，尝置仓于此。或曰：权求好于公孙渊，欲遣兵北出，故于此置仓也。亦谓之东仓。晋咸和三年，苏峻反，遣其党张健据吴，顾众自海虞由娄县东仓与贼战，败之。自宋齐以后，皆为娄县地。隋唐属昆山县。宋为节制司酒库。元至元十七年，宣慰朱瑄等议海漕置仓于此，谓之太仓，因徙居之。是时海外诸番，亦俱集此贸易，谓之六国马头，寻为昆山州治，时州无城，仅有木栅。至正十三年，台州贼方国珍率海舟自刘河突犯，州境残破，乃立水军万户府，兼定海、靖海、宁海、三千户所于城内。明年国珍复来犯，副万户董抟霄败之。十六年，张士诚据吴，太仓亦附焉。寻复为国珍所袭，兵退，乃筑城守御。十七年，国珍复来寇，士诚败却之。既而徙昆山还故治，惟置军营于此。明吴元年，师围苏州，太仓来附，因立太仓卫，分设十千户所，后省为五。

弘治十年，始割昆山、常熟、嘉定，三县地置州，即故酒库司为州治。城周十四里有奇，门七，水门三。

穿山，在州东北五十里。山腹前后洞穿，通人行。《临海记》：穿山洞穴高十余丈，昔有举帆过其下者，盖海中小岛也。今山在平陆，去海二十余里。

冈身，在城东南。元潘应武云：自常熟福山而下，有沙冈身二百八十余里，以限沧溟，冈身间有港浦百五十余处，以泄太湖之水。今州据冈为城，有上冈身、下冈身、归吴等冈身，其冈门亦多埋塞，州境得名者，犹二十有六，皆环于城西及南北间。《吴郡续图经》：滨海之地，冈阜相属，谓之冈身，天所以限沧溟而全吴人也。说者谓山脊曰冈，州无山而有冈身。盖海沙壅积，日久凝结，或开浚河道，堆土为阜，兀然隆起，土人名为冈身。近横沥则其壤坚而黄，滨海则其壤润而黑，地气不同也。虽皆沙碛，而颇宜菽麦，有种植之利。

刘河，在城南。自昆山县流入境，又东南七十里为刘河口，即古娄江入海之口。自此抵崇明百二十四里，为海滨要害。元人海运，由此入海。泰定初，周文英言水利，首请浚刘家河，以达吴淞江下流。至正十四年，方国珍以海舟来犯，入刘家港，董抟霄败却之。明初亦尝由此漕粟泛海，抵北平辽东。永乐初，夏原吉议浚刘河，以分引太湖壅水，既又遣中使郑和出刘河，使海外诸国。弘治四年，侍郎徐贯开浚娄江，自州城南至嘉定外冈，长十八里。其后屡经浚治。嘉靖中，倭寇屡由刘家河突犯，南略嘉定，北扰太仓，所至涂炭，刘河益为汛守重地。河口有天妃宫，初为镇海卫兵戍守。今设把守官军营。《海防考》：宋南渡后，置水寨于刘河港口，元人置分镇万户府于江北岸，又于南北岸各立万户府，凡三区。洪武七年，罢万户府，置巡司三。正统初，金山倭警，抚臣周忱等以港口为吴地噤喉。乃设刘家港营，增置寨栅，拨兵戍守。旧时水势深，通海舟商艘,扬帆直上。万历以后,港为潮沙壅积,仅存一线矣。

运河,在州西。亦曰太仓塘,即昆山县之至和塘也。自州西十八里
乔子铺与昆山接界,引而东,为黄泥泾、黄浅泾,与吴塘相接,而合于娄
江。《志》云:娄江支分入城,其出城北入盐铁塘又西北出者,曰古塘,
其出城东而仍入娄江者,曰半泾,州南曰张泾。元至正中,张士诚以方国
珍屡自刘河突犯,乃塞至和塘尾以障海潮,开九曲河,仅通太仓东门,于
是半泾、张泾、古塘诸港,皆堙为平陆。永乐以后,复浚故道,而九曲河
废。○半泾,在州东三里。旧横带城东,南入娄江,北通七鸦浦。元至正
十四年,方国珍自刘河突犯,至半泾,董抟霄与战,败却之。十七年,国珍
复来侵,士诚将吕珍大破之于半泾,潮水为咽处也。今浅涸渐为平陆。有
半泾市,在州北十五里。又城南三里为张泾,亦接刘河。元至正十二年,方
国珍来寇,浙省参政宝哥等御之于张泾,败绩。明吴元年,太仓来附,士
诚将张让自嘉定来争,千户刘百潮遣兵越张泾破之,是也。今亦堙废。

七鸦浦,州北三十六里。又东三十余里曰七鸦口,注于海。《志》
云:娄江别一支,自昆山西至和塘而北,合常熟、昆承及阳城、巴城诸川
泽,汇流为七浦塘,经州西三十里直塘市,又东北十里为沙头市,又东北
十里经涂松镇一带而入海。宋绍圣中,浚七鸦浦。隆兴二年,复浚之。
淳熙初,又尝浚治。明弘治九年,工部主事姚文灏建议开浚,嘉靖二十五
年复浚。寻以倭乱,筑七鸦坝于浦口,毛节卿谓七鸦坝截潮水,而直塘数
里中微,是也。港口有把守官军营寨,拨军戍守。《水利考》:白茅、刘河
塞,而七鸦之流盛,三吴积水,大都从此宣泄,其备御视昔为綦重矣。
○茜泾浦,在州东北五十里,宋时与七鸦浦俱为诸大浦之一。嘉祐中,范
仲淹议浚茜泾。熙宁末,郏侨谓开茜泾浦,使水东入海。政和六年,发
运使应安道亦请开茜泾等六塘以通积水。宣和三年,自太仓敛口开茜泾
浦。淳熙初,复浚茜泾及七鸦浦,是也。《志》云:茜泾东去海仅二十里,
有茜泾镇,宋曰杨林寨。元改为镇。明初置巡司及税务局于此,今局废

而巡司如故。《海防考》：刘河以北，有新塘、茜泾，又北抵浪港，东出七鸦口，并为设险处。

顾浦，州西南五里。自嘉定县引吴淞江水北入吉泾，又东折而北为戚卢泾，东曰南盐铁塘，西曰张泾、横沥，并北注于娄江。○吴塘，在城西三里，南贯娄江，径吉泾入嘉定界，又南会于顾浦。其北径湖川塘，达七鸦浦。

杨林塘，州西北二十里。其上流，承七浦塘及巴城湖之流东经新塘，而东至州东北八十里花浦口入海，延袤几与七鸦浦相埒。州田待其灌溉者甚广，亦宋时诸大浦之一也。隆兴二年，与七鸦浦同时浚治，又置杨林寨于浦口。元置杨林巡司。明嘉靖初，抚臣李充嗣议浚治之，绩未及竟。又掘浦，亦在州北，与杨林塘相近。宋以杨林浦、掘浦并为昆山六大浦之一。隆兴中开浚，今湮。又湖川塘，在州西北十里，源亦自巴城湖、新塘而来。东接小塘，贯石婆港，达于刘河。明天顺中浚治。弘治中复浚之，西入昆山界。《志》云：湖川塘多支流，与七浦、杨林并横贯州北盐铁塘，而湖川塘逼近城北，城西之吴塘，城北三里之古塘，俱流会焉。

盐铁塘，在州城北。旧经城中，南越娄江，流十二里入嘉定县界，又南注吴淞江。北流四十里入常熟县界，又北注白茅塘。昔时每浚此以通娄江淀淤，南北群川亦多汇流于此。今南北二水门塞，水不复贯城而出，旧道堙没者逾半矣。又横塘，在州城东北，径杨林七浦入常熟县界，其南亦通于吴塘，今堙。○横沥，在州南。郏亶曰：横沥，南彻松江，北过常熟，又有小塘贯横沥而东西流，或二里，或三里，多谓之门，若钱门、张堰门、沙堰门、斗门之类。大抵南北其塘，则为横沥；东西其塘，则为堰门、堰门、斗门。昔人置此以蓄泄旱潦，溉高卬之田之遗制也。《志》云：州境又有东西横沥，溪径颇烦，互相融注，以达于海。今堰门大抵废坏，而名迹仅存。

海，州东七十余里。《志》云：州北去海百里，东北至崇明县二百余里，其间沙洲错杂，居民皆畋治之，而刘河、七鸦二口，则州境之要防也。

涂松镇，州东北三十五里。镇有涂松冈，因名。《志》云：镇西达沙头，东连龙市，东北为横泾及甘草泾，东南为七鸦浦及苫泾，盖水陆交会处也。自唐以来，皆置镇于此。宋元丰中，改镇为市。伪吴张士诚尝筑城置营于此，以备海寇。今日就荒落，商旅不至矣。又唐苫泾港口巡司，在州东北五十四里，元为昆山镇置巡司。洪武七年，改置唐苫泾巡司。其地有唐苫泾，东注于海，因设兵戍守。成化中，又迁置巡司于东花浦口，万历中革。○甘草镇，在州东七十里，亦曰甘草市，旧名甘树，一名甘林，东连大洋。洪武七年，置甘草泾巡司于此，与唐苫泾相应援。

双凤镇，州北二十四里。一名双林。又北六里曰直塘市，民居繁密之所也。自是而西北十里，曰任阳庄，入常熟县界。又沙头镇，在州东北三十六里，明初为商旅萃聚之所。又州东北六十里曰璜泾镇。皆七鸦浦所经也。○吴公市，在州南十五里，一名小娄塘。又南五里曰葛隆镇，与嘉定县分界。

爵子桥。在州西十八里，昆山接境处也。元至正十六年，方国珍犯太仓，张士诚将吕珍守爵子桥，筑营浚濠，有叛者自古塘率寇西下，出珍不意，珍力战得免。今亦曰爵子铺。

○**崇明县**，州东百五十里，西至府城二百五十里，北至通州二百里。本海中沙洲。杨吴时谓之顾俊沙。《五代史》：杨溥改顾俊沙为崇明镇。是也。宋嘉定十五年，改为天赐场，属海门县。元至元十四年，置崇明州，属扬州府。至正十三年，为张士诚所据。十九年归于明。洪武二年，降州为县。八年，改属苏州府。弘治十年，复改属太仓州。今城周九里，编户二百二十里。

崇明旧城，在县东北，故崇明镇也。《志》云：唐武德间，吴郡城东三百余里，忽涌二洲，谓之东西二沙，渐积高广，渔樵者依之，遂成田庐。杨吴因置崇明镇于西沙。宋天圣三年，续涨一沙，与东沙接，民多徙居之，而姚、刘二姓为盛，因名姚刘沙。建中、靖国初，又涌一沙于西北，相距五十余里。以三次叠涨，因名三沙，亦谓之崇明沙。绍兴初，盗邵青聚党于崇明沙，将犯江阴，刘光世遣王德讨平之。嘉定中，始置天赐盐场于姚刘沙。《宋会要》：海中大洲曰天赐场，舟人扬帆，遇顺风，东南可以径至明州定海，西南可以径至许浦，达苏州。元至元中，以民居繁庶，因置州治之。至正七年，风涛荡激，将侵州治南。十二年，徙州治于故城北十五里之东沙。明初因之，改州为县。永乐十八年，又迁县治于故城北十里秦家村。正德初，县治圮于海。嘉靖八年，乃迁筑土城于马家浜西南。二十九年，海水啮城东北隅，复营度城址于平洋沙。三十三年，营立砖城。万历十一年，城东隅复圮于水。十四年，又改建城于长沙，去三沙旧城盖六十余里。邑之奠居，于兹五迁矣。

蛇山，在县东海中，相距约二百余里。一名长山，上有泉石之胜。又洋山，亦在县东，与蛇山相近，南北官兵往往会哨于此，海口要道也。

苏州洋，在县东南。《志》云：东沙之外曰苏州洋，即大海也，北接大江口，南入嘉兴府境内，江浙间有事，此为汛守要冲。又淡水洋，在东沙东北，海水皆咸，此水独淡，可以烹茶。又有咸水洋，在东沙东南，至夜水沸若星，光映如火，其水至咸，即卤水矣。

北新河，在旧县北六十二里，海水西流而入。又南新河，在旧县北五十二里，海水北流而入，与北新河通。今三沙日圮，河道亦湮。○青龙河，在今县东，亦曰青龙港。近县港口约十余处，贼舟皆可入，而青龙港直通县城，尤为切要。《志》云：县之南境有斜洪，直抵刘河，东南有新开河，近吴淞江云。

清潭港，在旧县东南。其相近有张家等港。又界沟港，在旧县东北，其相近有道堂等港。又曾姚港，在旧县西南，其相近有富民、永安等港。又有虾港，俗传宋高宗南渡至此，有大虾二，涌水挟船出海，因名。又有水窦等港，在旧县西北。嘉靖三十二年，倭寇从水窦港登，劫攻东南水门及东北栅，城陷。三十八年，复由水窦港登岸，盘据三沙，官军就围之，贼寻遁去。《志》云：县环海为境，沙港冲塞不时，其可纪者，凡数十处。今县移而西，旧港不可问者益多矣。

施翘港，在今县北。经享沙、吴家沙而西，至港口，渡海面至刘河口。不过三十余里。由渡口东抵平洋沙，海面约六十里。旧无此港，隆庆中设法开浚，变斥卤为良田，而行旅复以为便。又符浜，在县西八里，有渡口，七十里至太仓刘河口，为往来通道，曰符洪渡。又有黄家港渡，自县西至渡口，海面约六十里，又西至太仓璜泾，海面约四十里。○渡船港，在县东南，有渡口，去县三十里，至旧城平阳沙界沟渡，海面不过十里。县东又有旧城河渡及烂沙渡，皆为往来津口。

杨家港，在县东南。沙田多高，旧有港，久淤。万历二十八年，县令李官疏浚，民得灌溉之利。又有桃皮等港，亦在县东南，皆壅沙通海处也。

长沙，今县治建于此。旁连十余沙，最为雄壮。又东北曰享沙，其相连者曰吴家沙，皆水咸，不可耕，居民煎盐以给，而吴家沙复多柴芦之利。

营前沙，在县北，为大江入海之砥柱。嘉靖三十六年，倭寇登营前沙，官军败却之，其相接者曰山前沙。《海防考》：倭寇至营前而西，则江北淮扬，江南常镇，皆有冲突之虑。盖营前沙与海门县蓼角嘴相对，海面约阔百五十里，倭寇入江，此为第一重门户，与狼、福互为声援。○蒲沙，亦在县北，相近者曰小阴沙，与海门县接界。蒲沙之东曰圌檐沙。

平洋沙，在县东南。旧名半洋沙，其相近者曰马腰沙。弘治十五年，土豪施天泰，钮东山作乱，据二沙为梗。事平，改半洋为平洋，马腰为马安。嘉靖三十二年，移建县城于此。明年，倭登平洋沙，焚劫攻新城东门，不能陷，乃却。万历中，复移县于今治。又西曰登舟沙，与常熟县对境。嘉靖三十四年，倭自常熟三丈浦遁出海，太仓知州熊桴邀击之于登舟沙，贼走吴淞江。《海防考》：登舟沙为福山、白茅之门户。又西北曰伏龙沙。万历中新涨此沙，与江北狼山相近。

南沙，在县南七十里，与竹簿沙相接。旧《志》：沙长八十里，广十余里，多稻菽萑苇之利。明初置南沙巡司于此。嘉靖十九年，南沙土豪王艮等构党作乱，据南沙，上海境内，为之惶惧，寻讨平之，因建南沙守御官军营。三十二年，倭登南沙，盘据经年，官军击之，不能克，久之遁去。旁有蒋六洪口，为舟行要道。其西北尽处，曰宋信嘴。○竹簿沙，在县东南七十余里，即南沙尽处，外为大洋，内为内海。其西南与松江高家嘴相对，为内海之南门。贼自洋山而入，欲入吴淞江，此河正当转屈间，至此，然后从杨家路沿海而北，吴淞江首受其冲，以次及刘河等处，盖海道东南之险也。《海防考》：竹簿沙为吴淞之屏蔽，外为羊山，为陈钱，皆倭寇所从入。竹簿沙之内，高家嘴之外，沿海而西北者，谓之杨家路。海舶得此，方能转舒。盖县多阴沙暗途，缠绵错杂故也。说者以竹簿沙、高家嘴为苏、松四郡之咽喉，海防第一关键，有以夫？又烂沙，在竹簿沙之北。其南接南沙之宋信嘴，即长沙下脚也，有烂沙洪与七鸦、白茅相对。《志》云：烂沙、小团、孙家、白蚬县前等沙，与南沙、竹簿，旧皆错列海中，波涛汹涌，今涨合为一，南北长百四十余里，东西阔四十余里，居民艺植，悉成沃壤云。

三沙，在县东北。即旧县治，所云控诸沙上游，为一邑中土者。波涛冲激，日渐迫狭。县治既迁，乃领于三沙巡司。《志》云：三沙北通狼福，南通宋信嘴，西接营前沙，为江南北数郡关键。又二沙，在三沙之东北，旧为县城外护。又东北曰三爿沙，向为三沙门户。《志》云：三爿沙孤立海中，倭贼从东北大洋而来，必经此沙，南行则苏、松及宁、绍、台、温之界也。从三氏沙而西南则为县后沙及三沙、平洋、吴家等沙，近常熟福山、许浦界，西北则由区檐沙、营前沙，近大江海门界。议者谓三氏沙为浙直咽喉，而二沙为旧县第二重关键云。○县后沙，亦在旧县东。嘉靖四十四年，倭寇据县后沙，总兵郭成击擒之。《海防考》：三氏之北，区檐沙为重；三氏之南，县后沙为重。又新灶沙，亦在旧县东南，东连大洋，为各沙门户。旧《志》云：自新灶而西达宋信嘴，可不由竹簿，径达刘河。虽中有沙途暗伏，而风利潮便，倭贼易于跳越，若贼寇境，不收新灶沙，则必收烂沙矣。盖烂沙、新灶、三氏俱为海口东面之险也。又《防险说》曰：新灶沙、刘河要路也；竹簿沙，吴淞要路也，而三氏沙为由海入江之门户，又为诸沙关键。县境所属诸沙，皆坍涨不时，而可纪者，大小约三十有馀，形势所关，以三者为最。凡倭寇之来，东南必由竹簿，东北必由区檐，正东必由三沙下脚。三者在诸沙之外，乃县之外户，于此巡哨，则贼之踪迹可知，而备御不难。县之安危，恒视此为准。

长沙营。即今县。《志》云：在旧县东北四十五里。误也。有土堡。明初置，设军戍守。又明威营，在旧县治西明威坊，正统八年置。又三沙巡司，亦置于旧县北五十里。嘉靖中，移置于旧县治。

附见：

镇海卫，在太仓州城内，吴元年立太仓卫，即元水军都万户府为卫治。洪武十二年，又分太仓卫立镇海卫，统千户所五，即元市舶提举司为卫治，与太仓卫俱隶前军都督府。

崇明沙守御千户所。在旧县治东。洪武二十年置，隶镇海卫。永乐十四年，倭入寇，发镇江、镇海二卫百户各十员，率军协守，遂隶焉，统百户所二十。嘉靖中，亦移治新城内。

○松江府，东至海岸百里，西南至浙江嘉兴府百二十里，西北至苏州府百八十里，北至苏州府太仓州百三十五里。自府治至江宁府七百七十里，至京师三千四百里。

《禹贡》扬州之域，春秋时吴地，后入越。战国属楚。秦属会稽郡。汉因之。后汉永建四年，分属吴郡。晋以后因之。隋属苏州。大业初，属吴郡。唐仍属苏州。五代时，吴越有其地，改属秀州。石晋天福三年，置秀州于嘉兴县，割华亭隶焉。宋因之。庆元初，属嘉兴府。元至元十四年，置华亭府。明年，改松江府，属嘉兴路。二十九年，直隶江浙行省。泰定三年罢府，立都水庸田使司，仍属嘉兴府，天历初罢司，复府。元末，为张士诚所据。明仍曰松江府，直隶京师，领县三。今亦曰松江府，增置县一。

府雄襟大海，险扼三江，引闽越之梯航，控江淮之关键。盖风帆出入，瞬息千里，而钱塘灌输于南，长淮、扬子灌输于北，与松江之口皆辐列海滨，互为形援，津途不越数百里间，而利害所关且半天下，然则郡岂可忽之地哉？且居嘉、湖之肘腋，为吴郡之指臂，往者倭寇出没境内，而浙西数郡，皆燎原是虞，谓郡僻处东南，惟以赋财渊薮称雄郡者，非笃论也。

○华亭县。附郭。汉娄县地。后汉末，孙吴封陆逊为华亭侯，邑于此。萧梁以后，为昆山县地。唐天宝十载，始割昆山、嘉兴、海盐三县地，置华亭县，属吴郡。吴越属秀州。宋属嘉兴府。元为松江府治。今因之，编户八百四十里。

○娄县，附郭。本华亭县地，今析置于府治东偏。编户□□。

华亭城，今府城。相传唐末所筑。元至元中毁。至正末，张士诚复筑之，开陆门四，水门亦四，环城为壕，广皆十丈。明因而修葺。县南有吴王猎场,场有五茸,俗亦谓之五茸城。今城周九里有奇。城西又有仓城,周二里。

前京城,府东南八十五里。萧梁析娄县地置前京县,属信义郡。陈因之。隋省。《志》云:城近浙江海盐县东北境。〇阖闾城,在府东六十五里。夹江又有二城,相传阖闾所筑以备越。《汉志》云:娄县有南武城,阖闾所起以候越。当即此城矣。又袁崧城,在府东三十五里。东晋末,袁山松筑此以备孙恩,俗讹山松为崧也。一名筑耶城。又府南四十里有胥浦城,相传梁大通六年筑,以地接胥浦而名。又南十里有白苎城,俗名白苎汇,亦海滨备御处云。

金山故城,府南八十里,滨大海。五代时,吴越钱氏筑此为戍守处,以南接金山而名。《志》云:城东十里许,当潮势猛烈处有周公墩,俗传金山城周康王所筑,故墩亦附会周公之名。盖昔时堠望处耳。明嘉靖三十四年,倭攻青山南汇金山卫,登周公墩者千余贼,即此。

昆山,府西北二十三里。其西为长谷,亦曰华亭谷,有水萦绕百余里,为泖湖之上源,故泖湖亦兼谷泖之名。杜佑曰:华亭县以华亭谷而名。陆机临命叹曰:华亭鹤唳,可复闻乎!盖其地尝出鹤也。山之得名,亦以陆机兄弟生于此,取昆山出玉之义。山形圆秀而润,旁无附丽,望之如覆盘。其南四里有秦驰道,即今古浦塘也。山北又有秦皇走马塘,相传始皇曾游此。又萧梁置昆山县于山北。唐天宝中置华亭县,始移治马鞍山下,为今之昆山县。土人以此为小昆山,误也。

横云山,府西北二十五里。在昆山之东北,本名横山。唐天宝六载,易今名。巅有白云洞,潜通淀湖,深不可测,居民多采石于此山。又东为小横山,与横云接陇,而中限一水,泉石甚胜。〇机山,在府西北四十里。其南与横云相望,下有平原村。陆机尝为平原内史,皆因机以名也。其东曰乾山,有水纡回,从横云山来,流经山下,相传山为干将铸剑处。今山后居人，亦多干姓者。一名天马山，以形势特高耸，出诸山之上云。

佘山，府北二十五里。相传有佘姓者隐此，故名。山高秀，与乾山相埒，有东西二峰，延亘数里，泉石颇胜。其东曰薛山，与佘山并峙，中限一水，相传以薛道约居此而名。一名玉屏山。稍东南曰陆宝山，本曰陆家山，多土少石，今为平陆矣。〇细林山，在佘山西南。《志》云：山在府西北二十里，本名神山，天宝中改今名。

凤凰山，府北二十三里。《志》云：山东枕通波塘，西连薛山，据九峰之首，延颈舒翼，宛若凤翥，因名。郡境以九峰为名胜，九峰者，一凤凰，二陆宝，三佘山，四细林，五薛山，六机山，七横云，八乾山，九昆山也。皆在长谷以东，通波以西，而乾山、佘山为最高云。

淀山，府西北六十里。旧在薛淀湖中。山形四出如鳌，上建浮图，下有龙洞，俗传与太湖通。旁有小山，初为小洲，后渐高大，并湖而北，中为一澳，曰山门溜。其后潮沙淤淀，山在平田，去湖日远。又柘山，在府南六十里。旧在柘湖中，山多柘树，因名。〇秦望山，在府东南六十里，当张堰镇之西。相传始皇登此望海，亦曰秦驻山。山南有洞甚深邃，又有坑产白垩。其东南十余里曰查山，在张堰南，下临大海。

金山，府东南九十里海中。《志》云：周康王筑城处，后沦入海。上有平坡，官军尝会哨于此。又有小金山，亦在府东南海中。

羊山，在府境金山卫东海中。山高大，周七八十里，四围环抱，有十八爰，中如大湖，可容数百艘，湖口面北，上有娘娘庙。山有淡泉，海舶往往取汲于此。山口又有一山，名张家市，多黄杨树，其东有巡简爰。《海防考》：自吴淞江而出，一潮可至羊山，倭寇来犯，自羊山过淡水门而西，则苏、松之患切矣。今南自定海，北自吴淞，皆以羊山为会哨之所，盖道里适均，且御贼于海洋，为得上策也。〇许山，亦在金山卫东，离柘林三十余里。唐顺之云：山去乍浦、金山、吴淞所三处皆仅隔一潮，亦为会哨之所。又竹屿山在金山卫东南七十八里，达岸山在卫东南八十里。又有浮山及苏山，皆在卫东南海中。

海，府东百里，府南去海七十里。今自金山卫以东，亦曰苏州洋，以府境本属苏州也。宋绍定三年，李全以淮安军叛，习舟师于射阳湖及海洋，遣海舟自苏州洋入平江嘉兴，欲习海道以窥临安，即今卫境矣。《志》云：府南境与绍兴、宁波相望，天日晴明，南岸诸山，皆历历可指。旧有捍海塘，相传唐开元初创筑，其后相继修治，东北自嘉定县宝山而南，西南至浙江海盐县澉浦西北，亘三百三十里，以御盐潮害稼。高如城垣，内外皆有塘沟相夹，在内者曰运盐河，又曰横港；在外者曰堑濠，又曰护塘沟。明初藉以备倭，设卫所墩堡于濠堑外，倭至则捍之于海岸滩涂，皆不容登泊，万一不支，则逾堑而守。进不得攻，退无所略，故府境备倭较易。其后大半湮废。弘治七年，抚臣毕亨等复兴筑，寻复圮坏，护塘、海岸，合而为一，寇至则聚于护塘，而运盐河之内，水田膡狭，难于屯御。若一复旧迹，复治堑塘，亦备御之良策也。《海防论》：今松江之海，起于独山，而迄于小汤洼，亘二百四十八里，皆恃护塘为限隔云。又有捍海堰。宋乾道中，知秀州丘崇言：华亭东为大海，古有堰十八所以御咸潮，请修之。乃筑堰并东西两岸塘，通计八十四里。其后修筑海塘，诸堰俱废。

吴淞江，府北七十四里。亦曰松江。自昆山、青浦二县，经淀山北，合赵屯等浦，又东北入上海界，合黄浦而注于海。旧《志》：松江自湖至海，凡五汇、四十二湾。五汇者，安亭、白鹤、盘龙、河沙、顾浦也，乃江潮与湖水相会合之地。古云：九里为一湾，一湾低一尺。盖三百六十余里而入于海。今详见前大川三江。

淀山湖，府西北七十二里，与青浦、昆山县接界。昔时山在湖中，亦曰薛淀湖，吴淞江水汇流处也。唐、宋以来，淀湖深阔，境内无水

灾。宋南渡以后,渐至堙废。淳熙十三年,提举浙西罗点言:淀山湖东西
三十六里,南北十八里,旁通太湖,汇苏、湖、秀三州之水,上承下泄,
不容壅遏。湖水自西南趣东北,其泻水之道,东有大盈、赵屯、大石三
浦。西有千墩、陆虞、道褐三浦。又并湖以北,中为一澳,系吞吐湖水之
地,名山门溜,东西约五六里,南北约七八里,正当湖流之冲。北出曰斜
路港,又北折而西曰小石浦。上达山门溜,下入大石浦,其斜路港与大小
石浦分为三道,杀泄湖水,并从上而下,通彻吴淞江。自湖北至江,虽相
去尚三十六里,而江湖二水,晓夕往来,疏灌不息,是以浦港通利。今顽
民辄于山门溜南,东取大石浦,西取道褐浦,并于淀山湖北筑成大岸,延
跨数里,遏绝湖水,不使北流,尽将山门溜中围占成田,所谓斜路及大
小石浦泄放湖水去处,并皆筑塞。自是潮沙日以壅积,湖水不复下流,下
流既壅,一遇淫潦,势不得不溃裂四出,散入民田,大为民害矣。诏及时
修筑。于是决开山门溜,以通淀湖噤喉,滨湖巨浸,复为良田。绍熙中,复
被奸豪窃据为田,虽议者数以为言,而弊未尽革,迄元至元二十八年,湖
水涨漫,损坏田禾。三十年,淫潦益甚,都水潘应武言:太湖之水,一路
径下吴淞江,二百六十余里抵海;一路由吴江县东南白蚬江东北抵急水
港,又东五十里下淀山湖,周二百五十里,由港浦入海。湖中有山,有寺。
宋时山在水中心,东有出水港,曰斜沥口,曰汉港口,曰小漕港口,曰大沥
口,曰小沥口,各阔十余丈,深六七尺,通潮往来,潮退则引湖水下大漕
港、大盈等浦入青龙、盘龙等江出海,古谓之尾闾门。宋禁人占湖为田,
为泄水路故也。今山、寺在田中心,虽有港溇,阔不及二丈,潮泥淤塞,
深不及二三丈,潮水湖水,不相往来,阑住去水。东南风起,水回太湖,
则长兴、宜兴、归安、乌程、德清等处,水涨泛溢;西北风起,水下淀山
湖泖,则昆山、常熟、吴江、松江等处泛溢,皆因下流不决,积水往来为
害。今纵卒难复旧湖,北有道褐浦、千墩港、大小沥港四处,去江颇近,
水势甚便,可以开复,此亦先通下流之一助也。寻又言:淀山湖北一带,自

庙儿头港至赵屯浦百余里，共有港浦一十三条，今既淤浅，惟道褐浦最低下，去江颇近，水势甚便，堙塞未久，急宜修浚。从之。大德中，都水使麻合马嘉言：太湖迤东而北，诸湖陂泽，皆能接泄太湖之水，注江入海，而淀山湖关系吴淞江注泄，尤为切要。若不以时开浚，使江之潴水益狭，与大盈、赵屯二浦相去渐远，则松江故道益难复矣。议卒不行。至治三年，浚吴淞江及淀山湖。泰定初，复浚淀山湖。明初，淀湖堙塞益甚。景泰中，知府叶冕尝修淀山湖堤，以防横溢。初，淀山在平陆，去湖犹五、六里，今且十余里，而淀湖之浸，初犹数十里，今亦不过一二十里。旧《志》：淀湖受太湖下流，北由赵屯浦，东由大盈浦，泻于松江，东南由烂路港以入三泖。今赵屯、大盈，去湖益远，由何家港及南北曹港，受湖水以泄于松江，非复淀湖之旧也。《舆程记》：自苏州陈湖三十里至双塔，渡淀山湖，湖面广十八里，又东十八里至谢寨关，又十二里接于泖湖。

泖湖，府西三十五里。亦曰三泖。《广韵》注：泖，华亭水也，其源出华亭谷。晋陆机对武帝：三泖之水，冬温夏凉。亦曰华亭泖。宋宣和初，提举赵霖浚白鹤汇，又议围华亭泖为田，不果。《吴地志》：泖有上、中、下三名。《图经》：西北抵山泾，水形圆者，曰圆泖，亦曰上泖；南近泖桥，水势阔者，曰大泖，亦曰下泖；自泖桥而上，萦绕百余里，曰长泖，一名谷泖，亦曰中泖。泖湖之水，上承淀湖，凡嘉湖以东、太湖以南诸水，多汇入焉，下流合黄浦入海。旧经：华亭县西三十五里曰谷泖，在县西四十里者曰古泖。又泖湖上流在浙江平湖县境者曰东泖，在上海西北境者曰横泖。而府东南三十五里有胥顾泖、谢家泖，则自为陂泽，亦以泖名耳。泖湖旧流浩衍，今亦堙塞。《舆程记》：泖湖阔十八里，自东岸至府城二十五里，西岸达淀湖二十里。

柘湖，府南六十里。中有柘山。《吴地记》：湖周一千一百十九顷，相传秦海盐县治此。王莽时沦为柘湖，湖水深广，后渐浅狭。吴越时，浚柘湖及新泾塘，由小官浦入海。宋绍圣中，浚柘湖、新泾，下金山小官浦入海。乾道三年，知秀州孙大雅言：州有柘湖、淀山等湖，支港相贯，西北可入江，东南可达海，傍海农家，作坝以却咸潮，虽利及一方，而水患实移于邻郡。请于诸港浦置闸启闭，既可泄水，又可卫田。十三年，转运张叔献言：华亭地形，东南最高，而北稍下，柘湖十有八港正在其南，自来筑堰以御咸潮。元祐中，于新泾塘置闸，后因沙淤废毁。今除十五处筑堰及置石硖外，犹有新泾塘、招贤塘、徐浦塘三处，见有咸潮奔冲，水淹塞民田。今依新泾塘置闸一所，又于两旁贴筑咸塘，以防海潮透入。其相近徐浦塘，元系小派，自合筑堰，又欲于招贤港更置石硖，且柘湖岁久淤淀，亦当开浚。从之。自元以来，堙塞益甚，仅馀积水，若陂泽然。《志》云：今查山西南，张堰东南，黄茅白苇之场，即故柘湖矣。

黄浦，府东南十八里。一名春申浦，盖以春申君得名。其上流自嘉兴府流入境者，曰秀州塘，灌注于三泖；自苏州府流入者，曰淀山湖，亦汇流于三泖，导流而东，南北两涯之水悉入焉。又折而北，入上海县界，又东北会吴淞江以入海。《志》云：黄浦自松江分派而来，至入海处，约二百五十余里。其阔大与吴淞江、娄江相埒，或以为即古东江云。又范家浜，在今府东二十五里，东北通上海之南跄浦口，达于吴淞江。明洪武中，吴淞江淤塞，郡人叶宗行上言：疏浚范家浜，可接黄浦入海。从之。永乐二年，夏原吉言：大黄浦为通吴淞要道，今下流壅塞，傍有范家浜，至南跄浦口，可径达海，宜浚令深阔，上接大黄浦，以达泖湖之水。即此。今亦名范家浦。

赵屯浦，府西北七十里。旧当淀山湖北，直受湖水，泻于吴淞江，阔五十余丈，通江五大浦之一也。宋元以来，屡经浚治。元大德中，开浚赵屯、大盈等浦，议者又言赵屯东下，有新华、分庄、严家等嘴，俱在江边暴涨为害，宜以时疏凿。嘴即汇之异名也。明弘治中，水利佥事伍性浚吴淞中段及顾会、赵屯二浦。后水利不修，浦去淀湖益远，湖水自北曹港分支北流，愈北愈隘，浦口束以石梁，仅通舟楫。其接曹港处，又名新河浦，分二支，一支东南流入曹港者，曰南小赵屯浦；一支东北流入吴淞江者，曰北小赵屯浦。又分为诸泾浦，东入大盈浦，西接昆山县之石浦而北出。诸小浦则俱注于吴淞江。

大盈浦，府西北六十里。旧在淀山湖东，亦直受湖水，自白鹤汇达吴淞江，阔三十丈，潮沙侵入，易致淀淤。宋绍圣中，转运毛渐浚大盈、顾会二浦。元大德初复浚。泰定初，开大盈浦以泄淀湖水，长二十五里有奇。明天顺中，抚臣崔恭亦浚大盈浦入吴淞江。嘉靖初，复浚大盈、赵屯二浦，以宣泄吴淞下流。今自淀湖东北、南曹港口而北，历青浦县、西绝横泖，与北曹港合，又经青龙江，白鹤汇而北入于松江。《元史》：大盈港支流有李墟泾，即今南小赵屯浦也。又有孔宅泾，亦曰孔泾，在李墟泾北。又北曰苏沟，其间又有顾坊泾、沈麻沥、井亭沥，今或通或塞，盖大盈、赵屯皆浦港相通，而并注于吴淞江。〇白鹤汇，在大盈浦西。昔时自此至蟠龙，皆环回为汇，水行迂滞，则泛溢为灾。宋嘉祐间，开为直江径，泻积水东注于海。崇宁、宣和中，屡经浚治。今淀湖之水，由赵屯浦流入白鹤江，历青浦县、嘉定县境，与青龙江合，至吴淞入海，又青龙江在府北七十里。《胜览》云：孙权造青龙战舰于此，因名。其上流，西接大盈，东接顾会，北流曰浦家泾，又西北曰赵浦、达青浦、嘉定县界，合白鹤汇而入吴淞江。宋熙宁中，单锷议开白蚬、安亭，使太湖之水，由华亭、青龙江入海者也。元祐三年，有诏修浚。崇宁二年，复议浚治，寻罢。今虽与白鹤同以江名，而仅同沟浍矣。

顾会浦，府西北二十二里。其上源为通波塘，出府城北流为五里塘，又北为祥泽塘，别流为崧子浦，北出凤凰桥，又北经斡山，入青浦县界，又北通新江塘，西接青龙江，东为艾祈等浦，入吴淞江。宋庆历初，县令钱贻范以顾会浦南通漕渠，下达松江，为往来冲要，自斡山之南，地形中阜，积淤不决，渐与岸等，因建议疏浚，自今县城西北至青浦县青龙镇，凡六十里。绍兴十五年，复因故迹修浚。乾道二年，转运姜诜复开浚，自斡山达青龙江口，凡二十七里。元时亦尝浚治。明弘治中，伍性复浚顾会、赵屯诸塘浦。嘉靖以后，顾会、盘龙二浦，俱从府城西绝黄浦，入三泖，非复昔流矣。○崧子浦，在府北十五里。自顾会浦分流，至县东北五十里入吴淞江。《志》云：今入江处为嘉定县之高家浜。

盘龙浦，在崧子浦东，其上流曰盘龙塘，自府东三里北流，绝俞塘及上海、青浦境内之六磊、泗泾、横塘、蒲汇诸塘而北，入于吴淞江，长八十里。其入江处曰盘龙汇，介华亭、昆山间，径十余里，而洄洑纡缓逾四十里，如龙之蟠，阻塞江流，雨潦则为田庐患。相传盘龙为松江一曲，浚之，则出水尤利。宋景祐初，范仲淹守平江，尝经度之。宝元初，叶清臣疏为新渠，道直流速，水用无滞。元大德十年，开浚盘龙旧江，又于庙泾以西，盘龙以东，开挑出水口子五处，水患益弭。今亦废。赵屯、大盈、顾会、崧子、盘龙，所谓松江五大浦也。

河沙汇，在府西北。《元志》：汇者，江潮湖水相会之名。上源闭塞，湖流纡缓，则潮沙积而为汇。汇在岸旁，犹可浚治，惟河沙汇涨塞江心，阻水尤甚。至正初，议开凿河沙汇，西至道褐浦几六七十里，不果。自是松江之流，日益艰涩，渐成平陆矣。胡恪云：三江、五汇、三十六浦、四十二湾，皆太湖利病也，而五汇尤为三江关要。五汇者，安亭、白鹤、顾浦、盘龙、河沙也。安亭在嘉定县界，余皆在华亭境内。

秀州塘，在府西南。俗呼官塘。自浙江嘉善县而东，经府西南六十里之风泾镇，又东十里过白牛塘，绝长泖而北流，又东合黄桥门及斜塘以东诸水，至沈泾塘入西水门，贯城而东出，与俞塘诸水合，其下流皆入于黄浦。府境运河盖由此入嘉兴府境。

新泾塘，府东八十里，华亭濒海塘浦之一也。亦曰新泾浦。北通吴淞江，南绝黄浦至捍海塘。宋乾道六年，命浙西转运刘敏士等，于新泾塘置闸堰以捍海潮，是时新泾塘直达海也。七年，秀州守丘崇，移堰于运港。《会要》云：华亭东南并海，自柘湖埋塞，置堰一十八所以御咸潮。政和中，言水利者，欲涸林亭湖为田，尽决堤堰以泄湖水，而华亭地势，东南高于西北，湖水不可泄，而咸水溢入，为民田患，于是东南四乡，尽为斥卤。有司乃复故堤堰，独留新泾塘以通盐运，海潮晨夕冲突，塘口阔至三十余丈，咸水延入苏、湖境上。是岁，命秀州守丘崇等规画，崇言：新泾旧堰，迫近大海，潮势湍急，今港面益阔，难以施工，其运港在新泾向里二十里，水势稍缓，就此筑堰，则管内民田可免咸潮之患。运港堰外，别有港汊大小十六，亦合兴修。从之，于是斥卤复为良田。元大德十年，开浚上海境内之樊浦，下接新泾，寻又于新泾安置木闸，为宣泄之利。顾清曰：前《志》所载，境内塘堰凡二十余所，自捍海塘筑，诸堰悉废。今所存者惟张泾一堰、一闸，故时港名亦多改易，不可考矣。

沈泾塘，府西五里。南接秀州塘，北合诸泾港之水，北流为神山塘，经佘山西，又分流会诸泾港之水，西北入大盈浦，东入顾会浦。○斜塘，在府西二十里。大泖东出为黄桥门水，又东为斜塘水，波流湍悍，东汇为潢潦泾，即黄浦上流也。《志》云：黄桥门水接秀州塘，旧时植木为水窦七十余，以泄泖湖之水。今黄桥门塞，泖水并入斜塘，势益湍急矣。又古浦塘，在县西北，自圆泖行二十七里，下流合于秀州塘。

胥浦塘，府南四十里。相传子胥所凿。其源自长泖而东，会诸泾港之水，北流会于潢潦泾。又萧塘，在府东北四十里，东汇诸泾港之水入金汇塘，又东为百曲港，合诸水入运盐河。嘉靖三十三年，倭贼自漕泾趣萧塘，官军拒之，败绩，遂渡黄浦，犯府城，既而败走大门墩，是也。又有瓜泾塘，在府东南，为往来要冲，东西诸泾港，多汇流于此。

盐铁塘，在府东南。又南入于黄浦，过萧塘港，又南绝诸泾港至捍海塘，为漕泾。相传五代时，吴越运盐铁于此。《志》云：郡有运盐河三：一在府东南九十八里青村西，曰运盐河。一在府南五十四里，曰新运盐河，自金山卫北流至张堰镇西，为张泾，初在查山东，后以风涛之险，改浚于此，人呼其东为旧河，《志》亦作西运盐河。又东运盐河，在府南三十六里亭林镇，南通盐铁塘，皆商贩所经也。〇鱼祈塘，在府西。宋淳熙十年，命秀州浚治华亭乡鱼祈塘，使接松江、太湖之水，旱则开西闸堰，放水入泖湖，为一县之利。

朱泾，府西南三十里。自秀州塘分流而东，合于三泖，为松江西出之要路。嘉靖三十五年，徐海纳款，有吴淞倭流至嘉善界，督臣胡宗宪使徐海击之，败之于朱泾。《三吴水利》：朱泾西通三泖，南达嘉兴，为往来冲要。嘉靖中，倭巢府西南之吕港，此为切肤之患。〇曹泾，在府东南七十里，介柘林、金山间，贼犯柘林，必由此趣金山。嘉靖中，尝破倭寇于此。又金山卫东旧有翁家港，亦戍守要地也。《志》云：曹泾港与翁家港、胡家港，并为通海支渠，戍守最切。

张泾，在府南。旧《志》云：自城南至张泾，堰长六十三里，今自张堰镇而西，接于新运盐河，北行合诸泾港之水出瓜泾塘，又北行直达城河。元至正初，浚张泾及通波、南俞、北俞、盐铁、官绍、盘龙、蒲汇、六磊、石浦等塘。今南俞、北俞、官绍诸塘，皆在府东南境。

高家嘴，在府东百余里翁家港口，此港险要。嘉靖三十四年，青、南二所各募兵守此。三十九年始罢。今属青村所。《海防考》：高家嘴，突出海中，与江北料角嘴相对。崇明诸沙，南起竹箔，北尽三爿，或断或续，皆在其胸腹间，诚天设之险也。嘉靖中，官军败倭于此。

独树堡，在府南。明初置营于此，兼设堡戍守。正统八年，抚臣周忱修浚金山卫独树营至刘家港口近海诸河，是也。《海防考》：金山卫西南有独树营，又有江门营，皆置兵戍守，属金山卫。其相近者为吕港，亦往来要口，西南出海盐县之道也。

柘林镇，府东南七十二里。地连柘山，与青村所、金山卫相应援。

嘉靖三十四年，倭贼盘据于此，四出焚掠，久之患息，因建堡置戍，城周四里，为防御要冲。南起漴缺墩，北至翁家港，皆其信地。稍西有戚睦泾巡司，洪武初，设于府东南九十里南桥镇。十九年，徙戚睦泾在府东南七十里。万历三年，仍改南桥镇巡司。〇胡家港堡，在府东南六十里，明初置，有兵戍守，属金山卫。《志》云：洪武初，设金山巡司于张泾堰。十九年，徙建于胡家港口。相近又有蔡庙港堡，亦明初设。俱属金山卫。

亭林镇，府东南三十六里。亦曰顾亭林。宋乾道九年，修濒海诸堰，因置监堰官于亭林，以防盐运私发诸堰之弊。今为商旅辏集之所。又叶谢镇，在县东南五十里。又南为萧塘镇。《志》云：镇在曹泾之东，又东即柘林也。嘉靖中，倭巢柘林，尝由此渡黄浦，至瓜泾而西，突犯府城，因置戍守于此，与曹泾相应援，以断贼窥黄浦之道。〇陶宅镇，在青村所城东。旧设税课局，又置巡司于此。嘉靖中，官军败倭处也。其相近又有得胜港，亦官军御倭处。

朱泾镇，府西南三十六里。宋、元时，置大盈务于此。洪武三年，改置泖桥巡司。《志》云：泖桥，在府西南四十二里，泖水经其下，亦名通济桥，桥南即秀州塘，桥西十八里即风泾镇，一名白牛市，又西十八里即浙江嘉善县也。又谢寨关，《舆程记》云：在府西四十三里，西至淀湖十八里。

张堰镇，府南六十里。亦曰张泾堰，旧置堰以堰柘湖入海之流。宋乾道二年，转运副使姜铣等，又于堰旁开月河，置闸其上，复为闸于县东南四十八里。今为自府趣金山之孔道。嘉靖三十二年，倭自金山、张堰犯嘉兴府及平湖县，盖控御要地也。又南十二里即金山卫，亦曰小官镇，旧时分置盐课司于此，因名。

沙冈镇，在府东北四十里。与竹冈、紫冈，为三冈之一，相去不过四五里。自府至上海，必由之道也。〇三店，在府东南。嘉靖三十四年，官军击倭于吴江之平望，倭败走三店，官军复邀击，败之。既而倭自乍浦趣还柘林，官军复败之。三店，亦曰三店塘。

凤凰桥。府西北二十七里。跨顾会浦，西接凤凰山，因名。又砖桥，在府北三十里。嘉靖中，倭进据县东北之陶家港，官军御之于砖桥，败绩。《舆程记》：由砖桥而北，四十里为陆家阁，又四十里即嘉定县之南翔镇。

○**上海县**，府东北九十里。西至青浦县九十里，西北至苏州府嘉定县七十二里。本华亭县地，居海之上，洋曰华亭海。宋时海舶辐辏，乃立市舶提举司及榷货场，为上海镇。元至元二十九年，始割华亭五乡置县，属松江府，未有城郭。嘉靖三十二年，因海寇突犯不时，始筑城为备，周九里，环以大壕，外通潮汐，颇为险固。今城周八里有奇，编户六百二十一里。

沪渎城，在县东北。《志》云：沪渎垒在县北十里。《吴都记》：松江东泻海曰沪海，亦曰沪渎。《广韵》：沪，水名。《白虎通》：水发源而注海曰渎。陆龟蒙曰：列竹于海澨曰沪，盖取鱼具也。晋永和中，虞潭为吴国内史，修沪渎垒，以防海寇。又隆安四年，吴国内史袁山松，筑沪渎垒以备孙恩。五年，恩自海盐进陷沪渎，杀山松。既而刘裕败孙恩于郁州，追至沪渎、海盐，又破之。《寰宇记》：袁崧城，在沪渎江上，旧有东西二城，其傍为芦子渡，俗呼芦子城。其东城广万余步，有四门，后圮于江中，仅馀西南一角，西城极小，在东城西北，两旁有东西芦浦，泻于沪渎江。范成大《吴郡志》：吴有沪渎，自渎至松江，溯吴郡将门，将门讹曰匠门，盖吴东门也。皮日休诗：全吴临巨溟，百里到沪渎。谓此矣。宋宝元初，两浙运使叶清臣开盘龙汇，由沪渎江入海。明《永乐大典》亦云：淞江侧有沪渎垒。今松江水直趣而东，又七十里入海，无复有渎，两岸皆平畴茂林，故垒寂然。其东西芦浦，亦止通潮汐而已。元贡师泰有诗云：避难吴淞江，出游沪渎垒；世道苦变更，形势总隳圮。盖垒在元时已不可考矣。

茶山，在县东南大海中。《海防考》：陈钱山、茶山，上海县南跄巡司之界也。嘉靖中，官军击补陀山倭贼，贼走茶山绝顶，官军一道由东北浅步沙进，一道由婴哥岩进，一道由中路进，而大兵皆继其后，遂歼之。今山与浙江之海盐、定海海中诸山相联络。

海，县东七十里。北起嘉定，南抵华亭，为县所辖，松江与黄浦合流入焉。混茫无际，东接诸番，惟日本最近。宋、元间入贡，皆由青龙市舶司。后渐徙于四明，贡者不复取道。沿海皆滩浅，物产鲜少，俗号穷海，独盐利为饶。自清水湾以南，较川沙以北，水咸宜盐，故旧置盐场。近有沙堤壅隔，水味寖淡，卤薄难就，而煮海之利亦微。元时，潮汐由吴淞口入，朔望以子午为信。万历八年，潮决李家洪，去故道南二十里，潮汐遂早数刻，帆舶出没甚便，不可无备云。

吴淞江，在县北。自青浦、华亭县流入境，又东北接嘉定县境入海。自宋以来，屡经浚治。元大德八年，浚上海界吴淞旧江，东抵嘉定石桥洪，迤逦入海，长三十八里有奇，阔二十五丈。十年，复浚上海界赵屯、大盈、白鹤江、分庄嘴、樊浦、西浜、盘龙旧江，开挑计长三十七里有奇。数内樊浦为头一河，下接新泾，旧江面阔二十丈馀，既又于庙泾、盘龙以东，挑出水口子凡五处。明弘治中，命工部侍郎徐贯复治吴淞江，自上海西界帆归浦至分庄，七十余里。隆庆四年，抚臣海瑞按行上海，开浚吴淞江，自黄渡起至宋家口，凡七十余里。盖县当吴淞委流也。今有吴淞江巡司，在县西北三十里。

黄浦，在县东，大海喉吭也。自华亭县界迤而东，受南北两涯之水，乃折而北，受东西两涯之水，经城东二里许，又折而东北，合于吴淞江以入海。明初，吴淞江淤塞，自上海关桥以西之水，悉壅入三泖，而黄浦当其下流，盘旋汛溢，不达江海。永乐初，夏原吉乃导黄浦由范家浜以达吴淞江，其入江处曰南跄浦口，自是汇流以入海。毛节卿曰：三江既塞，三泖南源由黄浦北折而入松江之下流。是也。《海防考》：黄浦入江，东北去吴淞口不五十里。吴淞为海寇突犯之冲，而黄浦逼近县城，仅一二里循浦而南，由江而西，皆直达郡城。此诚肘腋之虞，防御所当加意者也。《志》云：浦口旧阔三十余丈，今横阔几二里。盖三江之绾毂，仅恃黄浦云。有黄浦巡司，在县南三十里。

南跄浦，旧《志》云：在县东北三十六里，即永乐中导黄浦由此入江处也。今故址已堙，而县东北有跄港、大跄浜，南近都台浦，相传即南跄旧流。有南跄巡司，向置于川沙堡城内。〇都台浦，在县东南，旧名曹家沟。天顺四年，抚臣崔恭浚蒲汇塘及新泾诸处，又浚曹家沟深广，以备旱潦，因名曰都台浦。弘治初，水利佥事伍性复浚顾会、赵屯及都台诸浦，是也。又北汇诸塘港，下流注于黄浦。

下沙浦，县东南六十里。旧名盐铁塘，相传五代时吴越运盐铁于此。宋绍兴十五年，秀州判曹泳开顾汇浦，又浚盐铁塘，舟楫通利，因改名下沙浦，自浦北流为盐塘、绝沈庄、周浦、三林诸塘，而北出汇诸河港，下流亦入于黄浦。《志》云：县境又有运盐河二，一自东南青村盐仓而北，会东西诸泾港。一自下沙场而东，循海塘北行，析为支渠，通诸团盐运，并达青浦县境。今通塞不一矣。〇沈庄塘，在下沙浦北。嘉靖三十三年，官军败倭贼于此。又北为周浦塘，又北为三林塘，俱会诸支港之水，西入于黄浦。

蒲汇塘，在县西南四十里。自青浦县受盘龙、泗泾诸水，绝沙冈、竹冈、横沥诸水而东，为龙华港，又东经县南，入于黄浦。《志》云：吴淞南境之水，自盘龙以东，俱由蒲汇、龙华二港达黄浦入海，最为通利。

六磊塘，在县西南。自盘龙汇分支，东合诸流，接乌泥泾，下流入于黄浦。旧《志》：县南五十五里有莺窦湖，亦曰邢窦。相传以二姓居此而名。天顺四年，抚臣崔恭浚六磊塘、莺窦湖、乌泥泾、沙竹冈，通流入黄浦，是也。今湖已埋塞。

乌泥泾，县南三十里，其西南与华亭县分界。元泰定初，都水监任仁发浚乌泥、大盈二河。二年，复浚县之潘浜、乌泥泾，各置石闸，以遏浑潮，闸废。今东流注于黄浦。〇新泾，在县西南，南达华亭，北接吴淞江，有新泾巡司，自新泾而西有横沥塘，北绝吴淞入嘉定县界。《志》云：新泾浦东之支渠，有石桥、周家等浜，西有陶泾、师家等浜，又东有东西上澳浦，皆南通乌泥泾，北接淞江。又闸港，在县东南新场镇西，又西流入黄浦。

川沙堡，县东南五十四里。产盐，商贾辐辏，地名八团镇，有三场盐课司。嘉靖三十六年，抚臣赵忻等奏置川沙堡，筑城周四里，屯设官兵，以备倭寇，自是商民辐集，屹为巨镇。《海防考》：堡南五十里为川沙汇，北五十里为宝镇堡，又东北去吴淞所亦五十里。嘉靖三十四年，倭贼据为巢穴，与老鹳嘴、柘林、新场，相犄角，于是筑堡戍守。自川沙至宝镇中，有钱家、烂泥、清水等窐，其南又有七团、五团等洪，亦曰新洪、旧洪，倭舟皆可登泊也。宝镇堡，盖即嘉定之宝山所矣。

下沙镇，县东南六十里。一名鹤沙镇，峙邑南而近海，因名。宋置下沙盐场，旧有盐课司，后迁新场镇，而盐仓则自周浦徙于此。今亦废。〇新场镇，在下沙南九里，一名南下沙。元初置盐场于此，场赋为两浙最，贾贩甚盛。嘉靖三十二年，倭贼据新场，大为东南患。又东南二十里曰一团镇，商贩多聚于此。《志》云：下沙捍海塘外，有石笋滩，距海三十余里，沙中有石如笋，因名。一名分水港，以潮汐遇石笋而分流也。

周浦镇，县东南三十六里。一名杜浦，元置下沙盐场及杜浦巡司于此。后盐场既迁，巡司亦废，民物则繁阜有加。明嘉靖三十四年，倭贼自柘林移据周浦，官军败却之。又三林塘镇，在县东南十八里，有三林巡司，今置于川沙堡城内。又县东南十八里有吴会镇，本名吴汇，后易今名。旧置邹城巡司于此，今废。

　　乌泥泾镇。县西南二十六里。旧置太平仓税课局及芦子务巡司于此。《海防考》：乌泥泾与黄浦东之三林塘、周浦镇相望，倭贼由三林、周浦，渡黄浦而西，即犯县治，若犯府境，必由乌泥泾而西，为控扼之要地。○闵行市，在县西南五十里横沥东。《志》云：南汇陶宅入府之通衢也，又南与叶谢相为应援，有事时，兵屯于此，足为府城之捍卫。《海防考》：南跄渡、沈庄塘、周浦、闸港、闵行镇，与华亭之叶谢、曹泾、张堰，皆贼渡黄浦入犯府城之道。

　　○**青浦县**，府西北五十五里。东北至苏州府嘉定县七十里，西南至吴江县九十里，南至浙江嘉善县八十里。本上海、华亭二县地。明嘉靖二十一年，按臣施汀奏割华亭二乡、上海三乡，置青浦县，治青龙镇。三十二年废。万历元年复置于今治。城周六里，编户二百二十四里。

　　青浦旧县，在今县东北三十五里，故青龙镇也。其地下瞰吴淞江，据沪渎之口，自昔为海舶辏集之所。唐置镇于此，为防御要地，以在青龙江上，亦曰龙江镇。宋政和中，改名通惠，寻复旧。建炎中，韩世忠欲邀击兀术，以前军驻青龙，即此镇也。《志》云：宋时坊市繁盛，置巡司、税务及仓库于此，俗号小杭州。及再经变乱，市舶之设又复迁徙，而镇遂荒落。嘉靖中，复设县治此，数年而罢。今县治即唐行镇，亦曰横溪，以临横泖上也。元初为大姓唐氏所居，商贩竹木，因名唐行。明初置新泾税课局，又上海之水次西仓亦置于此，曰唐行仓。万历初，复建青浦县，因改镇为县治，创立城池。

　　崞山，县东二十七里。昔时土宜美箭，因名。亦曰竹崞山，俗名北崞山。又山在乾山之北，故亦名北乾山，本属上海境内。《志》云：山在凤凰山北,顾汇浦东。是也。又福泉山,在斡山北,旧名覆船山,以水泉甘美易今名,亦名薛道山。《志》云:山在县东北三十五里。

严山,在县东南二十里。《志》云:县南二十五里,即凤凰陆宝诸山,又东南五里为余山、细林山,又东南为薛山,即九峰诸山也。今俱入县境,与华亭分界。又淀山,在县西南三十五里,亦与华亭接界,有淀山巡司。

吴淞江,县北三十里。自昆山县流入境,与嘉定县分界,经白鹤汇,历青龙镇而东,入华亭、上海县界而注于海,县境诸水多汇入焉。《志》云:县东北五十里曰沪渎江,青龙江合淞江而东至海,皆曰沪渎也。○青龙江,在县东北三十五里青龙镇之北,自华亭县流入境,又北入嘉定县界,合于白鹤汇。又白鹤江,在县西五里,亦自华亭县流入境,又北至嘉定县界,与青龙江并注吴淞江,今淤塞过半矣。

顾会浦,县东二十七里。亦曰通波塘。自华亭县流经县界,又东里许为崧子浦,引而北,并入吴淞江。又盘龙浦,在县东北三十里,自华亭县流入,北接于吴淞江,今多埋塞。《志》云:县东三十七里有泗泾,纳顾会浦及诸泾港下流,东合盘龙塘,又北绝横塘,折而东,为蒲汇塘,又东入上海县界。《志》云:蒲汇塘在县东北四十五里,横塘在县东二十八里,西通横泖,东通蒲汇塘。○大盈浦,在县西北五里,西接淀山湖,东通通波塘,北接白鹤汇,以达于松江。又赵屯浦,在县北二十五里,南接淀山湖,北达吴淞江口,有龙华、分庄、严家等嘴,为湍险处。

淀湖,在县西南三十里,与华亭、昆山接界。旧时湖周二百里,今日就浅狭。其相接者曰白荡,南通平湖,北通吴江,西通嘉善,东通淞江,为往来要道。又有莲湖,在县西南三十二里,东通淀山湖。○锜湖,在县西南三十五里。昔时周二十里,以陆锜居此而名。今为芦苇之场。

横泖,在城北。《志》云:淀湖东北行为北漕港,支流为横泖,绝大盈浦而东，又北通崧泽塘，绝顾会、崧子二浦，东接横泾为东横泖，又东接诸塘澳入盘龙浦，下流亦注于吴淞江。

艾祁浦，县东北二十八里。南接顾会浦，东北流达于吴淞江。又崧泽塘，在县东北三十五里，亦南通顾会浦，东达青龙江。

金泽塘，在县西南三十六里。《志》云：塘东北接淀山湖，西南流入泖，其南通白荡，入浙江嘉善县境。又章练塘，在县西南四十五里，自吴江县流入境。《志》云：源出长洲县境之陈湖，东流入泖，又南为小蒸、大蒸诸塘，俱西通白牛塘，东入于泖。白牛塘与秀州塘相接也。又有诸家塘、柘泽塘，俱在淀湖下流，与华亭接界。○沙冈塘，在县东四十里，南绝黄浦至捍海塘北，入淞江，西达盘龙汇。沙冈之东曰竹冈塘，又东即横沥塘、竹冈、横沥之间，七宝镇在焉，接上海县界。

金泽镇，在县西南三十三里。东南通长泖，向当浙直之交，设巡司汛守，防盐盗出没。又县西三十六里曰双塔市，商旅往来苏、松之中道也。○沈巷镇，在县西南二十里，南通长泖，北通朱家角。《志》云：朱家角，在县西十里，商旅辐集，称为巨镇。

小蒸镇，在县西南四十五里。三面傍泖，稍北曰大蒸。《志》云：镇西四里有古濮阳王大小二墓，蒸土筑之，因名。有大蒸、小蒸塘，西通白牛塘，接浙江嘉善、当湖二县界，东通泖湖，镇挹三泖九峰之胜。旧置税局于此，寻废，今有小蒸巡司。○北七宝镇，在县东北四十五里，旧有南北二七宝寺，镇在其北，因名。南临蒲汇塘，自塘以南，即华亭县界，商旅骈集，为邑巨镇。旧有税课局，今废。又杨林市，在县东北五十里吴淞江北，旧为商旅辏聚处。弘治初，佥事伍性浚蒲汇、杨林及新泾诸塘，是也。《志》云：县有新泾巡司，向设于上海县高昌乡，割入今县。

黄渡镇。县东北五十里吴淞江南。俗呼为新街，商旅多聚于此。又白鹤江市，在县北三十二里，北接嘉定县界。又广富林市，在县东南三十二里细林山南, 亦华亭分界处也。〇赵屯镇, 在县西北二十七里赵屯浦上。《志》云: 旧名汉城里, 以宋高南渡屯兵于此, 因名。

附见:

金山卫, 府东南七十二里。明洪武二十年建, 以山而名。卫南濒海, 与金山对峙, 西连乍浦, 东接青村, 南汇嘴, 东北抵吴淞江, 控引几三百里。卫城周十二里, 为府境东南之险, 当浙、直要冲, 且与宁波定海关同为钱塘江锁钥, 北之沙堡, 至此而尽, 南之山屿, 至此而终。置兵于此, 不惟固苏、松之藩篱, 亦坚嘉、湖、杭三郡之门户。卫城内设左右前后四千户所。又守御淞江中千户所, 则置于府城内, 仍属金山卫。

青村守御中前千户所, 府东八十里。本青村镇。明洪武二十年建所, 筑城周六里, 属金山卫。《志》云: 金山而东为柘林, 柘林而东为青村, 青村而东为南汇, 相去各五六十里。《海防考》: 府境三面环海, 金山当其南, 南汇当其北, 而青村为东南二面转屈之会, 与海中羊山东西相值, 倭舶易于登犯。嘉靖三十三年, 倭寇据为巢穴, 大为府境之患, 官军进讨, 久之乃平。《舆程记》: 由府东门水路至青村百十三里, 又北至上海新场八十九里。

南汇嘴守御中后千户所。在上海县东南八十里。明洪武二十年建所, 筑城周九里有奇, 属金山卫。《志》云: 南汇而东为川沙, 川沙而东为吴淞, 相去亦五六十里。《海防考》: 所北去吴淞所百五十里, 南去青村五十里, 下沙、新场、周浦、八团皆其汛道也。嘉靖三十二年, 倭入南汇, 寇嘉定, 据吴淞所。今县南有五里桥、习家坟, 皆官军攻贼时, 贼拒战处也。